Best Practice Insolvenz- und Sanierungsverwaltung

Praxisgerechte Vorgehensweisen bei der Verwaltung im Insolvenz- und Sanierungsverfahren

Herausgegeben von

RiAG Frank Frind, Hamburg

Bearbeitet von

Dr. Daniel Blankenburg, Dr. Daniel Brzoza, Monika Deppe, Claus Flören, Frank Frind, Dr. Thorsten Graeber, Dr. Peter Laroche, Claudia Radschuwait

RWS

RWS Verlag Kommunikationsforum GmbH & Co. KG · Köln

Zusätzlicher Service im Internet

Checklisten und Grundsätze zur Verfahrensabwicklung, Gerichtliche Leitlinien und Standardkostenrahmen sind im Internet für Sie abrufbar. Die Adresse finden Sie am Ende des Stichwortverzeichnisses.

Die Deutsche Nationalbibliothek verzeichnet diese Publikation in der Deutschen Nationalbibliografie; detaillierte bibliografische Daten sind im Internet über http://dnb.d-nb.de abrufbar.

Postfach 27 01 25, 50508 Köln
E-Mail: info@rws-verlag.de, Internet: http://www.rws-verlag.de

Satz und Datenverarbeitung: SEUME Publishing Services GmbH, Erfurt
Druck und Verarbeitung: sedruck KG, Köln

RWS-Skript 399

Frind (Hrsg.)

Best Practice Insolvenz- und Sanierungsverwaltung

Vorwort*)

„Aus Erfahrung wird man klug“ lautet ein Sprichwort, das gilt – natürlich – auch in der Insolvenz- und Sanierungsverwaltung. Dies zu beherzigen, setzt Erfahrungsaustausch voraus. Mit diesem Werk beleuchten wir den aus Erfahrung gewachsenen „Zwischenraum“ zwischen gesetzlichen Regelungen, täglicher Praxis, dem „was Not tut“ und dem „was richtig ist“. Die Autoren und Autorinnen kommen allesamt (ehemals) aus dem Bereich der „Kunden“ der Insolvenz- und Sachwalter, der gerichtlichen Praxis. Immer wieder stoßen wir bei der täglichen Arbeit im Insolvenzbereich auf Fragen und Themen, die „so nicht klar geregelt sind“, häufig aus tradierter Praxis aber zuweilen unhinterfragt „so gemacht“ werden. Die Insolvenzgerichte und insolvenzrechtlichen Berufsverbände haben über die bisherigen mehr als 25 Jahre des Bestehens der Insolvenzordnung mittlerweile in diesen Bereichen so Manches aufgehellt, durch Leitlinien und „Arbeitsanweisungen“, zuweilen umgangssprachlich auch „Hirtenbriefe“ genannt. Wir dokumentieren exemplarisch die Leitlinien großer Insolvenzgerichtsbezirke und stellen in insgesamt sieben Kapiteln nach den insolvenzrechtlichen Hauptarbeitsfeldern ihre praxisgerechten Anwendungsmöglichkeiten, aber auch –notwendigkeiten dar.

Zuweilen ergibt sich, dass es unterschiedliche „Best Practices“ gibt, auch das soll nicht verschwiegen werden. Das Autorenteam ist heterogen genug zusammengesetzt, um das jeweils abzubilden, vereint indes in dem Bestreben, Ihnen als Leser und Nutzer auch unter Nennung der so manches Mal die „Practice“ erst – jenseits der Gesetzestexte, aber mittels derer Auslegung – nahebringenden Rechtsprechung zielführende Verfahrensweisen zur jeweiligen Problemlösung darzustellen. Das Werk ist eben kein Kommentar, es ist ein Ratgeber mit (zuweilen notwendig viel) Rechtsprechungsnachweisen. Auch Rechtsprechung konturiert „Best Practice“.

Und wir sind den jeweiligen Insolvenzgerichten, aber auch dem Verband der Insolvenzverwalter und Sachwalter Deutschlands (VID e. V.), dankbar, dass wir im Anhang ihre Leitlinien und „Grundsätze ordnungsgemäßer Insolvenzverwaltung“ dokumentieren dürfen. Nur wer die „Practices“ überhaupt kennt, kann die im jeweiligen Fall Beste auswählen. Wir versuchen die Verbindung zwischen Praxis, Rechtsprechung, gerichtlichen Leitlinien und verbandsbeschlossenen „Guidelines“ mit unseren Darstellungen zu schaffen – und betreten dabei ein Stück Neuland – kein Handbuch, kein Kommentar, keine Monographie, keine Aufsatzsammlung. Ein dynamischer Darstellungsprozess verwoben mit den vielfältigen Praxiserfahrungen der Autoren und Autorinnen

*) Aus Gründen der Lesbarkeit wurde auf eine geschlechtergerechte Sprache verzichtet. Dies bedeutet keinesfalls eine Benachteiligung eines Geschlechts, sondern dient allein der besseren Verständlichkeit des Textes. Alle Personenbezeichnungen gelten selbstverständlich für alle Geschlechter gleichermaßen.

geprägt von dem Anspruch zu raten, „machen Sie es so, dass ist ein gangbarer und rechtssicherer Weg".

Ich danke dem Verlagsleiter Herrn Markus Sauerwald für die freundliche Aufnahme und Unterstützung der Buchidee und unserer Lektorin für die „Informbringung" der Texte. In einer mit dem Werk zu erschließenden Cloud werden wir kontinuierlich weitere „Leitlinien" und „Check-Listen" aus dem insolvenzgerichtlichen und Verbandsbereich sammeln. Insolvenzrichter und -rechtspfleger werden gebeten und sind aufgerufen, „ihre" Praxistipps und -leitlinien an den Verlag per Mail (Lektorat@RWS-Verlag.de) einzusenden. Auch die Nutzer des Werkes werden an der einen oder anderen Stelle oder bei einem der zahlreichen – bisher gesetzlich nicht so klar geregelten – Themen „ihre" Lösung haben, teilen Sie sie uns gern mit, geben Sie uns Feed-Back zu diesem Praxiskompendium. Damit schaffen wir im Insolvenzrechtsbereich eine Bündelung der „Best Practices" aus der Erfahrung von Vielen und nicht „von Oben" aufgesetzt.

Hamburg, im Mai 2025 *Frank Frind*

Inhaltsverzeichnis

Rn. Seite

Vorwort V

Literaturverzeichnis XXIII

Teil I „Best Practice“ – Verwalter werden 1 1

A. Kontaktaufnahme mit dem Insolvenz- und Restrukturierungsgericht 1 1
I. Die Rahmenbedingungen: Derzeitige „Vorauswahl-Listungspraxis“ und kommendes „Bundesverzeichnis“ 1 1
1. Die „Bestellungsdebatte“ im Überblick 2 1
2. Praxiswichtige Eckpunkte der insolvenzgerichtlichen Vorauswahl-Funktionen 6 4
3. Die gerichtliche Praxis der Vorauswahl-Listenführung 10 8
4. Was ändert sich an der insolvenzgerichtlichen Vorauswahlpraxis mit einem „Bundesverzeichnis“? 14 10
a) Kurzüberblick Entstehung des „Rufes“ nach einem Bundesverzeichnis 14 10
b) Bundesverzeichnis und gerichtliche Einzelbestellungsauswahl 24 14
II. Konkrete Kontaktaufnahme zu den insolvenz- und restrukturierungsgerichtlichen Rechtsanwender 30 16
1. Wen kontakten? 31 17
2. Wie kontakten? 32 18

B. Was möchten Insolvenz- und Restrukturierungsrichter von bestellungswilligen Verwaltern wissen? 38 19
I. Kernanforderung „insolvenzkundig“ 38 19
II. Die Anforderungen und die richtige Darstellung bezüglich des personellen „Unterbaus“ der Insolvenzverwalter-Kanzlei 43 23
1. Ausstattungsrahmenbedingungen 46 25
2. Personelle Ausstattung und spezielle Ausbildung 47 25
3. Das „ortsnahe“ Büro 53 27
4. Anforderungen gegenüber den amtswegig bestellten Personen zum Erhalt der „Ausstattungskriterien“ 55 28
III. Die Anforderungen zur Gewähr der notwendigen „Unabhängigkeit“ 57 29
1. Qualitätsmerkmal: Funktionierender conflict-check 58 30

Rn. Seite

2. Im Einzelfall; niedrige Mitteilungsschwelle 61 31
3. Reichweite „genereller“ Inhabilitätsumstände 62 32
4. Die „Beratungstätigkeit“ als Unabhängigkeitsproblem 66 34
   a) Änderung des Berufsbildes durch mehr Beratungstätigkeit 66 34
   b) Mangelnde Konturierung „erlaubter allgemeiner“ Beratung 69 35
   c) Beratungstätigkeit und verstärkter conflict check 74 38
IV. Ausblick: gesetzliche neue berufsrechtliche Regelungen 75 39

Teil II „Best Practice“ – Verwalter/Sachwalter bleiben 1 41

A. Insolvenzgerichtliches Aufsichtssystem 1 41
I. Reichweite der Aufsicht 1 41
1. Rechtsaufsicht 7 43
2. Zweckaufsicht 10 45
3. Vorkehrungen zur Vermeidung von Aufsichtsfällen 15 48
II. Praxisrelevante „Kollisions“-Punkte mit der gerichtlichen Aufsicht 20 50
1. Niederschwellige Aufsichtsprobleme 21 50
   a) Mangelhafte oder verspätete Berichterstattung 21 50
   b) Mangelhafte Tabellenführung 22 50
   c) Mangelhafte Gläubigerinformation(en) 23 51
2. Beispielhafte Aufsichtsfälle mit Schadenersatzbezug ... 25 51
   a) Betriebsfortführung „auf Teufel komm raus“ 26 52
   b) „Liegengelassene“ Ansprüche 29 54
   c) Falschbefriedigungen 32 56
   d) Führung einer „schwarzen“ Kasse neben dem Massebestandssonderkonto 33 56
3. Aufsichtsfälle mit Gefährdung der Bestellungsfähigkeit 36 58
   a) Verletzungen der Neutralitätspflicht 36 58
   b) Vertrauensverlust der zuständigen Rechtsanwender 37 59
III. Beilegung von Aufsichtskonflikten 41 60
1. Verfahrensinterne Konfliktbeilegung 41 60
2. Sondersachverständiger und Sonderinsolvenzverwalter 46 62
   a) Verhinderungs- und Inhabilitäts-Sonderverwaltungen 51 64
      aa) Verhinderungs-Sonderinsolvenzverwaltung 51 64

	Rn.	Seite
bb) Keine Umgehung der Einsetzungsnotwendigkeit	52	65
cc) Amtswegige Kenntnisse und Festlegung der Befugnisse	53	66
b) Die Inhabilitäts-Sonderinsolvenzverwaltung	54	66
aa) Abwägung	55	67
bb) Sonderinsolvenzverwalteranforderungen	59	69
c) Die Gesamtschadensanspruchsverfolgungs-Sonderinsolvenzverwaltung	62	70
aa) Der Bestellungsanlass	63	70
bb) Abgestuftes Vorgehen – Mittel der Wahl	66	72
(1) Einberufung einer „Sonderverwaltungs-Entscheidungs-Gläubigerversammlung“	67	73
(a) Rechtsmittelmöglichkeiten	69	74
(b) Anhörungen	71	75
(2) Einsetzungsperson und Einsetzungszuständigkeit	74	76
(3) Vergütung	76	77
B. Entlassungsszenarien	79	78
I. Anträge auf Entlassung	80	79
II. Unabhängigkeitsmangel als Entlassungsgrund	82	80
1. „Sonderantragsrecht“	82	80
2. Dogmatik	90	83
III. Weitere wichtige Entlassungsgründe	92	84
1. „Wichtiger“ Grund	92	84
2. Überzeugung	97	86
3. Praxisrelevante Entlassungsgründe	98	87
IV. Entlassungsverfahren	112	92
Teil III Gutachtenprobleme und Gutachtenfehler – best practice Insolvenzgutachten	**1**	**97**
1. Zwischenbericht und Gutachten im Privatinsolvenzverfahren	**1**	**97**
A. Allgemeines	1	97
I. Auftrag des Gerichts, Inhalt des Gutachtens	1	97
II. Berichtsfristen	5	97
III. Aufbau des Gutachtens	6	98
B. Verbraucherinsolvenzverfahren	8	99
I. Richtige Verfahrensart	9	100
1. Ausüben einer selbständigen wirtschaftlichen Tätigkeit	10	100

	Rn.	Seite
2. Umfang einer (ehemaligen) selbständigen wirtschaftlichen Tätigkeit	11	101
3. Forderungen aus Arbeitsverhältnissen	12	101
II. Vermögensstatus	13	102
1. Grundvermögen	14	102
2. Versicherungsverträge	15	102
3. Kraftfahrzeug	16	103
4. Anfechtungsrechte	17	103
III. Kostendeckungsprognose	18	104
1. Voraussichtliche Verfahrenskosten	19	104
2. Kostenvorschussanspruch	20	104
IV. Vorliegen von Versagungsgründen	21	105
C. Regelinsolvenzverfahren	23	106
I. Eigenantrag	24	106
1. Sicherungsmaßnahmen	25	106
2. Richtige Verfahrensart	26	107
3. Vermögensstatus	27	107
a) Betriebs- und Geschäftsausstattung	28	107
b) Kostenpauschalen	29	107
4. Kostendeckungsprognose	30	107
5. Vorliegen von Versagungsgründen	31	108
II. Fremdantrag	32	108
1. Laufender Geschäftsbetrieb	35	108
2. Sicherungsmaßnahmen	36	108
3. Zwangsmittel	37	109
a) Eidesstattliche Versicherung	38	109
b) Zwangsweise Vorführung	39	109
c) Haftbefehl	40	110
d) Durchsuchung	41	110
e) Postsperre	42	110
f) Einholung von Auskünften gem. § 802l ZPO	43	111
4. Richtige Verfahrensart	47	112
5. Vermögensstatus	48	112
6. Kostendeckungsprognose	49	112
7. Vorliegen von Versagungsgründen	50	112
2. Zwischenbericht und Gutachten im Betriebsfortführungsverfahren	**1**	**113**
A. Das Ermittlungsverfahren in Betriebsfortführungsfällen	1	113
I. Allgemeines	1	113
II. Auswahl des Sachverständigen in Fortführungsverfahren	5	113
III. Ermittlungsquellen	7	114

Rn. Seite

IV. Beauftragung von Untersachverständigen 8 114
V. Auskunftsrechte nach §§ 20, 97 Abs. 1a InsO, § 802l ZPO 11 115
VI. Post- und E-Mailsperre 16 116
VII. Ermächtigung des vorläufigen Insolvenzverwalters zur Befreiung von der Schweigepflicht gegenüber dem Sachverständigen 19 117

B. Zwischenbericht 23 118
I. Allgemeines 23 118
II. Zulässigkeit des Antrags 26 119
III. Gruppen-Gerichtsstand und internationale Zuständigkeit 30 120
IV. Anregung von Sicherungsmaßnahmen 36 121
1. Verhältnismäßigkeit von Sicherungsmaßnahmen 37 122
a) Begleichung der Antragsforderung und Sicherungsmaßnahmen 41 123
b) Laufender Geschäftsbetrieb und vorläufige Insolvenzverwaltung 44 123
2. Liquiditätsmanagement 47 124
a) Umgang mit Forderungen im Eröffnungsverfahren 47 124
b) Treuhandkonto, Einzelermächtigung/Unechter Massekredit 52 125
aa) Treuhandkonto 53 125
bb) Einzelermächtigung zur Begründung von Masseverbindlichkeiten 55 126
cc) Praktischer Umgang mit der Problematik 56 126
dd) Beispiel für eine Einzelermächtigung zur Begründung von Masseverbindlichkeiten 58 127
c) Unechter Massekredit 59 127
d) Begleichung von Insolvenzforderungen 62 128
e) Insolvenzgeldgeldvorfinanzierung 65 129
f) Anordnungen nach § 21 Abs. 2 Satz 1 Nr. 5 InsO 70 131

C. Aufbau des Gutachtens und wichtige Gutachtenergebnisse 72 132
I. Zweck und Adressaten des Gutachtens 72 132
II. Gliederung des Gutachtens 75 133
III. Verfahrensdaten in tabellarischer Form 77 134
IV. Umfang und Tiefe der Ermittlung von Vermögenswerten im Eröffnungsverfahren 79 136
V. Zeitpunkt des Eintritts der materiellen Insolvenzgründe 86 138
VI. Fortführungsaussichten 87 138
VII. Besonderheiten bei einem Antrag auf Eigenverwaltung 90 139

	Rn.	Seite
VIII. Verfahrenskostendeckung	92	139
IX. Tagesordnung der Gläubigerversammlung und Besonderheiten	95	140
X. Standardisiertes Fortscheibendes Berichtswesen – Aachener Modell	100	141
XI. Gerichtliche Leitlinien für die Gutachtenerstattung	106	142
D. Das Vorgespräch	108	143
I. Im Insolvenzverfahren	108	143
1. Das Vorgespräch im Schwellenwertverfahren	108	143
2. Checkliste Inhalt des Vorgesprächs nach § 10a InsO	115	144
3. Das Vorgespräch in Nicht-Schwellenwertverfahren	117	145
II. Das Vorgespräch im StaRUG-Verfahren	119	146
Teil IV Best Practice im Umgang mit Gläubigerausschüssen und Gläubigern	**1**	**147**
A. Stellung der Gläubiger im Insolvenz(eröffnungs)verfahren	1	147
B. Gläubiger-Individualrechte	2	148
I. Gemeinsames Justizportal der Länder in Insolvenzsachen	3	148
II. Akteneinsicht für Gläubiger	4	148
1. Gläubigerinformationssystem (GIS)	5	149
2. Einsicht in Gerichtsakte	6	151
a) Spannungsfeld zur informationellen Selbstbestimmung	7	151
b) Gerichtsinterne Zuständigkeit	8	152
c) Bestehen eines Akteneinsichtsrechts	9	152
aa) Verfahrensbeteiligte (§ 299 Abs. 1 ZPO)	10	152
bb) Dritte (§ 299 Abs. 2 ZPO)	11	154
(1) Zustimmung Schuldner	12	154
(2) Rechtliches Interesse	13	154
cc) Amtshilfe betreffend institutionelle Gläubiger	14	155
d) Umfang der Akteneinsicht	15	156
aa) Sonderband: GIS-Zugangsdaten	16	156
bb) Sonderband: Gläubigerausschuss	17	156
cc) Sonderband: Schuldnerische Geschäftsunterlagen	18	157
dd) Missbräuchliche Akteneinsicht	19	158
3. Keine Einsicht in die Insolvenzverwalterakten	20	159
C. Gläubigerorgane	21	159
I. Gläubigerversammlung	22	159

	Rn.	Seite
II. Gläubigerausschuss	23	159
1. Grundlagen zum Gläubigerausschuss	24	160
a) Stellung des Gläubigerausschusses	24	160
b) Funktion des Gläubigerausschusses	25	161
c) Arten des Gläubigerausschusses	26	161
aa) Einsetzungszeitpunkt	27	161
bb) Einsetzungsermessen	28	162
(1) Ermittlung der Schwellenwerte des § 22a InsO	29	163
(2) Einsetzungsbremse des § 22a Abs. 3 InsO	30	164
(a) Eingestellter Geschäftsbetrieb	31	164
(b) Unverhältnismäßiges Kosten-Nutzen-Verhältnis	32	165
(c) Nachteilige Veränderung durch Verzögerung	33	166
d) Einsetzungsverfahren	34	167
aa) Zulässiger Antrag mit Vorschlag und Einverständniserklärungen	35	168
bb) Prüfung und Einsetzung	36	170
cc) Amtsannahme	37	171
e) Sanktionsbefugnisse des Gläubigerausschusses	38	172
f) Organisation des Gläubigerausschusses	39	172
g) Ausschussamt: Beginn & Ende	40	173
2. Zusammenstellung Gläubigerausschuss	41	174
a) Befähigung zum Ausschussamt	42	174
b) Personenanzahl	43	175
c) Externe Fachpersonen	44	176
d) Juristische Person im Gläubigerausschuss	45	177
e) Organisationsformen des öffentlichen Rechts im Gläubigerausschuss	46	179
f) Ersatzmitglieder	47	179
g) Konkrete Zusammensetzung	48	180
aa) Absonderungsberechtige Gläubiger (§ 67 Abs. 2 Satz 1 InsO)	49	181
bb) Insolvenzgläubiger mit den höchsten Forderungen (§ 67 Abs. 2 Satz 1 InsO)	50	182
cc) Kleingläubiger (§ 67 Abs. 2 Satz 1 InsO)	51	182
dd) Vertreter der Arbeitnehmer (§ 67 Abs. 2 Satz 2 InsO)	52	183
ee) Institutionelle Gläubiger	53	183
ff) Pensions-Sicherungs-Verein VVaG	54	183
gg) Gemeinsamer Vertreter nach SchVG	55	184
3. Umgang mit Gläubigerausschüssen	56	184
a) Zustimmungserfordernisse	57	184

	Rn.	Seite
b) Mitwirkungsobliegenheiten	58	184
c) Anhörungsrechte	59	185
d) Informationsmöglichkeiten	60	185
4. Gerichtlicher Einfluss auf die Ausschusstätigkeit	61	185
a) Dokumentenübersendung	62	186
b) Sitzungsteilnahme	63	186
5. Gruppen-Gläubigerausschuss (§ 296c InsO)	64	187
6. Gläubigerbeirat (§ 93 StaRUG)	65	188
7. Kommunikation zu Vergütungsanträgen	66	189
Teil V Best Practice – Insolvenztabelle und Berichte	**1**	**191**
A. Eröffnungsbeschluss – Fristen	2	191
I. Anmeldefrist	3	192
II. Prüfungstermin und Prüfungsstichtag im schriftlichen Verfahren	5	193
III. Frist zur Niederlegung der Insolvenztabelle	6	194
B. Gläubigerinformation und Zustellung des Eröffnungsbeschlusses	8	194
I. Bekanntmachung des Eröffnungsbeschlusses an die Gläubiger	9	194
II. Zustellung des Eröffnungsbeschlusses	10	194
III. Zustellungsnachweis	15	197
C. Anmeldung der Forderungen	20	198
I. Vorprüfung durch den Insolvenzverwalter	21	198
II. Von der Restschuldbefreiung ausgenommenen Forderungen	28	200
III. Zurückweisung von Anmeldungen	38	203
D. Niederlegung der Insolvenztabelle	40	204
I. Tabelle gem. § 175 InsO	53	208
1. Index zur Insolvenztabelle	54	208
2. Tabellenblätter	55	209
3. ITR- oder TAB-Datei	56	209
4. X-Justiz-Datensätze (Schriftgutübergabe)	57	209
5. Sammel-PDF (Schriftgutübergabe)	58	209
II. Umgang mit Forderungsanmeldungen im „Original“	59	209
E. Niederlegung der Verzeichnisse §§ 151 ff. InsO und Bericht zur ersten Gläubigerversammlung	70	212
I. Erster Bericht des Verwalters	70	212
II. Inhalt des Berichts	73	213
III. ForStaB – Fortschreibendes Standardisiertes Berichtswesen (Aachener Modell)	78	214

	Rn.	Seite
F. Prüfungstermin und Prüfungsstichtag im schriftlichen Verfahren	84	216
I. Widersprüche gegen angemeldete Forderungen	85	216
II. Beurkundung der Erklärungen	90	218
III. Schriftliches Verfahren	91	218
IV. Verfahren ohne Forderungsanmeldung	95	220
G. Sachstandsberichte	96	220
I. Weitere Berichte des Verwalters/Berichtsfristen	96	220
II. Inhalt der Berichte	98	221
III. Nachweis Massebestand und Zwischenrechnungslegung gegenüber dem Gericht	104	223
H. Gläubigerinformation während des Verfahrens	106	223
I. Berichtigungen der Insolvenztabelle	112	225
II. Rücknahme von Anmeldungen	113	226
III. Übermittlung von Berichtigungen an das Gericht	115	228
IV. Zeitpunkt der Übermittlung an das Insolvenzgericht	118	229
I. Korrektur unrichtiger Eintragungen	122	230
J. Rechtsnachfolge und Gläubigerwechsel	124	231
K. Nachträgliche Prüfungstermine	132	233
L. Nachrangige Forderungen	142	236
M. Abschlagsverteilungen	146	237
N. Erstellung des Schluss-/Verteilungsverzeichnisses – Vornahme und Nachweis der Verteilung	154	239
Teil VI Best Practice – Eigenverwaltung	**1**	**245**
A. Einleitung	1	245
B. Vor dem Eröffnungsverfahren	3	245
I. Vorbereitung des Gesprächs mit dem Gericht	4	245
II. Gespräch mit dem Gericht	8	246
1. Kontaktaufnahme	8	246
2. Durchführung des Gesprächs	12	247
a) Formeller Rahmen	12	247
aa) Räumlichkeiten	12	247
bb) Teilnehmerkreis	15	248
cc) Protokollierung	19	249
b) Materieller Inhalt	20	249
3. Weiteres Vorgehen	25	251
C. Eröffnungsverfahren	26	251
I. Antragstellung	27	251

	Rn.	Seite
1. Insolvenzantrag	28	251
2. Antrag auf Eröffnung des Eigenverwaltungsverfahrens	29	252
3. Anlagen zum Antrag	34	253
a) Finanzplan	35	253
b) Konzept der Eigenverwaltung	43	256
c) Darstellung des Verhandlungsstands	45	257
d) Vorkehrungen des Schuldners zur Erfüllung der Insolvenzpflichten	48	257
e) Vergleichsrechnung	49	258
4. Erklärungen	52	259
II. Prüfungsumfang des Gerichts	56	260
1. Einsetzung eines vorläufigen Gläubigerausschusses	57	260
2. Anordnung der Eigenverwaltung gemäß § 270b Abs. 1 InsO	62	261
a) Vollständige und schlüssige Eigenverwaltungsplanung	63	262
b) Keine Kenntnis über unwahre Tatsachen	65	262
c) Entscheidung über die Anordnung	66	263
3. Anordnung der Eigenverwaltung gemäß § 270b Abs. 2 InsO	68	263
a) Tatbestandsvoraussetzungen	69	263
b) Rechtsfolgen	71	264
4. Entscheidungsmöglichkeiten	74	265
a) Anordnungsvoraussetzungen sind erfüllt	75	265
b) Anordnungsvoraussetzungen sind nicht erfüllt	77	265
c) Aufforderung zur Rücknahme des Antrags	78	265
d) Einstweilige vorläufige Eigenverwaltung	79	266
e) Vorläufige Insolvenzverwaltung	81	266
III. Ausgestaltung der vorläufigen Eigenverwaltung	82	266
1. Bestellung eines vorläufigen Sachwalters	83	266
a) Auswahl des Verwalters	83	266
b) Aufgaben des Sachwalters	85	267
2. Sicherungsmaßnahmen	88	268
a) Zustimmungsvorbehalt	89	268
b) Verwertungssperre	92	269
c) Einstellung der Zwangsvollstreckung	93	270
d) Postsperre	95	270
e) Begründung von Masseverbindlichkeiten	96	270
aa) Forderungen innerhalb des Finanzplans	99	271
bb) Forderungen außerhalb des Finanzplans	101	272
cc) Rechtsfolgen	103	272
f) Veröffentlichung	106	273
IV. Durchführung der vorläufigen Sachwaltung	107	273

	Rn.	Seite
V. Übergang von der vorläufigen Eigenverwaltung in das vorläufige Insolvenzverfahren (§ 270e InsO)	111	274
1. Voraussetzungen	112	274
a) Nachträgliche Ergebnisse	113	274
b) Nachträgliche Kenntnis	117	275
2. Rechtsfolgen	120	276
VI. Schutzschirmverfahren	126	277
1. Voraussetzungen	127	278
2. Prüfungs- und Entscheidungskompetenz des Gerichts	131	279
3. Rechtsfolgen	135	280
D. Eröffnung des Verfahrens	138	280
E. Nach der Eröffnung	144	282
I. Rechtsstellung des Sachwalters	144	282
1. Verweis auf die allgemeinen Vorschriften	144	282
2. Überwachungsfunktion	145	282
3. Zustimmungserfordernisse	148	283
a) Verpflichtungsgeschäfte	149	283
b) Verfügungsgeschäfte	151	284
c) Arbeitsrechtliche Vereinbarungen	154	285
d) Verwertungshandlungen	155	285
e) Verteilung	156	285
4. Handlungsbefugnisse	157	285
a) Tabellenführung	158	285
b) Kassenführungsbefugnis	159	286
c) Unterrichtungspflicht	164	287
d) Haftungs- und Anfechtungsansprüche (§ 280 InsO)	166	287
e) Bestreiten von Forderungen	167	288
f) Mitwirkung im Insolvenzplanverfahren	168	288
g) Anzeige der Masseunzulänglichkeit (§ 285 InsO)	169	288
II. Übergang in das Insolvenzverfahren	170	288
III. Beendigung der Eigenverwaltung	172	289
F. Kooperationsverfahren (§ 269b InsO)	173	289
Teil VII Best Practice Vergütungsantrag	**1**	**291**
A. Vergütung im Eröffnungsverfahren	6	292
I. Vergütung für eine vorläufige Insolvenzverwaltung	8	292
1. Beachtung der gerichtlichen Anordnungen und Aufgabenumschreibungen als Basis der Vergütungsbemessung	9	293

	Rn.	Seite
2. Beantragung und Umgang mit Einzelermächtigungen gemäß § 22 Abs. 2 InsO	11	293
3. Darstellung der Berechnungsgrundlage beim vorläufigen Insolvenzverwalter	18	295
a) Darstellung des unbelasteten Vermögens des Insolvenzschuldners im Sinne von Eigentum	21	296
b) Darstellung von Vermögensgegenständen mit Absonderungsrechten	26	296
c) Darstellung von Vermögensgegenständen, die nicht im Eigentum des Schuldners stehen und für die bei Eröffnung des Insolvenzverfahrens Aussonderungsansprüche geltend gemacht werden können	28	297
d) Anfechtungsansprüche des eröffneten Insolvenzverfahrens	31	298
e) Unternehmensfortführung während der vorläufigen Insolvenzverwaltung	33	298
f) Dokumentierung der vom Vergütungsantrag erfassten Gegenstände und deren Werte gem. § 11 Abs. 2 InsVV	40	300
4. Ausweis des maßgeblichen Berechnungswertes, der Regelvergütung gemäß § 2 Abs. 1 InsVV und des Basisbruchteils gemäß § 63 Abs. 3 Satz 2 InsO	42	300
5. Beantragung von Zuschlägen gemäß § 3 Abs. 1 InsVV als vorläufiger Insolvenzverwalter	45	301
6. Angaben zu Dienstleistern im Eröffnungsverfahren	48	301
7. Auslagenabrechnung als vorläufiger Insolvenzverwalter	50	302
8. Besonderheiten bei Nichteröffnung mangels Masse, § 26 InsO	51	302
II. Besonderheiten bei der Vergütung für eine Tätigkeit als vorläufiger Sachwalter, §§ 270b Abs. 1, 274 Abs. 1 InsO, § 12a InsVV	57	304
1. Beachtung der beschränkten Aufgaben eines vorläufigen Sachwalters	58	304
2. Darstellung der Berechnungsgrundlage der Vergütung des vorläufigen Sachwalters und vergütungsrechtliche Besonderheiten bezüglich des belasteten Vermögens in der Eigenverwaltung	61	305
3. Erläuterungen zu Zuschlagstatbeständen und den Angaben zur Angemessenheit bei der Vergütung des vorläufigen Sachwalters	65	306
4. Mindestvergütung des vorläufigen Sachwalters	67	306
5. Begrenzung der Auslagenpauschale des vorläufigen Sachwalters, §§ 12a Abs. 3, 12 Abs. 3 InsVV	68	307

Rn. Seite

B. Vergütung des Insolvenzverwalters im eröffneten Insolvenzverfahren 69 307
I. Darstellung der Berechnungsgrundlage gemäß § 1 Abs. 2 InsVV 70 307
1. Unterscheidung zwischen unbelasteten Vermögen und Vermögen mit Absonderungsrechten gem. § 1 Abs. 2 Nr. 1 InsVV 74 308
2. Unternehmensfortführung und Einnahmen- und Ausgabenrechnung gemäß § 1 Abs. 2 Nr. 4 Satz 2 Buchst. b) InsVV 78 309
3. Erstattungen an die Insolvenzmasse 81 309
4. Umgang mit zukünftigen, sicheren Einnahmen 82 310
5. Umgang mit Vorschüssen und Zahlungen i. S. v. § 1 Abs. 2 Nr. 5 InsVV 87 311
6. Behandlung offener Masseverbindlichkeiten aus der Unternehmensfortführung des Eröffnungsverfahrens 91 311
7. Behandlung von Gesamtschadensansprüchen i. S. v. §§ 92, 93 InsO 92 312
8. Besonderheiten bei vorzeitiger Einstellung des Verfahrens, § 1 Abs. 1 Satz 2 InsVV 93 312
9. Besonderheiten in der Eigenverwaltung, § 12 InsVV ... 99 313
10. Angaben zu Vergütungen für besondere Sachkunde, § 5 InsVV 100 314
II. Bestimmung der Regelvergütung gemäß § 2 Abs. 1 InsVV 102 314
III. Gesonderte Behandlung und Berechnung der (Basis-) Mehrvergütung gemäß § 1 Abs. 2 Nr. 1 InsVV 103 314
IV. Antrag auf Zuschläge gem. § 3 Abs. 1 InsVV 109 315
1. Unterscheidung und Auflistung der einzelnen Zuschlagstatbestände 111 316
2. Erläuterungen zu Zuschlagstatbeständen und Angaben zur Angemessenheit 114 316
3. Beifügung notwendiger Vergleichsrechnungen bei der Zuschlagsbemessung 122 318
4. Behandlung von zuschlagsrelevanten Umständen und Belastungen ohne Zuschlagsantrag 124 319
5. Gesamtschau bei mehreren Zuschlagstatbeständen 127 319
V. Berücksichtigung von Abschlagstatbeständen i. S. v. § 3 Abs. 2 InsVV 131 320
VI. Angaben zu Dienstleistern im Vergütungsantrag gemäß § 8 Abs. 2 InsVV 136 321
VII. Angaben zu eventuellen Wertabweichungen i. S. v. § 63 Abs. 3 Satz 4 InsO, § 11 Abs. 2 InsVV 142 322

Rn. Seite

VIII. Abrechnung der Auslagen des Insolvenzverwalters, § 8 InsVV 143 323
1. Auslagenpauschalierung gem. § 8 Abs. 3 InsVV 144 323
2. Besonderer Ersatz der Zustellungskosten gem. § 4 Abs. 2 Satz 2 InsVV, § 8 Abs. 3 InsO 145 323
3. Abrechnung der Kosten einer besonderen Haftpflichtversicherung i. S. v. § 4 Abs. 3 Satz 2 InsVV 149 324
IX. Vortrag zu Vorschüssen gem. § 9 InsVV im Rahmen des Vergütungsantrages 152 324
X. Mindestvergütung gem. § 2 Abs. 2 InsVV 154 324
XI. Verminderte Mindestvergütung im Verbraucherinsolvenzverfahren gem. § 13 InsVV 159 325

C. Vergütung für eine Nachtragsverteilung, § 6 Abs. 1 InsVV 162 326
I. Vorweggenommene Vergütungsbemessung für die Nachtragsverteilung bei der Festsetzung der Vergütung des eröffneten Insolvenzverfahrens entsprechend § 6 Abs. 1 Satz 2 InsVV 163 326
II. Gesonderte Vergütungsbemessung für die Nachtragsverteilung nach Abschluss der Nachtragsverteilung 167 327

D. Besondere Vergütung für die Überwachung der Erfüllung eines Insolvenzplans, § 6 Abs. 2 InsVV 170 328

E. Vergütung für die Treuhändertätigkeit, §§ 14–16 InsVV 172 328

F. Vergütungsrechtliche Behandlung einer vorzeitigen Restschuldbefreiung, § 300a InsO 175 329

G. Vorschussanträge gem. § 9 InsVV 179 330

H. Einreichung und Vorbesprechung bzw. Erörterung des Vergütungsantrags 183 330

I. Vorgehen bei Rechtsmitteln gegen die Vergütungsfestsetzung 187 331

Anhang **335**

I. Checklisten und Grundsätze zur Verfahrensabwicklung **335**

1. BAKinso e. V. Empfehlungen zur Gutachtenerstellung Unternehmensinsolvenz 335

2. Grundsätze ordnungsgemäßer Insolvenz- und Sachwaltung des VID e. V. 354

3. Berufsgrundsätze des VID e. V. 368

Rn. Seite

II. Gerichtliche Leitlinien ... 373

1. Hamburg ... 373
2. Heidelberg ... 380
3. Köln ... 383
4. Ludwigshafen/Rhein ... 401
5. München ... 414
6. Fragen zur Unabhängigkeit (BAKinso e. V. und VID e. V.) ... 425

III. Der Standardkostenrahmen (SKR) ... 429

1. Alle Konten ... 429
2. Arbeitshilfen zu SKR 03 ... 499
3. Arbeitshilfen zu SKR 04 ... 508

Stichwortverzeichnis ... 517

Literaturverzeichnis

Ahrens/Gehrlein/Ringstmeier
Insolvenzrecht Kommentar, 5. Aufl., 2024
(zit.: Ahrens/Gehrlein/Ringstmeier-*Bearbeiter*, InsO)

Andres/Leithaus
Kommentar zur InsO, 4. Aufl., 2018
(zit.: Andres/Leithaus-*Bearbeiter*, InsO)

beck-online.Grosskommentar zum WEG
hrsg. v. Gsell/Krüger/Lorenz/Reymann

Bieg/Borchardt/Frind
Unternehmenssanierung und Betriebsfortführung, 2021
(zit.: BBF/*Bearbeiter*, Unternehmenssanierung)

Blersch/Goetsch/Haas
Berliner Kommentar Insolvenzrecht (BK InsO), online
(zit.: *Bearbeiter*, in: BK InsO)

Bornemann (Hrsg.)
Frankfurter Kommentar zur Insolvenzordnung, 10. Aufl., 2023 ff.
(zit.: FK-InsO/*Bearbeiter*)

Braun (Hrsg.)
Kommentar zur InsO, 10. Aufl., 2024
(Braun-*Bearbeiter*, InsO)

Büttner
Listing und De-Listing, 2011

Flöther
Konzerninsolvenzrecht, 2. Aufl., 2018

Frege
Der Sonderinsolvenzverwalter, 2008

Frege/Keller/Riedel
Handbuch Insolvenzrecht, 9. Aufl., 2022

Fridgen/Geiwitz/Göpfert (Hrsg.)
BeckOK Insolvenzordnung, Stand: Juli 2024
(zit.: BeckOK InsO/*Bearbeiter*)

Fridgen/Geiwitz/Göpfert (Hrsg.)
BeckOK zum Insolvenzrecht, Stand: 15.7.2024
(zit.: BeckOK InsR/*Bearbeiter*)

Frind
Praxishandbuch Privatinsolvenz, 3. Aufl., 2021

Feuerich/Weyland
BRAO, Online-Kommentar

Göb/Schnieders/Pollmächer (Hrsg.)
Praxishandbuch Gläubigerausschuss und Gläubigerversammlung, 2. Aufl., 2023 (zit.: *Bearbeiter*, in: Göb/Schnieders/Pollmächer)

Graeber
Vergütung in Insolvenzverfahren nach der InsVV, 2022

Graeber/Graeber
InsVV – Kommentar zur insolvenzrechtlichen Vergütungsordnung, 5. Aufl., online
(zit.: *Graeber/Graeber*, InsVV)

Graf-Schlicker
Kommentar zur InsO, 6. Aufl., 2022
(zit.: Graf-Schlicker-*Bearbeiter*, InsO)

Haarmeyer/Mock
Vergütung in Krise und Insolvenz, 7. Aufl., 2024
(zit.: *Haarmeyer/Mock*, InsVV)

Hamburger Kommentar
siehe *A. Schmidt*

Heidelberger Kommentar
siehe *Kayser/Thole*

Hölzle/Bork
Handbuch des Insolvenzrechtes, 3. Aufl., 2024
(zit.: *Bearbeiter*, in: Hölzle/Bork)

Holzer
Die Entscheidungsträger im Insolvenzverfahren, 1996

Holzer/Kleine-Cosack/Prütting
Die Bestellung des Insolvenzverwalters, 2001

Jaeger
Insolvenzordnung, Kommentar, hrsg. v. Henckel/Gerhardt, 2008 ff.
(zit.: Jaeger-*Bearbeiter*, InsO)

Köster
Die Bestellung des Insolvenzverwalters, 2005

Kästner
Beruf und Berufsrecht des Insolvenzverwalters, 2018

Kayser/Thole (Hrsg.)
Heidelberger Kommentar zur Insolvenzordnung, 11. Aufl., 2023
(zit.: Kayser/Thole-*Bearbeiter*, InsO)

Keller
Vergütung und Kosten im Insolvenzverfahren, 5. Aufl., 2021

Kruth
Auswahl und Bestellung von Insolvenzverwaltern, 2006

Kühling/Buchner (Hrsg.)
Kommentar zur DSGVO, 4. Aufl., 2024
(zit.: Kühling/Buchner-*Bearbeiter*, DSGVO)

Leonhardt/Smid/Zeuner
Insolvenzrechtliche Vergütungsordnung (InsVV), 2014
(zit.: Leonhardt/Smid/Zeuner-*Bearbeiter*, InsVV)

Lorenz/Klanke
InsVV – GKG – RVG, 3. Aufl., 2017
(zit.: Lorenz/Klanke-*Bearbeiter*)

Mönning
Betriebsfortführung in Restrukturierung und Insolvenz, 4. Aufl., 2023
(zit.: Bearbeiter, in: Mönning)

Morgen
Kommentar zum StaRUG, 2. Aufl., 2022
(zit.: Morgen-*Bearbeiter*, StaRUG)

Münchener Kommentar zum Insolvenzrecht
hrsg. von *Kirchhof/Stürner/Eidenmüller*,
++Bd. 1: §§ 1–79, InsVV, 4. Aufl., 2019,
Bd. 2: §§ 80–216, 4. Aufl., 2019,
++Bd. 3: §§ 217–359, KonzernInsR, SteuerR, 4. Aufl., 2020,
Bd. 4: Internationales Insolvenzrecht, 3. Aufl. 2016
(zit.: MünchKomm-InsO/*Bearbeiter*)

Musielak/Voit
Kommentar zur ZPO, 21. Aufl., 2024
(zit.: Musielak/Voit-Bearbeiter, ZPO)

Nerlich/Römermann
siehe *Römermann*

Paal/Pauly (Hrsg.)
Kommentar zur DSGVO, 3. Aufl., 2021
(zit.: Paal/Pauly-*Bearbeiter*, DSGVO)

Prütting/Bork/Jacoby (Hrsg.)
Kommentar zur InsO, Stand: 3/2025
(zit.: Prütting/Bork/Jacoby-*Bearbeiter*, InsO)

Prütting/Gehrlein
Zivilprozessordnung, ZPO, 16. Aufl., 2024
(zit.: Prütting/Gehrlein-*Bearbeiter*, ZPO)

Richter
Verschleppte Eröffnung von Insolvenzverfahren, 2018

Römermann
Insolvenzordnung (InsO)/Insolvenzrecht (InsR), 49. Aufl., Stand: 1/2024 (zit.: Römermann-*Bearbeiter*, InsO)

Runkel/Schmidt
Anwalts-Handbuch Insolvenzrecht, 4. Aufl., 2022 (zit.: *Bearbeiter*, in: Runkel/Schmidt)

Schellberg
Sanierungsmanagement, 2008

A. Schmidt (Hrsg.)
Hamburger Kommentar zum Insolvenzrecht, 10. Aufl., 2023 (zit.: HmbKomm-InsO/*Bearbeiter*)

A. Schmidt/Wischemeyer/Wolgast
Insolvenzrechtliche Vergütungsordnung (InsVV), 2022 (zit.: A. Schmidt/Wischemeyer/Wolgast-*Bearbeiter*, InsVV)

K. Schmidt (Hrsg.)
Kommentar zur InsO, 20. Aufl., 2023 (zit.: K. Schmidt-*Bearbeiter*, InsO),

Uhlenbruck (Hrsg.)
Kommentar zur Insolvenzordnung, Bd. 1: 15. Aufl., 2019, Bd. 2: 16. Aufl., 2023 (zit.: Uhlenbruck-*Bearbeiter*, InsO)

Westermann
Die Auswahl und die Bestellung des (vorläufigen) Insolvenzverwalters im Widerstreit der Interessen von Gläubigern und Schuldner, 2016

Zöller
Zivilprozessordnung (ZPO), Kommentar, 35. Aufl., 2024 (zit.: Zöller-*Bearbeiter*, ZPO)

Teil I „Best Practice“ – Verwalter werden*)

A. Kontaktaufnahme mit dem Insolvenz- und Restrukturierungsgericht

I. Die Rahmenbedingungen: Derzeitige „Vorauswahl-Listungspraxis“ und kommendes „Bundesverzeichnis“

Die Kenntnis der rechtlichen Rahmenbedingungen rund um die Bestellungspraxis der Insolvenzgerichte – oder besser der Insolvenzrichter – ist unabdingbar vor einer Kontaktaufnahme mit diesen zum Zwecke der „Bewerbung“. Und diesen Begriff im Rahmen des hiesigen Praxishandbuches in Anführungszeichen zu setzen, zeigt schon die gesamte Problematik rund um diesen Bereich auf: Denn es gibt eigentlich keine geregelte „Bewerbung“ bei den bestellenden Insolvenzrichtern und es wird sie auch künftig bei gesetzlicher Implementierung eines „Bundesverzeichnisses“ der „zugelassenen“ Insolvenzverwalter/Sachwalter und übrigen amtlich bestellten sanierungsrechtlich-insolvenzrechtlichen Personen nicht geben. 1

1. Die „Bestellungsdebatte“ im Überblick

Die Diskussion rund um die gerichtliche „Bestellungsakte“ hat nach Inkrafttreten der InsO die Stellung der Insolvenz- (und nunmehr auch der Restrukturierungs-)gerichte maßgeblich beeinflusst und geprägt. Während sie z. Zt. der Geltung der KO noch weitgehend unbekannt war, nahm sie bereits 2001 Fahrt auf. Ihr Ausgangspunkt war so einfach wie der spätere Verlauf kompliziert wurde: Mit Zunahme der massehaltigen Insolvenzverfahren und einem „moderneren“ Insolvenzverständnis, welches nun auch vermehrt Betriebsfortführung, Massemehrung und damit auch Vergütungssteigerung beinhaltete, und zunehmender Anzahl von „Großverfahren“ lautete die Frage so manches Insolvenzverwalters: „Warum der, warum nicht ich?“. Es ging damit um Verfahrensvergabe, Zugang zur Verfahrensbestellung und – mitunter bis heute – Begründung der Bestellungsentscheidung, und im Hintergrund „lauerten“ die wirklich relevanten Fragen nach der gesetzlichen Stellung der Insolvenzverwalter, nach Berufsrecht und Berufsordnung. 2

Nach ersten Ideen zu einer quasi „automatisierten“ Verwalterbestellung nach Reihenfolge,[1] die – ob ihrer Absurdität – schnell „beerdigt“ wurden,[2] dies zuweilen unter Zerreißproben von berufsständischen Vereinen, fokussierte sich 3

---

*) Aus Gründen der Lesbarkeit wurde auf eine geschlechtergerechte Sprache verzichtet. Dies bedeutet keinesfalls eine Benachteiligung eines Geschlechts, sondern dient allein der besseren Verständlichkeit des Textes. Alle Personenbezeichnungen gelten selbstverständlich für alle Geschlechter gleichermaßen.

1) *Holzer/Kleine-Cosack/Prütting*, 2001, Gutachten für den „Gravenbrucher Kreis“: Bestellung des Insolvenzverwalters, S. 61–67.

2) *Frind*, ZInsO 2001, 481; *Förster*, ZInsO 2001, 545; *Klaas u. a.*, ZInsO 2001, 652; *Beutler u. a.*, ZInsO 2001, 730 (Distanzierung v. Gutachten des „Gravenbrucher Kreises“).

die Debatte auf eine vermeintlich notwendige Verrechtlichung der Zugangsfrage zu etwaigen insolvenzgerichtlichen „Vorauswahl-Listen". Um die Sache „hochzutreiben", suchte sich ein findiger Verwalter ein kleines Insolvenzgericht aus, welches zu dem Zeitpunkt drei Verwalter bestellte, „bewarb" sich dort und fing sich ein freundliches richterseitiges Absageschreiben ein.[3] Das Schreiben schrieb dann Rechtsgeschichte, denn es war gar keines, sondern – wie sich später höchstrichterlich festgestellt ergab – ein „Justizverwaltungsakt" analog §§ 23 ff. EGGVG. So gruppierte jedenfalls das BVerfG den Vorgang schließlich ein (ganz offensichtlich in seiner „Not" irgendeine gesetzliche Ankoppelung für den gesetzlich völlig ungeregelten Bereich zu finden).[4]

Der Rest ist bis heute die „Insolvenzrechtsszene" und den Gesetzgeber bewegende Rechtsgeschichte. Nur wenige Auseinandersetzungen zwischen Richtern und den eigentlich mit ihnen zusammenarbeitenden Insolvenzverwaltern wurden so erbittert geführt wie die nun folgenden „Vorauswahl-Listenzugangsentscheidungen" und die folgerichtig auch auftretenden „De-Listing"-Entscheidungen, also „offizielle" Entfernungen von diesen Listen.[5] Es ging um die Verrechtlichung von Listungskriterien wie Ortsnähe, Fachanwaltsbezeichnung bis hin zur (durchaus notwendigen) Darstellung von Mitarbeiter-Unterbau in den Verwalterkanzleien durch die sich „bewerbenden" Verwalter.[6] Die Insolvenzgerichte versuchten teilweise, einen gewissen Qualitätsstandard in die Listungsentscheidung „vorzuziehen", und auch die Bestellungsentscheidung sollte von „Qualitätskriterien" wie z. B. „Verfahrenskennzahlen" zumindest mitbestimmt werden.[7] Deren Definition indes wurde und blieb streitig. Ein weiteres absurdes Ergebnis der Debatte war die Involvierung der Landesjustiz- oder Gerichtsverwaltung in die Streitigkeiten, denn der jeweilige Insolvenzrichter konnte gemäß höchstrichterlicher Rechtsprechung nicht „Antragsgegner" sein.[8] Listungsanträge mit berufsrechtlichem Einschlag wollten dann die juristische Person zum Insolvenzverwalter küren lassen, was BGH und BVerfG schließlich zu Recht ablehnten.[9]

Heute nach mehr als 25 Jahren beschäftigt uns diese Auseinandersetzung rund um „Beruf" oder „Amt" des Insolvenzverwalters/Sachwalters/Restrukturie-

---

3) Dessen – überschaubarer – Wortlaut berichtet der Sachverhalt BVerfG, v. 3.8.2004 – 1 BvR 135/00 u. 1 BvR 1086/01, NJW 2004, 2725 wie folgt: *„Der Bf. zu 1 ist Rechtsanwalt mit Kanzleisitz in A. Nach vergeblichen Bemühungen, vom AG A. zum Insolvenzverwalter bestellt zu werden, teilte ihm der Insolvenzrichter mit dem angegriffenen Schreiben mit, dass er mit mehreren Rechtsanwaltskanzleien bei Insolvenzverwaltungen mit gutem Erfolg zusammenarbeite und kein Anlass bestehe, die Zahl der Verwalter zu erhöhen."*

4) BVerfG, v. 3.8.2004 – 1 BvR 135/00 u. 1 BvR 1086/01, NJW 2004, 2725.

5) Der Begriff „DE-Listing" wurde wohl erstmals geprägt im Aufsatz *Frind/A. Schmidt*, NZI 2004, 533.

6) Zu allem ausführlich HmbKomm-InsO/*Frind*, § 56 Rn. 20 ff. m. w. N.

7) Dazu HmbKomm-InsO/*Frind*, § 56 Rn. 57 m. w. N.

8) HmbKomm-InsO/*Frind*, § 56 Rn. 21, Rn. 22 m. w. N.

9) BVerfG, v. 12.1.2016 – 1 BvR 3102/13, ZInsO 2016, 383 = ZIP 2016, 321; BGH, v. 19.9.2013 – IX AR (VZ) 1/12, ZInsO 2013, 2103.

rungsbeauftragten immer noch. Sie hat hilfreiche, aber auch negative Spuren hinterlassen.[10] Hilfreich: Der Gesetzgeber hat mit **§§ 22a, 56a, 56b InsO Bestellungsvorschläge von Gläubigern** und in **§ 270d InsO von eigenverwaltenden Schuldnern** geregelt. Das deutsche „Listungswesen" ist durch die europäische Restrukturierungsrichtlinie (Art. 26)[11] quasi ad acta gelegt worden, es ist weder „transparent" noch „fair" im Sinne der Richtlinienanforderungen.[12] Indes ist bisher an seine Stelle keine bundesweite gesetzliche Listungs-Zugangsregelung, geschweige denn eine Berufsordnung für Insolvenzverwaltung und die übrigen gesetzlichen Bestellungsämter getreten; die Verbände streiten (oder stritten) um die „richtige" Regelung, der Gesetzgeber zögerte und entwarf 2024 erste Regelungsüberlegungen vor.[13] Danach soll eine (demnächst gesetzliche?) **„Insolvenzverwalter-Kammerlösung"** auch die berufsrechtlichen Zugangsfragen klären (dazu unter → Rn. 75).[14]

Es bleibt indes ein negativer „Nachhall" der Bestellungs-Debatte in Form der Bezweiflung der Statthaftigkeit solcher Bestellungsentscheidungen in richterlicher Unabhängigkeit. Denn der „Bestellungsakt" ist ein solcher, verbunden mit der Sachverständigeneinsetzung, der Anordnung der Sicherungsmaßnahme nach § 21 InsO oder der Insolvenzeröffnung. **4**

Zu wenig Beachtung findet, dass der Insolvenzverwalter zugleich auch immer Insolvenzsachverständiger ist, und damit über § 4 InsO die Regelungen der §§ 404–423 ZPO für ihn (auch) gelten. Der Gesetzgeber hat hier eine Begründung für die jeweilige Sachverständigenauswahl nicht geregelt (§§ 56 InsO, 404 ZPO). Nach ganz herrschender Meinung kommt eine **„Bestellungsbegründung"** nicht in Betracht. Die Praxis weiß, dass eine Abwägung zwischen allen dem Richter bekannten Kandidaten innerhalb einer Begründung nicht möglich wäre.[15] Und das BVerfG hat bestätigt, dass die konkrete Bestellungsentscheidung nicht rechtsmittelbehaftet ist.[16] Ein „Anrecht" auf die Zuweisung von massehaltigen Verfahren gibt es erst recht nicht.

So mancher hat daher in den vergangenen Jahren die Frage aufgeworfen, welchen Sinn die „Bestellungs-/Bestellungszugangsdebatte" eigentlich hatte.[17] **5**

---

10) Die Atmosphäre zwischen Verwalter und Insolvenzrechtsanwender verschlechterte sich durch diese Berufszugangsstreitigkeiten, zuweilen so stark, dass der Verfasser in einem Aufsatz „Die Waffen nieder" fordern musste (*Frind*, ZInsO 2006, 1182).

11) RICHTLINIE (EU) 2019/1023 DES EUROPÄISCHEN PARLAMENTS UND DES RATES vom 20. Juni 2019, Amtsblatt der Europäischen Union v. 26.6.2019.

12) *Frind*, ZInsO 2023, 2314, 2318; *Frind*, INDat Report 2/2021, S. 56; *Smid*, DZWIR 2021, 257; *Smid*, ZInsO 2022, 965, 970 Fn. 56; PRS-*Cranshaw*, Art. 26 EU-RL Rn. 8; Bericht st. Deputation DRIT, ZInsO 2022, 1846; a. A. *Thole*, ZIP 2023, 1769, 1774.

13) Zu allem HmbKomm-InsO/*Frind*, § 56 Rn. 7, Rn. 18, Rn. 22, Rn. 42.

14) INDat Report 1/2024, S. 14.

15) HmbKomm-InsO/*Frind*, § 56 Rn. 109, 111 m. w. N.

16) BVerfG, Beschl. v. 23.5.2006 – 1 BvR 2530/04, ZInsO 2006, 765.

17) *Neubert*, ZInsO 2017, 1649, 1650; *Runkel/Wältermann*, ZIP 2005, 1347, 1351; *Pannen*, NZI 2004, 548, 549.

Sie hat zumindest die Sensibilität für die gegenseitigen Rollenverständnisse von insolvenzgerichtlichen Rechtsanwendern und Verwaltern geschärft und Verständnis für die jeweilige „andere" Seite geweckt. Das „Beiwerk" von gerichtlichen Auseinandersetzungen kann indes als weitgehend unnötig angesehen werden. Allerdings sind auch Fragen der **generellen Eignung** und des De-Listing, die die InsO gesetzlich und regelungstechnisch außerhalb von § 59 InsO schlicht nicht bearbeitet, durch die Debatte beleuchtet worden. In Anbetracht der doch immer wieder berichteten Verstöße von Verwaltern gegen eine regelgerechte Massegenerierung bis hin zu schadenersatzrechtlichen Haftungsfällen und im Extremfall bis zur Veruntreuung (alles selbstverständlich Einzelfälle)[18] sind solche Fragen, die es zu „Konkurszeiten" – zumindest fachöffentlich – gar nicht gab, nach wie vor dringend generell regelungsbedürftig. Wo und solange dies nicht der Fall ist, gelten „Best Practice" -Usancen.

2. Praxiswichtige Eckpunkte der insolvenzgerichtlichen Vorauswahl-Funktionen

6 Die derzeit bei den Insolvenzgerichten noch – teilweise (dazu → Rn. 10) – praktizierte Vorauslistenführung findet in § 56 InsO keine gesetzliche Stütze. Sie ist, wie bereits dargelegt (→ Rn. 3), eine „Rechtsprechungserfindung" des BVerfG. Es gilt insofern, die Funktionsbeschreibung für die Vorauswahl-Listen in den Blick zu nehmen, um deren Bedeutung für die konkrete Einzelfallbestellung abschätzen zu können: Die Insolvenzrichter sollen solche Listen führen, um im Eilfall der Bestellung (in der Regel innerhalb des Insolvenzeröffnungsverfahrens) einen vorbereiteten Überblick über die bestellungsbereiten und bestellungsfähigen Kandidaten zu haben, insbesondere sollen die generellen Bestellungsanforderungen vorab geklärt sein.[19]

7 Bis heute streitig ist, ob die Vorauswahl-Listen-Praxis zugleich eine vorgezogene „Bestenauslese" darstellt. Eigentlich wäre das sinnvoll,[20] denn die Verfahrensbeteiligten erwarten von den Insolvenzgerichten die Bestellung erwiesenermaßen „fähiger" Insolvenzverwalter. Durch die höchstrichterliche Rechtsprechung sind in jüngerer Zeit allerdings die meisten Schranken, die Qualität der Verwaltung versprachen, weitgehend entfallen und die Vorauswahl ist bei nahezu allen Insolvenzgerichten kaum noch als Bestenauslese verfasst.[21] Dies liegt daran, dass die obergerichtliche Rechtsprechung die Aufnahme auf die Listen bereits bei „genereller Eignung" erwartet,[22] indes wiederum diese

18) HmbKomm-InsO/*Frind*, § 58 Rn. 4.

19) BVerfG, v. 23.5.2006 – 1 BvR 2530/04, ZInsO 2006, 765 Rn. 20.

20) So auch *Smid*, DZWIR 2021, 257, 260; *Preuß*, ZIP 2011, 934, 936; *Siemon*, ZInsO 2010, 401, 405; *Wieland*, ZIP 2007, 462, 463; a. A. *Moderegger*, NZI 2017, 241, 244; *Smid*, ZInsO 2018, 1825, 1828.

21) *Kruth*, DStR 2017, 669, 672.

22) OLG Hamburg, v. 8.10.2008 – 2 VA 4/07, ZIP 2008, 2228 = NZI 2008, 744; OLG Schleswig, v. 28.11.2006 – 12 VA 3/06, ZIP 2007, 831; BGH, v. 19.12.2007 – IV AR (VZ) 6/07, ZInsO 2008, 207.

„generelle Eignung“ gänzlich undefiniert und wiederum laut ausdrücklicher BVerfG-Rechtsprechung von den jeweiligen Anforderungsprofilen der einzelnen Insolvenzrichter abhängig ist.[23] In der hiesigen Abhandlung werden die notwendigen Bestellungsanforderungen unter B. dargestellt.

Eine völlig gleiche „Eligibilität“ der gelisteten Verwalter besteht dennoch nicht, da im Einzelfall der Insolvenzrichter Spezialkenntnisse, bestimmte Fertigkeiten, Erfahrungen und bisherige Leistungen der Bewerber zu berücksichtigen hat. Und andererseits findet ein „De-Listing“ unstreitig dann statt, wenn der/die jeweils Gelistete zur Überzeugung des jeweiligen Insolvenzrichters regelhaft „schlecht perfomt“. 8

Praxishinweise:

Ein Bewerber muss vor Bewerbung beim jeweiligen Insolvenzgericht wissen:

- Dass die Auswahl und Bestellung des Verwalters zugleich **Akt richterlicher Unabhängigkeit** ist, was das BVerfG betont.[24] Denn der Insolvenzrichter hat bei der Beurteilung eines Bewerbers zur Frage der Erfüllung der zulässigen Anforderungskriterien zum Zugang zur Vorauswahl-Liste einen **weiten Ermessensspielraum,**[25] wobei die Begrifflichkeit zum **„Beurteilungsspielraum“** wechselnd ist. Zulässig ist indes, dass sich Insolvenzrichter eines Gerichts darauf einigen, eine gemeinsame Vorauswahl-Liste zu führen und Bewerber z. B. nur gemeinsam anzuhören bzw. dann zu listen.[26] Diese gilt aber nur so lange, wie alle Richter mit den dafür zugrunde liegenden Anforderungskriterien einverstanden sind und die Liste auch verwenden wollen. Wird im Rahmen von Abteilungswechseln die richterliche Zuständigkeit verändert und neue Richter treten in das Insolvenzdezernat ein, kann sich ein bisheriger gemeinsamer „Comment“ verändern. Bewerber tun daher gut daran, sich mittels Erkundigung beim abteilungsführenden Richter oder bei bereits bestellten Kollegen zu informieren, ob eine „gemeinsame Liste“ geführt wird.

- Die in **§ 56 Abs. 1 Satz 2** zugleich durch die Insolvenzrechtsänderung gem. RegE vom 28.6.2006 durchgeführte Gesetzeserweiterung, dass ein Verwalter sich auf **bestimmte Arten von Verfahren bewerben** können soll, **meint die** Beschränkungsmöglichkeit auf die spezielle Aufgabe des Verwalters im Kleininsolvenz- und Verbraucherverfahren und -natürlich nicht – eine Bewerbungsangabe „ich möchte nur lukrative Großverfahren übernehmen“ etc. Die Führung **getrennter Vorauswahl-Listen** für Regel-/Unternehmens-

---

23) BVerfG, v. 3.8.2004 – 1 BvR 135/00 u. 1 BvR 1086/01, ZIP 2004, 1649, 1651; Kayser/Thole-*Riedel*, InsO, § 56 Rn. 15, 17.

24) BVerfG, v. 3.8.2004 – 1 BvR 135/00 u. 1 BvR 1086/01, ZInsO 2004, 913 Rn. 24; BVerfG, v. 23.5.2006 – 1 BvR 2530/04, ZInsO 2006, 765 Rn. 23; BGH, v. 17.3.2016 – IX AR (VZ) 1/15, ZInsO 2016, 1005 Rn. 10, 18), muss die Liste bei größeren Insolvenzgerichten mit mehreren Insolvenzrichtern prinzipiell von jedem Richter selbst geführt werden („Richterliste“ [Rn. 26]; vgl. BGH v. 17.3.2016, ZInsO 2016, 1005 Rn. 18; BVerfG, v. 3.8.2009 – 1 BvR 369/08, ZInsO 2009, 1641, dort Rn. 12; *Laws*, ZInsO 2006, 847, 850; *Frind*, ZInsO 2006, 1183; *ders.*, ZInsO 2008, 655; *Wieland*, ZIP 2005, 233, 237; *Preuß*, KTS 2005, 155, 160; *Frind/Schmidt*, NZI 2004, 533.

25) OLG Hamburg ZInsO 2005, 1170; OLG Dresden, v. 26.7.2007 – 13 VA 1/07, ZIP 2007, 2182; a. A. OLG Schleswig. V. 28.11.2006 – 12 VA 3/06, ZIP 2007, 831.

26) Diese Praxis ist z. B. beim AG Köln der Fall.

und/oder Verbraucherinsolvenzverfahren empfiehlt sich wegen der mit der Reform der Privatinsolvenz zum 1.7.2024 weitgehend vollzogenen Angleichung der Verwalter-Pflichten (z. B: Erweiterung der Anfechtungsbefugnis auch in Verbraucherinsolvenzverfahren) in allen Verfahrens„arten" nicht[27] und ist auch nicht hinsichtlich getrennter Anforderungsprofile notwendig.[28] Ein interner „Listen"-Vermerk beim jeweiligen Verwalter auf eine beschränkte Bewerbung genügt.[29] Die gerichtlichen Anforderungen an eine generelle Bestellbarkeit können z. B. für Verbraucherinsolvenzverfahren nicht herabgesetzt werden (auch nicht bei der Haftpflichtversicherungssumme), da auch in deren Verlauf zuweilen hohe Massen verwaltet werden können (z. B. nach Erbschaft), oder rechtlich schwierige Probleme (Grundstückverwertung, Anfechtungsrechtsstreitigkeiten) auftreten (unverhofft) können.

- Eine **Bindung der jeweiligen Richter an „ihre" jeweilige Vorauswahlliste gibt es nicht.** Bei speziellen Verfahren mit speziellen Anforderungen (z. B: Büro des Verwalters in einem bestimmten Land, Erfahrungen in einer seltenen Branche, seltene Sprachkenntnisse, etc.) kann auch ein nicht gelisteter Verwalter bestellt werden.[30] Weiterhin bestehen innerhalb der Vorschlagsmöglichkeiten von Schuldnern und Gläubigern (§ 56 Satz 4 Nr. 1 InsO) und Gläubigerausschuss-Vorschlägen (§§ 56a Abs. 1, 22a Abs. 1 InsO) keine Bindungen an die „Listung" (wenngleich der Vorschlag eines „Gelisteten" dem Gericht die Bestellung vereinfacht, da dann eine – ggf. zeitaufwändige – Prüfung der „generellen" Bestellungsvoraussetzungen entfällt.[31]

- Eine Listung vermittelt **keinen Anspruch auf Bestellung**, schon gar keinen auf regelmäßige Bestellung.[32] Dies resultiert bereits aus der gefestigten Rechtsprechung zur Nichtstatthaftigkeit der konkreten Konkurrentenklage („Das Verfahren hätte aber ich bekommen müssen").[33] Eine Differenzierung zur Frage, ob es sich bei der Bestellung eines **vorläufigen** Insolvenzverwalters überhaupt um einen Justizverwaltungsakt i. S. v. §§ 23 ff. EGGVG handelt, fehlt im Übrigen in der Rechtsprechung des BVerfG.[34] Es wäre auch dem Eilverfahren des Insolvenzeröffnungsverfahrens nicht angemessen, wenn die Bestellung eines vorläufigen Insolvenzverwalters von einem Prätendenten angegriffen werden könnte. Weiterhin kann das Gericht die Bestellung im Eröffnungsbeschluss meistens auch damit rechtfertigen, dass der Bestellte bereits – zumindest – Insolvenzsachverständiger war und das Verfahren nun „als einziger der Prätendenten" am besten kennt, und die Sachverständigenauswahl ist gem. §§ 4 InsO, 404 ZPO nicht anfechtbar. Auch beim **Eigen-**

27) AG Mannheim, v. 7.12.2009 – AR 52/09, NZI 2010, 107 = ZInsO 2010, 2149.

28) OLG Hamburg, v. 3.8.2011 – 2 VA 9/11, ZInsO 2011, 1655 = NZI 2011, 762; *Smid*, ZInsO 2018, 1825, 1828; *Smid*, DZWIR 2021, 257, 261.

29) Uhlenbruck-*Zipperer*, InsO, § 56 Rn. 18 a. E.

30) *Pannen*, NZI 2004, 548, 549; HmbKomm-InsO/Frind, § 56a Rn. 25.

31) Siehe dazu HmbK-InsO/*Frind*, § 56a Rn. 24, 26, 27 m. w. N.

32) *Gaier*, ZInsO 2006, 1177; *Laws*, ZInsO 2006, 1123, 1125. Dies folgt bereits aus der Nichtrechtsmittelfähigkeit der konkreten Bestellung durch einen „Mitbewerber" („Das Verfahren hätte aber ich bekommen müssen").

33) BVerfG, v. 23.5.2006 – 1 BvR 2530/04, ZInsO 2006, 765 Rn. 20; HmbKomm-InsO/*Frind*, § 56 Rn. 114 m. w. N.

34) Diesbzgl. zu Recht abl. Römermann-*Mönning*, InsO, § 21 Rn. 90, da der vorläufige Verwalter zugleich Erkenntnisperson des Gerichtes ist; OLG Frankfurt/M. ZInsO 2009, 242.

verwaltungsverfahren ist eine konkrete **Konkurrentenklage** des vorgeschlagenen Bewerbers unzulässig.[35)]

- Der Nichtbestellungsanspruch führt zu den Phänomenen der „Scheinlisten" und des „faktischen De-Listing". Ob hiergegen rechtlich überhaupt erfolgreich vorgegangen werden kann, ist streitig. Ob ein Vorgehen sinnvoll wäre, eine zweite Frage. Der gelistete, aber konkret fortwährend nicht bestellte Bewerber soll diese „Praxis" zum Anlass zur Feststellung seiner fehlerhaften fortdauernden Nicht-Berücksichtigung im Wege der konkret-abstrakten Feststellungsklage nehmen können.[36)] Streitig ist bereits, wann von einem „faktischen De-Listing" auszugehen ist. Ein allgemeingültiger Maßstab wird sich kaum finden lassen, da Abhängigkeiten von Antragseingängen, von der Art der hereinkommenden Verfahren und dem Umfang der jeweiligen Vorauswahl-Listen bestehen. Darüber geben die jährlichen Statistik-Hefte des INDat-Reports beredete Auskunft. Durchschnittlich gerichtliche Bestellungsfrequenzen pro Verwalter zwischen 0 und 7 Regelinsolvenzen werden berichtet. Unternehmensgruppenverfahren führen schnell zu „Spitzenpostionen" mit einer Regelinsolvenzbestellung (ohne natürliche Personen) bis zu 150 Verfahren/Jahr bei einzelnen Verwaltern. Es ist Aufgabe der jeweiligen Insolvenzrichter die Belastungssituation der von ihnen bestellten Verwalter vor (weiterer) konkreter Auftragsvergabe abzuwägen.[37)]

Eine temporäre Nichtbestellung muss also kein „De-Listing" sein, sondern kann aufgrund der Auftragslage bei Gericht oder wegen der mangelnden Abarbeitung von Verfahren durch den Verwalter oder wegen verringerter Qualifikation gerechtfertigt und notwendig sein. Das OLG Hamm[38)] hat erst eine Nichtbestellung über mehrere Jahre genügen lassen. Anknüpfungspunkt muss dann aber ein konkreter Bestellungsfall sein.[39)] Diese **„konkret-abstrakte" Feststellungsklage** ist vom OLG Hamm als zulässiges Instrument bestätigt worden.[40)] Es hat den Insolvenzrichter unter Feststellung der Verletzung des pflichtgemäßen Auswahlermessens gegenüber dem Antragsteller verpflichtet, diesen künftig nach pflichtgemäßem Ermessen zu berücksichtigen. Dies verhilft indes nicht zukünftig zu konkreten Bestellungen, da eine „Ermessensreduzierung auf Null" („derjenige muss jetzt dieses Verfahren zwingend bekommen und kein anderer") faktisch nie vorkommen wird. Die Zulässigkeit solcher Feststellungsklagen wird daher zu Recht skeptisch beurteilt,[41)] da ein wirkliches Rechtsschutzziel nicht erkennbar ist.[42)] 9

35) Siehe den Fall OLG Düsseldorf, v. 31.8.2016, ZInsO 2017, 1490.

36) *Gaier*, ZInsO 2006, 1177, 1180: „Dulde ein Mal und stelle für die Zukunft ab."

37) Hierzu HmbKomm-InsO/*Frind*, § 56 Rn. 63 m. w. N.

38) Az. 27 VA 3/11, n. v.; zit. n. juris.

39) So OLG Koblenz, v. 19.11.2015, NZI 2016, 152.

40) OLG Hamm, v. 7.1.2013 – 27 VA 3/11, n. v.; zit. n. juris).

41) FK-InsO/*Jahntz*, 9. Aufl., § 56 Rn. 24.

42) „Stumpfes Schwert" so *Römermann*, ZInsO 2010, 620; *Laws*, ZInsO 2006, 1123, 1125.

3. Die gerichtliche Praxis der Vorauswahl-Listenführung

10 Die bei den Insolvenzgerichten „gelebte" Praxis im Umgang mit Vorauswahl-Listen ist völlig unterschiedlich.

Dies beginnt bereits mit der Entgegennahme und „Veraktung" von „Bewerbungsschreiben". Bei einigen Gerichten werden diese gar nicht oder erst auf nachdrückliches Drängen beantwortet, teilweise werden sie immer noch in einem „Ordner" schlicht abheftet. Andere Gerichte vergeben „Justizverwaltungsaktenzeichen" und bestätigen den Eingang. Dies zumindest ist eine im Ansatz korrekte Verfahrensweise. Im Grunde war vor dem Inkrafttreten der EU-Restrukturierungsrichtlinie sodann die Bewerbung zu bescheiden, und zwar im Zeitrahmen des § 27 Abs. 1 Satz 1 EGGVG (drei Monate). Bei einigen Gerichten wurden dazu vorher persönliche Anhörungsgespräche durchgeführt.

Die von der EU-Kommission vorgelegte und nunmehr beschlossene Restrukturierungsrichtlinie vom 20.6.2019[43] sieht in Art. 25 nur sehr allgemeine Qualitätsanforderungen an Verwalter vor, aber in Art. 26 Abs. 2 der EU-Restrukturierungsrichtlinie immerhin, dass Zulassungsvoraussetzungen klar und transparent sowie der Bestellungszugang fair geregelt sind. Diese Anforderung gilt auch für das derzeitige, nur rechtsprechungskonturierte deutsche Vorauswahl-Listungsystem.[44] Dieses genügt den EU-Anforderungen aber wegen der rein richtergestützten, diversifizierten Listungspraktik nicht.[45] Mit Stellungnahme vom 13.6.2022[46] hat der BAKinso e. V. diesen Umstand zum Anlass genommen, die bisherige nationale Nichtumsetzung der EU-Richtlinie zum 17.7.2022 in diesem Punkt zu rügen und eine Fortsetzung der Vorauswahl-Listenführung mangels rechtlicher Grundlage abzulehnen. Zugleich hat BAKinso e. V. bei der EU-Kommission ein Vertragsverletzungsverfahren eingeleitet, welches derzeit andauert. Fortan ist es statthaft und folgerichtig, eingehende „Bewerbungen" nur noch als **Interessenbekundungen** an einer Bestellung interessierter Verwalter-/Sachwalteraspiranten – ohne justizverwaltungsmäßige Bescheidung – zu behandeln und nur noch zu bestätigen, dass sie zur Kenntnis genommen wurden.[47] Das alles wird sich erst mit der gesetzlichen Einführung eines „Bundesverzeichnisses" grundlegend ändern.

---

43) ABl EU 2019 Nr. L 172, 18.

44) *Lissner*, ZInsO 2022, 1213, 1215.

45) *Frind*, ZInsO 2023, 2314, 2318; *Frind*, INDat Report 2/2021, S. 56; *Smid*, DZWIR 2021, 257; *Smid*, ZInsO 2022, 965, 970 Fußn. 56; PRS-*Cranshaw*, StaRUG, Art. 26 EU-RL Rn. 8; Bericht st. Deputation DRIT, ZInsO 2022, 1846; a. A. *Thole*, ZIP 2023, 1769, 1774.

46) ZInsO 2022, 1335 = NZI 14/2022, IX.

47) Dazu *Frind/Pollmächer*, INDat Report 5/2022, S. 34.

Bisher galt: Die Insolvenzrichter handeln im Vorauswahllistungsverfahren als **„Justizbehörde" sui generis,**[48] aber **in richterlicher Unabhängigkeit.**[49] Das BVerfG hat in Form der Institutionalisierung der „Listenführung" einen „Justizverwaltungsakt sui generis" geschaffen, der unmittelbar beim Insolvenzrichter angesiedelt und nicht nur behördenintern auf ihn nur „delegiert" ist.[50] 11

Praxishinweis: „Fragebögen"

Dies erfordert im Grunde, dass jeder Insolvenzrichter die bei ihm geltenden **Kriterien transparent macht.**[51] Dies kann durch einen Fragebogen[52] oder durch Bezugnahme auf eine Kommentierung geschehen, die alle von ihm genutzten Kriterien und benötigten Angaben enthält. Nachfragen an den Bewerber sind nur zur Vertiefung einzelner, nicht ausreichend dargelegter Kriterien notwendig, aber nicht, um eine nicht schlüssige Bewerbung erst schlüssig zu machen. Die Fragebogentechnik wird in der Praxis durchaus erfolgreich genutzt[53] und fragt zuweilen auch wechselseitige Vorschläge von Beratern und Verwaltern/Sachwaltern ab.[54]

Der Bewerber muss sich im bisherigen Verfahren vor der Bewerbung über die beim jeweiligen Insolvenzrichter geltenden **Aufnahmekriterien informieren**; das Gericht/der Richter kann diese öffentlich bekannt machen.[55] Nach eingegangener Bewerbung oder Interessenbekundung muss der Insolvenzrichter keine weiteren Aufklärungen über Bewerbungslücken durchführen, wenn ganze Kriterienbereiche gar nicht erwähnt sind. 12

Eine **Veröffentlichung der individuellen Vorauswahl-Richterlisten** findet nach Beobachtung nur selten statt. Dennoch erscheint es als Serviceleistung 13

48) So bereits *Frind*, ZInsO 2006, 1183; dies aufgreifend OLG Nürnberg, v. 16.7.2008 – 4 VA 1036, ZIP 2008, 1490; BGH, v. 16.5.2007 – IV AR (VZ) 5/07, ZInsO 2007, 711 = ZIP 2007, 1379; BGH, v. 19.12.2007 – IV AR (VZ) 6/07, ZInsO 2008, 207 = ZIP 2008, 515 = NZI 2008, 161; zustimmend: *Frind*, ZInsO 2008, 491.

49) BVerfG, Beschl. v. 23.5.2006 – 1 BvR 2530/04, ZInsO 2006, 765 Rn. 23; BGH v. 17.3.2016, ZInsO 2016, 1005 Rn. 18; K. Schmidt-*Ries*, InsO, § 56 Rn. 48; Uhlenbruck-*Zipperer*, InsO, § 56 Rn. 8, Rn. 35.

50) OLG Köln, v. 27.9.2006 – 7 VA 9/05, ZInsO 2007, 272 = NZI 2007, 105 = ZIP 2007, 342; so bereits *Frind*, ZInsO 2006, 1183.

51) *Koenig/Hentschel*, ZIP 2005, 1937, 1941; BGH, v. 17.3.2016 – IX AR (VZ) 1/15, NZI 2016, 508 Rn. 24.

52) Fragebogen des AG Nürnberg ZInsO 2020, 77; Fragebogen der Insolvenzgerichte Baden-Württemberg, NZI 2009, 97; ZInsO 2006, 78 [AG Karlsruhe]); NZI 2009, 97 („Heidelberger Fragebogen"); AG Münster ZInsO 2007, 876; AG München ZInsO 2009, 421 oder von Insolvenzverwaltern für Insolvenzgerichte – quasi in Amtshilfe – (ZInsO 2004, 1345) veröffentlichten enumerativen Kriterienkataloge für die Verwalterbestellung („Ankreuzlistenbewerbung"). Zur Unabhängigkeit siehe Fragenbogen Anhang II.6.

53) Vgl. den Tatbestand BGH, v. 4.5.2017, ZInsO 2017, 1312, 1313 Rn. 12.

54) Diese als „Ping-Pong-Spiel" kritisierend *Ganter*, NZI 2018, 137, 142.

55) Fachzeitschriften, Internet, siehe AG Hamburg ZInsO 2006, 1342 = ZIP 2007, 739; AG Münster ZInsO 2007, 876; AG München ZInsO 2009, 421; Fragebogen der Insolvenzgerichte Baden-Württemberg, NZI 2009, 97.

der Insolvenzgerichte sinnvoll, die jeweiligen Vorauswahl-Listen auf der gerichtlichen Internet-Seite zu veröffentlichen,[56] was einige Insolvenzgerichte[57] bereits tun. Die Veröffentlichung dient auch der Erleichterung „listenkonformer“ Gläubigerausschussvorschläge (§ 56a InsO), und auch die Schuldner/Geschäftsleiter können dann besser kalkulieren, welches „Verwalterportfolio“ das jeweilige Insolvenzgericht bereit hält, wenn auch (siehe → Rn. 8) eine richterliche „Listenbindung“ bei Bestellung nicht besteht.

4. Was ändert sich an der insolvenzgerichtlichen Vorauswahlpraxis mit einem „Bundesverzeichnis“?

a) Kurzüberblick Entstehung des „Rufes“ nach einem Bundesverzeichnis

14 Bereits seit dem Jahre 2017 erhob sich der Ruf, die richtergestützten Vorauswahl-Listen bundesweit gesetzlich zu vereinheitlichen. Die Regelung in Art. 26 der EU-Restrukturierungsrichtlinie verschaffte dem Ansatz einen zusätzlichen Schub (dazu → Rn. 3 und Rn. 10), der indes in den langen und wiederholten Beratungen zwischen insolvenzrechtlichen Verbänden, BRAK, Bundesländern und BMJ immer wieder auch mit der Frage der Berufskonturierung der amtswegig bestellten insolvenz- und sanierungsrechtlichen Personen verbunden wurde.

Es war ersichtlich, dass die mit dem vorgenannten System der Vorauswahl-Listen geschaffene Überschneidung von richterlichen und administrativen Aufgaben unter dem Aspekt der Gewaltenteilung nicht unproblematisch war.[58] Bereits aus Gründen der Effizienz und Arbeitskapazität ist zu fordern, die Erstellung von Vorauswahl-Listen nach Bundesländern zu ordnen und mit einer Bundesliste im Wege der Zulassungsregelung insgesamt zu zentralisieren.[59]

15 Aus insolvenzgerichtlicher Sicht notwendig wäre eine bundesweit geführte und kontrollierte Liste mit Internet-Suchfunktion(en), über die nach einzelnen Auswahlkriterien, aber auch örtlichen Verankerungen von Insolvenzverwaltern, schnell nachgesucht werden könnte.[60] Adressat und mögliche Nutzer für ein

---

56) *Frind*, ZInsO-NL 7/2012, 2.

57) Z. B. das Insolvenzgericht Potsdam; OLG Hamburg ZInsO 2011, 1655; OLG Celle, v. 12.11.2018 – 16 VA 5/18, NZI 2019, 160 = ZInsO 2020, 1017 nennt auch die Möglichkeit der Veröffentlichung im Internet.

58) *Pollmächer/Siemon*, NZI 2017, 93, 97.

59) BAKInso-Entschließung v. 20.11.2017, NZI 23/2017, XI = ZInsO 2017, 2692; *Frind*, ZInsO 2017, 2146; zust. *Antoniadis*, INDat Report 4/2018, S. 11; *Möhring* lt. INDat Report 8/2017, S. 77; *Vallender*, NZI 2017, 641; *Pollmächer/Siemon*, NZI 2017, 93; *Neubert*, ZInsO 2017, 1649, 1650, 1653; dafür bereits *Kruth*, Auswahl und Bestellung von Insolvenzverwaltern, S. 248.

60) *Braegelmann*, INDat Report 2/2022, S. 30 (für Öffentlichkeit einsehbar); *Zipperer*, ZInsO 2018, 2613, 2620; die heutigen Vorteile einer Internet-Suchfunktion verkennend *Ganter*, NZI 2018, 137, 143.

solches Bundesverzeichnis **wären auch Schuldner und/oder Gläubiger** für von ihnen zu machende Bestellungs-Vorschläge (§ 56a InsO).[61)]

Die Einführung eines **Bundesverzeichnisses** ist über eine Implementierung in § 56 Abs. 1 InsO – mit einer Formulierung, bestellbar sei nur eine Person aus dem Bundesverzeichnis – eine Berufsordnung erster Stufe, eine Zulassungsordnung. Der einzelne Insolvenzrichter wäre dann von der Entgegennahme und Bescheidung von Bewerbungen – und den damit verbundenen Streitigkeiten – befreit, die Auswahl des Verwalters im Einzelfall erfolgte aus der/des bundesweit geführten Liste/Verzeichnisses. Die Prüfung der Listungsanforderungen liegt bei der verzeichnisführenden Stelle.

Die früheren Koalitionsparteien hatten im Koalitionsvertrag vom 7.2.2018 eine **16** Neuregelung der Berufszulassung vorgesehen („Wir werden gesetzliche Rahmenbedingungen für die Berufszulassung und -ausübung von Insolvenzverwalterinnen und Insolvenzverwalter sowie Sachwalterinnen und Sachwalter regeln, um im Interesse der Verfahrensbeteiligten eine qualifizierte und zuverlässige Wahrnehmung der Aufgaben sowie effektive Aufsicht zu gewährleisten." [Zeile 6219]). Streitig bei der Umsetzung war, ob diese bundesweite Listenführungsfunktion mit der Überwachung und Verifizierung der ständigen Erfüllung der generellen Anforderungen (Pflichtenkatalog) gekoppelt werden sollte, wie auch mit einer zentralisierten, ggf. berufsständischen Überwachung der Einhaltung einer Berufsordnung.[62)] Sehr streitig war, welche Stelle das Bundesverzeichnis führen sollte und, ob die gerichtlichen Rechtsanwender eine Mitsprache- oder Mitgestaltungsrolle erhalten würden.

Ob eine **„Insolvenzverwalterkammer"** die Lösung sei, wurde teilweise bezwei- **17** felt.[63)] Die derzeit im Bundesgebiet bestellte Insolvenzverwalterschaft bewegt sich bei ca. 2.000 Personen. Eine Auswertung verzeichnet für 2023 insgesamt 2.034 Insolvenzverwalter, von denen „nur" 1.505 in Regelinsolvenzverfahren bestellt werden[64)] und die meisten regelmäßig von Insolvenzgerichten bestellt

61) *Cranshaw/Portisch*, ZInsO 2020, 226, 236; *Henssler*, Studie i. Auftrage des DAV, 2020, S. 113; *ders.*, NZI 2020, 193; *Meschede/Albrecht*, ZInsO 2018, 1645, 1649.

62) Für eine dies übernehmende Insolvenzverwalterkammer *Prütting*, INDat Report 7/2018, S. 22; *Vallender*, NZI 2017, 777; *Beck*, in: Festschrift Wimmer, 2017, S. 52.

63) Dafür: „Eckpunktepapier Berufsrecht" des Berufsrechtsausschusses des VID v. 18.12.2018, NZI 1–2/2019, XI; *Kästner*, INDat Report 7/2018, S. 11, 19; *Niering*, in: Festschrift Graf-Schlicker, 2018, S. 641, 657; *Schmittmann*, INDAT Report 1/2018, 42; *Westermann*, Diss. 2016, S. 249; *Prütting*, INDat Report 7/09, S. 17; *ders.*, Vortrag vom 30.10.2009, abzurufen unter www.vid.de; *Runkel*, NZI 13/09, V; *Graeber*, DZWIR 2005, 177, 189; abgeschwächt: MünchKomm-InsO/*Graeber*, § 56 Rn. 138: Zulassungsverfahren der Verwalterverbände; zum berufsverbandszentrierten Verfahren in England: *Siemens*, ZInsO 2019, 2451; *Schlegel/Bewick*, NZI 6/08, VI) ist fraglich (unentschieden *Römermann*, INDat Report 6/2017, S. 22, 24; **abl.** *Smid*, DZWIR 2021, 257, 264; *Henssler*, NZI 2020, 193, 197; *Cranshaw*, NZI 2020, 143, 146; *Flöther*, INDat Report 6/08, S. 34, *ders.*, INDat Report 10/17, S. 69; *Kleine-Cosack*, ZIP 2016, 741, 744; *Filges*, in: Festschrift Wellensiek, S. 279, 289.

64) *Kollbach*, INDat Report 3/2024, S. 44.

werden. Im Jahre 2024 wurden nur noch 1954 Verwalter gezählt von denen 1353 Regelinsolvenzverfahren bearbeiten.[65] Maßgeblich und bewiesen hierdurch ist, dass die „Gelegenheitsverwalter“ vom Markt verschwinden.[66] Eine weitere Professionalisierung ist auch im Interesse der Insolvenzgerichte, denn sie fördert die Wahrscheinlichkeit zufriedenstellender Insolvenzgutachten (dazu → III.).

18 Infolge der seit Jahren rückläufigen Antragszahlen halbierte sich aber die Anzahl der pro Verwalter eröffneten Unternehmensinsolvenzverfahren von 5,12 im Jahre 2009 auf 2,75 im Jahre 2021. Die Anzahl der Verwalterkanzleien ist von 1.655 im Jahre 2007 auf 1.144 im Jahre 2021 gesunken. 36 % der Kanzleien haben allerdings nach wie vor nur einen bestellten Verwalter, wohingegen sechs Kanzleien mehr als 20 bestellte Verwalter haben.[67] Viele Verwalterkanzleien erweiterten ihr Leistungsspektrum um insolvenznahe Beratung, was das Berufsbild verwässert.[68] Eine geringe Anzahl Verwalter sind keine Rechtsanwälte.[69]

19 Die Streitfragen rund um eine gesetzliche Verzeichnisregelung überlappten sich fortan bei den Fragen der Qualifizierung der insolvenzrechtlich und sanierungsrechtlich konturierten Tätigkeiten als eigenständiger „Beruf“, bei der Frage der verzeichnisführenden Stelle und der nachgelagerten Fragen nach Berufsordnung und Berufsaufsicht. Die Regelungsfragen bei Schaffung einer Insolvenzverwalterkammer sind zahlreich.[70] Zunehmend wurde deutlich, dass das erweiterte Berufsbild – in Anbetracht von Beratungstätigkeiten seitens der Insolvenzverwalter, von Sanierungsmoderation und Restrukturierungsbeauftragtentätigkeiten – auch ein erweitertes Verkammerungsverständnis erfordert.[71]

20 Zweifelhaft ist, ob eine Insolvenzverwalterkammer neutral eine Fachprüfung, die Voraussetzung einer bundesweiten Listung sein müsste,[72] abnehmen und fortan die Einhaltung der Listungsanforderungen überprüfen kann.[73]

Außerdem steht der Verwalter ohnehin in jedem Verfahren unter der direkten amtswegigen Aufsicht des Insolvenzgerichtes (§ 58), sodass die Einhaltung

---

65) INDat-Report 1/2025, S. 11.

66) *Bergner*, ZIP 2023, 2078; *Frind*, ZInsO 2023, 2314.

67) Siehe den Bericht v. *Fehl-Weileder*, INDat Report 4/2022, S. 46 lt. Decieux von der STP GmbH; der Konzentrationsprozess hält an *Haghani*, INDat Report 8/2022, S. 33.

68) *Frind*, ZInsO 2023, 2314; *Frind*, ZInsO 2017, 2146.

69) 132 lt. WBDatGmbH; das Gutachten von *Henssler* aus dem Januar 2019 nennt 6,7 % mit 6,4 % der Verfahren [S. 11 Gutachten]; *Henssler*, NZI 2020, 193, 194.

70) *Römermann*, INDat Report 3/2024, S. 30.

71) *Frind*, ZInsO 2023, 2314.

72) So *Kästner*, INDat Report 7/2018, S. 11, 19; *Antoniadis*, INDat Report 4/2018, S. 11; *Niering*, in: Festschrift Graf-Schlicker, 2018, S. 641, 654.

73) Dafür *Holzer*, INDat Report 3/2019, S. 13, 17; *Vallender*, ZIP 2019, 158, 162; *ders.*, NZI 2017, 777; abl. *Flöther*, INDat Report 8/2018, S. 34; *Frind*, NZI 2018, 729.

einer Berufsordnung auch in jedem Verfahren geprüft werden kann und muss.[74] Es gibt keine berufsrechtlichen Pflichtendefizite im Rahmen der Bearbeitung von Insolvenzverfahren (mit Ausnahme fehlender Haftpflichtversicherung), die nicht ohnehin in der Bearbeitung der einzelnen Verfahren hervortreten und dort zu kontrollieren sind[75] und der insolvenzgerichtlichen Kontrolle unterliegen, zumal eine Kammer nur auf „Eingabe" hin tätig werden wird.[76]

Im Einzelfall kann bei Übernahme großer Insolvenzverfahren eine **gesonderte Versicherung** für deren Risiken über die Regelversicherung nach § 4 Abs. 3 Satz 2 InsVV notwendig werden, wobei dem Verwalter eine Kostenminderungspflicht obliegt.[77] Die gesonderte Einzelfallversicherung ist vom Verwalter ihrer Notwendigkeit detailliert darzulegen und vom Gericht nur zeitpartagiert jeweils zu bewilligen.[78] Eine solche zusätzliche Versicherung ist vom Insolvenzgericht im Eröffnungsverfahren per Einzelermächtigung als massebelastende Auslage zu genehmigen und – soweit vorhanden – mit dem vorläufigen Gläubigerausschuss zu konsentieren. Für den Sachwalter soll so eine Versicherung in der Regel wegen der Reduzierung auf bloße Überwachungsaufgaben nicht in Betracht kommen.[79]

Für die generelle – transparente und „faire", d. h. bundeseinheitliche – Anforderungsprüfung wurde auch eine schlanke Lösung über eine neutrale staatliche Stelle für die bundesweite Zulassung von Insolvenzverwaltern (Bundesamt für Justiz) befürwortet. Eine Berufsordnung und deren berufsständische Beaufsichtigung durch eine „Insolvenzverwalterkammer" kann jedenfalls die gerichtliche Kontrolle nicht ersetzen (dazu → Teil II.). Aber sie könnte die gerichtliche Aufsicht nach § 58 InsO in vielen Feldern und im jeweiligen Verfahren erleichtern und gerichtliche „Leitlinien" (→ siehe die Leitlinien-Sammlung im Anhang) zumindest teilweise obsolet machen.[80] Verfahrensübergreifend sind nur das De-Listing und die Implementierung der Meldung rechtskräftiger Entlassungsbeschlüsse für die einzelnen „Gelisteten" relevant. 21

Eine allgemeine – gesetzlich oder durch eine Kammer zu regelnde – **„Berufsordnung"** kann auch das gerichtliche Ermessen zur Entlassung im Einzelfall gem. § 59 InsO weitgehend nicht einschränken,[81] zu vielfältig sind mögliche, auch schwerwiegende Verstoßmöglichkeiten (Beispiele → Teil II. Rn. 82 ff.) und der gerichtliche Ermessensbereich, ob diese zu einer notwenigen Entlassung im Einzelfall tauglich sind oder gar zwingend, ist generell nicht regelbar. 22

---

74) *Smid*, ZInsO 2018, 1825, 1830; a. A. wohl *Vallender*, ZIP 2019, 158, 165.

75) *Henssler*, NZI 2020, 193, 196.

76) Deswegen zu Recht kritisch *Lissner*, ZInsO 2019, 2398, 2400.

77) *Lissner*, ZInsO 2018, 1499, 1504.

78) *Lissner*, InsbürO 2024, 465, 468.

79) AG Hannover, v. 29.4.2020, ZInsO 2020, 1099.

80) *Frind*, NZI 2018, 729; eine Berufsordnung für nicht notwendig haltend *Thibaut*, ZInsO 2024, 1, 6.

81) *Cranshaw*, NZI 2020, 143, 146.

Denn die Zulassung kann die insolvenzrichterliche Einzelauswahlentscheidung im Sinne einer „Unbedenklichkeit“ bei der Einzelfalleinsetzung kaum präkludieren, da der Insolvenzrichter allein die Notwendigkeiten der bei seinem Gericht entstehenden Fälle kennt und ggf. bei ersichtlicher, fehlerhafter Bestellungswahl persönlich haften könnte.[82] Eine Berufsordnung muss alle Tätigkeitsfelder im Bereich Insolvenz, Sanierung, Restrukturierung abdecken und den dortigen Anforderungen an Transparenz und Klarheit des Bestellungszuganges entsprechen, was das bisherige nationale Vorauswahl-Listungsystem derzeit nicht erfüllt.

23 Der Gesetzgeber strebte in der vergangenen Ledislaturperiode nach vieljährigen Verbandsdiskussionen die gesetzliche Schaffung einer Insolvenzverwalterkammer konkret an.[83] Sie soll das Bundesverzeichnis führen (siehe hierzu → Rn. 75).

b) Bundesverzeichnis und gerichtliche Einzelbestellungsauswahl

24 Auch nach gesetzlicher Schaffung eines funktionierenden Bundesverzeichnisses der „bestellungsfähigen“ Personen, verbleibt – jenseits nur auf offensichtliche Ungeeignetheit zu prüfender Bestellungsvorschläge gem. §§ 56a Abs. 2, 270d Abs. 2 Satz 2, Satz 3 InsO – es aber bei der insolvenzrichterlichen freien Einzelbestellungsauswahl. Das Bundesverzeichnis liefert hierfür nur den „Hintergrund“; der einzelne Bestellungsfall wird von diesem umso mehr beeinflusst werden, je besser eine Internetsuchfunktion nach Stichworten hier ausgestaltet wird/ist und je mehr es Verwaltern gelingt, in einem „Freifeld“ bestimmte Qualitäten und Fertigkeiten darzustellen (z. B: Sprachkenntnisse, Erfahrungen in bestimmten Branchen, Erfahrung mit bestimmten „Verfahrensarten“, wie Eigenverwaltung, Kriminalinsolvenz, etc.). Im Übrigen wird es maßgeblich bei den „Top-Kriterien“ bleiben (dazu → Rn. 55).

25 Die **Einzelbestellung im konkreten Fall** folgt der Abwägung zu den jeweiligen Verfahrensanforderungen. Nutzbringend sind daher möglichst viele detaillierte Informationen über das Schuldnerunternehmen. Zumindest im Eigenantragsverfahren sollte der Schuldner/organschaftliche Vertreter dazu angehalten werden, diese dem Gericht mitzuteilen (siehe die erweiterten Anforderungen nach § 13 Abs. 1 InsO). Im Gläubigerantragsverfahren liegen dem Gericht indes häufig nur – sofern überhaupt gegeben – registerrechtliche Informationen vor, diese müssen aber den tatsächlichen Unternehmensgegenstand nicht wahrheitsgemäß und aktuell umreißen. Sofern ein **vorläufiger Gläubigerausschuss** zu bestellen ist (§ 22a InsO), sind dessen – bzw. die seiner Mitglieder – Angaben und Vorstellungen zum Anforderungsprofil und zu möglichen Personalvorschlägen zur Bestellung des (vorläufigen) Verwalters im Rah-

---

82) OLG Stuttgart ZInsO 2008, 45 = ZIP 2007, 1822; MünchKomm-InsO/*Graeber*, § 56 Rn. 177; Uhlenbruck-*Zipperer*, InsO, § 56 Rn. 61.

83) Zu den Regelungsproblemen *Römermann*, INDat Report 3/2024, S. 30.

men der Anhörung sehr nützlich (§§ 22a, 56a Abs. 1 InsO). Die Personalvorschläge sollten dann daran begründet sein, der mögliche „Pool" ist wiederum das Bundesverzeichnis.

> **Praxishinweis:**
>
> Auch bei Existenz eines gesetzlichen Bundesverzeichnisses bleibt das „ungeschriebene" Kriterium **„Vertrauen"**. Dieses bildet sich erst nach einiger Zeit, weshalb eine „Probephase" (→ Rn. 29) von allen Insolvenzrichtern regelhaft gebenutzt wird.

Das **Vertrauen des Insolvenzgerichtes** (besser: der dortigen Rechtsanwender) ist anerkanntes Kriterium bei der Auswahl des Insolvenzverwalters, dies hat nunmehr das BVerfG ins Zentrum seiner Entscheidung zur Frage „Verwalter als juristische Person" gestellt.[84] Begründung ist die nicht „lückenlos" mögliche „jederzeitige" Aufsicht i. S. d. § 58 Abs. 1 InsO.[85] Die Negation einer Vertrauensbasis muss aber an objektive Umstände anknüpfen.[86] Negative Erfahrungen aus früheren Verfahren können dazu führen, dass die Zusammenarbeit mit einem Insolvenzverwalter wegen mangelnden Vertrauens reduziert oder beendet wird.[87] Einen Verwalter, dem der betreffende Insolvenzrichter wegen nachweisbarer, ein Vertrauen unterminierender Verhaltensweisen oder Organisationsmängel nicht vertraut, muss er nicht weiter bestellen, denn die Kehrseite der richterlichen Verantwortung ist die Gefahr der Amtshaftung für eine falsche Verwalterauswahl. Insolvenzrichter müssen daher bei Existenz eines Bundesverzeichnisses nicht mehr „De-listen", da es eine „eigene" Voraus-wahl-Liste nicht mehr gibt. Sie werden auch, dies liegt bereits in der Natur der Sache, nicht alle „bundesverzeichneten" Verwalter jeweils bestellen können. 26

Das Bundesverzeichnis wird daher einen intensiven Kontakt mit dem jeweiligen Insolvenzgericht nicht obsolet machen: Eine **„Interessenbekundung"**, die wie bei vielen Insolvenzgerichten bereits nach Inkrafttreten der EU-Restrukturierungsrichtlinie an die Stelle von „Bewerbungen" getreten ist (→ Rn. 10), wird in jedem Falle weiterhin sehr sinnvoll sein. Diese Interessenbekundung sollte den Werdegang des jeweiligen „Aspirat, Sonderqualifikationen und ausführliche Darlegung der bisherigen insolvenzrechtlichen Erfahrungen, wie auch 27

---

84) BVerfG, v. 12.1.2016 – 1 BvR 3102/13, ZInsO 2016, 383 = ZIP 2016, 321 Rn. 53; so bereits BGH, v. 6.5.2004 – IX ZB 349/02, ZIP 2004, 1214, 1216: „... der eine Vertrauensstellung innehat."; *Zipperer*, ZInsO 2018, 2613, 2618; Uhlenbruck-*Zipperer*, InsO, § 56 Rn. 16, 45; MünchKomm-InsO/*Graeber*, § 56 Rn. 119; *Blersch*, in: BK InsO, § 56 Rn. 6; *Förster*, ZInsO 2002, 408; *Neubert*, ZInsO 2002, 309; *Frind/Schmidt*, NZI 2004, 533; *Vallender*, NZI 2005, 473, 476; *Frege*, NZI 01/2006, S. V; *Uhlenbruck/Mönning*, ZIP 2008, 157, 160; *Seagon*, NZI 2015, 825, 827; a. A. *Lüke*, ZIP 2000, 485, 488; *Wieland*, ZIP 2005, 233, 236; *Koenig/Hentschel*, ZIP 2005, 1937, 1940, lassen das Kriterium „bekannt und bewährt" nicht gelten. Darum indes geht es nicht.

85) BVerfG, v. 12.1.2016 – 1 BvR 3102/13, ZInsO 2016, 383 = ZIP 2016, 321 Rn. 50; BAKInso e. V. [Vorstand/Beirat]; ZInsO 2015, 375, 377.

86) OLG Brandenburg, v. 26.2.2020, ZInsO 2020, 1014.

87) OLG Hamburg, v. 22.6.2018, ZInsO 2019, 1066, 1070.

Ausführungen zu den Qualifikationen (siehe → Rn. 55), enthalten, also mehr als die Angaben in einem Bundesverzeichnis.

28 Nachfragen, weshalb eine – zumindest probenweise – Bestellung in „kleineren“ Verfahren danach nicht erfolgt, werden durchaus „erlaubt“ sein. Eine **Begründung von Auswahlentscheidungen** wird es indes regelhaft nicht geben. Das Bundesverzeichnis vermittelt auch keinen „Anspruch“ auf Bestellung.

29 Ggf. kann vor endgültiger Aufnahme eines Bewerbers auf die Vorauswahl-Liste eine **„Probephase“** angezeigt sein,[88] in welcher der Bewerber binnen eines längeren Zeitraumes ab und zu mit Verfahren unterschiedlicher Art und Schwierigkeit betraut wird. Erst nach Erfahrungen aus dann bereits eröffneten Verfahren kann eine endgültige Entscheidung ergehen. Der ständige Informationsaustausch des Insolvenzrichters mit den Rechtspflegern und Geschäftsstellenmitarbeitern ist in diesem Zusammenhang zur Qualitätskontrolle unerlässlich.[89] Insofern hat der Insolvenzrichter auch Leistungen im eröffneten Verfahren zu überprüfen. Dazu sollte der Insolvenzrichter den Kreis der bestellten Verwalter mit den zuständigen Rechtspflegern hinsichtlich der Erfüllung der Auswahlkriterien absprechen und substanziierte Hinweise aus der Rechtspflegerschaft zum Abwicklungsverhalten der Verwalter und der Qualität ihrer Arbeitsweise im eröffneten Verfahren bei seiner Auswahl bedenken.[90] Fortlaufend negative Berichte der Rechtspfleger aus dem eröffneten Verfahren können demgemäß zum Nichtmehrbestellen eines Verwalters führen. Hierzu ist zu konkreten Mängeln vorher rechtliches Gehör zu geben.[91]

II. Konkrete Kontaktaufnahme zu den insolvenz- und restrukturierungsgerichtlichen Rechtsanwender

30 Wie vorstehend aufgezeigt, ist die konkrete Einzelfallbestellung eine richterliche Ermessensentscheidung, und sie wird es auch jenseits von „Vorauswahl-Listen“ und „Bundesverzeichnis“ bleiben. Sie wird getragen und befördert durch persönliches Vertrauen, dass zunächst erarbeitet und fortan beständig bewahrt werden muss. Unabhängig davon, ob bei den jeweiligen Insolvenzgerichten „Bewerbungen“ oder „Interessenbekundungen“ üblich sind, gilt es zuvörderst, den persönlichen Kontakt herzustellen und zu einem **„Vorstellungsgespräch“** zu kommen. Und dieses zugleich ohne aufdringlich zu sein.

---

88) Uhlenbruck-*Zipperer*, InsO, § 56 Rn. 11; *Schick*, NJW 1991, 1328; *Blankenburg/Kramer/Noll/Sauer-Colberg*, ZInsO 2017, 1018, 1020.

89) *Blankenburg/Kramer/Noll/Sauer-Colberg*, ZInsO 2017, 1018, 1020; *Rachel*, ZInsO 2009, 1665, 1668; *Messner*, DRiZ 2006, 326, 329; *Heyrath*, ZInsO 2005, 1092, 1096; *ders.*, ZInsO 2006, 1196, 1199.

90) Uhlenbruck-*Zipperer*, InsO, § 56 Rn. 12; *Uhlenbruck*, RPflg 1997, 356; *ders.*, KTS 1989, 229; *ders.*, ZInsO 2001, 1129; *Holzer*, Entscheidungsträger, Rn. 189 f., 195; *Frind*, NZI 2002, 138; *Heyrath*, ZInsO 2005, 1092, 1096.

91) HmbKomm-InsO/*Frind*, § 56 Rn. 93.

1. Wen kontakten?

Zunächst ist grundlegendes „Arbeitsmaterial" zum Herausfinden der jeweiligen insolvenzgerichtlichen Rechtsanwender der jeweils gültige Geschäftsverteilungsplan (GVP) des jeweiligen Insolvenz- und Restrukturierungsgerichtes. 31

Praxishinweise:

- Vergewissern Sie sich, ob er wirklich aktuell ist (zuweilen beschließt das Präsidium Änderungen ohne diese im Jahresgeschäftsverteilungsplanveröffentlichungsort (z. B. Internetseite des Gerichtes) publik zu machen. Ein Anruf beim Sekretariat des jeweiligen Präsidenten bzw. Direktors ist da weder abwegig noch ehrenrührig (Frage: „Hat sich am GVP des jetzigen Jahres beim Insolvenzgericht zwischenzeitlich etwas geändert"?). Nichts wirkt peinlicher als Schreiben an Richter, die inzwischen andere Aufgaben haben.[92] Stellen Sie weiter fest, wie das jeweilige Gericht die Verfahren vergibt: Turnus oder Buchstabenzuständigkeit,[93] Aufteilung nach Verfahrensarten IN" und „IK" und „RES" und „SAN"?[94] Stellen Sie auch weiter fest, wer wen vertritt. Es ist fast unumgänglich notwendig, dass auch die jeweiligen Vertreter die jeweils bestellten Verwalter kennen. Versuchen Sie daher, möglichst Gespräche mit allen Richtern eines Insolvenzgerichtes zu führen. Zuweilen machen manche Insolvenzgerichte auch „Vorstellungsrundengespräche" unter Poolung alle beteiligten Rechtsanwender. Unterliegen Sie nicht dem Irrtum, die Kontaktaufnahme zum jeweiligen „aufsichtführenden" Insolvenzrichter für das jeweilige Insolvenzgericht genüge, um ihrer Interessenbekundung zum Erfolg zu verhelfen (→ Rn. 41).
- Vergessen Sie die jeweilige Rechtspflegerschaft nicht! Bei diesen ist eine „Vorstellungsrunde" erst angezeigt, wenn eine richterseitige Bestellung erfolgt ist, vorher besteht ja bei dieser Berufsgruppe keine gerichtsseitige „Befassungsnotwendigkeit" mit ihrer Person. Wenn der Zeitpunkt aber gekommen ist, beziehen Sie (auch bei größerer Personenzahl) möglichst alle Rechtspfleger mit ein. Nichts ist ärgerlicher, als wenn gerichtliche Rechtsanwender sich nicht ausreichend „gesehen" fühlen.
- Vergessen Sie die Geschäftsstellenmitarbeiter nicht!. Bei vielen Gerichten entscheiden zuweilen deren „Rückmeldungen" („XY macht nur Arbeit und seine Mitarbeiter sind unfreundlich"; „XY ist nie zu erreichen und ruft nie zurück") über ihre künftige kontinuierliche Bestellung. Spätestens nach den ersten zwei bis drei Aufträgen ist auch hier eine kurze Vorstellungsrunde gewisslich nicht falsch. Stellen Sie sicher, dass die gerichtlichen Geschäftsstellenmitarbeiter jederzeit und aktuell die Namen und Durchwahl-Rufnummern ihrer Mitarbeiter haben.

---

92) Solches kommt in der Tat vor und führt gerichtsintern schnell zum Bonmot „der/die kann nicht mal rausfinden, wer zuständig ist".

93) Zu den Unterschieden HmbKomm-InsO/*Frind*/*Morgen*, § 10a Rn. 7; HmbKomm-InsO/*Rüther*/*Tichbi*, § 3 Rn. 16.

94) Befassen Sie sich hierzu bitte mit der **AktO** und den dortigen Regelungen zum Insolvenzverfahren. Das ist später auch ganz hilfreich bei Verfahren mit gesonderten Bezügen, z. B. EuInsVO-Verfahren oder Schutzschriften.

2. Wie kontakten?

32 Wie bereits dargestellt (→ Rn. 10) ist inzwischen eine „Bewerbung“ zur Vorauswahl-Liste nicht mehr üblich und spätestens mit Einführung eines Bundesverzeichnisses obsolet. Reichen Sie deshalb eine **„Interessenbekundung“** ein. Diese sollte aussagekräftig sich über alle für das Gericht relevanten Umstände und Anforderungsprofil-Fragen verhalten (siehe unter → Rn. 34, Rn. 38, Rn. 44).

33 Wichtig ist in jedem Fall ein **Organigramm der Kanzlei**, in der Sie arbeiten und ein Foto von Ihnen. Eine Versicherungsbescheinigung ist (noch) nicht beizufügen, aber der existierende Versicherungsumfang bereits erwähnend darzustellen. Auch wenn im Internet vorhanden, unterbreiten Sie den insolvenzgerichtlichen Rechtsanwendern ein ausführliches Profil Ihrer Kanzlei. In einem Bundesverzeichnis kann vielleicht auf „Ihre“ Internetseite verwiesen oder Bezug genommen werden, das genügt indes regelhaft nicht, um Bestellungen im Einzelfall zu erhalten.

34 Gestalten Sie die Interessenbekundung nach einzelnen Anforderungsprofilthemen übersichtlich (→ Rn. 38). Heben Sie bisherige Praxiserfahrungen hervor. „Hochglanz-Broschüren“ ihrer Kanzlei sind untunlich.

Auch ein „Mustergutachten“ bläht die Unterlagen sehr häufig auf, darauf sollte verzichtet werden. Es kann dem jeweiligen Rechtsanwender indes angeboten werden, ggf. mittels eines „Links“ zum Herunterladen. Stellen Sie eindeutig klar, für welche Verfahrensbereiche ihre Interessenbekundung gilt (z. B: „nur für amtswegig nach StaRUG bestellte Tätigkeiten“, etc.).

35 Richten Sie ihre Interessenbekundung an alle betreffenden Richter einzeln, nicht nur an den jeweiligen Dezernats- oder Abteilungsleiter. Übergehen Sie dabei möglichst niemand. In Vertretungs- und Eilsituationen ist es sehr hilfreich, wenn alle insolvenzgerichtlichen Rechtsanwender „schon einmal von Ihnen gehört“ haben.

36 Bitten Sie um ein persönliches Vorstellungsgespräch oder zumindest um eine gerichtsseitige Rückmeldung (ein „Anspruch“ darauf dürfte nach Beendigung der Vorauswahl-Listenführung als „Justizverwaltungsakt“ nicht mehr bestehen).

37 Rufen Sie ohne vorherige schriftliche „Eingabe“ nie direkt, sozusagen „überfallartig“, den jeweiligen Rechtsanwender an. Es dürfte nachvollziehbar sein, wenn die gerichtlichen Personen sich erst einmal einen Eindruck anhand einer schriftlichen „Performance“ machen wollen. Rechnen Sie durchaus mit gerichtsinternen Zuständigkeitsveränderungen, insbesondere bei jüngeren Richtern, die eventuell nach kürzerer Zeit bereits wieder aus dem Insolvenzbereich weg „versetzt“ werden.

Praxishinweis:

Ein „Nachfragen/Nachhaken“ ist äußerst problematisch und erfordert Fingerspitzengefühl. Wer sich „unter Druck gesetzt“ fühlt, reagiert häufig eher ablehnend. Eine Nachfrage nach ihrer Interessenbekundung am Rande einer Tagung oder einer fachwissenschaftlichen Veranstaltung gestaltet sich da häufig für beide Seiten einfacher. Machen Sie in ihrer Interessenbekundung deutlich, sich darüber im Klaren zu sein, dass in der Regel alle insolvenzgerichtlichen Rechtsanwender eine „Probephase“ bei neuen Verwaltern bevorzugen.

B. Was möchten Insolvenz- und Restrukturierungsrichter von bestellungswilligen Verwaltern wissen?

I. Kernanforderung „insolvenzkundig“

38 Die Norm des § 56 Abs. 1 InsO fordert den geeigneten, geschäftskundigen, unabhängigen Insolvenzverwalter im Einzelfall zu bestellen. Eine „Bundesliste“ oder ein „Bundesverzeichnis“ wird den Kreis der „Geeigneten“ nach derzeitig beabsichtigter gesetzlicher Regelung versuchen zu konturieren, denn die Begrifflichkeiten sind mehr als auslegungsnotwendig und in der Vergangenheit Gegenstand zahlreicher Rechtsprechungsstreitigkeiten gewesen. Bei einer absehbaren Vielzahl von „Geeigneten“ wird es zur erfolgreich stattfindenden gerichtlichen Bestellung im Einzelfall weiterhin der organisierten Kontaktaufnahme zu den jeweiligen insolvenzgerichtlichen Rechtsanwendern bedürfen (dazu → Rn. 32).

39 Wenn ein „Bundesverzeichnis“ praktischen Anwendungssinn machen soll, muss sie zum einen den Überblick über Verwalterfertigkeiten mit Suchfunktion bieten und zum anderen eine wirkliche Verifizierung (d. h. Überprüfung) und nachlaufende Kontrolle in regelmäßigen Zeitabständen durch die listenführende Stelle. Eine mögliche Beschränkung der Listung auf die *beiden gesetzlichen Verfahrensarten* (wie in § 56 Abs. 1 Satz 2 InsO; gemeint ist dort: Regel-/Verbraucherinsolvenz) ist sinnvoll, weitere Ausdifferenzierungen nicht, da häufig Größenordnungen von Verfahren weder von Richtern noch Gläubigervertretern zu Anfang der jeweiligen Verfahren (insbesondere bei Gläubigeranträgen) richtig und zugriffsicher eingeschätzt werden können.[95)]

Ein „Bundesverzeichnis bietet erste Überschaubarkeit der angebotenen Information.[96)] Wichtig ist, dass neben den *formellen Angaben* zur Person (Ausbildungsnachweise, akademische Laufbahn, Sprachkenntnisse, Versicherungsstand, Verbandmitgliedschaften und regelhafter, immer jährlich neu einzureichender

95) *Vallender*, NZI 2017, 641, 647 mit verschiedenen, etwas ungenau konturierten „Unterkategorien“ v. Verfahren.

96) So bereits VID-Pressemitteilung vom 12.11.2008, NZI 12/2008, XI; *Laws*, ZInsO 2006, 847, 850; *Pape*, ZInsO 2007, 113, 125; *Wieland*, ZIP 2007, 462, 463.

BZRG-Auszug,[97] etc.) auch *materielle Qualitätskriterien* abgefragt und nachgewiesen werden.[98] Die **Haftpflichtversicherung** ist hinsichtlich ihrer wirklichen jährlichen Bezahlung zu kontrollieren und nachzuweisen.

Diejenigen Informationsbereiche, die das „Bundesverzeichnis“ nicht abbildet, können mit individuellen Interessenbekundungsmitteilungen „aufgefüllt“ werden (→ Rn. 32).

Als solche kommen in Betracht:

- Anzahl, Lage und Ausstattung[99] der jeweiligen Büros der Verwalterkanzlei;
- Verfügbarkeit eines (funktionierenden!) Gläubigerinformationssystems (§ 5 Abs. 5 InsO);
- Anzahl der volljuristischen Mitarbeiter; Anzahl der sachbearbeitenden Mitarbeiter (Organigramm); *Nachweis* über deren jeweilige insolvenzspezifische Ausbildung;[100] Vorlage der regelmäßigen Fortbildungsnachweise in Themenbereichen des Insolvenz- und Gesellschaftsrechtes;
- Organigramm der gesamten übrigen Kanzlei; Mitteilung der Tätigkeitsfelder der übrigen Sozii; Nachweis der Abdeckung der Arbeitsbereiche Steuer- und Arbeitsrecht durch entsprechend ausgebildete Mitarbeiter oder vertraglich nachgewiesener Zugriff auf „Externe“;
- Nennung der Vertretung ständiger Mandate von institutionellen Gläubigern; Nachweis eines funktionierenden „Conflict check-Systems“;[101]
- Anzahl der Insolvenzgerichte, bei denen der gelistete Verwalter schon aktiv bestellt wird und seit wann;
- bereichsspezifische Erfahrungen des Verwalters in wirtschaftlichen Bereichen (Geschäftsfelder) und insolvenzspezifischen Bereichen (z. B. Anzahl der Eigenverwaltungen, Größenordnung und Anzahl bisher Betriebsfortführungen,[102] etc.);
- mediative Fähigkeiten und Zusatzausbildung;[103]

---

97) Eine Mitteilungspflicht der Gerichte untereinander über Vorstrafen gelisteter Insolvenzverwalter besteht derzeit nicht (BGH, ZInsO 2008, 267); vgl. zu den Folgen den Fall AG Potsdam, v. 5.1.2017, ZInsO 2017, 658.

98) *Preuß*, ZIP 2011, 933, 940.

99) Hierzu gehören insbes. Angaben zur Nutzung v. Software zur Tabellenführung und zu räumlichen Kapazitäten zur gleichzeitigen Besprechung mit mehreren Schuldnern.

100) Siehe dazu nunmehr BVerfG, v. 12.1.2016 – 1 BVR 3102/13, ZInsO 2016, 383 = ZIP 2016, 321 Rn. 36. Diese Fortbildungen werden dann jährlich zu prüfen sein.

101) Siehe dazu „Hamburger Leitlinien zur Durchführung und zur Rechtweite des „Conflict check“, ZInsO 2017, 375 = NZI 4/2017, VIII; *Frind*, ZInsO 2017, 363.

102) Vgl. zu dieser Anforderung der Mitteilung bereits BVerfG, v. 3.8.2004, ZInsO 2004, 913 Rn. 34.

103) Hierzu *Niering*, in: Festschrift 25 Jahre InsO, 2025, S. 177.

- durchschnittlicher prozentualer Anteil der Vergütung des Verwalters in seinen schlussgerechneten Verfahren der letzten drei Jahre mit Teilungsmassen (ohne Stundungsverfahren) bis 25.000 €, bis 250.000 € und über 250.000 €.[104]

Solche verwalterseitig mitgeteilten Qualitätskriterien ermöglichen Gläubigervertretern, dem Insolvenzrichter Verwaltervorschläge zu machen, die einerseits „auf den Fall passen", andererseits der Größenordnung und Kostenstruktur gerecht werden. Zugleich bildet sich auf diese Art ein **System des transparenten Wettbewerbs**, da die bundesweite Liste einen direkten Schnellvergleich zwischen Verwaltern „im gleichen Sprengel" ermöglicht. Ein weiterer Vorteil von direkt bei Gericht angebrachten, zu den Kriterien der Bundesliste erweiterten Interessenbekundungen besteht darin, dass auch mittelständische Verwalter wieder mehr in den Fokus von Vorschlagsberechtigten rücken, so dass die Kritik „muss es immer der bundesweite „Star" sein?",[105] die berechtigt geäußert wird, langfristig weniger Anwendungsfälle finden wird. 40

Die gerichtsseitige Verwendbarkeit eines Bundesverzeichnisses steht und fällt mit einer bewussten Abkehr von der österreichischen „Beliebigkeitsliste", die die Eintragung von völlig ungeprüften „Fertigkeiten" zulässt.[106]

Zu Recht wird in Frage gestellt, ob der im Jahre 2004 vom BVerfG „entdeckte" Beruf des Insolvenzverwalters überhaupt noch existiert. Erinnern wir uns, das BVerfG hatte eine gewisse „Entstehungs- und Entwicklungsdynamik" ausgemacht:[107] *„Die Tätigkeit von Insolvenzverwaltern wird angesichts der Entwicklung in den letzten zwei Jahrzehnten auch nicht mehr als bloße Nebentätigkeit der Berufsausübung von Rechtsanwälten oder von Kaufleuten angesehen werden können. Vielmehr ist die Betätigung als Insolvenzverwalter zu einem eigenständigen Beruf geworden, der vielen Personen maßgeblich zur Schaffung und Aufrechterhaltung der Lebensgrundlage dient, sei es als alleiniger Beruf oder neben einem anderen Beruf. Rechtsanwälte bilden sich beispielsweise spezialisiert zum Fachanwalt für Insolvenzrecht fort. Kanzleien halten in erheblichem Umfang geschultes Personal vor, um den Arbeitsanfall bei Großinsolvenzen bewältigen zu können. Es hat sich insoweit ein neuer „Markt" für Rechtsanwälte, Steuerberater und Kaufleute gebildet. Durch ein Übergehen bei der Bestellungsentscheidung wird die Berufsfreiheit schon deshalb berührt, weil der Beruf des Insolvenzverwalters nur aufgrund der Zuteilung durch einen Träger öffentlicher Gewalt wahrgenommen wer-* 41

---

104) Bereits dieser eine (!!) empirische Wert – dessen Ermittlung mit Aktenzeichenangabe der zugrundeliegenden Verfahren vorzulegen, aber auch recht einfach durchzuführen ist – zeigt in der Regel, insbesondere interessant für Gläubiger, sowohl die Massegenerierungsfreundlichkeit als auch das Kostenbewusstsein des jeweiligen Verwalters, vgl. dazu *Frind*, ZInsO 2011, 1913; *ders.*, ZInsO 2011, 169; *ders.*, ZInsO 2009, 1683; *ders.*, ZInsO 2008, 1068; *ders.*, ZInsO 2008, 126 zu Erhebungen des Insolvenzgerichtes Hamburg. Diese Angaben wären jährlich zu aktualisieren.

105) So zu Recht *Leithaus*, NZI 1/2014, S. V.

106) *Eichel*, KTS 2017, 1, 2; *Riel*, NZI 2017, 832, 834.

107) BVerfG, v. 3.8.2004, ZInsO 2004, 913 Rn. 28.

den kann. Die Vorauswahl geeigneter Bewerber bereitet diese Entscheidung maßgeblich vor." Die Berufskonturierung für Insolvenzverwalter bleibt aufgrund der zunehmenden Verbindung von Insolvenzverwaltung mit Insolvenz(vorfeld)beratung aktuell verschwommen.[108] Es findet eine deutliche Ausweitung der beruflichen Tätigkeit von Verwaltern in Richtung vorgerichtliche Sanierungsberatung statt.[109] Der Gesetzgeber hat in § 56 Abs. 1 Satz 3 Nr. 2 InsO zudem auch die „allgemeine Vorberatung" durch Verwalter für „offiziell" statthaft erklärt.[110] Dabei bleibt es allerdings nicht, wie zahlreiche „Vorbefassungsfälle" mittlerweile zeigen, die intensive vorinsolvenzliche Beratung rückt immer mehr in den Vordergrund. Aber auch Gläubigerberatung und -vertretung (z. B. im Gläubigerausschuss) und „Schuldner-Generalbevollmächtigter" ist heutzutage „Regelgeschäft" für Verwalter. Der Beruf „Insolvenzverwalter" ist eher nunmehr richtig und vollständig mit „Berater rund um die Liquiditätskrise" beschrieben, und amtswegig bestellte Insolvenzverwaltung davon ein Untertätigkeitsfeld.

42 Die Forderung nach einer **Berufsordnung für Insolvenzverwalter** wird seit vielen Jahren erhoben. Meist in der Hoffnung, den unkonturierten Beruf dadurch konturieren zu können. Zu Recht wurde aber immer zwischen einer *Berufs- und einer Zulassungsordnung unterschieden.*[111] Der VID e. V. hatte hierzu im Oktober 2009 fünf befürwortende Eckpunkte zu einer Berufs- und Zulassungsordnung verabschiedet.[112] Eine Berufsordnung hätte weit mehr zu leisten, was die „Berufsgrundsätze" des Verbandes der Insolvenzverwalter Deutschlands (VID e. V.) und die nachgelagerten „Grundsätze ordnungsgemäßer Insolvenzverwaltung" (→ Anhang I.3.), die allerdings eben nur verbandsintern wirken (wenn auch zuweilen mit Ausstrahlungskraft bei Auslegungsfragen im Rahmen des § 58 InsO),[113] aufzeigen.

Vor dem Hintergrund der BVerfG-Entscheidung vom 12.1.2016,[114] in welcher der gerichtlichen Aufsicht mangels einer berufsrechtlichen Aufsicht für Insolvenzverwalter ein besonderer Stellenwert zugemessen wurde, hat sich die

---

108) *Römermann*, ZIP 2014, 833. Der BGH (BGHSt 49, 258 = ZIP 2005, 176) hat entschieden, dass ein Wirtschaftsprüfer, der zugleich Insolvenzverwaltungen wahrnimmt, keinen unabhängigen „Zweitberuf" ausübt, vielmehr sei Insolvenzverwaltung eine „sonstige, erlaubte Tätigkeit" i. S. v. § 2 Abs. 3 Nr. 3 WPO und die berufsrechtlichen Pflichten des Wirtschaftsprüfers seien „bereichsspezifisch" auszulegen (so auch BGH v. 6.7.2015, ZIP 2015, 1546 Rn. 26 für den Rechtsanwalt).

109) Dies räumt bereits *Höfling*, JZ 2009, 339, 346, ein.

110) An dieser Stelle soll nicht untersucht werden, ob das im Sinne von Abgrenzungen sinnvoll war, die beiden BGH-Fälle (Fn. 19, 49) sprechen „Bände".

111) *Kübler*, Beil. zu ZIP Heft 22/2016, S. 47, 51; *Runkel*, INDat Report 6/2015, S. 28 vor dem Hintergrund der „BORA"-Entscheidung des BGH; *Prütting*, in: Festschrift Vallender, 2015, S. 455.

112) INDat Report 8/09, S. 22 ff.; ZInsO 50/2009, S. IV; kritisch *Frind*, ZInsO 2009, 2331.

113) *Frind*, NZI 2011, 785, 788; *Uhlenbruck*, KSI 2012, 5; *Moderegger*, InsbürO 2013, 310; *Dettmer*, ZInsO 2013, 170.

114) ZInsO 2016, 383 = ZIP 2016, 321 Rn. 51 der Entscheidung.

Forderung nach berufsrechtlichen Regeln für den Verwalterberuf wiederbelebt.[115] Die Berufsordnung konturiert die Anforderungen, die Einzelfallentscheidung, ob der Verwalter etwas falsch, schlecht oder gar entlassungswürdig gemacht hat, wird für die gerichtlichen Rechtsanwender einfacher. Zu gegenwärtigen ist, dass die allermeisten Aufsichts- und/oder-Entlassungsfälle i. S. v. §§ 58, 59 InsO von Einzelfallabwägung „leben" und von notwendigen Ermessensspielräumen der Gerichte. Da die Gerichte die Rechtmäßigkeitskontrolle und die Gläubigerschaft, respektive der Gläubigerausschuss, die Zweckmäßigkeitskontrolle auszuüben haben, und beide Bereiche in ihren Sanktionsfolgen nach der Rechtsprechung des BGH der Verhältnismäßigkeitsabwägung unterliegen und sich gegenseitig auch noch überschneiden wie aber auch begrenzen,[116] stellt eine starre Berufsregelung je nach geregeltem Sachverhalt für den Einzelfall häufig eine „zu laxe" oder „zu strenge" Regel auf. Der Gesetzgeber hat daher gut daran getan, bisher weder die Aufsichtsanlässe des § 58 Abs. 1 InsO noch die Entlassungsanlässe des § 59 Abs. 1 InsO enumerativ zu bestimmen.

II. Die Anforderungen und die richtige Darstellung bezüglich des personellen „Unterbaus" der Insolvenzverwalter-Kanzlei

Bereits in der Entscheidung des BVerfG aus dem Jahre 2004 ist schon die personelle Ausstattung der Insolvenzverwalterkanzlei erwähnt:[117] „*Kanzleien halten in erheblichem Umfang geschultes Personal vor, um den Arbeitsanfall bei Großinsolvenzen bewältigen zu können. Es hat sich insoweit ein neuer ‚Markt' für Rechtsanwälte, Steuerberater und Kaufleute gebildet.*" In der Folgezeit entstand eine ausführliche Diskussion rund um die Problematik der Grenzen der „Delegationsfähigkeit" der vielfältigen Aufgaben des Insolvenzverwalters. Nach herrschender Ansicht darf ein Insolvenzverwalter „Kernaufgaben"[118] nicht delegieren, wobei hingegen völlig klar ist, dass jeweils nach Umfang des zu verwaltenden Unternehmens eine dicht gestaffelte Delegation von „Zuarbeiten" nicht nur notwendig ist, sondern im Rahmen qualitätsvoller Insolvenzverwaltung geradezu erwartet wird. Die Grenze von Delegation markierte dann der BGH mit seiner Entscheidung zur Ablehnung der Bestellbarkeit juristischer Personen,[119] die das BVerfG schließlich bestätigte:[120] „*Für die Insolvenzgerichte ist es auch aus diesen Gründen unerlässlich, einen Insolvenzverwalter bestellen zu können, der ihr Vertrauen genießt. Hierzu darf der Gesetzgeber einen persönlich verantwortlichen Verwalter vorsehen, der mit dem Gericht unmittelbar kommu-* 43

115) *Beck*, NZI 5/2016, S. V.

116) HmbKomm-InsO/*Frind*, 6. Aufl. § 58 Rn. 4 ff. mit vielen Beispielen.

117) BVerfGE, v. 3.8.2004, ZInsO 2004, 913 Rn. 28.

118) Zu diesen siehe bereits *Frind*, InsbürO 2015, 47, 49.

119) BGH, v. 19.9.2013, ZInsO 2013, 2103.

120) BVerfG, v. 12.1.2016, ZInsO 2016, 383 Rn. 53.

niziert, direkt ansprechbar ist und dem Gericht zu jeder Zeit eine unmittelbare persönliche Rücksprache ermöglicht.“

44 So gilt einerseits: Ein „Akquisitionsverwalter“, der substanziell nicht an der jeweils ihm zugeteilten Verwaltung des jeweiligen Verfahrens wirklich mitwirkt, braucht nicht bestellt zu werden.[121)] Und anderseits: Der Insolvenzverwalter hat jederzeit die Gewähr dafür zu bieten, die weichenstellenden Entscheidungen des Insolvenzverfahrens selbst treffen und dem Insolvenzgericht über deren Voraussetzungen vollständig Bericht erstatten zu können.[122)] Entsprechende Anforderungskriterien – allerdings orientiert an dem gem. §§ 270, 270a ff., 274, 275 InsO eingeschränkten Aufgabenumfanges – kamen für den Sachwalter in der Eigenverwaltung hinzu.[123)]

Damit ergibt sich der Aufgabenbereich des Insolvenzverwalterbüros:[124)]

- Zuarbeit und sämtliche Vorbereitungen zu den „Kernaufgaben“:
  - Teilnahme an Gläubigerversammlungen und Prüfungsterminen,
  - Führung verfahrenswichtiger Gespräche – insbesondere bei Betriebsfortführungen –,
  - Gespräche mit Übernahmeinteressenten oder der Arbeitnehmervertretung,
  - verfahrensleitende Gespräche mit dem Schuldner bzw. organschaftlichen Vertretern,
  - direkte Berichterstattung gegenüber dem Gericht,
  - Entscheidungen über das Ergebnis der Prüfung von Aus- und Absonderungsrechten, Gestaltung der Schlussrechnung,
  - Entscheidung über die Führung von Prozessen und die Art der Masseverwertung;
- Übernahme der gesamten Peripherie und Abwicklung der Verfahren.[125)]

45 Im Rahmen des vorgenannten „Anforderungsprofils“ hat daher die büromäßige „Performance“ des Insolvenzverwalters seit jeher eine nicht zu unterschätzende Rolle gespielt.[126)] Und zwar auf drei Ebenen: Gegenüber Gläubigern, hier wiederum auf den Ebenen „Information“ und „forensische Beitreibung“, gegen-

---

121) BGH, v. 13.10.2016, ZInsO 2016, 2196 Rn. 14.

122) HmbKomm-InsO/*Frind*, 7. Aufl., § 56 Rn. 57, 61 jew. m. w. N.; „Kölner Leitlinien“, ZInsO 2017, 637; „Heidelberger Leitlinien“, ZInsO 2009, 184; BFH ZInsO 2011, 636 = ZIP 2011, 582.

123) HmbKomm-InsO/*Frind*, 7. Aufl., § 56 Rn. 69, 95–97.

124) Zur Delegationsfähigkeit vgl. *Frind*, InsA Heft 1/2024, S. 23 ff.

125) Vgl. die Auflistung bei Uhlenbruck-*Zipperer*, InsO, § 56 Rn. 22 m. w. N.

126) Vgl. bereits Empfehlungen der „Uhlenbruck-Kommission“, ZInsO 2007, 760.

über dem Schuldner(-unternehmen) und gegenüber dem Insolvenzgericht (hier wiederum auf den Ebenen „Rechtsanwender" und „Geschäftsstelle"). In Interessenbekundungen sind folgende „Büro-Fertigkeiten" darzustellen und zu erwähnen:

1. Ausstattungsrahmenbedingungen

- Gegenüber den Gläubigern sollte der Insolvenzverwalter/Sachwalter ein auskunftsfähiges, zu den üblichen Bürozeiten ständig erreichbares Büro unterhalten. Mitteilungen von Gläubigern, dass „beim Verwalter immer besetzt sei" machen weder einen guten Eindruck noch ist dies ordnungsmäßige Erfüllung der Informationsfunktion. Mittlerweile ist ein internetbasiertes „Gläubigerinformationssystem" mit Passwortschutz gesetzlicher Standard (§ 5 Abs. 5 InsO).[127] 46
- Die Erreichbarkeit gegenüber den Insolvenzgerichten ist ebenfalls sicherzustellen, Nichterreichbarkeit kann Entlassungsgrund sein.[128]
- Die von den Insolvenzgerichten genutzten EDV-Systeme sind kompatibel zu bedienen.[129] Die mittlerweile häufig erwartete elektronische Einreichung der Tabelle (§ 174 Abs. 4 InsO) muss gewährleistet sein.[130]

2. Personelle Ausstattung und spezielle Ausbildung

- Die in zumindest etwas größeren Verwalterbüros zu erwartende forensische Abteilung sollte in der Lage sein, die „Hauptarbeitsgebiete" in der Insolvenzverwaltung durch eigene Berufsträger abzudecken (Arbeitsrecht, Gesellschaftsrecht, Steuerrecht). Zusätzlich Qualifikationen (z. B. Mietrecht, Patentrecht) sind vom Vorteil. Schon frühzeitig ist in der insolvenzrechtlichen Diskussion dies betreffend ein Informationsrecht des Insolvenzgerichtes und eine Datenbank zu den Ausstattungsanforderungen vorgeschlagen worden.[131] 47
- Auch eine eigene „Prozessabteilung" ist von Vorteil;[132] die weitverbreitete „Auslagerung" von masserelevanten Beitreibungsverfahren (Haftungsverwirklichung aus Insolvenzverschleppung, gesellschaftsrechtliche Ansprüche, Beitreibungen nach §§ 171, 172 HGB, 93 InsO, Insolvenzanfechtungen, etc.) ist zwar gem. § 4 Abs. 1 Satz 3 InsVV zulässig, häufig aber mit In-

---

127) GOI des VID e. V. Grundsätze Nr. 12 und 15; weiteres bei HmbKomm-InsO/*Frind*, § 56 Rn. 53a; *Frind*, ZInsO 2024, 1578, wobei Datenschutzaspekte zu bedenken sind (dazu *Weiß/Reisener*, InsbürO 2020, 69, 71).

128) AG Göttingen NZI 2003, 267; LG Göttingen NZI 2003, 441.

129) HmbKomm-InsO/*Frind*, § 56 Rn. 15.

130) Vgl. zum Dateiaustausch Verwalter-Gericht bereits *Pianowski*, InsbürO 2008, 458.

131) *Neubert*, ZInsO 2002, 309; *Jacoby*, ZIP 2009, 554, 557, 558.

132) *Stiller*, ZInsO 2016, 28, 29.

formationsverlusten, zuweilen auch Qualitätsverlusten,[133] verbunden. In anderen Bereichen hingegen sind verlässliche „Externe“, die gegenüber dem Insolvenzgericht auch als „ständige vertraglich Verbundene“ zu benennen sind, zur Qualitätssicherung sehr wichtig.[134] Die kanzleimäßige Verbindung mit einem Steuerberatereinheit ist gegenüber dem Insolvenzgericht anzugeben (siehe auch § 45 BRAO).

48 • Für die Übernahme größerer Insolvenzverfahren ist es von Vorteil, wenn nicht gar unverzichtbar, ein oder mehrere Teams von Berufsträgern aufstellen zu können, die Filialen oder Dependancen betreuen oder ausgegliederte Fragestellungen (Vertragsprobleme, M&A-Prozess, Due Diligence, etc.) weitgehend eigenständig bearbeiten können.

• Unterhalb der Ebene der anwaltlichen oder wirtschaftsjuristischen Berufsträger sind erfahrene Insolvenzsachbearbeiter unverzichtbar.[135] Diese sind in Bereichen wie Forderungsprüfung, Tabellenführung, Schlussrechnungslegung, Gutachten- und Vergütungsantragsvorbereitung zu spezialisieren und ständig zu schulen. Die Insolvenzgerichte, insbesondere die Geschäftsstellenmitarbeiter, erwarten hier kundige und kontinuierliche Ansprechpartner.

49 Immer wieder unterschätzt wird der **Einfluss von „Geschäftsstellenberichten“** auf die richterliche Verwalterauswahl. Ein Verwalterbüro, bei welchem kontinuierlich Beschwerden der Geschäftsstellenmitarbeiter zu verzeichnen sind (z. B.: schlecht erreichbar, liefert Tabelle zu spät oder in nicht verwendbarer Form ab, ist beim Prüfungstermin uninformiert, etc.), sollte (und wird) wenig bis gar nicht bestellt werden.[136]

Der Verwalter tut daher gut daran, bereits mit ersten „Vorstellung“ bei dem jeweiligen Insolvenzgericht Anzahl der Mitarbeiter, Einsatzbereiche (Organigramm), Spezialisierung und Schulung, namentlich darzulegen. Häufiger anzutreffen ist der „Irrglaube“ der „normale“ rechtsanwaltliche Fachgehilfe könne diese Aufgaben ohne gesonderte Schulung ausfüllen.[137] Zu Recht hat daher der BS InsO e. V.[138] einen eigenen Ausbildungsgang zum „Insolvenzsachbearbeiter“ entworfen und arbeitet daran, diesen gesetzlich, ggf. mit Hilfe der IHKs, zu verankern und zu etablieren.

133) Der Verfasser sieht als Zivilrichter auch Insolvenzanfechtungsklagen im Auftrage des Verwalters und fragt sich zuweilen, ob dieser als „Mandant“ eigentlich überprüft, was da so eingereicht wird. Zur Delegation *Frind*, InsA 1/2024, 23 ff.

134) Vgl. hierzu II. Nr. 2 der GOI des VID e. V.

135) Dies bestätigend nunmehr BVerfG, v. 12.1.2016 – 1 BVR 3102/13, ZInsO 2016, 383 = ZIP 2016, 321 Rn. 36.

136) *Pianowski*, InsbürO 2008, 458.

137) Dazu auch zu Recht ablehnend *Haarmeyer*, ZInsO 2005, 529; *ders.*, ZInsO 2008, 615; *Lissner*, DZWIR 2013, 159.

138) Zur Gründung siehe InsbürO 2009, 446, 471.

- Generell sind die Insolvenzgerichte dankbar, wenn das Vorhandendsein von „Spezialkenntnissen" innerhalb der jeweiligen Kanzlei, z. B. bestimmte Sprachkenntnisse, Erfahrung mit bestimmten Branchen und/oder Ländern, etc., mitgeteilt werden.

- Auch bei **Verwalterbüros, die schwerpunktmäßig Verbraucherinsolvenzverfahren bearbeiten**, ist aufgrund der Menge und Vielfältigkeit der Verfahren ein personell gut und erfahren ausgestattetes Büro unverzichtbar. Hier sind in erster Linie Sachbearbeiter gefragt, die beim Erstgespräch[139)] mit den Schuldnern bereits die richtigen Fragen stellen (können) und soziale Kompetenz aufweisen. 50

- Die ständige Fortbildung aller Berufsträger und Insolvenzsachbearbeiter ist zu gewährleisten.[140)] Praktische Erfahrungen sind bereits bei Bewerbung darzulegen, denn es handelt sich hierbei um ein zulässiges Anforderungsprofil-Kriterium für die „Vorauswahl-Liste".[141)] 51

- Für Verfahren mit „Massenanfragen" können bei Bedarf „Call-Center" eingerichtet werden, hierzu kann insolvenzrechtlich nicht ausgebildetes, auf die jeweiligen Anfragen in Kurzschulungen vorbereitetes, Personal eingesetzt werden. Es ist daher eine bei Insolvenzgerichten zuweilen verbreitete Fehlannahme, „Großverfahren" könnten nur bundesweite „Großkanzleien" bewältigen.[142)] 52

3. Das „ortsnahe" Büro

Bereits bei Bewerbung sollte der Verwalter neben seinem Organgramm auch eine Übersicht seiner Niederlassungen mitteilen. „Fake"-Niederlassungen oder „Briefkastenadressen" sind schädlich[143)] und laufen Gefahr aufgrund unzureichender Zustellungen oder bei „zufälliger" gerichtsseitiger Nachschau „aufzufliegen". Die bloße Angabe gegenüber dem Insolvenzgericht mit einer vermeintlichen örtlichen „Filiale", die dann nur mit einem Telefondienst besetzt war, stieß früher auch auf wenig „Gegenliebe" bei den Insolvenzgerichten.[144)] Was ein „ortsnahes" Verwalterbüro ist, war allerdings durchaus umstritten, es 53

---

139) Das **„Erstgespräch"** sollte durchaus der bestellte Insolvenzsachverständige/Verwalter führen, misslich ist, wenn sich später herausstellt, dass der/die Schuldner/in diesen nie kennengelernt hat (*Frind*, ZInsO 2013, 2151, 2153; *Hörmann*, VIA 2013, 81; *Wipperfürth*, InsbürO 2012, 309; zum Umgang mit schwierigen Schuldnern: *Ahrens*, VIA 2011, 9 ff.; *Hartwig*, InsbürO 2011, 328; Check-Liste bei Wipperfürth InsbürO 2012, 463; a. A. *Pluta*, INDat Report 4/2011, S. 31). Von Anfang an ergänzend hinzuziehen ist der jeweilige verfahrensbetreuende Sachbearbeiter.

140) GOI des VID e. V. II. Nr. 6 und 7 und die dortigen „Pflichstundenanforderungen".

141) BVerfGE, v. 19.7.2006, ZInsO 2006, 869; BVerfG, v. 27.11.2008, ZIP 2009, 975; OLG Hamburg ZInsO 2009, 2013; OLG Nürnberg ZIP 2007, 80; OLG Köln ZInsO 2007, 272.

142) Vgl. hierzu *Frind*, INDat Report 9/2015, S. 35 m. Beispielen.

143) *Lissner*, BB 2014, 265, 269; *Neubert*, ZInsO 2017, 1649, 1652 Fn. 29.

144) OLG Köln, v. 27.3.2015, ZInsO 2015, 798; AG Hamburg, v. 14.6.2006, ZInsO 2006, 1342.

kursierten Entscheidungen, die dies an Entfernung oder zeitlicher Erreichbarkeit festmachten.[145] Während das BVerfG die „Ortsnähe“ noch als sachgerechtes Anforderungsprofilkriterium zugelassen hatte,[146] hatte später der BGH schließlich unter Verweis auf „moderne Datenübermittlungs- und Kommunikationsmöglichkeiten“ das Kriterium der Ortsnähe als Listungskriterium obiter dictum abgelehnt.[147]

54 Ob dies insbesondere im Bereich der Privatinsolvenzverfahren ein taugliches Verständnis von der Aufgabenerfüllung durch ein Verwalterbüro, Stichworte „Erstgespräch“, „Unterlagenabgabe durch Schuldner“, Gespräche mit der Geschäftsleitung und dem Gläubigerausschuss“ ist, sei dahingestellt.[148] Zu beachten ist aber, dass die Ortsnähe eines Verwalterbüros im Einzelfall weiterhin ein hinsichtlich des Ermessens bei den Insolvenzrichtern nicht zu unterschätzendes Bestellungskriterium im Einzelfall bleibt.[149]

4. Anforderungen gegenüber den amtswegig bestellten Personen zum Erhalt der „Ausstattungskriterien“

55 Wie aufgezeigt, handelt es sich bei den vorstehend erörterten Merkmalen bereits um Zuverlässigkeitsvoraussetzungen für die Einzelfallbestellung. Demgemäß können die Insolvenzgerichte von Amts wegen im Verfahren nach § 58 InsO die dem gemäßen Angaben verlangen oder gar von Amts wegen ermitteln. Denn sie betreffen fraglos die Funktionsfähigkeit des Verwalterbüros. Verweigert der Bewerber substantiierte, nachprüfbare Angaben zu Büroausstattung und/oder Ausbildung der Mitarbeiter, rechtfertigt dies eine Nichtbestellung.[150] Dies trifft natürlich ebenso auf den Fall zu, dass sich später solche Angaben als bewusst unwahr herausstellen.[151]

Weiterhin ist es Aufgabe des Verwalters, seine Angaben zum „Ausstattungsbereich“ (sachlich und persönlich verstanden) immer aktuell zu halten. Wesentliche Änderungen, die das Anforderungsprofil betreffen, hat der Bewerber von sich aus dem Insolvenzgericht – und nicht nur der verzeichnisführenden Stelle – mitzuteilen.[152] Der Weggang von abteilungsbestimmenden Berufsträgern oder die „Umorganisation“ der Kanzlei, wie auch der Wegfall von Filialbüros,[153] sind mitzuteilen. Im Rahmen der Konkurrenzbehauptung hat

145) HmbKomm-InsO/*Frind*, § 56 Rn. 45–47 m. w. N.

146) BVerfG ZInsO 2009, 1641; so bereits BVerfG ZInsO 2006, 1101.

147) BGH, v. 17.3.2016, ZInsO 2016, 1009 Rn. 26–28; zust. *Zipperer*, EWiR 2016, 341.

148) Kritisch nach wie vor HmbKomm-InsO/*Frind*, § 56 Rn. 44 m. w. N.

149) BGH, v. 17.3.2016, ZInsO 2016, 1009 Rn. 27; *Kruth*, DStR 2017, 669, 671.

150) OLG Hamburg ZInsO 2011, 1655.

151) *Neubert*, ZInsO 2017, 1649, 1652 Fn. 29.

152) BGH, v. 13.10.2016, ZInsO 2016, 2196 Rn. 28.

153) Zuweilen vergeben Insolvenzgerichte bestimmte Insolvenzverfahren gerade deshalb an bestimmte Verwalter, weil diese dort, wo das Unternehmen Filialen unterhält, auch vertreten sind!

der Insolvenzverwalter regelmäßig die innere Struktur seines Büros zu überprüfen.[154)]

Regelmäßige erfolgreiche **Zertifizierung** wird als „Eignungskriterium" verstanden.[155)] Dabei wird meist verkannt, das Zertifizierungen Abläufe zertifizieren, ob diese zur erfolgreichen Verfahrensabwicklung hinreichend sind (ihr „zuträglich" sind sie allemal), ist fraglich. Ein reines Verlassen des Insolvenzrichters bei der Verwalterauswahl auf eine extern erfolgte Zertifizierung oder Verwalterbewertung erscheint nur sinnvoll, wenn deren Grundlagen klargestellt und für das Gericht überprüfbar wären, was nicht der Fall ist, da die zu prüfenden Ablaufstandards, die der Verwalter selbst setzt (z. B. die „GOI" des VID e. V.), meist nicht vollständig die gerichtlichen Anforderungen abbilden.[156)] Jedenfalls können Zertifizierungen, die von Verwalter"verbänden" vergeben werden, keine Einzelbestellungsvoraussetzung sein.[157)] Indes sollte der jeweilige Insolvenzverwalter bereits bei der Interessenbekundung gegenüber dem jeweiligen insolvenzgerichtlichen Rechtsanwender deutlich machen, dass er die – falls vorhanden – gerichtlichen Leitlinien des jeweiligen Gerichtes (siehe Sammlung → Anhang II.) kennt.[158)] 56

III. Die Anforderungen zur Gewähr der notwendigen „Unabhängigkeit"

Die Notwendigkeit der Gewähr für Unabhängigkeit ergibt sich für die konkrete Bestellungsentscheidung bereits ausdrücklich aus § 56 Abs. 1 InsO. „Unabhängigkeit" und „Neutralität" sind die Kernbestandteile des Verwalterberufes.[159)] Der Fokus liegt auf Unabhängigkeit gegenüber den Verfahrensbeteiligten (eine „Abhängigkeit" vom Gericht besteht bereits über § 58 InsO). Diesen gegenüber können jeweilig generelle oder einzelfallbezogene, der Unabhängigkeit entgegenstehende Gründe bestehen. Die Unabhängigkeitsanforderung verpflichtet den Insolvenzverwalter zur Neutralität in sämtliche Richtungen.[160)] Der BGH gestaltete die Unabhängigkeitsprüfung denn auch analog § 42 ZPO als „Besorgnis der Befangenheitsprüfung" aus,[161)] betont nunmehr aber die ein- 57

154) Siehe dazu Fragestellungen bei *Wipperfürth*, ZInsO 2016, 1417, 1420.

155) *Thole*, ZIP 2017, 2183, 2191, 2192 „Eignungsvermutung".

156) *Frind*, NZI 2008, 518; a. A. *Portisch*, FP 2011, 8, 12, der den Insolvenzrichtern die Überprüfung der Kanzleien im Wege des „systemischen Qualitätsmanagements" abnehmen will; *Beck*, NZI-aktuell 8/08, VI: „verlässlicher Maßstab für Gerichte".

157) So auch *Thole*, ZIP 2017, 2183, 2192; *Siemon*, NZI 2017, 741. Außerdem wird offenbar die satzungsgemäße Pflicht zur Zertifizierung nicht sehr nachdrücklich umgesetzt (INDat Report 8/2018, S. 60 [über 60 Mitglieder des VID e. V. nicht zertifiziert]).

158) Dazu auch *Fuest*, INDat-Report 4/2025, S. 13 ff., mit der Anforderung, dass gerichtliche Leitlinien auch ständig aktualisiert werden müssen.

159) *Pape*, ZInsO 2016, 2149; *Hölzle/Pink*, ZIP 2011, 360; *Hölzle*, NZI 2011, 124; BT-Drucks. 17/7511, S. 48.

160) BGH, v. 16.2.2017, ZInsO 2017, 538 Rn. 30.

161) BGH, v. 23.2.2012 – IX ZB 24/11, WKRS 2012, 11349; BGH, v. 19.4.2012, ZInsO 2012, 928; BGH, v. 26.4.2012 – IX ZB 31/11, ZInsO 2012, 1125.

zelfallbezogene Gesamtabwägung.[162] Damit ist die Schwelle möglicher Inhabilitäten zunächst recht niedrig angesetzt, im Zweifel ist aus gerichtlicher Vorsicht der Nichtbestellung der Vorzug zu geben.[163]

1. Qualitätsmerkmal: Funktionierender conflict-check

58 Innerhalb einer Interessenbekundung und verwalterseitigen „Vorstellung“ ist den jeweiligen gerichtlichen Rechtsanwendern mitzuteilen, wie der jeweilige Verwalter und sein Büro die Prüfung möglicher Inhabiltitäten und deren – vor allem zügige- Mitteilung an das Gericht sicherstellen. Das Gericht muss sich vergewissern, dass im Verwalterbüro und unter Einschluss der mit dem Verwalter zur gemeinsamen Berufsausübung verbundenen Sozii ein sorgfältiger **conflict check** durchgeführt wird (siehe Hamburger Leitlinie „conflict check“ → Anhang II.1.). Das Gericht sollte unbestimmte Rechtsbegriffe zur Reichweite und die verlangte Tiefe des Checks in diesem Zusammenhang definieren. Generell sollte das jeweilige Insolvenzgericht „Leitlinien“ in Ausprägung seines ständigen Aufsichtsauftrages aus § 58 Abs. 1 InsO erlassen[164] und aktualisieren.[165] Die Forderung nach einer Einführung von **Compliance-Regeln für Insolvenzverwalter** geht in die gleiche Richtung.[166]

59 Der Verwalteraspirant muss also bereits zur Aufnahme in die Vorauswahl-Liste dem Gericht glaubhaft machen, dass in seiner Kanzleistruktur, ggf. in den mit ihm verbundenen Unternehmen, ein sofortiger „conflict-check“ nach Auftragserteilung verlässlich absolviert wird.[167] Das Gericht sollte sich vergewissern, ob er und seine Sozii auch keine dauerhaften Mandatsverhältnisse mit institutionellen Gläubigern unterhalten. Diese führen ansonsten immer wieder zu Entlassungen gem. § 59 Abs. 1 InsO nach (hoffentlich erfolgender) Anzeige, aber für die Gläubigerschaft zu ärgerlichen Doppelvergütungen, weil auch der entlassene Verwalter Anspruch auf Vergütung hat (und häufig geltend macht). Solche „generellen Inhabilitätsumstände“ kann das Gericht innerhalb des Listungsverfahrens (oder später) abfragen, da dieses dem Amtsermittlungsgrundsatz folgt (dazu → Teil II Rn. 38). Eine Schweigepflicht gegenüber dem Insolvenzrichter, der seinerseits dienstlich zur Verschwiegenheit verpflichtet ist, besteht (auch) für den anwaltlichen Insolvenzverwalter nicht, weil er in sei-

162) Differenzierend nunmehr BGH. v. 23.11.2024, ZInsO 2024, 674 Rn. 13; kritisch hierzu *Frind*, ZInsO 2024, 661.

163) Schädlich sein kann bereits ein potenzieller Interessenkonflikt, *Rosenmüller/Heitsch*, ZInsO 2013, 754, 757.

164) Dazu *Frind*, ZInsO 2017, 363; *ders*., INDat Report 8/2017, S. 40; vgl. Hamburger Leitlinien zur Durchführung und zur Reichweite des „Conflict check“, ZInsO 2017, 375 = NZI 4/2017, S. VIII, zutreffend die Umsetzung durch den Fragebogen des AG Nürnberg ZInsO 2020, 77; **siehe dazu den Anhang**.

165) *Fuest*, INDat-Report 4/2025, S. 13 ff.

166) *Albrecht/Schütz/Taheri*, ZInsO 2022, 793, 799.

167) „Hamburger Leitlinien zum conflict-check“, ZInsO 2017, 375; zum Umfang *Frind*, ZInsO 2017, 363.

ner Rolle als Insolvenzverwalter der Aufsicht des Gerichtes untersteht (§ 58 InsO).[168)]

Das Gericht sollte sich bereits bei Listung (und später in regelmäßigen Abständen, z. B. anhand von Verfahrensakten) vergewissern, dass der **conflict-check** seitens des Verwalterbüros umfassend und sorgfältig erfolgt, z. B. sind alle ausländischen Sozii einzubeziehen, und es ist sicherzustellen, dass bei einer konkreten Auftragsvergabe die bekannten Gläubiger, aber auch die Gesellschafter, zur Prüfung eingegeben werden.[169)] Genehmigt das Gericht im Einzelfall einen Konflikt, weil dieser nicht schwerwiegend erscheint, muss eine nachgewiesene Abschottung („chinese wall“) zur forensisch tätigen Abteilung (die z. B. Gläubigermandate zur Forderungsbeitreibung betreut) bestehen, denn § 45 Abs. 2 BRAO n. F. betrifft alle zur gemeinsamen Berufsausübung verbundenen Mitarbeiter, die Akten oder auf andere Weise gespeicherte Daten der Insolvenzverfahren einsehen könnten.[170)] 60

> **Praxishinweis:**
>
> Schildern Sie den Insolvenzrichter bereits bei Interessenbekundung zur Bestellung Art und Weise des in ihrer Kanzlei implementierten „Conflict-checks“ genau.

2. Im Einzelfall; niedrige Mitteilungsschwelle

Als Grundsatz gilt: Es sind alle Fälle möglicher (genereller, d. h. ständiger oder konkreter) Unabhängigkeitshindernisse/Interessenkollisionen offenbarungspflichtig[171)] und können ggf. vom Gericht erforscht werden. Alle in Betracht kommenden Interessenkollisionsanlässe sind stets anzuzeigen, die Beurteilung ist dem Gericht zu überlassen.[172)] Beim Insolvenzsachverständigen folgt die gesetzliche Notwendigkeit der Anzeige von Inhabilitäten bereits aus §§ 406 ZPO; 8a JVEG. Zur Nachfrage kann sich das Gericht jeweils des vom BAKinso e. V./VID e. V. vorgeschlagenen Fragebogens bedienen.[173)] 61

---

168) *Frind*, ZInsO 2017, 363, 370; *Bork*, ZIP 2017, 2173, 2177.

169) Vgl. „Hamburger Leitlinien zum conflict-check“, ZInsO 2017, 375.

170) Feuerich/Weyland-*Braun*, BRAO, § 45 Rn. 34; Henssler-*Eylmann*, BRAO, § 46 Rn. 41.

171) BGH NJW 1991, 982; AG Potsdam NZI 2002, 391; Uhlenbruck-*Zipperer*, InsO, § 56 Rn. 25; *Hill*, ZInsO 2005, 1294; widersprüchlich *Spiekermann*, NZI 2020, 978, 980.

172) So bereits die GOI des VID e. V., ZIP 2011, 197, Teil III. Nr. 1; neue Fassung der GOI v. 15.12.2020; hierzu *Römermann*, ZInsO 2011, 1569, 1581.

173) Dabei sollte Einzelfallnutzung nicht verkannt werden, missverständlich *Spiekermann*, NZI 2020, 978, 979.

Praxishinweis: Mitteilung im Einzelfall:

Es ist ratsam, auch vermeintlich „unwichtige“ Inhabilitätsmöglichkeiten anzuzeigen (z. B.: „Bin mit Schuldner im Elternrat“; „ Habe Schuldner vor vielen Jahren mal in einer … -Sache beraten“). Weiterhin sollte die Mitteilung zunächst telefonisch (Eilfall, das Gericht muss zeitnah die Möglichkeit zum „Umsteuern“ erhalten) erfolgen, aber zusätzlich immer auch noch einmal schriftlich in der Akte (bedenken Sie Vertretungsfälle und spätere Meinungsverschiedenheiten zum „Gehalt“ der Anzeige und eventuelle spätere Akteneinsichtnahmen von Verfahrensbeteiligten).

3. Reichweite „genereller“ Inhabilitätsumstände

62 Der Verwalter hat daher bereits bei der Bewerbung bei Gericht und im Folgenden nach Listung regelhaft „generelle Inhabilitätsanlässe“ anzuzeigen.[174] Solche generelle Inhabilitätsanlässe sind dem Gericht **proaktiv mitzuteilen**. Wenn ein Verwalter-Aspirant z. B. mit einem Großgläubiger wirtschaftlich verbunden ist, der regelhaft in Insolvenzverfahren beteiligt ist, muss er dies in seiner Bewerbungsschrift offenbaren. Dies gilt auch, wenn er einen solchen Gläubiger in bedeutendem Umfang regelmäßig berät[175] oder z. B. Sozialversicherungsträger insolvenzanfechtungsrechtlich auf der Passivseite regelhaft vom ihm oder von Sozien beraten und/oder vertreten werden.

Hat das Gericht begründeten Anlass zu der Befürchtung der möglichen künftigen Bevorzugung eines Beteiligten gegenüber einem Insolvenzverwalterbewerber oder ist bereits zumindest der konkretisierte Besorgnisanlass dafür gegeben, kann, wenn es sich bei den betreffenden Beteiligten um immer wiederkehrende Beteiligtengruppen des Insolvenzverfahrens (z. B. Banken, Kreditversicherer, Sozialversicherungsträger, Groß-Vermieter) handelt, nicht Verwalter werden oder bleiben.[176]

63 Dabei wird für Rechtsanwälte die Vorschrift des § 45 Abs. 2 BRAO n. F., die Inhabilitätsgründe auf *wirtschaftlich verbundene Personen* ausweitet, zu bedenken sein. Persönliche Kreditaufnahme zu „marktüblichen Konditionen“ soll hinsichtlich „Inhabilität gegenüber Banken“ nicht anzeigepflichtig sein. Über die Vorschrift des § 45 Abs. 32 BRAO n. F. (§ 3 Abs. 2 BORA) gelten die genannten Tatbestände auch bei Vorbefassungen durch Sozii „oder in sonstiger Weise zur gemeinsamen Berufsausübung verbundenen oder verbunden gewesenen Rechtsanwälten und Angehörigen anderer Berufe“. Die Reichweite des § 45 Abs. 2 BRAO n. F. bemakelt die Sozii umfassend[177] und ist auch bei Vor-

174) Dazu *Frind*, ZInsO 2017, 363.

175) BGH, v. 13.10.2016, ZInsO 2016, 2196 Rn. 24; *Pape*, ZInsO 2017, 1341, 1350.

176) Dazu bereits *Frind*, ZInsO 2002, 745; *Graeber*, NZI 2002, 345 ff.; *Prütting*, ZIP 2002, 1965; *Lüke*, ZIP 2003, 557; Streitgespräch *Braun/Frind*, NZI 2003, 252; OLG München ZIP 2005, 670; *Ross*, ZInsO 2005, 360; *Hill*, ZInsO 2005, 1289, 1291 [häufige Übernahme von Poolverwaltung]; a. A. Graf-Schlicker-*Graf-Schlicker*, InsO, § 56 Rn. 41; *Braun*, NZI 01/2002, S. V; *Riggert*, NZI 2002, 352.

177) BGH, v. 3.11.2014, NJW 2015, 567–569.

auswahl-Listung und im Einzelfall beim „conflict check" zu bedenken. Auch „mittelbare" Vorbefassung durch Mandate können Inhabilitätsumstände ausmachen.[178] Das Tätigkeitsverbot des § 45 Abs. 2 Nr. 2 und Nr. 3 BRAO n. F. gilt daher auch für diese und bereitet insbesondere „gemischten Sozietäten" massive Inhabilitätsprobleme,[179] zumal gem. § 45 Abs. 3 Satz 3 BRAO die Offenbarung von Inhabilitätsumständen auch Vormandaten nunmehr zu Prüfungszwecken ausdrücklich erlaubt. Die Vorberatung eines Unternehmens oder einer Unternehmenstochter durch Mitglieder der Sozietät versperrt dem Insolvenzverwalter, der zugleich Rechtsanwalt ist, daher bereits berufsrechtlich gem. § 45 Abs. 2 Nr. 2 BRAO n. F. die Annahme eines später angetragenen Verwalteramtes.[180] Eine Zeitgrenze kann aus § 133 Abs. 1 InsO analog entnommen werden.[181]

Soweit „Interessenkollisionen" aus dem Begriff der Unabhängigkeit ausgeschieden und dem Begriff der „Ungeeignetheit" zugeordnet werden sollen,[182] ist darauf zu verweisen, dass die Grenze hier fließend ist. Eine „wirtschaftliche Abhängigkeit" beginnt nicht erst bei einem Umsatzvolumen mit einem bestimmten Geschäftspartner von über 50 %,[183] sondern dort, wo nicht verfahrenskonforme Rücksichtnahmen befürchtet werden müssen.[184] 64

Ein **Honorarabführungsvertrag** für den Fall des Ausscheidens des Insolvenzverwalters aus einer Sozietät[185] kann generell die Unabhängigkeit gefährden, da der Verwalter fortan mit Blick auf die Honorarabführungspflicht wirtschaften und sich entsprechend verhalten könnte.[186] Das BVerfG hat in seiner Entscheidung zur juristischen Person hingegen die Möglichkeit der Marktteilhabe von juristischen Anwaltszusammenschlüssen auf dem Hintergrund von Abtretungsverträgen sogar betont.[187] Die Entscheidung kann jedoch nicht als Zustimmung zu diesem „Geschäftsmodell" gewertet werden, denn sowohl die Verwalterakten wie auch der Vergütungsanspruch stehen dem bestellten Verwalter persönlich zu.[188] Als gem. § 307 Abs. 2 Nr. 1 BGB unwirksame AGB-Arbeitsvertragsklausel wurde indes eine Regelung angesehen, die der ehema- 65

---

178) BGH, v. 4.5.2017, ZInsO 2017, 1312 Rn. 11.

179) *Frind*, ZInsO 2017, 363; Uhlenbruck-*Zipperer*, InsO, § 56 Rn. 25, 41.

180) *Thole*, NZI 2017, 737, 738.

181) AG Hamburg, v. 18.4.2017, ZInsO 2017, 985.

182) *Römermann*, ZInsO 21013, 218, 220.

183) So aber *Römermann*, ZInsO 2013, 218, 225; *Körner/Rendels*, INDat Report 1/2013, S. 42, 45.

184) *Hölken*, ZInsO 2024, 709, 712.

185) Beispielfall bei LAG Köln ZInsO 2008, 682.

186) *Weissbrodt*, ZInsO 2008, 633; zur Geltendmachung solcher Ansprüche *Stiller*, ZInsO 2017, 2037.

187) BVerfG, v. 12.1.2016 – 1 BvR 3102/13, ZInsO 2016, 383 = ZIP 2016, 321; insofern abl. *Römermann*, ZIP 2016, 328, 331; krit. *Frind*, NZI 2016, 156.

188) *Mitlehner*, NZI 2016, 248, 250; *Mitlehner*, NZI 2021, 376, 380.

ligen Kanzlei nach Ausscheiden noch Honoraransprüche aus neuen Insolvenzverwaltungen des ausgeschiedenen Anwaltes zubilligt.[189)]

4. Die „Beratungstätigkeit“ als Unabhängigkeitsproblem

a) Änderung des Berufsbildes durch mehr Beratungstätigkeit

66 Das Berufsbild der Insolvenzverwaltung hat sich in innerhalb des letzten Jahrzehntes, vor allem seit Inkrafttreten des „ESUG“, zunehmend geändert. Viele Verwalterkanzleien erweiterten ihr Leistungsspektrum um insolvenznahe Beratung, und die „Gelegenheitsverwalter“ verschwanden vom Markt.[190)] So ist zu konstatieren, dass sehr häufig die als Insolvenzverwalter tätigen Rechtsanwälte, Wirtschaftsprüfer etc. nun auch in der außergerichtlichen Sanierungsberatung tätig sind,[191)] oder zumindest in ihren Kanzleien Beratungsabteilungen aufgebaut wurden und damit die „Nur-Insolvenzverwalter-Kanzlei“ zunehmend ausstirbt. Ein gesondertes „Gütesiegel für Sanierungsberater“ ist sogar im Angebot,[192)] wie auch eine Qualifikation zum „ESUG-Berater“.

67 Damit ist das Berufsbild vor dem Hintergrund von Unabhängigkeitsanforderungen und der Verschiebung von Tätigkeitsschwerpunkten seit Einführung des „ESUG“ neu zu klären.[193)] „Insolvenzverwalter“ ist nicht, wer hauptsächlich außergerichtliche Sanierung macht, und ein Berufsbild „Insolvenzverwaltung“ kann keine „Oberkategorie“ für völlig verschiedene Tätigkeitsfelder, die evtl. zeitlich wesentlich mehr Raum bei den Berufsträgern als Insolvenzverwaltung einnehmen, sein.[194)]

68 Festzuhalten ist, dass berufspezifische Verwalter-Pflichten nicht nach Groß- und Kleinverfahren differenziert werden können,[195)] weil generelle Pflichten nicht abdingbar sind. „Insolvenzverwalter“ ist nach objektivem Empfängerhorizont bisher auch, wer nur ab und zu Insolvenzverwaltungen durchführt, nach Anforderung des BVerfG aber nur, wer seine Kanzlei darauf ausgerichtet hat, dadurch seine Lebensgrundlage zu bestreiten.[196)] So soll die Führung der Bezeichnung „Insolvenzverwalter“ auf einem Anwaltsbriefkopf[197)] jeden-

---

189) ArbG Köln, v. 14.3.2023, ZInsO 2023, 1341, 1344.

190) *Bergner*, ZIP 2023, 2078; *Frind*, ZInsO 2023, 2314.

191) Dies räumt bereits *Höfling*, JZ 2009, 339, 346 ein; skeptisch zur Sinnhaftigkeit *Siemon*, NZI 2017, 825, 826; *Antoniadis*, INDat Report 4/2018, S. 11.

192) ZInsO 2011, 2181.

193) *Frind*, ZInsO 2017, 2146; *Antoniadis*, INDat Report 4/2018, S. 11.

194) *Frind*, ZInsO 2023, 2314; so aber *Braun/Frank*, NZI 2020, 1, 5; unzureichend hierzu die Betrachtung v. *Kästner*, Beruf und Berufsrecht des Insolvenzverwalters, 2018; *Thole*, ZIP 2023, 1769 bezweifelt gar, dass die amtswegigen Bestellungsfelder einen Beruf ausmachen.

195) So aber *Braun/Frank*, NZI 2020, 1, 8.

196) BVerfG, v. 3.8.2004 ZInsO 2004, 913 Rn. 28; zur Professionalisierung: *Uhlenbruck*, in: Festschrift Wellensiek, 2011, S. 360.

197) Dazu: *Köster*, Die Bestellung des Insolvenzverwalters, 2005, S. 119.

falls dann keine irreführende Werbung (§ 7 BORA) sein, wenn der Betreffende ständig von einem Insolvenzgericht bestellt wird.[198)]

In einer jüngeren Entscheidung hat der BGH im Zusammenhang mit der Ablehnung einer Vergabe einer Notarstelle erneut darauf hingewiesen, dass insolvenzverwaltende Tätigkeit einer anwaltlich-beratenden Tätigkeit nicht gleich stehe. Insolvenzverwaltung ist keine anwaltliche Tätigkeit.[199)] So sei Beratung einzelner Beteiligter durch den Insolvenzverwalter im Ergebnis den Zielen des Insolvenzverfahrens untergeordnet.[200)] Folgt man dem, lässt sich weiterhin gut vertreten, dass insolvenzverwaltende Tätigkeit „sonstige Tätigkeit" i. S. v. § 45 Abs. 2 Nr. 2 BRAO a. F. (jetzt 45 Abs. 1 Nr. 3 BRAO n. F.) zugunsten der „Partei" „Masse" ist,[201)] aber dann, wenn der Insolvenzverwalter „als Insolvenzverwalter" handelt, er eben nicht zugleich „als Rechtsanwalt" handelt.[202)]

b) Mangelnde Konturierung „erlaubter allgemeiner" Beratung

Der Insolvenzverwalter darf, wie auch **§ 56 Abs. 1 Satz 3 Nr. 2 InsO** zeigt, keine konkrete Rechtsberatung für einen Verfahrensbeteiligten leisten. Insbesondere auf entsprechende Schuldneranliegen ist mit Vorsicht zu reagieren.[203)] Mehr als „allgemeine" Beratung ist im Einzelfall als „Vorbefassung" nicht erlaubt. Deren erlaubte Reichweite ist völlig unklar. **69**

Gerade im **Schutzschirmverfahren nach § 270d InsO** ist insofern der „mitgebrachte Sachwalter" im Sinne des Unabhängigkeitsgebotes aus § 56 Abs. 1 InsO zu prüfen (§§ 270b Abs. 2 [§ 270d Abs. 2 n. F.], 270b Abs. 1 n. F., 274 Abs. 1 InsO),[204)] zumal durch die Möglichkeit des Schuldnervorschlages der (vorläufige) Sachwalter zumindest konzeptionell im „Lager" des Schuldners steht.[205)] Der Gesetzgeber erwartet auch hier den „stets" unabhängigen vorläufigen Sachwalter.[206)] Berater, die sich vor Antragstellung intensiver mit dem **70**

198) AnwG Freiburg ZVI 2006, 36; zustimmend: *Köster*, NZI 2006, 424; bejahend auch *Onusseit*, ZInsO 2006, 241, aber unter Verweis auf die zweifelhaften „Zwischenlagen" bei nicht kontinuierlicher Bestellung.

199) *Trams*, NJW-spezial 2022, 149.

200) BGH, v. 15.11.2021 – NotZ [Brfg] 2/21, BB 2021, 2754 = ZInsO 2022, 246; zust. *Henssler/Hinz*, NZI 2022, 247.

201) *Thole*, NZI 2017, 737, 738, 740; *Vallender*, ZIP 2019, 158, 161; *Weyland/Träger*, BRAO, § 45 Rn. 30; *H. Büttner*, Listing und De-Listing, S. 156 ff.

202) *Frind*, ZInsO 2023, 248, 250; sog. rollenbezogene Auslegung, dazu befürwortend *Biallaß*, NJW 2023, 528.

203) Beispiele bei *Wipperfürth*, InsbürO 2018, 190; *dies.*, InsbürO 2018, 230; *Frind*, NZI 2023, 808 zur Neutralitätsverpflichtung.

204) Vgl. dazu *Ganter*, ZIP 2014, 2323, 2326; *Bork*, ZIP 2013, 145, 147; *Vallender/Zipperer*, ZIP 2013, 149, 151; *Frind*, in: Festschrift Haarmeyer, S. 39, 43; *Rendels*, INDat Report 8/2011, S. 44.

205) *Korch*, ZIP 2018, 109, 115.

206) BT-Drucks. 17/7511, S. 37.

Fall befasst haben, können gem. § 56 Abs. 1 Satz 3 Nr. 2 nicht bestellt werden, da dann eben die notwendige „Unabhängigkeit" fehlt.[207)]

Dies skizziert, wie problematisch die Regelung des § 56 Abs. 1 Satz 4 Nr. 2 InsO ist, da der dort im Sinne „dennoch gegebener Unabhängigkeit" zulässige Bereich der „Vorberatung" hier nicht eindeutig gesetzlich begründet skizziert wird.[208)] Der Gesetzgeber meint, dass „allgemeine Informationen über den Gang des Insolvenzverfahrens" in einer Auskunftssituation die Unabhängigkeit des Kandidaten nicht beeinträchtigen.[209)] Dies wurde in der Folgezeit gar als „naiv" bezeichnet, sodass sich nach der „ESUG-Evaluation" Forderungen erhoben, die Vorschrift zu streichen.[210)] Der Begriff „allgemein informiert" erscheint nicht als taugliches Abgrenzungskriterium, da sich bei jedem anwaltlich vorinsolvenzlichen Kontakt bei einer Zahlungskrise die Frage des Eintrittes der Zahlungsunfähigkeit als Beratungsthema stellen wird und somit konkrete Fragen zu beantworten sein werden.[211)]

71 Auch hier gilt wieder der Rat: **„Besser zu viel angezeigt, als zu wenig"**: Anzuzeigen ist dem Bestellungsgericht im konkreten Bestellungsfall daher jede Art der „Vorberatung".[212)] Denn streitig ist, ob jede konkrete Beratung bemakelt wird;[213)] richtig dürfte eine restriktive Auslegung der Regelungsschranke sein.[214)] Die Unterlassung notwendiger Mitteilungen kann zur Entlassung im Einzelfall führen,[215)] aber auch bis auf die generelle Listung wegen genereller Ungeeignetheit ausstrahlen.[216)] Denn der Verlust des Vertrauens des listenden Richters aufgrund verheimlichter Vorberatung und bewusster Täuschung der Insolvenzrichter (auch der Kollegen des listenden Richters) kann ein de-listing Grund sein, soweit schwerwiegend.[217)]

---

207) *Römermann/Praß*, GmbHR 2012, 425, 430; *Smid*, ZInsO 2022, 965.

208) *Frind*, NZI 2010, 705; *ders.*, ZInsO 2011, 269 f.; *Voigt-Salus/Sietz*, ZInsO 2010, 2050; *Bergner*, INDat Report 8/2010, S. 15; *Vallender*, NZI 2010, 838, 843, 844; *Hofmann*, NZI 2010, 798.

209) BT-Drucks. 17/5712 S. 26.

210) *Pape*, ZInsO 2018, 2725, 2732.

211) *Spiekermann*, NZI 2020, 978, 981; *Westermann*, Die Auswahl und Bestellung …, Rn. 86; *Römermann/Praß*, GmbHR 2012, 425, 430.

212) *Spiekermann*, NZI 2020, 978, 981.

213) Dafür *Frings/Bernsen*, NJW-Spezial 2012, 405; dagegen *Rosenmüller/Heitsch*, ZInsO 2013, 754, 757.

214) *Westermann*, Die Auswahl und Bestellung …, Rn. 86.

215) BGH, v. 17.3.2016, ZInsO 2016, 1005 Rn. 25–29; BGH, v. 4.5.2017, ZInsO 2017, 1312 Rn. 14; *Pape*, ZInsO 2016, 2149, 2150.

216) *Pape*, ZInsO 2017, 1341, 1349.

217) BGH, v. 17.3.2016, ZInsO 2016, 1005 Rn. 25–29.

Praxishinweis:

Daher muss das Insolvenzgericht die – notwendigerweise angezeigte – Vorberatung zum Anlass nehmen, nachzuforschen, ob der vorgeschlagene Verwalter nunmehr in einer Interessenkollisionssituation steht. Sofern der in Aussicht genommene Verwalter dem Schuldnerunternehmen konkrete Fragen zum Eintritt der Zahlungsunfähigkeit, zur Verfahrensweise mit Arbeitnehmergruppen oder Filialen oder Gesellschaftern beantwortet oder gar Vorschläge und Ratschläge erteilt hat, ist der gesetzlich erlaubte Tatbestandsbereich überschritten. Die gleichzeitige Beratung des Unternehmens und der Eintritt als „CRO" hat wegen Verstoß gegen § 45 Abs. 1 Nr. 4 BRAO a. F. (jetzt § 45 Abs. 1 Nr. 3 BRAO n. F.) für Rechtsanwälte auch die Unwirksamkeit des Anwaltsvertrages zur Folge.[218)]

Über eine „allgemeine Beratung" hinaus geht wohl auch die Einreichung der kompletten Bewerbungsunterlagen des vorgeschlagenen Verwalters zusammen mit dem Schuldnereigenantrag seitens der Schuldnerberatung, sozusagen eine „Erstbewerbung" mit Bestellungsvorschlag gekoppelt. Dies rechtfertigt die Besorgnis fehlender Unabhängigkeit,[219)] da hier ein intensiver Vorkontakt stattgefunden hat bei dem das Schuldnerunternehmen die Bewerbung des Verwalters mit vorbereitet hat. 72

Problematisch sind zuweilen negative Entwicklungen zu sich gegenseitig vorschlagenden **„Tandems"**, die die Unabhängigkeit von vorgeschlagenen Verwaltern/Sachwaltern in Zweifel ziehen lassen.[220)] Ebenfalls die Unabhängigkeit beeinträchtigt die Zusammenarbeit mit „Insolvenzdienstleistern", die eine (manipulierte) Zuständigkeitsverlegung im Vorfeld von Insolvenzantragstellungen betreiben und dann einen ihnen genehmen Insolvenzverwalter vorschlagen.[221)] Das „Bremer Modell" hat mittels manipulierter Zuständigkeitsverlagerung zu über 700 Verfahren geführt, die bei bestimmten Insolvenzverwaltern „landeten".[222)] Abzulehnen ist auch die gleichzeitige Beratung des Schuldnerunternehmens im Eröffnungsverfahren durch den vorläufigen Sachwalter; dies verstößt gegen § 45 Abs. 1 Nr. 3 BRAO n. F.[223)] 73

218) *Thole*, NZI 2017, 737, 740.

219) AG Stade, Beschl. v. 24.8.2012 – 73 IE 1/12, ZInsO 2012, 1911.

220) Vgl. die zusammenfassenden Berichte von *Rendels/Zabel*, INDat Report 1/2016, S. 44, 48; *Flöther*, INDat Report 6/2012, S. 30; *ders.*, ZIP 2012, 1833; *Bierbach*, INDat Report 4/2012, S. 24, 26; abl. *Ganter*, ZIP 2013, 597, 598.

221) „Bremer Modell", dazu *Kollbach*, INDat Report 9/10, S. 68, 10/20, S. 52; *Smid*, ZInsO 2021, 981, 988, 989, 1005 ff. Gegen „nationales forum shopping" (dafür *Stahlschmidt/Barthelheimer*, ZInsO 2017, 1010; *Hölzle/Jacoby*, ZIP 2021, 337; dagegen *Frind/Pannen*, ZIP 2016, 398 ff.; *Frind*, NZI 2019, 697; *Vallender*, NZI 2020, 761, 766, 767) startete die Bremer Landesjustizverwaltung eines Gesetzesinitiative (hierzu BAKInso e. V., Stellungnahme v. 21.7.2021, ZInsO 2021, 1778). Zu Recht, da die Umgehung des eigentlich zuständigen Insolvenzrichter häufig dessen Aufsicht scheut (*Smid*, ZInsO 2022, 965, 969).

222) *Kollbach*, INDat Report 2/2024, S. 82, 84.

223) *Frind*, ZInsO 2013, 2302 zu LG Dresden ZInsO 2013, 1962 [Fall „dailycer"]; so auch *Vill*, ZInsO 2015, 2245, 2246.

Praxishinweis:

Die Insolvenzgerichte müssen sich nach einer – fraglos notwendigen – Anzeige des Kandidaten, dass eine solche Beratung stattgefunden hat, vergewissern, ob wirklich die vom Gesetz gemeinten Grenzen eingehalten wurden (z. B. mittels Fragebogen siehe → Anhang II.6.). Die Dokumentation der Gegenstände der Beratung durch den Verwalter ist daher anzuraten,[224)] und die Gerichte sollten sich diese vorlegen lassen. Eine Beratung z. B. über den Zeitpunkt der konkreten materiellen Insolvenzreife würde die genannte Grenze überschreiten. Im Übrigen ist auch eine insolvenzrechtliche Anfechtbarkeit des erhaltenen außergerichtlichen Honorars ein Inhabilitätsgrund.

c) Beratungstätigkeit und verstärkter conflict check

74 Ein Insolvenzverwalter, der oder dessen Kanzlei in erheblichem Umfange Sanierungs- und/oder Insolvenzberatung macht, gefährdet zumindest seine generelle Unabhängigkeit, denn er vergrößert die Anzahl möglicher Inhabilitätsgründe.[225)] Ein notwendiger conflict-check wird schwieriger und birgt die Gefahr zu später Anzeige. Die Übernahme von Schuldnerberatungen kann auch zu Friktionen mit Verwalterkollegen führen.[226)] Vor diesem Hintergrund wurde von einer ganz strengen Auffassung eine Berufsordnung gefordert, die den Beruf auf „Nur-Insolvenzverwaltung" beschränkt.[227)] Umgesetzt wurde das nicht.

Indes: Die Berufsgrundsätze des Verbandes Insolvenzverwalter Deutschlands e. V. (VID e. V.) enthalten unter § 4 eine eingeschränkte Definition des Begriffes „Unabhängigkeit", da dort z. B. in § 4 Abs. 2 Buchst. d) nur eine Betreuung von Gläubigern des Schuldners „in Insolvenzrechtsangelegenheiten" der Unabhängigkeit entgegenstehen soll. Dies würde wohl ein ständiges Mandat z. B. für Forderungseinzug mit einer Bank erlauben.[228)] Andererseits verbietet § 4 Abs. 2 Buchst. c) der Berufsgrundsätze des VID e. V. zu Recht bei einem Schuldner, der juristische Person oder Personengesellschaft ist, die vorherige Vertretung oder Beratung einer diesem nahestehenden Person i. S. v. § 138 InsO. Nach § 138 Abs. 2 Nr. 2 InsO ist „nahestehende Person" aber auch, wer sich „über die wirtschaftlichen Verhältnisse des Schuldners" per Dienstvertrag oder gleichartiger vertraglicher Bindung „unterrichten" kann. Dies dürfte für eine kreditgebende Bank zutreffen. Nicht nachvollziehbar ist die in den Berufsgrundsätzen genannte zeitliche Grenze von 4 Jahren (§ 4 Abs. 2 lit. c.) in die Vergangenheit, die dann die Unabhängigkeit bei Ablauf „wieder aufleben" lassen soll.

---

224) *Martini*, INDat Report 2/2016, S. 22, 25.

225) *Frind*, ZInsO 2010, 1966; Uhlenbruck-*Zipperer*, InsO, § 56 Rn. 25.

226) Signifikant der Fall OLG Schleswig, v. 19.5.2021, ZInsO 2022, 1226.

227) *Antoniadis*, INDat Report 4/2018, S. 11.

228) Siehe aber AG Hamburg ZIP 2001, 2147.

Fraglich ist also, wie weit eine Tätigkeit zurückliegen muss, um nicht anzeigepflichtig zu sein. Frühere oder nicht konkret verfahrensbezogene (anwaltliche) Tätigkeiten für Gläubiger des konkreten Verfahrens schließen die Bestellung des betreffenden Verwalters nicht „per se" aus.[229] Eventuell kann eine Zeitgrenze auch § 133 InsO entnommen werden.[230] In Österreich galt eine Grenze von fünf Jahren bei konkreter Schuldnerberatung gem. § 80b IO,[231] nunmehr drei Jahren, wobei diese Regelung nicht abschließend ist.[232]

Praxishinweis:

Ein conflict check sollte Vorberatungstätigkeiten in einem Zeitraum von mindestens vier Jahren in die Vergangenheit abdecken können.

IV. Ausblick: gesetzliche neue berufsrechtliche Regelungen

Die Frage, ob Insolvenz- und Sachwaltertätigkeiten, auch Restrukturierungs- und Sanierungstätigkeiten, zumindest diejenigen aufgrund amtswegiger Bestellung, genauer gesetzlich im Zusammenhang mit einer transparenteren Listungsregelung gesetzlich geregelt werden sollten, dauern seit ca. 20 Jahren an.[233] Nachdem vonseiten des FDP-geführten Bundesjustizministeriums im Laufe des Jahres 2024 die grundsätzliche Frage entschieden worden war, ob eine berufsständische Aufsicht unter dem Dach der BRAK oder einer eigenen Insolvenzverwalterkammer stattfinden sollte zugunsten der „Insolvenzverwalterkammer" entschieden worden war,[234] erarbeitete das BMJ aufgrund zahlreicher Anhörungen einen Referentenentwurf zur Umsetzung der letztgenannten Lösung. Nach dem Bruch der Regierungskoalition im Spätherbst 2024 wurde und wird der dem Vernehmen nach bereits fertige und über 100 Regelungen enthaltende Referentenentwurf nicht mehr veröffentlicht.[235] Der neue Koalitionsvertrag der derzeitigen Legislatur enthält faktisch keine Ankündigungen insolvenzgesetzlicher Regelungsbedarfe der neuen Bundesregierung.[236] In Ermangelung dessen bleibt abzuwarten, ob berufsrechtliche Fragen in der jetzigen Regierungsperiode gesetzlich geregelt werden. Umso wichtiger bleiben die gerichtlichen und verbandlichen Leitlinien. 75

229) *Spiekermann*, NZI 2020, 978, 982.

230) AG Hamburg, v. 18.4.2017, ZInsO 2017, 985.

231) *Riel*, NZI 2017, 832, 836.

232) *Nunner-Krautgasser*, ZInsO 2019, 1602, 1611.

233) Ausführlich HmbKomm-InsO/*Frind*, § 56 Rn. 7, 7a, 18, 19, 42, 43.

234) Zu den Regelungsproblemen *Römermann*, INDat-Report 3/2024, S. 30.

235) INDat-Report 1/2025, S. 47.

236) *Riewe*, Editorial NZI 10/2025, V.

Teil II „Best Practice" – Verwalter/Sachwalter bleiben[*)]

A. Insolvenzgerichtliches Aufsichtssystem

I. Reichweite der Aufsicht

Die in § 58 InsO geregelte gerichtliche Aufsichtspflicht über gerichtlicherseits bestellte Personen beginnt mit der Bestellung der Insolvenzsachverständigen, setzt sich das ganze Eröffnungsverfahren und eröffnete Verfahren fort und endet erst mit der Aufhebung des Verfahrens (§ 200 InsO). Die Schlussrechnung und richtige Verteilung sind abschließende Prüfungspunkte (→ dazu Teil V). Auch eine zwischenzeitliche Ankündigung der Restschuldbefreiung suspendiert den Verwalter/Treuhänder in Verfahren natürlicher Personen nicht von seiner abschließenden Pflicht zur Rechnungslegung für das eröffnete Verfahren, da die Wohlverhaltensphase erst mit der Aufhebung des Verfahrens beginnt und diese wiederum erst nach Rechtskraft des Ankündigungsbeschlusses statthaft ist (§ 289 Abs. 2 Satz 2 InsO).[1] 1

Die Aufsicht ist **Daueraufsicht**. Das Gericht hat kontinuierlich sicherzustellen, dass die „generelle Eignung" des Sachverständigen/Insolvenzverwalters/Sachwalters, die bei seiner Listung und Bestellung nach § 56 Abs. 1 InsO vorlag, nicht im Laufe des Verfahrens entfallen ist, z. B. seine Unabhängigkeit (siehe dazu z. B. den diesbzgl. Fragebogen Anhang II.6.). Eine Eignung kann auch aufgrund neuer Erkenntnisse des Gerichtes im laufenden Verfahren infrage gestellt sein oder entfallen, ggf. ist dann mit Entlassung zu reagieren (→ Rn. 79 ff.), wenn andere Abhilfe nicht möglich ist. Eingaben von Betroffenen bzw. Verfahrensbeteiligten sind beachtenswerte „Anregungen", aber auch amtswegige andere Erkenntnisse können zum insolvenzgerichtlichen Einschreiten oder zumindest zu Nachforschungen führen. Regelhaft wird das Gericht es bei Stichproben und den regelhaft zu prüfenden Berichten und Verwalterkonten belassen.

Den hohen Stellenwert der gerichtlichen Aufsichtspflicht hat das BVerfG im Zusammenhang mit der Ablehnung der Bestellbarkeit von juristischen Personen zu Insolvenzverwaltern besonders betont. Sie muss in ihrer notwendigen Kontrolldichte seitens des Gerichtes umsetzbar sein, ist aber in Abwägung zu der im Vorauswahlverfahren vorgeprüften und ständig zu bestätigenden persönlichen Zuverlässigkeit und fachliche Eignung des Verwalters in Abwägung zu dem in diesen gesetzten Vertrauen verhältnismäßig auszuüben.[2] 2

---

*) Aus Gründen der Lesbarkeit wurde auf eine geschlechtergerechte Sprache verzichtet. Dies bedeutet keinesfalls eine Benachteiligung eines Geschlechts, sondern dient allein der besseren Verständlichkeit des Textes. Alle Personenbezeichnungen gelten selbstverständlich für alle Geschlechter gleichermaßen.

1) BGH, v. 29.4.2010 – I ZR 66/08, NZI 2010, 997 = WM 2010, 2126.

2) BVerfG, v. 12.1.2016 – 1 BvR 3102/13, ZInsO 2016, 383 = ZIP 2016, 321 Rn. 50–53.

3 Gegenstand der Aufsicht ist die Überwachung der **Erfüllung der insolvenzspezifischen Pflichten**. Berufsständische Aufsichtskammern können die gerichtliche Aufsicht im Einzelfall nicht ersetzen.[3] Die berufsständische Aufsicht durch die jeweilige Anwaltskammer und Anwaltsgerichtsbarkeit wird auch nicht durch § 58 InsO verdrängt, sie ist derjenigen des Insolvenzgerichtes im Einzelfall aber nachgelagert.[4] Auch eine „Berufsordnung" kann Aufsichtsanforderungen nur konturieren, im Einzelfall gilt weiterhin die gerichtsseitige Ermessensentscheidung zur Anwendung (→ Teil I Rn. 20).

4 Die **Aufsichtsnotwendigkeit** ist durch verschiedentlich immer wieder berichtete – leider – massive Verfahrensverstöße über die Jahre evident: In den vergangenen Jahren vermehrt berichtete Pflichtenverstöße[5] und/oder Straffälligkeiten wie auch eigene Insolvenzen einiger Verwalter sind zuweilen auch Ausdruck mangelhafter Aufsicht.[6]

Die **Aufsichtsintensität** des Gerichtes ist im Eröffnungsverfahren meist höher als im eröffneten Verfahren, weil in ersterem die „Weichen" des Verfahrens gestellt werden und die Erkenntnisbasis nahezu täglich wechselnd ist. Sie ist zudem auch abhängig von der gerichtlichen Kenntnis über die Praxiserfahrung des jeweiligen Verwalters. Bei einem noch unerfahrenen Verwalter ist die Aufsicht in erhöhtem Maße wahrzunehmen.[7] Die Aufsicht des Gerichtes wird nicht dadurch begrenzt, dass z. B. die Organe der Gläubigerschaft, d. h. Gläubigerversammlung oder der (vorläufige) -ausschuss, ein bestimmtes Vorgehen des Verwalters nicht kritisieren.[8] Dabei ist vom Gericht zu prüfen, ob die Gläubigerorgane die zu betrachtende – womöglich „kritische" – Maßnahme überhaupt zur Kenntnis genommen und ggf. unter Beachtung der Rechtslage ausdrücklich gebilligt haben. Im letzteren Fall mag die Schwelle zum Einschreiten des Gerichtes besonders hoch angesiedelt sein.[9]

5 Innerhalb des eröffneten Verfahrens liegt der Schwerpunkt der Aufsicht auf der Kontrolle der gesetzlich korrekten Massegenerierung, Masseverteilung und Masseansammlung. Eine gerichtliche **„Kassenprüfung"** ist im Wege des Verlangens des Nachweises der Bestände der verfahrensbezogenen Verwalteranderkonten in regelmäßigen Abständen angezeigt. Sinnvoll ist solch eine Prüfung der tatsächlichen Insolvenzverwalteranderkonten, z. B. mittels Freischaltung der Onlinekonteneinsicht für das Insolvenzgericht und eine Vorlagepflicht der Verwalter für Saldenübersichten sämtlicher Anderkonten einschließlich Festgeldkonten. Weitergehend: der Ausdruck ihrer zeitnahen Insolvenzbuchhal-

---

3) *Pape*, ZInsO 2016, 428, 430.
4) *Frind*, ZInsO 2023, 248.
5) So auch *Lissner*, ZInsO 2019, 2398, 2399.
6) Überblick bei HmbKomm-InsO/*Frind*, § 58 Rn. 4 m. w. N.
7) *Blersch*, in: BK InsO, § 58 Rn. 5.
8) MünchKomm-InsO/*Graeber*, § 58 Rn. 17.
9) Uhlenbruck-*Vallender*, InsO, § 58 Rn. 7.

tung über die gesamte bisherige Laufzeit des Verfahrens;[10] Abgleich Bankkontensalden mit den Gesamtsaldenübersichten zur Verhinderung von Umbuchungen zwischen den Anderkonten.[11]

Im **Eigenverwaltungsverfahren** unterliegt der (vorläufige) Sachwalter der gerichtlichen Aufsicht (§§ 270b Abs. 1 Satz 1, 274 Abs. 1 InsO), nicht aber der eigenverwaltende Schuldner.[12] Da der Sachwalter den Schuldner bzw. die Geschäftsleitung beaufsichtigen soll, steht diese selbst eben nicht direkt unter der gerichtlichen Aufsicht, sondern das Gericht überwacht nur die Wahrnehmung der insolvenzspezifischen Pflichtenwahrnehmung des Sachwalters, sodass es nur zu einer „gestaffelten" Aufsichtslage kommt.[13] Kommt der (vorläufige) Sachwalter z. B. seiner Nachteilsmeldepflicht nicht nach und der Schuldner befriedigt fälschlich Insolvenzgläubiger wie Massegläubiger oder begründet unkontrolliert Masseverbindlichkeiten, kann das Gericht als mildeste Maßnahme den Sachwalter abmahnen und/oder dem Schuldner die Aufhebung des Eigenverwaltungsverfahrens (§ 270e InsO) androhen oder vorher „nur" die Kassenführung auf den (vorläufigen) Sachwalter übertraghen.[14] 6

1. Rechtsaufsicht

Sinn und Zielrichtung der gerichtlichen Aufsicht ist dabei nicht Zweckmäßigkeitskontrolle, sondern **Rechtmäßigkeitskontrolle**.[15] Zur Rechtsaufsicht gehört auch die **Schlussrechnungskontrolle** (dazu ausführlich → Teil V). 7

Die **Zweckmäßigkeitskontrolle** („Fachaufsicht") soll der (vorläufige) Gläubigerausschuss, sofern bestellt, ausüben. Zuweilen Doppeln sich die Aufgaben bei Existenz eines solchen Gremiums zur gerichtlichen Aufgabenreichweite, wie z. B. bei der Kassenprüfung. Ansonsten obliegt dies im eröffneten Verfahren auch der Gläubigerversammlung, die hierzu eben auch das Recht hat, einzelne Auskünfte und Sachstandsberichte einzufordern (§ 79 InsO). Im Bereich der gem. § 160 durch Gläubigerorgane zustimmungspflichtigen Handlungen ist die Aufsicht des Insolvenzgerichtes Ausgleich für die auch ohne Zustimmung gegebene Wirksamkeit des Verwalterhandelns nach außen (§ 164

10) Vgl. den Fall AG Mannheim NZI 2010, 107.

11) *Klaas*, INDat Report 10–11/2005, S. 31; *Frind*, ZInsO 2006, 182.

12) *Ganter*, ZInsO 2017, 2517, 2523.

13) Uhlenbruck-*Vallender*, InsO, § 58 Rn. 14 m. w. N.

14) AG Hamburg, v. 14.7.2014 – 67b IN 196/14, ZIP 2014, 2101 = ZInsO 2014, 2390 = NZI 2015, 177; zusammenfassend *Heyn*, InsbürO 2015, 113; *Frind*, ZInsO 2015, 22; *ders.*, EWiR 2015, 651; siehe auch LG Hamburg, v. 19.11.2014, ZInsO 2015, 451, 459; für eine regelhafte Übertragung *Rendels/Zabel*, INDat Report 1/2016, S. 44, 49; abl. *Buchalik/Kraus*, ZInsO 2014, 2354: Zustimmungsvorbehalt besser [siehe Lösung AG Düsseldorf, v. 10.7.2014, ZInsO 2014, 2389]; AG Hannover, v. 8.5.2015, ZInsO 2015, 1111, da alleinige Ermessenskompetenz des vorl. Sw; *Undritz/Schur*, ZIP 2016, 549, 551, mit dem fehlgehenden Arg. das sei eine Aufsichtsmaßnahme gegen den Schuldner.

15) Zur häufigen Verkennung dieser Beschränkung in der Gläubigerwartungshaltung *Lissner*, ZInsO 2023, 485, 489.

InsO)[16] und daher besonders sorgfältig wahrzunehmen. Bei der **Vergütungsfestsetzung** kommt dem Gericht wiederum auch eine Zweckmäßigkeitskontrollkompetenz zu (dazu → Rn. 10 ff.).

Das Insolvenzgericht hat aber immer einzuschreiten, wenn der (vorläufige) Verwalter an der Grenze zwischen zweckmäßigen Maßnahmen und rechtlich zweifelhaften Maßnahmen eine Rechtsnorm mit Schutzfunktion zugunsten Dritter oder Beteiligter verletzt, z. B. des Datenschutzes, des HGB, der Steuergesetze oder der InsO direkt. Hierunter fallen z. B. die sinnlose und kostenverursachende Androhung der Geltendmachung eines nicht gegebenen Anfechtungsanspruches[17] oder die Befriedigung von Insolvenzgläubigern wie Massegläubiger.[18] Aber auch die Verletzung steuerlicher Pflichten kann von den Finanzämtern den Insolvenzgerichten gemeldet werden.[19] In diesem Sinne muss das Insolvenzgericht einschreiten, wenn der Insolvenzverwalter gegen insolvenzgesetzliche Gebote verstößt, z. B. § 155 InsO, die Grundsätze der richtigen Masseverteilung oder schlicht insolvenzzweckwidrig agiert.[20]

8 Dies wiederum setzt eine Ermessensreduzierung „auf Null“ voraus, die ihrerseits indes gerichtlicherseits Auslegungssache ist, ob gegeben.[21] Im Bereich der Insolvenzzweckwidrigkeit ist eine Evidenz erforderlich.[22] Vor dem Hintergrund des weiten Ermessensspielraumes des Verwalters bei der Masseverwertung ist der Bereich der Insolvenzzweckwidrigkeit hier nicht schnell erreicht. Um Insolvenzzweckwidrigkeit anzunehmen, genügt es nicht, dass die Handlung des Insolvenzverwalters nur unzweckmäßig oder unrichtig ist.[23]

Praxishinweis:

Solche Konstellationen tauchen In Insolvenzakten häufig durch Hinweise „v. Außen“ auf, die das Gericht als Ermittlungsanregungen aufnehmen sollte. Die Kommunikation zwischen Verwalter und Gericht ist dann das „A&O“ der sachlichen Aufklärung. Das Gericht sollte den jeweiligen Verwalter zu möglichen Verstößen anhören (siehe unten → Rn. 71).

9 Eine qualifizierte Aufsicht erfordert dabei qualifizierte insolvenzgerichtliche Rechtsanwender (§ 22 Abs. 6 GVG; § 18 Abs. 4 RPflG), die durch länderunter-

16) *Gundlach/Frenzel/Jahn*, ZInsO 2007, 1028.

17) Siehe zum Feststellungsinteresse des Anfechtungsgegners bei AG Hamburg, v. 26.6.2014, ZInsO 2014, 2008 mit Anm. *Bruns*.

18) *Metoja*, ZInsO 2016, 992, 995.

19) *Pflaum*, wistra 2021, 269.

20) *Pape*, ZInsO 2016, 2149 mit Beispielen; *Lissner*, ZInsO 2012, 957, 961; *Frege/Nicht*, InsVZ 2010, 407, 409; Kayer/Thole-*Riedel*, InsO, § 58 Rn. 3; Prütting/Bork/Jacoby-*Lüke*, InsO, § 58 Rn. 11; MünchKomm-InsO/*Graeber*, § 58 Rn. 39; FK-InsO/*Jahntz*, § 58 Rn. 5, 6; BGH NJW 2002, 2783.

21) Jaeger-*Gerhardt*, InsO, § 58 Rn. 13.

22) *Pape*, ZInsO 2016, 2149, 2152.

23) BGH, v. 14.6.2018 – IX ZR 232/17, ZInsO 2018, 1795, hier: Abtretung v. Ersatzansprüchen des Schuldners an einen Dritten.

stützte Fortbildungen in Ansehung auch häufiger personeller Wechsel bei den Insolvenzgerichten sehr häufig nur sehr wenig gefördert wurde und wird.[24] Die Insolvenzgerichte sind zu einer effektiven Aufsicht (nur) bei ausreichender Personalausstattung in der Lage.[25] Nachdem das BVerfG mit der Entscheidung vom 12.1.2016[26] den Aufsichtsgefährdungsaspekt auch zur Rechtfertigung der Ablehnung der Bestellbarkeit juristischer Personen in den Mittelpunkt seiner Entscheidung gestellt hat, kann weder gegenseitige Überwachung der Verwalter noch eine „Verwalterkammer" gerichtliche unabhängige Aufsicht ersetzen. Zusätzlich ist der ständige gerichtsinterne Informationsaustausch des Insolvenzrichters mit den Rechtspflegern und Geschäftsstellenmitarbeitern zur Qualitätskontrolle unerlässlich.[27]

Praxishinweis:

So entspricht es „Best Practice" innerhalb der Insolvenzgerichte, wenn ein regelhafter **Informationsaustausch in Form von Rechtsanwender-Runden** organisiert ist, und auch Erfahrungen der Geschäftsstellenmitarbeiter mit den Verwalterbüros miteinbezogen werden. Im konkreten Aufsichtsfall im eröffneten Verfahren sollten die Rechtspfleger immer alle Insolvenzrichter vom jeweiligen Ermittlungsstand informieren, um sicherzustellen, dass gegen Aufsichtsanforderungen verstoßende Verwalter fürderhin nicht mehr oder nur noch in weniger anspruchsvollen Verfahren bestellt werden.

2. Zweckaufsicht

Sofern das Gesetz Mitwirkungs- und Anordnungsrechte des Gerichtes vorsieht, wird auch der Bereich der Zweckmäßigkeitskontrolle eröffnet.[28] Dies 10
wird in allererster Linie Ablauffragen betreffen, wie z. B. Kontenanlegungen, richtiges Vorgehen bei Sicherungsmaßnahmen, etc. Die Zweckmäßigkeitskontrolle ist mit gerichtlichem Fingerspitzengefühl zu handhaben. Das Gericht hat daher nicht seine Ansicht von zweckmäßigen Maßnahmen an die Stelle derjenigen des Verwalters zu setzen. So ist ihm z. B. verwehrt, dem (vorläufigen) Verwalter vorzugeben, welche Lieferanten in Anspruch genommen, welche Arbeitnehmer entlassen, welche Verträge erfüllt werden sollen,[29] oder welche Rechtsanwälte er zur Durchsetzung insolvenzspezifischer Ansprüche beauftragt.[30] Auch aus der Auswahl und Beauftragung von Be- und Verwertern sollte das Gericht sich heraushalten, lediglich die Finanzierbarkeit als Masse-

24) *Graf-Schlicker*, ZRI 2025, 333 m. w. N.

25) BGH ZInsO 2007, 209 = ZVI 2007, 169; *Weitzmann*, ZInsO 2007, 449, 453; *Heyrath*, ZInsO 2005, 1092, 1097; *Frind*, ZInsO 2006, 182; *Klaas*, AnwBl. 2006, 404.

26) ZInsO 2016, 383 = ZIP 2016, 321.

27) *Rechel*, ZInsO 2009, 1665, 1668; *Messner*, DRiZ 2006, 326, 329; *Heyrath*, ZInsO 2005, 1092, 1096; *ders.*, ZInsO 2006, 1196, 1199.

28) *Ganter*, ZInsO 2017, 2517, 2518; Kayer/Thole-*Riedel*, InsO, § 58 Rn. 3; Graf-Schlicker-*Webel*, InsO, § 56 Rn. 9.

29) BGH ZVI 2007, 80, LG Köln ZVI 2007, 81: Kündigung von Praxisräumen.

30) *Stiller*, ZInsO 2016, 28, 29.

verbindlichkeit ist gerichtlich zu überwachen.[31] Vorgegeben wiederum kann aber, dass solche zertifiziert sein müssen.

Praxisbeispiel:

Ein typischer Fallbereich an der Grenze zwischen Rechts- und Zweckaufsicht ist derjenige der notwendigen **Öffentlichkeitsarbeit** des Insolvenzverwalterbüros, insbesondere im Eröffnungsverfahren und insbesondere bei Betriebsfortführungsverfahren.

11 **Öffentlichkeitsarbeit** gehört in Großverfahren zum Pflichtprogramm des Verwalters,[32] denn das öffentliche Interesse an besonderen Verfahren ist in den letzten Jahren deutlich gewachsen. Kommunikation in der Unternehmenskrise kann zur Betriebsfortführung grundlegend beitragen.[33] Im Bereich der Öffentlichkeitsarbeit sollten Gericht und Verwalter eng zusammenarbeiten und ihre Verlautbarungen untereinander abstimmen, ggf. kann das Gericht dem Verwalter die Beachtung von verfahrensleitenden Maßgaben zur Öffentlichkeitsarbeit aufgeben, denn zu beachten ist immer, dass auch die Verwalterstellung eine Einbindung in die gerichtliche Öffentlichkeitsarbeit über die Gerichtspressestelle erfordert.[34] Die Verwalter sind amtswegig bestellte Personen und innerhalb des Verhältnisses Gericht-Verwalter auch gerichtseitig eingebunden. Die Gerichtspersonen aber sind meistens durch dienstliche Anweisung gehalten, nicht unmittelbar, sondern nur über die Gerichtspressestelle Stellungnahmen abzugeben. Zumindest die Rechtsanwender des Insolvenzgerichtes müssen dem so nachkommen; der Verwalter sollte eigene Presseaktivitäten zumindest daher mit dem jeweils zuständigen Insolvenzrichter – oder auf dessen Vermittlung mit der Gerichtspressestelle – absprechen. Im Zusammenhang mit der ersten Gläubigerversammlung und auch mit dem Schlusstermin sollte das Gericht selbst in „presseträchtigen" Terminen eine abgestimmte Pressemitteilung über seine Pressestelle abgeben. Der – eingeschränkte (§ 169 Abs. 2 GVG) – Zugang zur Gläubigerversammlung sollte für die „schreibende Zunft" als Möglichkeit, diese von einem externen Raum aus zu verfolgen, gewährt werden.[35]

Überdurchschnittliche Öffentlichkeitsarbeit und Medienpräsenz sind für Insolvenzverwalter zuschlagsrelevante Faktoren i. S. v. § 3 InsVV.[36]

31) *Frind*, NZI 2025, 401 m. w. N.

32) *Scheurer*, ZInsO 2013, 2369; *Hofmann/Schöneberger/Emminger*, Pressearbeit im Insolvenzverfahren, Beilage zu ZInsO Heft 29/2010; *Reuter*, INDat Report 3/2006, S. 8.

33) *Akhamal/Jantos/Panthel/Simon*, ZInsO 2009, 2178; *Akhamal/Jantos/Panthel*, InsbürO 2009, 406; *Schellberg*, Sanierungsmanagement, S. 74 f.; *Frind*, NZI 2005, 654.

34) *Frind*, NZI 2005, 654.

35) *Schmittmann*, ZInsO 2010, 2044, 2046; *Möhlen*, Rechtspfleger 2010, 355, 356.

36) *R. Schmidt*, ZInsO 2012, 1886 unter Verweis auf LG Frankfurt/M., v. 2.1.2010 – 19 T 214/09, n. v.

Praxishinweis: Konkretisierung gerichtsseitiger Ablauferwartungen durch Leitlinien

Das Gericht kann daher in jedem Verfahren durch Bezugnahme auf „generelle“ **Ablaufrichtlinien**[37)] im Bestellungsbeschluss, ein bestimmtes regelhaftes Ablauf-Vorgehen des bestellten Verwalters/Sachwalters anordnen, z. B. besteht im Rahmen von Einzelermächtigungsbeschlüssen nach § 22 Abs. 2 zur Begründung von Masseverbindlichkeiten[38)] oder bei der Entscheidung über die Betriebseinstellung gem. § 22 Abs. 1 Nr. 2 oder bei Antragstellung gem. § 158 Abs. 2 Satz 2 eine Pflicht des Gerichtes, prognostisch zu prüfen, ob diese Maßnahmen im Sinne einer Massemehrung sinnvoll oder bei Neu-Bestellungen ggü. Lieferanten auch voraussichtlich bezahlbar sind.[39)]

Das Gericht kann auch von Verwalterverbänden entwickelte „Grundsätze ordnungsgemäßer Insolvenz- und Eigenverwaltung“[40)] **durch Inbezugnahme im Bestellungsbeschluss** zum Gegenstand der Verfahrensabwicklungsanweisungen machen. Eine solche „Beschlussbezugnahme“ ist statthaft, sinnvoll und formuliert transparent für das jeweilige Verfahren Verfahrensanforderungen. Dies rechtfertigt sich aus § 404a Abs. 1 ZPO i. V. m. §§ 4, 58 Abs. 1 InsO.[41)] Damit definiert das Gericht erwartete Ablaufregeln im Eröffnungs- und eröffneten Insolvenzverfahren und gibt Gläubigern wie Verwalter/Sachwalter Sicherheit hinsichtlich erwarteter Standards eine „Ablaufanleitung“.[42)] 12

Die gerichtsseitige Inbezugnahme der GOI in einem gerichtlichen Bestellungsbeschluss kann daher auch gegenüber Nichtmitgliedern im Verband VID e. V. erfolgen, da das Gericht sich damit nur auf ein existierendes und von jedem Verwalter nachzulesendes Regelwerk bezieht, welches auch umsetzbar ist,[43)] und dieses für den Einzelfall i. S. v. § 404a ZPO als zu beachten anordnet. 13

Eine weitergehende Ansicht meint, dass auch **Zertifizierungsregeln** die allgemeinen Sorgfaltspflichten des Verwalters konkretisieren.[44)] Solche Zertifizierungen werden von privaten Anbietern angeboten.[45)] Damit ist dann spätestens mit der berufsrechtlich nunmehr geplanten „Verkammerung“ der in- 14

37) Zu solchen sei auf den **Anhang dort unter II.** verwiesen!

38) BGHZ 151, 353 = ZInsO 2002, 819; Uhlenbruck-*Vallender*, InsO, § 58 Rn. 25; siehe z. B. dazu „Heidelberger Leitlinien“, ZInsO 2009, 1848 = NZI 2009, 593, 595 auch zur Prüfung der Finanzierbarkeit; *Frind*, ZRI 2020, 112.

39) Uhlenbruck-*Vallender*, InsO, § 58 Rn. 25; *Kirchhof*, ZInsO 2007, 227, 229, dort auch zur Mitkontrolle nach § 21 Abs. 2 Nr. 5.

40) GOI, ZIP 2011, 197, neuer Stand: 15.12.2020; siehe unter https://www.vid.de/der-verband/qualitaetsstandards/goi/; siehe → Anhang I.2.

41) Dazu *Frind*, NZI 2011, 785, 788; *ders.*, INDat Report 8/2017, 40.

42) *Uhlenbruck*, KSI 2012, 5.

43) Vgl. dazu *Moderegger*, InsbürO 2013, 310; *Dettmer*, ZInsO 2013, 170 zur Überprüfung im Wege einer Zertifizierung; für gesetzliche Verankerung *Nerlich*, NZI 16/2013, S. V; *Frind*, NZI 2018, 729.

44) *Thole*, ZIP 2017, 2183, 2192.

45) Skeptisch zur Wirkung auf eine Verbesserung der innerkanzleilichen Abläufe in den Insolvenzverwalterkanzleien: HmbKomm-InsO/*Frind*, § 56 Rn. 56, 59, 60 m. w. N.

solvenzrechtlichen Bestellungsfunktionsberufe Schluss. Eine andere Ansicht schlägt vor, das Gericht solle zumindest in größeren Verfahren einen unabhängigen Gutachter zur begleitenden Kontrolle des Insolvenzverwalters einsetzen.[46] Dies würde indes die gerichtliche Aufsichtsfunktion zu sehr auslagern.

3. Vorkehrungen zur Vermeidung von Aufsichtsfällen

15 Aufsichtsfälle lassen sich häufig durch rechtzeitige Kommunikation und Nachfrage seitens der Insolvenzverwalter bei den jeweils zuständigen gerichtlichen Rechtsanwendern vermeiden. Dies setzt indes entsprechendes Problembewusstsein voraus, nämlich das Wissen „dieses Vorgehen könnte rechtlich streitig sein“ oder „dieses Vorgehen ist nur eine von mehreren möglichen Varianten, mag das Gericht entscheiden, wie es gemacht werden soll“ und zum anderen auf gerichtlicher Seite die Eröffnung rascher Kommunikationswege (Ermöglichung direkter telefonischer Nachfrage) und auch Entscheidungsfreude zu insofern „herangetragenen“ Problemen. Letzteres wiederum erfordert gerichtsseitige insolvenzrechtliche langjährige Erfahrung.[47]

Praxisbeispiel:

Der Verwalter hat rechtzeitig **Delegationen** von verfahrensrelevanten Tätigkeiten transparent darzulegen.[48] Die gerichtliche Überprüfung von Delegationen und die dazu notwendige Mitarbeit des Verwalters rechtfertigen keinen Zuschlag.[49]

16 Der Verwalter hat etwaige **Interessenkollisionen** in Form wirtschaftlicher Beteiligung an Unternehmen, die er entweder in Form des § 4 Abs. 1 Satz 3 InsVV zulasten der Masse (Masseschulden) eingeschaltet oder persönlich in Anspruch genommen hat, um deren Kosten später als Massekosten geltend zu machen, dem Gericht und den Gläubigergremien anzuzeigen. Die Anzeige wird nicht durch eine Angabe in der generellen „Verwalterbewerbung“ ersetzt.[50] Sinnvoll ist daher die vorherige **Absprache mit dem Gericht**, was wie delegiert werden darf.

17 Aufsichtsmaßnahmen des Gerichtes sollte umgehend nachgekommen werden, zumal ausführliche Information häufig eine Eskalation vermeidet. Die Anforderung von Sachstandszwischenberichten oder Zwischenabrechnungen gem. § 58 Abs. 1 Satz 2 (die weit vor der Schlussrechnungslegung nach § 66 durch-

---

46) Ggf. zugleich als Schlussrechnungsprüfer; hierzu *Krauß*, ZInsO 2022, 617; *Lissner*, ZInsO 2022, 627, 630, 632.

47) Zu Qualitätsanforderungen an insolvenzgerichtliche Rechtsanwender *Frind*, in: Festschrift „25 Jahre InsO“; S. 61; *Graf-Schlicker*, ZRI 2025, 333.

48) *Knapp*, InsbürO 2024, 196; *Frind*, InsA 1/2024, 23; zu einem Fall in dem diesem nicht genügt wurde AG Hannover, v. 24.3.2023, ZInsO 2023, 1283.

49) BGH, v. 22.6.2017, ZInsO 2017, 1694 Rn. 10.

50) LG Hannover, v. 29.9.2023, ZInsO 2024, 375.

aus sinnvoll sind) stellt die mildeste Aufsichtsmaßnahme dar, da damit lediglich gerichtliche Informationsgewinnung betrieben wird. Einzelne Beteiligte haben außerhalb der Gläubigerversammlungen, wenn sie nicht Absonderungsberechtigte sind (§§ 167, 168 InsO), kein direktes Auskunftsrecht gegenüber dem Verwalter, weshalb das Gericht diesen im Aufsichtswege zu solcher Auskunftserteilung nicht anhalten kann.[51] Einzelne Gläubiger können die Berichte im Wege der Akteneinsicht einsehen (§§ 4 InsO, 299 Abs. 1 ZPO i. V. m. § 5 Abs. 5 InsO) oder über das Gläubigerinformationsystem (§ 5 Abs. 5 InsO; → Rn. 24), aber vom Verwalter keine individuelle Berichterstattung begehren.[52] Der Verwalter berichtet den Gläubigern in deren Versammlung oder gem. § 167 InsO den Absonderungsberechtigten. Die Anzeige der Verweigerung individueller Berichte ist daher kein Aufsichtsanlass.

Insbesondere im Eröffnungsverfahren und gerade bei Betriebsfortführungen 18
sind ein **kurzer Berichtsabstand** und ein enger Kontakt zwischen Gericht und vorläufigem Verwalter notwendig, um die verfahrensgestaltende Tätigkeit des Verwalters überwachend zu begleiten. Zu dessen Verwirklichung kann das Gericht jederzeit, ggf. auch mündliche,[53] Berichte und gesonderte Auskünfte zum Verfahrensstand oder Kontoentwicklungsmitteilungen begehren.

Das Gericht kann auch ersatzweise einen mündlichen Anhörungstermin für den Verwalter anberaumen und dessen Wahrnehmung mittels Zwangsgeld durchsetzen[54] wie auch eine eidesstattliche Versicherung der Auskünfte begehren.[55]

Auch im eröffneten Verfahren ist die „ständige Aufmerksamkeit" des Gerichtes notwendig.[56] Bei länger andauernden Verfahren ohne Besonderheiten mögen jährliche Berichtsfristen genügen, bei Betriebsfortführungen sollten diese Intervalle nach dem Berichtstermin (§ 156 InsO) zunächst zeitlich deutlich enger gestaffelt sein, z. B. alle 2 Monate. Kommt der Verwalter der rechtzeitigen Berichterstattung nicht nach oder ist diese inhaltlich unzureichend, ist Nachbesserung zu verlangen. Bei wiederholter Mangelhaftigkeit ist Zwangsgeld gem. § 58 Abs. 2 anzudrohen oder bei Fortsetzung der problematischen Arbeitsweise die Entlassung zu erwägen.[57] Solche Mängel schlagen dann auch auf künftige Bestellbarkeit zurück (→ Rn. 37). 19

51) Kayser/Thole-*Riedel*, InsO, § 58 Rn. 5; AG Köln NZI 2002, 390 = ZInsO 2002, 595.

52) *Lissner*, InsbürO 2016, 147, 150.

53) LG Göttingen NZI 2009, 61; FK-InsO/*Jahntz*, § 58 Rn. 6.

54) BGH ZInsO 2010, 185.

55) BGH ZInsO 2010, 188.

56) *Paulus*, NZI 2008, 705, 710.

57) *Graeber*, ZInsO 2018, 1083, 1084.

II. Praxisrelevante „Kollisions"-Punkte mit der gerichtlichen Aufsicht

20 Nachstehend sollen die innerhalb des Aufsichtsbereichs erfahrungsgemäß hauptsächlich relevanten Problemfelder aufgezeigt werden.

1. Niederschwellige Aufsichtsprobleme

a) Mangelhafte oder verspätete Berichterstattung

21 Gerichtsseitig gesetzte Fristen sollten tunlichst eingehalten werden, die Zuverlässigkeit eines Verwalterbüros hängt auch in der Außenreputation hiervon ab. Verspätet eingereichte Berichte und Gutachten sollten nachvollziehbar entschuldigt werden.

Die jeweiligen Berichte müssen eine „Fortschreibung" des bisher dargestellten Geschehens bzw. Sachstandes enthalten. Ein „Einkopieren" bisheriger Berichtstextinhalte ohne Aufzeigen einer Fortentwicklung bei Ermittlung oder Massebeitreibungsstand ist strikt zu vermeiden.

Zu jedem bisher thematisierten möglicherweise masserelevanten Anspruch ist – jedenfalls über einen Zeitraum mehrerer Berichte – schließlich ein „Abschluss" darzulegen, also entweder „generiert" oder „nicht gegeben, weil …" oder „nicht generierbar, weil ….". Die Nutzung des „Standardkontenrahmens (Anhang III.) hilft hier Verwertungs- und Generierungskontinuität zu wahren.

b) Mangelhafte Tabellenführung[58)]

22 Das Gericht kontrolliert, ob der Verwalter die Tabelle regelgerecht geführt hat bei Übergabe an das Gericht. Diese sollte und muss in der vom Gericht gewünschten Form erfolgen (z. B. mittels gerichtlicherseits nutzbarer Daten) (§ 174 Abs. 4 InsO). Dem Insolvenzverwalter kommt im Rahmen der Forderungsanmeldung bei der Aufnahme angemeldeter Forderungen in die Tabelle nur eine formale Prüfungskompetenz zu,[59)] und das Gericht kann ihn zu einem Widerspruch nicht etwa „anweisen". Überschreitet der Verwalter eine formale Zurückweisungskompetenz, kann der Anmeldegläubiger das Insolvenzgericht indes zur Aufsicht anrufen.[60)] Innerhalb des Bereiches der „Attributsanmeldung" (§ 302 InsO) kommt dem Insolvenzverwalter hinsichtlich mangelhafter Anmeldung nur des „Attributs" keine Zurückweisungskompetenz zu.[61)] Eine rechtzeitige Mitteilung einer solchen Anmeldung an das Gericht ist unverzichtbar zur Ermöglichung des gerichtsseitigen Hinweisschreibens an den Schuldner (§ 175 Abs. 2 InsO). Diese Rechtzeitigkeit ist z. B. Qualitätsmerkmal für ein Verwalterbüro.

58) Dazu ausführlich Teil V.

59) BGH, v. 25.6.2020, ZInsO 2020, 1761. Eine Reaktion auf jede Art von Gläubiger.

60) *Marquardt/Hoffmann*, NZI 2021, 1047, 1048.

61) *Frind*, Praxishandbuch Privatinsolvenz, 4. Aufl., Rn. 1140 m. w. N.

c) Mangelhafte Gläubigerinformation(en)

Die häufigsten **Aufsichtsanregungen** erhalten die Insolvenzgerichte meist, weil Gläubiger sich von dem Insolvenzverwalter unzureichend informiert fühlen. Eine Reaktion auf jede Art von Gläubigereingabe oder -nachfrage schuldet der Verwalter indes nicht. Meist wird es genügen, der Bericht nach § 156 InsO oder die letzten Zwischenberichte in Kopie zu übersenden. Verfahrensbeteiligte Gläubiger hätten insofern ohnehin Akteneinsichtsrechte (§§ 4 InsO, 299 Abs. 1 ZPO). Verwalter, die regelhaft schlicht „nicht reagieren" können im Aufsichtswege zur Beantwortung von verfahrensrelevanten Gläubigerfragen angehalten werden. Kommt der Verwalter der rechtzeitigen Berichterstattung nicht nach oder ist diese inhaltlich unzureichend, ist Nachbesserung zu verlangen. Bei wiederholter Mangelhaftigkeit ist Zwangsgeld gem. § 58 Abs. 2 InsO anzudrohen oder bei Fortsetzung der problematischen Arbeitsweise die Entlassung gem. § 59 InsO zu erwägen.[62] „Säumige" Verwalter sind für das Gericht ein Ärgernis; Rechtspfleger melden dies deswegen an die Richter meist zurück (→ Rn. 9), Folge ist dann Nicht-Mehr-Bestellung oder Deutlich-Weniger-Bestellung. 23

Die nunmehr gesetzlich geregelten und bald für alle Verfahren obligatorischen Gläubigerinformationssysteme „GIS" (§ 5 Abs. 5 InsO) erleichtern für alle Beteiligten die Informationserlangung. Vorausgesetzt ist aber die richtige „Speisung" der Informationssysteme. Notwendige Inhalte sind leider streitig:[63] Entscheidungen der Gläubigerversammlung sollen nicht einzustellen sein,[64] auch nicht die Tabellenanmeldeunterlagen und die insolvenzgerichtliche Tabelle.[65] Dies ist inkonsequent und geht an den Bedürfnissen der Praxis vorbei, da gerade in den Massenverfahren der Privatinsolvenz aufgrund der dortigen fast nur schriftlichen Abwicklung des Verfahrens die Gläubiger auf zeitnahe Information ohne den Aufwand eines Akteinsichtsverfahrens angewiesen sind, was auch in großen Verfahren gilt. Zur Aufsicht des Insolvenzgerichtes gehört es, zu überwachen (§ 5 Abs. 5 Satz 3 InsO), dass im Sinne der DSGVO nur Verfahrensbeteiligte Zugang zum „GIS" haben und die Dokumente ggf. anonymisiert sind. Dazu ist den gerichtlichen Rechtsanwender unverzüglich nach Verfahrenseröffnung Zugang zum GIS zu geben.[66] 24

2. Beispielhafte Aufsichtsfälle mit Schadenersatzbezug

Deutlich schwerer als die vorgenannten Fallgestaltungen wiegen solche, in denen die Schädigung von Insolvenzgläubigern, Sicherungsgläubigern und/oder 25

62) *Graeber*, ZInsO 2018, 1083, 1084.

63) *Radmann*, NZI 2023, 749; *Frind*, ZInsO 2024, 1578.

64) *Heyer/Blankenburg*, ZInsO 2022, 501, 504.

65) *Deppe/Radschuweit*, InsbürO 2022, 340, 343; *Heyer/Blankenburg*, ZInsO 2022, 501, 505; *Kollbach*, ZIP 2022, 199, 201; *Lüdtke*, ZVI 2021, 91, 92.

66) *Frind*, ZInsO 2024, 1578; *Radmann*, NZI 2023, 749; *Heyer/Blankenburg*, ZInsO 2022, 501, 505; *Kollbach*, ZIP 2022, 199, 201; *Lüdtke*, ZVI 2021, 91, 92.

Massegläubigern zu befürchten, zumindest aus gerichtlicher Sicht nicht unwahrscheinlich, ist. Ins Blickfeld rücken hier regelhaft die §§ 92 Satz 2, 60 InsO. Der BGH hat nunmehr auch die Massegläubiger dem Schutz und dem gerichtlichen Vorgehen nach den §§ 60, 92 Satz 2 InsO unterstellt.[67] Der Massegläubiger ist im Rahmen der Geltendmachung als „Gesamtschaden“ mitgeschützt, „jedenfalls“,[68] wenn Masseunzulänglichkeit angezeigt ist, aber wohl auch darüber hinaus, was den Auftragsumfang eines Sonderinsolvenzverwalters (→ Rn. 46) erweitert.[69]

a) Betriebsfortführung „auf Teufel komm raus“

26 Betriebsfortführung ist nur insoweit sinnvoll als sie – prognostisch – Massemehrung verspricht. Ist der Sachverständige gem. § 22 Abs. 1 Satz 2 Nr. 3 InsO beauftragt, die Fortführungsaussichten zu prüfen, hat er sich um ein schlüssiges Sanierungskonzept zu bemühen.[70] Bereits im Eröffnungsverfahren hat daher der vorläufige Insolvenzverwalter, spätestens im Rahmen der Beantragung von Einzelermächtigungsbeschlüssen nach § 22 Abs. 2 InsO zur Begründung von Masseverbindlichkeiten[71] oder – im Gegenteil – bei der Beantragung der Zustimmung zu einer Betriebseinstellung gem. § 22 Abs. 1 Nr. 2 oder bei Antragstellung zur vorgezogenen Masseverwertung gem. § 158 Abs. 2 Satz 2 InsO prognostisch zu prüfen, ob diese Maßnahmen im Sinne einer Massemehrung sinnvoll oder bei Neu-Bestellungen ggü. Lieferanten und der Inanspruchnahme von Dienstleistern diese auch voraussichtlich bezahlbar sind.[72] Die Liquiditätsvorschau innerhalb der Betriebsfortführung des Eröffnungsverfahrens folgt den Vorsichtsgebotsanforderungen der Finanzplanung für insolvente Unternehmen.[73] Das Gericht kann hier im Bereich möglichen Eingehungsbetruges (wegen ersichtlich nicht bezahlbarer Masseverbindlichkeit) oder völlig sinnloser Betriebsfortführungen auch per insolvenzgerichtlichen Beschluss Untersagungen von bestimmten Handlungen des (vorläufigen) Insolvenzverwalters aussprechen.[74]

---

67) BGH, v. 12.3.2020, ZInsO 2020, 1180 Rn. 54, 72, 74, 76.

68) BGH, v. 12.3.2020, ZInsO 2020, 1180 Rn. 76.

69) *Frind*, ZInsO 2020, 1213, 1217.

70) *Ganter*, NZI 2014, 673, 676.

71) BGHZ 151, 353 = ZInsO 2002, 819; Uhlenbruck-*Vallender/Zipperer*, InsO, § 58 Rn. 25; siehe z. B. dazu „Heidelberger Leitlinien“, ZInsO 2009, 1848 auch zur Prüfung der Finanzierbarkeit; ausführlich *Frind*, ZRI 2020, 112.

72) Uhlenbruck-*Vallender/Zipperer*, InsO, § 58 Rn. 25; *Kirchhof*, ZInsO 2007, 227, 229.

73) Dazu *Andres/Westhues*, InsbürO 2024, 23; *Frind*, NZI 2025, 401.

74) Uhlenbruck-*Vallender/Zipperer*, InsO, § 58 Rn. 10, 25.

Praxishinweis:

Mithin ist erforderlich, dass spätestens im zweiten Zwischenbericht innerhalb des Eröffnungsverfahrens der Sachverständige respektive vorläufige Insolvenzverwalter darstellt, auf welcher derzeitig **prognostizierten Planungsgrundlage die Betriebsfortführung fortgesetzt werden soll**. Sie ist regelhaft mit Masseverbindlichkeitsbegründung verbunden und diese muss sinnvoll sein. Zu bedenken ist: Läuft der Betrieb noch, muss das Gericht einer – auch nur teilweisen – Einstellung zustimmen. Deren Sinnhaftigkeit ist in einem entsprechenden Zwischenbericht substantiiert darzustellen. Den Verwalter trifft ein Wertmehrungsgebot, auch und gerade im Rahmen einer Betriebsfortführung.[75] Die Grenzen sind allerdings unklar,[76] nicht jede „Chance der Masse“ muss wahrgenommen werden.[77]

Insbesondere im Eröffnungsverfahren und gerade bei Betriebsfortführungen sind ein kurzer Berichtsabstand und ein enger Kontakt zum vorläufigen Verwalter notwendig, um die verfahrensgestaltende Tätigkeit des Verwalters überwachend zu begleiten. Zu dessen Verwirklichung kann das Gericht *jederzeit*, ggf. auch mündliche,[78] Berichte und gesonderte Auskünfte zum Verfahrensstand oder Kontoentwicklungsmitteilungen begehren. Sachgerecht ist ein Hinauszögern der Verfahrenseröffnung bei bereits gegebenen Eröffnungsvoraussetzungen nur, wenn die Fortdauer des Eröffnungsverfahrens eine Mehrung der Masse verspricht und keine Schädigung von möglichen Massegläubigern eintritt, was eine Sanierungsperspektive bzw. Massemehrungsperspektive bzw. deren mögliche Entwicklung voraussetzt. Diese mögliche „Schädigung“ kann mit der Anordnung der vorläufigen „starken„ Insolvenzverwaltung oder mit **„Einzelermächtigungen“** weitgehend verhindert werden.[79] 27

Der vorläufige „schwache“ Insolvenzverwalter hat nur eine Kontrollfunktion der Betriebsfortführung im Eröffnungsverfahren,[80] indes muss er prüfen, ob die Schuldnerunternehmensleitung ein Krisenfrühwarnsystem eingerichtet hat und das Gericht benachrichtigen, wenn der Schuldner (Geschäftsführer) gegen die Gläubigerinteressen die Betriebsfortführung sabotiert.[81] Verfehlt ist die Einordnung, er selbst sei zur Betriebsfortführung verpflichtet.[82] Der BGH umschreibt die Betriebsfortführungsbeteiligung des vorläufigen Zustimmungsverwalters mit „beratender Einflussnahme“ auf den Schuldner bzw. dessen Organe im Rahmen der Prüfungsaufgabe des vorläufigen Insolvenzverwalters, Sanierungsmaßnahmen zu prüfen. Daraus könnten kurzfristige Maßnahmen abzuleiten sein, die dem Schuldnerunternehmen vorzuschlagen seien.[83] Indes 28

75) BGH, v. 16.3.2017, ZInsO 2017, 827 Rn. 13.
76) *Böhme*, ZInsO 2017, 1468.
77) BGH, v. 16.3.2017, ZInsO 2017, 827 Rn. 16.
78) LG Göttingen NZI 2009, 61; FK-InsO/*Jahntz*, § 58 Rn. 6.
79) Ausführlich *Frind*, ZRI 2020, 112 ff.; *Frind*, NZI 2025, 401.
80) BBF/*Frind*, Unternehmenssanierung, III. Teil 3 Rn. 73.
81) *A. Nickert*/*C. Nickert*, ZInsO 2023, 1797, 1800, 1803.
82) So *Schluck-Amend*, ZRI 2021, 913, 914.
83) BGH, v. 21.3.2024, ZIP 2024, 1482 Rn. 15.

dürfe der vorläufige Verwalter bei einem eingestellten Geschäftsbetrieb eine Wiederaufnahme erst nach gründlicher Prüfung der Fortführungsmöglichkeiten unterstützen und müsse dies dem Gericht unverzüglich mitteilen, da dieses ohne plausible Fortführungskonzeption pflichtwidrige Maßnahmen zu unterbinden hätte.[84)]

b) „Liegengelassene“ Ansprüche

29 Der Insolvenzverwalter hat die erlangbare mögliche Insolvenzmasse vollständig zu generieren. Insofern kann die Unterlassung von Ermittlungen solcher Ansprüche oder die Unterlassung der Verfolgung erfolgversprechender mit wirtschaftlich vertretbarem Aufwand „eintreibbarer“ Ansprüche, bei denen eine erfolgreiche Vollstreckung nicht ausgeschlossen erscheint, zu Schadenersatzansprüchen führen.[85)] Zu unterscheiden ist haftungsrechtlich zweistufig eine Verletzung der Ermittlungspflicht und der Grad des Verschuldens.[86)] Der Vorwurf der groben Fahrlässigkeit ist erst begründet, wenn der Verwalter bei sich aufdrängenden Massegenerierungsmöglichkeiten die Ermittlung weiterer anspruchsbegründender Umstände unterlässt.[87)]

Gegen vermeintlich zu weit gehende oder unzureichende Massegenerierung gerichtete Eingaben des Schuldners sind als **Aufsichtsanregungen** gem. § 58 InsO vom Insolvenzgericht anzusehen[88)] und – nicht rechtsmittelfähig – zu bescheiden (daher formlos). Gegen die Entscheidung des Insolvenzgerichts, dem Verwalter oder Treuhänder keine Weisung zu erteilen, ist jedoch **ein Rechtsmittel nicht gegeben**.[89)]

30 Der Insolvenzverwalter wird nur dadurch ordnungsgemäße Massegenerierung seiner Sicherungsaufgabe gerecht, ansonsten würde er sich u. U. an einer strafbaren Gläubigerbegünstigung des Schuldners gem. §§ 283c, 26, 27 StGB beteiligen, sofern der Vorsatz bejaht werden kann. Generelle Weisungen des Insolvenzgerichtes zur Nichtausübung von Massegenerierungen sind daher unzulässig.[90)] Das Insolvenzgericht (Rechtspfleger) ist aber befugt, z. B. in der Wohlverhaltensphase den Treuhänder anzuweisen, wie er mit dem angesammelten Sondervermögen zu verfahren hat.[91)]

---

84) BGH, v. 21.3.2024, ZIP 2024, 1482 Rn. 18; zust. *Haarmeyer*, InsbürO 2024, 391, 392; *Geißler*, ZInsO 2024, 1860, 1867.

85) BGH ZInsO 2004, 676.

86) BGH, v. 27.7.2023, ZInsO 2023, 2259 Rn. 23.

87) BGH, v. 27.7.2023, ZInsO 2023, 2259 Rn. 33.

88) BGH ZInsO 2008, 1207 und BGH, v. 9.10.2008 – IX ZA 34/08, BeckRS 2008, 22463 Rn. 5.

89) BGH, v. 13.6.2006 – IX ZB 136/05, NZI 2006, 593.

90) AG Hamburg NZI 2009, 331.

91) AG Mannheim, v. 4.1.2021, ZInsO 2021, 514: Auszahlung an Insolvenzgläubiger im Fall des Todes des Schuldners, nicht an Nachlassinsolvenzverwalter.

Bereits bei der **Durchsicht des Insolvenzeröffnungsgutachtens** (→ hierzu die Teile unter III.) besteht die Notwendigkeit, gerichtlicherseits auf dort ersichtlich „übersehene“ oder gar nicht thematisierte Ansprüche hinzuweisen, etwa, wenn die Prüfung von Insolvenzanfechtungsansprüchen unvollständig oder gar falsch rechtlich subsumiert ist. Es gehört zum Aufsichtsbereich des Gerichtes, erkennbar unterlassene Massegenerierungen des Verwalters zu rügen, da die Massegenerierung Kernpflicht des Verwalters ist.[92] Umgekehrt gilt: Generelle Weisungen des Insolvenzgerichtes zur Nichtausübung von Massegenerierungen (etwa Insolvenzanfechtungen nicht weiterzuverfolgen, den Geschäftsführer „nicht mit Schadenersatzansprüchen zu behelligen“) sind unzulässig.[93] Denn es steht dem Insolvenzverwalter wegen der mit seinem Amt verbundenen vielfältigen und schwierigen Aufgaben bei der Ausübung seiner Tätigkeit grds. ein weiter Ermessensspielraum zu.[94] Dieser beinhaltet auch, dass der Verwalter selbst einen Anspruch als nicht erfolgreich verfolgbar bewerten kann. Nur bei Nichterkennen oder eindeutigem „Liegenlassen“ von (prognostisch wahrscheinlich) erfolgsträchtigen Ansprüchen ist der gerichtliche Aufsichtsbereich erreicht.[95] Um Insolvenzzweckwidrigkeit anzunehmen, genügt es eben nicht, dass die Handlung des Insolvenzverwalters nur unzweckmäßig oder unrichtig ist.[96] Jenseits dessen „droht“ indes die Anordnung einer Sonderinsolvenzverwaltung (→ Rn. 46).[97] 31

Praxisbeispiel:

Die **Nicht-Geltendmachung von Anfechtungsansprüchen** kann zur Haftung nach § 60 InsO führen;[98] eine Unterlassung zur „Klimapflege“ ist nicht zulässig.[99] Zuweilen wollen „betriebsnotwendige Lieferanten“ oder andere Rechteinhaber ihre Rechte oder künftige Lieferungen/Dienstleistungen gegen den Verzicht auf Anfechtungsansprüche durchsetzen. Hier besteht ein Spannungsverhältnis zwischen „Insolvenzzweckwidrigkeit“ (mögliche spätere Rückforderung wg. Unwirksamkeit eines Vertrages/Vergleiches“) und dem weiten Ermessenspielraum des Verwalters bei seiner Tätigkeit (nach Eröffnung!). Regelhaft ist hier im Eröffnungsverfahren das Gericht um Anweisung zu bitten und im eröffneten Verfahren der Gläubigerausschuss bzw. die Gläubigerversammlung um Entscheidung zu bitten.

92) BGH, v. 3.3.2016, ZInsO 2016, 687 Rn. 22.

93) AG Hamburg NZI 2009, 331.

94) BGH, v. 16.3.2017, ZInsO 2017, 827.

95) Der Verwalter ist dann anzuweisen, die Ansprüche (sorgfältiger) zu prüfen bzw. dazulegen, weshalb diese „liegengelassen“ werden. Bei drohender Verjährung ist dies umso dringender.

96) BGH, v. 14.6.2018 – IX ZR 232/17, ZInsO 2018, 1795.

97) Dazu ausführlich *Frind*, ZRI 2023, 944.

98) *Thole*, ZIP 2014, 1653, 1655.

99) *Bork*, ZIP 2005, 1120, 1122.

c) Falschbefriedigungen

32 Hier geht es meist um Bezahlung von Insolvenzgläubigern „wie Massegläubiger“ und/oder Nichtbeachtung der Befriedigungsreihenfolge gem. § 209 InsO nach Anzeige der Masseunzulänglichkeit. Ein durchaus nicht unüblich aufzufindender „Klassiker“ ist die Befriedigung von Lieferanten/Dienstleistern im Eröffnungsverfahren mit Zustimmung eines vorläufigen „schwachen“ Insolvenzverwalters ohne vorherige Einholung gerichtlicher Einzelermächtigung(en). Bei Zahlung im eröffneten Verfahren stellt die Befriedigung von Insolvenzforderungen einen Haftungsfall nach § 60 Abs. 1 InsO wegen Falschbefriedigung dar.[100)] Gleiches gilt für die nicht gleichmäßige Befriedigung gleichrangiger Massegläubiger.[101)] Dabei ist die mögliche Konkurrenz von Zessionen und verlängertem Eigentumsvorbehalt zu beachten, da ansonsten Falschbefriedigung droht.[102)] Umgekehrt können auch haftungsrelevant „Altmassegläubiger“ ohne Not erst erzeugt werden bzw. nur als solche befriedigt werden. Der Verwalter kann gegenüber Massegläubigern nach § 60 Abs. 1 InsO haften, wenn er Masseunzulänglichkeit zu früh anzeigt und dadurch Massegläubiger in den niedrigeren Rang des § 209 Abs. 1 Nr. 3 InsO versetzt, wenn die Masse insgesamt noch zu deren vollständiger Befriedigung ausreichen würde.[103)]

Das Gericht muss solche Verteilungsfehler spätestens bei Schlussrechnungslegung bemängeln. Da es sich um einen Gesamtschaden i. S. v. §§ 60 Abs. 1, 92 InsO handelt, kommt hier in der Regel zumindest die Einsetzung eines Sondersachverständigen, ggf. später eines Sonderinsolvenzverwalters,[104)] in Betracht.

d) Führung einer „schwarzen“ Kasse neben dem Massebestandssonderkonto

33 Der (vorläufige) Insolvenzverwalter hat für den liquiden Massebestand ein „Sonderkonto“ zu eröffnen.[105)] Dessen regelhafte und ordnungsgemäße Führung unterfällt doppelter Kontrolle: der gerichtlichen Aufsicht und ggf. der Kassenprüfungspflicht des (vorläufigen) Gläubigerausschusses. Spätestens seit der BGH-Entscheidung vom 7.2.2019, welche ein „Sonderkonto“ für die Masseaufbewahrung statuierte, ist die Anlegung zumindest nicht mehr insolvenzzweckgemäß.[106)]

100) *Ganter*, NZI 2012, 433, 439.

101) BGH ZIP 2004, 1107 = ZInsO 2004, 609; OLG Düsseldorf, v. 27.1.2012, NZI 2012, 675, 677 = ZIP 2012, 2115.

102) Zur Konkurrenz Bank-Lieferant: *Smid*, ZInsO 2009, 2217.

103) BGH, v. 21.10.2010, ZInsO 2010, 2323 Rn. 12.

104) *Frind*, ZRI 2023, 944.

105) BGH, v. 7.2.2019, ZInsO 2019, 845 Rn. 31.

106) OLG Koblenz, v. 29.12.2020, ZInsO 2021, 147, 151 mit Hinweis auf *Brosza*, BKR 2019, 457, 462.

Das **„Treuhandkontenmodell“** führt zu einer Führung von Konten neben dem eigentlichen Insolvenz-Sonderkonto des Verwalters „zugunsten von Lieferanten/Dienstleistern“, die nunmehr in Anspruch genommen werden zur Betriebsfortführung und ist künftig bereits durch die von den meisten Insolvenzgerichten verlangte Nutzung des „einheitlichen Kontenrahmens“ **(SKR-InsO)** (hierzu Anhang III.) im Sinne einer erhöhten Transparenz der Masseverwertung unerwünscht. In jedem Fall müsste das Insolvenzgericht die Anlegung zugunsten bestimmter Gläubiger wiederrum genehmigen[107)] und dessen transparente Abrechnung überwachen. Aber ersichtlich rechtlich ungeeignete Konstrukte zur „Absicherung“ von Gläubigern darf das Gericht nicht genehmigen, ansonsten übernimmt das Gericht keine Gewähr für die Frage der sachenrechtlich wirksamen Maßnahmen des Verwalters.[108)] Das Argument, „eigentlich Bargeschäft“, verfängt nicht, da es an einem unmittelbaren Leistungsaustausch[109)] meist fehlt, denn auch die Befürworter der Nutzungsmöglichkeit räumen ein, dass ein Bargeschäft eine zeitnahe Liquidität des Kontos zum Zeitpunkt der Leistung des Lieferanten erfordert.[110)] 34

Ein sog. Treuhandkonto zur Befriedigung von Lieferanten ist im Insolvenzeröffnungsverfahren vor dem Hintergrund der Möglichkeit der vom vorläufigen Verwalter einzuholenden „Einzelermächtigungen“ auch unnötig, zumal die Einzelermächtigung dem vorläufigen Insolvenzverwalter ermöglicht, seine Liquiditätsvorschau auch zu späteren Beweiszwecken in Haftungsfällen nach § 61 InsO zur Akte zu reichen und so zeitnahe Erstellung zu dokumentieren.

Es wird aber auch in der Regel unzulässig sein. Die Möglichkeit einer insolvenzsicheren Konstruktion von Treuhandkonten wird zu Recht bezweifelt.[111)] Die Meinungsspanne geht von früherer Befürwortung bis völliger Ablehnung.[112)] 35

107) AG Hamburg ZInsO 2004, 517; *Frind*, ZInsO 2003, 778; *ders*., ZInsO 2004, 470; *ders*., ZInsO 2005, 1296; *ders*., ZInsO 2006, 182; HmbKomm-InsO/*Schröder*, § 22 Rn. 109 f. und 227.

108) AG Hamburg ZInsO 2005, 447; ZInsO 2004, 517.

109) Zur engen Definition: BGH ZInsO 2003, 417.

110) *Laroche*, NZI 2010, 965, 967.

111) *Kirchhof*, in: Festschrift Kreft, S. 359, 366; *Windel*, ZIP 2009, 101 ff.; *Küpper/Heinze*, ZInsO 2010, 214, 218.

112) Zu Recht gänzlich ablehnend zum Treuhandkonto: Heidelberger Leitlinien, ZInsO 2009, 1848 = NZI 2009, 593, 594; *Knapp*, ZInsO 2024, 1368; a. A. *Ganter*, NZI 2012, 433; *Laroche*, NZI 2010, 965, 973, die das Treuhandkontenmodell nicht als „Konkurrenz“ zur Einzelermächtigung ansehen; für eine Kombination von Treuhandkonto und Einzelermächtigung: *Beck*, in: Festschrift Runkel, S. 3, 27.

> **Praxishinweis:**
>
> Jedenfalls dürfte eine Abstimmung mit dem Insolvenzgericht allein wegen § 58 InsO und der Konkurrenz zur Einzelermächtigung unumgänglich sein.[113)] Die Anlegung von Treuhandkonten vom (vorl.) Verwalter als Treuhänder wäre in jedem Fall durch das Gericht als Insichgeschäft des vorläufigen Verwalters/Treuhänders/Treugebers **genehmigungspflichtig.**[114)] Entsprechende Anforderungen kann das Gericht gleich bei der Bestellung des vorläufigen Verwalters gem. § 22 Abs. 2 im Bestellungsbeschluss oder in einer Generalverfügung, die dann im Wege der Konkretisierung der Aufsichtspflicht Beschreibung des Umfanges der Anforderungen an eine Verwaltertätigkeit bei Gericht ist, regeln.[115)]

3. Aufsichtsfälle mit Gefährdung der Bestellungsfähigkeit

a) Verletzungen der Neutralitätspflicht

36 Aus dem Gebot der in § 56 Abs. 1 InsO geregelten Unabhängigkeit folgt für Insolvenzverwalter (auch) das Gebot zur Neutralität in sämtliche Richtungen.[116)] Sie dürfen z. B. weder Schuldner oder deren Geschäftsführer beraten noch Gläubiger benachteiligen oder bevorzugen. Insolvenzverwalter dürfen, wie auch § 56 Abs. 1 Satz 3 Nr. 2 InsO zeigt, keine konkrete Rechtsberatung für einen Verfahrensbeteiligten leisten. Insbesondere auf entsprechende Schuldneranliegen ist mit Vorsicht zu reagieren.[117)] Hat das Gericht begründeten Anlass zu der Befürchtung der möglichen künftigen Bevorzugung eines Beteiligten oder ist bereits zumindest der konkretisierte Besorgnisanlass dafür gegeben, kann, wenn es sich bei den betreffenden Beteiligten um immer wiederkehrende Beteiligtengruppen des Insolvenzverfahrens (z. B. Banken, Kreditversicherer, Sozialversicherungsträger, Groß-Vermieter) handelt, mit denen die Kanzlei des Verwalters fortwährend bei Dauermandaten zusammenarbeitet, kann der/die Betreffende nicht Verwalter werden oder bleiben, da dann ein regelhafter Inhabilitätsgrund vorliegt.[118)] Zur Vorprüfung der Unabhängigkeit im Einzelfall kann das Gericht einen Fragenbogen nutzen (siehe → Anhang II.6.).

---

113) BAKinso – Herbsttagung 2010, Entschließung v. 15.11.2010, ZInsO 2011, Heft 1/2, III = InsVZ 2010, 446 = NZI Heft 24/2010, VI.

114) AG Hamburg ZInsO 2005, 447; *Schluck-Amend*, ZRI 2021, 913, 921; *Bähr*, ZIP 1998, 1553, 1560; *Pape*, ZInsO 2003, 1061, 1062; *ders.*, ZInsO 2004, 237, 243; *Frind*, ZInsO 2004, 470; *ders.*, ZInsO 2005, 1296; *Mönning/Hage*, ZInsO 2005, 1185; *Kögel/Loose*, ZInsO 2006, 17, 22; a. A. *Bork*, NZI 2005, 530; *Werres*, ZInsO 2005, 1233; *ders.*, ZInsO 2006, 918; *Kießling*, NZI 2006, 440, 443.

115) S. z. B. die „Hamburger Leitlinien“ ZInsO 2004, 24 = NZI 2004, 133; *Rauscher*, ZInsO 2009, 1847 zu den „Heidelberger Leitlinien“; „Münchener Leitlinien“ v. AG München v. 10.10.2023, ZRI 2023, 928; siehe § 56 Rn. 9.

116) BGH v. 16.2.2017, ZInsO 2017, 538 Rn. 30.

117) Beispiele bei *Wipperfürth*, InsbürO 2018, 190; InsbürO 2018, 230; *Frind*, NZI 2023, 808 zur Neutralitätsverpflichtung.

118) Dazu *Frind*, ZInsO 2002, 745; *Graeber*, NZI 2002, 345 ff.

b) Vertrauensverlust der zuständigen Rechtsanwender

37 Das Vertrauen ist anerkanntes Kriterium bei der Auswahl des Insolvenzverwalters, dies hat auch das BVerfG ins Zentrum seiner Entscheidung zur Frage „Verwalter als juristische Person" gestellt[119] und muss deshalb auch bei jeder Einzelfallbestellung gelten. Ist diese Grundlage durch Aufsichtsfälle zerstört, kommt es nicht darauf an, ob diese Fälle auf die Ebene genereller De-Listung „durchgeschlagen" sind, also durch eine listenführende Stelle entsprechend umgesetzt sind, da eben ein Anspruch auf Bestellung im Einzelfall nicht besteht. Bei der Überlastung der Insolvenzgerichte ist die Betonung der Vertrauensprüfung die Kehrseite der abgeschwächten Überwachungsmöglichkeit nach § 58 Abs. 1 InsO.[120]

38 Die Negation einer Vertrauensbasis muss indes an objektive Umstände anknüpfen.[121] Der Insolvenzrichter kann ggf. im Wege der **Amtsermittlung** weitere Erkundigungen über den Bewerber einholen, um die Angaben des Bewerbers und etwaige Indizien für mangelndes Vertrauen zu verifizieren.[122]

39 **Negative Erfahrungen** aus früheren Verfahren können dazu führen, dass die Zusammenarbeit mit einem Insolvenzverwalter wegen mangelnden Vertrauens reduziert oder beendet wird.[123] Falsche oder ehrenrührige Behauptungen über den Insolvenzrichter können begründete Zweifel an der Integrität und Ehrlichkeit eines Insolvenzverwalters bereits im Bewerbungsverfahren stützen.[124] Der Verlust des Vertrauens des listenden Richters aufgrund verheimlichter Vorberatung und bewusster Täuschung der Insolvenzrichter (auch der Kollegen des listenden Richters) kann De-listing Grund sein, soweit schwerwiegend[125] und eine Wiederholung nicht gänzlich ausgeschlossen erscheint. Dies gilt z. B. auch für wahrheitswidrige Angaben über Bürostandorte,[126] aber nur, soweit diese

---

119) BVerfG, v. 12.1.2016, ZInsO 2016, 383 = ZIP 2016, 321 Rn. 53; so bereits BGH ZIP 2004, 1214, 1216: „... der eine Vertrauensstellung innehat."; *Zipperer*, ZInsO 2018, 2613, 2618; Uhlenbruck-*Zipperer*, InsO, § 56 Rn. 16, 45; MünchKomm-InsO/*Graeber*, § 56 Rn. 119; *Blersch*, in: BK InsO, § 56 Rn. 6; *Förster*, ZInsO 2002, 408; *Neubert*, ZInsO 2002, 309; *Frind/Schmidt*, NZI 2004, 533; *Vallender*, NZI 2005, 473, 476; *Frege*, NZI 01/2006, S. V; *Uhlenbruck/Mönning*, ZIP 2008, 157, 160; *Seagon*, NZI 2015, 825, 827; a. A. *Lüke*, ZIP 2000, 485, 488; *Wieland*, ZIP 2005, 233, 236; *Koenig/Hentschel*, ZIP 2005, 1937, 1940, lassen das Kriterium „bekannt und bewährt" nicht gelten; es genüge, wenn nur einige bewährte Verwalter auf der Liste seien und i. Ü. Neubewerber angemessen berücksichtigt würden.

120) BVerfG, v. 12.1.2016, ZInsO 2016, 383 = ZIP 2016, 321 Rn. 50; BAKinso e. V. [Vorstand/Beirat]; ZInsO 2015, 375, 377.

121) OLG Brandenburg, v. 26.2.2020, ZInsO 2020, 1014 Rn. 79, 80.

122) OLG Hamburg, Beschl. v. 13.1.2014 – 2 VA 3/13, n. v.; OLG Hamburg ZInsO 2011, 1655.

123) OLG Hamburg, v. 22.6.2018, ZInsO 2019, 1066, 1070.

124) OLG Hamburg, v. 22.6.2018, ZInsO 2019, 1066.

125) BGH, v. 17.3.2016, ZInsO 2016, 1005 Rn. 25–29; *Pape*, ZInsO 2018, 2725, 2732; *ders.*, ZInsO 2016, 2149, 2150; *Frind*, ZInsO 2016, 1083, 1087; *Eckardt*, EWiR 2016, 378 mit Problematisierung des durch die Entscheidungsgründe nicht abgedeckten Leitsatzes; sehr unklar die Ausführungen von *Pape*, ZInsO 2017, 1341, 1349, zu dieser Entscheidung.

126) AG Potsdam, v. 5.6.2018, ZInsO 2019, 2177.

grob fahrlässig sind, was bei einer Standortaufzählung innerhalb eines Bewerbungsbogens nicht der Fall sein soll.[127)] Diese Frage unterfällt aber dem Beurteilungsspielraum des Insolvenzrichters,[128)] da dieser ein prognostisches Element enthalten darf.[129)]

40 Einen Verwalter, dem der betreffende Insolvenzrichter wegen nachweisbarer ein Vertrauen unterminierender Verhaltensweisen oder Organisationsmängel nicht vertraut, muss er nicht auf seiner Vorauswahl-Liste aufnehmen oder nicht weiter bestellen, denn die Kehrseite der richterlichen Verantwortung ist die Gefahr der Amtshaftung für eine falsche Verwalterauswahl.[130)]

Deshalb ist es unabdingbar, Insolvenzverwalter auszuwählen, auf die sich der Insolvenzrichter hinsichtlich der Einhaltung der „Abwicklungsstandards“ verlassen kann. Gleichfalls ist die Bereitschaft zur Kooperation, d. h. zur Anpassung an die vom Gericht erbetenen Usancen bei der formalen Verfahrensabwicklung (Gestaltung der Tabelle, Termine zur Einreichung von Berichten, Einhalten von Fristen, Anzeige von Urlaub und längerer Abwesenheit etc.) Kriterium der Auswahl.

III. Beilegung von Aufsichtskonflikten

1. Verfahrensinterne Konfliktbeilegung

41 Vor der Zwangsgeldfestsetzung nach § 58 Abs. 2 InsO zur Pflichtendurchsetzung hat das Gericht das Zwangsgeld anzudrohen und den Verwalter/Sachwalter zu hören.[131)] Dies kann formlos geschehen[132)] und ist mit der konkreten Aufforderung zu der begehrten Handlung mit Fristsetzung zu verbinden. Die Androhung des Zwangsgeldes gem. § 58 Abs. 2 Satz 1 ist isoliert mit der sofortigen Beschwerde nicht anfechtbar,[133)] sondern nur der Festsetzungsbeschluss. Das Zwangsgeld kann ohne erneute Anhörung und Androhung nach Festsetzung und Beitreibung des ersten wiederholt festgesetzt und gesteigert werden – auch wegen der Erzwingung der gleichen Handlung.[134)]

42 Dieses Vorgehen wäre **das „formalistische“ Modell**. Das Mittel „Zwangsgeld“ ist indes nur sinnvoll, wenn eine vorherige kommunikative Aussprache versagt und trägt nur zur Verfahrensförderung bei, wenn eine bestimmte Hand-

---

127) OLG Brandenburg, v. 26.2.2020, ZInsO 2020, 1014; abl. *Frind*, EWiR 2020, 531; zust. *Göcke*, NWB 2020, 488 in Verkennung der Prüfungspflicht des Verwalters hinsichtlich seiner Bewerbungsangaben, abschwächend in NZI 2020, 490, 491.

128) *Frind*, ZInsO 2016, 1083, 1088.

129) BGH, v. 13.10.2016, ZInsO 2016, 2196 Rn. 11.

130) Uhlenbruck-*Zipperer*, InsO, § 56 Rn. 45; *Frind*, ZInsO 2001, 481, 484.

131) Jaeger-*Gerhardt*, InsO, § 58 Rn. 26; FK-InsO/*Jahntz*, § 58 Rn. 12, 13.

132) LG Göttingen NZI 2009, 61 = ZIP 2009, 1021 = ZInsO 2009, 527.

133) BGH ZInsO 2011, 917; OLG Zweibrücken InVo 2001, 57.

134) LG Göttingen ZInsO 2006, 950.

lung – auch nach einer solchen – immer noch verfahrensnützlich erzwungen werden soll, z. B. Berichts- oder Unterlagenherausgabe.

Der Maßnahmenkatalog des § 58 InsO ist abschließend, daher ist Haft gegen den Verwalter analog §§ 97, 98 InsO nicht statthaft.[135)] Das Insolvenzgericht kann vom Verwalter aber anordnen, dass er Angaben gegenüber einem Sonderinsolvenzverwalter/Sondersachverständigen an Eides statt versichert.[136)] 43

Praxishinweis:

Zur Aufklärung eines Sachverhaltes ist zunächst das Mittel eines „Sondersachverständigen" wesentlich effektiver und verhältnismäßiger, dieser kann später gfs. zum Sonderinsolvenzverwalter „aufgestockt" werden (dazu nachfolgend → Rn. 46).

Zunächst ist zu empfehlen, das Gespräch zu suchen (das ist das **„kommunikative" Modell**) – existiert ein (vorläufiger) **Gläubigerausschuss** sollte dieser informiert und zu ggf. zu einem solchen Gespräch, vielleicht nur mit Delegierten, beigezogen werden. Da die fachliche „Szene" sich untereinander kennt, wirkt eine Vermittlung durch Ausschussmitglieder mitunter Wunder. Zudem hat der Gläubigerausschuss eine eigene Kontrollkompetenz (§ 69 InsO) und kann ggf. auch in der Gläubigerversammlung eine Stellungnahme zu dem „inkriminierten" Tun des Insolvenzverwalters/Sachwalters abgeben. Führt das Gespräch zu einer Lösung, darf nicht vergessen werden, diese Lösung per Aktenvermerk in der Akte festzuhalten und entsprechende „Aufsichtsanregende" zu benachrichtigen und den Verlauf zu schildern.

Das alles sollte zügig vonstatten gehen.

Den Verfahrensbeteiligten steht gegen eine Ablehnung bzgl. einer begehrten Aufsichtsmaßnahme kein Rechtsmittel zu,[137)] da ein Anspruch auf gerichtliches Tätigwerden nicht existiert.[138)] Korrektiv ist ggf. ein Schadensersatzanspruch gem. § 839 BGB als Amtshaftungsanspruch gegen den Staat, der voraussetzt, dass das Aufsichtsverschulden des gerichtlichen Rechtsanwenders, welches Wissen oder Wissen müssen erfordert, ursächlich für die schadensstiftende Handlung des Verwalters war. Neben solcherart Amtshaftung sind dem gemäße Ansprüche gegen insolvenzgerichtliche Rechtsanwender wegen verzögerlicher Bearbeitung der Insolvenzsache denkbar, wobei diese nicht auf solche im Rahmen einer Verzögerungsrüge (§ 198 GVG) beschränkt sind.[139)] 44

Es ist stets zu prüfen und abzugrenzen, ob Pflichtendurchsetzung (Handlungserzwingung mittels **Zwangsgeld**) oder gar Sanktion einer begangenen 45

135) BGH ZInsO 2010, 132; LG Göttingen ZInsO 2008, 1143 = NZI 2008, 502 = ZIP 2008, 1933.

136) LG Göttingen ZInsO 2008, 1144.

137) BGH NZI 2006, 593; OLG Schleswig ZIP 1984, 473; LG Göttingen NZI 2000, 491; MünchKomm-InsO/*Graeber*, § 58 Rn. 57; Römermann-*Delhaes*, InsO, § 58 Rn. 22 m. w. N.

138) Kritisch *Antoni*, DZWIR 2015, 399.

139) *Ganter*, ZInsO 2023, 2679, 2680.

Pflichtenverletzung durch Entlassung das richtige gerichtliche Mittel ist.[140] Auch hier werden die Grenzen meist fließend sein, da die nicht rechtzeitige Erfüllung von Verfahrenspflichten bereits Entlassungsgrund sein kann, wenn das Verfahren dadurch ernsthaft behindert wird. Jedenfalls ist Zwangsgeldfestsetzung kein Sanktionsmittel und der entsprechende Beschluss bei Erfüllung der begehrten Handlung aufzuheben.[141] Hat der Verwalter nach Rechtskraft des Zwangsgeldbeschlusses die begehrte Handlung erfüllt, kann er mit dem Befriedigungseinwand im Wege des Antrages gem. §§ 794 Abs. 1 Nr. 3, 795, 767 ZPO; § 4 InsO eine gerichtliche Entscheidung zur Aufhebung des Beschlusses begehren. Er darf mithin die Rechtskraft und Vollstreckung des Zwangsgeldes abwarten und dann (erst) erfüllen.[142]

Da das Zwangsgeld also erst mühsam beigetrieben werden muss, ist es in einer Verfahrenssituation, in der die vom Verwalter begehrte Handlung eilig oder dringend ist, z. B., weil Informationen zur Betriebsfortführung zwecks evtl. Einschreiten benötigt werden, ein „stumpfes Schwert“ und untunliches Mittel, zumal nach Handlungsvornahme die Vollstreckung entfällt.[143] Eine Ersatzvornahme durch anderweit gerichtsseitig Beauftragte kommt nicht in Betracht.[144] Außerdem dürfte das Vertrauensverhältnis zu einem Verwalter, der mit Zwangsmitteln angehalten werden muss, seine grundlegenden Pflichten zu erfüllen, ohnehin bereits gestört sein.

2. Sondersachverständiger und Sonderinsolvenzverwalter

46 „Sonderinsolvenzverwaltung“ war in der Praxis bereits zu Zeiten der KO anerkannt und dennoch wurde ihre gesetzliche Regelung damals bei den Diskussionen zu Schaffung der Insolvenzordnung abgelehnt, genau mit jenem Argument: „gibt's, aber Regelung unnötig“.[145] Bereits der Regierungsentwurf zur InsO hatte in § 77 eine Gesamtregelung zur Sonderinsolvenzverwaltung vorgesehen und in § 12 InsVV eine Regelung zu deren Vergütung.

47 Erst mit dem Konzerninsolvenzrecht als dritter Stufe einer seit 2012 geplanten umfassenden Reform der InsO[146] wurde mit § 56b Abs. 1 Satz 2 InsO im Jahre 2017 erstmals eine gesetzliche Erwähnung implementiert.[147] Allerdings nur für die „Inhabilitäts-Sonderinsolvenzverwaltung“ in Konzernsachverhalten. Eine umfassende gesetzliche Regelung (insbesondere auch zum An-

---

140) LG Göttingen ZInsO 2003, 858.

141) BGH ZInsO 2013, 1635.

142) So BGH, v. 11.12.2014, ZInsO 2015, 303 m. w. N. = NZI 2015, 366; Jaeger-*Gerhardt*, InsO, § 58 Rn. 28, 29; Kayser/Thole-*Riedel*, § 58 Rn. 12; FK-InsO/*Jahntz*, § 58 Rn. 15; *Blersch*, in: BK InsO, § 58 Rn. 17: Vollstreckungserinnerung möglich.

143) Kritisch zu Recht *Lissner*, ZInsO 2019, 2398, 2402.

144) Römermann-*Delhaes*, InsO, § 58 Rn. 19.

145) Rechtsausschuss BT-Drucks. 12/7302, 162.

146) *Leutheusser-Schnarrenberger*, ZInsO 2012, 640.

147) § 56b eingef. m. W. v. 21.4.2018 durch Gesetz v. 13.4.2017 (BGBl I, 866).

ordnungsverfahren) fehlt bis heute. Indes bestehen in Literatur[148] und Rechtsprechung[149] keine Zweifel daran, dass es das Institut gibt; die Abgrenzung der verschiedenen Erscheinungsformen wird in der Gerichtspraxis aber nicht immer durchgehalten. Regelungen zu einem Anordnungsverfahren fehlen bis heute, weshalb der Verband der insolvenzgerichtlichen Rechtsanwender, BAKinso e. V., schon 2011 dazu „Leitlinien" beschloss.[150]

Zu unterscheiden sind im Grunde drei verschiedene Anordnungsvarianten: 48
„Sonderinsolvenzverwaltung wegen faktischer zeiteingegrenzter Verwalterverhinderung", „Inhabilitäts-Sonderinsolvenzverwaltung" und „Schadenersatz-Ermittlungs- und Beitreibungs-Sonderinsolvenzverwaltung". Hinsichtlich der Anordnung aller drei Erscheinungsformen sind die Insolvenzgerichte häufig recht zögerlich. Einerseits besteht oftmals eine gewisse Scheu den regulären Insolvenzverwalter vermeintlich „zu entmachten", andererseits ist mit Blick auf die Vergütungspotenzierung Zurückhaltung wegen dadurch möglicher Massereduzierung zulasten der Gläubiger nicht gänzlich unangebracht.

Einen „Überprüfungs- und Überwachungs"-Sondersachwalter zu regeln scheute 49
denn auch der Gesetzgeber für das **Eigenverwaltungsverfahren**: So war im „SanInsFoG-RegE" mit § 274a InsO-RegE ein **Sondersachwalter** vorgesehen. Im Fall des schuldnerseitigen „Mitbringens" des (vorläufigen) Sachwalters (§ 270d Abs. 2 InsO) sollte das Gericht eine solche Funktionsperson ggf. einsetzen können, um beispielsweise Haftungsansprüche und Anfechtungsansprüche zu prüfen. Das war „instrumentell" nicht neu, eine solche Bestellungsperson wurde auch vorher schon für möglich erachtet,[151] aber massive Kritik zu einer womöglich „institutionalisierten" Misstrauenspersonalkontraindizierung-Entscheidung[152] verhinderte, entgegen eine Regelung zu Recht aufgrund bisheriger Erfahrungen begrüßender Beiträge,[153] dann eine *gesetzliche* Regelung.[154] Der Gesetzgeber hat also auf den letzten Metern im „SanInsFoG" schließlich den gesetzlich geregelten **„Sondersachwalter" gestrichen**, aber den überwachenden »weiteren Restrukturierungsbeauftragten (ReB)" in § 74 Abs. 3 StaRUG Gesetz werden lassen. Seine Kompetenzen sind per Beschluss zu regeln, sie können dann je nach Anordnung diejenigen des regulären ReB mit Ausnahme derjenigen des § 76 Abs. 2 Nr. 1, Halbs. 1 und 2 StaRUG umfas-

---

148) *Graf/Wunsch*, DZWIR 2002, 177; *Lüke*, ZIP 2004, 1695; *Dahl*, ZInsO 2004, 1014; LG Krefeld ZInsO 2006, 32; ausführliche Darstellung bei *Frege*, Der Sonderinsolvenzverwalter, 2008; *Frege*, ZInsO 2008, 1130.

149) BGHZ 165, 96, 99; BGH ZInsO 2009, 1393; BGH NZI 2006, 474; BGH ZIP 2007, 548, 550; BGH ZIP 2008, 1243, 1245; BGH ZInsO 2008, 733 = ZIP 2008, 1294.

150) Allgemeine Leitlinien zur Sonderinsolvenzverwaltung v. 15.11.2011 (ZInsO 2011, 2223, 2224).

151) Uhlenbruck-*Zipperer*, InsO, § 274 Rn. 7 m. w. N.; *Berner/Köster/Lambrecht*, NZI 2018, 415, 429.

152) VID e. V.-Stellungnahme v. 2.10.2020, S. 106, unter www.vid.de.

153) *Sämisch/Deichgräber*, ZInsO 2020, 2364.

154) Kritisch zur Streichung *Sämisch/Noffz/Haug*, ZRI 2021, 741, 752.

sen.[155] Auch ein **Sondersachwalter** kann im Einzelfall weiterhin eingesetzt werden (dazu→ Rn. 64).

50 So besteht derzeit ein merkwürdiges Missverhältnis: Im StaRUG-Verfahren kann trotz „nur“ drohender Zahlungsfähigkeit als Auslösetatbestand gesetzlich der „mitgebrachte“ ReB überwacht werden, im regulären Eigenverwaltungsverfahren – welches auch bei Zahlungsunfähigkeit beantragt werden kann – gibt es hierzu keine gesetzliche Regelung. Der „Sonder-Sachwalter“ im Eigenverwaltungsverfahren bleibt dennoch als Einsetzungsinstrument – insbesondere bei Interessenskollisionsfällen – möglich, auch wenn eine gesetzliche Regelung für den Sonderfall des „mitgebrachten“ (vorläufigen) Sachwalters nicht erfolgt ist. Die Fortgeltung bisheriger Rechtspraxis wird ganz überwiegend befürwortet.[156] Und auch andere Rechtsordnungen kennen die Sonderinsolvenzverwaltung und dort wird sie auch durchaus genutzt, beispielsweise lässt § 86 österreichische IO sogar die Bestellung mehrerer „besonderer Verwalter“ zu, insbesondere bei fehlender Unabhängigkeit des bestellten Verwalters.

Praxishinweis:

Sonderinsolvenzverwaltung ist verhältnismäßiges Vermeidungsmittel der Entlassung des Insolvenzverwalters. Sie ist für das Insolvenzgericht in drei Hauptkonstellationen das „Mittel der Wahl“. Da sie gesetzlich nicht weiter geregelt ist, bedarf es genauer Beachtung der bisherigen Rechtsprechung zu dem Instrument, um praxisgerechte Lösungen zu finden. Eine Anordnung im Interesse der Gläubiger ist vorrangig vor der Wahrung des Ruf-Interesses der Insolvenzverwalter. Im Falle der Gesamtschadensermittlung ist ein „gestuftes“ Vorgehen anzuraten, Mitbestimmungsrechte der Gläubiger sollten gerichtlicherseits eröffnet und gewahrt werden. Sonderinsolvenzverwaltung dient der Transparenz und Ordnungsmäßigkeit des Verfahrens. Sie sollte daher nicht zögerlich genutzt werden.

a) Verhinderungs- und Inhabilitäts-Sonderverwaltungen

aa) Verhinderungs-Sonderinsolvenzverwaltung

51 Sie soll nicht „verhindern“, sondern greift bei Verhinderung des Insolvenzverwalters ein. Als Rechtsinstitut ist sie dann sinnvoll, wenn der reguläre Insolvenzverwalter nur zeitweise und zwar überschaubar zeitweise, an der Ausübung seines Amtes verhindert ist. Obwohl sie insofern ein sinnvolles Mittel ist, die eigentlich notwendige Entlassung gem. § 59 Abs. 1 InsO zu verhindern, wird sie wegen falsch verstandener Zurückhaltung der Gerichte kaum angewandt. Insolvenzverwalter, die dauerhaft oder für einen längeren Zeitraum ihr Amt nicht ausüben können, müssten eigentlich von Amts wegen entlassen werden. Durch § 59 Abs. 1 Satz 2, dort 2. Alt. ist klargestellt, dass die bestellten Verfahrenspersonen ihr jeweiliges Amt nicht freiwillig einfach niederlegen

155) Dazu *Frind*, ZRI 2021, 397, 401; *Schulte-Kaubrügger/Dimassi*, ZIP 2021, 936.

156) K. Schmidt-*Undritz*, InsO, § 274 Rn. 4; Kayser/Thole-*Brünkmans*, InsO, § 274 Rn. 7; MünchKomm-InsO/*Kern*, § 274 Rn. 25.

können.[157] wenn ihnen die Amtserfüllung nicht mehr möglich erscheint (z. B. wegen Inhabilität, schlechter Gesundheit, Alter, Büroverkleinerung, etc.). Sie müssten dann vielmehr selbst ihre Entlassung beantragen[158] oder bei amtswegiger Kenntnis solcher Umstände entlassen werden. Dies kann bereits bei längerer Erkrankung der Fall sein,[159] z. B. wenn der Insolvenzverwalter sich wegen einer schwerwiegendern Behandlung auf (zunächst) unklare Zeitdauer in einen Krankenhaus, eine Anstalt oder eine Rehabilitationseinrichtung begeben muss.[160]

bb) Keine Umgehung der Einsetzungsnotwendigkeit

Eine etwa „sozietätsinterne" „Vertretung" für solche Fälle kennt das Gesetz 52
wegen des zu Recht als „höchstpersönlich"[161] wahrzunehmende solcherart statuierte Amt nicht. Ist die **Abwesenheitsphase** lediglich **zeitlich überschaubar** und von Beginn an klar eingrenzbar, z. B. für ein – vier Wochen, kommt eine Sonderinsolvenzverwaltungsanordnung durchaus in Betracht, jedenfalls dann, wenn gerichtliche Termine wahrzunehmen sind[162] oder verfahrenswichtige oder gar unaufschiebbare Verhandlungen, z. B. mit Betriebsübernahmeinteressenten, anstehen. Auch diese sind nicht etwa „sozietätsintern" vertretungsfähig. Die gegenteilige Ansicht will sich, dieses konzedierend, dann mit Vertagungen (§§ 4 InsO, 227 ZPO) behelfen,[163] hat aber für unaufschiebbare und dringliche Verrichtungen keine Lösung. Zutreffend ist vielmehr, dass das Gericht (i. d. R. der Rechtspfleger, da diese Fälle ganz überwiegend im eröffneten Verfahren auftreten) bei amtswegiger Kenntnis von solchen Verhinderungsumständen (§§ 4 InsO, 291 ZPO) unverzüglich Erkundigungen anzustellen haben wird,[164] wie lange eine krankheitsbedingte tatsächliche Verhinderung des Verwalters voraussichtlich anhalten wird, daraufhin eine per Aktenvermerk niederzulegende Prognose anstellen muss und – als mildestes Mittel – eben die Sonderinsolvenzverwaltung anzuordnen hat.[165]

157) MünchKomm-InsO/*Graeber*, § 56 Rn. 126.

158) KPBJ-*Lüke*, InsO, § 59 Rn. 9.

159) *Dahl/Taras*, NJW-Spezial 2019, 469; Nerlich/Römermann-*Römermann*, InsO, 47. EL 3/2023, § 56 Rn. 1.

160) MünchKomm-InsO/*Graeber*, § 59 Rn. 21.

161) BGH ZIP 2005, 36 = ZInsO 2004, 1348, 1349; BGH, v. 13.10.2016, ZVI 2017, 17 = ZInsO 2016, 2196 Rn. 13; zur Reichweite v. „Höchstpersönlichkeit" HmbKomm-InsO/*Frind*, § 56 Rn. 61, Rn. 68 m. w. N; *Blankenburg*, ZIP 2016, 749, 754.

162) Nerlich/Römermann-*Römermann*, InsO, 47. EL 3/2023, § 56 Rn. 30; K. Schmidt-*Ries*, InsO, § 56 Rn. 65.

163) MünchKomm-InsO/*Graeber*, § 56 Rn. 154; *Graeber/Pape*, ZIP 2007, 991, 992; *Lissner*, ZInsO 2014, 768, 770 m. w. N.; *Harder*, NJW-Spezial 2019, 469.

164) Amtswegige Ermittlungen können Auskunftseinholungen in der Kanzlei der Insolvenzverwalter aber auch bei Familienangehörigen umfassen.

165) Zur Anordnungskompetenz unter → Rn. 46 ff.

Praxishinweis:

Zögerliches gerichtsseitiges Vorgehen kann hier Amtshaftungsansprüche zur Folge haben, etwa dann, wenn ein Verfahren nicht so gefördert wird, wie es durch einen präsenten und „funktionsgerecht agierenden“ Verwalter erfolgen würde und müsste, z. B. also Massegenerierung verschleppt wird, Betriebs(fortführungs)chancen nicht genutzt oder Verteilungen verzögert werden.

cc) Amtswegige Kenntnisse und Festlegung der Befugnisse

53 Häufig wird von den insolvenzgerichtlichen Rechtsanwendern übersehen, dass sie verpflichtet sind, amtswegige Kenntnisse zu Erkrankungen oder sonstigen die Aufgabenerfüllung beeinträchtigenden Umständen hinsichtlich der Insolvenzverwalter/Sachwalter zu beachten und auch internetbasierte Kenntnisse zu berücksichtigen sind (§§ 4 InsO, 291 ZPO).[166] Wird also über Insolvenzverwalter berichtet, sie seien **„dienstunfähig“**, ist dem von Amts wegen nachzugehen.

Ein **Sonderinsolvenzverwaltungseinsetzungsbeschluss** (→ Rn. 73) hat im Anordnungsteil genaue Festlegungen zu enthalten, für welche Aufgaben die Sonderverwaltung angeordnet wird, z. B. nur zur Terminwahrnehmung, zur Forderungsprüfung, für Betriebsfortführungsverhandlungen, etc. Denn diese Anordnung „schneidet“ die dem gemäßen Kompetenzen aus denjenigen der bestellten Verwalter „aus“ und muss daher ganz konkret den Umfang (ggf. mittels mehrerer Spiegelstrichnennungen) beschreiben.[167] Eine „Begründung“ ist nicht erforderlich, denn sie folgt inzident aus der Auftragsformulierung.[168] Erstreckt sich der Verhinderungsumstand auf einen längeren Zeitraum kann die Sonderinsolvenzverwaltung in eine Austausch-Entlassung (§ 59 Abs. 1 InsO) übergehen. Diese ist dann veröffentlichungspflichtig.[169]

b) Die Inhabilitäts-Sonderinsolvenzverwaltung

54 Diese Form der Sonderinsolvenzverwaltung ist anzuordnen, wenn der bestellte Verwalter „etwas gegen sich selbst“ prüfen oder eine Rechtshandlung „gegen sich“ oder „mit sich“ vornehmen müsste (→ Rn. 85), im Grunde der klassische Bereich des § 181 BGB;[170] für den Bereich der Unternehmensgruppeninsol-

---

166) BGH, v. 27.1.2022, ZInsO 2022, 833 Rn. 8; BGH, v. 7.5.2020 – IX ZB 84/19, ZRI 2020, 358 = NZI 2020, 679 Rn. 16 unter Bezug auf Prütting/Gehrlein-*Laumen*, ZPO, 11. Aufl., § 291 Rn. 2; AG Köln, v. 3.9.2020 – 74 IN 7/15, BeckRS 2020, 39189 = ZIP 2021, 806; siehe auch Zöller-*Greger*, ZPO, 34. Aufl., § 291 Rn. 1b.

167) *Dahl*, ZInsO 2004, 1014, 1015; MünchKomm-InsO/*Graeber*, § 56 Rn. 154; Römermann-*Delhaes*, InsO, Stand: 1/2025, § 56 Rn. 19; *Blersch*, in: BK InsO, § 56 Rn. 13; AG Stendal ZIP 2012, 2171; OLG München ZIP 1987, 656; LG Bielefeld NJW-RR 1993, 604.

168) Dies nicht berücksichtigend *Spiekermann/Hackenberg*, NZI 2022, 153, 157.

169) HmbKomm-InsO/*Frind*, 9. Aufl., § 59 Rn. 18 m. w. N.

170) *Dahl*, ZInsO 2004, 1015; Prütting/Bork/Jacoby-*Lüke*, InsO, Stand: 3/2025, § 56 Rn. 75; Uhlenbruck-*Zipperer*, InsO, § 56 Rn. 57; OLG München ZIP 1987, 656; LG Potsdam ZIP 2005, 1698; *Graeber/Pape*, ZIP 2007, 991, 993; abl. *Kögel/Loose*, ZInsO 2006, 17, 20: Befreiung von § 181 BGB genügt.

venz (§ 13a InsO) nunmehr in § 56b InsO geregelt. Prinzipiell rechtfertigt jede widerstreitende Interessenlage bei zwei (und mehr) Insolvenzverwaltungen die Einsetzung eines Sonderinsolvenzverwalters. Der Insolvenzverwalter hat dem Gericht von sich aus solche **Interessenkonflikte** anzuzeigen,[171)] sofern das Gericht sie nicht ohnehin amtswegig kennt oder ermittelt (→ Rn. 53). Der (vorläufige) Gläubigerausschuss oder die Gläubigerversammlung können die Einsetzung beantragen (siehe unter → IV. Rn. 58).[172)] Daraufhin muss eine rechtsmittelfähige „Bescheidung" seitens des Gerichtes indes nicht erfolgen.[173)]

Praxishinweis:

Die Einsetzung einer Person aus der gleichen Sozietät sollte wegen erneuter Inhabilitätsprobleme unterbleiben.[174)]

aa) Abwägung

Stärke und Umfang der möglichen Interessenkonflikte sind prognostisch vom Insolvenzgericht abzuwägen. Für den Bereich der „gegenseitigen" Forderungsprüfung im Unternehmensgruppenbereich werden zutreffend durchaus häufig Sonderinsolvenzverwalter bestellt.[175)] Geht es im Konzernbereich um mehr, wird die Abwägung schwieriger: Eine Ausräumung von Interessenkonflikten durch Einsetzung eines oder mehrerer Sonderinsolvenzverwalter ist nur denkbar, wenn diese Konflikte überschaubar sind, weil das Instrument selbst nur überschaubare und klar definierte Einsetzungskonditionen voraussetzt (§ 56b InsO). Ein „Verwalter neben dem Verwalter" ist gesetzlich nicht intendiert. 55

Praxishinweis:

Je vielfältiger die möglichen Aufgaben für einen Sonderinsolvenzverwalter im Bereich der Gruppeninsolvenz wären, desto wahrscheinlicher ist es, dass hier stattdessen die Einsetzung mehrerer Insolvenzverwalter sinnvoller wäre.[176)] Der Gesetzgeber hat sich mit § 56b InsO für eine bestimmte Lösung nicht entschieden. Im Übrigen erwerben die Sonderinsolvenzverwalter nicht zu vernachlässigende Vergütungsansprüche, sodass die Bestellung mehrerer Verwalter mindestens kostengleich sein kann.[177)]

Häufig wird die vorgenannte Abwägung zugunsten der Bestellung eines personenidentischen Insolvenzverwalters im Gruppeninsolvenzfall ausgehen. Ein 56

171) Kayser/Thole-*Riedel*, InsO, § 56b Rn. 7; *Blersch*, in: BK InsO, § 56 Rn. 13.

172) Dazu BGH, v. 16.7.2015, ZIP 2015, 1645 Rn. 16; *Lissner*, ZInsO 2016, 1409, 1412.

173) K. Schmidt-*Ries*, InsO, § 56 Rn. 66; Braun-*Blümle*, InsO, 9. Aufl., § 56 Rn. 75 mit Verweis auf die nur mögliche Rechtspflegererinnerung, hier wäre eine ablehnende Begründung innerhalb der notwendigen Nichtabhilfeentscheidung aber notwendig.

174) *Dahl/Taras*, NJW-Spezial 2019, 469, 470; § 45 Abs. 2 BRAO analog.

175) Der BGH setzt dies in den entsprechenden Vergütungsentscheidungen voraus: BGH, v. 14.1.2021, ZInsO 2021, 631 Rn. 17; BGH, v. 7.5.2020, ZInsO 2020, 1328 Rn. 14, 17; siehe auch LG Münster, v. 14.3.2018, ZInsO 2018, 1070.

176) *Streit*, NZI-Beil. 2018, 14, 16; FK-InsO/*Wimmer-Amend*, 9. Aufl., § 56b Rn. 54.

177) *Streit*, NZI-Beil. 2018, 14, 16.

gewisser Mittelweg wird zuweilen in der Praxis über die Aufteilung einer Konzerninsolvenz in mehrere „Stränge“ bei Bestellung verschiedener Insolvenzverwalter aus dem gleichen Büro gesucht.[178] Diese Vorgehensweise darf aber § 45 Abs. 2 BRAO – die Regelung bleibt für anwaltliche Verwalter anwendbar – nicht ignorieren: Sie führt wegen Erstreckung auf alle Berufsträger eines Büros auch zwingend zu Sonderinsolvenzverwaltereinsetzungen und so bietet sich die **„Büroaufteilungs-Lösung“** im Regelfall nur bei horizontal aufgebauten Konzernstrukturen mit mehreren Geschäftsfeldern an.[179]

57 Nicht immer arbeiten die konzerngetrennten Einheiten aber wirklich zusammen. Im Gegensatz zur gesetzlichen Begründung des Konzerninsolvenzgesetzes[180] besteht durchaus auch jenseits der Variante, dass widerstreitende Ansprüche der gruppenangehörigen Unternehmen nahezu ihr einziges Vermögen sind, nämlich auch die Möglichkeit interner widerstreitender wirtschaftlicher Unternehmensausrichtungen oder zumindest Unternehmensperspektiven. Sofern ohnehin ein für die Gläubiger nach außen erkennbares Lenkungszentrum und in der Praxis auch ein wirklicher zentraler Geschäftssitz aller Unternehmen bisher nicht bestand und nur für die Insolvenzsituation erst erreicht werden soll, kann dann eine „Vereinheitlichung“ unter einem Insolvenzverwalter oder Sachwalter auch nicht durch eine „avisierte einheitliche Sanierung“ gerechtfertigt werden.[181] Das spricht dann für die **Bestellung verschiedener Insolvenzverwalter aus verschiedenen Büros** und vermeidet kompetenzbeschränkte Sonderinsolvenzverwaltungen.

58 Eigentlich viel „schärfer“ stellt sich die Sonderinsolvenzverwaltungsproblematik bei den **Folgeinsolvenzfällen**. Diese nehmen in den letzten Jahren deutlich zu.[182] Es handelt sich um Fallgestaltungen, in denen der gleiche Unternehmensträger nach Abschluss eines Insolvenzverfahrens in überschaubarer Zeit erneut in ein solches fällt. Das Insolvenzgericht kann hier im Folgeinsolvenzfall durch wohlüberlegte Verwalterauswahl eine Notwendigkeit zu einer Sonderinsolvenzverwaltung vermeiden.

Denn häufig bestehen Inhabilitätsprobleme, wenn der gleiche Insolvenzverwalter bestellt wird wie im Erstverfahren.[183] Denn zu prüfen sind ja alle Ver-

---

178) *Spiekermann/Hackenberg*, NZI 2022, 153, 154; *Fölsing*, ZInsO 2013, 413, 414; *Frind*, ZInsO 2013, 429, 432; *Vallender/Deyda*, NZI 2009, 825.

179) Praxisnahe Beispiele bei *Reuter*, INDat Report 2/2020, 58; zu solchen Varianten *Verhoeven*, ZInsO 2014, 217; *Fölsing*, ZInsO 2013, 414; *Brünkmans*, ZIP 2013, 193, 202.

180) BT-Drucks. 18/407, S. 31.

181) *Frind*, ZInsO 2008, 614; für ein „taugliches“ Sanierungskonzept mit gerichtlicher Prüfung: *Jaffe/Friedrich*, ZIP 2008, 1849, 1853.

182) INDat Report 4/2023, S. 13 f. mit Folgeinsolvenzfällen bei Eigenverwaltungen; INDat Report 9/2019, S. 17 ff. mit verschiedenen prominenten Beispielen; Aufstellung bei *Behrend/Möllers*, KSI 2020, 271, 273; *Frind*, ZInsO 2015, 2249 mit Beispielen; *Frind*, ZInsO 2023, 1733.

183) *Frind*, ZInsO 2020, 390; *Rendels*, INDat Report 4/2023, S. 22; ausführlich zu den Abwägungsproblemen *Frind*, ZInsO 2023, 1733.

richtungen im Erstverfahren. Der Sonderverwaltungs-Anwendungsfall „Folgeinsolvenz" sollte vom Gericht durch Verwalterwechsel vermieden werden,[184] da dadurch – unnötige – Doppelvergütungen entstehen. Der Gesetzgeber hat mittels der z. B. in § 56 Abs. 1 Satz 2 InsO nunmehr seit 1.1.2021 verankerten – und analog anzuwendenden – Bestellungssperre einen Regelfall der Folgeinsolvenz ausdrücklich aufgegriffen und damit die Richtung vorgegeben.[185]

bb) Sonderinsolvenzverwalteranforderungen

Der Sonderinsolvenzverwalter kann im Fall der **Gruppen- oder Simultaninsolvenz**, da die Vorschrift des § 56b InsO auch für das Eröffnungsverfahren gilt (§ 21 Abs. 2 Nr. 1 InsO), ausnahmsweise – im Gegensatz zum „Gesamtschadensverfolgungs-Sonderinsolvenzverwalter" – dann auch bereits in diesem Verfahrensabschnitt bestellt werden.[186] Die im Rahmen der hiesigen Norm geforderte Unabhängigkeitsprüfung beschränkt sich auf „konzernkausale" Interessenkollisionen,[187] umfasst aber auch zukünftige, bereits absehbare Probleme.[188] Die jeweiligen Insolvenzrichter haben für die Verfahren in ihrem Zuständigkeitsbereich (falls kein Gruppeninsolvenzgerichtsstand festgestellt wird) eine Anhörung der jeweiligen (vorläufigen) Gläubigerausschüsse gem. § 56a InsO durchzuführen. Das setzt die vollständige Information der Mitglieder über die Abwägungsgrundlagen voraus.[189] Sobald also die Interessenkonflikte identifiziert und aufgelistet sind, ist die Abwägung „personenidentische Bestellung mit Sonderinsolvenzverwaltung versus Bestellung verschiedener Insolvenzverwalter" vorzunehmen. 59

Praxishinweis:

Die jeweiligen Insolvenzrichter haben dafür Sorge zu tragen, dass eventuelle „Bewerber", die sie im Abstimmungsverfahren vorschlagen wollen, alle mögliche Interessenskonflikte offenbaren.[190]

Die besondere Gefährdung der Unabhängigkeit des Insolvenzverwalters für den Fall der einheitlichen Bestellung für mehrere gruppenangehörige Unternehmen ist Grenzfall von wirtschaftlicher und rechtlicher Betrachtung und steht bei Bejahung der einheitlichen Bestellung noch nicht entgegen.[191] Stärke, Häufigkeit und Komplexität der möglichen Interessenkollisionen sind abzuwägen. Je komplexer die zugrunde liegenden Sachverhalte, so weniger sinn- 60

184) *Spiekermann/Hackenberg*, NZI 2022, 153, 154.

185) *Frind*, ZInsO 2023, 1733.

186) *Flöther*, Konzerninsolvenzrecht, § 4 Rn. 192.

187) FK-InsO/*Wimmer-Amend*, 9. Aufl., 56b Rn. 41.

188) *Streit*, NZI-Beil. 2018, 14, 16.

189) *Flöther*, Konzerninsolvenzrecht, § 4 Rn. 192.

190) *Streit*, NZI-Beil. 2018, 14, 16.

191) Kritisch Braun-*Blümle*, InsO, § 56 Rn. 77 zur Praxis für KG und GmbH immer den gleichen Verwalter zu bestellen.

voll kann es sein, sie mithilfe der beschränkten Möglichkeiten der Bestellung von Sonderinsolvenzverwaltern zu amortisieren,[192] z. B. wird bei einem „Cash-Pooling“ die Bestellung eines einheitlichen Verwalters für unmöglich gehalten,[193] was jedoch zu Recht bestritten ist (Einzelfall-Frage der Komplexität der gegenseitigen Intercompany-Ansprüche).[194]

61 Entscheidet sich das Insolvenzgericht für einen personenidentischen Insolvenzverwalter für alle gruppenangehörigen Unternehmen, mag es sinnvoll sein, alle „Intercompany-Ansprüche“ durch einen identischen Sonderinsolvenzverwalter prüfen zu lassen, da dieser dann das Gesamtunternehmensgeflecht untersuchen und gegenseitige Ansprüche besser identifizieren kann.[195] Hier kann das Gericht z. B. besonderen Wert auf gesellschaftsrechtliche Expertise legen. Ob für mehrere Unternehmen ein einheitlicher Sonderinsolvenzverwalter, z. B. zur Verfolgung gleichgerichteter Ansprüche,[196] bestellt wird, ist indes ins Ermessen des oder der jeweiligen Richter gestellt.

c) Die Gesamtschadensanspruchsverfolgungs-Sonderinsolvenzverwaltung

62 Diese ist originär in § 92 Satz 2 InsO verortet und stellt den heikelsten Fall der Sonderinsolvenzverwaltung dar. **Hier stehen sich Sonderinsolvenzverwaltung und Insolvenzverwaltung in der Tat „kontradiktorisch“ gegenüber.**

aa) Der Bestellungsanlass

63 Es genügt zur Anordnung der *mögliche* Gesamtschaden (→ Rn. 25 ff.). Aus Rechtspflegersicht darf dieser also mit mittlerer Wahrscheinlichkeit zu prognostizieren sein.

Ein Gesamtschadensanspruch ist in erster Linie bei einem Verstoß des Insolvenzverwalters gegen die aus § 60 Abs. 1 InsO folgenden Verhaltensnotwendigkeiten gegeben. Regulär sieht § 92 Satz 2 InsO in diesen Fällen eigentlich die Entlassung des Verwalters vor, die Regelung ist ein Spezialfall des § 59 Abs. 1 InsO. Indes hat die Rechtsprechung seit langem eine Verhältnismäßigkeitssperre eingebaut und hierzu die Sonderinsolvenzverwaltung entwickelt.[197] Besteht bereits im Eröffnungsverfahren der begründete Verdacht, der vorläufige Verwalter habe Gesamtschäden verursacht, ist eine Sonderinsolvenzverwaltung indes unnötig, hier ist das Mittel der Wahl **die Eröffnung mit einem**

192) FK-InsO/*Wimmer-Amend*, § 56b Rn. 44.

193) *Streit*, NZI-Beil. 2018, 14, 16.

194) K. Schmidt-*Ries*, InsO, § 56b Rn. 8.

195) So das Vorgehen des AG Hamburg, Abt.67h, Az. 67h IN 44/23, ZRI 2023, 306, in der „Tricontes“-Gruppeninsolvenz.

196) *Zipperer*, ZIP 2013, 1007, 1012.

197) *Smid*, ZInsO 2021, 2177, 2181; *Pape*, ZInsO 2005, 953, 962; *Graeber*/*Pape*, ZIP 2007, 991, 993; MünchKomm-InsO/*Gehrlein*, § 92 Rn. 6.

anderen Verwalter (der dann mögliche Schadenersatzansprüche zu prüfen hat).[198)]

Geschädigt erscheinen müssen **Insolvenzgläubiger und/oder Massegläubiger.** Der Massegläubiger ist im Rahmen der Geltendmachung eines „Gesamtschadens" mitgeschützt, „jedenfalls", wenn Masseunzulänglichkeit angezeigt ist.[199)] Er kann seinen Individualschaden („Ausfallschaden") gem. § 61 InsO zwar ggf. auch ohnehin individuell gegen den Verwalter persönlich einklagen, der Verwalter kann bei Befriedigung von Einzelansprüchen ggf. bei späterer Gesamtschadensinanspruchnahme aber verrechnen.[200)] Also kann der Sonderinsolvenzverwalter gleich Schäden der Insolvenzgläubiger und der Massegläubiger einklagen.[201)] Der BGH reduziert den Umfang der Ermächtigung des Sonderinsolvenzverwalters für die Massegläubigerinteressen, sofern diese insolvenzgerichtlich nicht per Einsetzungsbeschluss ohnehin eingeschränkt ist (!), sondern nur offen mit „Gesamtschadensgeltendmachung" formuliert ist[202)] (wovon abzuraten ist), nämlich nicht auf Fälle der Masseunzulänglichkeit. Vielmehr sei deren Schaden als „Gesamtschaden" zwecks Vermeidung von fiktiven Abgrenzungsberechnungen immer (mit-)geltend zu machen,[203)] weshalb es auf konkrete „Quotenschäden" der einzelnen Gruppen nicht ankommt.[204)] 64

Praxishinweis:

Auch im Eigenverwaltungsverfahren kann ein **„Sondersachwalter"** mit dieser Kompetenz analog des Sonderinsolvenzverwalters eingesetzt werden.[205)] Gegenüber dem Schuldner einen Sonderverwalter einzusetzen macht wenig Sinn, da bei Schadensverursachung durch den eigenverwaltenden Schuldner (-Geschäftsleiter) die Kompetenzen des Sachwalters durch gerichtlichen Beschluss erweitert oder die Eigenverwaltung beendet werden können (§§ 270e, 272 InsO).[206)] Das Amt eines Sondersachwalters endet mit der Aufhebung der Eigenverwaltung. Eine Bestellung des bisherigen Sondersachwalters zum Sonderinsolvenzverwalter erfordert auch dann eine ausdrückliche Bestellung durch das Insolvenzgericht, wenn das Insolvenzgericht den bisherigen Sachwalter zum Insolvenzverwalter bestellt.

---

198) AG Potsdam ZInsO 2002, 90; LG Potsdam ZInsO 2005, 501; Ahrens/Gehrlein/Ringstmeier-*Lind*, InsO, 4. Aufl., § 56 Rn. 24.

199) BGH, v. 12.3.2020, ZRI 2020, 303 = ZInsO 2020, 1180 Rn. 76.

200) BGH, v. 12.3.2020, ZRI 2020, 303 = ZInsO 2020, 1180 Rn. 84.

201) BGH. v. 12.3.2020, ZRI 2020, 303 = ZInsO 2020, 1180 Rn. 72; so auch Uhlenbruck-*Hirte*, InsO, § 92 Rn. 22.

202) BGH, v. 12.3.2020, ZRI 2020, 303 = ZInsO 2020, 1180 Rn. 78, 85.

203) BGH, v. 12.3.2020, ZRI 2020, 303 Rn. 78, 80, 81.

204) BGH, v. 12.3.2020, ZRI 2020, 303 = ZInsO 2020, 1180 Rn. 86.

205) Hierfür weiterhin auch nach Streichung des Versuches einer gesetzlichen Regelung *Denkhaus/Hageböke*, ZRI 2024, 954, 957; *Frind*, ZRI 2023, 944, 945; K. Schmidt-*Undritz*, InsO, § 274 Rn. 4; Kayser/Thole-*Brünkmans*, InsO, § 274 Rn. 7; MünchKomm-InsO/*Kern*, § 274 Rn. 25; *Rechel*, ZInsO 2022, 565, 571; *Rechel*, in: Festschrift Pannen, 2017, S. 653; nunmehr auch BGH, v. 25.4.2024, ZInsO 2024, 1325 = ZIP 2024, 1274.

206) *Rechel*, ZInsO 2022, 565, 571.

65 Ein *hinreichend wahrscheinlicher* Gesamtschadensersatzanspruch gegen den Insolvenzverwalter i. S. v. § 92 Satz 2 InsO genügt als Anlass, um – ggf. amtswegig – einen Sonderverwalter oder zumindest Sondersachverständigen zu bestellen.[207)] Mit der Einleitung dementsprechender amtswegiger Ermittlungen sollte dann aber auch das Insolvenzgericht nicht allzu lange zuwarten. Das Insolvenzgericht entscheidet über die Einsetzung von Amt wegen, auf Anregung eines Verfahrensbeteiligten, des Gläubigerausschusses oder auf Antrag einer Gläubigerversammlung.[208)] Die vorgebrachten Anlassgründe müssen im Rahmen von Schlüssigkeit nur geeignet sein, im Falle ihrer „Gegebenheit“ (was eben zu ermitteln ist) den Tatbestand einer Haftung auszufüllen; somit gilt der Prüfungshorizont wie im PKH-Verfahren.[209)]

Praxishinweis:

Es bestehen also für eine Sonderverwaltungs-Anordnung somit niedrige Anforderungen, z. B. dass Schadensersatzansprüche *nicht fernliegend* erscheinen.[210)] Höhere Anforderungen[211)] sind damit nicht mehr lege artis. Keinesfalls sollte das Insolvenzgericht mit Sonderinsolvenzverwaltungsaktivitäten zuwarten, bis Verfahrensbeteiligte das Gericht öffentlich unter Druck setzen oder zu setzen versuchen[212)] oder gar Amtshaftungsansprüche ins Spiel bringen. Das Gericht ist nicht dazu berufen, den Insolvenzverwalter aus falsch verstandener Fürsorge zu „schützen“, er hat ausreichend „Verteidigungsmöglichkeiten“ im nunmehr regelhaft zu befolgenden Verfahrensgang. Dieser ist so zu gestalten, dass die Gläubigerschaft Mitbestimmungsmöglichkeiten erhält. Hierzu gilt: **„Transparenz first“**! Auch mögliche Kosten dürfen kein Hinderungsgrund für eine Sonderinsolvenzverwaltung sein. Zwar betont auch der BGH Momente der betonten Folgenabschätzung (z. B. Gewicht der Vorwürfe, Kosten, Verfahrensverzögerung),[213)] diese lassen sich aber über ein gestuftes Vorgehen (dazu nachfolgend) überschaubar halten.[214)]

bb) Abgestuftes Vorgehen – Mittel der Wahl

66 Zur Begrenzung von Kosten und Aufwand, wie aber auch zur Begrenzung von möglicher Rufschädigung des bestellten Insolvenzverwalters (es spricht sich

207) Die dem gemäßen Fragen zeigt *Smid*, ZInsO 2021, 2177, 2180, auf; Beispiele für regelhafte Schäden bei *Hartwig*, InsbürO 2009, 333.

208) BGH, v. 21.7.2016, ZInsO 2016, 1746 Rn. 11, 13; zu einem solchen Fall AG Hannover, v. 29.4.2021, ZInsO 2021, 2174.

209) BGH, v. 21.7.2016, ZInsO 2016, 1746 Rn. 24.

210) Kayser/Thole-*Riedel*, InsO, § 56 Rn. 34; *Pape*, ZInsO 2005, 963; *Lüke*, ZIP 2004, 1693, 1696; AG Berlin-Charlottenburg, v. 12.2.2015, ZInsO 2015, 582; OLG München ZIP 1987, 656; AG Göttingen ZInsO 2006, 50; AG Bad Homburg ZInsO 2008, 1146. Es bedarf hierfür nicht etwa erst gegensätzlicher Privatgutachten (so der Fall AG Hamburg, v. 6.3.2023 – 67g IN 173/17, ZRI 2023, 426).

211) Unklar *Graeber/Pape*, ZIP 2007, 991, 994, die an anderer Stelle eine „ausreichende Überzeugung von der Notwendigkeit“ verlangen.

212) Zu so einem Fall INDat Report 1/2023, S. 16.

213) BGH, v. 21.7.2016, ZInsO 2016, 1746 Rn. 25.

214) Zusammenfassend zum gerichtlichen Vorgehen *Frind*, EWiR 2016, 633, 634.

naturgemäß herum, dass „gegen einen Verwalter eine Sonderinsolvenzverwaltung läuft"), empfiehlt es sich, in allen Fällen nicht zweifelsfrei gegebener Schadenersatzansprüche gestuft vorzugehen.

Praxishinweis:

Das Gericht sollte zunächst einen Sondersachverständigen zur Ermittlung gem. § 5 Abs. 1 Satz 2 einsetzen.[215)] Dies spart wegen dessen Vergütung „nur" nach JVEG statt nach InsVV auch beträchtlich Kosten. Dessen Ermittlungsergebnisse sollten der Gläubigerversammlung dann zur Beschlussfassung unterbreitet werden.[216)] Es empfiehlt sich folgendes Vorgehen:

(1) Einberufung einer „Sonderverwaltungs-Entscheidungs-Gläubigerversammlung"

Zu einem solchen Tagesordnungspunkt ist angemessenerweise mit einer klaren Benennung des Themas in der Tagesordnung einzuladen, um jedem Gläubiger die Möglichkeit des Erscheinens zu geben. Eine direkte Einladung aller Gläubiger (jenseits der Möglichkeiten des § 8 Abs. 3 InsO) empfiehlt sich daher. Die Anberaumung einer Gläubigerversammlung zum Thema „Anhörung der Gläubigerversammlung zur Entscheidung über die Anregungen/Ermittlungsergebnisse des …" genügt nicht zur Beschlussfassung darüber, ob ein Antrag auf Einsetzung eines Sonderinsolvenzverwalters beschlossen werden soll, da dieser TOP eben nur eine vorbereitende Meinungsfindung anberaumt.[217)] Eine förmliche Beschlussfassung auf einer solcherart einberufenen Versammlung wäre unwirksam.[218)] 67

Der **Gläubigerversammlung** sollte vielmehr gem. §§ 74, 75 InsO die Frage vorgelegt werden, ob die Einsetzung eines Sonderinsolvenzverwalters beantragt werden soll.[219)] Die Einschränkung, dass die Befassung der Versammlung nur „in Zweifelfällen" statthaft ist,[220)] macht der BGH nunmehr nicht (mehr).[221)] Denn die Versammlung kann – in Kenntnis der Ermittlungsergebnisse des Sondersachverständigen, die der Einladung beizufügen sind (ggf. genügt eine virtuelle Zugangsmöglichkeit mit Passwort) – entscheiden, ob Gesamtschadensansprüche durch einen Sonderinsolvenzverwalter verfolgt werden sollen oder nicht.[222)] 68

---

215) Zust. *Rechel*, ZInsO 2022, 565, 572; so das Vorgehen des AG Düsseldorf im Fall OLG Düsseldorf v. 12.9.2022, ZInsO 2023, 516, 518.

216) BGH, v. 23.4.2015, ZIP 2015, 1076 = ZInsO 2015, 1100 Rn. 10.

217) BGH, v. 9.6.2016, ZIP 2016, 1351 = ZInsO 2016, 1430 Rn. 12.

218) BGH, v. 9.6.2016, ZIP 2016, 1351 = ZInsO 2016, 1430 Rn. 11.

219) S. auch *Graeber/Pape*, ZIP 2007, 991, 994; BGH, v. 21.7.2016, ZInsO 2016, 1746 Rn. 12.

220) So früher HmbKomm-InsO/*Pohlmann*, 5. Aufl., § 92 Rn. 56.

221) BGH, v. 21.7.2016, ZInsO 2016, 1746 Rn. 12.

222) Dieses Verfahren ist zulässig: BGH, v. 21.7.2016, ZInsO 2016, 1746 Rn. 12, 25; BGH, v. 23.4.2015, ZInsO 2015, 1100 Rn. 10; Graeber, NZI 2014, 147, 150; so offenbar auch geschehen im Sachverhalt BGH ZInsO 2010, 399, dort Rn. 2.

Und die **Tagesordnung** einer Gläubigerversammlung sollte ausdrücklich nur den „Antrag“ der Versammlung auf Einsetzung eines Sonderinsolvenzverwalters ausweisen.[223)] Denn anweisen kann die Versammlung das Gericht nicht und den Einsetzungsbeschluss selbst fassen auch nicht. Beschließt die Gläubigerversammlung die Einsetzung eines Sonderinsolvenzverwalters, ist dies in einen Antrag an das Gericht auf Bestellung eines Sonderinsolvenzverwalters umzudeuten.[224)] Das Gericht ist an die Entscheidung der Gläubigerversammlung nicht gebunden, soll sich aber deren „Einflusses“ bewusst sein und sie sich „zu eigen machen“, sofern sie nicht ersichtlich dem gemeinsamen Interesse der Gläubiger widerspricht.[225)]

(a) Rechtsmittelmöglichkeiten

69 Der Beschluss der Versammlung, die Einsetzung eines Sonderinsolvenzverwalters zu beantragen oder abzulehnen, kann dann (nur) in der Versammlung gem. § 78 InsO angefochten werden. Diese Verfahrensweise eröffnet sogar das Rechtsmittel zum Landgericht. In der Regel wird der antragsbejahende Beschluss dem gemeinsamen Interesse der Gläubiger aber nicht widersprechen.[226)] Ob der ablehnende Beschluss anfechtbar wäre, mag nach der BGH-Rechtsprechung zur mangelnden Anfechtbarkeit eines „Negativbeschlusses“ gem. § 78 InsO zweifelhaft sein: Die Ablehnung der Einsetzung eines Sonderinsolvenzverwalters wäre in der Logik der BGH-Entscheidung vom 28.5.2020[227)] nicht über § 78 InsO angreifbar, da jederzeit ein erneuter Antrag auf einer Versammlung gestellt werden könnte.

Diese Entscheidung ist aber zu Recht massiv kritisiert worden.[228)] Indes ist das Ermessen der Versammlung ohnehin weit, so kann bei zweifelhafter Realisierungsaussicht von Schadenersatzansprüchen eine Regressierung abgelehnt werden, hier wird es auf die Darlegungen des Sondersachverständigen ankommen. In der Versammlung hat der Insolvenzverwalter rechtliches Gehör und kann seine Sichtweise darlegen. Vorbereitende Unterlagen sind an die Gläubiger zu verschicken. Die vorherige Einholung von „Privatgutachten“ ist untunlich, Schadenersatzansprüche sind amtswegig zu ermitteln.[229)] Weiterhin gibt es auch ein „Verzeihungsermessen“ der Gläubiger, wie es gegenüber dem

---

223) Dazu noch unklar BGH, v. 9.6.2016, ZIP 2016, 1351 = ZInsO 2016, 1430 Rn. 12.

224) BGH, v. 21.7.2016, ZIP 2016, 1738 = ZInsO 2016, 1746 Rn. 8; AG Hannover, v. 29.4.2021, ZInsO 2021, 2174.

225) BGH, v. 21.7.2016, ZIP 2016, 1738 = ZInsO 2016, 1746 Rn. 14, 15; HmbKomm-InsO/*Pohlmann*, 11. Aufl., § 92 Rn. 56.

226) BGH, v. 21.7.2016, ZIP 2016, 1738 = ZInsO 2016, 1746.

227) BGH ZIP 2020, 1474.

228) Kritisch *Jungmann*, ZRI 2020, 463, 466; abl. *Leithaus*, NZI 2020, 787.

229) Vgl. hierzu den misslichen „Vorlauf“ geschildert bei AG Hamburg, v. 6.3.2023 – 67g IN 173/17, ZRI 2023, 426.

WEG-Verwalter aus dem WEG-Recht bekannt ist.[230] Auf die vorgenannte Weise „landet das Problem da, wo es hingehört" in der Kompetenz der Gläubigerversammlung nach § 160 Abs. 2 Nr. 3 InsO.

Kommt das Gericht dem Beschluss der Gläubigerversammlung nicht nach, besteht gegen die Ablehnung ein Beschwerderecht jedes einzelnen Gläubigers entsprechend §§ 57 Satz 4, 59 Abs. 2 Satz 2 InsO,[231] das aber der Durchsetzung der Entscheidung der Gläubigergesamtheit dienen muss, nicht der Verwirklichung eines Rechts des einzelnen Gläubigers.[232] Umgekehrt kann das Gericht auch gegen das Votum der Gläubigerversammlung amtswegig einen Sonderinsolvenzverwalter einsetzen, wenn es dies zur Durchsetzung seiner eigenen Aufsicht (§ 58 Abs. 1 InsO) für notwendig erachtet.[233] Das wäre indes eine sehr spezielle Fallgestaltung, denn weshalb sollte das Gericht eine Frage an die Versammlung geben, wenn es nur eine bestimmte Antwort „hören will"? 70

(b) Anhörungen

In jedem Fall ist eine vorherige Anhörung des Verwalters, aber auch des Gläubigerausschusses (sofern existent), empfehlenswert.[234] Dies schon deshalb, weil gegen den Einsetzungsbeschluss des Insolvenzgerichtes bezüglich der Sonderinsolvenzverwaltung ein Rechtsmittel nicht gegeben ist (es sei denn, die Rechtspflegererinnerung).[235] Folgerichtig ist auch ein Rechtsschutzbedürfnis des Insolvenzverwalters auf zwingende Einberufung einer Gläubigerversammlung mit dem Tagesordnungspunkt „Beendigung des Sonderverwaltung und Entlassung des Sonderverwalters" abgelehnt worden, da inzident damit das gleiche Ziel wie mit einer Beschwerde gegen die Einsetzung verfolgt würde[236] und der Verwalter diesbezüglich nicht „Verwalter" i. S. v. § 75 InsO ist.[237] 71

Der Insolvenzverwalter kann auch in einer Gläubigerversammlung, die über die Einsetzung eines Sonderinsolvenzverwalters abstimmt, nicht gem. § 78 Abs. 1 InsO einen Aufhebungsantrag stellen, da ein solcher Antrag nur im gemeinsamen Interesse der Gläubiger gerechtfertigt ist und die Einsetzung eines Son- 72

230) Zu diesem: *Greiner*, in: beck-online.Grosskommentar zum WEG, Stand: 1.6.2024, § 26 Rn. 98; LG Hamburg, v. 6.11.2019 – 318 S 48/18, ZWE 2020, 194.

231) BGH, v. 21.7.2016, ZInsO 2016, 1746 Rn. 12, 19; BGH, v. 16.7.2015, ZInsO 2015, 1732, 1734 Rn. 16; fälschlich als „noch nicht entschieden" bezeichnet in BGH, v. 9.6.2016, ZInsO 2016, 1430 Rn. 10 m. w. N.

232) BGH, v. 5.2.2009, ZIP 2009, 529 Rn. 9.

233) *Lissner*, ZInsO 2016, 1409, 1414 m. w. N.

234) *Spiekermann/Hackenberg*, NZI 2022, 153, 156; MünchKomm-InsO/*Graeber*, § 56 Rn. 115; *Graeber/Pape*, ZIP 2007, 991, 995; *Dahl*, ZInsO 2004, 1015; *Kesseler*, KTS 2000, 491, 494.

235) LG Göttingen ZInsO 2012, 225; AG Göttingen ZInsO 2014, 800; BGH ZIP 2007, 547; *Hess*, EWiR 2007, 373; a. A. *Lüke*, ZIP 2004, 1693, 1698.

236) LG Leipzig ZInsO 2013, 1154.

237) BGH, v. 23.4.2015, ZIP 2015, 1076 = ZInsO 2015, 1100; zum Fortgang des Verfahrens siehe auch BGH, v. 10.6.2021, ZInsO 2021, 1760.

derinsolvenzverwalters zur Prüfung von Schadenersatzansprüchen diesem Interesse regelmäßig entsprechen wird.[238)]

73 Auch gegen die Erweiterung der Befugnisse des Sonderinsolvenzverwalters steht dem Verwalter kein Rechtsmittel zu,[239)] wie auch nicht gegen den Entzug und die Übertragung der Kassenführungsbefugnis.[240)] Gegebenenfalls empfehlen sich eine Begründung des Beschlusses und eine gesonderte finanzielle Ausstattung des Sonderinsolvenzverwalters aus der Masse.[241)]

Praxishinweis:

Der gerichtliche Einsetzungsbeschluss hat – dies bereits zur Klarstellung der Aktivlegitimation – die Kompetenzen des Sonderinsolvenzverwalters genau zu beschreiben, indem die möglichen Haftungsansprüche stichwortartig beschrieben werden. Dies dient auch zur Festlegung der späteren Vergütungsberechnungsgrundlage. Die Bildung einer dem gemäßen „Durchführungs-„Sonderinsolvenzmasse wird zur Auftragsdurchführung gem. §§ 4 InsO, 938 Abs. 2 ZPO (analog) für zulässig und mit Rechtsmitteln nicht angreifbar erachtet.[242)]

(2) Einsetzungsperson und Einsetzungszuständigkeit

74 Der Sonderinsolvenzverwalter oder Sondersachverständige sollte nicht im aktiven Konkurrenzverhältnis zu dem zu überprüfenden Verwalter stehen, d. h. beim bestellenden Gericht nicht „gelistet“ sein, schon um mögliche Inhabilitäten von Anfang an auszuschließen.[243)] Eine davon abweichende Auswahl könnte im Wege der außerordentlichen sofortigen Beschwerde analog der Rechtsprechung zu § 305 Abs. 3 InsO angegriffen werden.[244)]

75 Der Sonderverwalter kann vom Insolvenzverwalter jedoch **nicht** nach § 406 ZPO analog **wegen Besorgnis der Befangenheit abgelehnt** werden.[245)] Eine mögliche Befangenheit des Sonderinsolvenzverwalters kann nur nach Maßgabe der §§ 56 bis 59 wegen Ungeeignetheit oder mangelnder Unabhängigkeit, nicht nach §§ 41 ff. ZPO, geltend gemacht werden. Dem Insolvenzverwalter fehlt aber bereits das Antragsrecht gem. § 59 Abs. 1 auf Entlassung des Sonderinsolvenzverwalters. Die ablehnende Entscheidung des Insolvenzgerichts

238) BGH, v. 20.2.2014, ZIP 2014, 627 = ZInsO 2014, 601, 602 Rn. 11.

239) BGH ZInsO 2010, 186 = ZIP 2010, 641.

240) BGH, v. 17.12.2009, ZInsO 2010, 187.

241) *Graeber/Pape*, ZIP 2007, 991, 997.

242) LG Stendal ZInsO 2013, 1914 m. w. N.

243) Zust. *Rechel*, ZInsO 2022, 565, 572.

244) BGH, v. 7.4.2005, NZI 2005, 414 = ZInsO 2005, 484 (mit Verweis auf OLG Celle ZIP 2001, 340; OLG Celle ZInsO 2002, 285); BGH, v. 22.10.2009, ZInsO 2009, 2262; so auch BayObLG ZIP 2000, 320 ff.; OLG Celle ZIP 2001, 340; LG Berlin, v. 10.10.2007, ZInsO 2007, 1356. Nach neuerer Ansicht gibt es im Insolvenzverfahren keine „außerordentliche Beschwerde“, da durch die Schaffung der Anhörungsrüge (§ 321a ZPO) diese nicht mehr notwendig sei (BGH, v. 10.2.2011, NJW-RR 2011, 640; MünchKomm-InsO/*Vuia*, 4. Aufl., § 305 Rn. 110 m. w. N).

245) LG Wuppertal ZInsO 2005, 950.

über einen Befangenheitsantrag gegen einen Sonderinsolvenzverwalter ist abschließend.[246)]

Praxishinweis:

Regelhaft ist sinnvoll die Einsetzung eines Sonderinsolvenzverwalters, der keinerlei Kanzleibezug zum Ort des Insolvenzgerichtes hat. Da dies auch Frage der bestehenden „Listungen" und Vertrauen des Insolvenzgerichtes zu der einzusetzenden Person ist, ist es sinnvoll, wenn die Einsetzung durch den Insolvenzrichter erfolgt. Die Zuständigkeit ist ohnehin streitig.[247)] Wird der Beschluss zur Einsetzung vom Rechtspfleger getroffen, droht später bei Umsetzung, z. B. bei Schadenersatzverfahren, der Unwirksamkeitseinwand nach § 8 Abs. 4 RPflG;[248)] dies ist zur Unterminierung der Aktivlegitimation in Schadenersatzprozessen sogar schon angeführt worden. Daher sollte der Insolvenzrichter zumindest einen in der Akte dokumentierten Anweisungsbeschluss nach § 7 RPflG erlassen oder den Einsetzungsbeschluss mitunterzeichnen.[249)]

(3) Vergütung

Die Vergütung des Sonderinsolvenzverwalters erfolgt grundsätzlich nach der **76**
InsVV.[250)] Jedenfalls gilt das für den Schadenersatzansprüche prüfenden Sonderinsolvenzverwalter.[251)] Die Vergütung ist auf Basis der prognostischen Schadenersatzsumme als Berechnungsgrundlage geltendmachungsfähig (zum Einsetzungsbeschluss → Rn. 53, Rn. 73).[252)] Dies schmälert die Masse nur dann, wenn der Sonderinsolvenzverwalter im Prozess vollständig unterliegt, indes ist er – mit Zustimmung der Gläubigerversammlung – zu Vergleichsabschlüssen befugt. Die Nichteinholung der Zustimmung der Gläubigerversammlung verstößt gegen § 160 Abs. 2 Nr. 3 InsO, die Rechtsfolge ist Gültigkeit (§ 164 InsO), aber Schadenersatzbefangenheit, denn § 60 Abs. 1 InsO gilt auch für den Sonderinsolvenzverwalter.

---

246) BGH, v. 25.1.2007, ZIP 2007, 548 = ZInsO 2007, 326.

247) Richter: *Foltis*, ZInsO 2010, 545, 556; *Lüke*, ZIP 2004, 1693, 1697; MünchKomm-InsO/*Schmahl*, 3. Aufl., §§ 27 bis 29 Rn. 134; FK-InsO/*Schmerbach*, § 2 Rn. 36; FK-InsO/*Jahntz*, § 56 Rn. 60; Ahrens/Gehrlein/Ringstmeier-*Lind*, InsO, § 56 Rn. 31; offengelassen: AG Göttingen ZInsO 2006, 50; *Graeber/Pape*, ZIP 2007, 991, 996; a. A. (Rechtspfleger): LG Leipzig ZInsO 2011, 1991 = NZI 2012, 83; Graf-Schlicker-*Graf-Schlicker*, InsO, § 56 Rn. 91; K. Schmidt-*Ries*, InsO, § 56 Rn. 653; Kayser/Thole-*Riedel*, InsO, § 56 Rn. 37; *Frege*, Sonderinsolvenzverwalter, Rn. 222; Jaeger-*Gerhardt*, InsO, § 56 Rn. 80; *Smid*, ZInsO 2021, 2177, 2182.

248) Zutreffend *Schmerbach*, InsbürO 2015, 244.

249) AG Hamburg, v. 17.9.2018, ZIP 2018, 1896; *Laroche*, EWiR 2018, 693; *Schmerbach*, InsbürO 2015, 244.

250) BGH, v. 26.3.2015, ZIP 2015, 1034 = ZInsO 2015, 1031; LG Münster, v. 14.3.2018, ZInsO 2018, 1069, 1070; LG Braunschweig ZInsO 2012, 506; BGH ZInsO 2010, 399; ZInsO 2008, 733; zust. *Frege*, NZI 2008, 487; *Graeber/Pape*, ZIP 2007, 991, 998.

251) BGH, v. 10.6.2021, ZIP 2021, 1612 = ZInsO 2021, 1760 Rn. 13, 14.

252) BGH, v. 14.1.2021, ZIP 2021, 531 = ZInsO 2021, 631 Rn. 17; BGH, v. 7.5.2020, ZInsO 2020, 1328 Rn. 14, 17; LG Münster, v. 14.3.2018, ZInsO 2018, 1070. Diese prognostische Berechnung wird indes teilweise abgelehnt: AG Köln, v. 8.12.2020, BeckRS 2020, 52956 Rn. 6; *Hageböke/Benzinger*, NZI 2023, 401, 404.

77 Die in der Natur der Sache liegende Begrenzung auf einen Teil der Aufgaben eines Verwalters kann durch einen angemessenen Bruchteil und Zu- und Abschlägen Rechnung getragen werden.[253] In Betracht kommen zunächst 25 %.[254] Maßgebend ist aber **eine Gesamtbetrachtung** des insgesamt angefallenen Arbeitsaufwandes des Sonderinsolvenzverwalters, der außerhalb der gesondert zu vergütenden gerichtlichen Anspruchsdurchsetzung anfällt, im Vergleich zur Tätigkeit eines „normalen“ Insolvenzverwalters,[255] wobei durch die Anspruchsdurchsetzung auch Minderungen der Vergütung wegen Synergieeffekten anfallen können.[256] Das Insolvenzgericht sollte zur Klarstellung eine Vergütung nach der InsVV gleich im Anordnungsbeschluss als Grundbeschluss zur Grundlage der Vergütung des Sonderinsolvenzverwalters anordnen (→ Rn. 76);[257] Zuschläge sind später ggf. geltend zu machen.[258]

78 Eine Doppelvergütung bei bereits zuvor erbrachter Sachverständigentätigkeit muss Mittels Abschlägen vermieden werden.[259] Der Sondersachverständige ist zwingend gem. JVEG zu vergüten (§ 9 Abs. 1 JVEG). Gegenteilige Ausweitungsentscheidungen, die mittels „analoger“ Anwendung von §§ 73 Abs. 3, 81 Abs. 3 StaRUG auf einen Stundensatz bis zu 350 € kommen wollen,[260] unterfallen der Beschwerdefähigkeit.[261] Für Analogiebildung ist gesetzlich hier kein Raum, der Sandersachverständige ist entsprechend §§ 4 InsO, 144 Abs. 1 ZPO „normales“ Erkenntnismittel des Gerichtes, anwendbar ist gem. § 9 Abs. 1 JVEG Nr. 4.3 der Anlage 1 mit einem Stundensatz von 105 € oder „M3“ mit einem Stundensatz von 120 €.

B. Entlassungsszenarien

79 § 59 InsO regelt die Möglichkeit des Gerichtes, bei Pflichtverstößen der amtswegig eingesetzten Verfahrenspersonen innerhalb aller Verfahrensphasen jederzeit bis hin zur Entlassung tätig werden zu können, da eine etwaige Vorrangigkeit der Entscheidung des vorläufigen Gläubigerausschusses gem. § 56a Abs. 3 InsO im Eröffnungsverfahren oder der Gläubigerversammlung (§ 57 InsO) im eröffneten Verfahren nicht geregelt ist. Das Gericht kann amtswegig oder auf Antrag handeln. Entlassung ist einzelfallorientiert. Eine – möglicherweise demnächst gesetzlich geregelte oder durch eine „Kammer“ geregelte – „Berufsordnung“ kann gerichtliche Anforderungen konturieren, aber nicht Entlassungsentscheidungen determinieren (dazu → Teil I Rn. 20).

---

253) BGH, v. 26.3.2015, ZIP 2015, 1034 = ZInsO 2015, 1031, 1032.

254) *Keller*, NZI 2021, 507.

255) BGH, v. 10.6.2021, ZInsO 2021, 1760 Rn. 22, 24.

256) Rechenbeispiele bei *Hageböke/Benzinger*, ZInsO 2023, 244, 249 ff.

257) BGH ZInsO 2010, 399, dort Rn. 6.

258) LG Braunschweig ZInsO 2012, 506: 50 % wg. Dauer und Schwierigkeit.

259) *Lissner*, ZInsO 2016, 1409, 1416.

260) AG Hamburg, v. 6.3.2023 – 67g IN 173/17, ZRI 2023, 426.

261) Dazu INDat Report 4/2023, S. 10.

I. Anträge auf Entlassung

Antragsberechtigt sind der Verwalter selbst sowie die Organe der Gläubigerschaft (§ 59 Abs. 1 Satz 2 InsO) beim Treuhänder in der Wohlverhaltensperiode ist gem. der Sonderreglung in § 292 Abs. 3 Satz 2 antragsberechtigt jeder Insolvenzgläubiger. 80

Der vorläufige Gläubigerausschuss (§ 22a) ist nach bisheriger Rechtsansicht und Rechtslage in der Regelung offenbar aufgrund eines Redaktionsversehens als Antragsteller nicht genannt worden. Er ist aber ebenfalls antragsberechtigt, auch wenn der Gesetzgeber in der Änderung der Vorschrift im Zuge der Verabschiedung des SanInsFoG zum 1.1.2021 die bisherige Formulierung des § 59 Abs. 1 Satz 2 zwar ergänzt, aber den vorgenannten redaktionellen Mangel nicht beseitigt hat. Ein Entlassungsantrag des Ausschusses müsste auf einer Ausschusssitzung mehrheitlich offiziell beschlossen und dem Gericht mit Protokoll übermittelt worden sein.

Ein **Antrag der Gläubigerversammlung** muss in der Gläubigerversammlung **protokolliert** beschlossen sein, jede andere Kundgabe an das Gericht ist nur eine nicht rechtsmittelfähige Anregung.[262] Um der Gläubigerversammlung eine Willensbildung über einen Entlassungsantrag an das Gericht zu ermöglichen, hat das Gericht eine Gläubigerversammlung einzuberufen, wenn das in § 75 Abs. 1 Nr. 3 und 4 InsO bestimmte Quorum von Gläubigern dies beantragt.

Praxishinweis:

Entlassungsanregungen von Verfahrensbeteiligten genügen zur Auslösung amtswegiger Ermittlungen. Sofern Verfahrensbeteiligte Entlassungsanträge vorbringen oder entsprechende Anregungen, sind die Pflichtverstöße des Verwalters eindeutig und substanziiert zu schildern. Es besteht die Möglichkeit, Aufsichtsmaßnahmen anzuregen und vermeintlich vorkommende „Unregelmäßigkeiten" zu melden. Dies muss schriftlich geschehen, da der Insolvenzverwalter vom Gericht dazu anzuhören ist (§ 59 Abs. 1 Satz 3). Jedoch steht dem Anregenden gegen ein „Nichthandeln" des Gerichtes keine Beschwerdebefugnis zu.[263]

Nach Rechtslage bis Ende 2020 waren weder der Schuldner bzw. seine Vertretungsberechtigten noch einzelne Insolvenzgläubiger antragsberechtigt.[264] Dies galt auch, obwohl dem Schuldner im Eröffnungsverfahren gem. § 21 Abs. 1 Satz 2 ein Rechtsmittel gegen die Anordnung der vorläufigen Insolvenzverwaltung zusteht. Dieses berechtigte aber folgerichtig nicht, im Wege der sofortigen Beschwerde nur gegen die bzw. wegen der vom Gericht bestellten Person vorzugehen (sog. „Personalauswahlbeschwerde"). 81

262) BGH NZI 2010, 980.

263) BGH NZI 2010, 980; BGH NZI 2006, 529; LG Göttingen NZI 2000, 491.

264) BGH NZI 2006, 474.

II. Unabhängigkeitsmangel als Entlassungsgrund

1. „Sonderantragsrecht“

82 Für Insolvenzverfahren mit Eingang ab dem 1.1.2021 (Art. 103m EGInsO) bringt die gesetzliche Ergänzung in § 59 Abs. 1 Satz 2 i. V. m. Satz 3 InsO ein „kupiertes“ Entlassungsantragsrecht einzelner Insolvenzgläubiger und des Schuldners wegen des Entlassungsgrundes der Inhabilität. Seine Reichweite ist, ohne dass die Begründung dies thematisiert, auf das eröffnete Verfahren beschränkt, obwohl § 21 Abs. 1 Nr. 1 auf die Norm einschränkungslos Bezug nimmt (→ Rn. 6). Hinsichtlich des Insolvenzgläubigers folgt dies bereits daraus, dass dessen Stellung verfahrensrechtlich im Eröffnungsverfahren noch gar nicht entstanden ist (§ 38). Hinsichtlich des Schuldners gilt die vorgenannte Einschränkung, dass eine „Personalbeschwerde“ nicht statthaft ist. Der Schuldner könnte sich ansonsten gegen eine Sicherungsmaßnahme in Gestalt vorläufiger Insolvenzverwaltung mit persönlichen Angriffen gegen den vorläufigen Insolvenzverwalter zur Wehr setzen.

83 Der Entlassungsantrag nach Satz 3 ist mit **glaubhaft** gemachter (§ 294 ZPO) mangelnder Unabhängigkeit zu begründen. Der europäische Verordnungsgeber wollte „Interessenkollisionsanlässe“ geregelt wissen. Manifestiert ein Verwalter eine Interessenkollision durch Protegieren einzelner Gläubiger oder derer Verfahrensbevollmächtigter ist dies nicht nur „pflichtwidrig“,[265] sondern Entlassungsgrund, insbesondere, wenn Verstöße von Verwalter nicht plausibel erklärt werden.[266] Verstöße nach Satz 3 können unter dem Aspekt „wichtiger Grund“ nach Satz 1 erneut amtswegig geprüft werden.[267]

84 Nach der zeitlich-inhaltlichen Schranke des § 59 Abs. 1 Satz 3 InsO müssen beide möglichen Antragsteller sich auf einen Unabhängigkeitsmangel als Entlassungsgrund beziehen, mithin sind andere angezogene Gründe nicht zulässig, bzw. insofern nur Anregungen. Die zeitliche **Geltendmachungsschranke von sechs Monaten**, die ab dem Eröffnungsbeschluss läuft (und, da dieser auch stundenmäßig terminiert ist, auch stundenmäßig endet – die Rechtskraft wirkt auf die Eröffnungsstunde zurück), wird vom Gesetzgeber nicht begründet. Offenbar wird davon ausgegangen, dass Unabhängigkeitsmängel binnen dieser Frist bekannt geworden sein werden, was zweifelhaft ist. Der **Entlassungsantrag ist binnen der genannten Frist zu stellen**, die Glaubhaftmachung gem. § 59 Abs. 1 Satz 3 Halbs. 2 InsO kann nach dessen Formulierung auch später nachgereicht werden.

85 Unter „nicht unabhängig“ fallen sowohl **Interessenkollisionsfälle**, wie Inhabilitäten, aber auch wirtschaftliche oder menschliche Abhängigkeitsverbindun-

---

265) So BGH, v. 23.11.2023, ZInsO 2024, 674.

266) *Frind*, ZInsO 2024, 661; *Zipperer*, ZIP 2024, 868; *Laroche*, NZI 2024, 369, 370.

267) BGH, v. 23.11.2023, ZInsO 2024, 674 Rn. 36.

gen (siehe auch den Fragebogen zur Unabhängigkeit im Anhang unter II.6.). In Betracht kommen verschiedene Konstellationen:

- Vorbefassung und Nichtanzeige einer bereits „bestehenden" Interessenkollision[268] oder gleichzeitige Führung zweier widerstreitender Insolvenzverfahren.[269]

- Jedoch ist es bei **Konzerninsolvenzen** statthaft, für die unterschiedlichen Firmen jeweils den gleichen Insolvenzverwalter zu ernennen (**§ 56b InsO**). Ein Entlassungsgrund ist durch eine solche, dem Gericht ersichtliche, begrenzte Interessenkollision nicht automatisch gegeben. Abhilfe bietet hier häufig die Anordnung der Sonderinsolvenzverwaltung (→ Rn. 51).

- Auch ständige, noch nicht abgeschlossene Geschäftsbeziehungen zu einem Großgläubiger lassen objektive Anhaltspunkte für mögliche Interessenkonflikte mit anzunehmendem Ausschluss der Unabhängigkeit zu.[270]

- Wenn ein Verwalter während des Verfahrens Gläubiger oder deren Verfahrensbevollmächtigte protegiert (etwa durch Werbeschreiben zugunsten einer Gläubigerausschusswahl), ist das nicht nur pflichtwidrig, sondern manifestierte Interessenkollision.[271]

- Auch die – auf den Einzelfall eingehende[272] – **Vorberatung eines Unternehmens oder einer Unternehmenstochter** durch den späteren Prätendenten-Verwalter und/oder Mitglieder seiner Sozietät versperrt dem Insolvenzverwalter, der zugleich Rechtsanwalt ist, da Verwaltungstätigkeit keine anwaltliche Kerntätigkeit ist,[273] daher bereits berufsrechtlich gem. § 45 Abs. 1 Nr. 3 BRAO n. F. die Annahme eines später angetragenen Verwalteramtes, sofern ein einheitliches „Lebensverhältnis" im Sinne des Begriffes „derselben Angelegenheit" vorliegt.[274] Eine Zeitgrenze kann aus § 133 Abs. 2 InsO entnommen werden.[275] 86

  Die Vorschrift des § 45 BRAO wie auch diejenige des § 43a Abs. 4 BRAO erlangt auch häufiger Bedeutung bei dem Versuch von Verwaltern, Gläubigervollmachten zur Abstimmung in der Gläubigerversammlung über mit ihnen assoziierte Rechtsanwälte „einzusammeln";[276] auch dies wäre ein

268) BGHZ 113, 262 = ZIP 1991, 324; LG Stendal ZInsO 1999, 233; *Hill*, ZInsO 2005, 1289.

269) OLG Zweibrücken ZInsO 2000, 398 = NZI 2000, 273.

270) BGH ZInsO 2004, 615.

271) *Frind*, ZInsO 2024, 661.

272) Eine „ungefährliche", aber unkonturierte „allgemeine" Vorberatung regelt § 56 Abs. 1 Satz 4 Nr. 2 InsO.

273) *Vallender*, ZIP 2019, 158, 161.

274) *Thole*, NZI 2017, 737, 738.

275) AG Hamburg, v. 18.4.2017, ZInsO 2017, 985.

276) *Römermann*, ZInsO 2011, 1202.

Entlassungsgrund.[277] Ein solcher „Service“ des Verwalters verstößt gegen seine Neutralitätspflicht, auch, wenn er nicht Rechtsanwalt ist.[278] Ein besonders instruktives Beispiel bietet dafür der Fall der Problematisierung der daraus resultierenden Stimmrechtsvollmachten.[279]

87 • Die **Führung eines laufenden Zivilprozesses gegen den Schuldner** ist danach ebenfalls ein Bestellungshindernis, ggf. ein Entlassungsgrund. Zu beachten ist, dass § 45 Abs. 1 Nr. 1 lit. c. BRAO n. F. auch im Insolvenzverfahren Geltung für Rechtsanwaltsnotare entfaltet, die auch als Verwalter tätig werden, d. h. diese dürfen durch ihre Notartätigkeit mit dem zu verwaltenden Vermögen und der diesbezüglichen Ansprüche nicht vorbefasst gewesen sein. So stellt z. B. die Beurkundung des Gesellschaftsvertrages eine Vorbefassung in Bezug auf die Geltendmachung der Einzahlung der Stammeinlage dar.[280] Die Vorbefassung führt im Normalfall zur Nichtigkeit des Anwaltsvertrages, da der Verwalter aufgrund gerichtlicher Bestellung tätig wird, muss diese im Wege der Entlassung widerrufen werden.

Praxishinweis:

Zur Meidung von Irritationen und vor Allem solcher Anträge sind Interessenkollisionsanlässe stets und **unverzüglich anzuzeigen.**[281] Pflichtenverstoß kann auch die Unterlassung der Information des bestellenden Richters über einen Umstand sein, der die gesetzlichen Bestellungsanforderungen als von Anfang an nicht gegeben aufgezeigt hätte, z. B. einen oder mehrere Umstände, der die Unabhängigkeit des Verwalters i. S. v. § 56 Abs. 1 als eigentlich nicht gegeben zu beurteilen Veranlassung gibt (siehe hierzu GOI des VID e. V. Teil III. Nr. 1 und Nr. 8 → Anhang I.2.). In Betracht kommt hier auch eine den nunmehr mit § 56 Abs. 1 Satz 3 Nr. 2 beschriebenen Umfang zulässiger Vorberatung überschreitende Tätigkeit, die verschwiegen oder falsch dargestellt wird. Die Anzeigepflicht ist nach der Reform des Sachverständigenrechtes[282] bereits für den Sachverständigen nunmehr ausdrücklich auch in § 407a Abs. 2 ZPO i. V. m. § 8a JVEG geregelt.

88 **Rechtsanwaltliche Schweigepflichten** können bei solchen im Einzelfall notwendigen Anzeigen ein Schweigen nicht rechtfertigen, da öffentlich-rechtliche Interessen in Form der Sicherstellung eines unabhängig geführten Verfahrens vorgehen.[283] Gegebenenfalls ist das Gericht mit „neutralisierten“ Angaben zu unterrichten. Wenn dann keine Abwägung zum Schweregrad der Inhabilität möglich ist, ist eine Entlassung vorprogrammiert. Denn ein Insolvenzver-

277) Zutreffend LG Leipzig, v. 27.6.2022, ZInsO 2022, 1757.

278) *A. Schmidt*, ZVI 2018, 343; *Frind*, NZI 2023, 808, 810.

279) BVerfG ZInsO 2010, 34; BGH ZInsO 2009, 34; zu den Hintergründen: *Frind*, NZI 2007, 374.

280) BGH ZInsO 2010, 2330.

281) Zu einem Missbrauchsfall *Haarmeyer*, ZInsO 2011, 1722.

282) BT-Drucks. 18/6985 v. 19.12.2015.

283) Vgl. FG Köln, v. 15.4.2015, EFG 2015, 1657; AGH Celle, v. 28.1.2016, ZInsO 2016, 750, dort Rn. 65; *Frind*, ZInsO 2017, 363, 370; *Bork*, ZIP 2017, 2173, 2177.

walter ist verpflichtet, von sich aus dem Insolvenzgericht einen Sachverhalt anzuzeigen, der bei unvoreingenommener, lebensnaher Betrachtungsweise die ernstliche Besorgnis rechtfertigen kann, dass der Verwalter als befangen an seiner Amtsführung verhindert ist.[284)]

Verschweigt der Verwalter sogar trotz eindeutiger Nachfrage des Gerichtes, 89
z. B. mittels eines Fragebogens, einen anzeigepflichtigen Besorgnis-Anlass vorsätzlich, täuscht er das Gericht über einen bestellungsrelevanten Umstand vorsätzlich (zu den Folgen unten → Rn. 112). Dann kann auch bei späterer pflichtgemäßer Amtsführung ermessensfehlerfrei nur auf seine Entlassung erkannt werden, wohingegen ansonsten bei anderen Anlässen sein Verhalten nach Bestellung durchaus ermessensrelevant auch zu seinen Gunsten gewertet werden kann.[285)]

Die Unterlassung der vor Beauftragung notwendigen Anzeige der Beauftragung eines Drittunternehmens, dessen Gesellschafter mit dem Verwalter verwandt oder anderweit verbunden sind, kann eine Störung des Vertrauensverhältnisses begründen, die schwer und nachhaltig ist, und dadurch eine Entlassung rechtfertigt.[286)]

Gleichgelagert ist der Sachverhalt, dass der Verwalter Firmen in Anspruch nimmt, bei denen er wiederum selbst Verwalter ist.[287)] Die Anzeige ist bei jedweder gesellschafts- oder familienrechtlichen Beteiligung auch für den angestellten Insolvenzverwalter notwendig.[288)] Ein Vergütungsabschlag i. H. d. verursachten Rechnungen soll eine Entlassung vermeiden können.[289)]

2. Dogmatik

Die direkte Anwendung der Befangenheitsvorschriften gegenüber dem (vor- 90
läufigen) Insolvenzverwalter (§§ 42 ff. ZPO) ist streitig, in Anbetracht der Spezialregelungen der §§ 56, 57, 59 InsO aber abzulehnen und unnötig.[290)]

---

284) BGH, v. 24.1.1991 – IX ZR 250/89, BGHZ 113, 262, 275, 277; BGH, v. 23.2.2012 – IX ZB 24/11, BeckRS 2012, 5747 = IBRRS 2012, 1008; BGH, v. 19.4.2012, ZInsO 2012, 928; BGH, v. 26.4.2012 – IX ZB 31/11, ZInsO 2012, 1125; BGH, v. 4.5.2017, ZInsO 2017, 1312 Rn. 11.

285) BGH, v. 4.5.2017, ZInsO 2017, 1312 Rn. 14.

286) BGH, v. 19.1.2012, ZInsO 2012, 269, 270; BGH, v. 19.4.2012, ZInsO 2012, 928; BGH, v. 26.4.2012 – IX ZB 31/11, ZInsO 2012, 1125.

287) LG Gießen, v. 29.5.2020, NZI 2021, 595.

288) *Zimmer*, InsVV, § 4 Rn. 31.

289) LG Gießen, v. 29.5.2020, NZI 2021, 595, 597; m. zust. Anm. *Keller*, NZI 2021, 597; so auch AG Hannover v. 24.3.2023, ZInsO 2023, 1283 m. zust. Anm. *Haarmeyer*, ZInsO 2023, 1286, aber aufgehoben mit LG Hannover, Az. 11 T 19/12, n. v.

290) Dafür *Hill*, ZInsO 2005, 1289, 1290; AG Hamburg ZIP 2001, 2147; dagegen: LG Frankfurt/O. ZInsO 2006, 107; Prütting/Bork-*Lüke*, InsO, Stand: 3/2025, § 56 Rn. 48; Uhlenbruck-*Vallender*, InsO, § 58 Rn. 15; LG Frankfurt/M. Rpfleger 1989, 474.

Maßstab der Entscheidung des Insolvenzgerichtes bei der Abwägung ist ein Anlass oder ein Konglomerat von Anlässen, die bei unvoreingenommener, lebensnaher Betrachtung die ernstliche und nach objektivem Empfängerhorizont zu bemessende Besorgnis rechtfertigen, dass der Verwalter als befangen an seiner Amtsführung verhindert ist.[291)] Der BGH wendete bisher die Befangenheitskriterien und die diesbezügliche Rechtsprechung zu §§ 42 ff. ZPO analog an. Zuletzt hat aber der BGH von der bisher eindeutigen Rechtsprechung Abweichung erkennen lassen, indem er die Maßstäbe nach §§ 42 ff. ZPO nunmehr nur als „Richtlinie“ ansieht und der Ansicht ist, es seien an die Amtsführung der Verwalter nicht die „gleichen Anforderungen“ und „strengeren Maßstäbe“ anzulegen wie bei Richtern.[292)]

91 Zum Entlassungsgrund der Interessenkollision ist – zumindest für anwaltliche Insolvenzverwalter – insbesondere die Vorschrift des **§ 45 BRAO** zu beachten (siehe → Rn. 86),[293)] der für den anwaltlichen Insolvenzverwalter uneingeschränkt gilt und bei der er zur „Verteidigung“ nicht damit gehört werden kann, seine Kanzlei sei „international“ vernetzt.[294)]

III. Weitere wichtige Entlassungsgründe

1. „Wichtiger“ Grund

92 Das Gesetz spricht nur von einem „wichtigen Grund“; dies muss nicht notwendig ein Pflichtenverstoß sein, aber ein **gewichtiger Anlass.** Dem Zweck nach muss es sich um einen Grund handeln, der spiegelbildlich entweder bereits einer Ernennung des Verwalters entgegengestanden hätte (erste Alternative) – dies kann auch ein rein faktischer Umstand sein – oder so schwerwiegend ist, dass eine dauerhafte, gesetzmäßige Verfahrensdurchführung nunmehr nicht gesichert erscheint (zweite Alternative).

93 Nur in der zweiten Entlassungsvariante kommt es daher auf Pflichtverletzung(en) an. In Anbetracht der Erheblichkeit der Pflichtverletzung, insbesondere ihrer Auswirkungen auf den Verfahrensablauf und die berechtigten Belange der Beteiligten, muss es in letztgenannter Variante sachlich nicht mehr vertretbar erscheinen, den Verwalter/Treuhänder im Amt zu belassen.[295)] Der Anlass muss daher verhältnismäßig die Entlassung rechtfertigen und darf nicht durch einfache Zwangsmittel nach § 58 InsO zu beseitigen sein.[296)]

94 Die Entlassung hat sowohl für den Verwalter wie auch das Verfahren schwerwiegende Folgen: Der Verwalter büßt bei einer Pflichtenverstoß-Entlassung

---

291) BGH, v. 19.1.2012, ZInsO 2012, 269; LG Leipzig, v. 27.6.2022, ZInsO 2022, 1757.

292) BGH, v. 23.11.2024, ZInsO 2024, 674 Rn. 14. Dem kann so nicht gefolgt werden: *Frind*, ZInsO 2024, 661.

293) LG Hildesheim WM 2001, 1164; OLG Celle ZInsO 2001, 755; *Hill*, ZInsO 2005, 1290.

294) *Römermann*, ZInsO 2011, 1202, 1204.

295) BGH ZInsO 2009, 1491.

296) BGH ZInsO 2006, 147; LG Göttingen ZInsO 2003, 858.

Reputation ein, die Verfahrensstellung entfällt ex nunc und das Verfahren wird mit zusätzlichen Kosten belastet (doppelte Verwaltervergütung) sofern diese nicht reduziert bzw. aberkannt werden kann). Die Entlassungsgründe müssen daher gewichtig und die Entlassung verhältnismäßig sein.

Die Entlassung ist kein Mittel zur Durchsetzung gerichtsseitiger Rechtsansichten, z. B. der Ansicht über die Auslegung von Gläubigerversammlungsbeschlüssen: Der Verstoß gegen einen Beschluss der Gläubigerversammlung gem. §§ 159, 160 wäre Entlassungsgrund, aber nicht, wenn der Beschluss auslegungsfähig ist und vom Verwalter in diesem auslegungsfähigen Rahmen gehandhabt wird.[297] **95**

Praxishinweis:

Als generelle Pflichtenverstöße können auch **Verhaltensweisen des Verwalters in anderen Verfahren** hinsichtlich der Fraglichkeit seiner generellen Eignung herangezogen werden, wenn der Entlassungsanlass dafür die „Initialzündung" bietet, z. B. bei regelhaften Verstößen gegen die Beteiligung der Gläubiger gem. § 160 InsO oder bei der Gläubigerbefriedigung.[298] Der Insolvenzrichter sollte hier im Rahmen seiner amtswegigen Aufsicht gem. § 58 entsprechende Erkenntnisse durchaus sammeln und dokumentieren.

Dem Insolvenzgericht steht bei der Gewichtung möglicher Entlassungsgründe ein **Beurteilungsspielraum** zu.[299] Gerade deshalb kann eine Berufsordnung nicht determinierend „durchregeln" (→ Teil I Rn. 20). Als **Entlassungsgründe** kommen in der zweiten Regelungsalternative im Verfahrensverlauf erst vom Gericht als gegeben erkannte oder ermittelte schwerwiegende oder einzelne gehäufte, aber dann nur in der **Gesamtschau** schwerwiegende Verstöße gegen die gesetzlichen Pflichten in Betracht.[300] Am schwersten wiegen insolvenzzweckwidrige Handlungen.[301] Bei im Einzelnen „unterwertigen" Anlässen ist die Gesamtabwägung in der Entscheidung besonders wichtig.[302] Verursacht der Verwalter einen Schaden (oder ist ein solcher wahrscheinlich) ist eine Entlassung ohnehin gem. § 92 Satz 2 geboten, weshalb die Norm des § 59 nur dann nicht leerläuft, wenn auch Pflichtverletzungen unter dieser Schwere eine Entlassung rechtfertigen können.[303] **96**

297) LG Traunstein ZInsO 2009, 1964 m. zust. Anm. *Frind*, ZInsO 2009, 1967; *Keller*, NZI 2009, 633.

298) BGH ZInsO 2012, 772, 974; BGH ZIP 2011, 671 = ZInsO 2011, 724; LG Stendal NZI 2010, 993; FK-InsO/*Jahntz*, § 59 Rn. 8; MünchKomm-InsO/*Graeber*, § 59 Rn. 18.

299) BGH, v. 21.3.2019, ZIP 2019, 1077 = ZInsO 2019, 1161; BGH, v. 17.3.2011, ZIP 2011, 671 Rn. 18.

300) BGH, v. 25.9.2014, ZInsO 2014, 2368 = ZIP 2014, 2399; LG Göttingen, v. 15.2.2019, NZI 2019, 281; *Schmittmann*, NZI 2004, 239; Beispiele bei *Lissner*, ZInsO 2024, 1032, 1037.

301) *Pape*, ZInsO 2016, 2149 mit Beispielen.

302) *Frind*, ZInsO 2017, 2421, 2422 krit. zu LG Dresden ZInsO 2017, 2441.

303) *Antoni*, NZI 2015, 543.

Praxishinweis:

Zu berücksichtigen hat das Gericht immer, dass der Verwalter durch sein Amt gehalten ist, es nicht allen Verfahrensbeteiligten „Recht zu machen“, und daher unsubstanziierten und querulatorischen Beschwerden von Beteiligten nicht nachgegangen werden muss.

Praxishinweis:

Berufsständische Richtlinien der Insolvenzverwalter-Eigenorganisationen können dabei ein Maßstab für gerichtliche Auswahl- und Entlassungsentscheidungen sein[304] (siehe → Anhang unter I.). Das Gericht kann auch solche, mittlerweile klarer konturierten, von Verwalterverbänden entwickelten „Grundsätze ordnungsgemäßer Insolvenzverwaltung“ (GOI, siehe → Anhang I.2.) zwecks Eindeutigkeit der Anwendbarkeit im Einzelfall – jenseits von generellen Kammer- oder Verbandsempfehlungen – durch Inbezugnahme zum Gegenstand der Verfahrensabwicklungsanweisungen im Einsetzungsbeschluss machen (§ 404a Abs. 1 ZPO i. V. m. §§ 4, 58 Abs. 1 InsO).[305] Diese bzw. deren Einhaltung stellen aber ein „Indiz für sorgfältiges Verwalten“ dar.

2. Überzeugung

97 Der Entlassungsgrund muss nach dem Ermittlungsende zur **Überzeugung des Gerichtes** feststehen.[306]

Regelhaft muss das Gericht bei Anhaltspunkten für Entlassungsgründe **Nachforschungen** anstellen, insbesondere bei Vorgängen der Begründung von Masseschulden nach § 4 Abs. 1 Satz 3 InsVV mit Unternehmen, an denen der Verwalter mittelbar oder unmittelbar beteiligt ist.[307] Nur ausnahmsweise können nicht ausermittelte Anhaltspunkte genügen, wenn nur durch die Entlassung die Gefahr größeren Schadens vermieden werden kann und den Gläubigern, z. B. bei der hohen Wahrscheinlichkeit einer begangenen Straftat, das Abwarten bis zur Erhärtung mittels rechtskräftiger Verurteilung nicht zuzumuten ist.[308]

---

304) AG Hamburg ZIP 2001, 2147 zu den Verhaltensrichtlinien (nunmehr: Grundsätze ordnungsgemäßer Insolvenzverwaltung [GOI] des vormaligen „Arbeitskreises der Insolvenzverwalter Deutschlands e. V.“, jetzt VID e. V.).

305) *Frind*, NZI 2011, 785, 788.

306) BGH ZInsO 2006, 147 = ZIP 2006, 247; MünchKomm-InsO/*Graeber*, § 59 Rn. 15; LG Halle ZIP 1993, 1739; a. A. *Blersch*, in: BK InsO, § 59 Rn. 4; Uhlenbruck-*Vallender/Zipperer*, InsO, § 59 Rn. 7, Rn. 9, gerichtliches Ermessen schon bei einer begründeten Besorgnis für die Gläubiger bzgl. einer Pflichtverletzung.

307) BGHZ 113, 262; *Haarmeyer*, ZInsO 2011, 1147.

308) BGH ZInsO 2006, 147; BGH ZIP 2011, 671 = ZInsO 2011, 724; LG Stendal NZI 2010, 993.

Praxishinweis:

Eine Beendigung der vorläufigen Insolvenzverwaltung (Aufhebungsbeschluss = faktische Entlassung des vorläufigen Verwalters ohne wichtigen Grund), um einen anderen vorläufigen Verwalter ohne Rechtsmittelgefahr bestellen zu können,[309)] ist wegen Umgehung der Vorschrift abzulehnen. Dies gilt indes nicht, wenn das Verfahren ohnehin eröffnungsreif ist, denn einen Anspruch, im Eröffnungsbeschluss auch zum Insolvenzverwalter ernannt zu werden, hat der vorläufige Insolvenzverwalter nicht.

3. Praxisrelevante Entlassungsgründe

Der Kanon mittlerweile in Literatur und Rechtsprechung aufgrund von Praxiserfahrungen virulent gewordener Entlassungsgründe ist vielfältig: 98

- **Mangelnde Erreichbarkeit:** Büro nicht regelmäßig besetzt, Telefonnummer nicht allgemein zugänglich.[310)] 99
- **Nichtbetreiben des Verfahrens:** fortgesetzte Verzögerung angeforderter Berichte; nicht aber, wenn in hinnehmbarer Zeit noch nachgereicht.[311)] Anfragen des Gerichtes sind höchstens mit geringer Zeitverzögerung zu beantworten.
- **Nicht-Vorlage eines zugesagten Insolvenzplanes.**[312)]
- **Verletzung von Dokumentationspflichten:** Der Verwalter hat die gesetzlichen Dokumentationspflichten, z. B. aus § 151 InsO zu beachten. Über diese hinaus hat er nicht jeden verfahrensbezogenen Umstand zu dokumentieren.[313)] Anfragen des Gerichtes sind höchstens mit geringer Zeitverzögerung zu beantworten. Fortwährende und wiederholte Verletzung von Berichtsfristen kann zu einem Entlassungsanlass kulminieren (Dokumentation notwendig). Entlassungsgrund kann auch die lückenhafte und weitgehend nicht belegte Kassenführung sein ist.[314)] 100
- Täuschung des Insolvenzgerichtes über mangelnde Qualifikation bereits bei der Bewerbung.[315)] 101

309) MünchKomm-InsO/*Graeber*, § 59 Rn. 9.

310) AG Göttingen NZI 2003, 267; LG Göttingen NZI 2003, 441.

311) MünchKomm-InsO/*Graeber*, § 59 Rn. 28, 31; BGH, v. 25.9.2014, ZInsO 2014, 2368, 2369.

312) AG Bonn ZInsO 2002, 641; AG Göttingen ZInsO 2003, 289; aufgehoben durch LG Göttingen ZInsO 2003, 858, welches die Nichterfüllung der Zahlungsverpflichtungen als nicht schwerwiegend genug ansah und bzgl. der Berichtspflichten auf die Erzwingung mittels Zwangsgeld, § 58 Abs. 2, verwies.

313) BGH, v. 25.9.2014, ZInsO 2014, 2368, 2370; a. A. *Antoni*, NZI 2015, 543, 544 bzgl. insolvenzspezifischer Pflichten.

314) LG Göttingen, v. 15.2.2019, NZI 2019, 281.

315) BGH ZInsO 2004, 669 bzgl. falscher Titel; so auch BGH NZI 2009, 820 für einen Zwangsverwalter; Täuschung des Insolvenzgerichtes über Inhabilitätsumstände (BGH, v. 4.5.2017, ZInsO 2017, 1312).

Der Sache nach handelt es sich bei dieser Fallgestaltung um ein Fehlen der Bestellungsvoraussetzungen von Anfang an, das nur erst nachträglich dem Gericht bekannt wird. Hinzutritt die schwerwiegende Verletzung des Vertrauens des Insolvenzgerichtes durch Verschweigen/Nichtanzeige der genannten Umstände.[316)] Die Eignung des Verwalters entfällt damit ex tunc. Wer sich seine Bestellung zum Insolvenzverwalter erschleicht, kann fachlich, aber auch persönlich ungeeignet und für die Verfahrensbeteiligten per se nicht tragbar sein.[317)] Der Verwalter ist allerdings nicht verpflichtet, von sich aus dem Insolvenzgericht jegliche Pflichtwidrigkeit aus anderen Verfahren mitzuteilen, sondern nur solche, die in diesen Verfahren aufgrund ihres Ausmaßes als zwingende Folge die dortige Entlassung zur Folge gehabt hätten.[318)] Dies eröffnet aber dem Verwalter einen Ermessensspielraum hinsichtlich „notwendiger“ Mitteilungen.[319)]

102 • **Vertrauensverlust des Gerichtes** durch bewusst wahrheitswidrige Angaben.[320)] Unterlassen des Hinweises auf Nicht-Zuständigkeit des Gerichtes und damit einhergehendes Erschleichen der Bestellung als vorläufiger Verwalter. Erschleichen der Bestellung durch falsche oder unterlassene Angaben.[321)] Dies gilt auch für wahrheitswidrige Angaben über Bürostandorte.[322)] Nicht ausreichend ist aber persönlicher, Zwist auch nicht bei jahrelangen Meinungsverschiedenheiten über Vergütungsfragen.[323)]

Die **Zerrüttung des Vertrauensverhältnisses zwischen Verwalter und Gericht oder Gläubigerausschuss** aufgrund konkreter Anlässe bzw. feststehender Pflichtverstöße,[324)] z. B. nicht mitgeteilter Vorbefassung.[325)] Oder, wenn die Erfüllung übertragener Aufgaben von einer erhöhten (streitigen) Vergütung abhängig gemacht wird, sodass das Gericht sich auf eine unabhängige Aufgabenerfüllung nicht mehr verlassen kann.[326)] Dabei ist darauf

316) BGH, v. 17.3.2016, ZInsO 2016, 1005 Rn. 25–29.

317) BGH ZInsO 2004, 669 Rn. 18, 19: falscher Hochschulabschluss; gleich gelagert: BGH NZI 2009, 820.

318) BGH, v. 12.9.2019, ZInsO 2019, 2290 Rn. 10; gleichlautend BGH, v. 12.9.2019, ZInsO 2019, 2339.

319) Zu Recht kritisch *Knauth*, VIA 2020, 4, 5.

320) BGH, v. 9.10.2008 – IX ZB 60/07, n. v.

321) BGH ZInsO 2004, 669 Rn. 18, 19: falscher Hochschulabschluss; gleich gelagert: BGH NZI 2009, 820; siehe auch unten das Stichwort „Vorbefassung“.

322) AG Potsdam, v. 5.6.2018, ZInsO 2019, 2177.

323) BGH ZInsO 2012, 551; BGH ZInsO 2006, 147.

324) OLG Zweibrücken ZInsO 2000, 611; LG Magdeburg ZIP 1996, 2116, 2118; Kayser/Thole-*Riedel*, InsO, § 59 Rn. 3; Römermann-*Delhaes*, InsO, § 59 Rn. 7; Prütting/Bork-*Lüke*, InsO, § 59 Rn. 4; Uhlenbruck-*Vallender*, InsO, § 59 Rn. 14.

325) BGH, v. 17.3.2016, ZInsO 2016, 1005 Rn. 25–29; OLG Zweibrücken ZInsO 2000, 611; LG Magdeburg ZIP 1996, 2116, 2118; Kayser/Thole-*Riedel*, InsO, § 59 Rn. 3; Römermann-*Delhaes*, InsO, § 59 Rn. 7; Prütting/Bork-*Lüke*, InsO, § 59 Rn. 4; Uhlenbruck-*Vallender*, InsO, § 59 Rn. 14.

326) BGH ZInsO 2012, 551, 552 = NZI 2012, 247; BGH, v. 19.4.2012, ZInsO 2012, 928.

abzustellen, dass bereits die Zerrüttung des Vertrauensverhältnisses ein eigenständiger Entlassungsgrund sein kann, wenn dieser seinen Ursprung in konkreten, aber für sich genommen eine Entlassung nicht rechtfertigenden, gehäuften Umständen hat. Nach a. A. soll dies allein als schwerwiegender Grund nicht ausreichen.[327)]

Zur Frage des Vertrauensverhältnisses zählt auch die Problematik **vorsätzlich fehlerhafter Abrechnungen des Verwalters** durch Unterlassen d. Angabe vergütungsmindernder Umstände, die nach einer Ansicht sogar strafbar sein sollen.[328)] Ein Betrug durch den Vergütungsantrag durch Unterlassen der Mitteilung die Vergütung ermäßigender Umstände (Einschaltung Externer zur Erfüllung von Verwalteraufgaben) wird generell für möglich erachtet.[329)] Aber dieses liegt nicht vor, wenn der Richter über die Einschaltung Externer informiert war und auch in Berichten i. d. A. davon die Rede ist,[330)]oder wenn dem Antrag unzutreffende Rechtsauffassungen zugrunde liegen.[331)]

- **Falsche (ggf. eigennützige) Beauftragung von Drittunternehmen:** Pflichtwidrig ist die verspätete Vorlage der Rechnung eines Drittunternehmers erst nach dem Schlusstermin mit der Schlussrechnung entgegen § 8 Abs. 2 InsVV (Mitteilungsnotwendigkeit Einschaltung Drittunternehmer mit vergütungsschmälernder Wirkung)[332)] oder das Verschweigen der Zuvielabrechnung des Drittunternehmers,[333)] wie auch die Unterlassung der vor Beauftragung notwendigen Anzeige der Einschaltung eines Drittunternehmers mit Befangenheits- und Beteiligungssachverhalt.[334)] Die Anzeige wird nicht durch eine Angabe der Beteiligung in der generellen „Verwalterbewerbung" ersetzt.[335)] Das Gericht kann Verbindungen des Verwalters zu beauftragten Unternehmen regelhaft bei der Vergütungsfestsetzung ab- 103

327) LG Stendal ZInsO 1999, 233 zur GesO und ohne nähere Begründung zu diesem Punkt; MünchKomm-InsO/*Graeber*, § 59 Rn. 19 mit Bezug auf vorgenannte Entscheidung.

328) *Bittmann*, ZInsO 2009, 1437 im Anschluss an BGH, v. 9.6.2009 [5. Strafsenat], ZInsO 2009, 1443; ausführlich *Bittmann*, ZInsO 2009, 2036 ff.; *ders.*, ZInsO 2017, 1874; dagegen *Graeber*, ZInsO 2010, 1972: keine Vergleichbarkeit der Gläubigerschaft bei Vergütungsanträgen mit dem Fall der Straßenreinigungsgebühren wegen vorhandener Überprüfungs- und Kontrollmöglichkeiten durch Gläubigerausschuss und Gericht.

329) OLG Oldenburg, v. 25.4.2016, ZInsO 2016, 1659; LG Aurich, v. 27.7.2015, ZInsO 2015, 1809 = NZI 2016, 52; a. A. *v. d. Meden/Solka*, ZIP 2017, 941 unter Hinweis auf die Einschlägigkeit von § 352 StGB.

330) LG Aurich ZInsO 2015, 1809; zust. *Weyand* mit einem Plädoyer für eine Verbesserung der Rechtsanwenderausbildung und Nutzung des § 18 Abs. 2 RPflG durch den Insolvenzrichter, ZInsO 2015, 1843.

331) LG Aurich, v. 25.4.2017, ZInsO 2017, 1740; zustimmend *Bittmann*, ZInsO 2017, 1874.

332) BGH, v. 23.2.2012 – IX ZB 24/11, WKRS 2012, 11349 = BeckRS 2012, 5747.

333) BGH, v. 23.2.2012 – IX ZB 24/11, WKRS 2012, 11349.

334) Ehefrau des Verwalters ist Vorstand BGH, v. 19.4.2012, ZInsO 2012, 928.

335) LG Hannover, v. 29.9.2023, ZInsO 2024, 375.

fragen.[336] Statt einer Entlassung kann die Vergütungskürzung um die bezahlten Entgelte verhältnismäßig sein.

104 **Schlechtverwaltung:**

- **Schuldhafte Verzögerung der Verwertung** von Forderungen wegen Vermögensverschiebungen oder wegen eines Pflichtteils.[337]
- **Fortführung des Geschäftsbetriebes ohne mögliche Befriedigung der Neumasseverbindlichkeiten.** Die Nichtvornahme notwendiger Verfahrenshandlungen kann Entlassungsgrund, aber auch Anlass zur Einsetzung eines Sonderinsolvenzverwalters.[338]
- **Mangelnde Qualifikation wegen falscher Beurteilung einer verfahrenswichtigen Rechtsfrage:** Der Entlassungsbeschluss muss genau darlegen, welche fehlerhafte und nicht vertretbare Rechtsmeinung der Verwalter einnimmt.[339]
- **Mangelhafte Massegenerierung und/oder -sicherung:** Nichterkennen oder Nichtmitteilung, dass ein laufender Betrieb vorliegt. Nichtmitteilung oder Nichtentdeckung wesentlicher Massegegenstände.[340] Nicht aber die Verfolgung von Anfechtungsansprüchen auch mittels Gerichts- und Auskunftsverfahren.[341]

105 - **Bevorzugung von einzelnen oder Gruppen von Gläubigern;**[342] z. B. Falschverteilung.[343]

Manipulation der Zusammensetzung des Gläubigerausschusses: Nicht statthaft ist es, dass der Verwalter ein „Werbeschreiben" an alle Gläubiger ver-

---

336) Musterfragebogen bei *Lissner*, ZInsO 2016, 2287.

337) BGH ZInsO 2010, 2147.

338) *Graeber/Pape*, ZIP 2007, 991, 992 m. w. N.

339) LG Braunschweig NZI 2008, 620.

340) Vgl. AG Hamburg, v. 18.4.2017, ZInsO 2017, 985; bestätigt LG Hamburg v. 19.10.2017, ZInsO 2017, 2583 = ZIP 2018, 1092; hier: falsche Beurteilung der (Nicht-)Massezugehörigkeit von unbelasteten Immobilien.

341) AG Hamburg, v. 22.6.2020, ZInsO 2020, 1835: Dies gehört zur Aufgabe der Massegenerierung; *Büttner*, VIA 2020, 86, nebst zulässiger Delegation gem. § 4 Abs. 1 Satz 3 InsVV, denn die Geltendmachung von Anfechtungsansprüchen gehört zur Aufgabe der Massegenerierung und ist auch dann angezeigt, wenn der „Erlös" dem Anfechtungsgegner als Gläubiger weitgehend wieder zufließt (LG Hamburg, v. 13.7.2017, ZInsO 2017, 1894 = ZIP 2017, 1771).

342) OLG Zweibrücken NZI 2000, 373; AG Bonn ZInsO 2002, 641; AG Hamburg ZInsO 2004, 102: Herbeiführung eines erledigenden Ereignisses durch Initiierung einer Zahlung an die Insolvenzantragstellerin; a. A. *Bischoff*, ZInsO 2005, 1090. AG Hamburg ZInsO 2004, 1324 (Initiierung eines Versagungsantrages im RSB-Verfahren); LG Hamburg, NZI 2007, 415 (zur Inhabilität des Sozius des Verwalters bei Vertretung von Gläubigern); *Pape*, DtZ 1995, 40, 41; Statthaft ist aber, dass der Treuhänder der Wohlverhaltensperiode die Gläubigerschaft durch gesondertes Schreiben von Verstößen des Schuldners, die versagungsbewehrt sind, unterrichtet (BGH ZInsO 2010, 1498).

343) LG Göttingen, v. 15.2.2019, NZI 2019, 281.

sendet, sich zu einer Gläubigerversammlung durch bestimmte andere Gläubigervertreter vertreten zu lassen, wenn auch ggf. kostenfrei, insbesondere nicht, wenn andere dazu bereite Gläubigervertreter nicht genannt werden.[344)]

- Vermischung von Massen durch „Masse an Masse-Darlehen".[345)]

- **„Ausplündern der Masse"**, z. B. durch Führung unsinniger Aktivprozesse; **106**
  Verschieben von Vermögensgegenständen unter Wert[346)] oder Delegieren einfachster Eigenaufgaben an Sozii entgegen § 5 InsVV, um die Kanzlei zu bereichern. Objektive Verdachtsmomente, wie die **Begehung von Straftaten** und mangelnde Sorgfalt bei der Handhabung der anvertrauten Fremdgelder genügen, insbesondere bei einer Vielzahl möglicher Straftaten;[347)] auch ohne konkreten Bezug zum konkreten Verfahren und auch in einem fortgeschrittenen Verfahrensstadium.[348)]

  Ungerechtfertigte Bezahlung von Auktionatorengebühren aus der Masse nach vorheriger Abrechnung und Einzug über die Sachverständigenrechnung als Auslagen.[349)]

- **Liegenlassen von Ansprüchen** (dazu bereits oben → Rn. 29) Nichtver- **107**
  folgung von Anfechtungsansprüchen im Zusammenhang mit verschwiegener Interessenkollision.[350)] Die Nichtgeltendmachung von Anfechtungsansprüchen zugunsten der Masse kann theoretisch auch strafbar sein, dies allerdings nur dann, wenn die Erfolgsaussicht sehr hoch ist und der Verwalter keine entsprechenden Anfechtungsversuche unternahm.[351)] Versäumung des Bestreitens einer ersichtlich im Interesse des Schuldners angemeldeten sich aufgrund von Indizien als zweifelhaft aufdrängenden Forderung.[352)] Das Verschulden eines Mitarbeiters bei der Forderungsprüfung hat der Verwalter sich zurechnen zu lassen.

- Grob falsche Abrechnung bei einer Absonderungsrechtsverwertung trotz gerichtlichen Hinweises und Verursachung eines entsprechenden Prozessschadens durch Klage des Absonderungsberechtigten.[353)]

---

344) LG Leipzig, v. 27.6.2022, ZInsO 2022, 1757; a. A. BGH v. 23.11.2023, ZInsO 2024, 674; *Frind*, ZInsO 2024, 661.

345) *Hill*, ZInsO 2005, 1289, 1293; *Förster*, ZInsO 2005, 302; OLG Rostock ZInsO 2004, 814.

346) Vgl. *Uhlenbruck*, KTS 1989, 229, 231.

347) BGH ZIP 2011, 671 = ZInsO 2011, 724; LG Stendal NZI 2010, 993, 995 m. w. N. (Vermittlungsgebühr zulasten der Masse bei Bankwechsel); LG Halle ZIP 1993, 1739.

348) BGH ZIP 2011, 671, 672 = ZInsO 2011, 724; siehe *Rechel*, ZInsO 2012, 1641.

349) BGH, v. 15.8.2022, ZInsO 2022, 2191 Rn. 8.

350) *Hölken*, ZInsO 2024, 709, 712.

351) *Kermati/Klein*, NZI 2017, 421, 427; es könnte sich insoweit um Untreue zulasten der Masse handeln (*Hölken*, ZInsO 2024, 825 ff.).

352) LG Stendal, v. 12.10.2017, ZInsO 2017, 2446 = NZI 2017, 972; hier: Anmeldung aus dem Kreis schuldnernaher Gesellschaft zur Erzeugung später beabsichtigter Planmehrheit.

353) AG Braunschweig ZInsO 2009, 97.

108 • **Versäumte Einholung von Zustimmungen nach § 22 Abs. 1 Nr. 2 oder § 160 InsO oder beabsichtigtes Handeln gegen gerichtliche Rechtsweisungen gem. §§ 22 Abs. 2, 58 Abs. 1 InsO.**[354] Hierhin gehört auch die Entnahme von Vergütungen ohne vorherigen Beschluss nach § 9 Abs. 1 InsVV.[355]

109 • **Verursachung gehäufter Schadensersatzansprüche in ungewöhnlichem Umfange und ungewöhnlicher Höhe.**[356] Die Verursachung eines schwerwiegenden Haftungsfalles kann zur Entlassung genügen, wenn dieser rechtskräftig ausgeurteilt ist. In Ansehung von § 92 Satz 2 ist es zweifelhaft, wenn der BGH meint, nicht jede schadenersatzauslösende Pflichtverletzung sei tauglicher Entlassungsgrund.[357] In Anbetracht der Erheblichkeit der Pflichtverletzung muss das Verbleiben im Amt nach dem Ermessen des Insolvenzrichters sachlich nicht mehr vertretbar erscheinen.

110 • **Täuschung der Gläubiger:** Sofern der Verwalter als Gestalter eines Insolvenzplanes oder eines Vergleiches gem. § 16 GesO auftritt, hat er die Gläubiger über die wertbestimmenden Faktoren und die späteren Verwertungsaussichten bei Fortsetzung als Regelinsolvenzverfahren zutreffend zu informieren. Täuschende Informationen, auch im Wege der Unterlassung und notwendiger Mitteilungen, können eine Entlassung[358] oder ein De-Listing rechtfertigen.[359] Dieser Grund kann mit demjenigen des Vertrauensverlustes (nachfolgend) kombiniert sein.

111 • **Ehrenrührige Tatsachenbehauptungen über den Schuldner** ohne ausreichende Grundlage und beleidigende Kommentare über das Schuldnerverhalten.[360]

IV. Entlassungsverfahren

112 Die Zuständigkeit für die Entlassungsentscheidung im eröffneten Verfahren (Richter oder Rechtspfleger) ist streitig.[361]

Praxishinweis:

Richter und Rechtspfleger sollten Entlassungsanlässe **gerichtsintern besprechen und möglichst konsentieren**. Eine Doppelzeichnung des Beschlusses durch beide Rechtsanwender ist ebenfalls möglich und sinnvoll.[362]

---

354) *Frind*, NZI 2011, 785; aber nicht allein die Nicht-Beachtung eines Beschlusses der Gläubigerversammlung ohne Schaden (*Pape*, NZI 2006, 64, 71).

355) *Lissner*, RPfleger 2018, 4.

356) Uhlenbruck-*Vallender/Zipperer*, InsO, § 59 Rn. 9.

357) BGH, v. 25.9.2014, ZInsO 2014, 2368, 2369; kritisch hierzu zu Recht *Antoni*, NZI 2015, 543.

358) BGH, v. 21.3.2019, ZIP 2019, 1077 = ZInsO 2019, 1161.

359) BGH, v. 17.3.2016, ZIP 2016, 935 Rn. 27.

360) BGH ZInsO 2009, 1491.

361) HmbKomm-InsO/Frind, § 59 Rn. 15 m. w. N.

362) HmbKomm-InsO/*Frind*, § 57 Rn. 15 m. w. N.

Der Verwalter soll gem. Abs. 1 Satz 3 vor der Entscheidung zur beantragten oder beabsichtigten Entlassung gehört werden. Bei der Anhörung kann das Gericht, je nach Einschätzung der drohenden Gefahr, kurze Fristen setzen oder den Verwalter auch nur mündlich anhören.[363] Andere Verfahrensbeteiligte (Ausschuss, Versammlung) sind in der Regel, auch nach Einfügung von § 56a InsO, nicht vorher anzuhören.[364] Allerdings löst die Nicht-Anhörung des vorläufigen Gläubigerausschusses bei einem vorläufigen Verwalter, der aufgrund einstimmigen Votums ernannt worden ist, nach Entlassung/Neu-Bestellung die Abwahlmöglichkeit des § 56a Abs. 3 (erneut) aus. 113

Praxishinweis:

Das rechtliche Gehör des Verwalters sollte vorher erfolgen, kann aber im Abhilfeverfahren ggf. nachgeholt werden;[365] dies muss nicht mit Gefahr im Verzug begründet werden.[366] Allerdings kann im Fall ganz konkret drohender oder bereits eingetretener Gefahr für die Masse das Gericht den Verwalter auch dann ohne vorherige Anhörung entlassen,[367] ihn zumindest vorläufig des Amtes entheben[368] oder einen Sonderinsolvenzverwalter oder Sondersachverständigen bestellen (→ Rn. 46). Das Gericht hat in jedem Fall sicherzustellen, dass mit der Entlassung ein neuer Verwalter bestellt wird, da es ein verwalterloses Verfahren nicht geben kann (siehe unten → Rn. 116). Daher ist die Rechtsmittelfrist, denn die Entscheidung wirkt zunächst ad hoc,[369] nicht abzuwarten.

Der Entlassungsbeschluss ist mit Blick auf die Rechtsmittelfähigkeit zu begründen. 114

Rechtsmittel ist die sofortige Beschwerde gem. § 6, auch bei einer Rechtspfleger-Entscheidung, da die Durchgriffserinnerung durch das zulässige Rechtsmittel ersetzt ist. Eine aufschiebende Wirkung besteht nicht.[370] Der Beschluss hat gem. §§ 4 InsO, 232 ZPO eine Rechtsmittelbelehrung zu enthalten. Der begründete Entlassungsbeschluss ist den Rechtsmittelberechtigten gem. Abs. 2 zuzustellen, im Fall der Antragsablehnung also dem oder den Antragstellern i. S. v. Abs. 2 Satz 2. Den übrigen Beteiligten ist die Entscheidung formlos bekannt zu machen. 115

---

363) Uhlenbruck-*Vallender*, InsO, § 59 Rn. 20.

364) *Rechel*, ZInsO 2012, 1641, 1643.

365) BGH ZInsO 2012, 972, 974; LG Stendal NZI 2010, 993; BGH ZInsO 2009, 1491.

366) BGH ZIP 2011, 671 Rn. 10 = ZInsO 2011, 724.

367) Uhlenbruck-*Vallender*, InsO, § 59 Rn. 18.

368) Prütting/Bork-*Lüke*, InsO, § 59 Rn. 7; MünchKomm-InsO/*Graeber*, § 59 Rn. 40.

369) Uhlenbruck-*Vallender*, InsO, § 59 Rn. 24 a. E.; Braun-*Blümle*, InsO, § 59 Rn. 16.

370) BGH NZI 2005, 391, 392.

> **Praxishinweis:**
>
> Sofern ein Gläubiger die Entlassung nur „angeregt“ hat, besteht keine Rechtsmittelmöglichkeit, wenn das Gericht dem nicht nachkommt (→ Rn. 80). Eine Bescheidung der Anregungen und unzulässigen Anträge ist, sofern keine amtswegige Entlassung erfolgt, mangels Rechtsmittelmöglichkeit nicht notwendig, aber in Form eines gerichtlichen Schreibens sinnvoll.

116 Da ein Entlassungsbeschluss ohnehin zugleich mit der **Neubestellung eines neuen Verwalters** zweckmäßigerweise verbunden werden soll,[371)] um keine „verwalterlose“ Zeitspanne zu verursachen, empfiehlt sich die Veröffentlichung des Beschlusstenors gem. § 9.[372)] Notwendig ist die Veröffentlichung des Entlassungsbeschlusses nicht,[373)] aber die **Veröffentlichung der Neubestellungsentscheidung**, aus der die Entlassung zur Klarstellung in der Formulierung hervorgehen muss, schon.

> **Praxishinweis:** „Kampf um die Entlassung?“
>
> Vom Gebrauch des Mittels des Befangenheitsantrages (§§ 42 ff. ZPO), um eine Entlassungsentscheidung oder eine begründeten (Nicht-)Abhilfeentscheidung zu verhindern, ist abzuraten. Es ist bereits zu bezweifeln, ob das Instrument des Ablehnungsrechtes dem Insolvenzverwalter zusteht, da er Amtsperson ist.[374)] Das Ablehnungsrecht könnte so zum Unterlaufen der gerichtlichen Aufsicht missbraucht werden.[375)]

117 Um die beabsichtigte Verfahrensverzögerung zu vermeiden, sollte das Gericht in Anbetracht des Eilcharakters von Insolvenzsachen notwendige Verfahrensentscheidungen, z. B. Verwalterentlassung, Einsetzung eines Sonderverwalters, trotz vorliegenden (unzulässigen) Befangenheitsantrags i. S. v. § 47 ZPO zunächst treffen, bevor die Akte mit dem Befangenheitsgesuch an den zuständigen Kollegen zur Entscheidung weitergeleitet wird. Ebenso kommt in Betracht, den rechtsmissbräuchlichen Befangenheitsantrag wie im Strafverfahren in Eilsituationen selbst als unzulässig zurückzuweisen. Die getroffene Maßnahme muss dann zusammen mit der Rechtsmitteleinlegung gegen die Zurückweisung angegriffen werden.

118 Die Entlassung ist **sofort wirksam**, eine Beschwerde hat keine aufschiebende Wirkung. Sowohl bei rechtskräftiger Entlassung als auch bei rechtskräftiger Aufhebung der amtsgerichtlichen Entlassung bleiben die zwischenzeitlichen

---

371) BGH NZI 2015, 390; Uhlenbruck-*Vallender*, InsO, § 59 Rn. 22; MünchKomm-InsO/*Graeber*, § 59 Rn. 44.

372) So auch im Fall eines abzulehnenden Antrages der Gläubigerversammlung zur Zustellung an alle Gläubiger; K. Schmidt-*Ries*, InsO, § 59 Rn. 13; Kayser/Thole-*Riedel*, § 59 Rn. 9; Uhlenbruck-*Vallender*, InsO, § 59 Rn. 23.

373) BGH, v. 5.7.2005, ZInsO 2005, 881 Rn. 13.

374) Uhlenbruck-*Vallender*, InsO, § 58 Rn. 10.

375) Uhlenbruck-*Vallender*, InsO, § 58 Rn. 15, Rn. 16.

Handlungen des jeweiligen Verwalters wirksam.[376] Der entlassene Verwalter hat alle mit der Amtsführung verbundenen Unterlagen herauszugeben, was ggf. mit Zwangsmitteln durchgesetzt werden kann (§ 58 Abs. 39 InsO). Die rechtskräftige Entlassung kann aufgrund ihrer Ausstrahlungswirkung auf das Vertrauensverhältnis zum Insolvenzgericht auch Anlass für ein De-Listing sein, ein Stufenverhältnis besteht insoweit nicht.

Praxishinweis:

Der neu bestellte Insolvenzverwalter ist ebenfalls am Beschwerdeverfahren zu beteiligen, da er zugleich sachverständig die Amtsführung des bisherigen Verwalters beurteilen kann. Mittels seiner Ermittlungen kann das Insolvenzgericht ggf. weitere, die Amtsentlassung rechtfertigende Gründe zulässigerweise nachschieben.[377]

Er ist von der Entäußerung des Entlassungsbeschlusses seitens des Amtsgerichts an im Amt und hat das Verfahren weiter abzuwickeln, denn die Beschwerde hat eben **keine aufschiebende Wirkung**. Über den neu bestellten Verwalter kann erneut die Gläubigerversammlung gem. § 57 InsO beschließen. 119

Eine **Schlussrechnung** i. S. v. § 66 Abs. 1 InsO hat der Entlassene zwar zu erteilen; der neue Verwalter hat darauf aber keinen einklagbaren Rechtsanspruch, obwohl die Rechnungslegungspflicht gegenüber der Gläubigerversammlung besteht.[378] Kommt der entlassene Verwalter ihr nicht nach, wird er auch nicht entlastet, wobei der BGH dahinstehen lässt, ob der Anspruch mit gerichtlichen Aufsichtsmaßnahmen durchsetzbar ist, jedenfalls ist er bei der Vergütungsfestsetzung berücksichtigbar. 120

Die **Vergütung** ist zeitpartagiert nach den jeweiligen Verfahrensabschnitten und ggf. ihren Erschwernissen zu gewähren,[379] wobei die Höhe der Vergütung sich an der verwalteten Masse z. Zt. der Abberufung/des Ausscheidens bemisst[380] und nicht an der für das Ende des Verfahrens prognostizierten Teilungsmasse.[381] Zur Berechnung der Vergütung bei zwischenzeitlichem Ausscheiden des Verwalters ist zu berücksichtigen, dass jeder der beiden infolge der Entlassung bisher tätigen Verwalter „seine Erschwerniszuschläge" geltend machen darf.[382] Künftige Massezuflüsse aufgrund der Tätigkeit des abgelösten Verwalters können noch in die Berechnungsgrundlage seiner Vergütung ein- 121

376) Prütting/Bork-*Lüke*, InsO, § 59 Rn. 12; Uhlenbruck-*Vallender*, InsO, § 59 Rn. 26; § 57 Rn. 23.

377) *Rechel*, ZInsO 2012, 1641, 1654.

378) BGH ZInsO 2010, 2134 = ZIP 2010, 2209 m. w. N.

379) BGH ZInsO 2005, 85; Prütting/Bork-*Lüke*, InsO, § 59 Rn. 10.

380) *Lissner*, ZInsO 2016, 953, 955.

381) BGH, v. 11.6.2015, ZIP 2015, 1595; BGH ZInsO 2006, 29 m. zust. Anm. *Nowak*, NZI 2006, 166; BGH ZInsO 2001, 165; anders aber LG Bamberg ZInsO 2005, 477; OLG Brandenburg ZInsO 2001, 1148.

382) BGH ZInsO 2005, 85.

fließen oder, ggf. auch nachträglich, als Zuschlag zur Regelvergütung geltend gemacht werden.[383)]

122 Die frühere Ansicht, der entlassene Verwalter habe generell bereits in Anbetracht der reinen Entlassung keinerlei Anspruch auf Vergütung für seine bisherige Tätigkeit, ist bis auf die Ausnahmefälle der Verwirkung wegen Untreue[384)] und Täuschung des Gerichtes über die Qualifikation[385)] durch die vorgenannten BGH-Entscheidungen überholt, da die Vergütung reine Tätigkeitsvergütung ist und auch mangelhafte Erfüllung die Höhe der Vergütung grundsätzlich nicht zu beeinflussen vermag.[386)]

Eine **Aberkennung oder Verwirkung der Vergütung** kommt nur in Ausnahmefällen in Betracht,[387)] wenn nämlich der Verwalter analog § 654 BGB vorsätzlich oder grob leichtfertig die ihm obliegende Treuepflicht im konkreten Verfahren so schwerwiegend verletzt, dass er sich seines Lohnes als „unwürdig“ erweist.[388)]

---

383) BGH ZIP 2006, 93.

384) LG Schwerin ZInsO 2008, 856; OLG Karlsruhe ZIP 2000, 2035; LG Konstanz ZInsO 1999, 589.

385) BGH ZInsO 2004, 669.

386) BGH, v. 22.11.2018, ZInsO 2019, 91 = ZIP 2019, 82 Rn. 24.

387) *Lissner*, InsbürO 2016, 147, 149 m. w. N.; HmbKomm-InsO/*Frind*, § 59 Rn. 23 m. w. N.

388) BGH, v. 22.11.2018, ZInsO 2019, 91 = ZIP 2019, 82 Rn. 16; BGH, v. 21.9.2017, ZInsO 2017, 2309 Rn. 10 m. w. N.

Teil III Gutachtenprobleme und Gutachtenfehler – Best Practice Insolvenzgutachten

1. Zwischenbericht und Gutachten im Privatinsolvenzverfahren

A. Allgemeines

I. Auftrag des Gerichts, Inhalt des Gutachtens

Nach Eingang eines Insolvenzantrags hat das Gericht gem. § 5 Abs. 1 InsO 1
von Amts wegen alle Umstände zu ermitteln, die für das Verfahren von Bedeutung sind und es kann zu diesem Zweck insbesondere Zeugen und Sachverständige vernehmen. Die Bestellung eines Sachverständigen mit dem Auftrag, ein Gutachten zu den persönlichen und wirtschaftlichen Verhältnissen des Schuldners zu erstellen, gehört neben der Auswertung der Antragsunterlagen zu den wichtigsten Erkenntnisquellen des Gerichts. Gerade zu Beginn des Verfahrens fehlen oftmals belastbare Informationen, die das Gericht für die zügige Förderung des Verfahrens benötigt.

Das zu erstattende Gutachten hat daher den Zweck, dem Gericht Kenntnis 2
von denjenigen Tatsachen zu verschaffen, die erforderlich sind, eine Entscheidung über den Eröffnungsantrag zu treffen. Darüber hinaus sollte das Gutachten aber auch bereits solche Informationen enthalten, die für die Abwicklung des Verfahrens nach Eröffnung nötig oder zumindest sachdienlich sind.

Das Gericht legt den Inhalt des Gutachtenauftrags in dem Beweisbeschluss 3
fest. Dieser wird häufig auf der Grundlage eines vorformulieren Musters mit dem in der Justiz verwendeten IT-System erstellt (in Nordrhein-Westfalen mit JUDICA/TSJ). Dennoch ist in jedem Einzelfall der Beweisbeschluss sorgfältig abzuarbeiten, etwa wenn das Gericht besondere Feststellungen zur internationalen Zuständigkeit erbittet, welche in der Vielzahl der Verfahren nicht zu thematisieren sein dürfte.

Das fertige Gutachten hat den Beweisbeschluss zu erledigen, in dem grund- 4
sätzlich alle aufgeworfenen Fragen beantwortet werden. Hier kann es im Einzelfall zu Zielkonflikten kommen, insbesondere im Spannungsverhältnis zwischen der Natur des Insolvenzverfahrens als **Eilverfahren** und einer umfassenden Sachverhaltsaufklärung. Hier ist im Zweifel enger Kontakt mit dem Gericht zu halten, ob das Gutachten bereits vorgelegt werden soll, obwohl nicht alle Beweisfragen vollumfänglich beantwortet werden können, um eine zeitnahe Entscheidung über den Eröffnungsantrag zu ermöglichen.

II. Berichtsfristen

Das Gericht hat die Pflicht, das Verfahren in jeder Lage zu fördern und dabei 5
dem Umstand, dass das Insolvenzverfahren Eilverfahren ist, besonders Beachtung zu schenken. Dies gilt auch dann, wenn die gerichtliche Sachentscheidung

von der Vorlage des in Auftrag gegebenen Gutachtens abhängig ist. So wird regelmäßig im Beweisbeschluss eine **Frist** zur Vorlage des Gutachtens gesetzt (vgl. § 407a Abs. 1 Satz 1 ZPO).

Daneben ist das Gericht gehalten, sich über den Fortgang des Verfahrens und die Fortschritte bei der Erstellung des Gutachtens fortlaufend zu unterrichten. Aus diesem Grund hat der Sachverständige über den Sachstand der Ermittlungen zu berichten, bis das Gutachten dem Gericht vorgelegt werden kann. Dabei sind **Zwischenberichte** üblich, spätestens zum Ablauf der vom Gericht gesetzten Frist zur Vorlage des Gutachtens. Oft wird im Beweisbeschluss bereits festgelegt sein, in welchen zeitlichen Abständen über den Stand der Ermittlungen berichtet werden muss (z. B. alle vier Wochen[1]). Unbeschadet dessen ist stets zu berichten, wenn sich für das Verfahren bedeutsame Erkenntnisse ergeben, oder wenn ein Tätigwerden des Gerichts erforderlich wird (z. B. die Einholung von Auskünften gem. § 98 Abs. 1a InsO). Die Zwischenberichtsfristen sollten genau beachtet und eingehalten werden, um Sachstandsanfragen zu vermeiden, die sowohl bei Gericht als auch bei dem Sachverständigen zu Mehraufwand führen. Zu vermeiden sind inhaltsleere Zwischenberichte, die nicht konkret erkennen lassen, wieso das Gutachten noch nicht erstattet werden kann.

Praxishinweis:

Stellt sich aus Sicht des Sachverständigen die pünktliche Erstattung eines Zwischenberichts als untunlich dar, bspw. weil ganz zeitnah das Gutachten eingereicht werden soll, ist anzuraten, Kontakt mit dem Gericht aufzunehmen und vorab zu klären, ob auf den Zwischenbericht verzichtet werden kann.

III. Aufbau des Gutachtens

6 Der Aufbau des Gutachtens sollte zweckmäßigerweise dem Auftrag des Gerichts, also dem Inhalt des Beweisbeschlusses folgen und die aufgeworfenen Fragen in der entsprechenden Reihenfolge beantworten; Beweisfragen, die die Zulässigkeit des Antrags betreffen, sind vor der Begründetheit zu adressieren.

Jedenfalls dann, wenn das Gutachten zu dem Ergebnis kommt, dass die Eröffnung des Verfahrens angeregt wird, ist zu berücksichtigen, dass die Erkenntnisse aus dem Eröffnungsverfahren auch im eröffneten Verfahren ohne Weiteres nutzbar gemacht werden können. Daher sind Ausführungen zum Vermögen des Schuldners so aufzubauen, dass das Verzeichnis der Massegegenstände (§ 151 InsO) und die Vermögensübersicht (§ 153 InsO) daraus entwickelt werden können; erwartet das Gericht hier ein bestimmtes Format (z. B. **ForStaB**), ist dieses bereits im Gutachten einzuhalten, um einen Wechsel der Darstellung zwischen Eröffnungs- und Hauptverfahren zu vermeiden.

---

1) Vgl. A. I. 5. der Kölner Leitlinien → Anhang II.3.

Zum Zeitpunkt der Erstattung des Gutachtens liegen naturgemäß noch keine Forderungsanmeldungen vor. Erkenntnisse zu den Gläubigern des Schuldners werden regelmäßig auf dessen Angaben bzw. auf seinen Büchern und Geschäftspapieren beruhen. Ob dem Gutachten ein an § 152 Abs. 1 InsO orientiertes vorläufiges Gläubigerverzeichnis beigefügt werden soll, ist im Einzelfall mit dem Gericht zu klären, falls diesbezüglich kein ausdrücklicher Auftrag erteilt wurde. Die Darstellung der Verbindlichkeiten im Gutachten sollte sich in jedem Fall an § 152 Abs. 2 InsO orientieren. 7

Praxishinweis:

Ob das Ergebnis des Gutachtens (die Beantwortung der Beweisfragen) am Anfang oder am Ende darzustellen ist, ist vorab mit dem Gericht zu klären.

B. Verbraucherinsolvenzverfahren

Das Verbraucherinsolvenzverfahren (Registerzeichen IK) zeichnet sich in der Rechtspraxis dadurch aus, dass der **Eigenantrag** die Regel und ein Gläubigerantrag die Ausnahme ist. 8

Motivation für die Stellung des Insolvenzantrags durch den Schuldner wird meist die Erteilung von Restschuldbefreiung sein. Daher haben diese Schuldner ein Interesse an der zügigen Abwicklung des Eröffnungsverfahrens, da erst mit Eröffnung die Laufzeit der Abtretungserklärung beginnt (§ 287 Abs. 2 InsO). Darüber hinaus droht die Versagung der Restschuldbefreiung, wenn schuldhaft Auskunfts- und Mitwirkungspflichten verletzt werden oder Angaben im Antrag unrichtig oder unvollständig gemacht wurden (§ 290 Abs. 1 Nr. 5, 6 InsO).

Hinzu kommt, dass der Antrag zwingend unter Verwendung der amtlichen Vordrucke[2)] gestellt werden muss, um zulässig zu sein. Schließlich muss dem IK-Antrag eine Bescheinigung einer geeigneten Person oder Stelle über das Scheitern des außergerichtlichen Schuldenbereinigungsversuchs beigefügt sein (§ 305 Abs. 1 Nr. 1 InsO); dies führt oftmals dazu, dass der Schuldner durch die geeignete Person oder Stelle bei der Antragstellung unterstützt worden ist.

In der Folge sind die schriftlichen Angaben, die im Antrag bzw. den beigefügten Anlagen enthalten sind, regelmäßig strukturiert und (vordergründig) vollständig. In vielen Fällen wird das Gericht daher bereits aufgrund des schriftlichen Antrags in der Lage sein, über die Eröffnung zu entscheiden, ohne dass es weiterer Ermittlungen bedarf. Gleichwohl offen gebliebene Fragen werden Schuldner, die eine intrinsische Motivation an der Verfahrensdurchführung haben, regelmäßig – nach besten Kräften – beantworten.

Ein in solchen Verfahren erlassener Beweisbeschluss wird daher eher auf bestimmte Beweisfragen beschränkt sein, die durch die schuldnerischen Angaben

2) § 305 Abs. 5 InsO i. V. m. der Verbraucherinsolvenzformularverordnung (VbrInsFV).

aufgeworfen wurden und die sich nicht aus dem Akteninhalt beantworten lassen bzw. vom Schuldner beantwortet werden konnten.

> **Praxishinweis:**
>
> Das Gutachten im Verbraucherinsolvenzverfahren hat sich daher besonders eng am Inhalt des konkreten Auftrags zu orientieren.

I. Richtige Verfahrensart

9 Gemäß § 304 Abs. 1 InsO ist das Verbraucherinsolvenzverfahren nur auf natürliche Personen anwendbar, die entweder keine selbständige wirtschaftliche Tätigkeit ausüben oder aber zwar früher eine solche Tätigkeit ausgeübt haben, deren Vermögensverhältnisse überschaubar sind und gegen die keine Forderungen aus Arbeitsverhältnissen bestehen; überschaubar sind die Vermögensverhältnisse, wenn der Schuldner zu dem Zeitpunkt, zu dem der Antrag auf Eröffnung des Insolvenzverfahrens gestellt wird, weniger als 20 Gläubiger hat (§ 304 Abs. 2 InsO).

Hat das Gericht Zweifel, ob der Schuldner den Antrag in der richtigen Verfahrensart gestellt hat, kann ein entsprechender Gutachtenauftrag erteilt werden.

1. Ausüben einer selbständigen wirtschaftlichen Tätigkeit

10 Selbständig wirtschaftlich tätig ist derjenige, der im eigenen Namen, in eigener Verantwortung, für eigene Rechnung und auf eigenes Risiko handelt.[3]

Ist der Schuldner organschaftlicher Vertreter eines Unternehmens begründet dies grundsätzlich keine selbständige wirtschaftliche Tätigkeit, da diese nicht im eigenen Namen ausgeübt wird.[4] Etwas Anderes gilt dann, wenn die Folgen des Handelns für das Unternehmen den Schuldner gleichsam selbst treffen, wie dies bspw. bei einem Allein-,[5] oder Mehrheitsgesellschafter[6] einer GmbH der Fall ist, der zugleich **Geschäftsführer** ist.

Auslöser für entsprechende Ermittlungen können Angaben des Schuldners zu Beteiligungen im Ergänzungsblatt 5 E sein oder Verbindlichkeiten, die darauf beruhen, dass der Schuldner aufgrund Haftung für Verbindlichkeiten des Unternehmens in Anspruch genommen wird (Forderungen der Finanzverwaltung oder Sozialversicherungsträger).

Erkenntnisquellen sind hier das öffentliche einsehbare Gemeinsame Registerportal der Länder[7] oder kommerzielle Auskunfteien.[8]

---

3) BGH, Beschl. v. 22.9.2005 – IX ZB 55/04 Rn. 7, ZVI 2005, 598.
4) MünchKomm-InsO/*Vuia*, § 304 Rn. 63.
5) BGH, Beschl. v. 22.9.2005 – IX ZB 55/04 Rn. 15, ZVI 2005, 598.
6) LG Köln, Beschl. v. 30.6.2004 – 19 T 115/04, ZVI 2004, 525.
7) www.handelsregister.de.
8) Z. B. Creditreform, Infoscore oder SCHUFA.

2. Umfang einer (ehemaligen) selbständigen wirtschaftlichen Tätigkeit

Nicht jede selbständige wirtschaftliche Tätigkeit schließt die Anwendung der Vorschriften über das Verbraucherinsolvenzverfahren aus. Jedenfalls dann, wenn der Schuldner neben einer abhängigen Beschäftigung einer selbstständigen **Nebentätigkeit** nachgeht, muss hinzutreten, dass die Nebentätigkeit einen nennenswerten Umfang erreicht und sich organisatorisch verfestigt hat;[9] ein Indiz für die organisatorische Verfestigung kann sein, wenn die Einkünfte die Bagatellgrenze des § 3 Nr. 26 EStG überschreiten.[10] 11

Anlass zum Erlass eines entsprechenden Beweisbeschlusses bieten Angaben im Antrag, wie z. B. „Kleingewerbe", oder wenn der Schuldner seinen Lebensunterhalt offenkundig aus anderen Einkünften als denen aus der Selbständigkeit bestreitet.

Hier wird sich der Sachverständige die Buchhaltungsunterlagen des Schuldners aus den letzten Jahren vorlegen lassen und auswerten. Auch die Steuererklärungen und -bescheide enthalten diesbezügliche Daten.

3. Forderungen aus Arbeitsverhältnissen

Bestehen gegen den ehemals wirtschaftlich selbständigen Schuldner **Forderungen aus Arbeitsverhältnissen**, ist das Verbraucherinsolvenzverfahren ausgeschlossen. Der Begriff der Forderungen aus Arbeitsverhältnissen i. S. v. § 304 Abs. 1 InsO ist weit auszulegen, so dass hierzu neben Forderungen von ehemaligen Arbeitnehmern auf Zahlung rückständigen Lohns auch vom Arbeitgeber abzuführende Lohnsteuern sowie Sozialversicherungsbeiträge gehören.[11] 12

Ergeben sich aus dem Antrag Anhaltspunkte dafür, dass der Schuldner Verbindlichkeiten gegenüber ehemaligen Arbeitnehmern, der Finanzverwaltung oder Sozialversicherungsträgern (Krankenkassen) hat, kann dies entsprechende Ermittlungen durch einen Sachverständigen auslösen.

Bei Verbindlichkeiten gegenüber dem Träger der gesetzlichen **Unfallversicherung** (Berufsgenossenschaft) ist zu beachten, dass dieser (auch) Beiträge erhebt, die ihre Grundlage nicht in einem durch den Schuldner als Arbeitgeber begründeten Arbeitsverhältnis, sondern allein in dessen (früherer) Unternehmereigenschaft haben und die keine Forderungen aus Arbeitsverhältnissen gem. § 304 InsO sind.[12]

Sofern sich die benötigten Informationen nicht aus den dem Schuldner vorliegenden Beitragsbescheiden ergeben, wird der Sachverständige Zweitschrif-

9) BGH, Beschl. v. 24.3.2011 – IX ZB 80/11 Rn. 7 m. w. N., ZVI 2011, 292.

10) BGH, Beschl. v. 24.3.2011 – IX ZB 80/11 Rn. 7 m. w. N., ZVI 2011, 292; derzeit 3.000 € im Jahr.

11) BGH, Beschl. v. 22.9.2005 – IX ZB 55/04 Rn. 23, ZVI 2005, 598.

12) BGH, Beschl. v. 24.9.2009 – IX ZA 49/08 Rn. 9, ZInsO 2009, 2216.

ten der Bescheide oder entsprechende Auskünfte anfordern müssen. Die hierfür erforderliche Zustimmung des Schuldners[13] wird dieser regelhaft erteilen, da er an einer zügigen Verfahrensdurchführung interessiert ist (→ Rn. 8).

II. Vermögensstatus

13 Schuldner in Verbraucherinsolvenzverfahren verfügen selten über viele Vermögenswerte. Soweit welche vorhanden sind, sind diese in den Ergänzungsblättern 5 A bis 5 K detailliert anzugeben. Typischerweise vorhandene Vermögensgegenstände werden nachfolgend erörtert. Der Sachverständige hat im Gutachten aber selbstverständlich allen Angaben des Schuldners nachzugehen.

1. Grundvermögen

14 Da bei natürlichen Personen nur die (drohende) Zahlungsunfähigkeit Insolvenzgrund ist,[14] spielt die Bewertung von etwaig vorhandenem **Grundvermögen** regelmäßig im Eröffnungsverfahren für diese Frage keine Rolle: denn ein in der Immobilie verkörperter Wert ist meist nicht kurzfristig zu realisieren und daher nicht geeignet, eine vorhandene Liquiditätslücke zu schließen.

Jedoch kommt der Bezifferung des masserelevanten Werts eines Grundstücks für die Frage Bedeutung zu, ob das Vermögen des Schuldners voraussichtlich ausreichen wird, um die Kosten des Verfahrens zu decken (§ 26 InsO).

Fehlt dem vom Gericht bestellten Sachverständigen die Sachkunde, um die Immobilienbewertung selbst durchzuführen, ist eine enge Abstimmung mit dem Gericht erforderlich: in Betracht kommt die Bestellung eines weiteren Sachverständigen mit dem isolierten Auftrag, den Grundbesitz zu taxieren; denkbar ist aber auch, dass der Sachverständige selbst einen Immobilienbewerter als Hilfsperson i. S. v. § 407a Abs. 3 Satz 2 ZPO einschaltet.[15]

> **Praxishinweis:**
>
> Da die Gerichtspraxis hier uneinheitlich ist, muss vor Vergabe eines Unterauftrags mit dem Gericht Einvernehmen über die Art des Vorgehens hergestellt sein.

2. Versicherungsverträge

15 Verfügt der Schuldner über **Versicherungsverträge**,[16] ist zu ermitteln, ob sich hier Ansprüche für die Masse ergeben. Gegenstand eines Gutachterauftrags wird neben der Ermittlung des in Rede stehenden Werts vor allem die Frage sein, ob dieser (im eröffneten Verfahren) zur Masse gezogen werden kann.

13) LG Göttingen, Beschl. v. 22.10.2002 – 10 T 57/02 Rn. 11, ZVI 2002, 466.

14) Vgl. § 19 Abs. 1 InsO.

15) Vgl. A. II. 2. der Kölner Leitlinien → Anhang II.3.

16) Anzugeben im Ergänzungsblatt 5 C bei Rz. 36.

Rentenversicherungen unterliegen den Pfändungsbeschränkungen des § 851c ZPO.

Lebensversicherungen sind unpfändbar, wenn und soweit zu den Beiträgen eine staatliche Förderung gewährt wurde.[17)]

Ist in dem Versicherungsvertrag ein unwiderrufliches Bezugsrecht zugunsten eines Dritten vereinbart, gehört die Versicherungsleistung nicht mehr zum Vermögen des Schuldners[18)] und kann nicht zur Masse gezogen werden.

Ebenso wie Grundvermögen werden Ansprüche aus Versicherungsverträgen oftmals (nur) bei der Frage der Kostenstundung eine Rolle spielen, aber wegen nicht vorhandener kurzfristiger Liquidierbarkeit eine Zahlungsunfähigkeit nicht ausschließen bzw. beseitigen können.

3. Kraftfahrzeug

Ist der Schuldner Besitzer eines **Kraftfahrzeugs**, sind vorab die Eigentumsverhältnisse zu prüfen: nicht selten steht das Fahrzeug im Sicherungseigentum des Verkäufers oder eines finanzierenden Kreditinstituts. **16**

Ist der Schuldner Eigentümer, muss ermittelt werden, ob das Fahrzeug gem. § 36 Abs. 1 Satz 1 InsO, § 811 Abs. 1 ZPO unpfändbar ist und damit nicht in die Insolvenzmasse fällt.

Betreffend die Unpfändbarkeit gem. § 811 Abs. 1 Nr. 1 lit. d) ZPO ist im Ergänzungsblatt 5 B bei Rz. 35 eine Eintragungsmöglichkeit vorgesehen.[19)] Hier ist zu prüfen, ob der Arbeitsweg auch mit öffentlichen Verkehrsmitteln zurückgelegt werden könnte, der Pkw also tatsächlich „benötigt" wird.

Daneben wird von Schuldnern gelegentlich Unpfändbarkeit gem. § 811 Abs. 1 Nr. 1 lit. c) ZPO eingewandt, weil der Pkw aus gesundheitlichen Gründen benötigt werde. Dies wird man nur ganz ausnahmsweise annehmen können.[20)]

4. Anfechtungsrechte

Hinweise auf **Anfechtungsrechte** können sich aus Eintragungen im Ergänzungsblatt 5 H ergeben, wenn gegen den Schuldner Zwangsvollstreckungsmaßnahmen ausgebracht wurden, die dem Gläubiger eine inkongruente Deckung gem. § 131 InsO gewährt haben. Gleiches gilt von Eintragungen in der Anlage 2A,[21)] wenn gegen den Schuldner vollstreckt wurde, nachdem die Verhandlungen über die außergerichtliche Schuldenbereinigung aufgenommen worden waren. Auch die Kontoauszüge sind hier eine wichtige Erkenntnisquelle. **17**

---

17) BGH, Urt. v. 16.11.2017 – IX ZR 21/17 Rn. 13 ff., ZVI 2018, 68.

18) Vgl. BGH, Urt. v. 19.6.1996 – IV ZR 243/95 Rn. 18, NJW 1996, 2731.

19) Die in der Praxis nicht von allen Schuldnern (bzw. Beratungsstellen) wahrgenommen wird.

20) Vgl. OLG Köln, Beschl. v. 28.10.1985 – 2 W 153/85, NJW-RR 1986, 488.

21) Bei Rz. 18.

Mögliche anfechtbare Rechtshandlungen gem. §§ 132 bis 134 InsO werden im Ergänzungsblatt 5 K ausdrücklich abgefragt. Hier vorgenommene Eintragungen – die überaus selten sind – bieten in jedem Fall Anlass für genaue Ermittlungen.

III. Kostendeckungsprognose

18 Gegenstand des Gutachterauftrags wird regelmäßig die Frage sein, ob das Vermögen des Schuldners voraussichtlich ausreichen wird, um die Kosten des Verfahrens zu decken (§ 26 InsO). Hier hat der Sachverständige den erhobenen Vermögensstatus zusammenzufassen und den voraussichtlich nach Eröffnung des Verfahrens entstehenden Kosten gegenüberzustellen. Das Gericht wird dann eine Prognose anstellen, die es auf die vom Sachverständigen ermittelten Feststellungen stützt.

1. Voraussichtliche Verfahrenskosten

19 Bei Ermittlung der voraussichtlichen Verfahrenskosten hat der Sachverständige die Masse zugrunde zu legen, die sich bis zur Aufhebung des Verfahrens voraussichtlich wird realisieren lassen. Erzielt der Schuldner bspw. pfändbares Einkommen sind die Verfahrensdauer und die in dieser Zeit zu vereinnahmenden Gehaltsanteile zu schätzen.

Auf der Grundlage der voraussichtlichen Masse sind die entstehenden **Verfahrenskosten** zu berechnen. Der Gutachter sollte daher bereits jetzt die Höhe seines Vergütungsanspruchs nach JVEG wenigstens überschlägig beziffern und diesen neben den Gerichtsgebühren in die Gerichtskosten einstellen,[22] falls ihm nicht ohnehin die Stellung des Vergütungsantrags zeitgleich mit Einreichung des Gutachtens möglich ist.[23] Auch die bis zum Verfahrensabschluss entstehenden Vergütungsansprüche des Insolvenzverwalters sind prognostisch zu erfassen.

2. Kostenvorschussanspruch

20 Reicht das schuldnerische Vermögen nicht aus, um die Verfahrenskosten zu decken, ist ein **Vorschussanspruch** gegen den Ehepartner zu prüfen (§ 1360a Abs. 4 BGB). Dieser setzt voraus, dass die es sich bei der Durchführung des Insolvenzverfahrens um eine persönliche Angelegenheit des Schuldners handelt. Dies wird man jedenfalls bei einem Insolvenzverfahren, das zur Restschuldbefreiung führen soll, annehmen können,[24] ohne dass es darauf ankommt, ob

22) Nr. 9005 Kostenverzeichnis, Anlage 1 zu § 3 Abs. 2 GKG.

23) Vgl. A. II. 14. der Kölner Leitlinien → Anhang II.3.

24) LG Duisburg, Beschl. v. 28.9.2012 – 7 T 130/12, ZInsO 2013, 1532; LG Köln, Beschl. v. 22.8.2016 – 13 T 7/16, NZI 2017, 37; vgl. BGH, Beschl. v. 25.11.2009 – XII ZB 46/09, NJW 2010, 372; einschränkend noch BGH, Beschl. v. 24.7.2003 – IX ZB 539/02 Rn. 18, ZVI 2003, 405; LG Duisburg, Beschl. v. 5.1.2024 – 7 T 117/23, zitiert nach juris.

die Insolvenz des Schuldners wesentlich auf voreheliche Schulden, sondern auf Verbindlichkeiten beruht, die zum Aufbau oder zur Erhaltung einer wirtschaftlichen Existenz der Eheleute eingegangen wurden oder aus sonstigen Gründen mit der gemeinsamen Lebensführung in Zusammenhang stehen.[25] Zur Leistungsfähigkeit des Ehegatten ist der Schuldner auskunftspflichtig.[26] Zu beachten ist, dass die Vorschusspflicht des Ehegatten nicht weiter reicht als die des Schuldners: der Vorschuss muss daher als Einmalzahlung erbracht werden können.[27]

IV. Vorliegen von Versagungsgründen

Der Schuldner wird im Verbraucherinsolvenzverfahren regelhaft einen Antrag auf Erteilung von Restschuldbefreiung stellen: das entsprechende Ankreuzfeld steht im Antragsvordruck an prominenter Stelle auf Seite 1 bei Rz. 4. Über die Erteilung von Restschuldbefreiung wird erst nach Ende der Laufzeit der Abtretungserklärung gem. § 287 InsO entschieden (§ 300 Abs. 1 Satz 1 InsO). Erstmalig erhalten Gläubiger zum Schlusstermin bzw. zum Schlussstichtag im schriftlichen Verfahren Gelegenheit, einen Antrag auf Versagung der Restschuldbefreiung zu stellen (§ 290 Abs. 2 InsO). 21

Dennoch ist die Frage, ob dem Schuldner die Restschuldbefreiung voraussichtlich versagt werden wird, bereits im Eröffnungsverfahren von Bedeutung: denn nur der Schuldner, dem durch das Insolvenzverfahren ein wirtschaftlicher Neuanfang („fresh start“) ermöglicht werden kann, soll das Verfahren auf Kosten der Landeskasse, also aufgrund einer Stundungsbewilligung durchführen können.[28] Für den Versagungsgrund des § 290 Abs. 1 Nr. 1 InsO ergibt sich dies aus § 4a Abs. 1 Satz 3 InsO. Aber auch die Versagungsgründe der § 290 Abs. 1 Nr. 2,[29] Nr. 4,[30] Nr. 5[31] und Nr. 6[32] InsO können die Zurückweisung des Stundungsantrags zur Folge haben. Stellt der Sachverständige entsprechende Umstände fest, hat er diese im Gutachten darzustellen.

Ebenfalls zur Versagung der Stundung kann es führen, wenn dem Schuldner zwar die Restschuldbefreiung voraussichtlich erteilt werden wird, er aber dennoch wirtschaftlich keinen Neubeginn erreichen kann. Dies ist denkbar, wenn gegen den Schuldner gem. § 302 InsO ausgenommene Forderungen in einer 22

---

25) So noch BGH, Beschl. v. 24.7.2003 – IX ZB 539/02 Rn. 18, ZVI 2003, 405; LG Duisburg, Beschl. v. 5.1.2024 – 7 T 117/23, zitiert nach juris.

26) BGH, Beschl. v. 24.7.2003 – IX ZB 539/02 Rn. 19, ZVI 2003, 405.

27) BGH, Beschl. v. 25.1.2007 – IX ZB 6/06 Rn. 10, ZVI 2007, 187.

28) Vgl. § 4a Abs. 1 Satz 1, § 4c Nr. 5 InsO; BGH, Beschl. v. 16.12.2004 – IX ZB 72/03, ZVI 2005, 124; BGH, Beschl. v. 7.10.2010 – IX ZB 259/09 Rn. 13, ZVI 2011, 212.

29) BGH, Beschl. v. 16.12.2004 – IX ZB 72/03 Rn. 8, ZVI 2005, 124.

30) AG Hamburg, Beschl. v. 6.10.2021 – 68h IK 120/21 Rn. 15, NZI 2021, 1067.

31) BGH, Beschl. v. 16.12.2004 – IX ZB 72/03 Rn. 11, ZVI 2005, 124; BGH, Beschl. v. 19.5.2011 – IX ZB 142/11 Rn. 5, ZInsO 2011, 1223.

32) BGH, Beschl. v. 11.2.2010 – IX ZA 45/09 Rn. 6, ZVI 2010, 100.

solchen Höhe bestehen, dass er diese auch nach Befreiung von den übrigen Verbindlichkeiten nicht wird erfüllen können.[33]

C. Regelinsolvenzverfahren

23 Anders als in den Verbraucherinsolvenzverfahren werden Anträge auf Eröffnung des sog. Regelinsolvenzverfahrens in der Praxis sowohl durch den Schuldner, als auch durch Gläubiger gestellt. Die nachfolgenden Ausführungen betreffen nur Schuldner, deren unternehmerische Tätigkeit bei Antragstellung bereits eingestellt ist. Für Verfahren, in denen ein laufender Geschäftsbetrieb vorhanden ist, siehe *Laroche* → Teil III 2.

I. Eigenantrag

24 Der Eigenantrag des Schuldners auf Eröffnung des Regelinsolvenzverfahrens ist mit dem typischen Verbraucherinsolvenzantrag insofern vergleichbar, dass die Motivation des Schuldners identisch sein wird: die Erteilung von Restschuldbefreiung, für die das Eröffnungsverfahren möglichst durchgeführt werden soll (→ Rn. 8). Auch dieser Schuldner dürfte ein eigenes Interesse haben, Auskunfts- und Mitwirkungspflichten nach besten Kräften zu erfüllen.

Da § 305 Abs. 3 InsO nicht gilt, ist der Schuldner nicht verpflichtet, einen amtlichen Vordrucksatz zu verwenden. Die meisten Anträge werden gleichwohl unter Verwendung von Vordrucken gestellt, die verschiedene Justizverwaltungen hierfür bereit stellen.[34] Da auch § 305 Abs. 1 Nr. 1 InsO nicht gilt, ist der Schuldner nicht verpflichtet, vor Antragstellung eine „geeignete Person oder Stelle“ aufzusuchen, die beim Ausfüllen der Vordrucke Unterstützung leisten kann.[35]

In der Folge sind diese Anträge oftmals von erheblicher niedrigerer Qualität als die Anträge in IK-Verfahren, da die Schuldner mit dem Ausfüllen der Vordrucke schlicht überfordert sind; umso eher wird das Gericht Anlass haben, die persönlichen und wirtschaftlichen Verhältnisse des Schuldners zur Vorbereitung der Eröffnungsentscheidung durch die Einholung eines Gutachtens aufzuklären.

1. Sicherungsmaßnahmen

25 Da man es im Regelverfahren mit ehemals selbständig wirtschaftlich tätigen Personen zu tun hat, ist besonderes Augenmerk darauf zu richten, ob aus der ehemaligen Selbständigkeit noch Vermögenswerte vorhanden sind, die es für

---

33) BGH, Beschl. v. 13.2.2020 – IX ZB 39/19 Rn. 13, ZVI 2020, 135.

34) In Nordrhein-Westfalen unter https://www.justiz.nrw.de/BS/formulare/insolvenz/eroeffnung_insolvenzverfahren/index.php.

35) Die personelle und sachliche Ausstattung vieler öffentlich geförderter Schuldnerberatungsstellen schließt die Beratung von Personen, die nicht Verbraucher im Sinne der InsO sind, sogar aus.

das eröffnete Verfahren zu sichern gilt. Ergeben sich solche aus der Antragsschrift wird das Gericht unmittelbar Sicherungsanordnungen gem. § 21 InsO treffen. Ansonsten ist unverzüglich mit dem Schuldner Kontakt aufzunehmen und diese Frage vorrangig zu klären.

> **Praxishinweis:**
>
> Ein Hinweis an das Gericht, dass **Sicherungsmaßnahmen** gem. § 21 InsO erforderlich sind, muss so schnell wie möglich erfolgen – ohne Rücksicht auf die allgemeinen Berichtsfristen. Erwartet das Gericht einen solchen Hinweis auf einem speziellen Kommunikationsweg (z. B. vorab telefonisch), ist dies zwingend zu beachten.

2. Richtige Verfahrensart

Hier kann spiegelbildlich auf die Ausführungen bei → Rn. 10 bis 12 verwiesen werden. 26

3. Vermögensstatus

Es gilt im Grundsatz nichts anderes als in IK-Verfahren (→ Rn. 13 ff.). Allerdings kommen regelmäßig noch weitere Vermögenswertin Betracht. 27

a) Betriebs- und Geschäftsausstattung

Liegt die Aufgabe der selbständigen Tätigkeit bei Antragstellung noch nicht lange zurück, wird der Schuldner häufig noch über Gegenstände der **Betriebs- und Geschäftsausstattung** (BGA) verfügen, deren Wert zu erheben ist. Die Pfändungsschutzvorschrift des § 811 Abs. 1 Nr. 1 lit. b) ZPO ist bei eingestellter unternehmerischer Tätigkeit nicht einschlägig, so dass entsprechende Vermögenswerte grundsätzlich zur Masse gehören. 28

Allerdings können in besonderem Maße Rechte Dritter zu beachten sein, die an der BGA Aus- oder Absonderungsrechte geltend machen. Insofern wird sich der Sachverständige bereits im Eröffnungsverfahren mit der rechtlichen Einordnung von behaupteten Sicherungsrechten sowie ihrer Wirksamkeit auseinanderzusetzen haben.

b) Kostenpauschalen

Sind Gegenstände der Betriebs- und Geschäftsausstattung mit Drittrechten belastet, sind etwaige **Kostenbeiträge** gem. § 171 InsO zu ermitteln, die nach Verfahrenseröffnung zugunsten der Masse vereinnahmt werden können. 29

4. Kostendeckungsprognose

Es kann auf die Ausführungen bei → Rn. 18 bis 20 verwiesen werden. 30

5. Vorliegen von Versagungsgründen

31 Es kann auf die Ausführungen bei → Rn. 21, 22 verwiesen werden.

II. Fremdantrag

32 Gänzlich anders als bei Eigenanträgen, gleich ob im Verbraucher- oder Regelinsolvenzverfahren, gestaltet sich das Verfahren, dem ein Fremdantrag eines Gläubigers zugrunde liegt. Hier ergibt sich das Bedürfnis des Gerichts, den Sachverhalt mit Hilfe eines Sachverständigen aufzuklären, oftmals schon daraus, dass die Verfahrensakten kaum Angaben zu den wirtschaftlichen Verhältnissen des Schuldners enthalten.

33 Wird der Insolvenzantrag von einem Sozialversicherungsträger gestellt, der eine Insolvenzforderung glaubhaft macht, lassen es viele Gerichte für die Glaubhaftmachung des Eröffnungsgrunds genügen, wenn der Schuldner mit den strafbewehrten Arbeitnehmeranteilen mit mehr als sechs Monaten im Rückstand ist.[36] In solchen Fällen unternehmen einige Kassen keine Vollstreckungsversuche, so dass auch keine Niederschriften des Gerichtsvollziehers oder Vollziehungsbeamten beigefügt werden. Zwar kann hier das Gericht Anfragen an das **Gemeinsame Vollstreckungsportal** der Länder richten, die Auskünfte sind aber oft von geringem Erkenntniswert.

Hat der antragstellende Gläubiger einen fruchtlosen Vollstreckungsversuch unternommen, können sich aus den Unterlagen häufig erste Anhaltspunkte ergeben, bspw. wenn sich aus der Drittschuldnererklärung einer Bank frühere Pfändungen ergeben oder wenn der Gerichtsvollzieher mitteilt, dass der Schuldner „amtsbekannt vermögenslos" sei.[37]

34 Hinzu kommt, dass – anders als bei Eigenanträgen – der Schuldner oftmals kein Interesse an der Durchführung des Insolvenzverfahrens hat und dieses nicht fördert.

1. Laufender Geschäftsbetrieb

35 Stellt der Sachverständige fest, dass der schuldnerische Geschäftsbetrieb nicht eingestellt ist, wird auf die Ausführungen im → Teil III 2 verwiesen.

2. Sicherungsmaßnahmen

36 Da dem Gericht aufgrund des oft dünnen Akteninhalts keine genauen Erkenntnisse über die schuldnerischen Vermögensverhältnisse vorliegen, ist es für den Sachverständigen von besonderer Dringlichkeit festzustellen, ob **Sicherungsmaßnahmen** gem. § 21 InsO erforderlich sind (zur praktischen Handhabung → Rn. 25). Hierzu ist so schnell wie möglich Kontakt mit dem Schuldner auf-

36) Vgl. BGH, Beschl. v. 13.6.2006 – IX ZB 238/05, ZIP 2006, 1457.

37) Vgl. § 32 GVGA.

zunehmen. Neben den sich möglicherweise aus den Akten ergebenden Kontaktdaten, ist auch eine Internetrecherche angezeigt. Daneben sind kurzfristig die Privat- und auch die ehemalige Geschäftsanschrift aufzusuchen.

3. Zwangsmittel

Wirkt der Schuldner im Verfahren nicht mit und erteilt nicht die nach § 97 InsO geschuldeten Auskünfte,[38] kann das Gericht Zwangsmittel anwenden. Deren Erforderlichkeit und Notwendigkeit ist durch den Sachverständigen in einer entsprechenden Anregung darzulegen. 37

a) Eidesstattliche Versicherung

Das Gericht kann anordnen, dass der Schuldner Eides Statt versichert, dass er die von ihm verlangte Auskunft nach bestem Wissen und Gewissen richtig und vollständig erteilt habe (§ 98 Abs. 1 InsO). Der praktische Nutzen ist gering, da es in vielen Fällen schon an substantiierten Auskünften fehlt. Daneben ist die mittelbare Folge, sich bei falscher Versicherung an Eides statt gem. § 156 StGB strafbar zu machen, für viele Schuldner keine hinreichende Motivation, die geforderten Auskünfte wahrheitsgemäß zu erteilen. 38

b) Zwangsweise Vorführung

Von größerer Relevanz ist die Möglichkeit, den Schuldner durch den zuständigen Gerichtsvollzieher **zwangsweise vorführen** zu lassen (§ 98 Abs. 2 InsO) und ist besonders von Nutzen, wenn der Schuldner es bislang unterlassen hatte, Kontakt mit dem Sachverständigen herzustellen. Eine entsprechende Anregung an das Gericht sollte konkret beschreiben, welche Aufforderungen der Schuldner nicht beachtet hatte. Zudem sind die Auskünfte, die der Schuldner erteilen soll, mitzuteilen. Soll der Schuldner auch Unterlagen übergeben – was den Regelfall darstellen dürfte –, sollten diese konkret benannt werden.[39] 39

Praxishinweis:

Vorgeführte Schuldner führen oftmals keine für die Gutachtenerstellung erforderlichen Unterlagen mit sich und können die geforderten Auskünfte dann nur „aus dem Kopf" fragmentarisch erteilen. In der Praxis haben solche Vorführungen eher den Effekt, dass der Schuldner durch das Gericht eindringlich ermahnt wird, künftig die Auskunfts- und Mitwirkungspflichten zu erfüllen.

Praxishinweis:

Bis zur Vorführung des Schuldners, die je nach Belastung des zuständigen Gerichtsvollziehers mehrere Wochen dauern kann, sind die ordentlichen Zwischenberichtsfristen nicht suspendiert. Das Gericht ist daher fortlaufend über die sonstigen Bemühungen, die Gutachtenerstellung zu fördern, zu unterrichten.

---

38) Im Eröffnungsverfahren anwendbar gem. § 20 Abs. 1 InsO.

39) Vgl. A. I. 8. der Kölner Leitlinien → Anhang II.3.

c) Haftbefehl

40 Kann der Schuldner nicht zwangsweise vorgeführt werden oder erscheint eine Vorführung nicht als taugliches Mittel,[40] das Verfahren zu fördern, kann gem. § 98 Abs. 2 InsO durch das Gericht ein **Haftbefehl** erlassen werden. Für die konkrete Gestaltung einer entsprechenden Anregung durch den Sachverständigen wird auf die Ausführungen bei → Rn. 39 verwiesen.

Wird der Haftbefehl vollstreckt und der Schuldner vom Gerichtsvollzieher einer JVA zugeführt, wird der Sachverständige hierüber vom Gericht unterrichtet werden. Aufgrund des erheblichen Eingriffs in das Grundrecht des Schuldners auf Freizügigkeit ist nun unverzüglich mit dem Schuldner in der JVA Kontakt aufzunehmen; vorab ist mit der JVA zu klären, ob eine Besuchserlaubnis benötigt wird oder die Vorlage des Beweisbeschlusses ausreicht.

Hat der Schuldner die erforderlichen Auskünfte erteilt oder ergibt sich, dass er diese nicht erteilen kann, bspw. weil er in der JVA keinen Zugriff auf hierzu benötigte Geschäftsunterlagen hat, ist dies dem Gericht sofort anzuzeigen, damit der Haftbefehl aufgehoben werden kann.

Praxishinweis:

Ähnlich wie bei der zwangsweisen Vorführung führt auch der Vollzug eines Haftbefehls häufig nicht dazu, dem Sachverständigen unmittelbar für die Erstellung des Gutachtens benötigte Informationen zu verschaffen, sondern trägt eher dazu bei, die Motivation des Schuldners zu erhöhen, künftig im Verfahren mitzuwirken.

d) Durchsuchung

41 Der vorläufige Insolvenzverwalter ist gem. § 22 Abs. 3 InsO berechtigt, die Geschäftsräume des Schuldners zu betreten und dort Nachforschungen anzustellen. Diese Befugnis steht dem Sachverständigen nicht zu und kann ihm auch nicht durch gerichtlichen Beschluss eingeräumt werden.[41]

e) Postsperre

42 Eine nach § 99 InsO verhängte **Postsperre** führt dazu, dass Postdienstleistungsunternehmen verpflichtet sind, für den Schuldner bestimmte Postsendungen nicht diesem, sondern dem Verwalter zuzuleiten haben; die Vorschrift ist gem. § 21 Abs. 2 Satz 1 Nr. 4 InsO auch im Eröffnungsverfahren anwendbar.

---

40) LG Hamburg, Beschl. v. 25.5.2023 – 326 T 16/23, ZVI 2023, 295.

41) BGH, Beschl. v. 4.3.2004 – IX ZB 133/03 Rn. 14, ZVI 2004, 240.

Umstritten ist, ob die Postsperre zwingend die Einsetzung eines vorläufigen Insolvenzverwalters voraussetzt,[42] oder ob das Gericht den Sachverständigen mit der Postkontrolle beauftragen darf.[43]

> **Praxishinweis:**
>
> Bevor die Anordnung einer Postsperre angeregt wird, sollte vorab mit dem Gericht geklärt werden, ob dieses die Einsetzung eines vorläufigen Verwalters für erforderlich hält.

f) Einholung von Auskünften gem. § 802l ZPO

Können vom auskunftspflichtigen Schuldner die für die Gutachtenerstellung benötigten Informationen nicht erhalten werden, kann das Insolvenzgericht unter den Voraussetzungen des § 98 Abs. 1a InsO die in § 802l Abs. 1 ZPO bezeichneten Maßnahmen anordnen. 43

> **Praxishinweis:**
>
> Eine entsprechende Anregung an das Gericht sollte stets den Sachverhalt darstellen, der sich unter die Anordnungsvoraussetzungen subsummieren lässt.

aa) Erhebung des Namens und der Vornamen oder der Firma sowie der Anschrift der derzeitigen Arbeitgeber des Schuldners bei den Trägern der gesetzlichen Rentenversicherung und bei einer berufsständischen Versorgungseinrichtung i. S. d. § 6 Abs. 1 Satz 1 Nr. 1 des Sechsten Buches Sozialgesetzbuch. (Nr. 1) 44

Diese Auskunft kann insbesondere dazu dienen, den Aufenthalt des Schuldners zu ermitteln, falls dieser unbekannt war. Weiter können durch Anfragen an den Arbeitgeber Erkenntnisse über etwaige pfändbare Gehaltsanteile die nach Eröffnung massezugehörig wären, gewonnen werden.

bb) Ersuchen an das Bundeszentralamt für Steuern, bei den Kreditinstituten die in § 93b Abs. 1 und 1a der Abgabenordnung bezeichneten Daten, ausgenommen die Identifikationsnummer nach § 139b der Abgabenordnung, abzurufen (§ 93 Abs. 8 der Abgabenordnung). (Nr. 2) 45

Die Auskunft ermöglicht nachzuvollziehen, mit welchen Kreditinstituten der Schuldner in Geschäftsbeziehungen steht bzw. gestanden hat. Der Erkenntnisgewinn wird aber regelmäßig gering sein, da die Kreditinstitute ohne Einverständnis des – nicht auskunftswilligen – Schuldners keine Auskünfte erteilen.

cc) Erhebung der Fahrzeug- und Halterdaten nach § 33 Abs. 1 des Straßenverkehrsgesetzes beim Kraftfahrt-Bundesamt zu einem Fahrzeug, als dessen 46

42) AG Ludwigshafen, Beschl. v. 9.5.2016 – 3d IN 36/16 Rn. 7 ff. mit überzeugender Begründung, ZVI 2016, 437.

43) Uhlenbruck-*Zipperer*, InsO, § 99 Rn. 4.

Halter der Schuldner eingetragen ist. (Nr. 3)

Die Information, dass der Schuldner Halter eines oder mehrerer Kraftfahrzeuge ist, kann Anlass für weitere Ermittlungen bieten. Allerdings gilt auch hier, dass der Erkenntnisgewinn gering ist, wenn die Eigentums- und Besitzverhältnisse unbekannt sind. Zwar streitet der Besitz des Schuldners als Vermutung für sein Eigentum (§ 1006 Abs. 1 BGB), die Haltereigenschaft ist hierfür jedoch unerheblich.

4. Richtige Verfahrensart

47 Hier kann im Grundsatz spiegelbildlich auf die Ausführungen bei → Rn. 10 bis 12 verwiesen werden.

Ist der Antrag von einem Sozialversicherungsträger wegen rückständiger Beiträge oder von der Finanzverwaltung wegen nicht abgeführter Lohnsteuer gestellt, handelt es sich ohne Weiteres um Forderungen aus Arbeitsverhältnissen, die zur Anwendung der Vorschriften über das Regelinsolvenzverfahren führen. Hier müsste der Schuldner den glaubhaft gemachten Bestand der Forderung erschüttern bzw. vortragen, dass tatsächlich keine Forderungen aus Arbeitsverhältnissen gegen ihn bestehen.

5. Vermögensstatus

48 Es gilt das bei → Rn. 13 ff. und → Rn. 27 ff. Ausgeführte.

6. Kostendeckungsprognose

49 Es gilt das bei → Rn. 18 bis 20 Ausgeführte.

Da dem Verfahren kein Eigenantrag des Schuldners zugrunde liegt, kommt eine Stundung der Verfahrenskosten nicht in Betracht.[44] Die hier vom Sachverständigen angestellte Prognose wird daher die gerichtliche Entscheidung, ob der Antrag gem. § 26 InsO mangels Masse abzuweisen ist, unmittelbar vorbereiten.

7. Vorliegen von Versagungsgründen

50 Da bei fehlendem Eigenantrag des Schuldners die Erteilung von Restschuldbefreiung ohnehin nicht in Betracht kommt, könnten Ermittlungen zum Vorliegen von Versagungsgründen grundsätzlich unterbleiben. Da ein Eigenantrag des Schuldners, der mit einem Restschuldbefreiungsantrag verbunden ist, aber bis zur Eröffnung des Verfahrens jederzeit gestellt werden kann, ist einer entsprechenden Beweisanordnung des Gerichts im Beschluss nachzugehen. Es kann hierzu auf die Ausführungen bei → Rn. 21, 22 verwiesen werden.

44) §§ 287 Abs. 1 Satz 1, 4a Abs. 1 Satz 1 InsO.

2. Zwischenbericht und Gutachten im Betriebsfortführungsverfahren

A. Das Ermittlungsverfahren in Betriebsfortführungsfällen

I. Allgemeines

Gutachten und die zu diesen führenden Ermittlungen in Fällen der Betriebsfortführung stellen besondere Anforderungen sowohl an das Gericht als auch an den von ihm bestellten Sachverständigen. Neben den stets zu klärenden Fragen nach dem Vorliegen eines Insolvenzgrundes und einer verfahrenskostendeckenden Masse, sind es insbesondere die Stabilisierung und Fortführung des Geschäftsbetriebs, die diese Phase des Insolvenzverfahrens so anspruchsvoll machen. Es ist eben vielfach gerade nicht möglich, einfach und in Ruhe Ansprüche zu ermitteln und Vermögensgegenstände zu bewerten, sondern es sind immer wieder auch schnelle und unternehmerische Entscheidungen erforderlich. 1

Dabei können die Beteiligten mit zwei gänzlich unterschiedlichen Situationen konfrontiert werden. Zum einen ist da der Fall des Schuldners, der seine finanzielle Lage erkannt hat und bemüht ist, bestmöglich mit Gericht und Sachverständigem zusammenzuarbeiten, um bestenfalls das Unternehmen ganz oder teilweise zu retten, jedenfalls aber geordnet abzuwickeln und so weitere Schäden zu vermeiden. 2

Zum anderen gibt es die Fälle, in denen der Schuldner die Eröffnung des Insolvenzverfahrens vermeiden möchte und deshalb eventuell nicht oder nur schleppend und unvollständig mit Gericht und Sachverständigen zusammenarbeitet. 3

Auch und gerade in dieser herausfordernden Situation gilt es, sich nicht von persönlichen Emotionen leiten zu lassen, sondern das Augenmerk auf die Ziele des Verfahrens zu legen, namentlich den Erhalt von Sanierungschancen, die vielfach erst die bestmögliche Gläubigerbefriedigung durch Verwertung des Unternehmens gewährleisten. 4

II. Auswahl des Sachverständigen in Fortführungsverfahren

Der Sachverständige in Insolvenzverfahren wird auf gerichtlichen Auftrag hin tätig, § 5 Abs. 1 Satz 2 InsO; § 4 InsO, §§ 502 ff. ZPO. Umfang und Inhalt des Auftrags werden durch das Gericht bestimmt. Insoweit gilt für die Unternehmensinsolvenz nichts anderes als in anderen Rechtsgebieten. Gleichwohl gehört die Auswahl des „richtigen" **Sachverständigen** in Unternehmensinsolvenzen zu den vornehmsten und verantwortungsvollsten Aufgaben des Insolvenzgerichts. Denn die Auswahl ist jedenfalls faktisch nicht auf die Erstellung eines Gutachtens als Entscheidungsgrundlage für das Gericht beschränkt, sondern determiniert in aller Regel die Bestellung von (vorläufigem) Insolvenzverwalter oder Sachwalter. 5

6 Das Gericht hat deshalb bereits bei der Bestellung des Sachverständigen diese späteren Tätigkeiten in den Blick zu nehmen. Damit muss der gerichtliche Sachverständige nicht nur zur Begutachtung der Eröffnungsgründe qualifiziert sein, sondern sämtliche **Fähigkeiten eines Insolvenzverwalters** mitbringen.

III. Ermittlungsquellen

7 Hinsichtlich der zu nutzenden Ermittlungsquellen gelten für das Gutachten in Unternehmensinsolvenzen keine Besonderheiten. Neben der Auskunfts- und Mitwirkung von aktuellen und ehemaligen Geschäftsleitern (§§ 20, 97, 101 InsO) sind die Geschäftsunterlagen eine wesentliche Erkenntnisquelle, wie auch Wirtschaftsprüfer, Steuerberater, Mitarbeitende, die alle im Weigerungsfall jedenfalls als Zeugen nach § 4 InsO, §§ 373 ff. ZPO gehört werden können, in Betracht kommen. Eine weitere wichtige Informationsquelle können auch Auskunfteien sein.

Praxishinweis:

Nicht zu unterschätzen als Ermittlungsquellen sind auch (öffentliche) Register, wie z. B.

das Handelsregister (**www.handelsregister.de**),

das Unternehmensregister (**www.unternehmensregister.de**), samt den dort hinterlegten Dokumenten,

Auskünfte von Gerichtsvollziehern,

die Grundbuchämter (**www.grundbuch-portal.de**) sowie

die Vollstreckungsgerichte mit dem gemeinsamen Vollstreckungsportal (**www.vollstreckungsportal.de**).

Schließlich sind selbstverständlich Vertragspartner aller Art sowie die Gläubiger als Auskunftsquelle von erheblicher Bedeutung.

IV. Beauftragung von Untersachverständigen

8 Die Beauftragung von **Untersachverständigen**, etwa zur Bewertung von Anlage- oder Umlaufvermögen, ist grundsätzlich möglich und zulässig. Allerdings sollte sie nicht ohne Rücksprache mit dem Insolvenzgericht, zumindest nicht ohne vorherige Anzeige, erfolgen. Insoweit gelten die allgemeinen Regeln, § 4 InsO, § 407a Abs. 3 Satz 2 ZPO.[1]

9 In Fällen, in denen das Verfahren unzweifelhaft eröffnet wird und eine Bewertung absehbar erforderlich ist, etwa, weil Anlagevermögen veräußert werden soll und für die Preisfindung ein Gutachten benötigt wird, mag es im Einzelfall zu keinen unterschiedlichen Ergebnissen führen, ob eine Anzeige erfolgt ist und ob die Begutachtung als Teil der Sachverständigenvergütung gegen-

1) Siehe exemplarisch dazu „Kölner Leitlinien" → Anhang II.3. unter A.II.1.

über dem Gericht abgerechnet werden kann oder ob die Vergütung bei Beauftragung des Sachverständigen erst nach Eröffnung aus der Masse gezahlt wird.

Anders ist die Situation aber insbesondere **bei knappen Massen**. Die Einschaltung eines Untersachverständigen im Eröffnungsverfahren darf nicht dazu führen, dass (nur) wegen dessen Kosten die Verfahrenskosten nicht gedeckt sind und es zu einer Abweisung mangels Masse kommt. Auf eine Einschaltung von Untersachverständigen ist deshalb regelmäßig zu verzichten, wenn die Werte der zu begutachtenden Gegenstände prognostisch derart gering oder mit Drittrechten belastet sind, dass unabhängig vom Wert der Gegenstände die Abweisung mangels Masse zu erwarten ist. Denn neben der Gefahr einer Masseschmälerung gilt es auch unnötige Belastungen der Staatskasse durch Begutachtungen zu vermeiden, die zur Beantwortung der Frage nach dem Insolvenzgrund oder der Kostendeckung nichts beitragen. 10

V. Auskunftsrechte nach §§ 20, 97 Abs. 1a InsO, § 802l ZPO

Bisweilen kommt es auch in Verfahren mit einem fortzuführenden laufenden Geschäftsbetrieb vor, dass der Schuldner bzw. seine organschaftlichen Vertreter **nicht bereit oder willens** sind, im Eröffnungsverfahren mitzuwirken. Ein solches Verhalten ist in allen Stadien des Eröffnungsverfahrens anzutreffen, nicht selten insbesondere auch nach Begleichung der Antragsforderung, wenn der antragstellende Gläubiger die Fortführung des Verfahrens nach § 14 Abs. 1 Satz 2 InsO begehrt. 11

In diesen Fällen haben sich neben den Zwangsmitteln nach §§ 20 Abs. 1 Satz 2, 98 Abs. 2 InsO (zwangsweise Vorführung, Haft) die **Auskunftsrechte nach §§ 20, 98 Abs. 1a InsO, § 802l ZPO** als hilfreiches Instrument zur Ermittlung der Vermögensverhältnisse erwiesen. Da mit der Einholung der Auskünfte erhebliche Grundrechtseingriffe verbunden sind, dürfen sie keinesfalls routinemäßig veranlasst werden, sondern müssen im Einzelfall zur Aufklärung der Vermögensverhältnisse erforderlich sein.[2] 12

Nach dem Wortlaut der Regelung ist nicht ganz eindeutig, ob der Schuldner vor der geplanten Maßnahme anzuhören und im Nachgang über die Maßnahme zu informieren ist. Jedenfalls für das Ersuchen beim Bundeszentralamt für Steuern wird man aufgrund des Verweises über § 802l Abs. 1 Satz 1 Nr. 2 ZPO in § 93 Abs. 8 AO eine **vorherige Anhörungspflicht** nach § 98 Abs. 9 AO bejahen müssen. 13

2) Vertiefend zu § 98 Abs. 1a InsO *Blankenburg*, ZInsO 2022, 1321; „Kölner Leitlinien“ → Anhang II.3. unter A.I.9.

> **Praxishinweis:**
>
> Die vorherige Anhörung kann mit der Aufforderung des Schuldners zur Mitwirkung und der Androhung von Zwangsmitteln, die auf Anregung des Sachverständigen durch das Insolvenzgericht erfolgt, verbunden werden.
>
> Es kann dem Schuldner dann nicht nur konkret mitgeteilt werden, welche Auskünfte und Informationen er dem Sachverständigen zu erteilen hat, sondern es kann ihm auch für den Fall der fehlenden Mitwirkung direkt der Hinweis erteilt werden, dass die entsprechenden Auskünfte beim Kraftfahrt-Bundesamt und beim Bundeszentralamt für Steuern, ggf. als auch bei den Rentenversicherungsträgern eingeholt werden.

14 Die nachträgliche Information des Schuldners erfolgt dann spätestens mit und in dem Gutachten, das über den Umstand der Einholung der Information aufklären muss. Da allerdings die Informationen nach § 98 Abs. 1a InsO vielfach in Situationen eingeholt werden, in denen der Schuldner überhaupt nicht greifbar ist, läuft das Informationsrecht des Schuldners vielfach faktisch leer und ergibt sich die Einholung der Auskünfte lediglich aus der Gerichtsakte.

15 Zu beachten ist, dass § 98 Abs. 1a InsO zunächst nur die Einholung von Auskünften über die Verhältnisse des Schuldners selbst gestattet. Allerdings kann es im Einzelfall auch zulässig sein, Informationen über einen organschaftlichen Vertreter einzuholen, allerdings beschränkt auf Auskünfte der Rentenversicherungsträge zu **Adress-/Aufenthalts-/Kontaktdaten des Organvertreters.**[3)]

VI. Post- und E-Mailsperre

16 Kommt der Schuldner seinen Auskunfts- und Mitwirkungspflichten nicht nach und fehlt es an sinnvollen Ermittlungsansätzen, etwa auch, weil bereits Informationen zum Geschäftsmodell fehlen oder Vertragspartner nicht ermittelt werden können, ist auch der Erlass einer **Postsperre** nach §§ 20 Abs. 1, 99 InsO ggf. i. V. m. § 101 Abs. 1 InsO denkbar. Eine solche Postsperre ist sinnvollerweise nur zusammen mit einer vorläufigen Insolvenzverwaltung umzusetzen. Denn es muss jemanden geben, der die Post kontrolliert. Theoretisch könnte dies auch das Gericht tun. Da die Informationen aber beim Sachverständigen (bzw. vorläufigen Insolvenzverwalter) zusammenlaufen müssen, ist dies kaum sinnvoll.[4)]

17 Angesichts der Erheblichkeit des Grundrechtseingriffs ist die Verhältnismäßigkeit sehr genau zu prüfen und kommt die Maßnahme allenfalls im Einzelfall in Betracht. Auch ist zu beachten, dass eine vorläufige Postsperre nur dann Sinn macht, wenn überhaupt noch mit Post und hieraus zu gewinnenden weiteren Informationen gerechnet werden kann.

---

3) *Ulmer*, ZInsO 2023, 359 ff.

4) *Greiner*, ZInsO 2017, 262 ff.; enger (vorläufige Insolvenzverwaltung Voraussetzung: AG Ludwigshafen, Beschl. v. 9.5.2016 – 3d IN 36/16, ZVI 2016, 437).

Im Rahmen der Postsperre kann nach h. M. auch eine **E-Mail-Sperre** als elektronische Post angeordnet werden.[5] Diese setzt allerdings voraus, dass eine E-Mail-Adresse des Schuldners bekannt ist. 18

> **Praxishinweis:**
>
> Da die E-Mails des Schuldners an eine E-Mail-Adresse des vorläufigen Insolvenzverwalters umgeleitet werden, empfiehlt es sich, bereits in den Anordnungsbeschluss die Ziel-E-Mail-Adresse aufzunehmen.
>
> Erfahrungsgemäß haben E-Mailsperren allerdings relativ wenig Informationsgehalt. Zu Bedenken ist auch, dass vielfach keine Spam-Filter vorgeschaltet werden, das Postfach des Verwalters also im wahrsten Sinne des Wortes zugespammt wird und in kürzester Zeit volllaufen kann.

VII. Ermächtigung des vorläufigen Insolvenzverwalters zur Befreiung von der Schweigepflicht gegenüber dem Sachverständigen

Immer wieder stehen Sachverständige vor dem Problem, dass sie notwendige Informationen etwa von Banken, Sparkassen, Rechtsanwälten, Steuerberatern oder der Finanzverwaltung nicht erhalten, weil sich diese auf ihre **Schweigepflicht** berufen. Dies ist zunächst konsequent, denn Auskunftsberechtigter ist regelmäßig (nur) der Schuldner selbst. Wenn der Schuldner kooperiert, kann dieses Problem im Eröffnungsverfahren leicht gelöst werden, indem der Schuldner eine Schweigepflichtsentbindung zugunsten des Sachverständigen abgibt. Hierzu ist er aufgrund seiner Auskunfts- und Mitwirkungspflichten verpflichtet. 19

Kooperiert der Schuldner hingegen nicht und gibt eine solche Erklärung nicht ab, kann man dem im eröffneten Verfahren ohne weiteres damit begegnen, dass der Insolvenzverwalter die Auskunftspersonen von ihrer Schweigepflicht entbindet. Hierzu ist berechtigt, soweit das Vertrauensverhältnis Angelegenheiten der Insolvenzmasse betrifft.[6] Dann kann er die notwendigen Informationen ohne weiteres einholen. 20

Ein entsprechendes Vorgehen ist auch im Eröffnungsverfahren möglich, wenn das Insolvenzgericht dem vorläufigen Insolvenzverwalter über §§ 21 Abs. 2 Nr. 2, 22 Abs. 2 InsO eine entsprechende Befugnis einräumt. Sofern nicht ohnehin eine vorläufige Insolvenzverwaltung angeordnet ist oder wird, ist auch eine gegenständlich beschränkte vorläufige Insolvenzverwaltung denkbar, deren einziger Aufgabenbereich die **Befreiung von der Schweigepflicht** ist. 21

> **Praxishinweis:**
>
> Denkbar ist folgende Formulierung:

---

5) AG Ludwigshafen, Beschl. v. 9.5.2016 – 3d IN 36/16, ZVI 2016, 437; ausführlich, auch zu den Grenzen der Postsperre bei digitaler Kommunikation: *Jungmann/Zündorf*, KTS 2021, 513 ff.

6) BGH, Beschl. v. StB 43, 44 und 48/20 – Wirecard.

> *Der vorläufige Insolvenzverwalter wird ermächtigt, Banken, Sparkassen, Versicherungen, Finanzverwaltung, Rechtsanwälte, Steuerberater, Wirtschaftsprüfer von ihrer Schweigepflicht gegenüber dem Insolvenzgericht und dem von ihm bestellten Sachverständigen zu befreien.*
>
> *Die Ermächtigung gilt insbesondere auch, aber nicht ausschließlich, im Verhältnis zur Sparkasse A-Stadt.*

22 Eine derartige Beschränkung der vorläufigen Insolvenzverwaltung kommt insbesondere auch aus Kosten- und Haftungsgründen in Betracht. Denn während die „normale" schwache vorläufige Insolvenzverwaltung mit Zustimmungsvorbehalt nicht nur bereits erhebliche Pflichten und Haftungsrisiken beinhaltet, gleichzeitig aber wegen der Mindestregelvergütung kostenintensiv ist, dürfte bei der Vergütung für die vorläufige Insolvenzverwaltung, die sich auf die Befreiung von der Schweigepflicht beschränkt, angesichts des geringen Umfangs ein deutliches Zurückbleiben hinter der Regel-Mindestvergütung angezeigt sein. Da die vorläufige Insolvenzverwaltung in diesen Fällen einzig der praktischen Umsetzung und Erfüllung des Beweisbeschlusses dient, dürfte eine **Reduzierung der Sachverständigenvergütung** von 120 € auf 95 € nach § 9 Abs. 4 Satz 2 JVEG nach Sinn und Zweck der Regelung jedenfalls dann nicht in Betracht kommen, wenn auf eine Vergütung für die vorläufige Insolvenzverwaltung verzichtet wird. Denn eine unzulässige Doppelvergütung steht dann nicht zu befürchten.

B. Zwischenbericht

I. Allgemeines

23 Bis zur finalen Erstellung des Gutachtens sind dem Gericht in regelmäßigen Abständen Zwischenberichte über den Stand der Ermittlungen zu erstatten. Inhalt und Umfang sind jeweils am Sachstand und Informationsbedürfnis des Gerichts auszurichten.

24 Inhalt der **Zwischenberichte** ist der Stand der Ermittlungen in Bezug auf das Vorliegen eines Insolvenzgrundes und die voraussichtliche Verfahrenskostendeckung. Insbesondere sind die bereits ergriffenen Ermittlungsmaßnahmen darzustellen, wie auch zu Problemen bei der Informationsbeschaffung (etwa obstruktives Verhalten von Schuldnern oder Dritten) und den geplanten weiteren Ermittlungsschritten zu berichten ist. Auch zu den zur Fortführung des Unternehmens ergriffenen oder noch zu ergreifenden Maßnahmen und der Fortführungsprognose vor und nach Verfahrenseröffnung ist auszuführen. Selbstverständlich sind nicht in jedem Bericht zu allen Punkten wiederholte Ausführungen erforderlich. Ein Verweis auf die vorherigen Zwischenberichte ist in aller Regel problemlos möglich. Dies gilt umso mehr, als dass das Eröffnungsverfahren regelmäßig nur einen überschaubaren Zeitraum erfasst.

> **Praxishinweis:**
>
> Möglichst frühzeitig ist ein in Aussicht genommener Eröffnungstermin mitzuteilen, damit das Gericht sich intern darauf einstellen kann. Dies gilt namentlich, wenn eine **Stichtagseröffnung** gewünscht ist. Es ist insbesondere abzuklären, ob und unter welchen Voraussetzungen das Gericht hierzu bereit ist, insbesondere wenn der Stichtag auf einen **Feiertag** oder ein **Wochenende** fällt.
>
> Sofern das Gericht zu einer Stichtagseröffnung bereit ist, sollte das Gutachten rechtzeitig eingereicht werden. Eine Einreichung fünf Werktage vor dem geplanten Eröffnungstermin dürfte in der Regel ausreichend sein, jedenfalls wenn das Gericht – je nach örtlichen Gepflogenheiten – begleitend, etwa telefonisch oder per E-Mail, über die Übermittlung des Gutachtens informiert wird.[7]

Ob und welche **Berichtsfristen** einzuhalten sind, ist regional unterschiedlich. 25
Während manche Gerichte die Abstände zwischen den Berichten in das Ermessen des Gutachters legen, bestehen andere Gerichte auf festen (Höchst-) Fristen. So sehen etwa die Kölner Leitlinien[8] vor, dass jedenfalls **alle vier Wochen** zu berichten ist, bei Bedarf auch häufiger, wobei jeder Zwischenbericht eine neue Vierwochenfrist auslöst. Eine derart regelmäßige Berichterstattung hat sich bewährt. Sie dient einerseits der (Selbst-)Kontrolle des Sachverständigen und fördert gerade auch in problematischen Verfahren, etwa bei mangelhafter Mitwirkung des Schuldners oder komplexen Ermittlungen z. B. zum Vorliegen eines Insolvenzgrundes, den Verfahrensfortgang. Denn Sachverständiger und Gericht bekommen die Akte regelmäßig vorgelegt und die Gefahr, dass sie „außer Kontrolle" gerät, wird minimiert. Gleichzeitig entlastet die Routine der regelmäßigen Vorlage den Gerichtsbetrieb, da Sachstandsanfragen und Mahnungen des Sachverständigen – die alle Beteiligten gerne vermeiden möchten – deutlich reduziert werden.

II. Zulässigkeit des Antrags

Selbst wenn der Fokus des Gutachtenauftrags auf den Insolvenzgründen, der 26
hinreichenden Masse und etwaigen Sanierungs- und Fortführungsmöglichkeiten liegt, so erwarten Gerichte gleichwohl in aller Regel, dass das Gutachten sich auch zur Frage der **Zulässigkeit des Antrags** verhält. Zwar prüft das Insolvenzgericht ohnehin von Amts wegen alle Fragen der Zulässigkeit, allerdings ist es nicht selten auch insoweit auf die Ermittlungen und tatsächlichen Feststellungen des Sachverständigen angewiesen. Da **ohne zulässigen Antrag** ein Verfahren **keinesfalls eröffnet werden darf**, selbst wenn ein Insolvenzgrund sicher feststeht,[9] kann der Sachverständige sich Zulässigkeitsproblemen ohnehin nicht verschließen, wenn er dem Gericht einen Entscheidungsvorschlag unterbreiten möchte.

---

7) „Kölner Leitlinien" → Anhang II.3. unter A.I.16 (1 Woche); Heidelberger Leitlinien" → Anhang II.2. unter 7 (3 Tage); „Ludwigshafener Leitlinien" → Anhang II.4. unter II.11.

8) Siehe „Kölner Leitlinien" → Anhang II.3. unter A.I.5.

9) BVerfG, Beschl. v. 13.12.2023 – 2 BvR 220/21 Rn. 21.

27 Dem Sachverständigen obliegt es deshalb in aller Regel auch ohne besondere weitere Anordnung, bereits zu Beginn der Ermittlungen die **ordnungsgemäße Antragstellung** zu prüfen. Hierzu gehört die Einreichung einer formell ordnungsgemäßen Gläubigerliste, die den Anforderungen des § 13 InsO gerecht wird, ebenso wie die Frage der ordnungsgemäßen **Vertretung** einer juristischen Person. So ist es denkbar, dass der Antrag von einem Geschäftsführer unterzeichnet wurde, der bereits sein Amt niedergelegt hatte, oder ein weiterer Geschäftsführer bestellt ist, sodass die besonderen Antragsvoraussetzungen des § 15 Abs. 2 InsO zu beachten sind.

28 Bei **Führungslosigkeit** einer schuldnerischen Gesellschaft ist frühzeitig mit dem Insolvenzgericht in Kontakt zu treten, da in einem solchen Fall mangels Aktivvertretung der Gesellschaft nach h. M. ein Insolvenzverfahren nicht eröffnet werden darf.[10] Das Gericht kann dann gemeinsam mit dem Sachverständigen darauf hinwirken, einen gesetzmäßigen Vertretungszustand zu schaffen, sei es, indem die Gesellschafter einen neuen Geschäftsführer bestellen, sei es, dass ein Notgeschäftsführer durch das Handelsregister bestellt wird, sei es, dass das Insolvenzgericht einen Verfahrens-/(Prozess-)Pfleger nach § 4 InsO, § 57 ZPO bestellt.[11]

29 Ebenfalls zu Beginn der Ermittlungen ist die **örtliche und internationale Zuständigkeit** zu prüfen.[12] Zwar gehört auch dies zu den grundlegenden Prüfungen, die das Gericht im Regelfall bereits vor der Bestellung des Sachverständigen vornimmt, allerdings ist es teilweise nach der Aktenlage nicht sicher zu erkennen, ob die örtliche und internationale Zuständigkeit (nicht) besteht, etwa wenn der Schwerpunkt der wirtschaftlichen Tätigkeit nicht ohne Weiteres feststellbar ist, ein Geschäftssitz verlegt wurde oder nie bestanden hat.

III. Gruppen-Gerichtsstand und internationale Zuständigkeit

30 In Konzernkonstellationen gibt es vielfach ein praktisches Bedürfnis Verfahren möglichst „aus einer Hand" abzuwickeln. Dies betrifft Gerichte wie (vorläufige) Insolvenzverwalter gleichermaßen.

31 Damit eine solche, an den praktischen Sanierungsbedürfnissen ausgerichtete Vorgehensweise nicht an der fehlenden örtlichen Zuständigkeit des Gerichts scheitert, hat der Gesetzgeber die Regelungen der §§ 3a ff. InsO über den **Gruppen-Gerichtsstand** geschaffen.

32 Es handelt sich hierbei um die Begründung eines **Wahlgerichtsstandes** aufgrund Antrags. Da es sich um einen gesonderten Antrag handelt, hat das Ge-

---

10) Vgl. AG Hannover, Beschl. v. 30.11.2021 – 903 IN 451/21 – 1.

11) Siehe zu dieser Problematik etwa LG Kleve, Beschl. v. 21.3.2017 – 4 T 577/16; AG Oldenburg, Beschl. v. 24.6.2016 – 65 IN 9/16; AG Hannover, Beschl. v. 30.11.2021 – 903 IN 451/21 – 1.

12) Vgl. „Kölner Leitlinien" → Anhang II.3. unter A.II.4; „Heidelberger Leitlinien" → Anhang II.2. unter 4.; „Ludwigshafener Leitlinien" → Anhang II.4. unter II.2., 3.

richt eine gesonderte Akte anzulegen (Registerzeichen IE bzw. bei einigen Gerichten auch noch IE KV), in der der Antrag bearbeitet und beschieden wird. Mit dem Beschluss über die Begründung des **Gruppen-Gerichtsstandes** ist dieses gesonderte Verfahren beendet und wird die Akte weggelegt. Der Gerichtsstand ist und bleibt dann begründet, solange an diesem Gerichtsstand ein Verfahren über einen anderen gruppenangehörigen Schuldner anhängig ist, § 3b InsO.

Da der Antrag auf Begründung des Gruppen-Gerichtsstandes in der Praxis vergleichsweise selten vorkommt, ist immer wieder ein fehlerhaftes Vorgehen festzustellen, dies gilt namentlich für die nach § 13a InsO zwingend einzureichenden Unterlagen. Denn immerhin sind Name, Sitz, Unternehmensgegenstand sowie Bilanzsumme, Umsatzerlöse und die durchschnittliche Zahl der Arbeitnehmer des letzten Geschäftsjahres der anderen gruppenangehörigen Unternehmen, die nicht lediglich von untergeordneter Bedeutung für die **Unternehmensgruppe** sind, grundsätzlich zwingend beizubringen. Dabei kann der Antragsteller sich auch nicht auf die Unternehmen beschränken, für die aktuell ein Insolvenzantrag geplant ist. Die Informationen sind vielmehr umfassend und auch für solche Unternehmen beizubringen, für die ein Insolvenzverfahren droht. Wenn man nun noch beachtet, dass auch für die Unternehmen von nur untergeordneter Bedeutung die Informationen beigebracht werden sollen, § 13 Abs. 1 Nr. 1 Halbs. 2 InsO, so zeigt sich, wie komplex die Beschaffung der zur Antragstellung erforderlichen Informationen sein kann. **33**

Werden diese Unterlagen nicht eingereicht, ist der Antrag – nach entsprechendem Hinweis und der Möglichkeit zur Abhilfe innerhalb angemessener Frist – zurückzuweisen. Folge ist, dass ein Gerichtsstand für solche Konzerngesellschaften, für die nicht bereits nach § 3 InsO eine örtliche Zuständigkeit besteht, nicht eröffnet ist. **34**

Allerdings zeigt die Praxis auch, dass Prüfungsumfang und die Prüfungstiefe der Gerichte erheblich abweichen können. Da den Beteiligten hier vielfach an einer schnellen Entscheidung gelegen ist, sollte frühzeitig der Kontakt zum Gericht gesucht werden, insbesondere wenn die nach § 13 Abs. 1 Satz 2 InsO notwendigen Daten zur Unternehmensgruppe nicht oder nicht zeitnah vollständig ermittelt werden können. **35**

IV. Anregung von Sicherungsmaßnahmen

Sind im Eröffnungsverfahren nach Ansicht des Sachverständigen **Sicherungsmaßnahmen** nach § 21 InsO erforderlich, so sind diese in aller Regel schriftlich begründet beim Insolvenzgericht anzuregen. Je nach Eilbedürfnis im Einzelfall genügt es nicht, lediglich einen Schriftsatz zur Gerichtsakte zu reichen. Vielmehr ist der Sachverständige gerade bei akutem Sicherungsbedürfnis gehalten, unverzüglich Kontakt zum Insolvenzgericht aufzunehmen. **36**

Praxishinweis:

Auf welche Art und Weise die **Kontaktaufnahme zwischen Sachverständigem und Gericht** erfolgen kann und soll, wenn Sicherungsmaßnahmen erforderlich sind, ist von Gericht zu Gericht unterschiedlich. Denkbar ist etwa die telefonische Kontaktaufnahme, oder eine informatorische E-Mail parallel zur Übersendung der Anregung per beA: Es empfiehlt sich dringend, hier die örtliche Praxis abzufragen.[13)]

In besonders eiligen Fällen ist auch **telefonische Anregung** möglich. Diese sollte allerdings später verschriftlicht zur Akte nachgereicht werden.

1. Verhältnismäßigkeit von Sicherungsmaßnahmen

37 Bei jeder Sicherungsmaßnahme ist die **Verhältnismäßigkeit** zu beachten. Dies gilt sowohl im Verhältnis zum Schuldner, der einen Grundrechtseingriff hinzunehmen hat, als auch im Verhältnis zu den Gläubigern, die die Maßnahme letztlich bezahlen müssen.

38 Arbeitet der Geschäftsführer ordnungsgemäß mit und bestehen keine Anzeichen dafür, dass er insolvenzzweckwidrige Verfügungen über die Masse vornimmt, so ist mit dem Erlass von Sicherungsmaßnahmen Zurückhaltung geboten und genau zu prüfen, ob Nutzen und Schutzzweck der Sicherungsmaßnahme die Kosten und sonstigen Nachteile überwiegen. Dies gilt namentlich für die kostenintensive vorläufige Insolvenzverwaltung.

39 Kommt der Geschäftsführer hingegen seinen Auskunfts- und Mitwirkungspflichten nicht hinreichend nach und ist die **Antragsforderung nicht beglichen**, dürfte im Verhältnis zum Schuldner selbst eine weitreichende Sicherungsmaßnahme wie die vorläufige Insolvenzverwaltung in aller Regel gerechtfertigt sein. Denn die fehlende Mitwirkung kann ein starkes Indiz dafür sein, dass Vermögenswerte verschleiert oder beiseitegeschafft werden sollen.

40 Da allerdings die vorläufige Insolvenzverwaltung aus der Masse und damit letztlich **von den Gläubigern bezahlt** wird, ist vor ihrem Erlass auch das Gläubigerinteresse an einer **Masseschonung** zu berücksichtigen. Es ist deshalb stets zu prüfen, ob die vorläufige Insolvenzverwaltung, durch andere, kostengünstigere Maßnahmen vermieden werden kann.

Praxishinweis:

Vielfach kann das Sicherungsbedürfnis mit einer **besonderen Verfügungsbeschränkung**, etwa einer isolierten Kontensperre, hinreichend befriedigt werden, sodass es keiner vorläufigen Insolvenzverwaltung zur Massesicherung bedarf.

Auch eine **schnelle Verfahrenseröffnung** ohne vollständige Aufklärung aller Vermögenswerte ist als Alternative in Betracht zu ziehen.

13) Vgl. „Kölner Leitlinien“ → Anhang II.3. unter A.I.6. und 8.

a) Begleichung der Antragsforderung und Sicherungsmaßnahmen

Unter Verhältnismäßigkeitsgesichtspunkten besonders zu bewerten ist der Fall, dass der Schuldner die Antragsforderung kurzfristig vollständig begleichen kann oder schon beglichen hat, der Antragsteller den Antrag aber nicht in der Hauptsache für erledigt erklären möchte, sondern nach § 14 Abs. 1 Satz 2 InsO die **Fortführung des Verfahrens** begehrt, was insbesondere bei laufenden Geschäftsbetrieben vielfach zu beobachten ist.[14] 41

In dieser Konstellation ist mit der Anordnung von **Sicherungsmaßnahmen, namentlich mit Verfügungsbeschränkungen, Zurückhaltung** geboten. Denn die Prüfung dient nunmehr auch der Frage zu klären, ob und dass gerade *kein* Insolvenzgrund vorliegt. Die Anordnung von Sicherungsmaßnahmen könnte hier zu einer sich selbst erfüllenden Prophezeiung werden, da mit ihrem Bekanntwerden selbstverständlich das Unternehmen des Schuldners in seiner Kreditwürdigkeit herabgesetzt wird, schlimmstenfalls in seiner Existenz bedroht werden kann. Solange der Schuldner seinen Auskunfts- und Mitwirkungspflichten nachkommt, dürfte deshalb vielfach eine vorläufige Insolvenzverwaltung nicht verhältnismäßig sein. Selbst wenn er seinen Pflichten nicht nachkommt, dürfte regelmäßig zunächst eine **Anhörung und die Androhung von Sicherungsmaßnahmen erforderlich** sein. 42

Auch dürften Sicherungsmaßnahmen, namentlich der Erlass einer so einschneidenden Maßnahme wie der einer vorläufigen Insolvenzverwaltung, nur dann verhältnismäßig sein, wenn eine **Wahrscheinlichkeit der Verfahrenseröffnung** besteht. Sind nach dem Stand der Ermittlungen keine relevanten Verbindlichkeiten (mehr) bekannt, insbesondere bei typischen, potentiellen Gläubigern wie z. B. Sozialversicherungsträgern, Finanzverwaltung, Vermietern, Lieferanten, ist trotz schleppender Mitwirkung des Schuldners beim Erlass von Sicherungsmaßnahmen Zurückhaltung geboten. Entsprechendes gilt, wenn zwar Verbindlichkeiten vorhanden sind, aber auch Vermögen existiert, mit dem die Insolvenzgründe beseitigt werden können. Dies gilt insbesondere auch, wenn damit zu rechnen ist, dass eine aktuell noch bestehende Zahlungsunfähigkeit kurzfristig beseitigt werden kann, z. B. durch Umschuldung, Stundungen oder der Befriedigung aller Gläubiger nach Veräußerung von Vermögen, z. B. eines Grundstücks. 43

b) Laufender Geschäftsbetrieb und vorläufige Insolvenzverwaltung

Hat der Schuldner einen laufenden **Geschäftsbetrieb** und sind noch **Mitarbeiter** beschäftigt, dürfte in aller Regel bereits dieser Umstand die Anordnung einer vorläufigen Insolvenzverwaltung rechtfertigen. Dies gilt jedenfalls, wenn Aussichten auf eine Fortführung des Geschäftsbetriebs bestehen, und eine **Insolvenzgeldvorfinanzierung** möglich ist. 44

14) Zur Zulässigkeit dieses Vorgehens auch unter dem Gesichtspunkt des Rechtsschutzbedürfnisses, BGH, Beschl. v. 24.9.2020 – IX ZB 71/19, ZIP 2020, 2291.

45 Differenzierter ist die Situation zu sehen, wenn mit einer zeitnahen Erledigung des Insolvenzantrags oder jedenfalls Begleichung der Antragsforderung zu rechnen ist. Es ist dann eine Frage der Abwägung im Einzelfall, ob ein akutes Sicherungsbedürfnis besteht und Sicherungsmaßnahmen anzuordnen sind oder ob – auch unter Berücksichtigung der Kosten – von der Anordnung zunächst abzusehen ist und von der weiteren Entwicklung abhängig gemacht wird. Eine Bitte des Schuldners, das Gericht solle mit weiteren Maßnahmen zuwarten, bis er die Antragsforderung gezahlt hat, hat dabei allenfalls den Charakter einer Anregung[15)] und entbindet Sachverständigen und Gericht nicht von einer eigenen Einschätzung des Sicherungsbedürfnisses. Dies gilt umso mehr, als dass die Erfahrung zeigt, dass der Ankündigung oftmals keine Taten folgen.

46 Zur Insolvenzgeldvorfinanzierung siehe den gesonderten Abschnitt unten,[16)] zum Vorgehen nach Begleichung der Antragsforderung, siehe oben.[17)]

2. Liquiditätsmanagement

a) Umgang mit Forderungen im Eröffnungsverfahren

47 Bei Unternehmensfortführungen im Eröffnungsverfahren stellt sich regelmäßig das Problem, dass bei geringer bis völlig fehlender Liquidität der Geschäftsbetrieb stabilisiert werden muss. Typischerweise können Bankverbindungen nicht weiter genutzt werden, Kontokorrente stehen nicht mehr zur Verfügung, Lieferanten stellen auf Vorkasse um. Gleichzeitig müssen auch neue Verbindlichkeiten eingegangen werden, die im eröffneten Verfahren bloße Insolvenzforderungen wären.[18)] Zu denken ist etwa an laufende Lohnzahlungen, Mieten, Versicherungen, Strom- und Energielieferungen wie auch weiter zu veräußernde Waren und Vorprodukte aller Art. Die hier zu bewältigenden Herausforderungen sind sowohl rechtlich als auch tatsächlich erheblich.

48 Dabei dürfte unbestritten sein, dass im Rahmen einer ordnungsgemäßen vorläufigen Insolvenzverwaltung durch den Schuldner mit Zustimmung des vorläufigen Insolvenzverwalters **neu begründete Forderungen** im Eröffnungsverfahren auch beglichen werden dürfen. Hingegen ist die Begleichung von **bereits begründeten Forderungen** allenfalls ausnahmsweise zulässig und hat sich an der Notwendigkeit für die Unternehmensfortführung auszurichten.[19)]

49 Regelmäßig erhalten Beschlüsse über die Anordnung einer vorläufigen Insolvenzverwaltung auf Grundlage von § 21 Abs. 1 InsO auch eine Ermächtigung zum **Forderungseinzug.** Soweit diese Gelder frei von Drittrechten sind, kön-

---

15) Vgl. *Schreivogel*, ZInsO 2024, 2070, 2072.

16) Siehe dazu den Abschnitt „Insolvenzgeldvorfinanzierung“ → Rn. 65 ff.

17) Siehe dazu den Abschnitt „Begleichung der Antragsforderung und Sicherungsmaßnahmen“ → Rn. 41 ff.

18) Siehe dazu den Abschnitt „Begleichung von Insolvenzforderungen“ → Rn. 62 ff.

19) BGH, Urt. v. 21.3.2024 – IX ZR 12/22, ZIP 2024, 1482.

nen sie zur Fortführung des Geschäftsbetriebs eingesetzt werden. Vielfach bestehen aber Sicherungsrechte, die zu beachten sind, sodass die eingezogenen Gelder auf einem **Treuhandkonto** zu separieren sind und ohne Einigung mit dem Sicherungsgeber nicht im laufenden Geschäftsbetrieb verwendet werden dürfen.[20)]

Soweit Liquidität vorhanden ist und Zahlungen im Eröffnungsverfahren erfolgen können bzw. müssen, bedienen sich viele Insolvenzverwalter Treuhandkonten- oder Verfahrenskontenkonstruktionen zur Abwicklung des Eröffnungsverfahrens. Über dieses Konto können dann die laufenden Geschäfte als **Bargeschäft** i. S. d. § 142 InsO anfechtungsfest abgewickelt werden. Auch die Abrechnung und Begleichung von im Eröffnungsverfahren begründeter Verbindlichkeiten nach Abrechnung im eröffneten Verfahren soll möglich sein. 50

All diese Geschäfte, so herausfordernd sie im tatsächlichen sind, **benötigen in aller Regel keine Zustimmung** des Insolvenzgerichts, handelt es sich doch um die originäre Tätigkeit des vorläufigen Sachwalters aufgrund seiner Einsetzung. 51

b) Treuhandkonto, Einzelermächtigung/Unechter Massekredit

Grundsätzlich anders ist die Situation zu beurteilen, wenn die Liquidität nicht ausreicht, um die im Eröffnungsverfahren begründeten Forderungen auch im Eröffnungsverfahren zu begleichen oder wenn dies, etwa wegen notwendiger Rechnungstellungen oder Abrechnungszeiträumen, tatsächlich nicht möglich ist. 52

aa) Treuhandkonto

Teilweise kann dem Problem durch Abschlagszahlungen oder Vorkasse im Eröffnungsverfahren begegnet werden. Soweit dies nicht möglich ist, bedienen sich viele Verwalter sich in dieser Situation eines **Treuhandkontos** zugunsten des Gläubigers, sodass Zahlungen auch nach Eröffnung und Abrechnung der Ansprüche außerhalb des eigentlichen Verfahrens über das Treuhandkonto abgewickelt werden.[21)] 53

Dies ist zweifelsfrei ein pragmatischer Weg, aber rechtlich nicht unproblematisch, da die Gefahr besteht, dass neben der künftigen Masse eine Art „Schattenmasse" geschaffen wird und nicht immer ein wirksames Treuhandverhältnis begründet wird. Deshalb wird diese Praxis von vielen Gerichten kritisch gesehen, auch wenn es kaum praktikable Alternativen gibt. Einige Gerichte halten eine ausdrückliche Ermächtigung des Gerichts zur Einrichtung eines Verfahrenskontos, teilweise auch eines **Sonderkontos**, für erforderlich. Andere Ge- 54

---

20) BGH, Urt. v. 24.1.2019 – IX ZR 110/17, ZIP 2019, 472; zu Möglichkeiten der Nutzung der Forderungen siehe dazu den Abschnitt „Unechter Massekredit" → Rn. 59 ff.

21) „Hamburger Leitlinien" → Anhang II.1. unter V.

richte begnügen sich mit einer Anzeige oder verzichten auf jegliche Mitteilung. Auch wenn ein Gericht von sich aus keine Vorgaben macht, ist es doch ratsam, die Einrichtung von Verfahrens- und Treuhandkonten im Zwischenbericht anzuzeigen und das Konto nach Eröffnung zeitnah genau abzurechnen.

bb) Einzelermächtigung zur Begründung von Masseverbindlichkeiten

55 Je näher die Eröffnung des Verfahrens rückt, umso kritischer kann man die Praxis der Treuhandkonten sehen. Nicht wenige Verwalter und Gerichte behelfen sich hier mit **Einzelermächtigungen zur Begründung von Masseverbindlichkeiten**[22] für solche Forderungen, die zeitnah zur Eröffnung begründet werden. Auch wenn er auf den ersten Blick attraktiv erscheint, ist auch dieser Weg nicht ohne Probleme. Es ist nämlich nicht nur zu fordern, dass die Verbindlichkeiten im Voraus genau benannt werden und nach Art und Umfang der Forderung genau bestimmt sind. Es ist auch die Rückzahlungsmöglichkeit genau nachzuweisen, wozu sich etwa eine **Liquiditätsplanung** anbietet, die (mindestens) bis zum Zeitpunkt der geplanten Rückzahlung reicht. Dabei ist zu beachten – was vielfach übersehen wird –, dass die Planung auch die Begleichung sämtlicher vor- und gleichrangiger Ansprüche berücksichtigen muss, insbesondere die Massekosten bedacht werden müssen. Die Begleichung der Verbindlichkeiten darf insbesondere nicht dazu führen, dass das Verfahren massearm i. S. d. § 207 InsO wird. Soweit die Begleichung der Masseverbindlichkeiten nach Eröffnung evident gesichert ist, kann ggf. auf eine ausführliche Liquiditätsplanung verzichtet werden. Maßgeblich sind insoweit immer die Verhältnisse im Einzelfall.[23] Schließlich ist zu beachten, dass die Begründung von Masseverbindlichkeiten nicht rückwirkend erfolgen kann. Eine „Aufwertung“ von Insolvenzforderungen in Masseverbindlichkeiten ist grundsätzlich nicht möglich.[24]

cc) Praktischer Umgang mit der Problematik

56 Für jede der zuvor beschriebenen Verfahrensweisen gibt gute Argumente für und wider. Es empfiehlt es sich deshalb dringend, **mit dem örtlichen Insolvenzgericht abzuklären**, welche Konstruktion es unter welchen Voraussetzungen für zulässig erachtet. Denn soweit das Gericht eine Vorgehensweise

---

22) Ausführlich dazu: *Laroche*, NZI 2010, 965 ff.; *Frind*, InsA 2024, 189 ff.; *ders.*, NZI 2025, 401 ff.; siehe auch *Hageböke/Bunge*, NZI 2025, 163 ff.; „Hamburger Leitlinien“ → Anhang II.1. unter III.; „Heidelberger Leitlinien“ → Anhang II.2. unter 5., 6.; „Ludwigshafener Leitlinien“ → Anhang II.4. unter II.5.

23) Vgl. z. B. AG Köln, Beschl. v. 9.5.2020 – 70a IN 81/20.

24) Vgl. BGH, Urt. v. 9.3.2023 – IX ZR 90/22 Rn. 24 f. (Änderung der Qualität von Insolvenzforderung zu Masseverbindlichkeit nur durch schuldumschaffende Vereinbarung (Novation); AG Köln, Beschl. v. 12.10.2018 – 74 IN 196/18; im Ansatz ebenso, aber einschränkend: AG Hamburg, Beschl. v. 21.3.2024 – 67h IN 285 mit abl. Anm. *Beth*, ZInsO 2024, 1056 m. w. N.

für unzulässig hält, ist es gehalten, im Rahmen der **Rechtsaufsicht** einzuschreiten.[25)]

Eine **Anzeige und Offenlegung von Verfahrens- und Treuhandkonten** sind aber wohl das Mindestmaß des vom vorläufigen Verwalter im Rahmen seiner Berichterstattung zu Fordernden. Spätestens mit Eröffnung des Verfahrens ist ein **Sonderkonto** einzurichten. Denn jedenfalls im eröffneten Verfahren ist ein Anderkonto unzulässig.[26)] 57

dd) Beispiel für eine Einzelermächtigung zur Begründung von Masseverbindlichkeiten

Der vorläufige Insolvenzverwalter wird ermächtigt, mit folgenden Unternehmen Verträge abzuschließen und hierbei Verbindlichkeiten zu Lasten der späteren Insolvenzmasse, § 55 Abs. 2 InsO, zu begründen: 58

Lieferant/Vertragspartner	*Tabelle Lieferung/Leistung*	*Umfang in € je Woche*
A-Bank AG	*Vorfinanzierung Insolvenzgeld*	*6.000*
B-Großhandel GmbH	*Lieferung von Vorprodukt B (näher bezeichnen nach Produktart/-gruppe)*	*12.000*
C-Produkt GmbH & Co KG	*Lieferung von Verbrauchsmaterial C (näher bezeichnen nach Produktart/-gruppe)*	*4.000*
E-Energie GmbH	*Lieferung von Strom und Gas für die (genau bezeichneten) Verbrauchsstellen/Geschäftsräume*	*1.000*

c) Unechter Massekredit

Unter dem Begriff des **unechten Massekredits** diskutiert man eine weitere Form der Liquiditätsbeschaffung im Eröffnungsverfahren. Zumeist geht es um die Frage, ob und auf welche Art und Weise zur Sicherheit abgetretene Forderungen vom Schuldner eingezogen und der Einziehungserlös zur Finanzierung des laufenden Geschäftsbetriebs genutzt werden können. Die rechtlichen Konstruktionen sind unterschiedlich. 59

Denkbar ist etwa ein bloßer **Sicherheitentausch.** Hier gilt es auf etwaige Anfechtungsrisiken zu achten. Auch wenn bisweilen das Interesse der Beteiligten besteht, das Insolvenzgericht einzuschalten, ist jedenfalls eine Genehmigung durch das Insolvenzgericht im Wege der Einzelermächtigung weder er- 60

---

25) Siehe dazu *Frind* Aufsicht → Teil II Rn. 7 ff.

26) BGH, Urt. v. 18.12.2008 – IX ZR 192/07, ZIP 2009, 531.

forderlich noch hilfreich. Denn insbesondere kann das Gericht nicht über eine etwaige Anfechtbarkeit der Konstruktion disponieren.[27)]

61 Möglich sind auch vertragliche Gestaltungen, durch die ein neues Darlehensverhältnis in Höhe der eingezogenen sicherungszedierten Forderungen begründet wird. Dies kann der Fall sein, wenn die durch eine Globalzession gesicherte Bank trotz Widerrufs der Einziehungsermächtigung **darlehensweise die Einziehung und Verwendung der abgetretenen Forderungen** im laufenden Geschäftsbetrieb gestattet. Nur diese neuen Darlehensansprüche können dann durch Einzelermächtigung zu Masseverbindlichkeiten erklärt werden und auch nur, soweit sie nach Erlass des Beschlusses begründet werden. Da es sich insoweit um einen echten Kredit handelt, ist die Bezeichnung „unechter Massekredit" bei dieser Art der Gestaltung jedenfalls missverständlich.[28)]

Praxishinweis:

Da Konstellationen und Konstruktionen des „unechten Massekredits" sich im Einzelfall erheblich unterscheiden, hängt die Notwendigkeit des Erlasses einer Einzelermächtigung entscheidend von der gewählten vertraglichen Konstellation ab.

Nur wenn neue Verbindlichkeiten begründet werden sollen, die erst nach Eröffnung des Verfahrens zurückzuführen sind, ist der Erlass einer Einzelermächtigung zur Begründung von Masseverbindlichkeiten erforderlich.

Wird die Konstruktion eines Sicherheitentauschs gewählt, dürfte in aller Regel eine Mitteilung an das Insolvenzgericht genügen, die auch Teil des ohnehin zu erstattenden Zwischenberichts sein kann.

In jedem Falle ist eine frühzeitige Information und Einbindung des Insolvenzgerichts angezeigt, um ohne Reibungs- und Zeitverluste die erforderlichen Maßnahmen ergreifen zu können.

d) Begleichung von Insolvenzforderungen

62 Auch wenn der Grundsatz der Gläubigergleichbehandlung grundsätzlich einer Begleichung von Insolvenzforderungen während des Eröffnungsverfahrens entgegensteht, kann es im Einzelfall erforderlich sein, dass spätere Insolvenzforderungen beglichen werden müssen. Dies gilt nicht nur hinsichtlich etwaiger neu zu beschaffender Ware, Arbeitslöhnen, Mieten etc. Deren Begleichung ist unproblematisch, wenn und soweit eine für die Fortführung des Unternehmens erforderliche Leistung erst noch in Anspruch genommen wird. Anfechtungsrechtlich wird hier in aller Regel das Bargeschäftsprivileg des § 142 InsO greifen.

63 Das Erfordernis der Begleichung der Forderung kann sich auch für **Leistungen ergeben, die bereits in Anspruch genommen wurden**. Rechtlich kann man hier verschiedene Wege beschreiten. So ist es – jedenfalls in der Theorie – nicht

27) AG Köln, Beschl. v. 12.10.2018 – 74 IN 196/18.

28) Ausführlich: AG Köln, Beschl. v. 12.10.2018 – 74 IN 196/18 m. w. N.

ausgeschlossen, dass eine Insolvenzforderung im Wege einer schuldumschaffenden **Novation** als Masseverbindlichkeit neu begründet wird.[29]

Einfacher ist die bloße Erfüllung der Forderung. Diese ist zulässig, wenn die Erfüllung **erforderlich** ist, **um Sanierungschancen zu wahren.**[30] Denkbar ist dies wegen der drohenden Strafbarkeit etwa für Sozialversicherungsbeiträge, wobei hier in aller Regel eine Anfechtung nach Eröffnung in Betracht kommt, jedenfalls soweit der Zahlungsempfänger bösgläubig gemacht wurde. Sie kommt insbesondere aber auch dann in Betracht, wenn die Nichtbegleichung Sanierungsaussichten absehbar zunichtemachen würde.[31] In einem solchen Fall kann der Geschäftsführer mit Zustimmung des schwachen vorläufigen Insolvenzverwalters die Forderung erfüllen. Ist dieser Weg nicht gangbar, etwa weil der Geschäftsführer nicht mitwirkt, kann auch **eine Einzelermächtigung zur Begleichung einer Forderung** durch das Gericht erlassen werden.[32] Der vorläufige Insolvenzverwalter erhält insoweit eine auf den konkreten Gegenstand (Begleichung der genau bezeichneten Forderung) beschränkte Verwaltungs- und Verfügungsbefugnis. Dies setzt allerdings voraus, dass die Notwendigkeit der Begleichung zuvor dem Gericht gegenüber hinreichend konkret begründet wurde. Soweit ein vorläufiger Gläubigerausschuss existiert, sollte dieser idealerweise ebenfalls seine Zustimmung geben. 64

Beispiel:

In der Insolvenz von Einzelhandelsunternehmen stellt sich oft die Frage, wie mit ausgegebenen ***Geschenkgutscheinen*** *umzugehen ist. Hier kann sich die Notwendigkeit ergeben, diese Gutscheine einzulösen, jedenfalls wenn sie von Privatpersonen erworben und an Privatpersonen verschenkt wurden und andernfalls die konkrete (gegenüber dem Gericht zu begründende) Gefahr besteht, dass sich über Social Media schnellnegative Kritiken verbreiten und damit eine Fortführung unmöglich gemacht wird.*

e) Insolvenzgeldgeldvorfinanzierung

Die Vorfinanzierung von Insolvenzgeld und die sich daraus ergebende „Ausschöpfung" des Insolvenzgeldzeitraums von bis zu drei Monaten ist zwar in der Rechtsprechung und Literatur[33] immer wieder kritisch gesehen worden, ist aber trotz aller Bedenken mittlerweile als zulässiges Sanierungsinstrument anerkannt, zumal die Bundesagentur für Arbeit nach § 170 Abs. 4 SGB III 65

29) BGH, Urt. v. 9.3.2023 – IX ZR 90/22 Rn. 22. ff.; vgl. auch AG Hamburg, Beschl. v. 21.3.2024 – 67h IN 285.

30) Vgl. BGH, Urt. v. 21.3.2024 – IX ZR 12/22 Rn. 20, ZIP 2024, 1482.

31) Vgl. BGH, Urt. v. 21.3.2024 – IX ZR 12/22 Rn. 20, ZIP 2024, 1482.

32) BGH, Urt. v. 21.3.2024 – IX ZR 12/22 Rn. 15, 16, ZIP 2024, 1482.

33) Zur Problematik siehe u. a.: *Vallender*, ZInsO 2010, 1457, 1461; *Greiner*, ZInsO 2017, 1076; Ausführlich: *Richter*, Verschleppte Eröffnung von Insolvenzverfahren, 2018; *Kayser*, ZIP 2020, 97; *Frind*, ZRI 2020, 112 ff.

der Vorfinanzierung zustimmen muss. Die Art und Weise der Vorfinanzierung kann auf verschiedenen Wegen erfolgen. Die Regel ist eine kreditfinanzierte Vorfinanzierung über eine Geschäftsbank, wobei verschiedene Dienstleister hier ihre Unterstützung anbieten. Ob und in welchem Umfang eine begleitende Einzelermächtigung erforderlich ist, hängt vom Einzelfall, aber auch von der Rechtsauffassung des Gerichts ab. In aller Regel sind die Verbindlichkeiten bereits vor Insolvenzeröffnung vollständig begründet und erfolgt nach Eröffnung lediglich noch die Abrechnung. Sofern das Gericht keine grundsätzlichen Bedenken gegen das Treuhandkontenmodell hat[34)] und genügend Liquidation vorhanden ist, dürfte nichts dagegen sprechen, dass auch die Insolvenzgeldvorfinanzierung auf diesem Wege erfolgt. Teilweise wird gerade für die finale Abrechnung eine Einzelermächtigung zur Begründung von Masseverbindlichkeiten für vorzugswürdig oder erforderlich gehalten. Da es gilt, „Schattenmassen“ zu vermeiden und Treuhandkonten aus dem Eröffnungsverfahren schnellstmöglich nach Eröffnung schnellstmöglich abgerechnet werden sollten und der Überschuss an die Masse auszukehren ist, dürfte insbesondere bei absehbar langwierigen Abrechnungen eine Einzelermächtigung sachgerecht sein.

66 Welches Vorgehen das Gericht für richtig und sachgerecht hält, sollte spätestens im Rahmen der Verhandlungen über die Vorfinanzierung mit dem Gericht geklärt werden.

67 Wird die einfache Insolvenzgeldvorfinanzierung schon kritisch gesehen, so gilt dies erst recht für die **„rollierende“ Insolvenzgeldvorfinanzierung**. Hier wird der **„Dreimonatszeitraum“** des Insolvenzgeldes nicht nur ausgeschöpft, sondern der Insolvenzgeldzeitraum durch Begleichung der Forderungen aus dem ersten Monat nach hinten verschoben, sodass der Insolvenzgeldzeitraum (nachträglich) später beginnt. Auf diese Weise soll das Eröffnungsverfahren gestreckt werden, etwa um noch weitere Sanierungschancen auszuloten oder Verhandlungen zu führen. Ein solches Vorgehen begegnet erheblichen Bedenken, da grundsätzlich unverzüglich nach Feststellung des Insolvenzgrundes und der Massekostendeckung zu eröffnen ist. Wenn hiervon eine Ausnahme zur Ausschöpfung der liquiditätsschaffenden Insolvenzgeldvorfinanzierung und des damit einhergehenden Sanierungseffekts gemacht wird, so bedarf eine weitere Ausweitung dieser Ausnahme einer besonderen Rechtfertigung, die allenfalls im Ausnahmefall vorliegen dürfte. Da das Rollieren grundsätzlich insolvenzrechtlichen Verfahrensregeln widerspricht, ist – unbeschadet der erforderlichen Zustimmung der Bundesagentur für Arbeit nach § 170 Abs. 4 SGB III – jedenfalls eine begründete Anzeige des Rollierens zu fordern, wenn das Gericht nicht gar die Zulässigkeit im Einzelfall von einer gesonderten gerichtlichen Genehmigung abhängig macht.

---

34) Siehe dazu den Abschnitt „Treuhandkonto“ → Rn. 53 f.

Praxishinweis:

Bevor man sich zu einem Rollieren von Insolvenzgeld entschließt, sollte mit dem Gericht die Zulässigkeit abgeklärt werden.

Einige Gerichte halten es nur bei Erlass einer Einzelermächtigung für zulässig. Eine solche könnte lauten:

*„Der vorläufige Insolvenzverwalter wird ermächtigt den Zahlungen der Schuldnerseite in Höhe der Arbeitslöhne nebst gesetzlichem Steuern und Beiträge für die Monate X, Y, Z für die aus der Anlage ersichtlichen Arbeitnehmer*innen an die Bank AB zuzustimmen. Auf den Antrag v. [Datum) wird Bezug genommen.“*[35)]

Allerdings dürfte eine Einzelermächtigung jedenfalls für die Wirksamkeit nicht erforderlich sein, soweit der vorläufige Insolvenzverwalter einen umfassenden Zustimmungsvorbehalt hat oder ihm gar die Verwaltungs- und Verfügungsbefugnis übertragen wurde. Denn die Einzelermächtigung gestattet dann nichts, wozu nicht ohnehin bereits Rechtsmacht besteht, und Erforderlichkeit und insolvenzrechtliche Zulässigkeit einer von ihm ergriffenen oder genehmigten Maßnahme hat der vorläufige Insolvenzverwalter selbst zu verantworten und hierfür auch haftungsrechtlich einzustehen. Diese Bürde kann ihm das Insolvenzgericht nicht abnehmen. 68

Es dürfte deshalb ausreichend, aber auch erforderlich sein, dass **das Rollieren dem Gericht begründet angezeigt** wird, damit es entscheiden kann, ob es das Vorgehen ausnahmsweise billigt oder das Verfahren unmittelbar (bzw. nach Ablauf des regulären Insolvenzgeldzeitraums) eröffnen möchte. 69

f) Anordnungen nach § 21 Abs. 2 Satz 1 Nr. 5 InsO

Anordnungen nach § 21 Abs. 2 Satz 1 Nr. 5 InsO, die es Gläubigern im Eröffnungsverfahren untersagen, Aus- und Absonderungsgegenstände zu verwerten oder einzuziehen, und gestatten, dass solche Gegenstände zur Fortführung des Unternehmens des Schuldners eingesetzt werden können, soweit sie hierfür von erheblicher Bedeutung sind, sind vergleichsweise selten. Dies mag bereits unmittelbare Folge der Existenz der Vorschrift sein. Denn viele Aus- und Absonderungsberechtigte wissen, dass sie ihr Recht nicht gegen den Willen des vorläufigen Insolvenzverwalters und des Insolvenzgerichts durchsetzen können und streben daher direkt Verhandlungen über die Modalitäten der Weiternutzung und die Höhe der Nutzungsentschädigung an. 70

Soweit es den Forderungseinzug betrifft, liegt die geringe Praxisrelevanz auch darin begründet, dass der Forderungseinzug nicht geeignet ist, Liquidität für eine Fortführung des Geschäftsbetriebes zu generieren. Denn der Schuldner bzw. vorläufige Insolvenzverwalter ist verpflichtet, die Gelder zu separieren[36)]. Es ist deshalb dringend erforderlich, dass sich vorläufiger Insolvenzverwalter, 71

35) Formulierungsvorschlag von *Frind*.

36) BGH, Urt. v. 24.1.2019 – IX ZR 110/17, ZIP 2019, 472.

Schuldner und aus- bzw. absonderungsberechtigter Gläubiger über den Forderungseinzug und den Einsatz der Gelder, z. B. im Rahmen eines **unechten Massekredits**,[37] einigen.

C. Aufbau des Gutachtens und wichtige Gutachtenergebnisse

I. Zweck und Adressaten des Gutachtens

72 Erster und wichtigster Zweck des Gutachtens ist die Ermittlung der Eröffnungsvoraussetzungen des Schuldners. Damit steht die Ermittlung eines **Insolvenzgrundes** und einer die **Kosten des Verfahrens deckenden Masse**, vgl. § 26 Abs. 1 InsO, zentral. In aller Regel ist auch die Frage nach **Fortführungs- und Sanierungsmöglichkeiten** Teil des Gutachtenauftrags. Jedenfalls wenn der Fall Anlass gibt, sind regelmäßig auch ohne gesonderte Beauftragung **Ausführungen zu Zulässigkeitsfragen**, z. B. zur örtlichen Zuständigkeit, zur ordnungsgemäßen Antragstellung, zur ordnungsgemäßen Vertretung des Schuldners im Verfahren, zu machen.

73 Hierin erschöpft sich aber der Zweck des Gutachtens nicht. Bei Abfassung eines insolvenzrechtlichen Gutachtens ist – wie bei der Abfassung jedweden Textes – gleichzeitig in den Blick zu nehmen, wer potentieller Adressat ist, mithin die Frage zu stellen: *„Für wen wird geschrieben?"* In Bezug auf das Gutachten im Eröffnungsverfahren gilt, dass das Gutachten zwar vom Insolvenzgericht beauftragt ist, es aber **keineswegs der einzige Adressat** ist. Gutachten dienen typischerweise auch **Gläubigern** zur Information und sei es nur wegen etwaiger Rückgriffsansprüche oder hinsichtlich der Frage, ob und in welchem Umfang sie sich im eröffneten Verfahren engagieren wollen. Auch für die **Staatsanwaltschaften** ist das Gutachten eine wichtige Erkenntnisquelle. Typischerweise werden sämtliche Insolvenzakten, jedenfalls in Regelinsolvenzverfahren, der Staatsanwaltschaft aufgrund von Ziffer IX. der MiZi-Mitteilungen (Anordnung über die Mitteilung in Zivilsachen) übersandt. Diese wertet die Akten dann in Bezug auf etwaiges strafbares Verhalten aus. Auch weitere Interessierte, insbesondere die weiteren in XI.2. und 3. der MiZi-Mitteilungen genannten Adressaten (**Behörden, Gerichte** und sonstige Stellen, wie **Sozialversicherungsträger, der PSVaG, Berufsgenossenschaften und Kammern**) sind als potentielle Leser des Gutachtens in den Blick zu nehmen.

74 Das Gutachten darf sich nicht zuletzt deshalb nicht auf die Frage des Vorliegens eines Insolvenzgrundes und der Kostendeckung beschränken. Erforderlich ist regelmäßig vielmehr eine umfassende Darstellung aller **für den weiteren Verfahrensablauf relevanten Aspekte**, einschließlich der **Unternehmensgeschichte** samt Krisenursachen, der erwartbaren weiteren **Entwicklung** (Einstellung des Geschäftsbetriebs und Liquidation; Fortführung und Sanierungsmöglichkeiten, „Fortgang des Verfahrens", vgl. § 29 Abs. 1 Nr. 1 InsO), sowie der **Aktiva und Passiva** des Unternehmens.

37) Siehe dazu den Abschnitt „Unechter Massekredit" → Rn. 59 ff.

II. Gliederung des Gutachtens

Wichtig ist eine klare Gliederung des Gutachtens. Dies dient nicht nur der besseren Übersichtlichkeit, sondern auch der Selbstkontrolle des Gutachters, dass kein wichtiger Punkt vergessen wird. Auch wenn nicht zu jedem einzelnen Punkt in jedem Falle längere Ausführungen erforderlich sind, ist doch jedenfalls eine wenigstens kurze Bemerkung zu dem Punkt sinnvoll, auch um zu zeigen, dass die Frage für die konkrete Fallgestaltung nicht von Relevanz ist. 75

Bewährt hat sich die vom BAK-InsO[38)] in seiner Checkliste zur Gutachtenerstellung vorgeschlagene Gliederung, mit folgenden Oberpunkten:

A. Einleitung
B. Angaben zum Insolvenzverfahren
C. (Gesellschafts-)rechtliche Verhältnisse
I. Grundsätzliches
1. Firmenbezeichnung
2. Auskunftspersonen
II. Rechtliche Verhältnisse
1. Gründungsverhältnisse
2. Gesellschaftsrechtliche Entwicklung
D. Betriebliche Verhältnisse
I. Unternehmensgegenstand und -entwicklung
II. Betriebsstätten
III. Arbeitnehmer
IV. Dauerschuldverhältnisse
V. Rechnungswesen
E. Wirtschaftliche Entwicklung und Verhältnisse
F. Eintritt der materiellen Insolvenz (Zeitpunkt/Zeitraum)
G. Vermögensverhältnisse
I. Aktiva
1. Ausstehende Einlagen
2. Anlagevermögen
3. Umlaufvermögen
4. Bei Einzelunternehmern: Privatvermögen
5. Sonderaktiva
II. Passiva
1. Rückstellungen
2. Verbindlichkeiten
H. Maßnahmen im Insolvenzeröffnungsverfahren
I. Vermögenssicherung
II. Sicherung der Betriebsfortführung
III. Prüfung und Vorbereitung von Fortführungslösungen für den Betrieb

38) Checkliste zur Gutachtenerstellung – Unternehmensinsolvenz, Herbsttagung 20.11.2008 – 21.11.2008, abgedruckt im Anhang „Checkliste zur Gutachtenerstellung" → Anhang I.1.

IV. Prüfung der schnellen Abwicklung durch Nutzung eines Insolvenzplanes

I. Prüfung der Verfahrenskostendeckung

J. Empfehlungen des Sachverständigen

76 Weitere Unterpunkte zu dieser Gliederung finden sich in der veröffentlichten Checkliste des BAK-InsO.

III. Verfahrensdaten in tabellarischer Form

77 Es hat sich in allen Fällen bewährt, dem Gutachten in einen Überblick über wesentliche **Verfahrensdaten in tabellarischer Form** voranzustellen.[39] Dabei sind selbstverständlich Daten, Werte und sonstige Angaben aus dem Eröffnungsantrag nicht unreflektiert zu übernehmen, sondern gutachterlich zu überprüfen, zu verifizieren sowie zu **aktualisieren**. Dies ebenso gilt für Adressen, auch Privatanschriften von Geschäftsführern, wie auch auf die richtige Schreibweise bzw. Firmierung zu achten ist. Die vollständige Erfassung der Daten zu Grundbesitz, einschließlich genauer grundbuchrechtlicher Bezeichnung, ist ebenso von Relevanz, wie auch die beteiligten Sozialversicherungsträger etc. Folgende Aufstellung kann als Muster dienen:

Tabellarischer Überblick

Schuldnerbezogene Angaben	
Name des Schuldners	
Ggf. abweichende Firma	
Sitz	
Ggf. abweichende zustellungsfähige Anschrift	
Registergericht und -nummer	
Stammkapitel	
Gesellschaftsvertrag (Datum und wesentliche Änderungen)	
Rechtliche Stellung des Schuldners (z. B. e. K., bei nat. Pers.)	
Rechtlicher Betreuer (nur bei nat. Pers., falls Betreuung eingerichtet)	
Gegenstand (eingetragen, ggf. abweichend tatsächlich; ggf. Klassifikation nach WZ 2008)	
Nähere Beschreibung der wirtschaftlichen Tätigkeit	

39) Siehe dazu auch „Kölner Leitlinien“ → Anhang II.3. unter A.II.5.

Schuldnerbezogene Angaben	
Gesetzliche Vertreter mit Anschrift/ Kontaktdaten	
Verfahrensbevollmächtigter	
Steuerberater	
Lohnbuchhaltung	
Verfahrens- und massebezogene Angaben	
Antragsdatum	
Antragsart und Verfahrensart (z. B. Eigenantrag, Eigenverwaltung)	
Antrag auf Restschuldbefreiung (nur bei nat. Pers.)	
Datum der Abtretungserklärung (nur bei nat. Pers.)	
Antrag Kostenstundung (nur bei nat. Pers.)	
Weitere Insolvenzanträge (ggf. mit Antragsdatum, Az.)	
Sicherungsmaßnahmen (Art und Datum)	
Grundbesitz (genau bezeichnet)	
Laufender/eingestellter Geschäftsbetrieb	
Bilanzsumme i. S. d. § 22a Abs. 1 Nr. 1 InsO	
Umsatzerlöse i. S. d. § 22a Abs. 1 Nr. 2 InsO	
Anzahl Mitarbeiter a) i. S. d. § 22a Abs. 1 Nr. 23 InsO b) bei Antragstellung	
Lohnsumme	
Insolvenzgeldvorfinanzierung (ja/nein, ggf. Bank und Dienstleister mitteilen)	
Betriebsrat (ja/nein, ggf. Kontaktdaten)	
Beteiligte Krankenkassen	
Beteiligte Berufsgenossenschaft	
Beteiligte Kammer	
Beteiligte Finanzämter mit Steuernummern	
Beteiligte Agentur für Arbeit	
Bestätigung Restrukturierungsplan innerhalb der letzten 3 Jahre	

Verfahrens- und massebezogene Angaben	
Festgestellter Eröffnungsgrund	
Internationaler Bezug (ggf. als Sekundär- oder Partikularverfahren)	
Summe der Gläubigerforderungen	
Voraussichtliche Masse	
Voraussichtliche Kosten	
Quotenerwartung	

78 Diese Aufstellung ist keinesfalls als abschließend zu verstehen und kann nach konkretem Informationsinteresse im Einzelfall ergänzt werden. Selbstverständlich ist auch eine Kürzung denkbar. Vielfach dürfte es aber jedenfalls bei grundlegenden Positionen vorzuziehen sein, den jeweiligen Punkt in der Aufstellung zu belassen und das Fehlen, z. B. von Grundbesitz, zu vermerken.

Praxishinweis:

Idealerweise enthalten die Angaben in der Tabelle bereits sämtliche Angaben nach dem § 2 Nr. 1, 2, § 3 Abs. 1 InsStatG. Zur besseren Erkennbarkeit bietet sich an, diese dort kenntlich zu machen (z. B. durch Fett- oder Kursivdruck; *-Verweis).

IV. Umfang und Tiefe der Ermittlung von Vermögenswerten im Eröffnungsverfahren

79 Grundsätzlich sind im Eröffnungsgutachten die **Vermögensverhältnisse**, sowohl **Aktiva als auch Passiva**, vollumfänglich aufzuklären. Allerdings sind Umfang und Tiefe der Ermittlungsarbeit immer auch in Bezug auf den konkreten Fall zu sehen. Liegen die Eröffnungsvoraussetzungen ersichtlich vor und ist genügend Masse vorhanden, so ist es auch **nicht zwingend** erforderlich, **jeden einzelnen Vermögenswert** im Eröffnungsverfahren vollständig aufzuklären.

80 Offenbleiben kann etwa die Ermittlung von Vermögensansprüchen dem Grunde nach, z. B. das Bestehen von Haftungsansprüchen, wenn sich **zweifellos** ergibt, dass solche **nicht durchsetzbar** sind. Dies kann etwa der Fall sein, wenn der Geschäftsführer sich selbst im Insolvenzverfahren befindet, eine Vermögensauskunft abgegeben hat oder aber untergetaucht ist und nicht zu erwarten ist, dass man ihm in absehbarer Zeit habhaft wird. Es kann dann vereinfacht im Gutachten dargestellt werden, dass das Bestehen der Ansprüche nicht abschließend geklärt wurde, weil sie ersichtlich nicht durchsetzbar sind.

81 Auch gilt es, das **Eröffnungsverfahren nicht** zu **überfrachten**. Sind die Kosten des Verfahrens aufgrund der sicher ermittelten Werte gedeckt, kann und sollte insbesondere die **Aufklärung komplexer Sachverhalte** in das eröffnete Verfahren zurückgestellt werden. Beispielhaft genannt werden können hier schwierig zu ermittelnde Anfechtungs- und Haftungsansprüche, oder auch

bei der Bewertung von Massegegenständen, die mit Absonderungsrechten belastet sind.[40)]

Das Interesse an einer **schnellen Eröffnung** kann es gebieten, Vermögenswerte zunächst nicht vollständig aufzuklären und Erinnerungswerte anzusetzen.[41)] Denkbar ist dies etwa, wenn eine kurzfristige Veräußerung des Geschäftsbetriebs in Betracht kommt oder eine Vorfinanzierung von Insolvenzgeld nicht möglich ist. 82

Im Einzelfall kann auch die Ermittlung einzelner Vermögenswerte oder die Darstellung bestimmter Sachzusammenhänge **aus verfahrenstaktischen** Gründen in das eröffnete Verfahren zurückgestellt werden. Dies gilt etwa, wenn parallel Ermittlungen der Staatsanwaltschaft geführt werden, die nicht gefährdet werden dürfen. 83

Eine Aufklärung einzelner Vermögenswerte kann auch zurückgestellt werden, wenn dies die **weitere Abwicklung des Verfahrens unnötig erschweren** könnte. So macht es bisweilen wenig Sinn, in einem frühen Verfahrensstadium konfrontativ etwa Haftungsansprüche gegen Geschäftsführer, Lieferanten oder Vermieter zu prüfen, mit denen im weiteren Verlauf des Verfahrens noch zusammengearbeitet werden muss und von denen entweder wichtige Informationen zu erwarten sind oder auf deren Mitwirkung man bei der weiteren Verfahrensabwicklung angewiesen ist. 84

Wichtig ist in jedem Falle sicherzustellen, dass alle Ansprüche, auch solche mit Erinnerungswerten, im eröffneten Verfahren weiterverfolgt werden und nicht untergehen. Ein sehr hilfreiches Instrument hier ist das **Fortschreibende standardisierte Berichtswesen (ForStaB – Aachener Modell)**.[42)] Hier werden bereits im Eröffnungsverfahren die ermittelten Vermögenswerte – und sei es mit Erinnerungswerten – in einer Exceltabelle erfasst und im Laufe des Eröffnungsverfahrens nach ihrem Entwicklungsstand fortgeschrieben. Es ist dann ohne weiteres für alle Beteiligten ersichtlich, welche Vermögenswerte abschließend bearbeitet sind, und welche noch zur weiteren Bearbeitung offenstehen. 85

Praxishinweis:

Mit **Blick auf die recht weitgehenden Akteneinsichtsrechte** des Schuldners und der Gläubiger nach § 4 InsO, § 299 Abs. 1 ZPO einerseits und den Belangen des **Datenschutzes** andererseits, kann es geboten sein, **Zurückhaltung mit der Darstellung** von Daten oder Zusammenhängen im Gutachten und damit in der Akte zu üben.[43)]

40) Ausführlich „Heidelberger Leitlinien" → Anhang II.2. unter 8.; „Ludwigshafener Leitlinien" → Anhang II.4. unter II.11.

41) Vgl. „Heidelberger Leitlinien" → Anhang II.2. unter 8.

42) Siehe dazu den Abschnitt „Standardisiertes Fortschreibendes Berichtswesen (ForStaB) – Aachener Modell" → Rn. 100 ff.

43) Heidelberger Leitlinien" → Anhang II.2. unter 9.; „Ludwigshafener Leitlinien" → Anhang II.4. unter II.14.

Entsprechendes gilt auch zur **Wahrung von Persönlichkeitsrechten Dritter**, etwa von Ehegatten oder Verwandten des Schuldners. Auch hier ist im Zweifel im Gutachten Zurückhaltung geboten und sich auf das zur Erfüllung des Gutachtenauftrags das erforderliche Maß zu beschränken.

V. Zeitpunkt des Eintritts der materiellen Insolvenzgründe

86 Auch wenn es für die Eröffnungsentscheidung regelmäßig keine entscheidende Rolle spielt, ist, soweit möglich und im Eröffnungsverfahren mit vertretbarem Aufwand leistbar, zum Zeitpunkt des **Eintritts der materiellen Insolvenz**, also zur Frage, wann (drohende) Zahlungsunfähigkeit oder Überschuldung eingetreten sind, auszuführen. Denn für das weitere Verfahren sind diese Feststellungen immer wieder von erheblicher Relevanz.[44] Im Rahmen der Insolvenzabwicklung ist die Frage etwa bei der Prüfung von Haftungs- und Anfechtungsansprüchen von Bedeutung. Die Feststellungen sind aber auch für Dritte außerhalb der eigentlichen Insolvenzabwicklung von Interesse, etwa für staatsanwaltliche Ermittlungen und Fragen der Strafbarkeit oder bei der Prüfung von Haftungsansprüchen gegen die Geschäftsleitung durch Sozialversicherungsträger oder die Finanzverwaltung.

Praxishinweis:

Ist die Ermittlung des genauen Zeitpunkts des Insolvenzeintritts allerdings mit erheblichem Aufwand verbunden, so kann hiervon im Eröffnungsgutachten abgesehen werden. Es ist dann allerdings ein eindeutiger Hinweis zu erwarten, dass diese Ermittlungen insoweit nicht abgeschlossen wurden. Eine Eingrenzung des Zeitraums etwa auf „*spätestens am …*“, ist dann sinnvoll, zumeist auch leistbar.

VI. Fortführungsaussichten

87 Da die Unternehmenssanierung nach § 1 InsO zu den Zielen des Insolvenzverfahrens gehört, ist im Gutachten auch zu **Fortführungsmöglichkeiten** auszuführen. Dies gilt sowohl zu den Möglichkeiten eines Insolvenzplans, als auch hinsichtlich einer übertragenden Sanierung.

88 Zur Frage einer eventuell nötigen oder möglichen **Ausproduktion** und ihren Kosten ist ebenfalls auszuführen. Denn auch wenn sich in den letzten Jahren rein faktisch die Frage der Sanierung mehr und mehr in das Eröffnungsverfahren verlagert hat und Betriebseinstellungen vielfach mit Eröffnung des Verfahrens erfolgen, so darf die gesetzliche Grundwertung des § 157 InsO nicht vergessen werden, nach der die Gläubigerversammlung über Fortführung oder Einstellung des Geschäftsbetriebs zu entscheiden hat. Sie hat bei entsprechenden Ausführungen jedenfalls die Möglichkeit, nachträglich die Maßnahme zu genehmigen bzw. zu kritisieren und eventuell auch über Haftungsansprüche gegenüber dem vorläufigen Verwalter oder den Geschäftsführer nachzuden-

---

44) Vgl. zur Problematik auch *Stellungnahme BAKinsO e. V.*, ZInsO 2025, 884 f.

ken, der zur Unzeit der Geschäftsbetrieb eingestellt oder länger als notwendig fortgeführt hat.

Auch zur Vorbereitung eines etwaigen **Insolvenzplans** sind vorgenannten Informationen wertvoll. Denn gerade die Kosten der Ausproduktion, die in der Regel Masseverbindlichkeiten sind, führen vielfach zu einer erheblichen Reduzierung der Quote zu Lasten der Insolvenzgläubiger. Können diese Kosten durch eine Sanierungslösung erspart werden, führt allein dieser Effekt vielfach zu einer deutlichen Erhöhung der Quote. 89

VII. Besonderheiten bei einem Antrag auf Eigenverwaltung

Hat der Schuldner die Eigenverwaltung nach den §§ 270 ff. InsO beantragt, 90
hat das Gutachten sich auch zu den Voraussetzungen der Eigenverwaltung zu verhalten.[45] Insbesondere die **Eigenverwaltungsplanung** nach § 270a Abs. 1 InsO, einschließlich der **Liquiditätsplanung** für die nächsten sechs Monate, ist hier in den Blick zu nehmen.

Auch der **Kostenvergleich zwischen Regel- und Eigenverwaltungsverfahren**, § 270 Abs. 1 Nr. 5 InsO, ist kritisch zu prüfen und zu bewerten. Dies gilt, obwohl der Sachverständige als potentiell späterer Sachwalter selbst betroffen ist. Als Sachverständiger sollte man sich an dieser Stelle gewahr sein, dass grobe Abweichungen zwischen der Planung und den Feststellungen im Gutachten einerseits und einem späteren Vergütungsantrag andererseits, durchaus negativ auf einen zurückfallen können. 91

VIII. Verfahrenskostendeckung

Die voraussichtlichen **Kosten** des Insolvenzverfahrens sind ein wichtiger Baustein des Gutachtens. Diese sind zumindest überschlägig zu kalkulieren, auch damit die Gläubiger frühzeitig eine Vorstellung von etwaigen Quoten haben. Ist die Masse knapp, ist eine genaue Kalkulation erforderlich, um das Gericht in den Stand zu versetzen, die Frage der Eröffnung oder Abweisung mangels Masse konkret prüfen zu können.[46] 92

Praxishinweis:

Soweit der Schuldner eine natürliche Person ist und Stundung der Verfahrenskosten beantragt hat, ist auch auf die Voraussetzungen der Verfahrenskostenstundung einzugehen.

Es ist dann idealerweise die „***Eröffnung unter der Voraussetzung der Stundung der Verfahrenskosten***" vorzuschlagen. Weniger schön ist es umgekehrt zu formulieren und eine Abweisung mangels Masse vorzuschlagen, „*…es sei denn, das Gericht bewilligt Stundung*".

45) Vgl. „Kölner Leitlinien" → Anhang II.3. unter A.II.9.

46) Vgl. „Kölner Leitlinien" → Anhang II.3. unter A.II.9.

93 Hilfreich sind in diesem Zusammenhang auch Ausführungen zur **Erwerbsobliegenheit** bzw. zur voraussichtlichen Höhe eines nach § 295a InsO abzuführenden Vergleichsbetrags. Denn die fachkundige, wenngleich nicht verbindliche Einschätzung des Sachverständigen in diesem frühen Verfahrensstadium hilft später Streit zu vermeiden.

94 Schließlich sind Ausführungen auch zu einem **familienrechtlichen Anspruch auf Verfahrenskostenvorschuss** nach § 1360 Abs. 4 BGB erforderlich, soweit ein solcher ernsthaft in Betracht kommt.[47]

IX. Tagesordnung der Gläubigerversammlung und Besonderheiten

95 Ebenfalls dem Gutachten voranzustellen, oder ans Ende des Gutachtens aufzunehmen – hier empfiehlt es sich, die örtlichen Usancen abzufragen, falls Gerichte Vorlieben haben –, sind mögliche **Tagesordnungspunkte für eine Gläubigerversammlung**. Nach § 160 InsO zu fassende Beschlüsse sind idealerweise vorzuformulieren.

> **Praxishinweis:**
>
> Hilfreich ist es, wenn im Gutachten konkrete Formulierungsvorschläge gemacht werden, insbesondere dann, wenn es sich um besondere, selten vorkommende Tagesordnungspunkte handelt.[48]

96 Soweit nach Einschätzung des Sachverständigen die Einsetzung eines **vorläufigen Gläubigerausschusses** nach § 67 InsO sinnvoll ist oder von den Beteiligten gewünscht wird, ist ein eine dahingehende Beschlussempfehlungen auszusprechen und ein Personaltableau zu benennen. War im Eröffnungsverfahren ein vorläufiger Gläubigerausschuss bestellt und soll im eröffneten Verfahren nicht erneut ein Gläubigerausschuss bestellt werden, ist auch dies mitzuteilen.

97 Idealerweise verhält sich der zusammenfassende Vorschlag auch zu der Frage, ob das Verfahren gem. § 5 Abs. 2 InsO ganz oder teilweise **schriftlich oder mündlich** durchgeführt werden soll[49] und ob Berichts- und Prüfungstermin verbunden werden können oder getrennt abgehalten werden sollen.

98 Sind weitere Besonderheiten zu beachten, etwa Anforderungen an die **Saalgröße** oder zur Ausstattung für die Gläubigerversammlung, ist auch dies in die Zusammenfassung aufzunehmen.

99 Ebenfalls sollte auf **Besonderheiten wie Konzessionen**, die an die Rechtsträger gebunden sind, etwa Apothekenzulassungen oder die drohende Entziehung eine Anwaltszulassung, hingewiesen werden.

---

47) Vgl. „Kölner Leitlinien“ → Anhang II.3. unter A.II.11.

48) Vgl. „Kölner Leitlinien“ → Anhang II.3. unter A.II.10.

49) Vgl. „Kölner Leitlinien“ → Anhang II.3. unter A.II.9.

X. Standardisiertes Fortscheibendes Berichtswesen – Aachener Modell

Zur Erleichterung der Arbeit sowohl für das Gericht als auch die Sachverständigen und späteren Insolvenzverwalter hat das Amtsgericht Aachen das Fortschreibende Standardisierte Berichtswesen (ForStaB – Aachener Modell) entwickelt.[50] 100

Das System beruht auf einer fortlaufenden Erfassung der einzelnen Vermögenswerte, die mit dem Eröffnungsgutachten beginnt und mit dem Schlussbericht endet. Zentrales Element ist eine **standardisierte Vermögensübersicht** mit standardisierter Nummerierung. Diese ermöglicht sowohl dem Gericht als auch den Gläubigern einen schnellen Überblick über den Stand der Verwertung, ohne unnötig lange Einarbeitung in das Verfahren. Auch wird die nachvollziehbare Verfolgung der Werte über den gesamten Verfahrensverlauf hinweg, deutlich erleichtert. 101

Das ForStaB wurde entwickelt, weil in herkömmlichen Zwischenberichten der Stand der Verwertung oft nur schwer nachvollziehbar ist und im Laufe der Jahre der Überblick über den Stand des Verfahrens verloren zu gehen droht. Da in der Regel die **Erfassung der Vermögenspositionen bereits im Eröffnungsverfahren**, spätestens jedoch bis zum ersten Berichts- und Prüfungstermin abgeschlossen ist, erspart die konsequente Anwendung des ForStaB letztlich allen Beteiligten viel Arbeit und Zeit. Weitere wichtige Folge der fortlaufenden Aktualisierung der Werte ist eine schnelle und effiziente Kontrolle sowohl durch das Gericht als auch die Gläubiger und nicht zuletzt den Verwalter selbst. Dadurch wird auch das leider immer wieder zu beobachtenden „Vergessen" von Vermögenswerten im Verfahrensverlauf zurückgedrängt. 102

Ein weiterer Vorteil ist die vereinfachte Einarbeitung bei Dezernatswechseln, sowohl auf Gerichtsseite als auch im Verwalterbüro. Denn auf Grundlage der Berichte ist es möglich, selbst in älteren Verfahren und nach längerer Zeit einen **schnellen Überblick über den Verfahrensstand** zu bekommen. Der zu Beginn des Verfahrens eventuell zu leistende Mehraufwand bei Gutachten und Zwischenberichten wird durch einen deutlich geringeren Aufwand bei der Schlussrechnungslegung mehr als kompensiert. Neben einem (Selbst-)Disziplinierungseffet hat dies zur Folge, dass Verfahren insgesamt schneller abgeschlossen werden. 103

Die fortschreibende Rechnungslegung bildet den Stand der Verwertung ab und dient nicht der Zwischenrechnungslegung. Bewegungen auf dem Anderkonto aufgrund von Verwertungshandlungen bleiben unberücksichtigt. Die Gliederung und Bezeichnung der Positionen orientieren sich an den bilanzrechtlichen Vorschriften der §§ 265 ff. HGB. Die Vermögenswerte sind den **Bilanzpositionen des § 266 HGB** zuzuordnen, ergänzt um insolvenzspezifische An- 104

---

50) Grundlegend: *Langer/Bausch*, Die fortschreibende Rechnungslegung im Rahmen standardisierter Gutachten und Zwischenberichte, ZInsO 2011, 1287 ff.

sprüche. Vom Verwalter geführte Konten werden nicht aufgenommen; nur die Geschäftskonten und die Barkasse des Schuldners werden in die Vermögensübersicht aufgenommen. Der Bestand der übrigen Konten ist im textlichen Teil des Zwischenberichts gesondert anzugeben.

105 Zur Durchführung des ForStaB stellt das Amtsgericht Aachen eine Handreichung sowie vier Musterentwürfe als Excel-Tabellen zur Verfügung: die *„Fortschreibende Rechnungslegung Basis mit Privatvermögen"*, die *„Fortschreibende Rechnungslegung Basis"*, die *„Fortschreibende Rechnungslegung Status"* und die *„Fortschreibende Rechnungslegung § 153 InsO"*.

> **Praxishinweis:**
>
> Die meisten Hersteller gängiger **Verwaltersoftware** haben das ForStaB in ihre Produkte integriert, sodass eine Nutzung vielfach praktisch ohne Mehraufwand und große Einarbeitungszeit möglich ist.
>
> Da das ForStaB aber nicht nur die Arbeit des Gerichts deutlich erleichtert, sondern auch die eigene Arbeit in der Verfahrensabwicklung, ist es deshalb dringend zu empfehlen, das Berichtswesen nach dem **ForStaB auch dann zu nutzen, wenn das örtliche Gericht dies nicht ausdrücklich verlangt.**[51)]

XI. Gerichtliche Leitlinien für die Gutachtenerstattung

106 Eine Anzahl Gerichte hat Leitlinien für die Arbeit von und mit Sachverständigen/vorläufigen Insolvenzverwaltern verfasst, die im Interesse eines reibungslosen Verfahrensablaufs beachtet werden sollten. Inhalt und Reichweite dieser Leitlinien sind sehr unterschiedlich, wie auch die Erwartung der Gerichte an die Einhaltung der Vorgaben – die selbstverständlich ohnehin keinen bindenden Charakter haben – sehr unterschiedlich ist.

107 Eine einheitliche überregionale Praxis hat sich bislang nicht herausgebildet. Einige Gerichte haben einmalig Leitlinien erstellt, die möglicherweise nicht mehr aktuell sind und nicht mehr „gelebt" werden. Andere Gerichte erarbeiten und aktualisieren ihre Leitlinien regelmäßig in Zusammenarbeit mit der örtlichen Verwalterschaft, während wiederum andere sich an die Verwalterschaft mit Schreiben oder E-Mails zu einzelnen Punkten einer gewünschten Verfahrensbearbeitung wenden.

> **Praxishinweis:**
>
> Man sollte sich nicht scheuen, das Gespräch mit dem örtlichen Gericht zu suchen und nach etwaigen **örtlichen Leitlinien** oder gewünschten allgemeinen Abläufen zu fragen.

---

51) Eine Nutzung des ForStaB als grundsätzlich verbindlicher Berichtsstandard ist etwa vorgesehen „Kölner Leitlinien" → Anhang II.3. unter B.V.1.

Dabei kann auch angeboten werden, sich in der Abwicklung an bestimmten Leitlinien zu orientieren. Denn auch Gerichte, die keine eigenen Leitlinien vorhalten, sehen es bisweilen gerne, wenn sich an bestimmte Standards gehalten wird oder freuen sich, wenn in Ermangelung eigener Leitlinien den Leitlinien eines Nachbargerichts gefolgt wird.

Beispiele veröffentlichter Leitlinien finden sich abgedruckt im Anhang.[52)]

D. Das Vorgespräch

I. Im Insolvenzverfahren

1. Das Vorgespräch im Schwellenwertverfahren

Gemäß § 10a InsO besteht ein Anspruch auf ein Vorgespräch in den sogenannten **Schwellenwertverfahren**, also in Verfahren, bei denen der Schuldner im vorausgegangenen Geschäftsjahr mindestens zwei der drei Kriterien des § 22a Abs. 1 InsO erfüllt (mindestens 6 Mio. Bilanzsumme nach Abzug eines auf der Aktivseite ausgewiesenen Fehlbetrags i. S. d. § 268 Abs. 3 HGB; mindestens 12 Mio. Umsatzerlöse in den letzten Monaten vor dem Abschlussstichtag; mindestens 50 Arbeitnehmer im Jahresdurchschnitt). **108**

Form und Inhalt des Vorgesprächs sind nicht gesetzlich festgelegt. Als Inhalt des Vorgesprächs benennt § 10a Abs. 1 Satz 1 InsO *„die für das Verfahren relevanten Gegenstände"*. Beispielhaft (*„insbesondere"*) werden die Voraussetzungen einer Eigenverwaltung, die Eigenverwaltungsplanung, die Besetzung des vorläufigen Gläubigerausschusses, die Person des vorläufigen Insolvenzverwalters oder Sachwalters, etwaige weitere Sicherungsanordnungen und die Ermächtigung zur Begründung von Masseverbindlichkeiten genannt. **109**

Auf diese Themen muss sich das Vorgespräch hingegen nicht beschränken. Es können etwa auch Fragen und **Formalien der Antragseinreichung** geklärt werden, die Notwendigkeit der Begründung eines Gruppen-Gerichtsstandes, oder die Frage, ob zunächst ein Sachverständiger oder unmittelbar ein vorläufiger Insolvenzverwalter bestellt werden soll. Nicht zuletzt Fragen der Insolvenzgeldvorfinanzierung und eines möglichen Eröffnungszeitpunktes können schon besprochen werden. **110**

Auch Usancen des jeweiligen Insolvenzgerichts und die innergerichtliche **Zuständigkeitsverteilung**, etwa nach Buchstaben oder Endziffern, können abgefragt werden, obgleich sich letztere ohnehin aus den Geschäftsverteilungsplänen der Gerichte ergibt, die vielfach über das Internet einsehbar sind. **111**

Aus Beratersicht ist allerdings zu beachten, dass im Vorgespräch **„Ross und Reiter" genannt** werden müssen. Denn über das Vorgespräch wird eine Akte angelegt, typischerweise als sogenanntes „AR-Verfahren" (Registerzeichen AR). **112**

52) Abgedruckt im Anhang „Gerichtliche Leitlinien" → Anhang II.

Der große Vorteil dieses Vorgehens ist, dass durch die Anlage der AR-Akte in der Gerichtsdatenbank bei der späteren Einreichung des Insolvenzantrags die formale Bearbeitung bei Gericht wesentlich schneller geht, eben weil bereits alle Stammdaten erfasst sind.

> **Praxishinweis:**
>
> Von der Möglichkeit des Vorgesprächs sollte dringend Gebrauch gemacht werden. Ein kurzes Vorgespräch, und sei es telefonisch, um das **Verfahren anzukündigen**, erleichtert es allen Beteiligten.
>
> In eiligen Sachen sollte jedenfalls über Art und Form der Antragstellung (z. B. ausschließlich per beA oder begleitend schriftlich; persönliche Einreichung; parallele E-Mail; telefonische Ankündigung der Antragstellung) gesprochen werden, damit der Antrag nicht im Massengeschäft der Insolvenzabteilungen untergeht.

113 Zur Form des Vorgesprächs gibt es keine Vorgaben. Denkbar ist ein **telefonisches** Gespräch ebenso wie eine **Videokonferenz** oder ein **Präsenztermin**, etwa auf dem richterlichen Dienstzimmer. Hier gilt es im Vorfeld abzuklären, welche Art des Vorgesprächs das Gericht bevorzugt und welche Art auf Grund des individuellen Gesprächsbedarfs im Einzelfall sinnvoll ist. Dies gilt auch für den **Teilnehmerkreis**: Genügt ein Gespräch zwischen Schuldnerberater und Gericht, sollte die Geschäftsführung teilnehmen, ggf. auch der geschäftsverteilungsplanmäßige Vertreter des Richters oder der später zuständige Rechtspfleger?

114 In aller Regel dürfte ein gut vorbereitetes Telefongespräch genügen, wenn es sich an den untenstehenden Punkten orientiert und diese abarbeitet.

> **Praxishinweis:**
>
> In geplanten **Eigenverwaltungsverfahren** sollte auf ein Vorgespräch **keinesfalls verzichtet** werden. Es hilft nicht nur Fehler im Antragsverfahren zu vermeiden und kann das Verfahren hierdurch erheblich beschleunigen. Es kann auch zu einer deutlichen Zeitersparnis führen, etwa wenn frühzeitig Klarheit über Art und Umfang der für die Eigenverwaltungsplanung erforderlichen Unterlagen herrscht.
>
> Auch über etwaige **Mitglieder eines vorläufigen Gläubigerausschusses** kann sich im Rahmen des Vorgesprächs schon ausgetauscht werden, sodass es bei der Besetzung weder zu Unstimmigkeiten kommt noch Zeitverluste entstehen.

2. Checkliste Inhalt des Vorgesprächs nach § 10a InsO

115

Verfahrensbezogene Inhalte	
1.	Form und Zeitpunkt der Antragstellung
2.	Zeitliche Planung
3.	Wahl der Verfahrensart (Regelverfahren; Eigenverwaltung; Schutzschirm)
4.	Schwellenwerte nach § 22a InsO

Verfahrensbezogene Inhalte	
5.	Anforderungsprofil an Insolvenzverwalter/Sachwalter; ggf. namentliche Vorschläge
6.	Einsetzung eines vorläufigen Gläubigerausschusses
7.	Weitere Mandatierung im Verfahren?
8.	Abstimmung von Kommunikationswegen im Eröffnungsverfahren (E-Mail? Telefon? Videokonferenz?)
9.	Aktive Rolle des Gerichts, z. B. Teilnahme an Gläubigerausschusssitzungen?)

116

Schuldnerbezogene Inhalte	
1.	Allgemeine Information über das Unternehmen, die Branche und Krisenursachen
2.	Aussicht auf Sanierung oder Liquidation
3.	Information über Arbeitsverhältnisse und Stand der Lohnzahlung
4.	Stand der Buchhaltung
5.	Auftragsbestand/Forderungsbestand
6.	Aktuelle und voraussichtliche Liquidität
7.	Information über wesentliche Gläubiger/Gläubigerstruktur?
8.	Rückstände bei Sozialversicherungen/Finanzamt
9.	Finanzierungen/Hausbank
10.	Wesentliche Sicherheiten
11.	Information über Betriebsstätten (Standort, Anzahl)
12.	Gruppen-/Konzernkonstellationen; Gefahr der Infizierung

3. Das Vorgespräch in Nicht-Schwellenwertverfahren

Sofern die Schwellenwerte des § 22a Abs. 1 InsO nicht erreicht sind, besteht kein Anspruch auf ein Vorgespräch. Seine Durchführung steht dann nach § 10a Abs. 1 Satz 2 InsO im **Ermessen des Gerichts**. Dies bedeutet aber immerhin, dass das Gericht ermessensgerecht über die Abhaltung eines Vorgesprächs entscheiden muss. Tatsächlich dürfte ein Vorgespräch in nahezu allen Verfahren mit wirtschaftlicher Bedeutung für alle Beteiligten hilfreich sein, und sei es nur, um dem Gericht das Verfahren anzukündigen. 117

Sieht man als Berater jenseits der Schwellenwertverfahren im konkreten Fall einen Nutzen in einem Vorgespräch, sollte man deshalb nicht davor zurückschrecken, das Gericht zu kontaktieren. Denn jedenfalls, um über die Abhaltung des Vorgesprächs entscheiden zu können, muss das Gericht den Berater anhören, zumindest seinen (ggf. schriftlichen) Antrag auf ein Vorgespräch zur Kenntnis nehmen, sodass man in diesem Zusammenhang die wichtigsten Anliegen dem Gericht zur Kenntnis bringen kann. 118

II. Das Vorgespräch im StaRUG-Verfahren

119 Gesetzlich nicht vorgesehen, aber in der Praxis etabliert hat sich das Vorgespräch auch in StaRUG-Verfahren. Auch hier gilt, dass das Vorgespräch den weiteren Ablauf deutlich vereinfachen kann und deshalb auch hier das Gespräch mit dem Gericht gesucht werden sollte. Dies gilt umso mehr, als dass wegen der nach wie vor geringen Anzahl an Verfahren eine gewisse Unsicherheit auf allen Seiten nicht immer ausgeschlossen werden kann. Inhaltlich kann sich zunächst am Vorgespräch im Insolvenzverfahren orientiert werden. Weitere mögliche Inhalte können sein:

Vorgespräch im StaRUG-Verfahren – Inhalte zusätzlich zu § 10a InsO	
1.	**Zeitplan – immer!**
2.	Vertrauliches oder öffentliches Verfahren (§§ 84 ff. StaRUG)
3.	Zugangsvoraussetzungen (Prüfung der Anzeige nach § 31 StaRUG; drohende Zahlungsunfähigkeit)
4.	Einsetzung und Person des Restrukturierungsbeauftragten
5.	Kosten des Restrukturierungsbeauftragten und Vorschussanforderung
6.	Gruppenbildung
7.	Gestaltbare Rechtsverhältnisse, i. insb. „Einzelbestimmungen“ i. S. d. § 2 Abs. 2 Satz 1 StaRUG ii. Forderungen aus gegenseitigen Verträgen, § 3 Abs. 2 StaRUG iii. Gesellschafterrechte
8.	Art und Umfang einer Vorprüfung (formal nach §§ 46 bis 48 StaRUG; prozessleitend, § 38 Satz 1 StaRUG i. V. m. § 139 Abs. 1 ZPO, so AG Hamburg, NZI 2022, 434)
9.	Art der Planabstimmung (schriftlich; Versammlung der Planbetroffenen; gerichtlicher Erörterungs- und Abstimmungstermin)
10.	Formalia der Abstimmung (Nachweis des Stimmrechts; Vollmachten; Ladung)
11.	Gruppenübergreifende Mehrheitsentscheidung und Minderheitenschutz
12.	Bestätigungshindernisse

Teil IV Best Practice im Umgang mit Gläubigerausschüssen und Gläubigern

A. Stellung der Gläubiger im Insolvenz(eröffnungs)verfahren

1 Die Finanzierung des Insolvenzverfahrens erfolgt – sofern keine Verfahrenskostenstundung und somit keine staatliche Kostentragung notwendig ist – durch die Insolvenzmasse. Dementsprechend hat eine Gruppe von Verfahrensbeteiligten, die Gläubiger, ein besonderes Interesse an den Entscheidungen, die in einem Insolvenzverfahren getroffen werden. Insbesondere Verwertungs- und Fortführungsentscheidungen haben immer das Risiko immanent, dass – ggf. erst im Nachhinein – eine andere Vorgehensweise zu einem besseren wirtschaftlichen Ergebnis geführt hätte. Wenn sich Verfahrensentscheidungen derart wirtschaftlich deutlich – in Form einer erhöhten bzw. verringerten Ausschüttungsquote – zeigen, dürfte es selbsterklärend sein, dass diese Personengruppe, die ggf. sogar selbst in dem Marktumfeld wie der Insolvenzschuldner aktiv und erfahren ist, sich in diesen Entscheidungsprozess einbringen möchte. Dieses berechtigte Interesse wurde auch bei der Schaffung der InsO respektiert und eine Kombination aus staatlicher Überwachung und Gläubigerüberwachung geschaffen.[1)] Auch wenn hierdurch in manchen Konstellationen Spannungsverhältnisse entstehen, ermöglicht diese Kombination in dem staatlich geleiteten Gesamtvollstreckungsverfahren die notwendige Autonomie der Gläubiger.[2)] Verfahrensprägend ist hierbei, dass wirtschaftliche Entscheidungen der Gläubiger grundsätzlich Vorrang vor den Auffassungen und Entscheidungen des Gerichts haben.[3)] Eine Beteiligung dieser Personengruppe im Insolvenz(eröffnungs)verfahren erfolgt sowohl in ihrer Eigenschaft als Individualgläubiger als auch durch (ein) Kollektiv-Gläubigerorgan(e). Im Rahmen dieser Beteiligung stehen der Gläubigerseite in verschiedenen Ausgestaltungen Zustimmungserfordernisse, Mitwirkungsobliegenheiten, Anhörungsrechte und Informationsmöglichkeiten zu. Diese Rechte bestehen teilweise gegenüber dem Insolvenzgericht sowie teilweise gegenüber dem Insolvenzverwalter und werden in der Praxis unterschiedlich intensiv genutzt. Im Hinblick auf das Erfordernis des rechtlichen Gehörs bestehen Anhörungsrechte sowohl für den Individualgläubiger also auch für die Kollektivorgane. Für Individualgläubiger haben die Informationsmöglichkeiten eine erhebliche praktische Relevanz; für den Gläubigerausschuss seine Mitwirkungsobliegenheiten im Verfahren.

---

1) Uhlenbruck-*Knof*, InsO, § 69 Rn. 1.

2) *Frege*, NZG 1999, 478.

3) Vgl. u. a. BGH, Urt. v. 11.3.2021 – IX ZR 266/18, NZI 2021, 536 Rn. 14 m. w. N.; Uhlenbruck-*Knof*, InsO, § 69 Rn. 6 m. w. N.

Praktische Relevanz der verschiedenen Gläubigerrechte

	Zustimmungserfordernisse	Mitwirkungsobliegenheiten	Anhörungsrechte	Informationsmöglichkeiten
Individualgläubiger	selten	selten		umfangreich
Gläubigerversammlung	Rechtshandlungen von besonderer Bedeutung	selten	Im Hinblick auf den Anspruch auf rechtliches Gehör verfahrensimmanent	Insbesondere Berichts- und Erörterungstermin
Gläubigerausschuss	ggü. Gericht: nicht ggü. IV: oft	umfangreich		ggü. Gericht: selten ggü. IV: oft

B. Gläubiger-Individualrechte

2 Das **zentrale Gläubiger-Individualrecht** in Insolvenz(-eröffnungs-)verfahren **ist** die **Informationsmöglichkeit** – die **Schaffung der erforderlichen Gläubigerpublizität**. Die anderen Rechte werden im Wesentlichen durch die Gläubigerorgane wahrgenommen.[4]

I. Gemeinsames Justizportal der Länder in Insolvenzsachen

3 Eine **für jedermann**[5] zugängliche Informationsmöglichkeit ist die Internetseite, welche die zentrale und länderübergreifende Veröffentlichung im Internet i. S. v. § 9 Abs. 1 Satz 1 InsO übernimmt: **www.insolvenzbekanntmachungen.de**. Dort werden die wesentlichen Informationen zum Stand des Insolvenzverfahrens veröffentlicht.[6]

II. Akteneinsicht für Gläubiger

4 Für Gläubiger besteht zudem die Möglichkeit, Informationen durch die Einsicht in bestimmte Akten des Insolvenzverfahrens zu bekommen. Hierzu können die Gläubiger (1) das vom Insolvenzverwalter betriebene Gläubigerinformationssystems (GIS) nutzen oder (2) – teilweise – Einsicht in die Gerichtsakten des Insolvenzgerichts nehmen.

---

4) Ausnahmsweise besteht für den Individualgläubiger beispielsweise ein Zustimmungsrecht zum gerichtlichen Schuldenbereinigungsplan nach § 308 Abs. 2 Satz 1 InsO, welches in Form einer Einwendungsmöglichkeit innerhalb einer Notfrist ausgestaltet ist.

5) Vgl. auch § 9 Abs. 2 Satz 2 InsO i. V. m. § 4 InsBekV.

6) Andres/Leithaus-*Andres*, InsO, § 4 Rn. 9.

Praxishinweis:

Die Differenzierung zwischen Einsicht in die Gerichtsakte und Nutzung des GIS ist praktisch sehr relevant. Während der Akteneinsichtsantrag vorab beschieden werden muss, kann der Gläubiger mit den übersandten Einwahldaten sich eigenständig in das GIS einwählen.

1. Gläubigerinformationssystem (GIS)

Mit dem Gläubigerinformationssystem (GIS) ist beabsichtigt, den Gläubigern einen **zentralen Zugangspunkt** für den Zugriff auf sämtliche relevante Verfahrensinformationen zur Verfügung zu stellen und hierdurch diese Informationen gebündelt bereit zu stellen.[7] Nach der Konzeption des Gesetzgebers soll der Gläubiger das GIS als ein einheitliches Portal zur Informationsgewinnung über die das Verfahren betreffenden Dokumente und Verfahrensschritte nutzen.[8] Gemäß § 5 Abs. 5 Satz 1 InsO haben Insolvenzverwalter ein elektronisches GIS vorzuhalten und darin jedem Insolvenzgläubiger, der eine Forderung angemeldet hat, alle Entscheidungen des Insolvenzgerichts, alle Rechtsmittelentscheidungen, alle an das Insolvenzgericht übersandten Berichte, welche nicht ausschließlich die Forderungen anderer Gläubiger betreffen, und alle die eigenen Forderungen betreffenden Unterlagen unverzüglich in einem gängigen Dateiformat zum elektronischen Abruf zur Verfügung zu stellen. Über das GIS müssen zudem nach § 5 Abs. 5 Satz 2 InsO die Dokumente zugänglich sein, die dem Insolvenzgläubiger nach § 8 Abs. 3 zugestellt wurden. 5

Datenschutzrechtliche Probleme sieht der Gesetzgeber ausweichlich seiner Begründung zum Regierungsentwurf nicht und führt aus, dass nach seiner Einschätzung die Rechtmäßigkeit der Datenverarbeitung bei Verwendung eines GIS stets gegeben sei.[9] Ob diese für die Praxis wohlwollende Intention der Gesetzesbegründung mit dem europäischen Datenschutzrecht kompatibel ist, mag allerdings zu bezweifeln sein.[10] Das **tragende Grundprinzip des europäischen Datenschutzrechts ist das sog. Verbot mit Erlaubnisvorbehalt.**[11] **Übergreifendes Prinzip** ist hierbei die **Erforderlichkeit der Datenverarbeitung**, d. h. personenbezogene Daten dürfen nur verarbeitet werden, wenn der Zweck der Verarbeitung nicht in zumutbarer Weise auch durch andere Mittel erreicht werden kann.[12] Nur weil ein insolvenzrechtlicher Sachverständige oder ein Insolvenzverwalter in seinem Gutachten oder Bericht persönliche Daten verwendet hat, wird dies nicht kraft seiner insolvenzrechtlichen Stellung datenschutzkonform. Viele personenbezogenene Daten mögen einem besseren Verständnis der Zusammenhänge dienen und sind für die Verfahrensaufsicht, ins-

7) BT-Drucks. 20/10943, S. 63.
8) BT-Drucks. 20/10943, S. 64.
9) BT-Drucks. 20/10943, S. 64.
10) Vgl. ebenso *Heyer*, INDAT 9/2024, S. 26 m. w. N.
11) Vgl. *Brzoza*, jurisPR-InsR 4/2024, Anm. 3 m. w. N.
12) Vgl. u. a. Kühling/Buchner-*Buchner/Petri*, DSGVO, Art. 6 Rn. 15; Paal/Pauly-*Frenzel*, DSGVO, Art. 6 Rn. 9.

besondere für das Insolvenzgericht, wünschenswert. Eine datenschutzrechtliche Erforderlichkeit der Verarbeitung mag sich hieraus – insbesondere bei den besonders geschützten (Gesundheits-)Daten nach Art. 9 DSGVO – oft nicht ergeben.

Praxishinweis:

Bei Verfassung der Gutachten und Berichten muss immer die spätere Veröffentlichung im GIS bedacht werden und im Hinblick auf das europäische Datenschutzrecht die Verwendung persönlicher Daten auf das erforderliche Maß reduziert werden. Erfolgt dies nicht, ergeben sich ansonsten später schwer handhabbare Folgeprobleme *(Veröffentlichung eines gekürzten/geschwärzten Berichts im GIS? Unterschiedliche Berichte im GIS und in der Gerichtsakte?)*.

Um Zugriff auf das GIS zu erhalten, wird den Gläubigern, die eine Forderung im konkreten Insolvenzverfahren angemeldet haben, für dieses konkrete Verfahren ein **besonderer Zugangscode für das GIS** übersandt, wodurch sichergestellt ist, dass **unbefugte Dritte keinen Zugang** zum Datenbestand des Insolvenzverfahrens erhalten.[13] Die Informationsrechte des Gläubigers gegenüber dem Gericht werden durch das vom Verwalter vorgehaltene GIS dogmatisch zwar nicht verdrängt,[14] jedoch dürfte **in der Praxis die Nutzung des GIS für den Gläubiger weniger zeitintensiv als ein Akteneinsichtsgesuch bei dem Gericht sein.**

Praxishinweis:

Mit den erhaltenen Zugangsdaten kann ein Gläubiger im GIS ohne weitere Zwischenschritte die begehrten Informationen erhalten. Gesuche auf Einsicht in die gerichtliche Insolvenzakte müssen hingegen immer beschieden werden, wodurch Zwischenschritte bei der Informationseinholung entstehen, die mehr Zeit in Anspruch nehmen. Sofern die identischen Informationen sowohl im GIS als auch in der Gerichtsakte sind, sollte der Gläubiger daher immer zuerst auf das GIS als Informationsmöglichkeit zurückgreifen.

Zudem sollte aktuell jeder Gläubiger, der eine Forderung angemeldet hat – unabhängig davon, ob diese bestritten ist – für das konkrete Verfahren die entsprechenden GIS-Zugangsdaten erhalten und kann die entsprechenden Verfahrensinformationen somit ohne weitere Hürden erlangen.[15] Hingegen bestehen bei der Einsicht in die Gerichtsakte in diesen Fällen, in denen die angemeldete Forderung bestritten ist, üblicherweise weitere Hürden, die zu meistern sind *(umstritten, ob überhaupt ein Einsichtsrecht nach § 299 Abs. 1 InsO besteht; unterschiedliche Anforderungen an die Darlegung/Glaubhaftmachung des rechtlichen Interesses i. S. v. § 299 Abs. 2 InsO [ggf. Erhebung Feststellungsklage])*. Auch aus diesem Grund sollten Gläubiger aktuell das GIS als Informationsquelle bevorzugen.

---

13) K. Schmidt-*Stephan*, InsO, § 5 Rn. 37.

14) *Radmann*, NZI 2023, 749; 751 m. w. N.

15) Vgl. u. a. Kölner Leitlinien, B. V. N.13 (Anhang II.3.). Teilweise wird allerdings auch vertreten, dass die Übersendung der GIS-Zugangsdaten nicht nur eine Anmeldung, sondern auch die Feststellung der Forderung voraussetzt (vgl. zur entsprechenden Diskussion auf dem 22. Deutschen Insolvenzrechtstag: *Pollmächer*, VIA 2025, 33, 34.

2. Einsicht in Gerichtsakte

Mit der voranschreitenden Ausweitung der Informationsmöglichkeiten über das GIS reduziert sich die praktische Notwendigkeit in die Einsicht in die Gerichtsakte. Diese Gerichtsakte war bis zur Schaffung des GIS über Jahrzehnte eines der wenigen umfangreichen Informationsmöglichkeiten in Insolvenzverfahren. 6

Praxishinweis:

Die Ausweitung des GIS zeigt sich bereits im gerichtlichen Vorgehen bei Gläubigeranfragen betreffend die Zuleitung von Insolvenzgutachten oder von Berichten.

So sieht das Kölner Insolvenzgericht in seinen Leitlinien unter B. V. Nr. 12 vor, dass Anfragen von Gläubigern an das Insolvenzgericht wegen Zuleitung des Insolvenzgutachtens oder von Berichten an den Verwalter weitergeleitet werden sollen, sodass dieser idealerweise die – in der Praxis bereits als pdf-Datei vorhandene – Unterlagen den Gläubigern elektronisch zukommen lässt.[16]

a) Spannungsfeld zur informationellen Selbstbestimmung

Das Akteneinsichtsrecht bewegt sich im **Spannungsfeld** zwischen dem Anspruch auf effektiven Rechtsschutz und dem Recht auf rechtliches Gehör (Art. 19 Abs. 4, 103 Abs. 1 GG) der Gläubiger und dem Recht des Schuldners auf informationelle Selbstbestimmung und auf wirtschaftliche Betätigung (Art. 2 Abs. 1, 1 Abs. 1, 12 GG sowie DSGVO).[17] Das Gericht hat bei seiner Entscheidung in jedem Einzelfall diese Aspekte abzuwägen.[18] Eine Beschränkungen des Anspruchs nach § 299 Abs. 1 ZPO kommt hierbei regelmäßig nicht in Betracht; ausnahmsweise ist nur eine Beschränkung des Umfangs der Akteneinsicht denkbar.[19] Im Rahmen des § 299 Abs. 2 ZPO sind die o. g. Abwägungsaspekte regelmäßig im Rahmen der Prüfung des rechtlichen Interesses zu berücksichtigen. 7

Praxishinweis:

Das Abwägungsergebnis kann zu schwer praktikablen Ergebnissen führen.[20] Wird nur eine teilweise Akteneinsicht gewährt und sind die von Akteneinsicht ausgeschlossenen Aspekte nicht bereits in einem Sonderband abgeheftet, so ist eine händische – und somit arbeitsintensive – Selektion vor der tatsächlichen Einsicht erforderlich.

---

16) ZInsO 2025, 502, 507 bzw. Anhang II.3.

17) Vgl. u. a. BGH BeckRS 1998, 31360470; Uhlenbruck-*Pape*, InsO, § 4 Rn. 25 m. w. N.; Kayser/Thole-*Sternal*, InsO, § 4 Rn. 15 m. w. N.; *Swierczok/Kontny*, NZI 2016, 566, 567; *Thole*, ZIP 2012, 1533.

18) Andres/Leithaus-*Andres*, InsO, § 4 Rn. 9.

19) Vgl. auch Andres/Leithaus-*Andres*, InsO, § 4 Rn. 12.

20) Prütting/Bork/Jacoby-*Prütting*, InsO, Stand: 9/2024, § 4 Rn. 19 mit umfangreichen weiteren Nachweisen.

b) Gerichtsinterne Zuständigkeit

8 Die Zuständigkeit für die Gewährung der Akteneinsicht ist nach Abs. 1 für Verfahrensbeteiligte und nach Abs. 2 für Dritte dogmatisch nicht identisch. Die Bescheidung der Akteneinsicht nach § 299 Abs. 1 ZPO erfolgt durch das zuständige Gericht *(Richter oder Rechtspfleger)* während § 299 Abs. 2 ZPO eine Bescheidung durch den Gerichtsvorstand *(Direktor oder Präsident des Amtsgerichts)* normiert. Diese dogmatische Differenzierung ist in der Praxis oft nicht vorhanden. Der Gerichtsvorstand des Amtsgerichts kann in den Fällen des § 299 Abs. 2 ZPO seine Befugnis auf den Richter oder Rechtspfleger übertragen, der den Prozess führt; dies ist allgemein üblich und zulässig.[21)] In diesen Fällen entscheidet dann das Insolvenzgericht als Justizverwaltung mit der Folge, dass §§ 23 ff. EVGVG einschlägig sind.[22)] Dies ist beispielsweise beim Kölner Insolvenzgericht entsprechend erfolgt.[23)]

In der Praxis wird in den Fällen des § 299 Abs. 1 InsO die Entscheidung über die Akteneinsicht häufig auch auf die Serviceeinheit übertragen.[24)]

c) Bestehen eines Akteneinsichtsrechts

9 Grundsätzlich findet auf die Akteneinsicht in Insolvenzverfahren § 299 ZPO – über § 4 InsO – entsprechende Anwendung.[25)] Ausnahmsweise tritt § 299 ZPO zurück, wenn **insolvenzrechtliche Spezialvorschriften** bestehen. Entsprechende sind u. a. in §§ 66 Abs. 2 Satz 2, 150 Satz 2, 154, 175 Abs. 1 Satz 2, 188 Satz 2, 194 Abs. 3 Satz 1, 214 Abs. 1 Satz 2, 234 und 307 Abs. 1 Satz 1 und 2 InsO zu finden.[26)] Im Rahmen des § 299 ZPO ist die Differenzierung zwischen Verfahrensbeteiligten (Abs. 1) und Dritten (Abs. 2) entscheidend, da unterschiedliche Voraussetzungen für das Akteneinsichtsrecht dieser beiden Personengruppen besteht.

aa) Verfahrensbeteiligte (§ 299 Abs. 1 ZPO)

10 Gemäß § 4 InsO i. V. m. § 299 Abs. 1 ZPO können Parteien die Prozessakten einsehen und sich aus ihnen durch die Geschäftsstelle Ausfertigungen, Auszüge und Abschriften erteilen lassen. Diese Vorschrift verschafft den Beteiligten ohne weitere Voraussetzungen einen gebundenen Einsichtsanspruch dem

---

21) Vgl. u. a. Musielak/Voit-*Huber/Röß*, ZPO, § 299 Rn. 5.

22) Uhlenbruck-*Pape*, InsO, § 4 Rn. 28; HmbKomm-InsO/*Rüther/Tichbi*, § 4 Rn. 49; *Swierczok/Kontny*, NZI 2016, 566, 570 m. w. N.

23) Vgl. B. V. Nr. 12 der Kölner Leitlinien zur Zusammenarbeit mit dem Insolvenzgericht, in: ZInsO 2025, 502, 507 bzw. Anhang II.3.

24) *Swierczok/Kontny*, NZI 2016, 566, 570.

25) BGH, Beschl. v. 7.5.2020 – IX ZB 56/19, NZI 2020, 731 Rn. 5 m. w. N.; HmbKomm-InsO/*Rüther/Tichbi*, § 4 Rn. 32 m. w. N.

26) BGH NZI 2021, 123 Rn. 10; Andres/Leithaus-*Andres*, InsO, § 4 Rn. 9; HmbKomm-InsO/*Rüther/Tichbi*, § 4 Rn. 32; *Swierczok/Kontny*, NZI 2016, 566, 567.

Grunde nach.[27] Besonders relevant ist hierbei die **Unterscheidung zwischen Eröffnungsverfahren und eröffneten Verfahren.**

Im **Eröffnungsverfahren** sind künftige Insolvenzgläubiger grundsätzlich nicht Beteiligte des Eröffnungsverfahrens; sie erlangen ihre Beteiligtenstellung erst mit der Verfahrenseröffnung; bis zu diesem Zeitpunkt sind sie „Dritte" i. S. d. § 299 Abs. 2 ZPO.[28] Im Eröffnungsverfahren sind Verfahrensbeteiligte insbesondere der Antragsteller und der Antragsgegner.[29] Beim Eigenantrag ist dementsprechend nur der Insolvenzschuldner Beteiligter. Beim Fremdantrag hat – neben dem Insolvenzschuldner (als Antragsgegner) auch der antragstellende Gläubiger (als Antragsteller) eine Beteiligtenstellung; allerdings nur, wenn ihm auch ein Insolvenzantragsrecht zustand.[30]

Praxishinweis:

Insolvenzgläubiger erlangen erst mit Verfahrenseröffnung ihre Beteiligtenstellung. Bis zu diesem Zeitpunkt sind sie – mit Ausnahme des ggf. antragsstellenden Gläubigers – „nur" Dritte nach § 299 Abs. 2 ZPO und erst ab diesem Zeitpunkt Verfahrensbeteiligte nach § 299 Abs. 1 ZPO.

Inwieweit Gläubiger mit **Eröffnung des Insolvenzverfahrens** Verfahrensbeteiligte werden, ist umstritten. Unstreitig ist zwar zunächst, dass der Gläubigerbegriff weit auszulegen ist[31] und auch nachrangige Insolvenzgläubiger[32] sowie Gläubiger mit Aus- und Absonderungsrechten hierzu zählen.[33] **Unproblematisch** ist, dass die Gläubiger, die ihre **Forderung angemeldet** haben **und** deren Forderung sodann **nicht bestritten** worden ist, Verfahrensbeteiligte i. S. v. § 299 Abs. 1 ZPO sind. Sofern Gläubiger von einer entsprechenden Forderungsanmeldung abgesehen haben, wird auf der einen Seite vertreten,[34] dass diejenigen, die auf eine Teilnahme am Verfahren bewusst verzichten, nur als Dritte i. S. d. § 299 Abs. 2 ZPO eingeordnet werden können, und auf der anderen Seite,[35] dass die Informationen aus der Akteneinsicht gerade für diese Gläubiger erforderlich seien, um zu die Verfahrensentscheidung treffen zu können, ob eine Forderungsanmeldung erfolgen soll, und sämtliche Gläubiger zur Vermeidung eines mittelbaren Beteiligungszwangs als Beteiligte – unabhängig

---

27) Andres/Leithaus-*Andres*, InsO, § 4 Rn. 10; HmbKomm-InsO/*Rüther/Tichbi*, § 4 Rn. 34.

28) Andres/Leithaus-*Andres*, InsO, § 4 Rn. 11; Uhlenbruck-*Pape*, InsO, § 4 Rn. 26 m. w. N.

29) *Swierczok/Kontny*, NZI 2016, 566, 567.

30) *Swierczok/Kontny*, NZI 2016, 566, 568.

31) Vgl. auch HmbKomm-InsO/*Rüther/Tichbi*, § 4 Rn. 36.

32) LG Landshut, Beschl. 20.7.2015 – 33 T 1203/15, NZI 2015, 981, 982; HmbKomm-InsO/*Rüther/Tichbi*, § 4 Rn. 36.

33) HmbKomm-InsO/*Rüther/Tichbi*, § 4 Rn. 36; *Swierczok/Kontny*, NZI 2016, 566, 569 m. w. N.; *Thole*, ZIP 2012, 1533, 1538 m. w. N.

34) Braun-*Baumert*, InsO, § 4 Rn. 44 m. w. N.; MünchKomm-InsO/*Ganter/Bruns*, § 4 Rn. 61 m. w. N.; Uhlenbruck-*Pape*, InsO, § 4 Rn. 25 m. w. N.; Kayser/Thole-*Sternal*, InsO, § 4 Rn. 14 m. w. N.

35) BGH, Beschl. v. 5.4.2006 – IV AR (VZ) 1/06, NZI 2006, 472 Rn. 16; Andres/Leithaus-*Andres*, InsO, § 4 Rn. 11; *Thole*, ZIP 2012, 1533, 1539 m. w. N.

von einer Forderungsanmeldung – nach § 299 Abs. 1 InsO eingeordnet. Wird allerdings eine Forderung **endgültig bestritten**, so kann ein Gläubiger **nur** als Beteiligter eingeordnet werden, **wenn** diese **Forderung nach § 189 Abs. 1, 3 InsO berücksichtigungsfähig ist**, d. h. für die Forderung ein vollstreckbarer Titel oder ein Endurteil vorliegt.[36)] **Massegläubiger** sind als Dritte i. S. v. § 299 Abs. 2 InsO einzuordnen, da die Befriedigung ihrer Forderungen vorweg aus der Insolvenzmasse und dementsprechend außerhalb des Insolvenzverfahrens erfolgt.[37)]

bb) Dritte (§ 299 Abs. 2 ZPO)

11 Dritten kann der Vorstand des Gerichts gem. § 4 InsO i. V. m. § 299 Abs. 2 ZPO ohne Einwilligung der Parteien die Einsicht der Akten nur gestatten, wenn ein rechtliches Interesse glaubhaft gemacht wird. Dementsprechend muss (1) entweder die Zustimmung des Schuldners vorliegen oder (2) das rechtliche Interesse zu bejahen sein.

(1) Zustimmung Schuldner

12 Mit Zustimmung des Schuldners kann einem Dritten Akteneinsicht – unabhängig von der Darlegung/Glaubhaftmachung eines rechtlichen Interesses – gewährt werden. Die Einholung einer solchen Zustimmung ist nicht Aufgabe des Gerichts.[38)]

Praxishinweis:

Die Zustimmung des Schuldners zur Akteneinsicht ist durch den Dritten eigenständig einzuholen und dem Gericht vorzulegen.

(2) Rechtliches Interesse

13 Die Entscheidung, ob ein solches rechtliches Interesse besteht, ergeht nach pflichtgemäßem Ermessen.[39)]

In der Praxis sind Akteneinsichtsgesuche im Eröffnungsverfahren selten.[40)]

---

36) LG Düsseldorf BeckRS 2007, 4473; LG Karlsruhe, 4.3.2003 – 11 T 42/03, NZI 2003, 327, 328; Andres/Leithaus-*Andres*, InsO, § 4 Rn. 11 m. w. N.; MünchKomm-InsO/*Ganter/Bruns*, § 4 Rn. 61 m. w. N.; HmbKomm-InsO/*Rüther/Tichbi*, § 4 Rn. 36.

37) OLG Frankfurt/M., Beschl. 18.1.2010 – 20 VA 6/09, 20 VA 9/09, NZI 2010, 773, 774 m. w. N.; *Swierczok/Kontny*, NZI 2016, 566, 569 m. w. N.

38) HmbKomm-InsO/*Rüther/Tichbi*, § 4 Rn. 37.

39) Andres/Leithaus-*Andres*, InsO, § 4 Rn. 12: Braun-*Baumert*, InsO, § 4 Rn. 43.

40) HmbKomm-InsO/*Rüther/Tichbi*, § 4 Rn. 35.

Praxishinweis:

Im Eröffnungsverfahren sollte vor der Gewährung von Akteneinsichtsgesuchen die Erstattung des Gutachtens abgewartet werden; andernfalls muss konkret dargelegt werden, woraus sich das rechtliche Interesse gerade zu diesem früheren Zeitpunkt ergibt.[41]

Im eröffneten Verfahren sind Akteneinsichtsgesuche in der Praxis gegeben – oft, wenn die ersuchende Person zuvor vom Insolvenzverwalter in einem Haftungs- oder Insolvenzanfechtungsprozess in Anspruch genommen worden ist. Ein rechtliches Interesse besteht in diesen Fällen, wenn der Gegenstand des Verfahrens, in dessen Akten Einsicht begehrt wird, für die rechtlichen Belange der außerhalb des Verfahrens stehenden und Einsicht begehrenden Person von konkreter rechtlicher Bedeutung ist.[42] Ein solches Interesse kann in Insolvenzverfahren bestehen, wenn ein Gläubiger prüfen möchte, ob er seine Forderung zur Tabelle anmelden will oder um einen weiteren Insolvenzantrag vorzubereiten.[43] Teilweise wird ein rechtliches Interesse auch für den Dritten bejaht, der sich mit den aus der Akteneinsicht gewonnenen Informationen in einem anderweitigen Rechtsstreit verteidigen will.[44] Dies überzeugt allerdings nicht, da die Insolvenzakte zur bestmöglichen Abwicklung des Insolvenzverfahrens dienen soll und nicht als Informationsquelle für ein durch den Beibringungsgrundsatz geprägtes Zivilverfahren. Insoweit zeigt allerdings die gerichtliche Praxis, dass die amtsgerichtlichen Insolvenzgerichte das berechtigte Interesse enger verstehen als die Rechtsmittelgerichte.

cc) Amtshilfe betreffend institutionelle Gläubiger

Davon unabhängig ist die Akteneinsicht öffentlich-rechtlichen Hoheitsträgern **14**
– sofern sie kein Gläubiger im konkreten Verfahren sind – im Rahmen der Wahrnehmung ihres Aufgabenkreises im Wege der Amtshilfe aufgrund von Art. 35 Abs. 1 GG – ggf. in Verbindung mit den einfach gesetzlichen Konkretisierungen (vgl. u. a. §§ 3 ff. SGB X, 111 AO) – zu gewähren.[45] Typische Hoheitsträger sind hierbei Gerichte, Finanzämter und Sozialversicherungsträger.[46]

Praxishinweis:

Bei institutionellen Gläubigern ist immer zu klären, auf welcher Grundlage *(Akteneinsicht oder Amtshilfe)* die Informationen begehrt werden.

---

41) HmbKomm-InsO/*Rüther/Tichbi*, § 4 Rn. 35.

42) BGH NZI 2021 133 Rn. 14 m. w. N.; Kayser/Thole-*Sternal*, InsO, § 4 Rn. 15 m. w. N.; *Brzoza*, jurisPR-InsR 2/2023, Anm. 3 m. w. N.

43) Kayser/Thole-*Sternal*, InsO, § 4 Rn. 15 m. w. N.

44) Vgl. u. a. Kayser/Thole-*Sternal*, InsO, § 4 Rn. 15 m. w. N.; HmbKomm-InsO/*Rüther/Tichbi*, § 4 Rn. 38.

45) HmbKomm-InsO/*Rüther/Tichbi*, § 4 Rn. 32; *Rein*, NJW-Spezial 2012, 213.

46) Vgl. auch HmbKomm-InsO/*Rüther/Tichbi*, § 4 Rn. 44.

d) Umfang der Akteneinsicht

15 Jedoch hat man auch als Verfahrensbeteiligter **nicht ein umfassendes Akteneinsichtsrecht in alle Unterlagen der Gerichtsakte**. Bereits aus § 299 ZPO (i. V. m. § 4 InsO) ergibt sich, dass kein Verfahrensbeteiligter jemals eine umfassende Einsicht in sämtliche Dokumente der gerichtlichen Insolvenzakte erhalten wird. § 299 Abs. 5 ZPO hält ausdrücklich fest, dass die Entwürfe zu Beschlüssen und Verfügungen, die zu ihrer Vorbereitung gelieferten Arbeiten sowie die Dokumente, die Abstimmungen betreffen, weder vorgelegt noch abschriftlich mitgeteilt werden. Zudem lässt die „nur entsprechende Anwendung" der ZPO die Berücksichtigung insolvenzrechtlicher Besonderheiten zu.[47] Des Weiteren muss man sich in diesem Zusammenhang noch einmal in Erinnerung rufen, dass die Gerichtsakte nicht zwingend nur eine umfassende Akte sein muss, sondern neben der Hauptakte auch Sonderbände angelegt sein können. Sinn und Zweck dieser Sonderbände ist gerade die Separierung bestimmter Inhalte von den wesentlichen verfahrensrechtlichen Verfügungen. In – insbesondere größeren – Insolvenzverfahren ist die Anlegung von solchen Sonderbänden in der Praxis weitverbreitet. U. a. die **Unterlagen des Gläubigerausschusses** sowie – seit kurzem – die **Zugangsdaten des Insolvenzgerichts** für das GIS werden in separaten Sonderbänden abgelegt.

aa) Sonderband: GIS-Zugangsdaten

16 Hinsichtlich der GIS-Zugangsdaten dürfte es offensichtlich sein, dass diese nur für das Insolvenzgericht bestimmt sind und kein Gläubiger Kenntnis hiervon erlangen muss bzw. darf, sodass verhindert werden kann, dass jemand unberechtigt mit den dem Insolvenzgericht überlassenden Zugangsdaten sich beim GIS anmeldet.

bb) Sonderband: Gläubigerausschuss

17 Da der Gläubigerausschuss ein unabhängiges Organ ist (→ Rn. 24), haben die Gläubiger im Insolvenzverfahren grundsätzlich kein Recht, dessen Unterlagen vollständig einzusehen. Übersendet der Gläubigerausschuss im Rahmen der vertrauensvollen Zusammenarbeit dem Insolvenzgericht zu dessen Information Unterlagen von sich – in der Praxis üblicherweise das Protokoll der Gläubigerausschusssitzungen –, so sind diese Unterlagen aufgrund derer internen Natur grundsätzlich dem allgemeinen Akteneinsichtsrecht der Gläubiger entzogen.[48] Um im Fall einer gewährten Akteneinsicht nicht jedes Mal die entsprechenden Unterlagen aus der Hauptakte entnehmen und durch ein Fehlblatt (ggf. vorübergehend) ersetzen zu müssen, werden die Unterlagen zum Gläu-

---

47) OLG Frankfurt/M. BeckRS 2008, 26308; Kayser/Thole-*Sternal*, InsO, § 4 Rn. 13 m. w. N.

48) LG Karlsruhe BeckRS 2008, 3199; LG Landshut, Beschl. v. 20.7.2015 – 33 T 1203/15, NZI 2015, 981, 982 m. w. N.; Uhlenbruck-*Knof*, InsO, § 69 Rn. 25 u. 33; *Swierczok/Kontny*, NZI 2016, 566, 567 m. w. N.

bigerausschuss üblicherweise in einem Sonderband abgeheftet.[49] Hierdurch wird eine spätere Akteneinsicht entsprechend vereinfacht und das Risiko, bei einer gewährten Akteneinsicht ggf. das vorübergehende Herausnehmen eines Dokuments des Gläubigerausschusses aus der Hauptakte zu vergessen, minimiert.

> **Praxishinweis:**
>
> Werden dem Insolvenzgericht Unterlagen des Gläubigerausschusses zur Information zur Verfügung gestellt und sollten diese Unterlagen aufgrund deren interner Natur nicht allen Gläubigern im Rahmen der Akteneinsicht zur Verfügung gestellt werden, so ist dies zu Beginn des Übersendungsschreibens zur Klarstellung und zur Vereinfachung der Abläufe deutlich zu machen. Beispielweise könnte der deutliche Hinweis „*Unterlagen des Gläubigerausschusses – Nur zum Sonderband nehmen; keine Akteneinsicht*" genutzt werden.

cc) Sonderband: Schuldnerische Geschäftsunterlagen

Ebenfalls vom Akteneinsichtsrecht stets ausgeschlossen, sind die (Geschäfts-) Unterlagen und Buchführungsunterlagen des Schuldners, auch wenn diese zu den Gerichtsakten genommen wurden.[50] Auf Kontoauszüge, Verträge mit Lieferanten, Banken und Kunden sowie Informationen zu Arbeitsnehmer des Schuldners hat nur der Insolvenzverwalter Zugriff.[51] Ebenso auf weitere Unterlagen, an denen ein **berechtigtes Geheimhaltungsinteresse** *(Patente, u. a.)* besteht.[52] 18

> **Praxishinweis:**
>
> Geschäftsunterlagen des Schuldners sind so weit wie möglich in einen Sonderband ohne Akteneinsichtsrecht zu nehmen. Um dies sicherzustellen, sollte bei der Übersendung entsprechender Unterlagen – wie bei den o. g. Unterlagen des Gläubigerausschusses – ein deutlicher Hinweis in das Übersendungsschreiben aufgenommen werden.

Die baden-württembergischen Insolvenzgerichte (in ihren sog. Heidelberger Leitlinien[53]) sowie das Insolvenzgericht Ludwigshafen am Rhein[54] weisen hierauf auch entsprechend hin, in dem sie bei Berichten oder Gutachten, die **nicht zu offenbarende Informationen (Geschäftsgeheimnisse, Patente)** enthalten, den Einreicher auffordern, diese gesondert in einer zur Anlegung eines

---

49) Vgl. auch Andres/Leithaus-*Andres*, InsO, § 4 Rn. 9; Uhlenbruck-*Vallender*, InsO, § 22a Rn. 69 m. w. N.; *ders.*, WM 2002, 2040, 2047 m. w. N.

50) OLG Köln BeckRS 2008, 2503 Rn. 2; BeckOK InsR/*Madaus*, § 4 Rn. 11; HmbKomm-InsO/*Rüther/Tichbi*, § 4 Rn. 47; *Swierczok/Kontny*, NZI 2016, 566, 567.

51) OLG Düsseldorf, Beschl. v. 25.2.2021 – 1-3 VA 14/19, NZI 2021, 508 Rn. 23.

52) BGH BeckRS 1998, 31360470; LG Karlsruhe BeckRS 2008, 3199; Andres/Leithaus-*Andres*, InsO, § 4 Rn. 113; *Swierczok/Kontny*, NZI 2016, 566, 567.

53) Nr. 9 der Heidelberger Leitlinien, Anhang II.2.

54) Ziff. II Nr. 14 der Leitlinien zur Bearbeitung von Insolvenzverfahren am Amtsgericht Ludwigshafen am Rhein, Anhang II.4.

Sonderbands geeigneten Form einzureichen, wobei die Notwendigkeit zur Geheimhaltung zu begründen ist.

Geschäftsunterlagen des Schuldners können auch zur Gerichtsakte gelangen, **wenn das Insolvenzgericht** – statt des Sachverständigen – **selbst ermittelt und entsprechende Unterlagen einholt**. Auch in dieser Konstellation sind diese Geschäftsunterlagen, wie beispielsweise eine eingeholte Umsatzverdichtung des relevanten Geschäftskontos der letzten Jahre, in einen Sonderband abzuheften, in dem grundsätzlich für Gläubiger keine Akteneinsicht besteht.

dd) Missbräuchliche Akteneinsicht

19 Die – ggf. auch nur teilweise – Einschränkung des Akteneinsichtsrechts wegen missbräuchlicher Nutzung oder wegen verfahrensfremder Ziele wird aktuell insbesondere durch die höheren Instanzen sehr restriktiv angewendet und ist auf einzelne Ausnahmefälle beschränkt.[55)] Nachvollziehbar ist noch, dass ein solcher Missbrauch nicht aus der Absicht der Gläubiger hergeleitet werden kann, aus den gewonnenen Erkenntnissen Forderungen anderer Gläubiger aufzukaufen.[56)] Allerdings dürfte die Nutzung von Gläubigerdaten durch einen Anwalt zu Akquisezwecken insolvenzrechtlich nicht mehr akzeptabel sein[57)], auch wenn ein entsprechendes Vorgehen durch Zivilgerichte als zulässig eingeordnet worden ist.[58)] Diese – insbesondere durch die Rechtsmittelinstanzen – immer großzügiger gewährten Akteneinsichtsmöglichkeiten konterkarieren den Sinn und Zweck der Insolvenzakte, die Sammlung der notwendigen Informationen zur bestmöglichen Abwicklung des Insolvenzverfahrens, erheblich.[59)]

> **Praxishinweis:**
>
> Jedem Verfahrensbeteiligten kann in Insolvenzverfahren zum Schutz seiner persönlichen Daten nur geraten werden, so wenig Informationen wie möglich zur Hauptinsolvenzakte zu reichen,[60)] hilfsweise zu prüfen, ob die Informationen in einen Sonderband genommen werden können, der entsprechend den obigen Ausführungen von einer Akteneinsicht ausgenommen ist.

---

55) Vgl. auch: *Thole*, ZIP 2012, 1533, 1534 m. w. N.

56) BGH NZI 2020 731, Rn. 8; Kayser/Thole-*Sternal*, InsO, § 4 Rn. 14 m. w. N.

57) Vgl. *Brzoza*, jurisPR-InsR 4/2024, Anm. 3.

58) OLG Dresden NZI 2024, 293; LG Freiburg BeckRS 2023, 37312 Rn. 18.

59) *Brzoza*, jurisPR-InsR 4/2024, Anm.3.

60) *Brzoza*, jurisPR-InsR 4/2024, Anm.3.

3. Keine Einsicht in die Insolvenzverwalterakten

Ein Recht auf Einsicht in die Akten des Insolvenzverwalters ist nicht vom Akteneinsichtsrecht umfasst.[61] 20

C. Gläubigerorgane

Im Insolvenzrecht zeigt sich die **Bedeutung der Gläubigerautonomie** deutlich, indem das Gesetz neben dem Individualgläubiger auch Kollektiv-Gläubigerorgane vorsieht. Hierzu wurde als **Basisorgan der Gläubigerschaft** die **Gläubigerversammlung**[62] und **als zusätzliches Gremium die Möglichkeit zur Einsetzung eines Gläubigerausschusses** geschaffen. Diese beiden Gläubigerorgane nehmen Kollektivbefugnisse wahr, die einzelnen Gläubigern nicht zur Verfügung stehen.[63] 21

I. Gläubigerversammlung

Die grundlegenden Entscheidungen im Insolvenzverfahren, über die Art und Weise der Masseverwertung und auch die Entscheidungen über die Gestaltung des Verfahrens, insbesondere über Stilllegung oder Fortführung des schuldnerischen Unternehmens und die Verfahrensdauer, liegen grundsätzlich in den Händen der Gläubigerversammlung.[64] Allerdings ist die Anzahl der gemeinsamen Termine einer Gläubigerversammlung – wenn das Verfahren nicht schon vollständig schriftlich geführt wird – in einem Insolvenzverfahren überschaubar. 22

II. Gläubigerausschuss

Dementsprechend bietet die Teilnahme an Gläubigerversammlungen häufig für den Gläubiger keine hinreichende Möglichkeit, sich umfassend zu informieren und Einfluss auf den Ablauf des Verfahrens zu nehmen.[65] Mit der Schaffung des Gläubigerausschusses hat der Gesetzgebern den Gläubigern ein Gremium zur Verfügung gestellt, um insbesondere ihre Zustimmungsrechte und Mitwirkungsobliegenheiten in erhöhten Maße wahrzunehmen und insbesondere bei Unternehmensfortführungen schneller und **flexibler als die Gläubigerversammlung auf bestimmte Entwicklungen reagieren zu können.**[66] Daher ist im Verfahren der Gläubigerausschuss ständig zu beteiligen; die Gläubigerver- 23

---

61) BayObLG NZI 2021, 1078 Rn. 39 m. w. N.; OLG Köln BeckRS 2008, 2503, Rn. 2; Andres/Leithaus-*Andres*, InsO, § 4 Rn. 12; MünchKomm-InsO/*Ganter/Bruns*, § 4 Rn. 58 m. w. N.; *Swierczok/Kontny*, NZI 2016, 566, 567 m. w. N.

62) Uhlenbruck-*Knof*, InsO, § 69 Rn. 1.

63) *Frege/Keller/Riedel*, Insolvenzrecht, Rn. 900 m. w. N.

64) Uhlenbruck-*Knof*, InsO, § 67 Rn. 1.

65) *Vallender*, WM 2002, 2040.

66) *Vallender*, WM 2002, 2040.

sammlung hingegen nur bei bedeutenden Entscheidungen.[67] Der Gläubigerausschuss ist hierbei nicht nur **Kontrollorgan** sondern auch **Unterstützungsorgan** des Insolvenzverwalters.[68] Allerdings sollte allen Verfahrensbeteiligten der gewichtige Nachteil eines Gläubigerausschusses bewusst sein, der sich diesen oft erst zum Verfahrensende hinreichend konkret zeigt: Die Einsetzung eines solchen Ausschusses erhöht die Kosten, die von der Masse zu tragen sind, und reduziert dementsprechend ggf. die Gläubigerquote.[69]

1. Grundlagen zum Gläubigerausschuss

a) Stellung des Gläubigerausschusses

24 Prägend für die Rechtsstellung des Gläubigerausschusses ist das Spannungsverhältnis zwischen einem staatlich geleiteten Gesamtvollstreckungsverfahren und der – zugleich ermöglichten – Autonomie der Gläubiger.[70] Durch den Gläubigerausschuss soll der ständige Einfluss der Gläubiger auf den Ablauf des Insolvenzverfahrens sichergestellt und so deren Interesse zur Geltung gebracht werden.[71] Daher wurde der Gläubigerausschuss als ein **unabhängiges und eigenständiges Organ**[72] geschaffen, welches allerdings **nicht nach außen handeln** kann.[73] Er unterliegt im Rahmen seiner Tätigkeit **nur einer Rechtskontrolle durch das Insolvenzgericht**; wirtschaftliche Entscheidungen der Gläubiger haben grundsätzlich Vorrang vor den Auffassungen und Entscheidungen des Gerichts.[74] Auch eine **Weisungsbefugnis der Gläubigerversammlung** gegenüber diesem unabhängigen Gläubigerausschuss **besteht nicht**; zudem ist die Gläubigerversammlung nicht befugt, Beschlüsse des Gläubigerausschusses aufzuheben, abzuändern oder zu ersetzen.[75] Nur in den gesetzlich geregelten Fällen (vgl. u. a. §§ 59 Abs. 1, 160 Abs. 1 Satz 2, 233 InsO) ist eine Ausübung der Rechte des Gläubigerausschusses durch die Gläubigerversammlung möglich; die Gläubigerversammlung kann hingegen ihre Rechte auf den Gläubigerausschuss übertragen.[76]

> **Praxishinweis:**
>
> Eine Übertragung der Rechte der Gläubigerversammlung auf den Gläubigerausschuss ist sinnvoll, wenn zu erwarten ist, dass die Insolvenzgläubiger an künftigen Gläubigerversammlungen nicht mehr teilnehmen.[77]

---

67) Andres/Leithaus-*Andres*, InsO, § 69 Rn. 8.
68) Uhlenbruck-*Knof*, InsO, § 69 Rn. 1.
69) Vgl. u. a. HmbKomm-InsO/*Frind*, § 22a Rn. 9 m. w. N.
70) *Frege*, NZG 1999, 478.
71) *Mönning*, in: Göb/Schnieders/Pollmächer, Kap. 1 Rn. 68 m. w. N.
72) BGH NZI 2021, 536 Rn. 14; BGH NZI 2008, 306 Rn. 15; Uhlenbruck-*Knof*, InsO, § 69 Rn. 2.
73) Andres/Leithaus-*Andres*, InsO, § 69 Rn. 8; Uhlenbruck-*Knof*, InsO, § 69 Rn. 2.
74) BGH NZI 2021, 536 Rn. 14 m. w. N.
75) Andres/Leithaus-*Andres*, InsO, § 69 Rn. 9.
76) Andres/Leithaus-*Andres*, InsO, § 69 Rn. 11.
77) Andres/Leithaus-*Andres*, InsO, § 69 Rn. 11.

b) Funktion des Gläubigerausschusses

Die beiden wichtigsten Aufgaben[78] des Gläubigerausschusses sind in § 69 Satz 1 InsO normiert. Hiernach haben die Mitglieder des Gläubigerausschusses den Insolvenzverwalter bei seiner Geschäftsführung zu **unterstützen** und – nicht allein auf die Rechtmäßigkeit, sondern auch auf die Zweckmäßigkeit und Wirtschaftlichkeit der Geschäftsführung[79] – zu **überwachen**. Unterstützung ist hierbei die aktive Hilfe durch Beratung sowie Hinweiserteilung und Überwachung erfordert die Einsichtnahme in Bücher und Geschäftspapiere des Insolvenzverwalters am Ort deren Aufbewahrung sowie den Versuch, Handlungen des Insolvenzverwalters nachzuvollziehen.[80] § 69 Satz 2 InsO normiert entsprechend, dass die Mitglieder des Gläubigerausschusses hierzu sich über den Gang der Geschäfte zu **unterrichten** sowie die Bücher und Geschäftspapiere **einzusehen** und den Geldverkehr und -bestand zu prüfen haben. 25

Praxishinweis:

Gerade im Hinblick auf die voranschreitende Digitalisierung erleichtert ein digitaler Datenraum allen Verfahrensbeteiligten die Erledigung ihrer Aufgaben.

c) Arten des Gläubigerausschusses

Bei dem Gläubigerausschuss handelt es sich um ein fakultatives Gremium, welches – außerhalb in den Fällen des § 22a InsO – nicht zwingend in jedem Insolvenzverfahren existieren muss.[81] Wichtig im Zusammenhang mit einem möglichen Gläubigerausschuss ist, dass sich alle beteiligten Personen vor der Einsetzung dieses Ausschusses noch einmal präzise bewusst machen, welche Art von Gläubigerausschuss nunmehr eingesetzt werden soll. Hierbei ist insbesondere (aa) der Einsetzungszeitpunkt und (bb) das Einsetzungsermessen zu beachten. 26

aa) Einsetzungszeitpunkt

In der Praxis ist den beteiligten Personen nicht immer hinreichend präsent, dass abhängig vom Stadium des gerichtlichen Insolvenz(eröffnungs)verfahrens in zeitlicher Hinsicht zwischen drei verschiedenen möglichen Gläubigerausschüssen differenziert wird.[82] Im Eröffnungsverfahren kann bis zur Eröffnung des Insolvenzverfahrens ein **vorläufiger Gläubigerausschuss** eingesetzt werden. Ab Eröffnung des Insolvenzverfahrens bis zur ersten Gläubigerversammlung 27

78) OLG Celle BeckRS 2010, 14123; Andres/Leithaus-*Andres*, InsO, § 69 Rn. 5.
79) Andres/Leithaus-*Andres*, InsO, § 69 Rn. 6.
80) Andres/Leithaus-*Andres*, InsO, § 69 Rn. 6 m. w. N.
81) *Mock*, ZInsO 2019, 1991.
82) BeckOK InsR/*Frind*, § 67 InsO Rn. 4b m. w. N.

kann ein sog. **Interims-Gläubigerausschuss**[83] bestehen. In der ersten Gläubigerversammlung kann sodann der **endgültige Gläubigerausschuss** eingesetzt werden. Diese Differenzierung ist von erheblicher Bedeutung. **Einsetzungsbefugnis und Einsetzungsvorgehen unterscheiden sich** teilweise bei den Gläubigerausschüssen. Zudem kann ein **Wechsel eines Mitglieds** des Gläubigerausschusses am unproblematischsten in den Zeitpunkten erfolgen, in denen der **Gläubigerausschuss in zeitlicher Hinsicht seine Art ändert**. Ist der Ausschuss einmal gewählt, ist der Gläubigerversammlung eine Abwahl einzelner Mitglieder oder des gesamten Ausschusses grundsätzlich verwehrt.[84] Eine entsprechende Entlassung aus diesem Amt kann dann nur noch aus wichtigen Grund nach § 70 InsO erfolgen, weil eine weitere Mitarbeit die Erfüllung der Aufgaben des Gläubigerausschusses nachhaltig erschwert oder unmöglich macht und die Erreichung der Verfahrensziele objektiv nachhaltig gefährdet.[85]

Praxishinweis:

In zeitlicher Hinsicht ist zwischen drei Arten zu unterscheiden:

(1) Vorläufiger Gläubigerausschuss

(2) Interims-Gläubigerausschuss

(3) Endgültiger Gläubigerausschuss

Diese Unterscheidung ist insbesondere bei der Einsetzungsbefugnis und dem Einsetzungsverfahren relevant. Zudem ist die Auswechslung eines Ausschussmitglieds am besten praktisch im zeitlichen Übergang von einem der o. g. Ausschüsse auf den nächsten vorzunehmen.

Neben diesen Gläubigerausschüssen ist in der Praxis teilweise auch ein sogenannter **präsumtiver Gläubigerausschuss** vorhanden; ein solcher ist vor Antragstellung tätig.[86] Für das gerichtliche Insolvenz(eröffnungs)verfahren hat dieser präsumtive Gläubigerausschuss allerdings keine Bedeutung.

bb) Einsetzungsermessen

28 Die Unterscheidung nach dem Einsetzungsermessen erfolgt – insbesondere aufgrund von § 22a InsO – in der Praxis üblicherweise. Hiernach ist zwischen dem **Pflichtausschuss** (§ 22a Abs. 1 InsO), dem **Soll-Ausschuss** (§ 22a Abs. 2 InsO) und dem **Kann-Ausschuss** (§ 21 Abs. 2 Satz 1 Nr. 1a InsO)[87] zu unterscheiden. Bei einem Pflichtausschuss besteht kein Ermessen des Insolvenzge-

83) Vgl. zu dieser Bezeichnung auch: *Beth*, ZInsO 2012, 1974; BeckOK InsR/*Frind*, § 67 InsO Rn. 4b m. w. N.; *Pollmächer/Bogumil*, in: Göb/Schnieders/Pollmächer, Kap. 2 Rn. 4 m. w. N.

84) BGH NZI 2021, 536, Rn. 15 m. w. N.

85) BGH NZI 2009, 845 Rn. 13 m. w. N.

86) Vgl. hierzu u. a. *Beth*, in: BK InsO, § 22a Rn. 25; *Pollmächer/Bogumil*, in: Göb/Schnieders/Pollmächer, Kap. 2 Rn. 5 m. w. N.; *Frind*, ZIP 2019, 61 m. w. N.

87) *Pollmächer/Bogumil*, in: Göb/Schnieders/Pollmächer, Kap. 2 Rn. 7 m. w. N.

richts zur Frage, ob ein solcher Ausschuss eingesetzt wird. Ein entsprechendes Ermessen besteht bei dem Pflichtausschuss nur noch in der Frage der konkreten Ausgestaltung dieses Ausschusses. Anders beim Soll- und Kann-Ausschuss: Hier hat das Insolvenzgericht unter Berücksichtigung sämtlicher Umstände des konkreten Einzelfalls zu beiden Aspekten eine Ermessensentscheidung zu treffen. Im Hinblick auf die Reduzierung der Insolvenzmasse durch die Kosten eines Gläubigerausschusses sowie zur Straffung des Verfahrens[88] wird sich das Insolvenzgericht insbesondere mit der Einsetzung eines Kann-Ausschusses (gerade bei Kleininsolvenzen) sehr zurückhalten und auch die Erforderlichkeit der Einsetzung eines Soll-Ausschusses noch einmal sehr kritisch prüfen. Werden dem Insolvenzgericht hierfür nicht die notwendigen Informationen durch den Antragsteller beigebracht, kann dies zu vermeidbaren Verzögerungen führen.

Praxishinweis:

Wird die Einsetzung eines Soll- oder Kann-Gläubigerausschusses durch den Antragssteller beabsichtigt, so sollte dies vorab mit dem Insolvenzgericht abgestimmt werden.

Entscheidet sich die Gläubigerversammlung in den Fällen des Soll- und Kann-Ausschusses für eine entsprechende Einsetzung, so hat das Insolvenzgericht hier unter der Schwelle des Rechtsmissbrauchs keine Handhabe, dies zu verhindern.[89]

(1) Ermittlung der Schwellenwerte des § 22a InsO

Voraussetzung für die Einsetzung eines Pflichtausschusses nach § 22a InsO 29
ist die gesicherte Erkenntnisbasis des Insolvenzgerichts zum Vorliegen der Schwellenwerte.[90] Wie das Gericht seine Erkenntnisse zum Vorliegen der Schwellenwerte gewinnen soll, ist gesetzlich nicht ausdrücklich geregelt; es gilt jedoch auch hier der Beibringungsgrundsatz.[91] Es kann dem Antragsteller daher nur angeraten werden, vorab mit dem Insolvenzgericht abzustimmen, welche Informationen dieses zur Prüfung der Schwellenwerte benötigt und diese Informationen bei Antragstellung beizubringen. So werden in der **Praxis unterschiedliche Zeitpunkte zur Feststellung der Schwellenwerte verwendet.** Teilweise wird mit Blick auf den Gesetzeswortlaut auf die Gegebenheiten im letzten abgeschlossenen Geschäftsjahr vor dem Eröffnungsantrag abgestellt;[92] teilweise im Hinblick auf den zeitlichen Abstand der Insolvenzan-

88) BT-Drucks. 12/2443, S. 131; BGH NZI 2009, 845 Rn. 13; Graf-Schlicker-*Kubusch*, InsO, § 67 Rn. 3; *Vallender*, WM 2002, 2040, 2041.

89) BGH NZI 2009, 845 Rn. 13.

90) HmbKomm-InsO/*Frind*, § 22a Rn. 7.

91) *Pollmächer/Bogumil*, in: Göb/Schnieders/Pollmächer, Kap. 2 Rn. 19 m. w. N.

92) Prütting/Bork/Jacoby-*Blankenburg*, InsO, Stand: 9/2024, § 22a Rn. 9 m. w. N.; HmbKomm-InsO/*Frind*, § 22a Rn. 6; Kayser/Thole-*Laroche*, InsO, § 22a Rn. 3 m. w. N.

tragstellung zum vorangegangenen Geschäftsjahr und der hierausresultierenden fehlenden Aktualität der nach §§ 13 Abs. 1 Satz 5, 22a Abs. 1 InsO mitzuteilenden Werte auf den Tag des Verfahrenseingangs bei Gericht[93] oder auf den Zeitpunkt der Entscheidungsreife der Einsetzungsentscheidung.[94]

> **Praxishinweis:**
>
> Ist das Vorliegen der Schwellenwerte des § 22a InsO nicht offensichtlich, sollte der Antragsteller vorab mit dem Insolvenzgericht klären, welche Informationen für das Insolvenzgericht zur Beurteilung der Schwellenwerte erforderlich sind und diese mit Antragsstellung beibringen, um Verzögerungen zu vermeiden.
>
> Zudem wird das Insolvenzgericht in der Praxis oft bei entsprechenden Unsicherheiten einen Sachverständigen bestellen, der zeitnah ausschließlich klären soll, ob die Schwellenwerte des § 22a InsO vorliegen und ein Pflichtausschuss einzusetzen ist.

(2) Einsetzungsbremse des § 22a Abs. 3 InsO

30 Als Korrektiv für die weitreichenden Möglichkeiten zur Installation eines vorläufigen Gläubigerausschusses wurden in § 22a Abs. 3 InsO Ausschlusstatbestände geschaffen,[95] die auch als Einsetzungsbremse[96] bezeichnet werden. Hiernach erfolgt keine Einsetzung, wenn (a) der **Geschäftsbetrieb** des Schuldners **eingestellt** ist, (b) die Einsetzung des vorläufigen Gläubigerausschusses **im Hinblick auf die zu erwartende Insolvenzmasse unverhältnismäßig** ist oder (c) die mit der Einsetzung verbundene **Verzögerung zu einer nachteiligen Veränderung der Vermögenslage** des Schuldners **führt**. Hierbei betrifft die Ausnahmenorm des § 22a Abs. 3 InsO beide in § 22a InsO geregelten Ausschussformen, nicht jedoch den amtswegigen Ausschuss nach § 21 Abs. 2 Nr. 1 lit. a) InsO.[97]

(a) Eingestellter Geschäftsbetrieb

31 Eine gesetzliche Definition eines eingestellten Geschäftsbetriebs ist in § 22a InsO nicht enthalten. Allerdings können die Grundsätze zur in § 3 Abs. 1 Satz 2 InsO normierten „selbstständigen wirtschaftlichen Tätigkeit" übertragen werden, wonach ein eingestellter Geschäftsbetrieb bei reinen Abwicklungsmaßnahmen oder in den Fällen, in denen im Rahmen eines überschaubaren Zeitraums nach Antragstellung aufgrund eines feststehenden Entschlusses oder unumkehrbarer Umstände die werbende Tätigkeit eingestellt werden

---

93) *Pollmächer/Bogumil*, in: Göb/Schnieders/Pollmächer, Kap. 2 Rn. 15 f.

94) AG Hamburg NZI 2014, 31; *Beth*, in: BK InsO, § 22a Rn. 30.

95) *Beth*, in: BK InsO, § 22a Rn. 26.

96) *Pollmächer/Bogumil*, in: Göb/Schnieders/Pollmächer, Kap. 2 Rn. 42; FK-InsO/*Schmerbach*, § 22a Rn. 6; *Frind*, ZIP 2013, 2244.

97) HmbKomm-InsO/*Frind*, § 22a Rn. 24 m. w. N.

soll, nicht weitergeführt werden kann und das schuldnerische Vermögen insoweit verwertet werden soll, vorliegt.[98]

(b) Unverhältnismäßiges Kosten-Nutzen-Verhältnis

Die Bestimmung der Verhältnis- oder Unverhältnismäßigkeit der Gläubigerausschusskosten im Hinblick auf die zu erwartende Insolvenzmasse erfolgt in drei Schritten durch das Insolvenzgericht: Zunächst müssen die Kosten der Einsetzung des vorläufigen Gläubigerausschusses berechnet werden, anschließend die zu erwartende Insolvenzmasse prognostizieren werden und zuletzt eine Verhältnismäßigkeitsabwägung anhand der gefundenen Ergebnisse erfolgen.[99] Die voraussichtlichen Kosten des vorläufigen Gläubigerausschusses sind – neben der Anzahl der notwendigen Mitglieder – anhand seiner voraussichtlichen Aufgaben zu bestimmen, sodass die Häufigkeit der notwendigen voraussichtlichen Sitzungstermine, die Dauer der Sitzungen, der Schwierigkeitsgrad der Aufgaben und die damit verbundene Stundensatzhöhe sowie die Höhe der notwendigen Haftpflichtversicherung anzusetzen sind.[100] 32

Praxishinweis:

Ein erster Kalkulationsansatz von circa **6.000 € pro Ausschussmitglied** dürfte als Ausgangspunkt sinnvoll sein.[101]

Alternativ können **für kleinere Verfahren** Kosten in Höhe von rund **10.000 €** und **für mittelgroße Verfahren** von rund **20.000 bis 30.000 €** als Ausgangspunkt angesetzt werden.[102]

Die Bestimmung der zu erwartenden Insolvenzmasse stellt für das Insolvenzgericht in einem solchen frühen Verfahrensstadium eine besondere Herausforderung dar und ist im Hinblick auf die eingeschränkte Informationslage noch mit großen Unsicherheiten belastet.[103] Insbesondere Haftungs- und Anfechtungsansprüche ergeben sich oft nicht hinreichend deutlich aus den Antragsunterlagen.

98) *Beth*, in: BK InsO, § 22a Rn. 30; HmbKomm-InsO/*Frind*, § 22a Rn. 25; *Pollmächer/Bogumil*, in: Göb/Schnieders/Pollmächer, Kap. 2 Rn. 44 m. w. N.; FK-InsO/*Schmerbach*, § 22a Rn. 37 m. w. N.

99) *Pollmächer/Bogumil*, in: Göb/Schnieders/Pollmächer, Kap. 2 Rn. 46 m. w. N.; *Beth*, ZInsO 2012, 1974.

100) Vgl. HmbKomm-InsO/*Frind*, § 22a InsO Rn. 27.

101) *Pollmächer/Bogumil*, in: Göb/Schnieders/Pollmächer, Kap. 2 Rn. 47.

102) FK-InsO/*Schmerbach*, § 22a Rn. 42 m. w. N. Vgl. zu dieser Kostenspanne und zur entsprechenden Berechnung auch *Rauscher*, ZInsO 2012, 1201, 1202 f. *Frind*, ZInsO 2011, 2249, 2255 prognostizierte eine höhere Vergütungsspanne mit bis zu 40.000 €. Prütting/Bork/Jacoby-*Blankenburg*, InsO, Stand: 9/2024, § 22a Rn. 43 setzt sogar eine Vergütungsspanne von 15.000 bis 60.000 € an.

103) Vgl. auch *Beth*, in: BK InsO, § 22a Rn. 31.

> **Praxishinweis:**
>
> Daher wird sich das Insolvenzgericht – in Grenzfällen, in denen eine Überschlagsrechnung zu keinem belastbaren Ergebnis führt, – zur Bestimmung der erwarteten Insolvenzmasse im Regelfall eines Sachverständigen bedienen müssen, der innerhalb weniger Tage eine tragfähige Grundlage für die gerichtliche Abwägungsentscheidung treffen wird.[104)]

Die abschließende Verhältnismäßigkeitsabwägung kann nur unter Berücksichtigung sämtlicher Umstände des konkreten Einzelfalls erfolgen. Eindeutig sind die Fälle, in denen durch die Kosten des vorläufigen Gläubigerausschusses die Masse aufgezehrt wird, sodass es gar nicht erst zur Verfahrenseröffnung nach § 26 InsO kommt oder ein eröffnetes Verfahren alsbald mangels ausreichender Masse nach §§ 207, 208 InsO eingestellt werden würde.[105)] Im Übrigen werden zwar unterschiedliche Quoten, insbesondere ein Übersteigen der Kosten der Einsetzung zwischen 1 bis 7 Prozent der Teilungsmasse,[106)] diskutiert, jedoch ist die Festlegung solch starrer Grenzen abzulehnen.[107)] Diese Quoten können allenfalls ein Ausgangspunkt für die Abwägung der Verhältnismäßigkeit sein.[108)] Beispielsweise bei komplexen Verfahren oder fernliegenden Spezialmaterien stellen die besonderen Branchenkenntnisse der Gläubiger einen erheblichen und ggf. auch für die bestmögliche Verfahrensabwicklung erforderlichen Mehrwert für das Verfahren dar.[109)] Erhöht eine frühzeitige Gläubigerbeteiligung die schuldnerischen Sanierungschancen, darf in der Verhältnismäßigkeitsabwägung nicht allein auf das bloße Kosten-Nutzen-Verhältnis abgestellt werden.[110)]

(c) Nachteilige Veränderung durch Verzögerung

33 Die Einsetzung eines vorläufigen Gläubigerausschusses führt in der Praxis immer zu einer Verfahrensverzögerung.[111)] Entscheidend für den letzten Ausnahmetatbestand ist dementsprechend die nachteilige Vermögensveränderung in diesem Verzögerungszeitraum. In der gerichtlichen Praxis wird überwiegend – auch im Hinblick auf bestehende Eilbedürftigkeit bei laufenden Geschäftsbetrieben – eine solche nachteilige Vermögensveränderung verneint, wenn in **kürzester Zeit** ein vorläufiger Gläubigerausschuss sich konstituiert und die erforderliche Beschlussfassung vornimmt.

---

104) *Beth*, in: BK InsO, § 22a Rn. 31. Ähnlich Prütting/Bork/Jacoby-*Blankenburg*, InsO, Stand: 9/2024, § 22a Rn. 46 m. w. N. und FK-InsO/*Schmerbach*, § 22a Rn. 45.

105) *Pollmächer/Bogumil*, in: Göb/Schnieders/Pollmächer, Kap. 2 Rn. 52 m. w. N.; Uhlenbruck-*Vallender*, InsO, § 22a Rn. 40 m. w. N.

106) Vgl. *Beth*, ZInsO 2012, 1974, 1977 m. w. N.

107) *Pollmächer/Bogumil*, in: Göb/Schnieders/Pollmächer, Kap. 2 Rn. 52 m. w. N.; FK-InsO/*Schmerbach*, § 22a Rn. 43 m. w. N.; Uhlenbruck-*Vallender*, InsO, § 22a Rn. 39.

108) Prütting/Bork/Jacoby-*Blankenburg*, InsO, Stand: 9/2024, § 22a Rn. 45; *Beth*, ZInsO 2012, 1974, 1977 m. w. N.

109) *Pollmächer/Bogumil*, in: Göb/Schnieders/Pollmächer, Kap. 2 Rn. 52 m. w. N.

110) *Beth*, in: BK InsO, § 22a Rn. 36.

111) *Beth*, in: BK InsO, § 22a Rn. 37.

> **Praxishinweis:**
>
> Die Bestimmung der „kürzesten Zeit" erfolgt hierbei allerdings nicht einheitlich.
>
> Teilweise wird nur ein Zeitraum von wenigen Stunden und maximal eines Tages akzeptiert und bereits ein Zeitraum von wenigen Tagen abgelehnt.[112)]
>
> Teilweise wird – insbesondere im Hinblick auf die Gesetzesbegründung – ein Zuwarten von bis zu zwei Werktagen akzeptiert.[113)]

Sofern das Insolvenzgericht noch nicht über die erforderlichen Informationen zur Einsetzung eines vorläufigen Gläubigerausschusses verfügt, was insbesondere bei Gläubigeranträgen zu erwarten ist, kann eine nachteilige Veränderung i. S. v. § 22a Abs. 3 InsO zu bejahen sein.[114)] In der gerichtlichen Praxis stellen diese Fälle jedoch Ausnahmen dar.[115)]

d) Einsetzungsverfahren

Das konkrete Bestellungsverfahren ist für alle drei o. g. Arten des Gläubigerausschusses gesetzlich jeweils nicht geregelt, sodass das Insolvenzgericht insoweit unter Beachtung rechtsstaatlicher Grundsätze in seiner Entscheidung frei ist.[116)] **34**

> **Praxishinweis:**
>
> Reden hilft. Wie gesetzlich auch § 10a Abs. 1 Satz 1 InsO zeigt, ist es immer sinnvoll, vorab die beabsichtigte Besetzung des (vorläufigen) Gläubigerausschusses mit dem Insolvenzgericht abzustimmen. Hierdurch können ggf. bestehende Bedenken ausgeräumt oder durch Auswechslung bestimmter Person durch noch besser geeignete Personen gelöst werden.

Natürlich sind für jede Gläubigerausschussart Besonderheiten zu beachten, jedoch kann die Einsetzung abstrakt drei Phasen unterteilt werden.

> **Praxishinweis:**
>
> Im Idealfall sollte in der Praxis ein entsprechendes Einsetzungsverfahren im Wesentlichen durch drei Phasen geprägt sein:
>
> (a) Vorschlag
>
> (b) Prüfung & Einsetzung
>
> (c) Amtsannahme

---

112) *Beth*, in: BK InsO, § 22a Rn. 39. Kritisch auch HmbKomm-InsO/*Frind*, § 56a Rn. 20 m. w. N.

113) BT-Drucks. 19/24181, S. 198; Kayser/Thole-*Laroche*, InsO, § 22a Rn. 6; Graf-Schlicker-*Graf-Schlicker*, InsO, § 22a Rn. 18; *Pollmächer/Bogumil*, in: Göb/Schnieders/Pollmächer, Kap. 2 Rn. 55.

114) Uhlenbruck-*Vallender*, InsO, § 22a Rn. 54a.

115) *Pollmächer/Bogumil*, in: Göb/Schnieders/Pollmächer, Kap. 2 Rn. 55; Uhlenbruck-*Vallender*, InsO, § 22a Rn. 54a.

116) *Pollmächer/Bogumil*, in: Göb/Schnieders/Pollmächer, Kap. 2 Rn. 91.

aa) Zulässiger Antrag mit Vorschlag und Einverständniserklärungen

35 Eine besondere Herausforderung stellt in der Praxis die **erstmalige Zusammensetzung des vorläufigen Gläubigerausschusses** dar. Das Eröffnungsverfahren ist geprägt durch eine **sukzessiv zu erlangende Informationsbasis.**[117)] Für den Fall des Eigenantrags bemüht sich das Gesetz durch Zulässigkeitserfordernisse den Antragsteller zu zwingen, bereits im Antrag die notwendigen Informationen bereit zu stellen. So ist gem. § 13 Abs. 1 Satz 3 InsO dem Insolvenzantrag ein Gläubigerverzeichnis beizufügen. Wird ein (vorläufiger) Gläubigerausschuss eingesetzt, handelt es sich in der Praxis üblicherweise um ein Verfahren mit einem laufenden Geschäftsbetrieb. In diesen Fällen normiert § 13 Abs. 1 Satz 4 InsO, dass bestimmte Gläubiger besonders kenntlich gemacht werden sollen. Liegen die Voraussetzungen für einen Pflichtausschuss vor und/oder beantragt der Antragsteller die Einsetzung eines vorläufigen Gläubigerausschusses, ist diese besondere Kenntlichmachung verpflichtend (vgl. § 13 Abs. 1 Satz 5 InsO). Hierdurch soll dem Insolvenzgericht die Durchdringung der Gläubigerstruktur erleichtert werden. Zudem sieht § 22a Abs. 2 InsO in bestimmten Konstellationen vor, dass derjenige, der die Einsetzung eines vorläufigen Gläubigerausschusses beantragt, dem Gericht einen Besetzungsvorschlag sowie die Einverständniserklärungen der benannten Personen zu übersenden hat.[118)] Der Vorschlag eines ausgewogen zusammengesetzten vorläufigen Gläubigerausschuss bei Antragstellung ist wichtig, damit das Insolvenzgericht in die Lage versetzt wird, sogleich nach dieser Antragstellung einen solchen Ausschuss zu bestellen, um durch diese rechtzeitige Beschlussfassung in diesem Gremium die – insbesondere bei einer Betriebsfortführung – relevanten (Sicherungs-)Entscheidungen zu ermöglichen, die frühzeitig das Verfahren wesentlich beeinflussen können.[119)]

> **Praxishinweis:**
>
> Vollständige Informationen sind wichtig; Informationslücken können zu Verzögerungen führen.[120)]
>
> Spätestens 72 Stunden vor einer beabsichtigen Antragstellung sollte Kontakt mit dem zuständigen Gericht aufgenommen und die Einzelheiten des Verfahrens besprochen werden[121)] Teilweise wird sogar ein Zeitraum von mindestens einer Woche gefordert.[122)]

117) *Frind*, ZIP 2013, 2244.

118) Unstreitig handelt es sich hierbei um eine Zulässigkeitsvoraussetzung: HmbKomm-InsO/*Frind*, § 22a Rn. 16 m. w. N.; *Pollmächer/Bogumil*, in: Göb/Schnieders/Pollmächer, Kap. 2 Rn. 39. Umstritten ist allerdings, ob ein volle Repräsentativbesetzung vorzuschlagen ist (vgl. u. a. HmbKomm-InsO/*Frind*, § 22a Rn. 16 m. w. N.).

119) *Laroche/Pruskowski/Schöttler/Siebert/Vallender*, ZIP 2014, 2153, 2155.

120) Vgl. auch FK-InsO/*Schmerbach*, § 22a Rn. 62.

121) *Haarmeyer/Horstkotte*, ZInsO 2012, 1441, 1442.

122) Vgl. FK-InsO/*Schmerbach*, § 22a Rn. 68.

Die im **Besetzungsvorschlag genannten Mitglieder** sind **namentlich** und mit **zustellfähiger Anschrift** aufzuführen sowie jeweils die Gläubigergruppe zu benennen, die dieses Mitglied repräsentieren soll.[123] Weiterhin ist es – zur Verfahrensbeschleunigung – **sinnvoll, eine Telefonnummer oder E-Mail-Adresse der vorgeschlagenen Person für noch** kurzfristige Rückfragen des Insolvenzgerichts **mitzuteilen.**[124]

> **Praxishinweis:**
>
> Für den Gläubigerausschuss vorgeschlagene Personen sind nicht nur mit postalischer Geschäftsanschrift zu benennen, sondern auch dem Insolvenzgericht eine zeitnahe Kontaktmöglichkeit *(Telefonnummer oder Emailadresse)* zu ermöglichen, damit – vor einer Bestellung aus gerichtlicher Sicht erforderliche – Rücksprachen ohne Zeitverlust erfolgen können.[125]

Im Eröffnungsverfahren ist notfalls bei einer eingeschränkten Informationslage – üblicherweise bei einem Fremdantrag – auch denkbar, den vorläufigen Gläubigerausschuss – **entsprechend der Entwicklung der Informationslage** (insbesondere zur Gläubigerstruktur) – **nach- und neuzubesetzen.**[126] Gerade bei Kleingläubigern kann eine spätere Nachbestellung sinnvoll sein.[127] Wichtig ist hierbei zu beachten, dass der sukzessiv – noch nicht vollständig – besetzte Ausschuss keine „einstimmigen" Voten abgegeben kann und somit nur eingeschränkt handlungsfähig ist (vgl. (→ Rn. 58).[128]

> **Praxishinweis:**
>
> Die Möglichkeit der Nach- und Neubesetzung des vorläufigen Gläubigerausschusses sollte nur sehr restriktiv genutzt werden, da mit jeder Änderung das Risiko für „Unruhen" im Verfahren steigt.

Hinsichtlich des **Interimsausschusses** und des **endgültigen Gläubigerausschusses** ergibt sich der Besetzungsvorschlag aus dem zeitlich zuvor eingesetzten Ausschuss. Teilweise ist hier umstritten, ob das Insolvenzgericht überhaupt einen Ermessensspielraum zur Einsetzung und Besetzung des interimistischen Gläubigerausschusses hat, wenn bereits ein vorläufiger Gläubigerausschuss eingesetzt worden ist. Teilweise wird ein solcher Ermessenspielraum verneint.[129] Dies überzeugt allerdings nicht, da die Einsetzung eines Interimsausschusses eine reine Frage der Zweckmäßigkeit ist.[130] Das Insolvenzgericht kann hierbei insbesondere entscheiden, ob es einen solchen Interimsausschuss einsetzt oder

---

123) HmbKomm-InsO/*Frind*, § 22a Rn. 16; *Pollmächer/Bogumil*, in: Göb/Schnieders/Pollmächer, Kap. 2 Rn. 39.

124) Vgl. auch: *Pollmächer/Bogumil*, in: Göb/Schnieders/Pollmächer, Kap. 2 Rn. 39.

125) *Frind*, ZInsO 2012, 386, 388.

126) HmbKomm-InsO/*Frind*, § 22a Rn. 13 m. w. N.; Uhlenbruck-*Knof*, InsO, § 67 Rn. 9 m. w. N.; *Frind*, ZIP 2013, 2244.

127) HmbKomm-InsO/*Frind*, § 22a Rn. 13 m. w. N.; FK-InsO/*Schmerbach*, § 22a Rn. 70f.

128) HmbKomm-InsO/*Frind*, § 22a Rn. 13 m. w. N.

129) Graf-Schlicker-*Kubusch*, InsO, § 67 Rn. 1.

130) Prütting/Bork/Jacoby-*Kübler*, InsO, Stand: 9/2024, § 4 Rn. 10.

der Gläubigerversammlung die endgültige Einsetzung nach § 68 InsO überlässt.[131] Wenn das Insolvenzgericht bereits über die Einsetzung entscheiden kann, dann kann es auch die Besetzung in begründeten Ausnahmefällen ändern. In der Regel wird das Insolvenzgericht zur Wahrung der Kontinuität jedoch dieselbe Besetzung wie beim vorläufigen Gläubigerausschuss auswählen.

Praxishinweis:

Eine Empfehlung des Insolvenzverwalters zur konkreten Besetzung des (endgültigen) Gläubigerausschusses sollte gegenüber den Gläubigern – unabhängig, ob mit werbendem oder nicht werbendem Charakter[132] – unterbleiben, da dies eine fehlende Unabhängigkeit des Insolvenzverwalters[133] sowie die Besorgnis begründen kann, dass er einen ihm „gewogenen" Ausschuss vorschlagen will.[134]

bb) Prüfung und Einsetzung

36 Die Zuständigkeit für die Prüfung und Einsetzung des Ausschusses obliegt je nach Verfahrensstand unterschiedlichen Beteiligten des Insolvenzverfahrens. Hinsichtlich des vorläufigen Gläubigerausschusses sowie des Interims-Gläubigerausschusses ist das Insolvenzgericht zuständig. Die Einsetzung (vgl. § 68 Abs. 1 Satz 1 InsO) bzw. Beibehaltung (vgl. § 68 Abs. 1 Satz 2 InsO) des endgültigen Gläubigerausschusses erfolgt durch die Gläubigerversammlung. **An die Vorschläge der Beteiligten ist das Gericht nicht gebunden.**[135] Im Gegenteil: Es obliegt dem Gericht, sich ein eigenes Bild von der Integrität, Repräsentativität und Geeignetheit des potentiellen Mitglieds einschließlich dessen Sachkunde für das jeweilige Verfahren zu machen.[136] Hierzu kann das Gericht Nachforschungen, beispielsweise auch durch einfaches Nachfragen, anstellen um festzustellen, ob das potentielle Ausschussmitglied für die Tätigkeit im Gläubigerausschuss geeignet und nicht lediglich ein Strohmann ist.[137] Neben der Befähigung zum Ausschussamt des einzelnen Mitglieds wird bei der Zusammensetzung des Ausschusses auch die Repräsentativität der verschiedenen Gläubigergruppen beachtet. Bei unvollständiger Entscheidungsgrundlage und sofern zeitnahe und verlässliche Erkenntnismöglichkeiten fehlen, kann das Gericht für die entsprechenden Ermittlungen auch einen Sachverständigen beauftragen.[138]

---

131) Graf-Schlicker-*Graf-Schlicker*, InsO, § 22a Rn. 44 m. w. N.

132) Vgl. zu dieser Unterscheidung: BGH NZI 2024, 365 Rn. 30.

133) *Frind*, ZInsO 2024, 661; *Laroche*, NZI 2024, 369.

134) BeckOK InsR/*Frind*, § 67 InsO Rn. 10a.

135) BT-Drucks. 17/5712, S. 25; *Pollmächer/Bogumil*, in: Göb/Schnieders/Pollmächer, Kap. 2 Rn. 71 u. 91; FK-InsO/*Schmerbach*, § 22a Rn. 67 m. w. N.; Uhlenbruck-*Vallender*, InsO, § 22a Rn. 53 m. w. N.

136) *Pollmächer/Bogumil*, in: Göb/Schnieders/Pollmächer, Kap. 2 Rn. 93 m. w. N.

137) *Pollmächer/Bogumil*, in: Göb/Schnieders/Pollmächer, Kap. 2 Rn. 71.

138) *Beth*, ZInsO 2012 1974, 1981; HmbKomm-InsO/*Frind*, § 22a Rn. 21.

> **Praxishinweis:**
>
> Dem Insolvenzgericht ist bewusst, dass die vom Antragsteller gesteuerte Besetzungsmacht bezüglich der Mitglieder des Ausschusses zu einer faktischen Verfahrensübernahme führen kann.[139] Dementsprechend prüft das Gericht den Besetzungsvorschlag üblicherweise gründlich und interveniert in den notwendigen Fällen.

cc) Amtsannahme

Zu beachten ist, dass ein – vom Gericht oder von der Gläubigerversammlung – bestimmtes Ausschussmitglied nicht verpflichtet ist, sein Amt anzunehmen.[140] Das Amt beginnt erst mit der ausdrücklichen oder konkludenten Annahmeerklärung[141]. In der Praxis wird nicht einheitlich gehandhabt, ob die Annahmeerklärung bereits schon mit der Einverständniserklärung abgegeben werden darf, um gültig zu sein. Dies wird teilweise bejaht.[142] Nach der Gegenansicht ersetzen die Einverständnisverklärungen nicht die spätere Annahmeerklärung.[143] 37

> **Praxishinweis:**
>
> Vorsichtshalber sollte immer eine Amtsannahme gegenüber dem Insolvenzgericht erklärt werden und nicht darauf gehofft werden, dass die Einverständniserklärung genügt.

Diese Annahmeerklärung ist – im Gegensatz zur Einverständniserklärung – zwar nicht zwingend gegenüber dem Insolvenzgericht abzugeben, jedoch erscheint dies aus Gründen der Rechtssicherheit für angebracht.[144]

> **Praxishinweis:**
>
> Die Annahmeerklärung ist durch das gewählte Gläubigerausschussmitglied idealerweise gegenüber dem Insolvenzgericht abzugeben.

Die Mitglieder des Gläubigerausschusses sollten sich hierbei bewusst sein, dass nach der Annahme ihres entsprechenden Amts eine Entlassung hieraus bestimmten Anforderungen unterliegt und nicht mehr im beliebigen Ermessen des Gläubigerausschussmitglieds besteht. Zieht beispielsweise ein Gläubiger die Veräußerung oder Abtretung seiner – gegen den Insolvenzschuldner bestehenden – Forderungen in Betracht oder sind die noch zu verwertenden Sicherungsrechte zur vollständigen Befriedigung der relevanten Gläubigerforderung ausreichend, so ist eine Entlassung aus dem (endgültigen) Gläubiger-

---

139) Vgl. auch HmbKomm-InsO/*Frind*, § 22a Rn. 19; FK-InsO/*Schmerbach*, § 22a Rn. 67 m. w. N.

140) *Frind*, ZInsO 2012, 2028, 2031; *Vallender*, WM 2002, 2040, 2042 m. w. N.

141) *Vallender*, WM 2002, 2040, 2042.

142) Graf-Schlicker-*Graf-Schlicker*, InsO, § 22a Rn. 42; FK-InsO/*Schmerbach*, § 22a Rn. 77.

143) *Pollmächer/Bogumil*, in: Göb/Schnieders/Pollmächer, Kap. 2 Rn. 40 m. w. N.; Uhlenbruck-*Vallender*, InsO, § 22a Rn. 28.

144) *Vallender*, WM 2002, 2040, 2042 Fn 47.

ausschuss nach § 70 Satz 1 InsO nur möglich, wenn aufgrund sachlicher und nachvollziehbarer Gründe ein Verbleiben im Ausschuss unzumutbar wäre.[145] Hierdurch soll die Kontinuität des einmal gewählten Ausschusses sichergestellt werden.[146]

> **Praxishinweis:**
>
> Jedem Gläubigerausschussmitglied sollte vor dessen Annahme des entsprechenden Amts noch einmal verdeutlicht werden, dass eine Entlassung aus diesem Amt hohen Anforderungen unterliegt und eine „einfache" Amtsniederlegung nicht möglich ist.

e) Sanktionsbefugnisse des Gläubigerausschusses

38 Stellt der Gläubigerausschuss im Rahmen der Wahrnehmung seiner o. g. Aufgaben ein Fehlverhalten des Insolvenzverwalters fest, so stehen ihm zur Ahndung keine eigenen unmittelbaren Sanktionsbefugnisse zur Verfügung; stattdessen kann er nur das Insolvenzgericht informieren, um dessen Einschreiten im Rahmen der gerichtlichen Aufsicht herbeizuführen.[147]

> **Praxishinweis:**
>
> Auch der Gläubigerausschuss sollte sich bewusst sein, dass er ggf. auf die Tätigkeit des anderen Kontrollorgans im Insolvenzverfahren, des Insolvenzgerichts, angewiesen ist. Eine durchgängige vertrauensvolle Zusammenarbeit ist sicher für alle Beteiligten verfahrensfördernd.

f) Organisation des Gläubigerausschusses

39 Gesetzliche Normen zur internen Struktur sowie zur Aufgabenteilung fehlen, sodass das **Prinzip der Selbstorganschaft** gilt, d. h. der Gläubigerausschuss kann sich eine eigene Ordnung geben.[148] Im Rahmen der internen Aufgabenverteilung besteht die Möglichkeit, dass **im Einzelfall einzelne Tätigkeiten auf ein bestimmtes Ausschussmitglied übertragen** werden, wie u. a. die Geltendmachung von Auskunftsansprüchen oder die Kassenprüfung.[149]

145) BGH BeckRS 2012, 9054 Rn. 6; AG München ZRI 2024, 123, 124 m. w. N.

146) AG München ZRI 2024, 123, 124 m. w. N.

147) Uhlenbruck-*Knof*, InsO, § 69 Rn. 1.

148) Andres/Leithaus-*Andres*, InsO, § 69 Rn. 4 m. w. N.

149) Vgl. u. a. BGH NZI 20216, 166 Rn. 20 m. w. N.; Uhlenbruck-*Knof*, InsO, § 69 Rn. 3 m. w. N.; MünchKomm-InsO/*Schmid-Burgk*, § 67 Rn. 8 m. w. N.; *Wilhelm V/Oppermann/Chérestal*, ZInsO 2014, 2562, 2563.

Praxishinweis:

Mit einer eigenen Geschäftsordnung hält der Gläubigerausschuss seine erfolgte Selbstorganisation fest und schafft für das gesamte Verfahren mehr Rechtssicherheit. Daher ist es **sinnvoll**, wenn der **Ausschuss sich eine solche Geschäftsordnung gibt.**[150)]

In der Praxis werden **viele Aspekte der Organisation** des Gläubigerausschusses **durch den Insolvenzverwalter übernommen.**[151)] So erfolgt beispielsweise oft die Einberufung der Gläubigerausschusssitzungen mit Aufstellung der Tagesordnung sowie die Protokollführung jeweils durch diesen; dies ist zwar zulässig (solange dies keine Einschränkungen auf die inhaltliche Arbeit des Gläubigerausschusses hat), zugleich aber auch **bedenklich**, wenn das Kontrollorgan seine Arbeit durch den Kontrollierten organisieren lässt.[152)]

Praxishinweis:

Sofern der Insolvenzverwalter o. g. Organisationstätigkeiten des Gläubigerausschusses übernimmt, so hat das Insolvenzgericht hiervon gerne Kenntnis.

In der Praxis erfolgt dies oft in der Weise, dass die entsprechenden Einladungsschreiben und Protokolle auch dem Insolvenzgericht zugeleitet werden.

g) Ausschussamt: Beginn & Ende

Das Amt der Gläubigerausschussmitglieder beginnt mit dem gerichtlichen Ein- 40
setzungsbeschluss und der Amtsannahme.[153)] Diese kann ausdrücklich aber auch konkludent – insbesondere durch Aufnahme der Arbeit im Gläubigerausschuss – erfolgen.[154)]

Praxishinweis:

Das Insolvenzgericht sollte zur Verfahrensstrukturierung eine Frist setzen, innerhalb derer die Annahme erklärt werden muss.[155)]

Regulär endet die Mitgliedschaft im vorläufigen Gläubigerausschuss mit einer das Eröffnungsverfahren abschließenden Entscheidung des Gerichts,[156)] im Interims-Gläubigerausschuss mit der Entscheidung der Gläubigerversamm-

150) Vgl. auch Braun-*Hirte*, InsO, § 69 Rn. 6.

151) Braun-*Hirte*, InsO, § 69 Rn. 6.

152) So auch Uhlenbruck-*Knof*, InsO, § 69 Rn. 19.

153) Graf-Schlicker-*Kubusch*, InsO, § 67 Rn. 12; Kayser/Thole-*Riedel*, InsO, § 67 Rn. 12; *Frind*, ZInsO 2011, 2249, 2251.

154) K. Schmidt-*Jungmann*, InsO, § 67 Rn. 35 m. w. N.

155) LG Duisburg NZI 2004, 95, 96; K. Schmidt-*Jungmann*, InsO, § 67 Rn. 35; Uhlenbruck-*Knof*, InsO, § 67 Rn. 21.

156) Graf-Schlicker-*Graf-Schlicker*, InsO, § 22a Rn. 44; K. Schmidt-*Jungmann*, InsO, § 67 Rn. 38 m. w. N.; *Pollmächer/Bogumil*, in: Göb/Schnieders/Pollmächer, Kap. 2 Rn. 127.

lung zur (Nicht-)Einsetzung eines Gläubigerausschusses[157] sowie im endgültigen Gläubigerausschuss mit Verfahrensbeendigung.[158]

> **Praxishinweis:**
>
> Wichtig ist, bei Verfahrenseröffnung erneut über die Zusammensetzung des Gläubigerausschusses zu entscheiden, da ansonsten zwischen dem vorläufigen und dem endgültigen Gläubigerausschuss vorübergehend kein Gläubigerausschuss im Verfahren existiert.[159]

Im Übrigen kann die Ausschusstätigkeit mit dem Tod des Mitglieds oder durch Entlassung nach § 70 InsO enden.[160] Eine Amtsniederlegung ist – auch bei Vorliegen wichtiger Gründe – nicht möglich.[161]

2. Zusammenstellung Gläubigerausschuss

41 Bei der Zusammensetzung des Gläubigerausschusses hat das Insolvenzgericht einerseits auf Repräsentativität der verschiedenen Gläubigergruppen und andererseits auf die Integrität, Tauglichkeit, Neutralität, Sachkunde und Branchenerfahrung des zu bestellenden Gläubigerausschussmitglieds zu achten.[162]

a) Befähigung zum Ausschussamt

42 Mitglieder des Gläubigerausschusses können nur solche Personen werden, die die hiermit verbundenen Aufgaben tatsächlich wahrnehmen können und bezogen auf den jeweiligen Einzelfall sachkundig sind.[163] Hierauf achtet das Insolvenzgericht verstärkt. Einerseits erfolgt dies aus Fürsorgegründen im Hinblick auf die bestehende Haftungsgefahr nach § 71 InsO. Andererseits – und wahrscheinlich auch deutlich entscheidender – können nur solche geeigneten Personen einen Mehrwert für die Gläubiger – gerade im vorläufigen Verfahren – erreichen.[164]

---

157) K. Schmidt-*Jungmann*, InsO, § 67 Rn. 37 m. w. N.; *Pollmächer/Bogumil*, in: Göb/Schnieders/Pollmächer, Kap. 2 Rn. 134.

158) Vgl. u. a. § 259 Abs. 1 Satz 1 InsO sowie *Pollmächer/Bogumil*, in: Göb/Schnieders/Pollmächer, Kap. 2 Rn. 143.

159) *Frind*, ZInsO 2011, 2249, 2251.

160) Graf-Schlicker-*Kubusch*, InsO, § 67 Rn. 14.

161) Graf-Schlicker-*Kubusch*, InsO, § 67 Rn. 14; Kayser/Thole-*Riedel*, InsO, § 67 Rn. 12.

162) *Harbrecht*, in: Festschrift Beck, S. 255, 258 f. m. w. N.; *Pollmächer/Siemon*, NZI 2018, 625, 627 m. w. N.

163) BeckOK InsR/*Frind*, § 69 InsO Rn. 19a m. w. N.; *Pollmächer/Bogumil*, in: Göb/Schnieders/Pollmächer, Kap. 2 Rn. 70 m. w. N.; FK-InsO/*Schmerbach*, § 22a Rn. 69 m. w. N.

164) *Harbrecht*, in: Festschrift Beck, S. 255, 258 f. m. w. N.

Praxishinweis:

Hat das Insolvenzgericht Zweifel zur Geeignetheit einer – als Mitglied des Gläubigerausschusses – vorgeschlagenen Person, so wird es mit dieser Person Kontakt aufnehmen. Unnötige Zeitverluste können hier vermieden werden, wenn bereits bei Antragstellung die Telefonnummer und Emailadresse dieser Person dem Insolvenzgericht mitgeteilt wird (→ Rn. 35).

Aufgrund ihrer Neutralität sind die Ausschussmitglieder – wie der Insolvenzverwalter – den Interessen der Gläubigergemeinschaft und nicht dem Interesse ihrer eigenen Gläubigerstellung verpflichtet.[165] Ihre Aufgabe ist hierbei zudem, unterschiedliche Interessen und Betroffenheiten zu koordinieren.[166]

b) Personenanzahl

Auch wenn gesetzlich – im Gegensatz zum europäischen Richtlinienvorschlag[167] – die Anzahl der Personen des Gläubigerausschusses nicht geregelt sind, bedeutet dies nicht, dass einer solchen Personenanzahl keine Grenzen gesetzt sind. Ein Gläubigerausschuss muss mit **mindestens zwei Personen** besetzt werden.[168] Die Besetzung eines Gläubigerausschusses mit nur einer Person ist unzulässig.[169] Stellt die Gläubigergemeinschaft nur ein Ausschussmitglied zur Verfügung, verzichtet sie hierdurch indirekt auf einen Ausschuss.[170] Aus der Soll-Vorschrift des § 67 Abs. 2 InsO kann abgeleitet werden, dass der **Gesetzgeber in der Regel mindestens vier Personen** als Besetzung eines Gläubigerausschusses als erforderlich ansieht.[171] Eine Abweichung nach unten kann daher nur in Ausnahmefällen mit besonderer Begründung zulässig sein.[172] Allerdings bietet es sich an, um Abstimmungen – beispielsweise durch sog. „Pattsituationen" – nicht zu erschweren, eine **ungerade Mitgliederanzahl** zu nutzen.[173] In der Praxis hat sich daher eine **Mitgliederanzahl von drei** (bei kleineren oder mittleren Verfahren) **oder fünf** (bei mittleren oder größeren Verfahren) **als zweckmäßig erwiesen.**[174] Hierbei sollte eine Mitgliederanzahl 43

165) BGH NZI 2008, 306, Rn. 15; Andres/Leithaus-*Andres*, InsO, § 69 Rn. 3.

166) BT-Drucks. 19/25353, S. 10; *Ahrens*, NZI-Beilage 2021, 57.

167) Vorschlag für eine Richtlinie des Europäischen Parlaments und des Rats zur Harmonisierung bestimmter Aspekte des Insolvenzrechts v. 7.12.2022, COM(2022) 702 final.

168) BGH NZI 2009, 386 Rn. 4 mit umfangreichen weiteren Nachweisen; Uhlenbruck-*Knof*, InsO, § 67 Rn. 20 m. w. N.; a. A. *Pollmächer/Siemon*, NZI 2018, 625, 627, die auch die Einsetzung eines Ein-Personen-Gläubigerausschusses in geeigneten Fällen als möglich ansehen.

169) Uhlenbruck-*Knof*, InsO, § 67 Rn. 20 m. w. N.

170) HmbKomm-InsO/*Frind*, § 67 Rn. 8.

171) Graf-Schlicker-*Graf-Schlicker*, InsO, § 22a Rn. 24.

172) *Beth*, ZInsO 2012, 1974, 1975 m. w. N.

173) *Beth*, ZInsO 2012, 1974, 1975 m. w. N.; Uhlenbruck-*Knof*, InsO, § 67 Rn. 20; *Laroche/Pruskowski/Schöttler/Siebert/Vallender*, ZIP 2014, 2153, 2156; *Mönning*, in: Mönning, Rn. 254; *Vallender*, WM 2002, 2040, 2041.

174) Uhlenbruck-*Knof*, InsO, § 67 Rn. 20; Graf-Schlicker-*Graf-Schlicker*, InsO, § 22a Rn. 24 m. w. N.; *Mönning*, in: Mönning, Rn. 254 f.; *Pollmächer/Bogumil*, in: Göb/Schnieders/Pollmächer, Kap. 2 Rn. 90.

von **fünf bereits als übliche Höchstgrenze** verstanden werden.[175] Eine höhere Anzahl kann die Entscheidungsprozesses innerhalb des Ausschusses erschweren.[176] Zudem wird ein Gläubigerausschuss mit einer höheren Mitgliederanzahl auch für die Insolvenzmasse teurer.[177]

Praxishinweis:

Regelfall: fünf Mitglieder[178]

c) Externe Fachpersonen

44 Gesetzlich ist in § 67 Abs. 3 InsO ausdrücklich festgelegt, dass zu Mitgliedern des Gläubigerausschusses auch Personen bestellt werden können, die keine Gläubiger sind. Hierdurch soll die Möglichkeit geschaffen werden, auch externe Fachleute – mit ihrem **besonderen Sachverstand** – zu entsprechenden Mitgliedern bestellen zu können.[179]

Ein oft insoweit genanntes praktisches Beispiel hierfür ist das **Gewerkschaftsmitglied**, welches als Vertreter der Arbeitnehmer in den Gläubigerausschuss bestellt wird.[180] Der frühere Meinungsstreit,[181] ob Gewerkschaftsvertreter Mitglied eines vorläufigen Gläubigerausschusses werden können, ist durch Art. 5 Nr. 12 SanInsFoG[182] in der Weise aufgelöst worden, dass die Verweisung in § 21 Abs. 2 Nr. 1a InsO auch die Erweiterungsmöglichkeit des § 67 Abs. 3 InsO nunmehr umfasst. Diese Gesetzesänderung sollte insbesondere ermöglichen, dass Vertreter von Gewerkschaften als Mitglieder eines vorläufigen Gläubigerausschusses berufen werden können.[183]

Nach § 21 Abs. 2 Satz 1 Nr. 1a Halbs. 2 InsO können auch Personen zu Mitgliedern des vorläufigen Ausschusses bestellt werden, die erst mit Verfahrenseröffnung Gläubiger werden.[184] Dies – als sog. **potentielle Insolvenzgläubiger** – sind in der Praxis regelmäßig der Pensions-Sicherungs-Verein VVaG, die Kre-

175) Uhlenbruck-*Knof*, InsO, § 67 Rn. 20; *Vallender*, WM 2002, 2040, 2041.

176) Uhlenbruck-*Knof*, InsO, § 67 Rn. 20.

177) Vgl. auch *Frind*, BB 2013, 265, 267.

178) Vgl. auch *Beth*, ZInsO 2012, 1974, 1975 m. w. N.; HmbKomm-InsO/*Frind*, § 67 Rn. 8; BeckOK InsR/*Frind*, § 67 InsO Rn. 9; *Laroche/Pruskowski/Schöttler/Siebert/Vallender*, ZIP 2014, 2153, 2156; *Pollmächer/Bogumil*, in: Göb/Schnieders/Pollmächer, Kap. 2 Rn. 39 u. 90; *Vallender*, WM 2002, 2040, 2041.

179) BT-Drucks. 12/2443, S. 131; Prütting/Bork/Jacoby-*Kübler*, InsO, Stand: 9/2024, § 4 Rn. 2; Kayser/Thole-*Riedel*, InsO, § 67 Rn. 6.

180) Vgl. auch HmbKomm-InsO/*Frind*, § 67 Rn. 8; Kayser/Thole-*Riedel*, InsO, § 67 Rn. 6.

181) Vgl. hierzu u. a. AG Hannover, Beschl. v. 14.09.2015, Az. 908 IN 594/15-1, ZInsO 2015, 1982; Uhlenbruck-*Vallender*, InsO, § 22a Rn. 55 m. w. N.

182) BGBl I 2020, 3256.

183) BT-Drucks. 19/24181, S. 197.

184) Uhlenbruck-*Vallender*, InsO, § 22a Rn. 53 m. w. N.

dit- und Kautionsversicherer und – im Hinblick auf das Insolvenzgeld – die Bundesagentur für Arbeit.[185)]

Ist angedacht, **statt des Gläubigers den Rechtsanwalt des Gläubigers als Mitglied des Gläubigerausschusses auszuwählen**, sollte sowohl dem Gläubiger als auch diesem Rechtsanwalt bewusst sein, dass die Pflicht des Gläubigerausschussmitglieds zur Verschwiegenheit in diesen Konstellationen auch zwischen dem Rechtsanwalt und seinem Mandanten gilt.[186)] Zwar muss der Rechtsanwalt gegenüber seinem Mandanten nicht zwingend über die Vorgänge im Gläubigerausschuss schweigen; allerdings darf eine Verwendung der im Gläubigerausschuss erlangten Informationen durch Zusammenwirken mit dem Mandanten zu dessen Vor- und zum Nachteil der anderen Gläubiger wegen des Vorrangs der Gesamtinteressen nicht erfolgen[187)] Konsequenzen können neben der Haftung nach § 71 InsO auch eine Strafbarkeit nach § 266 StGB wegen Gläubigerbenachteiligung sein.[188)]

> **Praxishinweis:**
>
> Zur Vermeidung dieser Interessenkonflikte sollte primär immer der Gläubiger selbst und nicht sein Rechtsanwalt bestellt werden. Nur in Ausnahmefällen sollte die Bestellung des Rechtsanwalts eines Gläubigers in Erwägung gezogen werden.

d) Juristische Person im Gläubigerausschuss

Eine weitere grundlegende Frage bei der Zusammensetzung des Gläubigerausschusses ist, ob juristische Personen Mitglieder werden sollen. Inzwischen dürfte geklärt sein, dass dies theoretisch möglich ist.[189)] Gesetzlich ist vom Wortlaut vorgesehen, dass jeder Gläubiger in den Gläubigerausschuss gewählt werden kann und es wäre wenig sachgerecht, gerade juristische Personen, die oftmals zu den Hauptgläubigern gehören, von der Mitwirkung in diesem Gremium auszuschließen.[190)] Fraglich ist jedoch weiterhin, ob dies in der Praxis gewollt ist, oder lieber natürliche Personen – in Vertretung – für diese juristische Personen bestellt werden. **45**

Sofern nur die juristische Person als Mitglied des Gläubigerausschusses bestellt wird, kann dies die **kontinuierliche Ausschussarbeit gefährden**.[191)] Entsendet die juristische Person nicht konstant die identische Person in den Ausschuss,

185) BT-Drucks. 17/5712, S. 24; *Pollmächer/Bogumil*, in: Göb/Schnieders/Pollmächer, Kap. 2 Rn. 86; Kayser/Thole-*Riedel*, InsO, § 67 Rn. 6.

186) Uhlenbruck-*Knof*, InsO, § 69 Rn. 35.

187) BGH NZI 2008, 306 Rn. 7 m. w. N.; Uhlenbruck-*Knof*, InsO, § 69 Rn. 35.

188) Uhlenbruck-*Knof*, InsO, § 69 Rn. 35.

189) BT-Drucks. 12/2443, S. 131; BGH NZI 2021, 536 Rn. 24 m. w. N.; Uhlenbruck-*Knof*, InsO, § 67 Rn. 10 m. w. N.; *Pollmächer/Bogumil*, in: Göb/Schnieders/Pollmächer, Kap. 2 Rn. 72 m. w. N.; Uhlenbruck-*Vallender*, InsO, § 22a Rn. 57.

190) So bereits zur KO: BGH NJW 1994, 453.

191) Uhlenbruck-*Knof*, InsO, § 67 Rn. 12; *Vallender*, WM 2002, 2040, 2041.

sondern (eine) andere Person(en), so hat dies Auswirkungen auf die Arbeit des Gläubigerausschusses, da die **neu entsandte Person mit der Materie vertraut gemacht werden muss** und die Gefahr besteht, dass sie – zunächst – als nicht „ernstzunehmendes“ Mitglied bei der Arbeit des Gläubigerausschusses behandelt wird.[192] Weiterhin können **Kommunikationsprobleme** entstehen, wenn nicht eine konkrete Person jeweils unmittelbar, sondern erst auf dem üblichen Geschäftsweg die juristische Person kontaktiert werden muss.[193] Ein weiteres Problem kann sich ergeben, wenn die **juristische Person für sich nur eine Gesamtvertretung vorsieht** und ihre Vertreter bei der Abstimmung in der Gläubigerausschusssitzung nicht einig sind.[194]

Hingegen spricht für die Einsetzung einer juristischen Person in einen Gläubigerausschuss, dass die **Präsenzkontinuität** für den Sitz im Ausschuss gewährleistet und **Ressourcen des „Unterbaus“ nutzbar gemacht** werden können.[195] Zudem ist bei der Einsetzung einer natürlichen Person zu bedenken, dass der **Wechsel des Arbeitgebers** allein kein ausreichender wichtiger Grund i. S. v. § 70 InsO zur Entlassung aus dem Amts als Ausschussmitglied darstellt.[196] Wenn mit einem solchen Arbeitgeberwechsel jegliches persönliches und berufliches Interesse an der Tätigkeit in dem Gläubigerausschuss verloren geht und dieses Mitglied nunmehr keine Bindung mehr zu dem Insolvenzverfahren aufweist, besteht die hohe Gefahr, dass er nicht mehr bestmöglich sein Amt wahrnimmt.

Zur Vermeidung der o. g. Bedenken hat sich **in der Praxis etabliert, die juristische Person aufzufordern, einen bestimmten Vertreter zu benennen,**[197] welcher dann auch namentlich im Einsetzungsbeschluss des Ausschlusses erwähnt wird.[198] Hierdurch soll die Kontinuität der Arbeit im Gläubigerausschuss – insbesondere im Hinblick auf die erlangten Kenntnisse über das schuldnerische Unternehmen sowie des laufenden Verfahrens – gewahrt werden.[199]

Praxishinweis:

Bei der Formulierung des Einsetzungsbeschlusses ist wichtig, hervorzuheben, dass eine juristische Person als Ausschussmitglied bestellt wird und „nur“ die Vertretung dieser juristischen Person im Ausschuss namentlich benannt wird.[200] Üblicherweise erfolgt dies wie folgt: *XY AG, vertreten durch [namentliche Nennung]*.[201] Unpräzise Formulierungen erzeugen hier nur Rechtsunsicherheiten.

---

192) *Gundlach/Frenzel/Schmidt*, ZInsO 2007, 531, 532.
193) *Gundlach/Frenzel/Schmidt*, ZInsO 2007, 531, 532.
194) *Gundlach/Frenzel/Schmidt*, ZInsO 2007, 531, 532.
195) HmbKomm-InsO/*Frind*, § 67 Rn. 11.
196) LG Aurich NZI 2023, 104 m. w. N.
197) Uhlenbruck-*Knof*, InsO, § 67 Rn. 13.
198) BGH NZI 2021, 536 Rn. 24 m. w. N.
199) BGH NZI 2021, 536 Rn. 24 m. w. N.; *Pollmächer/Bogumil*, in: Göb/Schnieders/Pollmächer, Kap. 2 Rn. 73 m. w. N.
200) HmbKomm-InsO/*Frind*, § 67 Rn. 11.
201) *Huber/Magill*, ZInsO 2016, 200, 202.

e) Organisationsformen des öffentlichen Rechts im Gläubigerausschuss

Bei Organisationsformen des öffentlichen Rechts ist **entscheidendes Merkmal** die **Rechtsfähigkeit.**[202] Ist diese gegeben, kann – wie bei einer juristischen Person – eine Bestellung als Mitglied im Gläubigerausschuss erfolgen. Ohne Rechtsfähigkeit kann eine solche Bestellung nicht erfolgen. 46

U. a. ist die **Bestellung** als entsprechendes Mitglied **denkbar bei Sparkassen** und **Landesbanken** (als Anstalten oder Körperschaften des öffentlichen Rechts),[203] bei der **Bundesagentur für Arbeit,**[204] bei **gesetzlichen Krankenversicherungen**[205] sowie bei **berufsständischen Kammern.**[206]

Hingegen kann eine nicht rechtsfähige Behörde – beispielweise das **Finanzamt** – nicht als ein solches Mitglied bestellt werden.[207] In diesen Konstellationen ist **nur denkbar**, einen **Mitarbeiter** dieser Behörde als Mitglied in den Gläubigerausschuss **zu bestellen; zu beachten** ist hierbei, dass dies eine **genehmigungsfähige Nebentätigkeit** darstellen kann.[208]

> **Praxishinweis:**
>
> Die Bestellung eines Mitarbeiters einer nicht rechtsfähigen Behörde ist eher unüblich. Zudem wäre eine zeitnahe Tätigkeit eines solchen Mitglieds im Gläubigerausschuss gefährdet, wenn die Einholung der Genehmigung für diese Nebentätigkeit durch den Dienstherrn einen längeren Zeitraum erfordert. Sofern die Bestellung eines entsprechenden Mitarbeiters im Gläubigerausschuss beabsichtigt ist, sollte die Nebentätigkeitsgenehmigung so früh wie möglich – idealerweise bereits vor oder spätestens mit Antragstellung – eingeholt werden.

Die o. g. Differenzierung hinsichtlich der Rechtsfähigkeit der öffentlich-rechtlichen Organisationsformen ist bei der Einsetzung des Gläubigerausschusses unbedingt zu beachten. Wird eine nicht rechtsfähige Behörde als Mitglied des Gläubigerausschusses bestellt, ist dieser Akt nichtig und deren Abstimmungsverhalten bei der Ermittlung der maßgeblichen Mehrheiten als Scheinmitglied nicht mitzuzählen.[209]

f) Ersatzmitglieder

Denkbar ist die Bestellung von Ersatzmitgliedern, wodurch die Beschlussfähigkeit des Ausschusses gewährleistet werden soll.[210] Insbesondere um even- 47

---

202) So bereits zur KO: BGH NJW 1994, 453.
203) Uhlenbruck-*Knof*, InsO, § 67 Rn. 15; MünchKomm-InsO/*Schmid-Burgk*, § 67 Rn. 20 m. w. N.
204) Uhlenbruck-*Knof*, InsO, § 67 Rn. 15; MünchKomm-InsO/*Schmid-Burgk*, § 67 Rn. 20 m. w. N.
205) MünchKomm-InsO/*Schmid-Burgk*, § 67 Rn. 20 m. w. N.
206) MünchKomm-InsO/*Schmid-Burgk*, § 67 Rn. 20 m. w. N.
207) So bereits zur KO: BGH NJW 1994, 453.
208) Uhlenbruck-*Knof*, InsO, § 67 Rn. 15; Graf-Schlicker-*Kubusch*, InsO, § 67 Rn. 8; FK-InsO/*Schmitt*, § 67 Rn. 10.
209) MünchKomm-InsO/*Schmid-Burgk*, § 67 Rn. 20.
210) Uhlenbruck-*Knof*, InsO, § 67 Rn. 14.

tuelle Schwierigkeiten bei einer absehbaren längeren Verhinderung oder Befangenheit eines Ausschussmitglieds zu vermeiden, bietet sich eine solche Bestellung von Ersatzmitgliedern an, die bei Verhinderung oder Befangenheit automatisch nachrücken.[211]

> **Praxishinweis:**
>
> Die Bestellung von Ersatzmitgliedern ist – insbesondere bei mittleren Verfahren – praktisch nicht weit verbreitet.
>
> Allerdings sollte insbesondere bei beabsichtigten Verkaufsprozessen überdacht werden, ob ein möglicher Kaufinteressent zugleich Mitglied des Gläubigerausschusses sein soll und die Gefahr einer Befangenheitssituation besteht. Steht dies bereits bei Einsetzung des Gläubigerausschusses fest, sollte bereits in diesem Zeitpunkt ein mögliches Ersatzmitglied bestimmt werden.
>
> Ist die längere Abwesenheit eines Gläubigerausschussmitglieds bereits bei Einsetzung ersichtlich, sollte erwogen jemand anderen zu bestellen. Nur wenn es triftige Gründe für die Bestellung genau dieser Person – trotz seiner ersichtlichen längeren Abwesenheit – gibt, dürfte es auch hier offensichtlich sein, direkt ein Ersatzmitglied mitzubestellen.

g) Konkrete Zusammensetzung

48 Die Zusammensetzung des vorläufigen Gläubigerausschusses sowie des Interims-Gläubigerausschusses steht grundsätzlich im pflichtgemäßen Ermessen des Insolvenzgerichts; an einen Vorschlag des Antragstellers ist es nicht gebunden.[212]

> **Praxishinweis:**
>
> Nicht nur die theoretische Konzeption der bestmöglichen Zusammensetzung des Gläubigerausschusses für das konkrete Verfahren ist eine Herausforderung.
>
> Hierneben steht zudem die praktische Schwierigkeit, dass in manchen Verfahren Gläubiger – auch auf konkrete Nachfrage des Insolvenzgerichts – nicht bereit sind, Mitglied im Gläubigerausschuss zu werden.[213]

Der Gläubigerausschuss soll möglichst die relevanten Gläubigergruppen repräsentieren, muss aber die Gläubiger nicht insgesamt repräsentieren.[214] Zudem ist zu beachten, dass der Gläubigerausschuss seine ihm obliegende Funktion nur dann zufriedenstellend erfüllen kann, wenn alle Ausschussmitglieder willens und in der Lage sind, ihre Pflichten einwandfrei und in loyaler Zusammenarbeit mit den übrigen Verfahrensbeteiligten zum Zwecke einer optimalen Abwicklung des Verfahrens nachzukommen.[215] Natürlich hängt die Zu-

---

211) *Vallender*, WM 2002, 2040, 2041.

212) BT-Drucks. 17/5712, S. 25; LG Kleve NZI 2013, 599, 600; *Beth*, ZInsO 2012, 1974, 1975; *Frind*, ZInsO 2012, 2028, 2031; Uhlenbruck-*Vallender*, InsO, § 22a Rn. 53 m. w. N.

213) *Laroche/Pruskowski/Schöttler/Siebert/Vallender*, ZIP 2014, 2153, 2155.

214) HmbKomm-InsO/*Frind*, § 22a Rn. 1 u. 20 m. w. N.

215) BGH NZI 2021, 536 Rn. 13 m. w. N.

sammensetzung des jeweiligen Gläubigerausschusses von der jeweiligen Struktur des Verfahrens ab.[216] Allerdings gibt § 67 Abs. 2 InsO für den Regelfall bereits vier zu bedenkende Gläubigergruppen vor: absonderungsberechtigte Gläubiger, Insolvenzgläubiger mit den höchsten Forderungen, die Kleingläubiger und Vertreter der Arbeitsnehmer,[217] wobei in der Praxis oft Gläubiger mehreren Gläubigergruppen zugeordnet werden können.

Praxishinweis:

Neben den vier in § 67 InsO genannten Gläubigergruppen wird bei Unternehmensfortführung oft noch ein Vertreter der Bundesagentur für Arbeit als fünftes Mitglied eines Gläubigerausschusses gewählt.

In der **Praxis** sind **üblicherweise** Banken, Warenlieferanten, Kreditvertreter und institutionelle Gläubiger *(Bundesagentur für Arbeit und/oder Finanzamt)* vertreten.[218] Sinnvoll ist zudem neben einen Lieferanten auch einen Kunden als Vertreter in den Gläubigerausschuss aufzunehmen.[219] Sofern eine Gläubigergruppe sich zusammengeschlossen hat und einen entsprechenden Gruppen-Pool gebildet hat, so ist die Aufnahme des entsprechenden Pool-Führers in den Gläubigerausschuss zu erwägen.[220]

aa) Absonderungsberechtigte Gläubiger (§ 67 Abs. 2 Satz 1 InsO)

Praxishinweis:

Als Inhaber von Absonderungsrechten und somit als Vertreter dieser Gläubigergruppe kommen in der Praxis insbesondere **finanzierende Banken** und/oder **Lieferanten** in Betracht.[221]

Hinsichtlich der **Banken** wird allerdings teilweise eine **Entwicklung** wahrgenommen, wonach diese teils wegen fehlender Personalkapazitäten aber teilweise auch wegen der zu geringen Vergütung von einer **Mitgliedschaft im Gläubigerausschuss absehen**.[222] Trotzdem sollte bei der Zusammenstellung des Gläubigerausschusses die Mühe zur Ermittlung eines geeigneten Vertreters der Kreditinstitute nicht gescheut werden. Ein solcher kann mit seiner **einschlägigen Erfahrung einen deutlichen Mehrwert** für den Gläubigerausschuss darstellen, da Kreditinstitute regelmäßig Fachleute aus den auf die Sanierung und Abwicklung spezialisierten Abteilungen entsenden.[223] 49

216) Uhlenbruck-*Knof*, InsO, § 67 Rn. 9.

217) Vgl. auch: *Mönning*, in: Mönning, Rn. 253; *Riewe*, in: Runkel/Schmidt, Rn. 375.

218) Prütting/Bork/Jacoby-*Kübler*, InsO, Stand: 9/2024, § 4 Rn. 5 m. w. N.; Uhlenbruck-*Knof*, InsO, § 67 Rn. 9.

219) Uhlenbruck-*Vallender*, InsO, § 22a Rn. 55.

220) AG Kaiserslautern NZI 2004, 676.

221) *Pollmächer/Bogumil*, in: Göb/Schnieders/Pollmächer, Kap. 2 Rn. 77.

222) Prütting/Bork/Jacoby-*Kübler*, InsO, Stand: 9/2024, § 4 Rn. 5a.

223) Vgl. insbesondere *Huber/Magill*, ZInsO 2016, 200, 202 m. w. N.

Von der Gruppe der Warenlieferanten spielen üblicherweise die **Kreditversicherer** *(Euler Hermes Kreditversicherungs-AG, Atradius Kreditversicherung AG, Coface AG, u. a.)* eine bedeutende Rolle.[224)]

bb) Insolvenzgläubiger mit den höchsten Forderungen (§ 67 Abs. 2 Satz 1 InsO)

50 Die Ermittlung dieser Gläubigergruppe sollte bei einem Eigenantrag für das Insolvenzgericht leicht zu ermitteln sein, da die höchsten Forderungen in dem Verzeichnis besonders kenntlich zu machen sind (vgl. § 13 Abs. 1 Satz 4 Nr. 1 InsO). Nur wenn kein dominanter Großgläubiger vorhanden ist, weil sich die Forderungen nicht signifikant unterscheiden, können Probleme bei der Konzeption der Zusammensetzung des Gläubigerausschusses auftreten; denkbar ist in diesen Fällen diese Gruppe dann unbesetzt zu lassen.[225)]

cc) Kleingläubiger (§ 67 Abs. 2 Satz 1 InsO)

51 Ein Vertreter der Kleingläubiger, die sich dadurch auszeichnen, dass sie aufgrund ihrer relativ geringen Forderungshöhe im jeweiligen Verfahren ihre Rechte gegen den Willen der Großgläubiger nicht durchsetzen können,[226)] sollte immer berücksichtigt werden.[227)] Dieser theoretische Ansatz kann in der Praxis jedoch ebenfalls problematisch werden, da sich ein solcher Kleingläubiger, meist mit Forderungen unter 750 €, in den seltensten Fällen für eine Mitwirkung im Gläubigerausschuss gewinnen lässt.[228)] Teilweise werden deshalb insolvenzerfahrende Rechtsanwälte, die bereits mehrfach Mitglieder in einem Gläubigerausschuss waren, als Vertreter der Kleingläubiger bestellt.[229)]

> **Praxishinweis:**
>
> Die Auswahl des Vertreters der Kleingläubiger bereitet in der Praxis oft deshalb erhebliche Schwierigkeiten, weil diese Person im Hinblick auf geringe Forderungshöhe oft kein wirtschaftliches Interesse an der Mitarbeit in einem Gläubigerorgan hat und er – neben seiner Bereitschaft zur Annahme des Amts als Mitglied des Gläubigerausschusses – auch die für dieses Amt erforderliche Befähigung haben muss (→ Rn. 42).
>
> Oft wird daher der früher tätige **Steuerberater des Schuldners** dann als Vertreter der Kleingläubiger bestellt;[230)] **alternativ ein insolvenzerfahrener Rechtsanwalt**.

---

224) Prütting/Bork/Jacoby-*Kübler*, InsO, Stand: 9/2024, § 4 Rn. 5a.

225) *Pollmächer/Bogumil*, in: Göb/Schnieders/Pollmächer, Kap. 2 Rn. 79.

226) *Pollmächer/Bogumil*, in: Göb/Schnieders/Pollmächer, Kap. 2 Rn. 81.

227) HmbKomm-InsO/*Frind*, § 22a Rn. 20; *Pollmächer/Bogumil*, in: Göb/Schnieders/Pollmächer, Kap. 2 Rn. 80.

228) Römermann-*Mönning*, InsO, Stand: 1/2024, § 21 Rn. 134.

229) Römermann-*Mönning*, InsO, Stand: 1/2024, § 21 Rn. 134; FK-InsO/*Schmerbach*, § 22a Rn. 70.

230) Eher kritisch zu diesem Vorschlag: *Laroche/Pruskowski/Schöttler/Siebert/Vallender*, ZIP 2014, 2153, 2156.

dd) Vertreter der Arbeitnehmer (§ 67 Abs. 2 Satz 2 InsO)

Bereits die gesetzliche Soll-Vorschrift des § 67 Abs. 2 Satz 2 InsO verdeutlicht noch einmal, dass auch die Arbeitnehmer im Gläubigerausschuss vertreten sein sollten. Berücksichtigt man, dass ein Gläubigerausschuss in der Regel nur in Verfahren mit einer bestimmten Größe und eines bestimmten Umfangs eingesetzt werden, so ist diese Soll-Vorschrift uneingeschränkt nachvollziehbar. In **Verfahren mit Fortführungsaussichten** ist ein **Arbeitnehmervertreter** grundsätzlich sogar **unverzichtbar.**[231)] 52

> **Praxishinweis:**
>
> Sofern ein Betriebsrat beim schuldnerischen Unternehmen existiert, bietet es sich an, den **Vorsitzenden, hilfsweise ein Mitglied, des Betriebsrats** zu bestellen.[232)]

Sollte kein Betriebsrat bestehen, so ist dem Insolvenzgericht mitzuteilen, welche Position das vorgeschlagene Mitglied im Betrieb hat; hierdurch kann das Insolvenzgericht prüfen, ob diese Person zur Repräsentation der Arbeitnehmerschaft geeignet ist.[233)] Dies dürfte beispielsweise bei **leitenden Angestellten oder Vertrauenspersonen der Geschäftsführung nicht** gegeben sein.[234)]

Die **Bundesagentur für Arbeit kann diese Gläubigergruppe nicht** vertreten.[235)] **Gewerkschaften** hingegen – da § 21 Abs. 2 Satz 1 Nr. 1 lit. a) InsO nunmehr auf § 67 Abs. 3 InsO verweist – **schon** (→ Rn. 44).

ee) Institutionelle Gläubiger

Hierfür hat die Agentur für Arbeit auch Zentralstellen für die Besetzung von (vorläufigen) Gläubigerausschüssen geschaffen.[236)] 53

> **Praxishinweis:**
>
> Regelmäßige Mitglieder in Gläubigerausschüssen sind die Bundesagentur für Arbeit und die örtliche Sparkasse.

ff) Pensions-Sicherungs-Verein VVaG

Sofern umfangreiche Ruhegeldverpflichtungen Gegenstand des Insolvenzverfahrens sein werden, ist auch an den Pensions-Sicherungs-Verein VVaG als Träger der Insolvenzsicherung zu denken.[237)] 54

---

231) BeckOK InsR/*Frind*, § 67 InsO Rn. 8 m. w. N.; HmbKomm-InsO/*Frind*, § 67 Rn. 8; *Wroblewski*, ZInsO 2014, 115, 116.

232) Uhlenbruck-*Vallender*, InsO, § 22a Rn. 55.

233) *Pollmächer/Bogumil*, in: Göb/Schnieders/Pollmächer, Kap. 2 Rn. 83.

234) *Pollmächer/Bogumil*, in: Göb/Schnieders/Pollmächer, Kap. 2 Rn. 83; *Wroblewski*, ZInsO 2014, 115, 119.

235) *Pollmächer/Bogumil*, in: Göb/Schnieders/Pollmächer, Kap. 2 Rn. 84.

236) FK-InsO/*Schmerbach*, § 22a Rn. 69 m. w. N.

237) Uhlenbruck-*Knof*, InsO, § 67 Rn. 9 m. w. N.; *Daniels*, NZI 2025, 406, 407.

gg) Gemeinsamer Vertreter nach SchVG

55 Im Sonderfall der Existenz von Anleihen nach SchVG sollte der bestellte gemeinsame Vertreter Mitglied des Gläubigerausschusses werden.[238)]

3. Umgang mit Gläubigerausschüssen

56 Die gesetzlich vorgesehene Kombination aus staatlicher Überwachung durch das Insolvenzgericht und der Gläubigerüberwachung durch den (vorläufigen) Gläubigerausschuss setzt für eine gelungene Verfahrensabwicklung eine vertrauensvolle Zusammenarbeit dieser beiden Aufsichtsorgane voraus.

a) Zustimmungserfordernisse

57 Zustimmungserfordernisse des Insolvenzgerichts gegenüber dem Gläubigerausschuss bzw. umgekehrt bestehen bei der Verfahrensabwicklung in der Praxis nicht. Vielmehr kontrolliert der Gläubigerausschuss den Insolvenzverwalter mit diesem Mittel, so z. B. §§ 100 Abs. 2, 158 Abs. 1, 160, 187 Abs. 3 Satz 2 InsO.[239)]

b) Mitwirkungsobliegenheiten

58 Hingegen bestehen im Insolvenzverfahren viele Mitwirkungsobliegenheiten des Gläubigerausschusses.

Der Gläubigerausschuss hat in bestimmten Verfahrenskonstellationen ein **eigenes Antragsrecht** (u. a. §§ 59 Abs. 1 Satz 2, 75 Abs. 1 Nr. 2, 269d Abs. 2 Satz 3, 284 Abs. 1 Satz 2 InsO).

Zudem kann der Gläubigerausschuss in manchen Verfahrenskonstellationen **entscheiden, ob dem Insolvenzgericht ein Gestaltungsspielraum verbleibt.** U. a. in den Fällen der §§ 56a Abs. 2, 56b Abs. 2, 270b Abs. 3 Satz 3 InsO besteht ein gerichtlicher Abweichungsspielraum nur, wenn der Gläubigerausschuss nicht einstimmig abstimmt.

> **Praxishinweis:**
>
> Der Umgang zwischen Insolvenzgericht und Gläubigerausschuss ist wechselseitig. Nicht nur das Insolvenzgericht *(im Rahmen der staatlichen Verfahrensüberwachung)* auch der Gläubigerausschuss *(im Rahmen der Gläubigerüberwachung)* hat einen erheblichen Gestaltungsspielraum.
>
> Mitglieder des Gläubigerausschusses sollten sich der Bedeutung ihrer Einzelstimme in diesen Fällen sehr bewusst sein. Nur wenn die Einstimmigkeit nicht gegeben ist, hat das Insolvenzgericht die gesetzliche Möglichkeit, einzugreifen.

---

238) HmbKomm-InsO/*Frind*, § 67 Rn. 14 ff.

239) Andres/Leithaus-*Andres*, InsO, § 69 Rn. 14.

c) Anhörungsrechte

Gesetzlich sind vor den relevanten Verfahrensentscheidungen Anhörungsrechte des Gläubigerausschusses vorgesehen (u. a. §§ 56 Abs. 1, 214 Abs. 2 Satz 1, 232 Abs. 1 Nr. 1, 248 Abs. 2, 248a Abs. 2, 270b Abs. 3 Satz 1, 270e Abs. 4 InsO). 59

Praxishinweis:

Die offizielle Stellungnahme des Gläubigerausschusses im Rahmen der gesetzlich normierten Anhörung durch das Insolvenzgericht ist dogmatisch der optimale Weg. Im Rahmen der verfahrensbedingten Zusammenarbeit sollte der Gläubigerausschuss – sofern wesentliche Bedenken gegen das voraussichtliche Vorgehen bestehen – nicht erst das gerichtliche Anhörungsanschreiben abwarten, sondern proaktiv bereits zuvor das Insolvenzgericht auf die entsprechenden Bedenken hinweisen, da beide Aufsichtsorgane – sowohl der Gläubigerausschuss als auch das Insolvenzgericht – dasselbe Ziel verfolgen, die bestmögliche Abwicklung des konkreten Insolvenzverfahrens.

d) Informationsmöglichkeiten

Gegenüber dem Insolvenzgericht hat der Gläubigerausschuss bzw. seine Mitglieder grundsätzlich ein Akteneinsichtsrecht nach § 4 InsO i. V. m. § 299 Abs. 1 ZPO.[240] Im Übrigen hat der Gläubigerausschuss bzw. seine Mitglieder gegenüber dem Insolvenzverwalter bzw. dem Insolvenzschuldner das Recht auf Einsicht, u. a. in die Geschäftsunterlagen (vgl. auch § 69 Satz 2 InsO), sowie auf Erteilung von Auskünften.[241] 60

Praxishinweis:

Gläubigerausschuss/-mitglieder sollten primär ihre Information über den Insolvenzverwalter beziehen. Dieser Weg ist aktueller und detailreicher. Die Gerichtsakten sind eher durch eine Konzentration auf das Wesentliche geprägt.

Ist ein Gläubigerausschuss/-mitglied führ seine Tätigkeit auf die Einsicht in die Gerichtsakte angewiesen, signalisiert dies dem Insolvenzgericht regelmäßig, dass das Insolvenz(eröffnungs)verfahren voraussichtlich gerade keinen reibungslosen Ablauf aufweist.

Beabsichtigt der Insolvenzverwalter im Interesse einer ordnungsgemäßen Verwaltung dem Gläubigerausschuss oder einem einzelnen Ausschussmitglied eine Einsichtnahme teilweise zu verweigern, sollte er ein solches Vorgehen im Wege der vertrauensvollen Zusammenarbeit erst vorab mit dem Insolvenzgericht abstimmen.[242]

4. Gerichtlicher Einfluss auf die Ausschusstätigkeit

Die Tätigkeit des Gläubigerausschusses unterliegt „nur" der allgemeinen Rechtskontrolle und nicht der allgemeinen Aufsicht des Insolvenzgerichts (→ Rn. 24). 61

240) Vgl. auch K. Schmidt-*Stephan*, InsO, § 4 Rn. 33.
241) Uhlenbruck-*Knof*, InsO, § 69 Rn. 27.
242) Vgl. auch: Uhlenbruck-*Knof*, InsO, § 69 Rn. 28.

In der Praxis besteht von gerichtlicher Seite üblicherweise Interesse (a) an der Übersendung von Dokumenten des Gläubigerausschusses sowie (b) an der Teilnahme an Sitzung des Gläubigerausschusses. Beides kann natürlich die Arbeit des Gläubigerausschusses beeinflussen.

a) Dokumentenübersendung

62 Der Gläubigerausschuss hat nach allgemeiner Meinung über seine Sitzungen und Beschlüsse Protokoll zu führen.[243)] Das Insolvenzgericht ist nicht berechtigt, vom Gläubigerausschuss eine Berichterstattung über das Ergebnis einer Gläubigerausschusssitzung oder die Überlassung der Ausschussprotokolle zu erzwingen.[244)] In der Praxis erfolgt jedoch in der Regel die Übersendung dieser Ausschussprotokolle an das Insolvenzgericht.[245)] Üblicherweise übersendet der Gläubigerausschuss oder der Protokoll führende Insolvenzverwalter das Ausschussprotokoll ohne weitere Aufforderung an das Insolvenzgericht.

Praxishinweis:

Die Übersendung des Ausschussprotokolls ist der praktische Regelfall. Wird diese Übersendung verweigert, wird dies eine vertrauensvolle Zusammenarbeit zwischen dem Gläubigerausschuss und dem Insolvenzgericht stark beeinträchtigen.

Da der Gläubigerausschuss, wenn er schuldnerisches Verhalten sanktionieren oder verhindern möchte, auf das Insolvenzgericht angewiesen ist (→ Rn. 38) und auch im Rahmen der Vergütungsfestsetzung zum Nachweis des Tätigkeitsumfangs auf die Ausschussprotokolle zurückgegriffen wird (→ Rn. 66), führte die Nichtübersendung der Ausschussprotokolle u. a. in den beiden vorgenannten Konstellationen zu erheblichen Verfahrensverzögerungen, weil das Insolvenzgericht zunächst umfangreiche Ermittlungen von Amts wegen durchführen muss (obwohl die entsprechenden Informationen ggf. ohne weiteren Aufwand auf dem Ausschussprotokoll zu entnehmen gewesen wären).

b) Sitzungsteilnahme

63 Die **Sitzungen** des Gläubigerausschusses sind **nicht öffentlich.**[246)] **Streitig** ist, **ob dem Insolvenzgericht ein eigenes Teilnahmerecht** an den Sitzungen des Gläubigerausschusses **zusteht.**[247)] Teilweise wird dies mit der Begründung bejaht, dass es seine bestmögliche Verfahrensaufsicht nur wahren könne, wenn es so umfangreich wie möglich informiert sei.[248)] Teilweise wird dies jedoch

243) Uhlenbruck-*Vallender*, InsO, § 22a Rn. 68 m. w. N.; *ders.*, WM 2002, 2040, 2044 m. w. N.

244) Uhlenbruck-*Knof*, InsO, § 69 Rn. 6; Uhlenbruck-*Vallender*, InsO, § 22a Rn. 69; *ders.*, WM 2002, 2040, 2047 m. w. N. Für eine Übersendungspflicht tendenziell BeckOK InsR/*Frind*, § 69 InsO Rn. 27 m. w. N.

245) Vgl. Uhlenbruck-*Knof*, InsO, § 69 Rn. 6 m. w. N.

246) Andres/Leithaus-*Andres*, InsO, § 69 Rn. 3; BeckOK InsR/*Frind*, § 69 InsO Rn. 26 m. w. N.

247) *Coordes*, in: Göb/Schnieders/Pollmächer, Kap. 3 Rn. 45.

248) BeckOK InsR/*Frind*, § 69 InsO Rn. 27 m. w. N.; MünchKomm-InsO/*Schmid-Burgk*, § 69 Rn. 12 m. w. N.

auch unter Hinweis auf das Selbstverwaltungsrecht des Gläubigerausschusses abgelehnt.[249] In der Praxis gewährt üblicherweise der Gläubigerausschuss – mit einer vorherigen Zulassung – dem Insolvenzgericht eine Teilnahme als Gast.[250]

Praxishinweis:

Die Teilnahme des Insolvenzgerichts an den Sitzungen des Gläubigerausschusses ist sinnvoll. Hierdurch wird das Gericht bestmöglich – ggf. über entsprechende gerichtliche Nachfragen – über den aktuellen Verfahrensstand informiert und kann die in der Folgezeit zu treffenden Entscheidungen schneller und effizienter bearbeiten.

Die Einladung des Insolvenzgerichts sollte allerdings wohl durchdacht sein. Sollten in der Ausschusssitzung Themen beispielsweise i. S. d. §§ 56a Abs. 2, 56b Abs. 2, 270b Abs. 3 Satz 3 InsO besprochen werden und wird eine umfangreiche Diskussion im Ausschuss über die Frage der Einstimmigkeit erwartet, sollte man sich zuvor fragen, ob eine Anwesenheit des Gerichts hierbei erwünscht ist. Es dürfte offensichtlich sein, dass eine teilweise Nichtzulassung des Insolvenzgerichts zu einzelnen Tagespunkten oder ggf. zu einzelner Sitzung eher nicht Grundlage einer vertrauensvollen Zusammenarbeit sein kann und eher erhebliche gerichtliche Skepsis produziert, welche wiederum zu umfangreichen amtswegigen Ermittlungen und somit zu einer Ineffizienz des weiteren Verfahrensablauf führen kann.

5. Gruppen-Gläubigerausschuss (§ 296c InsO)

Um zu verhindern, dass durch eine dezentrale Abwicklung der verschiedenen Insolvenzverfahren über das Vermögen konzernangehöriger Schuldner Wertverluste entstehen, hat der Gesetzgeber verschiedene Maßnahmen ergriffen, um den verfahrensmäßigen Ablauf eines Konzerninsolvenzverfahrens zu regeln: u. a. die Möglichkeit der Einsetzung eines Gruppen-Gläubigerausschusses nach § 269c InsO.[251] Die im Gesetzgebungsverfahren zunächst vorgesehene Pflichteinsetzung des Gremiums ist zugunsten einer gerichtlichen Ermessensentscheidung entfallen.[252] Entscheidend ist hierbei, ob unter Berücksichtigung aller Umstände, insbesondere des Aufwands und des Nutzens ein Bedürfnis für die Einsetzung besteht.[253] Die gerichtliche Kompetenz wird durch das Antragserfordernisses beschränkt; eine Einsetzung von Amts wegen ist nicht möglich.[254] Antragsberechtigt ist gem. § 269c Abs. 1 Satz 1 InsO jeder (vorläufige) Gläubigerausschuss eines gruppenangehörigen Schuldners. 64

249) *Coordes*, in: Göb/Schnieders/Pollmächer, Kap. 3 Rn. 47; Prütting/Bork/Jacoby-*Kübler*, InsO, Stand: 9/2024, § 69 Rn. 9; *Vallender*, WM 2002, 2040, 2047 m. w. N.

250) Uhlenbruck-*Knof*, InsO, § 69 Rn. 7 m. w. N.

251) *Pollmächer/Jungclaus*, in: Göb/Schnieders/Pollmächer, Kap. 10 Rn. 1.

252) AG Hamburg NZI 2023, 416 Rn. 4; HmbKomm-InsO/*Frind*, § 269c Rn. 2 m. w. N.

253) BT-Drucks. 18/407, S. 34; AG Hamburg NZI 2023, 416 Rn. 4; Graf-Schlicker-*Graf-Schlicker/Bornemann*, InsO, § 269c Rn. 4 m. w. N.; *Pollmächer/Jungclaus*, in: Göb/Schnieders/Pollmächer, Kap. 10 Rn. 19; Römermann-*Römermann/Montag*, InsO, Stand: 1/2024, § 269c Rn. 4.

254) BT-Drucks. 18/407, S. 34; Uhlenbruck-*Knof*, InsO, § 269c Rn. 5; *Pollmächer/Jungclaus*, in: Göb/Schnieders/Pollmächer, Kap. 10 Rn. 8 m. w. N.

Praxishinweis:

Der Antrag sollte schriftlich gestellt werden und hierbei die zugrundeliegende Beschlussfassung des antragsstellenden Ausschusses mittels Protokolls oder ggf. Protokollauszugs nachgewiesen werden.[255)]

In diesem Zeitpunkt muss – dies ist in der Literatur umstritten[256)] – der Gruppengerichtsstand bereits durch einen entsprechenden feststellenden Beschluss (bei diesem Gericht) begründet worden sein.[257)]

Der Gruppen-Gläubigerausschuss setzt sich grundsätzlich nach §§ 269c Abs. 1 Satz 2 und 3 InsO aus einem Mitglied jedes (vorläufigen) Gläubigerausschusses eines gruppenangehörigen Schuldners sowie – als weiteres Mitglied – aus dem Kreis der Arbeitnehmervertreter zusammen. Dies gilt auch dann, wenn bereits aus einem Einzelausschuss ein Vertreter der Arbeitnehmer in den Gruppen-Gläubigerausschuss entsendet worden ist.[258)]

Praxishinweis:

Zur Verfahrensbeschleunigung wird das Gericht im Rahmen der Anhörungen der anderen Ausschüsse zugleich Vorschläge für die Besetzung des Gruppen-Gläubigerausschuss einholen; sinnvollerweise unterbreitet jeder Ausschuss mehrere Vorschläge – möglichst mit Einverständniserklärungen der genannten Personen.[259)] Die entsprechende Vorschlagsübermittlung kann auch bereits mit Antragstellung erfolgen.[260)]

Als weiterer Arbeitnehmervertreter i. S. v. § 269c Abs. 1 Satz 3 InsO bietet sich der Konzernbetriebsratsvorsitzende an.[261)]

6. Gläubigerbeirat (§ 93 StaRUG)

65 In den **Verfahren nach der InsO** ist es **nicht möglich**, neben oder statt des Gläubigerausschusses einen Gläubigerbeirat einzusetzen.[262)] Einen solchen Beirat sieht hingegen § 93 StaRUG für Restrukturierungssachen vor. Bei dem Gläubigerbeirat handelt es sich um ein fakultatives, in das pflichtgemäße Ermessen des Restrukturierungsgerichts gestelltes Organ,[263)] welches den Gläubigern ermöglichen soll, ihre Interessen gebündelt mittels eines eigenem Organs geltend machen zu können.[264)] Die Struktur dieses Gläubigerbeirats ist

255) MünchKomm-InsO/*Brünkmanns*, § 269c Rn. 9 m. w. N.; HmbKomm-InsO/*Frind*, § 269c Rn. 4.

256) Vgl. u. a. Prütting/Bork/Jacoby-*Thole*, InsO, Stand: 9/2024, § 269c Rn. 8 m. w. N.

257) HmbKomm-InsO/*Frind*, § 269c Rn. 5 m. w. N.

258) *Pollmächer/Jungclaus*, in: Göb/Schnieders/Pollmächer, Kap. 10 Rn. 26 m. w. N.

259) HmbKomm-InsO/*Frind*, § 269c Rn. 6 m. w. N. u. 8.

260) Vgl. Kayser/Thole-*Specovius*, InsO, § 269c Rn. 5.

261) AG Hamburg NZI 2023, 416 Rn. 7 m. w. N.

262) Andres/Leithaus-*Andres*, InsO, § 67 Rn. 16 m. w. N.

263) *Ahrens*, NZI-Beilage 2021, 57, 59.

264) Morgen-*Blankenburg*, StaRUG, § 93 Rn. 1.

am insolvenzrechtlichen Gläubigerausschuss orientiert.[265] Aufgrund der erforderlichen Repräsentanz der beteiligten Gruppen wird in der Regel eine **Mindestanzahl von vier Personen** einzusetzen sein.[266] Hierbei ist es allerdings wohl **nicht erforderlich** dieses Gremium mit einer **ungraden Zahl** von Mitgliedern zu besetzen, da dem Gläubigerbeirat anders als dem Gläubigerausschuss keine weitreichenden Zustimmungsfunktionen zukommen.[267]

7. Kommunikation zu Vergütungsanträgen

Gemäß § 73 Abs. 1 Satz 1 InsO haben die Mitglieder des Gläubigerausschusses **66**
einen Anspruch auf Vergütung für ihre Tätigkeit und auf Erstattung angemessener Auslagen, wobei nach § 73 Abs. 1 Satz 2 InsO dem **Zeitaufwand und dem Umfang der Tätigkeit** Rechnung zu tragen ist. Nach §§ 73 Abs. 2, 65 InsO i. V. m. § 17 Abs. 1 Satz 1 InsVV ist hierbei regelmäßig eine Vergütung von **50,00 bis 300,00 € pro Stunde anzusetzen.** Die entsprechende Vergütung wird seitens des Insolvenzgerichts durch Beschluss **auf Antrag des Gläubigerausschussmitglieds** festgesetzt. Dieses Antragsrecht steht dem Gläubigerausschuss nicht als Ganzem zu, sondern jedem Mitglied einzeln.[268] Auch der Insolvenzverwalter ist nicht berechtigt, für den Gläubigerausschuss die Vergütungsanträge zu stellen.[269]

Eine **Vergütungsvereinbarung** zwischen dem Gläubigerausschuss und der Schuldnerin – auch nicht einem Insolvenzplan vor Aufhebung des Insolvenzverfahrens[270] – hat **keine Bindungswirkung.**[271] Ebenso ist eine Vereinbarung mit dem Insolvenzverwalter über die Höhe der Vergütung unwirksam.[272] Auch entsprechende Beschlüsse der Gläubigerversammlung binden das allein entscheidungsbefugte Insolvenzgericht nicht.[273]

Praxishinweis:

Vorab die Vergütungsanträge im Gläubigerausschuss und mit dem Insolvenzgericht unverbindlich zu besprechen, ist sinnvoll. Zeitaufwand und Tätigkeitsumfang sind ebenso wie der konkrete Stundensatz nicht einfach zu ermitteln und jeweils durch eine Gesamtabwägung aller Umstände im konkreten Einzelfall geprägt.

---

265) *Pollmächer*, in: Göb/Schnieders/Pollmächer, Kap. 11 Rn. 3.

266) Morgen-*Blankenburg*, StaRUG, § 93 Rn. 13.

267) Morgen-*Blankenburg*, StaRUG, § 93 Rn. 13.

268) Uhlenbruck-*Knof*, InsO, § 73 Rn. 28 m. w. N.

269) Uhlenbruck-*Knof*, InsO, § 73 Rn. 28 m. w. N.

270) Nach Aufhebung des Insolvenzverfahren möglich, vgl.: BGH NZI 2021, 733 Rn. 19.

271) BGH NZI 2017, 260 Rn. 20 ff.; HmbKomm-InsO/*Frind*, § 73 Rn. 5; Uhlenbruck-*Knof*, InsO, § 73 Rn. 28 m. w. N.

272) HmbKomm-InsO/*Frind*, § 73 Rn. 5; Uhlenbruck-*Knof*, InsO, § 73 Rn. 16 m. w. N.

273) HmbKomm-InsO/*Frind*, § 73 Rn. 5 m. w. N.

Da jedes Ausschussmitglied voraussichtlich einen ähnlichen Aufwand investiert hat, sind vergleichbare Vergütungsanträge natürlich immer einfacher zu bescheiden als sich erheblich widersprechende Anträge. Wenn diese Anträge zuvor auch mit den gerichtlichen Erfahrungswerten abgestimmt worden sind, dürften viele Abstimmungsaspekte aus dem schriftlichen Festsetzungsverfahren in ein mündliches Abstimmungsgespräch vorverlagert werden können und allen Verfahrensbeteiligten in der Regel die Abrechnung erleichtern. Auch hier gilt: Reden hilft.

Allerdings ist ausnahmsweise in den Fällen, in denen über die in § 73 Abs. 1 Satz 2 InsO ausdrücklich genannten Bemessungskriterien eine angemessene Vergütung nicht herbeigeführt werden kann, eine **Pauschalvergütung** möglich.[274] Ob die Pauschalvergütung **sich an der Verwaltervergütung orientiert kann, ist umstritten.**[275] Bei einer entsprechenden Abrechnung hat sich ein **Prozentsatz von 1 bis 5** entwickelt.[276] Denkbare Ausnahmefälle für eine entsprechende Pauschalabrechnung sind auf der einen Seite die Fälle, in denen nach Einschätzung des Insolvenzgerichts über eine Stundenhonorierung eine marktübliche Vergütung nicht erreicht werden kann, weil der von dem Mitglied des Gläubigerausschusses nachgewiesen Zeitaufwand zu der herausragenden Bedeutung der Sache in keinen Verhältnis steht oder dieser nicht erfassbar ist, und auf der anderen Seite in den Fällen, in denen die Abrechnung nach Stundensätzen zur Festsetzung einer übersetzten Vergütung führt, weil der erhebliche Zeiteinsatz gemessen an der Bedeutung der Sache unverhältnismäßig erscheint, beispielsweise in masselosen Verfahren, die nur aufgrund einer Verfahrenskostenstundung eröffnet werden konnten.[277]

Sind dem Antrag nicht bzw. nicht vollständig die erforderlichen Aufzeichnungen über den Zeitaufwand beigefügt, ist das **Insolvenzgericht** – nach erfolgslosen Ablauf gesetzter Nachreichungsfristen – **berechtigt**, den **Aufwand** aufgrund seiner Erfahrung und den vorhandenen Sitzungsprotokollen sowie unter Berücksichtigung des Zeitaufwands und der Auslagen der übrigen Mitglieder **zu schätzen.**[278]

Praxishinweis:

Jedem Gläubigerausschussmitglied kann nur geraten werden, ab Annahme des Amts sich fortlaufend entsprechende Aufzeichnungen zu machen, um den Aufwand im Rahmen der Vergütungsfestsetzung nachweisen zu können.[279] Eine nachträgliche Rekonstruktion ist immer aufwendiger und fehleranfälliger.

274) *Vallender*, WM 2002, 2040, 2049 m. w. N.

275) Vgl. BGH NZI 2009, 845 Rn. 11; Andres/Leithaus-*Andres*, § 73 Rn. 3. Ablehnend: HmbKomm-InsO/*Frind*, § 73 Rn. 6.

276) Andres/Leithaus-*Andres*, InsO, § 73 Rn. 3 m. w. N.

277) BGH NZI 2009, 845 Rn. 11 u. 17.

278) Uhlenbruck-*Knof*, InsO, § 73 Rn. 28 m. w. N.

279) Vgl. u. a. *Coordes*, in: Göb/Schnieders/Pollmächer, Kap. 7 Rn. 10; HmbKomm-InsO/*Frind*, § 73 Rn. 5.

Teil V Best Practice – Insolvenztabelle und Berichte

In keinem anderen Bereich der Verfahrensbearbeitung müssen Gericht und Insolvenzverwalter so eng zusammenarbeiten wie in der Insolvenztabelle. Die vom Insolvenzverwalter zunächst erfassten Daten und Unterlagen werden mit Niederlegung an das Insolvenzgericht übergeben; die Insolvenztabelle wird ab dem Prüfungstermin durch das Insolvenzgericht fortgeführt. Sicherlich ist auch dies ein Grund, warum es in keinem anderen Bereich so zahlreiche und unterschiedliche **Anforderungen der Insolvenzgerichte** gibt, welche diese gegenüber dem Insolvenzverwalter äußern.[1] Diese Anforderungen haben einige Gerichte zu Leitlinien zusammengefasst. Die bei den einzelnen Insolvenzgerichten erprobten und für gut befundenen organisatorischen Abläufe werden durch Formulierung entsprechender Anforderungen an die Insolvenzverwalter weitergegeben, um so eine reibungslose Integration der seitens des Insolvenzverwalters erstellten „Zuarbeit" in die eigene Tätigkeit zu ermöglichen. Dies hat dazu geführt, dass jede Verwalterkanzlei eine eigene Dokumentation über die „Anforderungen" und „Wünsche" der zu bedienenden Insolvenzgerichte aufgebaut hat, insbesondere und meist sehr ausführlich im Bereich der Insolvenztabelle. Aktuell werden diese Anforderungen aufgrund der Einführung der elektronischen Akte bei zahlreichen Gerichten häufig geändert. 1

Praxishinweis:

Prüfen Sie daher laufend und immer wieder während der Bearbeitung die jeweiligen Anforderungen des Insolvenzgerichts.

Ggf. ist es sinnvoll, die Anforderungen von Zeit zu Zeit mit den beauftragenden Gerichten abzustimmen und eventuell Anforderungen auch zu hinterfragen. Dem Insolvenzgericht ist u. U. überhaupt nicht bewusst, welche – für die eigene Organisation als hilfreich erachtete Anforderungen – in der Verwalterkanzlei zu einem erheblichen Mehraufwand führen.

A. Eröffnungsbeschluss – Fristen

Das Insolvenzgericht ernennt mit Eröffnung des Insolvenzverfahrens einen Insolvenzverwalter (§ 27 InsO) und fordert die Insolvenzgläubiger auf, ihre Forderungen unter Beachtung des § 174 InsO anzumelden (§ 28 InsO). 2

Wurde durch das Insolvenzgericht im Eröffnungsbeschluss die Eigenverwaltung gem. §§ 270 ff. InsO angeordnet, wird ein Sachwalter bestellt, zu dessen Aufgaben die Führung der Insolvenztabelle gehört (§ 270f Abs. 2 Satz 2 InsO).

1) Nach *Fuest*, „Status quo und Verbesserungsvorschläge in der Zusammenarbeit von Insolvenzverwaltern und Insolvenzgerichten bei der Verfahrensbearbeitung", INDat-Report 4/2025, S. 13 ff., sind die unterschiedlichen Vorgaben im Bereich der Insolvenztabelle am umfangreichsten.

Hinweis: Im Weiteren wird von einem Insolvenzverfahren ohne Anordnung der Eigenverwaltung ausgegangen. Soweit sich in der Eigenverwaltung Besonderheiten ergeben, wird darauf gesondert hingewiesen.

Die Tätigkeit im Bereich der Insolvenztabelle beginnt regelmäßig mit Eingang des **Eröffnungsbeschlusses** im Verwalterbüro.

Die durch das Insolvenzgericht im Eröffnungsbeschluss bestimmten Termine und Fristen sind in der Verwaltersoftware zu notieren. Weitere Informationen und zu beachtende Fristen finden sich ggf. im Anschreiben des Gerichts zum Eröffnungsbeschluss. Das Schreiben sollte – obwohl es häufig standardisiert durch das Gericht verwendet wird – in jedem Fall zumindest „überflogen werden", damit Besonderheiten in einzelnen Verfahren nicht übersehen werden.

Zur Bearbeitung der Insolvenztabelle sind folgende Termine und Fristen relevant:

- Anmeldefrist
- Prüfungstermin oder Widerspruchsfrist bzw. Prüfungsstichtag im schriftlichen Verfahren
- Frist zur Niederlegung der Tabelle bei Gericht

I. Anmeldefrist

3 Die **Anmeldefrist** wird im Eröffnungsbeschluss durch das Insolvenzgericht bestimmt. Der Eröffnungsbeschluss enthält eine Aufforderung an die Insolvenzgläubiger, ihre Forderung **innerhalb einer bestimmten Frist** beim Insolvenzverwalter anzumelden (§ 28 InsO).

Es handelt sich bei der Anmeldefrist um keine **Ausschlussfrist**. Einen Zeitpunkt, bis zu welchem Gläubiger ihre Forderung spätestens anmelden müssen, sieht die Insolvenzordnung jedoch nicht vor. Nach herrschender Meinung ist eine Anmeldung zumindest bis zum Schlusstermin möglich.[2)]

Die Gläubiger können ihre Forderungen auch im weiteren Verfahrensverlauf geltend machen, müssen dann jedoch verschiedene Nachteile in Kauf nehmen. Für eine **nachträgliche Prüfung** entstehende insbesondere Gerichtskosten in Höhe von derzeit 24,00 € je Gläubiger.[3)]

Zudem haben nur Insolvenzgläubiger, welche eine Forderung zur Insolvenztabelle angemeldet haben, Zugriff auf die geschützten Bereiche im **Gläubigerinformationssystem**, welches der Insolvenzverwalter gem. § 5 Abs. 5 InsO vorhalten muss.

---

2) *Gerbers/Pape*, „Der Umgang mit Forderungsanmeldungen nach Einreichung des Schlussberichts", ZInsO 2006, 685.

3) Nr. 2340 des Kostenverzeichnisses zum GKG (bis zum 31.5.2025 betrugen die Gerichtskosten 22,00 €. Eine Änderung erfolgte mit Kosten- und Betreuungsvergütungsrechtsänderungsgesetz 2025 vom 7.4.2025 zum 1.6.2025, BGBl I Nr. 109 vom 10.4.2025.

Es gibt eine besondere Regelung in der Verordnung des Europäischen Parlaments und des Rates vom 20.5.2015 über Insolvenzverfahren (EuInsVO), wonach die Anmeldefrist bei **EU-Auslandsgläubigern** mindestens **30 Tage** beträgt. Die Frist beginnt mit der wirksamen öffentlichen Bekanntmachung der Eröffnung des Insolvenzverfahrens im Justizportal unter www.insolvenzbekanntmachungen.de. Hierbei ist jedoch zu beachten, dass die Bekanntmachung erst als bewirkt gilt, sobald nach dem Tag der Veröffentlichung zwei weitere Tage verstrichen sind, wobei der zweite Tag ein Werktag sein muss. Ansonsten verlängert sich die Frist und endet erst mit Ablauf des nächsten Werktages (§ 4 InsO i. V. m. § 222 Abs. 2 ZPO).[4] 4

Praxishinweis:

Achten Sie darauf, wenn Forderungsanmeldungen von EU-Gläubigern nach der vom Gericht bestimmten Anmeldefrist, aber innerhalb der Frist von 30 Tagen nach der EuInsVO eingehen. Geben Sie dem Gericht einen Hinweis, dass diese „verspätete" Anmeldung anders zu behandeln ist.

Vorsicht bei der Nutzung von Gläubiger-Informations-Systemen, wenn den Gläubigern hierüber die Möglichkeit zur Erfassung ihrer Forderung gegeben wird. Über die aktuellen Softwarelösungen ist nicht sichergestellt, dass die Mindesteintragungen gem. Art. 55 EuInsVO vom Gläubiger vorgenommen werden, so dass Anmeldungen u. U. als unzulässig zurückgewiesen werden müssten.

II. Prüfungstermin und Prüfungsstichtag im schriftlichen Verfahren

Aus dem Eröffnungsbeschluss ist der **Prüfungstermin** bzw. bei Prüfung der Forderungen im schriftlichen Verfahren (§ 5 Abs. 2 Satz 1 InsO) der **Prüfungsstichtag** bzw. der Ablauf der Widerspruchsfrist für alle Verfahrensbeteiligten ersichtlich. 5

Auch bei der Festlegung des Prüfungstermins besteht für das Insolvenzgericht ein Spielraum. Der Prüfungstermin (oder die Widerspruchsfrist im schriftlichen Verfahren) kann in einem Zeitraum von mindestens einer Woche bis höchstens zwei Monate nach Ablauf der Anmeldefrist festgelegt werden.

Praxishinweis:

Im Zusammenspiel der Fristen für die Anmeldung der Insolvenzforderungen (mindestens 2 Wochen und höchstens drei Monate) und die Bestimmung des Prüfungstermins (mindestens 1 Woche und höchstens zwei Monate nach Ablauf der Anmeldefrist) ergibt sich die mögliche kürzeste Frist von nur 3 Wochen bis zum Prüfungstermin bis zu 5 Monaten nach Eröffnung des Insolvenzverfahrens. Damit sollte man im Verwalterbüro vertraut sein und ggf. in Gutachten bei Gericht anregen, wie die Frist und der Termin bestimmt werden sollten.

Es soll immer wieder vorkommen, dass Mitarbeiter z. B. die Osterfeiertage im Büro verbringen, weil das Gericht die Drittelfrist – dazu nachfolgend mehr – nicht im Blick hatte. Hier dürfte ein „Wunsch" für die Terminierung im Gutachten ausreichend sein, „um das Gericht auf den rechten Weg zu führen".

4) BGH, 14.11.2013 – IX ZB 101/11 Rn. 13, ZVI 2014, 78.

III. Frist zur Niederlegung der Insolvenztabelle

6 Durch die **Niederlegung der Insolvenztabelle** beim Insolvenzgericht erhalten die Insolvenzgläubiger die Möglichkeit, Einsicht zu nehmen und so beispielsweise auch ihr Widerspruchsrecht gegen Forderungen anderer Gläubiger geltend zu machen. Von Ihrem Einsichts- und Widerspruchsrecht machen Gläubiger jedoch in der Praxis selten Gebrauch.

7 Der Termin für die Niederlegung der Insolvenztabelle bzw. der Ablauf der Niederlegungsfrist wird von manchen Gerichten im Eröffnungsbeschluss mitgeteilt. Andere Gerichte teilen den Termin im Anschreiben des Eröffnungsbeschlusses mit. Wieder andere Gerichte überlassen das Berechnen der Frist dem Insolvenzverwalter.

Grundlage für die **Berechnung der Frist** sind die Anmeldefrist sowie der Prüfungstermin bzw. die Widerspruchsfrist im schriftlichen Verfahren. Der Zeitraum zwischen diesen beiden Terminen ist in drei Teile zu unterteilen. Eine Niederlegung der Tabelle ist innerhalb des ersten Drittels notwendig (§ 175 Abs. 1 Satz 2 InsO).

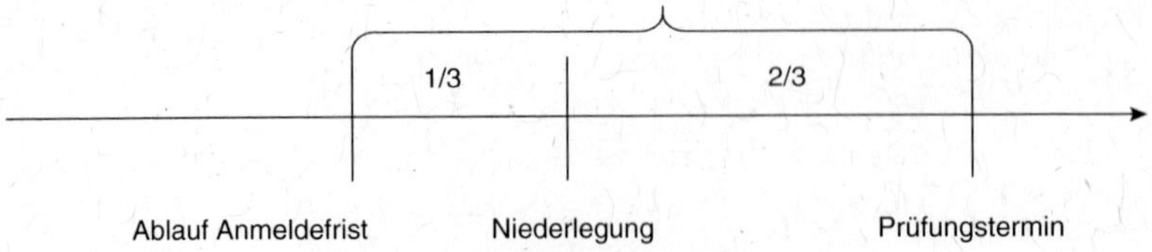

B. Gläubigerinformation und Zustellung des Eröffnungsbeschlusses

8 Eine zentrale und wichtige Aufgabe direkt nach Eröffnung des Insolvenzverfahrens stellt die Information der Verfahrensbeteiligten, insbesondere der Insolvenzgläubiger, dar. Diese Information erfolgt auf verschiedenen Wegen.

I. Bekanntmachung des Eröffnungsbeschlusses an die Gläubiger

9 Seitens des Insolvenzgerichts erfolgt die **öffentliche Bekanntmachung** der Verfahrenseröffnung unter www.insolvenzbekanntmachungen.de (§ 9 InsO). Die öffentliche Bekanntmachung genügt zum Nachweis der Zustellung an alle Beteiligten (§ 9 Abs. 3 InsO). Also auch gegenüber Gläubigern, welche nicht auf anderem Wege über die Eröffnung des Insolvenzverfahrens informiert wurden, da z. B. ihre Adressen nicht bekannt sind oder sie vom Schuldner auf der Gläubigerliste nicht angegeben wurden.

II. Zustellung des Eröffnungsbeschlusses

10 Neben einer öffentlichen Bekanntmachung des Eröffnungsbeschlusses ist eine gesonderte **Zustellung an die Gläubiger**, die Schuldner des Schuldners und den Schuldner selbst durch das Insolvenzgericht vorgesehen (§ 30 Abs. 2 InsO). Mit der Zustellung des Eröffnungsbeschlusses an die Gläubiger (Kreditoren)

und Schuldner des Schuldners (Debitoren) wird i. d. R. der Insolvenzverwalter beauftragt (§ 8 Abs. 3 InsO).

Hinweis: Überwiegend nehmen die Insolvenzgerichte die Zustellung an den Schuldner selbst vor. Aber auch mit dieser Zustellung kann der Insolvenzverwalter beauftragt werden

Die Kreditoren und Debitoren sind daher – soweit bekannt – durch den Insolvenzverwalter in seiner Software zu erfassen und über die Eröffnung des Insolvenzverfahrens durch Zustellung des Eröffnungsbeschlusses zu informieren.

An dieser Stelle sei darauf hingewiesen, dass eine **Aufforderung zur Forderungsanmeldung** an alle im weiteren Verlauf des Verfahrens – z. B. aus den Geschäftsunterlagen des Schuldners – bekanntwerdenden Gläubiger durch den Insolvenzverwalter erfolgen kann und sicherlich auch zweckmäßig ist. 11

Praxishinweis:

Eine Zustellung des Eröffnungsbeschlusses im Auftrag des Gerichts muss jedoch nur an die Gläubiger erfolgen, die bei Eröffnung bekannt sind. Denn dies ist genau das, was das Gericht – neben der öffentlichen Bekanntmachung – selbst veranlassen würde, wenn es die Aufgabe nicht dem Insolvenzverwalter übertragen hätte.

Nicht enden wollende „Zustellungen“, wenn immer wieder noch ein Gläubiger bekannt wird, sind nicht notwendig und überflüssig. Die Wirkung der öffentlichen Bekanntmachung tritt für alle Gläubiger ein, auch für die, die nicht bekannt waren und an die daher nicht zugestellt werden konnte. Diese Regelung hat der Gesetzgeber bewusst geschaffen, um das Verfahren mit hunderten oder gar tausenden beteiligten Gläubigern zu vereinfachen. So kann sich ein Gläubiger insbesondere bei Versäumung der Anmeldefrist nicht darauf berufen, dass ihm der Eröffnungsbeschluss nicht (rechtzeitig) zugestellt wurde. Im schlimmsten Fall kann das Insolvenzgericht die spätere Festsetzung von Zustellungsauslagen im Rahmen der Vergütung des Insolvenzverwalters ablehnen, da diese „überflüssig“ waren.

Die seitens des Insolvenzgerichts übertragene Aufgabe – die Zustellung des Eröffnungsbeschlusses – wird i. d. R. durch den Insolvenzverwalter genutzt, die Gläubiger zur Anmeldung ihrer Forderungen aufzufordern und hierzu zahlreiche Informationen und Hinweise zu geben. Es gibt keine gesetzlichen Regelungen zum Inhalt des Schreibens. Alle Informationen, welche dem Gläubiger bekannt gemacht werden müssen, sind gem. § 28 InsO bereits im Eröffnungsbeschluss enthalten. 12

In der Praxis enthalten die Aufforderungs- und Informationsschreiben z. B. folgende Inhalte, für den Fall, dass der Gläubiger den Beschluss des Gerichts nicht liest oder nicht versteht: 13

- Information über die Eröffnung des Insolvenzverfahrens und die Bestellung zum Insolvenzverwalter
- Mitteilung der Anmeldefrist

- Mitteilung des Prüfungstermins/-stichtags bzw. der Widerspruchsfrist im schriftlichen Verfahren
- Aufforderung zur Forderungsanmeldung
- Aufforderung zur Mitteilung bestehender Sicherungsrechte
- Hinweis auf ein ggf. beigefügtes Merkblatt zur Anmeldung der Forderung (teilweise durch das Insolvenzgericht mit dem Eröffnungsbeschluss zur Versendung an die Gläubiger zur Verfügung gestellt)[5)]
- Hinweis auf ein bestehendes Gläubiger-Informations-System nebst Mitteilung einer individuellen Gläubiger-PIN

Folgende Anlagen werden i. d. R. beigefügt:

- Eröffnungsbeschluss
- Merkblatt zur Forderungsanmeldung
- Anmeldeformular[6)]
- Datenschutzhinweise der Kanzlei

Es besteht kein Formularzwang für die Forderungsanmeldung. Das ggf. beigefügte Muster eines Anmeldeformulars soll dem Gläubiger die Anmeldung lediglich erleichtern. Aber auch für den Tabellensachbearbeiter ist die Verwendung eines standardisierten Formulars hilfreich. Die in der Insolvenztabelle zu erfassenden Daten können erheblich schneller gefunden und verarbeitet werden.

14 Die am 17.7.2024 in Kraft getretene Änderung des § 8 Abs. 3 InsO[7)] ermöglicht auch eine **elektronische Zustellung** nach Maßgabe des § 173 ZPO, also über eine sicheren Übermittlungsweg, z. B. das beA – das besondere elektronische Anwaltspostfach.

Zudem hat der Eröffnungsbeschluss einen Hinweis darauf zu enthalten, dass Gläubiger, die elektronische Dokumente über sichere elektronische Übermittlungswege (§ 130a der Zivilprozessordnung) empfangen können, unter Angabe des über einen solchen Weg erreichbaren Postfachs ihre Zustimmung zu elektronischer Zustellung erklären können (§ 28 Abs. 2 InsO).

---

5) Ein entsprechendes Dokument ist beispielsweise auch auf der Internetseite der Justiz in Nordrhein-Westfalen unter „Formulare“ auf www.justiz.nrw verfügbar. Eine Pflicht zur Übersendung an die Gläubiger lässt sich aus der Insolvenzordnung nicht ableiten.

6) Ebenso findet sich auf der Internetseite der Justiz in Nordrhein-Westfalen ein Formular zur Forderungsanmeldung.

7) Gesetz zur weiteren Digitalisierung der Justiz vom 12.7.2024 – BGBl I Nr. 234 vom 16.7.2024.

III. Zustellungsnachweis

Die Zustellung des Eröffnungsbeschlusses gem. § 30 InsO obliegt dem Insolvenzgericht. Die Aufgabe wird gem. § 8 Abs. 3 InsO i. d. R. an den Insolvenzverwalter übertragen. 15

§ 8 Abs. 1 InsO verweist hinsichtlich der Anforderungen an die Zustellung auf die Regelungen des § 184 ZPO. Auch bei einer Beauftragung des Insolvenzverwalters/Sachwalters mit der Zustellung sind diese Anforderungen zu beachten. Gem. § 184 Abs. 2 Satz 4 InsO ist zum **Nachweis der Zustellung** in den Akten zu vermerken, **zu welcher Zeit** und unter welcher Anschrift das Schriftstück **zur Post gegeben wurde**. Die erfolgte Zustellung ist gem. § 184 Abs. 2 Satz 4 ZPO durch entsprechende Vermerke nachzuweisen und der entsprechende Nachweis **unverzüglich** beim Insolvenzgericht zur Akte zu reichen.

Wurde die Zustellung elektronisch nach Maßgabe des § 173 ZPO bewirkt, 16
muss dagegen ein Nachweis über die erfolgte Zustellung mit dem **Zeitpunkt der Zustellung** und mit der genutzten Adresse des Zustellungsadressaten zu den Gerichtsakten gereicht werden (§ 8 Abs. 3 Satz 5 InsO).

Die Zustellungen an ausländische Gläubiger innerhalb der Europäischen Union 17
sind aufgrund der besonderen Anforderungen (Art. 54, 55 EuInsVO) ebenfalls gesondert nachzuweisen.

Hinsichtlich der Aufforderung zur Forderungsanmeldung von **Gläubigern im europäischen Ausland** gibt Art. 54 EuInsVO klare Regelungen vor, die zu beachten sind, um eine ordnungsgemäße Zustellung im Auftrag des Gerichts vorzunehmen. Abs. 3 des Art. 54 EuInsVO gibt die Verwendung eines Standardmitteilungsformulars zur „Mitteilung über ein Insolvenzverfahren" für Gläubiger in anderen EU-Mitgliedstaaten vor.[8)]

Das entsprechende Formular kann in deutscher Sprache allen Gläubigern zugestellt werden, die ihren gewöhnlichen Aufenthalt, Wohnsitz oder Sitz in einem anderen EU-Mitgliedstaat haben. Für die Gläubiger besteht die Möglichkeit, durch Zuhilfenahme eines Formulars in anderer Sprache, das Dokument selbst zu übersetzten, da die Inhalte in dem Standardformular in jeder der Sprachen gleich und an gleicher Stelle abgedruckt sind.

Praxishinweis:

Es ist daher zwingend erforderlich, das zur Verfügung gestellte Formular unverändert zu verwenden. Es ist unbedenklich, das Formular in einer der anderen Amtssprachen der EU zu übermitteln, wenn „diese Sprache für ausländische Gläubiger leichter zu verstehen ist".

8) Das Formular ist im Europäischen Justizportal veröffentlicht auf der Internetseite des Europäischen Justizportals https://e-justice.europa.eu/content_insolvency-447-de.do aufgeführt. Hier werden Informationen über die jeweiligen insolvenzrechtlichen Regelungen des EU-Mitgliedsstaates in jeder Amtssprache der EU zur Verfügung gestellt.

18 Das Standardinformationsformular enthält bereits einen Hinweis auf die Internetseite des Europäischen Justizportals. Ebenso kann ein Hinweis auf die Homepage des Insolvenzverwalters erfolgen und dort den Gläubigern das Formular zur Forderungsanmeldung zur Verfügung gestellt werden. Jeder Insolvenzverwalter bzw. Sachwalter muss für sich entscheiden, wie er insoweit verfährt.

19 Für die Information von Gläubigern außerhalb der EU sind keine besonderen Regelungen zu beachten. Gem. § 184 Gerichtsverfassungsgesetz ist die Gerichtssprache deutsch. Den Gläubigern kann somit entweder das eigene – deutsche – Aufforderungsschreiben der Kanzlei oder ein in deren Landessprache übersetztes Anforderungsschreiben übersandt werden. Auch das für die Gläubiger im EU-Ausland zu verwendende Standartformular kann für ausländische Gläubiger außerhalb der EU genutzt werden.

C. Anmeldung der Forderungen

20 Insolvenzgläubiger haben ihre Forderungen gem. § 174 Abs. 1 InsO **beim Insolvenzverwalter** anzumelden.

Eine Anmeldung beim Insolvenzgericht oder beim **vorläufigen** Insolvenzverwalter/Sachwalter – von besonders eiligen Gläubigern – ist nicht zulässig.[9] Bei dem Amt des vorläufigen und des endgültigen Verwalters handelt es sich um unterschiedliche Aufgabenkreise. Zudem sind der vorläufige und der endgültige Insolvenzverwalter zwar in der Regel aber nicht zwingend personenidentisch.

Bereits vor Eröffnung des Insolvenzverfahrens eingegangene Forderungsanmeldungen sollten durch den vorläufigen Insolvenzverwalter an den betreffenden Gläubiger mit dem Hinweis zurückgesandt werden, dass erst nach dem Eröffnungstermin eingegangene Anmeldungen als zulässig berücksichtigt werden und der Gläubiger sodann über die Verfahrenseröffnung informiert wird.

Ggf. eingehende Anmeldungen werden durch das Insolvenzgericht an den Insolvenzverwalter/Sachwalter zur weiteren Bearbeitung weitergeleitet. Das maßgebliche Datum der Anmeldung ist dann der Eingang beim Insolvenzverwalter/Sachwalter.

I. Vorprüfung durch den Insolvenzverwalter

21 Die **formelle Vorprüfung** und die inhaltliche Forderungsprüfung im Hinblick auf die von ihm abzugebenden Erklärungen obliegt dem Insolvenzverwalter bzw. dem Sachwalter im Eigenverwaltungsverfahren. Beides ist jedoch klar voneinander zu trennen.

9) Streitig; Uhlenbruck-*Zipperer*, InsO, § 28 Rn. 2, 3: Eine *verfrühte Anmeldung* der Forderung beim vorläufigen Insolvenzverwalter ist zu berücksichtigen und in die Tabelle aufzunehmen; unter Berufung auf Römermann/*Mönning/Schweizer*, InsO, § 28 Rn. 25).

Alle angemeldeten Forderungen sind in die Tabelle einzutragen, soweit die **Mindestanforderungen** des § 174 Abs. 2 und 3 InsO erfüllt sind. Hierzu gehört neben der Gläubigerbezeichnung die Angabe des **Forderungsgrundes** und des **Forderungsbetrages**. Die Entscheidung, einer Forderungsanmeldung zu widersprechen ist davon unabhängig. 22

Beispiel:

Ein Gläubiger meldet seine Forderung als Insolvenzforderung zur Tabelle an, obwohl es sich um eine Masseforderung (§ 55 InsO) handelt. Die Forderung ist in die Tabelle aufzunehmen und zu bestreiten, weil die Forderung im Rang einer Masseverbindlichkeit vorrangig vor den Insolvenzgläubigern zu befriedigen ist. Hieran würde selbst eine (versehentliche) Feststellung als Insolvenzforderung nichts ändern.[10)]

Zusätzlich müssen Gläubiger in Insolvenzverfahren über das Vermögen natürlicher Personen die Tatsachen angeben, aus denen sich nach Einschätzung des Gläubigers ergibt, dass es sich um eine von der Restschuldbefreiung **ausgenommene Forderung** handelt. Das können Ansprüche sein aus einer vorsätzlich begangenen unerlaubten Handlung, aus rückständigem gesetzlichen Unterhalt, den der Schuldner vorsätzlich pflichtwidrig nicht gewährt hat, oder aus einem Steuerschuldverhältnis, sofern der Schuldner im Zusammenhang damit wegen einer Steuerstraftat nach den §§ 370, 373 oder § 374 der Abgabenordnung rechtskräftig verurteilt worden ist.[11)] 23

Durch zahlreiche Insolvenzgerichte werden zudem unterschiedliche Anforderungen an die durch den Insolvenzverwalter vorzunehmende **Erfassung der Gläubiger** gestellt. Teils wird vertreten, dass Gläubiger mit ihren **namentlich** aufzuführenden **gesetzlichen Vertretern** (z. B. Geschäftsführern, Vorständen, etc.) zu erfassen sind. Für andere Gerichte ist eine Erfassung der grundsätzlichen Vertretungsverhältnisse ohne Nennung von Namen ausreichend oder es wird sogar darum gebeten, keine Vertretungsverhältnisse anzugeben. 24

Das Vorhandensein einer Vollmacht eines **Verfahrensbevollmächtigten** kann sowohl nur mit ja oder nein beantwortet werden oder aber auch anforderungsgemäß mit dem Datum der Vollmacht zu versehen sein. Dabei kommt es darauf an, wer bevollmächtigt wurde. 25

Bei der Vertretung durch Rechtsanwälte sind die entsprechenden Bestimmungen der §§ 88, 89 ZPO zu beachten, die gem. § 4 InsO entsprechend gelten. Danach ist die Vorlage der Vollmacht nur auf Anforderung eines Verfahrensbeteiligten oder des Gerichts erforderlich.

---

10) BGH, v. 21.12.2023 – IX ZA 19/23 Rn. 13 ff., ZInsO 2024, 737.

11) Zur Anmeldung von Sozialversicherungsträgern gemäß § 302 Nr. 1 InsO siehe AG Mannheim, Beschl. v. 18.3.2021 – 4 IN 1550/20, ZVI 2021, 231; zur wirksamen Anmeldung eines Anspruchs aus vorsätzlich begangener Unterhaltspflichtverletzung BGH, v. 21.3.2024 – IX ZB 56/22, ZVI 2024, 177.

> **Praxishinweis:**
>
> Wird eine Vollmacht vorgelegt, ist insbesondere die Berechtigung zur Vertretung im Insolvenzverfahren und eine Geldempfangsvollmacht zu prüfen, die spätestens bei einer Quotenauszahlung vorliegen muss.

26 Auch **Inkassounternehmen** sind u. U. zur Vertretung im Rahmen der Forderungsanmeldung berechtigt. Hier ist jedoch eine Eintragung im Rechtsdienstleistungsregister Voraussetzung für die Befugnis (§ 174 Abs. 1 Satz 2 InsO).[12)]

27 Ein grundsätzlicher Unterschied in der Erfassung der Forderungsanmeldungen und der Zuordnung der laufenden Nummern besteht in der gerichtseits verwendeten Software. Bei manchen Gerichten ist daher eine **Erfassung von mehreren Forderungen eines Gläubigers** unter jeweils neuen fortlaufenden Nummern erforderlich. Bei anderen Gerichten können und sollen unter einer laufenden Tabellennummer mehrere Forderungen eines Gläubigers erfasst werden.

> **Praxishinweis:**
>
> **Sammelanmeldungen**, bei der mehrere Forderungen zusammengefasst werden, ohne Grund und Betrag der einzelnen Forderung jeweils ausreichend bestimmt zu bezeichnen, sind unzulässig.[13)]

Auch bei der Erfassung der von der Restschuldbefreiung ausgenommenen Forderungen ist dieser Unterschied zu berücksichtigen. Forderungen mit entsprechendem Forderungsattribut sollten immer gesondert erfasst werden.

Beispiel:

Die Forderungen aus Gesamtsozialversicherungsbeiträge sind getrennt nach Arbeitgeberanteilen und Arbeitnehmeranteilen, die mit dem Attribut der vorsätzlich begangenen unerlaubten Handlung angemeldet werden, zur Insolvenztabelle zu erfasst. Im Hinblick auf die genutzte Gerichtssoftware müssen die beiden Forderungsteile entweder unter getrennten laufenden Nummern in der Tabelle geführt werden oder können als zwei Teilforderungen auf einem Tabellenauszug aufgeführt werden.

II. Von der Restschuldbefreiung ausgenommenen Forderungen

28 Die von der Restschuldbefreiung ausgenommenen Forderungen sind für alle Verfahrensbeteiligten von besonderer Bedeutung. Der Schuldner strebt regel-

---

12) www.rechtsdienstleistungsregister.de) : hier werden Registrierungen im Bereich Rechtsdienstleistungen (Inkassodienstleistungen, Rentenberatung, Rechtsdienstleistungen in einem ausländischen Recht sowie registrierte Erlaubnisinhaber) bekanntgemacht. Diese Rechtsdienstleistungen dürfen nur durch Personen erbracht werden, die ihre Sachkunde bei dem zuständigen Gericht nachgewiesen haben. Im Bereich Untersagungen werden Personen bekanntgemacht, denen eine weitere Erbringung von Rechtsdienstleistungen untersagt wurde.

13) BGH, v. 22.1.2009 – IX ZR 3/08, ZVI 2009, 105, 1. Leitsatz.

mäßig die Restschuldbefreiung an. Die ausgenommenen Forderungen mindern oder vereiteln gar dieses Ziel. Im Forderungsprüfungsverfahren gibt es daher einige Besonderheiten.[14)]

Das Gericht benötigt die Information über die Anmeldung entsprechender Forderungen so frühzeitig wie möglich, weil es den Schuldner über die Anmeldungen und sein Widerspruchsrecht gesondert für jede Forderung belehren muss (§ 175 Abs. 2 InsO).[15)] Hierzu lässt sich das Gericht regelmäßig vom Insolvenzverwalter eine Kopie der entsprechenden Forderungsanmeldungen zur Verfügung stellen, die dann zusammen mit der entsprechenden Belehrung des Gerichts an den Schuldner übersandt wird. Es gibt keine gesetzliche Frist für die **Belehrung des Schuldners** über sein Widerspruchsrecht. Diese sollte jedoch so rechtzeitig wie möglich vor dem Prüfungstermin bzw. dem Prüfungsstichtag erfolgen. 29

Richtlinien AG Hannover:[16)]

4.3.1 Sobald die Anmeldung einer ausgenommenen Forderung gemäß § 302 InsO erfolgt, ist das Insolvenzgericht unverzüglich darüber zu informieren. Nicht ausreichend ist erst die Übersendung mit den Tabellendaten.

4.3.2. Der Anmeldung von ausgenommenen Forderungen gemäß § 302 InsO ist eine Abschrift für die Belehrung des Schuldners/der Schuldnerin nach § 175 Abs. 2 InsO beizufügen.

4.3.3. Es ist darauf zu achten, dass die Anmeldung einen Tatsachenvortrag nach § 174 Abs. 2 InsO sowie den korrekten Tatbestand des § 302 Ziffer 1 InsO umfasst. Die Angabe des geltend gemachten Forderungsattributs allein reicht nicht. Ebenso ist der Verweis auf ein Anlagenkonvolut als Begründung der ausgenommenen Forderung unzureichend.

Gläubiger, die Forderungen aus vorsätzlich begangener unerlaubter Handlung anmelden, erreichen zudem die Titulierung durch die Feststellung zur Insolvenztabelle und können aus einem **vollstreckbaren Tabellenauszug** erweitert in das laufende Einkommen des Schuldners vollstrecken (§ 850f ZPO).[17)] 30

Der Rechtsgrund der vorsätzlich begangenen unerlaubten Handlung muss in der Anmeldung so beschrieben werden, dass der aus ihm hergeleitete Anspruch in tatsächlicher Hinsicht zweifelsfrei bestimmt ist und der Schuldner erkennen kann, welches Verhalten ihm vorgeworfen wird; einer schlüssigen Darlegung des (objektiven und subjektiven) Deliktstatbestands bedarf es nicht.[18)] 31

---

14) *Deppe*, Geltendmachung von Deliktforderungen im Insolvenzverfahren und Titulierung durch die Feststellung zur Insolvenztabelle, InsbürO 2019, 126.

15) Vgl. Begründung zu § 175 Abs. 2, BT-Drucks. 14/6468, S. 18.

16) https://amtsgericht-hannover.niedersachsen.de/startseite/service/downloads/downloads-63611.html.

17) BGH, v. 4.9.2019 – VII ZB 91/17, ZVI 2019, 415; BGH, v. 11.3.2020 – VII ZB 38/19 Rn. 10, ZVI 2020, 176; siehe auch BGH, 16.7.2020 – IX ZB 14/19 Rn. 8, ZVI 2020, 388.

18) BGH, v. 9.1.2014 – IX ZR 103/13, ZVI 2014, 105.

32 Sofern es an der Angabe der Tatsachen mangelt, aus denen sich nach Einschätzung des Gläubigers ergibt, dass seine Forderung von der Restschuldbefreiung ausgenommen ist, muss der Insolvenzverwalter ihn im Rahmen seiner **Vorprüfungspflicht** darauf hinweisen. Erfolgt keine Ergänzung rechtzeitig vor dem Prüfungstermin, kann die Forderung ohne das Attribut geprüft werden.[19] Die Forderung kann ggf. in einem nachträglichen Prüfungstermin im Hinblick auf die Delikteigenschaft geprüft werden.[20] Im Rahmen der Prüfung von Deliktforderungen ist eine Beschränkung des Widerspruchs des Schuldners auf die Delikteigenschaft möglich.[21] Der Insolvenzverwalter hat insoweit dagegen kein Widerspruchsrecht.[22]

33 Nach wie vor nicht geklärt ist die Frage, ob Deliktforderungen auch in Insolvenzverfahren über das Vermögen natürlicher Personen angemeldet werden können, die keinen Antrag auf Restschuldbefreiung gestellt haben.[23] Viele Gerichte lehnen die Prüfung ab, weil die besondere Belehrung des Schuldners im Hinblick auf § 302 InsO in diesen **Verfahren ohne Antrag auf Erteilung der Restschuldbefreiung** nicht erfolgen muss.

34 Die ursprüngliche Argumentation, aus einem vollstreckbaren Tabellenauszug, durch den eine vorsätzlich begangene unerlaubte Handlung i. S. d. § 302 Nr. 1 InsO festgestellt worden ist, bestehe nicht die Möglichkeit, gem. § 850f Abs. 2 ZPO qualifiziert in das Vermögen des Schuldners zu vollstrecken, ist zwar durch die Rechtsprechung des VII. Senats des BGH „vom Tisch".[24] Auf die beiden Entscheidungen hat auch der IX. Senat in einer Entscheidung vom 16.7.2020 (IX ZB 14/19) hingewiesen ohne diese in Frage zu stellen bzw. eine abweichende Meinung zu äußern.

35 Das überzeugt jedoch die Insolvenzgerichte nicht. Sie lehnen weiterhin in Verfahren ohne Antrag auf Restschuldbefreiung mehrheitlich die Eintragung des Attributs, bei der Forderung handele es sich um eine solche aus vorsätzlich begangener unerlaubter Handlung, ab, weil in den beiden vom VII. Senat entschiedenen Fällen jeweils ein Antrag auf Erteilung der Restschuldbefreiung vorlag und der IX. Senat in seiner Entscheidung nicht auf die Problematik ein-

19) BGH, v. 17.1.2008 – IX ZR 220/06, ZVI 2008, 116.

20) BGH, v. 17.1.2008 – IX ZR 220/06 Rn. 12, ZVI 2008, 116.

21) BGH, v. 18.1.2007 – IX ZR 176/05 Rn. 10, ZVI 2007, 424.

22) „Hängt der Bestand der Forderung von einer Vorsatztat nicht ab, steht dem Insolvenzverwalter ein auf den Rechtsgrund der angemeldeten Forderung beschränktes Widerspruchsrecht nicht zu." BGH, v. 12.6.2008 – IX ZR 100/07, NZI 2008, 569.

23) **Dagegen:** AG Norderstedt, Beschl. v. 7.11.2019 – 66 IN 69/19, NZI 2020, 32, AG Köln, Beschl. v. 16.6.2020 – 73 IN 298/17, ZVI 2020, 270; AG Düsseldorf, Beschl. v. 10.12.2024 – 504 IN 120/18, NZI 2025, 236; differenziert: AG Düsseldorf, Beschl. v. 6.2.2018 – 502 IN 155/14, ZVI 2018, 240: die Prüfung der deliktischen Anspruchsgrundlage ist im Hinblick auf die drohende Verjährung zuzulassen; **dafür:** AG Ludwigshafen, Beschl. v. 12.12.2023 – 3e IN 361/22 Lu, ZVI 2024, 310; AG Lüneburg, Beschl. v. 14.12.2024 – 56 IN 23/24, ZVI 2025, 71.

24) BGH, v. 4.9.2019 – VII ZB 91/17, ZVI 2019, 415, sowie BGH, v. 11.3.2020 – VII ZB 38/19, ZVI 2020, 176.

gegangen ist und lediglich unkommentiert auf die beiden Beschlüsse hingewiesen hat.[25)]

Der Umgang mit dieser unklaren rechtlichen Situation ist dem Insolvenzgericht zu überlassen. Daher sollte eine Mitteilung über entsprechende Anmeldungen an das Gericht erfolgen. Das Insolvenzgericht (Rechtspfleger) kann die Eintragung als Forderung aus vorsätzlich begangener unerlaubter Handlung in die Insolvenztabelle ggf. zurückweisen. Gegen die Zurückweisung kann der Insolvenzgläubiger befristete Erinnerung gem. § 11 Abs. 2 RPflG einlegen, über die der Insolvenzrichter abschließend entscheidet. **36**

Stellt der Schuldner nach Eröffnung des Verfahrens einen zulässigen isolierten Restschuldbefreiungsantrag[26)], dürfte eine **nachträgliche Prüfung** u. a. des Deliktcharakters möglich sein. Die Dokumentation entsprechender Anmeldungen ist daher immer erforderlich. **37**

III. Zurückweisung von Anmeldungen

Die **Zurückweisung von Forderungsanmeldung** aufgrund von Mängeln ist in der Insolvenzordnung nicht geregelt. Die Entscheidung, ob eine Forderung geprüft wird, obliegt nach h. M. dem Rechtspfleger beim Insolvenzgericht.[27)] **38**

Dem Gericht kann jedoch die Arbeit erleichtert werden, wenn bereits der Insolvenzverwalter Mängel gerügt und den Gläubiger zur Nachbesserung aufgefordert hat. Ein (weiterer) Hinweis durch das Insolvenzgericht ist dann entbehrlich.[28)]

> **Praxishinweis:**
>
> Um den Gläubiger in seinen Rechten nicht zu beschneiden, ist es angezeigt, dass die Zurückweisung der Prüfung einer Forderungsanmeldung – auch als von der Restschuldbefreiung ausgenommene Forderung – durch den Rechtspfleger und nicht durch den Insolvenzverwalter erfolgt. Gegen die Entscheidung des Rechtspflegers ist die Erinnerung als Rechtsmittel gegeben. Hilft der Rechtspfleger der Erinnerung nicht ab, entscheidet der Richter beim Insolvenzgericht abschließend.

25) AG München, v. 23.10.2024 und 23.1.2025 – 1507 IN 3109/21, ZVI 2025, 189.

26) Das ist insbesondere bei keiner oder nicht ordnungsgemäßer Belehrung des Schuldners durch das Gericht über die Möglichkeit der Restschuldbefreiung gem. § 20 Abs. 2 InsO möglich.

27) AG Aurich, Beschl. v. 3.12.2015 – 9 IN 145/15, ZVI 2016, 290, AG Köln, Beschl. v. 1.12.2016 – 73 IN 485/15, ZVI 2017, 158.

28) AG Düsseldorf, Beschl. v. 17.10.2007 – 502 IN 160/06, juris: „Ein grundsätzlich gebotener gerichtlicher Hinweis auf den Mangel der Anmeldung (§ 4 InsO i. V. m. § 139 ZPO) wird in vorliegendem Falle für entbehrlich gehalten, da bereits der Insolvenzverwalter die Anmeldung gerügt und zur Nachbesserung aufgefordert hat.“

39 Nur wenn die Forderungsanmeldung so mangelhaft ist, dass eine Eintragung in die Tabelle nicht erfolgen kann, weil z. B. kein Betrag der Forderung angegeben ist, sollte der Insolvenzverwalter die Anmeldung zurückweisen.[29)]

D. Niederlegung der Insolvenztabelle

40 Spätestens mit Ablauf der Niederlegungsfrist gem. § 175 Abs. 1 Satz 2 InsO ist die Insolvenztabelle mit den Anmeldungen einschließlich der von den Gläubigern mit der Anmeldung eingereichten Unterlagen zur Einsicht der Beteiligten in der Geschäftsstelle des Insolvenzgerichts niederzulegen.

41 Insbesondere in Verfahren mit besonders hoher Gläubigerzahl bestimmen Gerichte aus praktischen Gründen angesichts des Umfangs der niederzulegenden Unterlagen als Ort der Niederlegung die Kanzleiräume des Insolvenzverwalters.[30)] Die Insolvenzordnung sieht dies nicht vor. Ob diese Möglichkeit dennoch besteht, ist streitig.

42 **Hinweis:** Die niedergelegte Tabelle darf nicht zur Einsicht der Gläubiger in das Gläubigerinformationssystem eingestellt werden. Verzeichnisse, welche regelmäßig eine Vielzahl personenbezogener Daten verschiedener Gläubiger enthalten und dem Gericht lediglich zum Zwecke der Niederlegung auf der Geschäftsstelle zugeleitet werden, gehören nicht zu den einzustellenden Berichten im Sinne der Vorschrift das § 5 Abs. 5 InsO.[31)] Sofern technisch möglich, kann die an das Gericht übermittelte Insolvenztabelle gem. § 175 InsO im GIS zur ausschließlichen Einsicht für das Gericht eingestellt werden, was gesetzlich jedoch nicht vorgeschrieben ist.

43 Gerade im Hinblick auf die zur **Niederlegung der Tabelle** notwendigen Dokumente gibt es zahlreiche unterschiedliche Anforderungen der verschiedenen Insolvenzgerichte.

Ein wesentlicher Unterschied ist, ob zur Niederlegungsfrist bereits eine „geprüfte" Insolvenztabelle eingereicht werden soll oder das jeweilige Insolvenzgericht zunächst nur einen Überblick über die angemeldeten Forderungen erwartet. Die beabsichtigten Prüfungsergebnisse sind dann i. d. R. bis kurz vor den Prüfungstermin nachzureichen.

44 Ein weiterer erheblicher Unterschied findet sich in der z. T. seitens der Gerichte genutzten Software zur Führung der Insolvenztabelle und die sich daraus ergebenden unterschiedlichen Möglichkeiten zur **Übermittlung der vorbereiteten Tabelle in elektronischer Form**.

---

29) *Willmer/Berner*, Die Änderung von Insolvenztabelle und Schlussverzeichnis, NZI 2015, 877; zur Zurückweisung von angemeldeten Nachrangforderungen siehe Uhlenbruck-*Hirte*, InsO, § 39 Rn. 5.

30) AG Leipzig, Beschl. v. 27.2.2017 – 404 IN 1437/16, ZIP 2017, 1683.

31) Regierungsentwurf des Gesetzes zur weiteren Digitalisierung der Justiz, Drucks. 20/10943, S. 64.

Können durch Übermittlung von ITR- oder TAB-Dateien Daten des Verwalters direkt in die Software des Gerichts importiert werden, wird die Übersendung einiger Dokumente überflüssig.

Insbesondere in Nordrhein-Westfalen wird bereits seit längerer Zeit der Einsatz einer sog. X-Justiz-Schnittstelle bzw. einer Schriftgutübergabe genutzt.[32) Mittels XML-Dateien können so neben den Tabellendaten auch die seitens des Insolvenzverwalters zugeordneten Forderungsanmeldungen importiert und genutzt werden.

Voraussetzung für die Führung einer „elektronischen Insolvenztabelle" sind gem. § 5 Abs. 4 Satz 2 InsO die jeweiligen **Regelungen der Landesregierungen**. Bisher haben nur wenige Landesregierungen entsprechende Regelungen erlassen. 45

In allen übrigen Bundesländern erfolgt die „Niederlegung" der Insolvenztabelle grundsätzlich in Papierform gem. § 175 InsO. In verschiedenen Pilotprojekten wird jedoch auch in diesen Bundesländern die Digitalisierung der Insolvenztabelle vorangetrieben und – unabhängig von den jeweiligen Landesverordnungen – werden sehr unterschiedliche Wünsche für die Form der Niederlegung der Insolvenztabelle geäußert. Beispielhaft sei hier die elektronische Übermittlung der Forderungsanmeldungen in Form einer sogenannten Sammel-PDF genannt, welche an Gerichten in Niedersachsen[33) und Hessen pilotiert wird.

Da die **elektronische Akte** an vielen Insolvenzgerichten noch nicht eingeführt ist oder trotz elektronischer Akte eine Führung der Insolvenztabelle in elektronischer Form nicht ermöglicht, fordert die überwiegende Mehrheit der Insolvenzgerichte derzeit weiterhin zumindest die Übersendung der Forderungsanmeldungen in Papierform. 46

Aktuell erfolgt jedoch bei zahlreichen Gerichten die Umstellung auf elektronische Aktenführung.[34) Teilweise inklusive Niederlegung der Forderungsanmeldungen in elektronischer Form. Teilweise wird die Führung der Insolvenztabelle in elektronischer Form aber noch zurückgestellt.[35) Hier ergeben sich fortlaufend neue Entwicklungen und Anforderungen. Die notwendigen Än-

---

32) Verordnung über die elektronische Führung und Einreichung der Tabellen und Verzeichnisse sowie der dazugehörigen Dokumente in Insolvenzsachen im Land Nordrhein-Westfalen (eTabelle Insolvenzordnung – eTab InsO) Stand 1.10.2024.

33) Niedersächsische Verordnung über die maschinelle Führung und die elektronische Einreichung der Tabellen nach § 175 Abs. 1 der Insolvenzordnung (Nds. InsOeTabVO) vom 25.11.2024.

34) Ab dem 1.1.2026 müssen alle neu angelegten Akten in der Justiz elektronisch geführt werden – Gesetz zur Einführung der elektronischen Akte in der Justiz und zur weiteren Förderung des elektronischen Rechtsverkehrs vom 5.7.2017 (BGBl I, 2208).

35) Zur Tabellenführung „in Papier" trotz Einführung der E-Akte siehe Praxisberichtshinweise des BAKinso e. V. anlässlich des Termins im BMJV am 24.2.2025 („Digitalisierung des Insolvenzverfahrens"), ZVI 2025, 159.

derungen in den Abläufen müssen auch in den Verwalterbüros laufend berücksichtigt werden. Auf die Darstellung der aktuellen, unterschiedlichen Anforderungen der Gerichte, welche Dokumente bezüglich der Insolvenztabelle elektronisch oder in Papierform einzureichen sind, wird daher an dieser Stelle verzichtet.

> **Praxishinweis:**
>
> Die Informationen der Gerichte sollten an alle Mitarbeiter weitergeleitet werden, um sie „auf dem Laufenden zu halten". Zusätzlich sollten diese strukturiert an einer für alle Mitarbeiter leicht zugänglichen Stelle eingestellt werden, um deren Beachtung sicher zu stellen. Dies gilt insbesondere auch bzgl. der Unterstützung der Gerichte durch die Einhaltung von Namenskonventionen bzgl. der Bezeichnung elektronisch übermittelter Dokumente. Dies gewährleistet eine schnellstmögliche Zuordnung der elektronischen Post zu dem richtigen Verfahren und hilft den Gerichten, die nicht entsprechend bezeichnete Dokumente umbenennen müssen, um sie im Rahmen der eAkte nutzen zu können. Allgemein gültige Namenskonventionen werden für insolvenzspezifische Dokumente durch zusätzliche Anforderungen ergänzt (vgl. Anhang II.3. Leitlinien des AG Köln).

47 Regelmäßig sind folgende Unterlagen einzureichen:

Anschreiben mit Hinweisen zu folgenden Besonderheiten:

- Deliktforderungen und weitere lt. Anmeldung von der Restschuldbefreiung ausgenommene Forderungen (meist mit Kopie der entsprechenden Forderungsanmeldung zur Weiterleitung an den Schuldner);
- unwirksame Forderungsanmeldungen mit einem Hinweis, wann der Gläubiger zur Behebung des Mangels durch den Insolvenzverwalter/Sachwalter aufgefordert wurde;
- Forderungsanmeldungen, welche nach Ablauf der Anmeldefrist eingegangen sind und noch **nicht** geprüft werden sollen (Widerspruch gegen die Prüfung gem. § 177 Abs. 1 Satz 1 InsO).

48 Das Insolvenzgericht muss den Insolvenzschuldner gesondert und für jeden einzelnen **von der Restschuldbefreiung ausgenommenen Anspruch** auf die Rechtsfolgen und sein Widerspruchsrecht hinweisen (§ 175 Abs. 2 InsO) → Rn. 28 f.

> **Praxishinweis:**
>
> Der Hinweis auf vorliegende Deliktforderungen ist besonders wichtig und daher möglichst auffällig im Anschreiben darzustellen.
>
> Die Einreichung einer Abschrift bzw. Kopie der jeweiligen Anmeldung erleichtern dem Insolvenzgericht die Arbeit, da diese direkt an den Schuldner mit entsprechendem Belehrungsschreiben weitergeleitet werden kann.

Leitlinien AG Ludwigshafen (Anhang II.4.):

Im Anschreiben soll – am besten drucktechnisch hervorgehoben – explizit auf eine vorhandene Anmeldung aus vorsätzlich begangener unerlaubter Handlung, vorsätzlich pflichtwidriger Verletzung einer gesetzlichen Unterhaltspflicht oder Steuerstraftat nach §§ 370, 373, 374 AO hingewiesen werden. Bei der schriftlichen Anzeige einer Anmeldung aus vorsätzlich begangener unerlaubter Handlung sollen eine Kopie des Tabellenblattes (unbedingt mit Prüfvermerk) und ein Überstück der Anmeldung für den Schuldner zur direkten Übersendung beigefügt werden. Dies gilt auch bei einer nachträglichen Anmeldung.

Leitlinien AG Köln (Anhang II.3.):

Sofern keine nach § 302 InsO ausgenommenen Forderungen angemeldet wurden, wird eine Negativmeldung erwartet.

Sind beim Insolvenzverwalter Forderungsanmeldungen eingegangen, welche nach dessen Ansicht unzulässig und nicht in die Insolvenztabelle aufzunehmen sind, sollte der Mangel durch den Insolvenzverwalter zunächst gegenüber dem Gläubiger angezeigt und zur Nachbesserung aufgefordert werden → Rn. 38. **49**

Eine unzulässige Anmeldung liegt insbesondere dann vor, wenn die Mindestanforderungen gem. § 174 Abs. 2 InsO nicht erfüllt sind – der Forderungsgrund oder der Forderungsbetrag nicht (in EURO) angegeben wurden → Rn. 39.

Über die nicht aufgenommenen Forderungsanmeldungen sollte das Insolvenzgericht mit Niederlegung der Insolvenztabelle informiert werden. I. d. R. wird das Insolvenzgericht den Gläubiger ebenfalls auf die unzulässige Anmeldung und die Möglichkeit der Nachbesserung – spätestens bis zum Prüfungstermin – hinweisen. Erfolgt eine entsprechende Nachbesserung seitens des Gläubigers nicht oder nicht rechtzeitig, kann die Forderungsanmeldung durch Beschluss des Insolvenzgerichts zurückgewiesen werden. **50**

Praxishinweis:

Ein Zurückweisungsrecht des Insolvenzverwalters ist streitig, → Rn. 38. Um unnötige Diskussionen mit den Gläubigern zu vermeiden, ist eine Zurückweisung der Forderungsanmeldung durch das Insolvenzgericht daher der korrekte und bessere Weg. Insbesondere weil gegen Entscheidungen des Rechtspflegers immer ein Rechtsmittel gegeben ist.

Im ersten Schritt sollte jedoch durch das Verwalterbüro bereits vor Niederlegung der Tabelle versucht werden, eine Korrektur bzw. Nachbesserung der Forderungsanmeldung durch den Gläubiger zu erreichen. Hierzu ist es notwendig, alle Forderungsanmeldungen sofort nach Eingang auf die entsprechenden Mindestanforderungen hin zu überprüfen und schnellstmöglich Mängel gegenüber den Gläubigern anzuzeigen.

Auch **fehlende Tatsachenvorträge** bei Anmeldung als von der Restschuldbefreiung ausgenommene Forderung gem. § 174 Abs. 2 InsO müssen gegenüber dem Gläubiger gerügt werden. Liegt eine Tatsachenvortrag nicht vor, sollte auch die Qualifizierung der Forderung aus vorsätzlich begangener unerlaubter Handlung, aus einer vorsätzlich pflichtwidrigen Verletzung einer gesetz- **51** lichen Unterhaltspflicht oder dem Zusammenhang mit einer Steuerstraftat des Schuldners nach §§ 370, 373 oder § 384 Abgabenordnung nicht in der Tabelle erfasst werden.

Wird der Tatsachenvortrag nicht spätestens bis zum Prüfungstermin nachgereicht, kann die Forderung nur als gewöhnliche Insolvenzforderung geprüft werden. Eine Prüfung des Deliktcharakters bzw. des Attributs als von der Restschuldbefreiung ausgenommene Forderung kann dann ggf. nur im Rahmen eines nachträglichen Prüfungstermins erfolgen, → Rn. 32.

52 Im Prüfungstermin können auch Forderungen geprüft werden, die nach Ablauf der Anmeldefrist angemeldet wurden (§ 177 Abs. 1 Satz 1 InsO). Die Anmeldefrist stellt keine Ausschlussfrist dar. Können die nach Anmeldefrist bis zum Prüfungstermin eingehenden Forderungsanmeldungen nicht mehr geprüft werden, muss der Insolvenzverwalter einer Prüfung widersprechen.

Praxishinweis:

Auch hier gibt es seitens der Insolvenzgerichte unterschiedliche Anforderungen zu beachten. Teilweise werden nur die Einreichung und Prüfung von Anmeldungen „bis zur Anmeldefrist" gefordert. Andere Gerichte prüfen möglichst alle Anmeldungen, die bis zum Prüfungstermin eingegangen sind.

I. Tabelle gem. § 175 InsO

53 Bei der Tabelle gem. § 175 InsO handelt es sich um eine Übersicht der Gläubiger, welche eine Forderung angemeldet haben, sowie der von diesen angemeldeten Forderungen. Der Insolvenzverwalter hat jede angemeldete Forderung insbesondere mit den in § 174 Abs. 2 genannten Angaben (Grund und Betrag der Forderung, sowie die Tatsachen, aus denen sich nach Einschätzung des Gläubigers ergibt, dass ihr eine vorsätzlich begangene unerlaubte Handlung, eine vorsätzliche pflichtwidrige Verletzung einer gesetzlichen Unterhaltspflicht oder eine Steuerstraftat des Schuldners nach den §§ 370, 373 oder § 374 der Abgabenordnung zugrunde liegt) in eine Tabelle einzutragen. Die Tabelle ist beim Insolvenzgericht zur Einsicht der Gläubiger niederzulegen.

Auch hier bestehen Unterschiede in den Anforderungen der Insolvenzgerichte. Einen Teil der Insolvenzgerichte fordert bereits mit Niederlegung der Tabelle eine Tabellenübersicht gem. § 175 InsO incl. der vom Insolvenzverwalter angedachten Prüfungsergebnisse. Ein anderer Teil benötigt lediglich eine „ungeprüfte" Tabelle. Und ein dritter Teil fordert sowohl die Übermittlung einer „geprüften" als auch eine „ungeprüften" Tabelle.

1. Index zur Insolvenztabelle

54 Indexe in alphabetischer und/oder nummerischer Form stellen eine Art Inhaltsverzeichnis dar, welche dem Gericht ein schnelles Auffinden des Gläubigers oder der laufenden Tabellennummer ermöglichen.

2. Tabellenblätter

- Insbesondere bei den Tabellenblättern gibt es zahlreiche unterschiedliche Möglichkeiten im Hinblick auf die Form der Darstellung. I. d. R. benötigt das Insolvenzgericht zu jeder laufenden Tabellennummer ein Tabellenblatt **„Angemeldete Forderung"**, aus welchem der Gläubiger, die angemeldeten Forderungen des Gläubigers und die (beabsichtigte) Prüfungserklärung des Insolvenzverwalters hervorgeht. 55
- Zahlreiche Gerichte benötigen zudem – mindestens für Forderungen, welchen der Insolvenzverwalter widersprochen hat – ein beglaubigtes Tabellenblatt **„Auszug aus der Insolvenztabelle"**. Der entsprechende Auszug aus der Insolvenztabelle wird dem Gläubiger, dessen Forderung widersprochen wurde, nach dem Prüfungstermin vom Insolvenzgericht zugestellt.

3. ITR- oder TAB-Datei

Verfügt das Insolvenzgericht über die Möglichkeit, die entsprechenden Tabellendaten in die eigene Software mittels ITR- oder TAB-Schnittstellte einspielen zu können, ist auch die Übersendung einer entsprechenden Datei notwendig. 56

4. X-Justiz-Datensätze (Schriftgutübergabe)

Wie vorstehend bereits ausgeführt, erfolgt die Niederlegung der Insolvenztabelle insbesondere in Nordrhein-Westfalen durch Übermittlung von X-Justiz Datensätzen. Es handelt sich um XML-Dokumente der Forderungsanmeldungen, welche bereits mit der jeweiligen Forderung der Insolvenztabelle verknüpft sind und zusammen mit einer ITR-Datei elektronisch beim Insolvenzgericht eingereicht und dort in die Gerichtssoftware importiert werden können (z. B. Leitlinien AG Köln, Anhang II.3.). 57

5. Sammel-PDF (Schriftgutübergabe)

Bei der in Hessen und Niedersachsen an verschiedenen Gerichten pilotierten Sammel-PDF werden alle Forderungsanmeldungen in ein PDF-Dokument zusammengefügt und mit einem Inhaltsverzeichnis versehen. Jede Anmeldung erhält zudem oben rechts den Aufdruck der lfd. Nummer. Das PDF-Dokument muss zusammen mit einer ITR-Datei auf elektronischem Weg dem Insolvenzgericht übermittelt werden. Beide Datensätze müssen qualifiziert elektronisch signiert werden. 58

II. Umgang mit Forderungsanmeldungen im „Original"

Auch die beim Insolvenzverwalter eingegangenen Forderungsanmeldungen sind sowie den beigefügten Urkunden sind in der Geschäftsstelle des Insolvenzgerichts zur Einsicht der Beteiligten niederzulegen und daher an das In- 59 solvenzgericht zu übersenden (§ 175 Abs. 1 Satz 2 InsO). Die gerichtlichen Anforderungen sind auch in diesem Bereich sehr unterschiedlich. Folgende Möglichkeiten sollen bespielhaft aufgezeigt werden, sollen aber nicht als abschließend betrachtet werden:

- Verzicht auf die Einreichung von Originalen (aus eigenen organisatorischen Gründen oder aufgrund erfolgter elektronischer Einreichung mittels X-Justiz-Schnittstelle oder Sammel-PDF)
- Einreichung der Originale mit handschriftlicher Anbringung der lfd. Nummer auf der ersten Seite der Anmeldungen (oben rechts)
- Einreichung der Originale – getrennt durch mit lfd. Nummer beschrifteten Trennstreifen
- Einreichung der Originale – mit handschriftlicher Anbringung der lfd. Nummer und einer Seitennummerierung

60 Die am 17.7.2024 in Kraft getretenen gesetzlichen Änderungen des § 174 Abs. 4 InsO[36] führen zu keiner Vereinheitlichung, sondern zu weiteren Schwierigkeiten in der **gemeinsamen Bearbeitung der Insolvenztabelle von Gericht und Verwalter**.

61 Seit 17.7.2024 können Forderungsanmeldungen in allen Insolvenzverfahren, auch in bereits vor dem 17.7.2024 eröffneten Verfahren, durch Übermittlung eines elektronischen Dokuments erfolgen.[37] Einer Zustimmung des Insolvenzverwalters bedarf es nicht mehr. Das Angebot zur **elektronischen Forderungsanmeldung** ist mit der Neufassung des § 174 Abs. 4. Satz 1 InsO **verpflichtend** geworden.

62 Der Insolvenzverwalter **kann** einen gängigen elektronischen Übermittlungsweg sowie ein gängiges Dateiformat vorgeben. Welche elektronischen Übermittlungswege ein Gläubiger für die Anmeldung seiner Forderung nutzen kann, ist nach der Begründung des Gesetzentwurfs bewusst in das pflichtgemäße Ermessen des Insolvenzverwalters gestellt worden, damit **in bestimmten Insolvenzverfahren** die elektronischen Übermittlungswege bestimmt werden können, um eine effiziente Weiterverarbeitung der eingegangenen Anmeldungen zu ermöglichen.[38]

63 Erfolgt keine Vorgabe durch den Insolvenzverwalter, ist die Anmeldung in jedem gängigen Dateiformat auf allen **gängigen Übermittlungswegen** möglich. Zu den allgemein anerkannten Übermittlungsformen gehören dann beispielsweise die Übermittlung der Forderungsanmeldung per PC-Fax, E-Mail,

---

36) Gesetz zur weiteren Digitalisierung der Justiz vom 12.7.2024 – BGBl I Nr. 234 vom 16.7.2024.

37) Vgl. Überleitungsbestimmung Art. 103n EGInsO.

38) BT-Drucks. 20/10943 (Gesetzentwurf Bundesregierung) vom 8.4.2024, S. 65.

Messangerdienst oder auch die Nutzung von Gläubigerinformationsdiensten mit elektronischen Eingabefunktionalitäten etwa über ein Kontaktformular.

Hinweis: Die Pflicht zur Führung eines Gläubigerinformationssystems nach § 5 Abs. 5 und 6 InsO umfasst nicht die Möglichkeit der Forderungsanmeldung über dieses System. 64

Der Insolvenzverwalter **muss daneben** einen sicheren Übermittlungsweg i. S. d. § 130a der Zivilprozessordnung für die Übermittlung anbieten. Die Möglichkeit der Einreichung der Forderungsanmeldung über einen sicheren Übermittlungsweg gem. § 130 a ZPO ist gem. § 174 Abs. 4 Satz 2 InsO somit zwingend erforderlich. 65

Der Insolvenzverwalter bleibt jedoch bei elektronischen Anmeldungen weiterhin berechtigt, Dokumente der Forderungsanmeldung in Papierform – Ausdrucke, Abschriften oder Originale der Urkunden – nachzufordern, soweit er diese zu Dokumentations- oder Nachweiszwecken benötigt (§ 174 Abs. 4 Satz 3 InsO). 66

Diese neuen Regelungen ist sowohl aus Sicht der Insolvenzgerichte als auch der Insolvenzverwalter nicht unproblematisch. 67

Gibt der Insolvenzverwalter den Gläubigern – mit der Zielsetzung einer weiteren Digitalisierung der Abläufe – die Möglichkeit, Forderungsanmeldungen beispielsweise über ein Gläubigerinformationssystem elektronisch einzureichen, können die Anmeldungen im Büro des Verwalters zwar rein digital verarbeitet und abgespeichert werden. Für eine Vielzahl der Insolvenzgerichte müssen die elektronisch eingegangenen Anmeldungen dann jedoch wieder ausgedruckt und in Papier zur Verfügung gestellt werden. Dies betrifft ebenso alle elektronisch auf einem sicheren Übermittlungsweg übersandten Forderungsanmeldungen.

Auch mit verpflichtender **Einführung der elektronischen Akte bei der Justiz** zum 1.1.2026 ist in vielen Bundesländern nicht gewährleistet, dass eine Übertragung der eingegangenen Forderungsanmeldung digital möglich ist, da die genutzten Softwarelösungen dies nicht vorsehen. 68

Ob das vom Gläubiger gewählte bzw. vom Insolvenzverwalter bestimmte Dateiformat bei einer eventuell später möglichen digitalen Übermittlung der Forderungsanmeldung mit der gerichtlichen Softwarelösung kompatibel ist, bleibt abzuwarten. Sicherlich ist insoweit eine Abstimmung mit dem zuständigen Insolvenzgericht ratsam. Auch eine grundsätzliche Berücksichtigung der bereits aus dem Elektronischen Rechtverkehr bekannten Anforderungen an das genutzte Dateiformat sollte das Schnittstellenproblem entschärfen. 69

E. Niederlegung der Verzeichnisse §§ 151 ff. InsO und Bericht zur ersten Gläubigerversammlung

I. Erster Bericht des Verwalters

70 Die Insolvenzordnung sieht vor, dass der Insolvenzverwalter (persönlich!) im **Berichtstermin** über die wirtschaftliche Lage des Schuldners und ihre Ursachen zu berichten hat. Er hat darzulegen, ob Aussichten bestehen, das Unternehmen des Schuldners im Ganzen oder in Teilen zu erhalten, welche Möglichkeiten für einen Insolvenzplan bestehen und welche Auswirkungen jeweils für die Befriedigung der Gläubiger eintreten würden (§ 156 InsO). In Insolvenzverfahren in Eigenverwaltung erstattet der Schuldner den Bericht. Der Sachwalter nimmt zum Schuldnerbericht ergänzend Stellung (§ 281 InsO).

71 Der **Bericht nach § 156 InsO** wird – unabhängig davon, ob eine Gläubigerversammlung stattfindet oder das Verfahren schriftlich durchgeführt wird – regelmäßig vor dem Termin in schriftlicher oder elektronischer Form entsprechend den Wünschen des Gerichts an dieses übermittelt.

Überwiegend erfolgt die Vorlage des Berichts zusammen mit den Verzeichnissen, die der Insolvenzverwalter erstellen und zur Niederlegung an das Gericht übermitteln muss, spätestens eine Woche vor dem Berichtstermin bzw. dem Stichtag im schriftlichen Verfahren. Manche Gerichte erwarten die Übermittlung aber auch früher. Das **Verzeichnis der Massegegenstände (§ 151 InsO)**, das **Gläubigerverzeichnis (§ 152 InsO)** und die **Vermögensübersicht (§ 153 InsO)** sind spätestens eine Woche vor dem Berichtstermin in der Geschäftsstelle zur Einsicht der Beteiligten niederzulegen (§ 154 InsO).

72 **Hinweis:** Hier sind Postlauf- und Bearbeitungszeiten zu beachten. Die Übermittlung ist daher u. U. deutlich früher angezeigt. Dies gilt insbesondere, wenn die Übermittlung in elektronischer Form erfolgt, die Gerichtsakte aber noch nicht elektronisch geführt wird. Bis der Ausdruck die Insolvenzabteilung erreicht, sind häufig einige Tage erforderlich.

> **Praxishinweis:**
>
> Für die Veröffentlichung im GIS ist hier zu differenzieren: Während der Bericht nach § 156 InsO in das Gläubigerinformationssystem eingestellt werden muss, dürfen die beim Gericht niedergelegten Verzeichnisse dort nicht uneingeschränkt eingestellt werden, weil sie regelmäßig eine Vielzahl personenbezogener Daten verschiedener Gläubiger enthalten und dem Gericht lediglich zum Zweck der Niederlegung auf der Geschäftsstelle zugeleitet werden, → Rn. 42.[39] Während Vermögensübersichten und das Verzeichnis der Massegegenstände in das GIS einzustellen sind, dürfte das Gläubigerverzeichnis davon ausgenommen sein.

39) Regierungsentwurf eines Gesetzes zur weiteren Digitalisierung der Jusitz, Drucks. 20/10943, S. 64.

II. Inhalt des Berichts

Der Bericht dient als Grundlage für die Entscheidung der Gläubigerversammlung über den Fortgang des Verfahrens (§ 157 InsO). Die Gläubigerversammlung beschließt im Berichtstermin u. a., ob das Unternehmen des Schuldners stillgelegt oder vorläufig fortgeführt werden soll. Die Insolvenzordnung sieht ferner u. a. auch die Zustimmung zu besonders bedeutsamen Rechtshandlungen vor (§§ 160, 162 InsO).[40] Die Entscheidungen werden durch Beschluss der Gläubigerversammlung gefällt. Alle Beschlüsse werden durch das Insolvenzgericht protokolliert. 73

Praxishinweis:

Die **Übermittlung des Berichts** rechtzeitig vor dem Berichtstermin dient in erster Linie der Vorbereitung des Termins durch das Gericht. Daher sind auch die sich daraus ergebenden inhaltlichen Anforderungen der Gerichte zu beachten.

Leitlinien AG Köln (Anhang II.3.):

Die zu fassenden Beschlüsse sollten – entsprechend dem Aufbau des üblichen Sitzungsprotokolls – vorformuliert werden.

Für den **Inhalt des Berichts nach § 156 InsO** gibt es neben den oben genannten gesetzlichen Vorgaben zum Inhalt unterschiedliche Erwartungen der Gerichte. In Insolvenzverfahren über das Vermögen natürlicher Personen sind besondere Themen zu berücksichtigen, die von Bedeutung sind. So erwartet das AG Heilbronn[41] u. a. Ausführungen zu folgenden Punkten: 74

- die Angabe, ob eine Erklärung gem. § 109 InsO gegenüber dem Vermieter abgegeben wurde
- ggfs. Angaben zur selbständigen Tätigkeit des Schuldners
- die Mitteilung, ob der Schuldner/die Schuldnerin über die Einrichtung eines P-Kontos bzw. die Umwandlung in ein P-Konto belehrt worden ist.

Aber auch **Form bzw. Aufbau des Berichts**, die gesetzlich nicht geregelt sind, 75
werden teilweise durch die Insolvenzgerichte vorgegeben. Das Amtsgericht Köln verlang z. B. eine tabellarische Übersicht der wichtigsten Verfahrensdaten, die dem Bericht vorangestellt werden soll. Diese soll u. a. folgende Angaben enthalten (Anhang II.3.):

- Drittschuldner mit zustellfähiger Anschrift, .

---

40) *Nickert/Schilling*, Umgang mit Ungewissheit – Darstellung anhand des Verwalterberichts nach § 156 InsO – Teil 1, InsbürO 2017, 51; InsbürO 2017, 105 – Teil 2.

41) Allgemeine Hinweise des AG Heilbronn für die Bearbeitung von Insolvenzverfahren, S. 8. Hierbei handelt es sich eine Zusammenfassung der ausgegebenen Hinweise an die Insolvenzverwalter. Es handelt sich ausdrücklich nicht um abschließende Bearbeitungsrichtlinien. Weitere Fragen können mit der jeweils für das Verfahren zuständigen Rechtspflegerin abgeklärt werden.

- pfändbares Einkommen des Schuldners,
- Sonderkonto,
- ggf. die Mitteilung darüber, ob der Geschäftsbetrieb freigegeben wurde,
- ggf. Beschlussvorlagen gem. § 160 InsO,
- Quotenerwartung.

76 Die **Berichte zur ersten Gläubigerversammlung** entsprechen inhaltlich in weiten Teilen dem Gutachten im Eröffnungsverfahren, sofern ein Gutachten erstellt wurde. Dies entspricht im Hinblick auf die Ursachen der Insolvenz und die Fortführungs- und Sanierungsmöglichkeiten auch den gesetzlichen Anforderungen (§ 156 Abs. 1 InsO). Zudem sind Wiederholungen der Ausführungen im Gutachten wegen des Zuständigkeitswechsel beim Insolvenzgericht vom Richter auf den Rechtspfleger mit Eröffnung des Insolvenzverfahrens sachgerecht, aber auch zur umfassenden Information der Gläubiger, denen regelmäßig das im Eröffnungsverfahren erstellte Gutachten nicht zur Verfügung gestellt wird, notwendig.

77 Ergänzend sind neue Themen wie Masseverbindlichkeiten, die Forderungsanmeldungen zur Insolvenztabelle oder Aktivprozesse, die gem. § 240 ZPO unterbrochen sind und über deren Aufnahme durch den Insolvenzverwalter zu entscheiden ist, in den Bericht aufzunehmen.

Praxishinweis:

Es ist aus Gründen der Effektivität unbedenklich, dass Gutachten als Grundlage für den Bericht zu nutzen und die Textpassagen in die Berichtsstruktur zu kopieren. Die Ursachen der Insolvenz können jedoch z. B. verkürzt dargestellt werden. Andere Themen sollten auf Aktualität geprüft und bei Bedarf ergänzt werden. Diese Aktualisierung kann sowohl im Rahmen der einzelnen Themen stattfinden, aber im Wesentlichen auch durch einen ergänzenden Textteil erfolgen, in dem die weitere Entwicklung des Verfahrens seit Gutachtenerstellung bzw. Eröffnung dargestellt wird.

Allerdings sind bestimmte Formulierungen in den übernommenen Textteilen regelmäßig anzupassen, da sich mit Eröffnung kraft Gesetzes Änderungen ergeben, weil bestimmte Wirkungen eingetreten sind, z. B. weil erlangte Sicherungen aus Zwangsvollstreckungsmaßnahmen nun von der Rückschlagsperre nach § 88 InsO erfasst sind.

Themen, die durch die Eröffnung des Verfahrens nicht mehr von Bedeutung sind, wie z. B. die Prognose zur Verfahrenskostendeckung, sollten in den Bericht nicht übernommen werden.

III. ForStaB – Fortschreibendes Standardisiertes Berichtswesen (Aachener Modell)

78 Eine besondere Herausforderung bedeutet es, dass die **Vermögensübersicht (§ 153 InsO)** auf den Zeitpunkt der Eröffnung des Insolvenzverfahrens aufzustellen ist, der Bericht zur Gläubigerversammlung jedoch die Entwicklung

seit Eröffnung berücksichtigen und idealerweise eine dem aktuellen Verwertungsstand entsprechende Vermögensübersicht enthalten sollte.

Besondere Anforderungen an Darstellung der Verwertung des Vermögens stellt das sogenannte **Aachener Modell – Fortschreibendes Standardisiertes Berichtswesen (ForStaB).**[42] Das standardisierte Berichtswesens beginnt mit dem Eröffnungsgutachten und endet mit dem Schlussbericht, → Rn. 96. Durch das Fortschreiben der einzelnen Vermögenswerte der Insolvenzmasse in der standardisierten Vermögensübersicht kann sich das Gericht einen schnelleren Überblick über den Stand der Verwertung verschaffen. Jedem Sachstandsbericht ist eine fortgeschriebene Rechnungslegungsübersicht nach den Anforderungen des ForStaB beizufügen. Dies ist im Rahmen der Aufsicht über den Insolvenzverwalter von Bedeutung, aber auch zum Abschluss des Verfahrens wesentlich.

§ 196 InsO regelt, dass die **Schlussverteilung** erfolgt, sobald die **Verwertung** 79
der Insolvenzmasse mit Ausnahme eines laufenden Einkommens beendet ist. Und dabei handelt es sich um die einzige **ausdrückliche** gesetzliche Vorgabe dazu, was das Insolvenzgericht im Rahmen des Abschlusses des Insolvenzverfahrens zu prüfen hat.

Die Standardisierung durch Einführung des ForStaB schreitet bei den Insol- 80
venzgerichten zwar langsam, aber doch stetig voran.[43]

Leitlinie AG Köln (Anhang II.3.):
Es ist grundsätzlich nach den Vorgaben des ForStaB (Fortschreibendes standardisiertes Berichtswesen – Aachener Modell) zu berichten.

Je größer die Anzahl der bei einem Gericht bestellten Verwalter ist, desto 81
größer wird der Wunsch nach **Standardisierung**. Jeder einzelne Verwalter mag sich noch so sehr bemühen, seine Berichte so übersichtlich wie möglich zu gestalten. Die Vielfalt der unterschiedlichen Berichte erschwert dem Insolvenzgericht jedoch die Kontrolle und damit die alltägliche Arbeit.

Der Vorteil für den Verwalter? Auch er kann sich schnell einen Überblick über 82
den Verwertungsstand in seinem Verfahren verschaffen.[44] Wenn nur noch einzelne Vermögenswerte nicht verwertet sind, bedarf es zur Erfüllung des **Grundsatzes 65 der GOI**[45] einer regelmäßigen Prüfung, ob wegen des anzu-

42) Grundlegend: *Langer/Bausch*, ZInsO 2011, 1287 ff.; bei Bedarf können die Musterunterlagen zum ForStaB z. B. nach den Richtlinien des AG Hannover beim Insolvenzgericht angefordert werden.

43) Vgl. Entschließung der Jahrestagung des BAKinso e. V. v. 25.11.2024: „BAKinso e. V. unterstützt die Anwendung des ForStaB, spricht sich für dessen Anwendung bei den Gerichten aus und wird sich aktiv an der Fortentwicklung beteiligen.", ZInsO 2025, 75.

44) Verschiedene Softwareanbieter haben das ForStaB in ihre Softwarelösungen integriert, so dass der Berichtstandard softwaregestützt umgesetzt werden kann.

45) GOI = Grundsätze ordnungsgemäßer Insolvenz- und Eigenverwaltung, Berufsregeln des VID – Verband der Insolvenzverwalter und Sachwalter Deutschlands e. V., Anhang I.3.

strebenden frühestmöglichen Verfahrensabschlusses eine Beendigung des Verfahrens unter Vorbehalt der Nachtragsverteilung möglich ist.

83 Ergänzend zum Bericht ist regelmäßig der aktuelle Massebestand des Insolvenzsonderkontos und evtl. weiterer fortgeführter Konten nachzuweisen.

Leitlinie AG Köln (Anhang II.3.):

Die Hinterlegungsstelle ist – in einem gesonderten Schriftsatz – mit genauer Bezeichnung inklusive der korrekten Anschrift unter Beifügung einer Bestätigung der kontoführenden Bank über die Einrichtung des Sonderkontos mitzuteilen.

Praxishinweis:

Auch die Anforderungen an den **Nachweis des aktuellen Massebestandes,** insbesondere auf dem vom Insolvenzverwalter eingerichteten Insolvenzsonderkonto sind unterschiedlich siehe → Rn. 104 ff.

F. Prüfungstermin und Prüfungsstichtag im schriftlichen Verfahren

84 Im **Prüfungstermin** werden die angemeldeten Forderungen ihrem Betrag und ihrem Rang nach geprüft, § 176 InsO.

I. Widersprüche gegen angemeldete Forderungen

85 Neben dem Insolvenzverwalter bzw. Sachwalter können auch der Schuldner oder die Gläubiger im Termin, **Widersprüche gegen angemeldete Forderungen** erheben.[46] Ein Widerspruch des Schuldners ist für die Feststellung einer Forderung unerheblich, § 178 Abs. 1 Satz 2 InsO. Ausnahme: in der Eigenverwaltung führt ein Widerspruch des Schuldners zum Bestreiten der Forderung (§ 283 Abs. 1 Satz 1 InsO).

86 Eine erhebliche Relevanz haben für den Schuldner Widersprüche im Zusammenhang mit Anmeldungen von Forderungen, die nach der Ansicht der Gläubiger von der Restschuldbefreiung ausgenommen sind (§§ 302 InsO i. V. m. § 174 Abs. 2 InsO). Wird einer entsprechend angemeldeten Forderung nicht durch den Schuldner widersprochen, wird die Forderung von der Restschuldbefreiung nicht erfasst und sie kann auch nach Erteilung der Restschuldbefreiung weiterhin vom Gläubiger geltend gemacht werden. Es gibt Besonderheiten im Rahmen der Forderungsanmeldung, → Rn. 28 ff. Der Schuldner

46) Ob ein „vorläufiges" Bestreiten einer Forderungsanmeldung möglich ist, ist hoch umstritten. Nach den Leitlinien des AG Köln gilt: „Vorläufiges" Bestreiten ist keine zulässige Erklärung bzgl. einer Tabellenforderung. In die Insolvenztabelle eingetragen werden kann immer nur das Bestreiten der Forderung. (Anhang II.3.); zu den Folgen bei der Aufgabe des vorläufigen Bestreitens des Insolvenzverwalters vgl. BGH, v. 27.4.2023 – IX ZR 99/22, ZIP 2023, 1436 = NZI 2023, 62; aber auch bei einem uneingeschränkten Bestreiten hat der Insolvenzverwalter u. U. keinen Anlass zur Klageerhebung gegeben, OLG Celle, v. 13.2.2025 – 7 W 2/25.

kann seinen Widerspruch in der Weise einschränken, dass er die Forderung zwar grundsätzlich anerkennt, aber der Behauptung, es handle sich um eine von der Restschuldbefreiung ausgenommene Forderung, widerspricht.[47]

Werden keine Widersprüche erhoben, gelten die Forderung als festgestellt 87 (§ 178 Abs. 1 Satz 1 InsO). Daher ist insbesondere im schriftlichen Verfahren sicherzustellen, dass beabsichtigte Widersprüche rechtzeitig bei Gericht eingehen und in der erforderlichen Form wirksam abgegeben wurden. Zur Nutzung des elektronischen Rechtsverkehrs siehe → Rn. 92.

Praxishinweis:

Es ist nicht zu empfehlen, die Forderungsanmeldungen z. B. in Verbraucherinsolvenzverfahren nicht gewissenhaft zu prüfen, weil es häufig nicht zu Quotenzahlungen an die Gläubiger kommt und den Schuldnern fast immer die Restschuldbefreiung erteilt wird, so dass die Tabelle auch nicht als Grundlage einer späteren Vollstreckung dient.

Das Bestreiten unberechtigter Forderungen ist eine dem Insolvenzverwalter im Interesse aller Beteiligten obliegende Pflicht, unabhängig davon, dass Schuldner und Gläubiger ein eigenes Widerspruchsrecht zustehen. Das LG Stendal hat im Fall eines unterlassenen Widerspruchs den Insolvenzverwalter wegen dieser Pflichtverletzung aus wichtigem Grund nach § 59 InsO aus dem Amt entlassen.[48]

Es hat zudem entschieden, dass „ein Verschulden der sachbearbeitenden Mitarbeiter, die der Insolvenzverwalter mit der Aufgabe der Forderungsanmeldung betraut hat", diesem zuzurechnen ist.

Das Gericht hat das Spannungsverhältnis, in welchem sich der Verwalter befindet gewürdigt: Er darf Forderungen nicht leichtfertig unbestritten lassen, da hierdurch Titelwirkung eintritt und die Forderung die Quote für das gesamte weitere Verfahren beeinflusst. Allerdings darf der Verwalter Forderungen auch nicht leichtfertig widersprechen, da er dann die Masse dem Risiko der Prozesskosten aussetzt und den betreibenden Gläubigern erhebliche Steine und Kosten in den Weg legt.

Die Tiefe der Überprüfung der Forderung ist nach der Entscheidung eine Frage des Einzelfalls. Häufen sich Indizien, die am Bestand der Forderung Zweifel aufkommen lassen, kann der Insolvenzverwalter zu einer tiefergehenden Prüfung der Forderung verpflichtet sein.

Gem. § 178 Abs. 2 InsO trägt das Insolvenzgericht für jede angemeldete Forderung in die Tabelle ein, inwieweit die Forderung ihrem Betrag und ihrem Rang nach festgestellt ist oder wer der Feststellung widersprochen hat. In der Praxis sind entsprechende Eintragungen bereits durch den Insolvenzverwalter erfasst und werden vor dem Prüfungstermin dem Insolvenzgericht übersandt. Lediglich ggf. noch im Termin erhobene Widersprüche von Schuldner oder Gläubigern müssen nachträglich erfasst werden. 88

47) BGH, v. 18.1.2007 – IX ZR 176/05 Rn. 10, ZVI 2007, 424.

48) LG Stendal, Beschl. v. 12.10.2017 – 25 T 13/17, ZVI 2018, 108.

89 **Hinweis:** In der Eigenverwaltung übermittelt der Sachwalter mit der Tabelle üblicherweise auch bereits die beabsichtigten Erklärungen des Schuldners, die daher rechtzeitig vorab einzuholen sind.

II. Beurkundung der Erklärungen

90 Die vorab erfassten Erklärungen haben bis zum Prüfungstermin nur einen vorbereitenden Charakter und können im Termin noch abgeändert werden (§ 176 InsO). Die Beurkundung der Prüfungserklärungen in der Tabelle erfolgt durch das Insolvenzgericht (§ 178 Abs. 2 InsO).

Praxishinweis:

Von der Möglichkeit, die Erklärungen im Termin zu ändern, sollte nur in Ausnahmefällen Gebrauch gemacht werden, da die händische Erfassung der geänderten Erklärung durch das Insolvenzgericht während einer Gläubigerversammlung zu (vermeidbaren Verzögerungen) führt. Stellt sich daher zwischen Übermittlung der Unterlagen an das Gericht und dem Prüfungstermin heraus, dass eine bestrittene Forderung doch anerkannt werden kann, muss die Erklärung nicht zwingend bis zum Prüfungstermin geändert werden. Dem Gläubiger kann auch direkt im Anschluss an den Prüfungstermin mitgeteilt werden, dass seine Forderung nicht weiter bestritten wird.

Nur wenn z. B. ein Widerspruch gegen eine zunächst angerkannte Forderung erhoben werden soll oder Erklärungen im Hinblick auf das Stimmrecht eines erschienenen Gläubigers in der Gläubigerversammlung von Bedeutung sind, sollte eine Korrektur im Termin erfolgen.

III. Schriftliches Verfahren

91 Die Bestimmung eines Prüfungstermins bei Gericht ist allerdings die Ausnahme. Die Forderungsprüfung findet überwiegend im **schriftlichen Verfahren** statt. Wurde im Eröffnungsbeschluss das schriftliche Verfahren angeordnet und eine Widerspruchsfrist bzw. ein **Prüfungsstichtag** bestimmt, besteht für den Insolvenzverwalter, die Gläubiger und den Schuldner die Möglichkeit, schriftlich ihre Widersprüche gegenüber dem Insolvenzgericht im Zeitraum ab Niederlegung der Tabelle bis zum Ablauf der Widerspruchsfrist zu erklären.

92 **Hinweis:** Um die **Wirksamkeit der Erklärung des Insolvenzverwalters** sicherzustellen, ist neben der Übermittlung in schriftlicher Form und/oder in einer elektronischen Datei die Übersendung auf elektronischem Weg gem. § 130a ZPO notwendig. Ob die Nutzungspflicht (§ 130d ZPO) auch für Rechtsanwälte gilt, wenn sie als Insolvenzverwalter tätig werden, ist nicht abschließend entschieden.[49] Hier sollte aber sichergestellt werden, dass wirksame Erklärun-

49) Der BGH hat bisher nur entschieden, dass die Nutzung des beAs im Insolvenzverfahren im Falle eines Rechtsmittels des anwaltlichen Insolvenzverwalters zwingend vorgeschrieben ist, BGH, v. 24.11.2022 – IX ZB 11/22, ZVI 2023, 65; vgl. *Frind*, InsbürO 2024, 253: „Keine Pflicht zur beA-Nutzung für Insolvenz- und Sachwalter*innen bei der Kommunikation mit dem Insolvenzgericht".

gen abgegeben werden. Denn auch im schriftlichen Verfahren gilt § 178 InsO: „Eine Forderung gilt als festgestellt, soweit gegen sie [...] im schriftlichen Verfahren [...] ein Widerspruch weder vom Insolvenzverwalter noch von einem Insolvenzgläubiger erhoben wird.“ Wird kein wirksamer Widerspruch abgegeben, gelten die Forderungen als festgestellt.[50)]

Praxishinweis:

Insbesondere bei nachträglichen Änderungen sollte die Übermittlung von Erklärungen gewissenhaft dokumentiert werden. Grundsätzlich ist ein Nachholen verspäteter und versäumter Erklärungen nicht möglich. Das AG Düsseldorf hat jedoch entschieden, dass die Regelung über eine mögliche **Wiedereinsetzung** in den vorigen Stand für den Fall, dass der Schuldner den Prüfungstermin versäumt hat (§ 186 InsO), im schriftlichen Verfahren auch für den Insolvenzverwalter analog anwendbar ist.[51)]

In dem zu entscheidenden Fall hatte eine Erklärung des Insolvenzverwalters über das Bestreiten einer Forderung im schriftlichen Verfahren das Gericht nicht erreicht. Nach Ansicht des Gerichts wurde (spätestens) bei der Einführung der Möglichkeit, alle Insolvenzverfahren einschließlich der Prüfungstermine im schriftlichen Verfahren durchzuführen, eine Anpassung des § 186 InsO versäumt. Dieser wäre auch auf den Insolvenzverwalter zu erstrecken gewesen. Damit liege eine offenbar unbewusste Regelungslücke vor, die es zu schließen gelte. Entscheidend war, dass der Insolvenzverwalter über die Dokumentation des Postausgangs schlüssig die Abgabe der Erklärung darlegen konnte.

Auch **Widersprüche des Schuldners** insbesondere im Hinblick auf die von der 93
Restschuldbefreiung ausgenommenen Forderungen müssen schriftlich erfolgen. Aber auch allen anderen Forderungen kann und sollte der Schuldner widersprechen, wenn er Gründe hat, diese zu bestreiten. Es macht u. U. einen Unterschied, ob der Schuldner selbst oder ausschließlich der Insolvenzverwalter eine Forderung bestritten hat.

Beispiel:

Wird z. B. eine Steuerforderung gegenüber einer GmbH widerspruchslos zur Insolvenztabelle festgestellt, ist der Geschäftsführer der GmbH im Verfahren wegen Haftung gem. § 166 AO mit Einwendungen gegen die Höhe der Steuerforderung ausgeschlossen, wenn er der Forderungsanmeldung hätte widersprechen können, dies aber nicht getan hat.[52)]

---

50) Zum elektronischen Rechtsverkehr in der Insolvenztabelle siehe *Deppe/Radschuwait*, Aktive Nutzungspflicht des elektronischen Rechtsverkehrs – Auswirkungen für die Insolvenztabelle, InsbürO 2022, 117.

51) AG Düsseldorf, Beschl. v. 3.6.2020 – 502 IN 223/13, NZI 2020, 834.

52) BFH, v. 27.9.2017 – XI R 9/16, ZIP 2017, 2401 = NZI 2018, 122.

> **Praxishinweis:**
>
> Schuldner bzw. deren Vertreter sollten stets auf ihr eigenes Widerspruchsrecht hingewiesen werden. Es ist z. B. üblich, dass dem Schuldner vor einem Prüfungstermin eine Übersicht der zu prüfenden Forderungen übermittelt wird, damit er dazu Stellung nimmt, welche Forderungen seiner Ansicht nach nicht begründet sind.
>
> Insbesondere wenn die Übersicht bereits die beabsichtigten Erklärungen des Insolvenzverwalters enthält, ist ein entsprechender Hinweis angezeigt. Es sollte darauf geachtet werden, dass nie der Eindruck entsteht, der Insolvenzverwalter könne die Interessen des Schuldners berücksichtigen bzw. dessen Rechte wahrnehmen.

94 Der Insolvenzverwalter erfasst auch beim schriftlichen Verfahren seine beabsichtigten Erklärungen und übermittelt diese mit der von ihm vorbereiteten Tabelle an das Insolvenzgericht.

Das Insolvenzgericht nimmt dann die Beurkundung aller innerhalb der Widerspruchsfrist bzw. bis zum Prüfungsstichtag eingegangenen Erklärungen vor.

IV. Verfahren ohne Forderungsanmeldung

95 In Verbraucherinsolvenzverfahren kommt es vor, dass bis zum Ablauf der Anmeldefrist bzw. bis zum Ablauf der Frist zur Niederlegung der Tabelle kein Gläubiger eine Insolvenzforderung zur Tabelle angemeldet hat. In diesen Fällen ist eine entsprechende Mitteilung an das Insolvenzgericht rechtzeitig zum Ablauf der Niederlegungsfrist erforderlich. Erfolgt keine Mitteilung, geht das Gericht davon aus, dass die Niederlegung „vergessen wurde", und entsprechend an diese erinnern. Derartige überflüssige Nachfragen des Gerichts werden durch eine entsprechende Information erspart.

Für natürliche Personen, die zusammen mit dem Antrag auf Durchführung des Insolvenzverfahrens einen Antrag auf Restschuldbefreiung gestellt haben, besteht u. U. die Möglichkeit einer vorzeitigen Erteilung der Restschuldbefreiung, wenn kein Gläubiger eine Forderung angemeldet hat (§ 300 Abs. 2 InsO). Diese Verfahren bedürfen eines besonderen Augenmerks. Sobald eine nachträgliche Forderungsanmeldung eingeht, sollte dies unverzüglich dem Insolvenzgericht mitgeteilt werden, da dann die Voraussetzungen für eine Verkürzung der Abtretungsfrist nach dem Wortlaut der gesetzlichen Regelung nicht mehr vorliegen.

G. Sachstandsberichte

I. Weitere Berichte des Verwalters/Berichtsfristen

96 Eine weitere Berichterstattung des Insolvenzverwalters im Verlauf des Insolvenzverfahrens nach der ersten Gläubigerversammlung **gegenüber den Gläubigern** sieht die Insolvenzordnung nicht vor. Erst bei Beendigung des Verfahrens bzw. des Amtes des Insolvenzverwalters ist der Gläubigerversamm-

lung Rechnung zu legen (§ 66 Abs. 1 InsO). Von der Möglichkeit, dass die Gläubigerversammlung dem Verwalter aufgeben kann, zu bestimmten Zeitpunkten während des Verfahrens Zwischenrechnung zu legen (§ 66 Abs. 3 InsO) wird nur in seltenen Fällen Gebrauch gemacht.

Unabhängig davon kann jedoch das Gericht im Rahmen seiner **Rechtsaufsicht** 97
(§ 58 InsO) jederzeit einzelne Auskünfte oder einen Bericht über den Sachstand und die Geschäftsführung von dem Insolvenzverwalter verlangen. Das Gericht kommt seiner Aufsichtspflicht regelmäßig dadurch nach, dass es eine **Berichtsfrist** für das gesamte Verfahren festlegt, zu der in regelmäßigen Abständen sogenannte Zwischenberichte zu erstatten sind. Bei vielen Gerichten gelten in allen Verfahren z. B. Berichtsfristen von 6 Monaten, beginnend ab dem Berichtstermin bzw. dem Stichtag des Prüfungstermins, wenn auf den Berichtstermin verzichtet wurde (§ 29 Abs. 2 Satz 2 InsO). Die Frist wird jeweils weiter notiert, wenn ein Zwischenbericht eingeht.

Praxishinweis:

Die Gerichtsfristen sind zur Wahrung eines reibungslosen Geschäftsablaufs unbedingt einzuhalten. Aber auch Berichte in kürzeren Abständen sind regelmäßig nur bei konkretem Anlass erwünscht. Die Fristen können individuell im jeweiligen Verfahren durch den Rechtspfleger festgelegt werden, können aber auch schon in den jeweiligen Leitlinien enthalten sein.

Leitlinie AG Ludwigshafen (Anhang II.4.):

Eine Sachstandsmitteilung soll, sofern nicht anders verfügt, anlassunabhängig alle sechs Monate erfolgen. Hiervon ausgenommen sind Verfahren, bei denen Masseunzulänglichkeit droht oder eintritt; hier ist nach Vorgabe des Gerichts zu berichten.

II. Inhalt der Berichte

Die Sachstandsberichte im Laufe des Verfahrens sollten sich ausschließlich auf 98
die Geschehnisse im jeweiligen Berichtszeitraum beschränken. Daher ist vorrangig über den Fortschritt der Verwertung der Insolvenzmasse und den aktuellen Massebestand zu berichten. Besondere Vorkommnisse oder wesentliche Tätigkeiten im Rahmen der Verwaltung ergänzen diesen. Die GOI[53)] regeln in Grundsatz 45, dass Zwischenberichte an den ersten Bericht anschließen und eine fortlaufende Rechnungslegung enthalten sollen.

Soweit Gerichte eine **fortgeschriebene Berichterstattung nach ForStaB**[54)] ver- 99
langen, ist zwar ein Tätigkeitsbericht erforderlich. Das Kernstück der Berichterstattung ist jedoch die fortgeschriebene Vermögensübersicht (Aktiva) nebst textlichen Erläuterungen zu den Veränderungen im Berichtszeitraum.

53) GOI = Grundsätze ordnungsgemäßer Insolvenz- und Eigenverwaltung, Berufsregeln des VID – Verband der Insolvenzverwalter und Sachwalter Deutschlands e. V., Anhang I.3.

54) Aachener Modell – Fortschreibendes Standardisiertes Berichtswesen (ForStaB), → Rn. 78 ff.

100 Aber auch bei der Berichterstattung ohne ForStaB-Vorgaben sollten die Vermögenspositionen identisch nummeriert sein wie im Bericht zur ersten Gläubigerversammlung (§ 156 InsO), um dem Gericht den Fortschritt der Verwertung möglichst übersichtlich darzustellen.

101 Manche Gerichte wünschen sich für den „Prosateil" des Berichts individuellen Text, möglichst unter Verzicht auf Textbausteine. Andere Gerichte stören sich dagegen nicht an **Standardtexten**.

> **Praxishinweis:**
>
> Das Berichtswesen während des Insolvenzverfahrens ist die Grundlage für den Schlussbericht und den Vergütungsantrag des Insolvenzverwalters. Was in den Sachstandsberichten nicht dargestellt wird, muss am Ende des Verfahrens für den Schlussbericht deutlich mühsamer „rekonstruiert werden". Und auch für die Festsetzung einer angemessenen Vergütung durch das Insolvenzgericht kann es äußerst hilfreich sein, bereits im Laufe des Verfahrens über Besonderheiten und Erschwernisse – wenn auch in der gebotenen Kürze – zu berichten.
>
> Das Gericht sollte während des Verfahrens über alle wesentlichen Vorkommnisse unterrichtet sein und sich ein Bild von dem Verfahren machen können.

102 Bei manchen Gerichten wird erwartet, dass jeder Sachstandbericht auch Angaben darüber enthält, ob und inwieweit externe Dienstleister zu Lasten der Insolvenzmasse beauftragt worden sind.

Am Ende des Sachstandsberichtes sind üblicherweise der weitere Ablauf und die voraussichtliche Dauer des Verfahrens und die zu erwartende Quote anzugeben. Was jedoch nicht unproblematisch ist, wenn insoweit Unsicherheiten bestehen.

> **Praxishinweis:**
>
> „Mut zur Lücke" – wenn eine Prognose nicht möglich ist, sollte dies – zusammen mit den Gründen für die Unsicherheit – offen kommuniziert werden. Das ist besser, als eine Quotenaussicht später revidieren zu müssen.

103 In den Bericht sollte stets aufgenommen werden, ob eine angezeigte **Masseunzulänglichkeit** noch besteht. Obwohl nur die Anzeige der Masseunzulänglich durch den Insolvenzverwalter gegenüber dem Insolvenzgericht gesetzliche geregelt ist (§ 208 InsO), ist es üblich dem Gericht auch mitzuteilen, wenn diese nicht mehr besteht. Das kann grundsätzlich im Rahmen der regelmäßigen Berichterstattung erfolgen.

> **Praxishinweis:**
>
> Es gibt Gerichte, die eine Veröffentlichung vornehmen, wenn eine angezeigte Masseunzulänglichkeit nicht mehr besteht. Hier ist es daher angezeigt auch außerhalb der regelmäßigen Berichterstattung die Erledigung der Masseunzulänglichkeit dem Gericht mitzuteilen.

III. Nachweis Massebestand und Zwischenrechnungslegung gegenüber dem Gericht

Ob und ggf. welche Ausdrucke aus der Insolvenzbuchhaltung vorzulegen sind, ist von Gericht zu Gericht unterschiedlich. Manche Gerichte prüfen im Rahmen der Aufsicht regelmäßig die Rechnungslegung und verlangen mit jedem Sachstandsbericht die Vorlage der Originalkontoauszüge und Belege mit Summen- und Saldenlisten, Journalen u. a. Die meisten Gerichte nehmen diese Prüfung aber erst im Rahmen der Schussrechnungslegung vor. **104**

Zu jedem Sachstandsbericht ist der aktuelle Kontostand des Sonderkontos mitzuteilen und nachzuweisen. **105**

Leitlinie AG Köln (Anhang II.3.):

Ist ein Massebestand vorhanden, ist dem Bericht ein Nachweis des aktuellen Bestandes beizufügen. Dies kann durch einen tagesaktuellen (elektronischen) Ausdruck aus der Banksoftware/des Online-Kontos erfolgen.

Hinweis: Die Form für den Nachweis des aktuellen Massebestandes hängt evtl. von der Höhe des Guthabens ab.

Richtlinien des AG Hannover:[55)]

„Zu jedem Sachstandsbericht sind die aktuellen Kontostände der Sonderkonten mitzuteilen und nachzuweisen (Kontoauszug in Kopie, bei Guthaben über 10.000 € Kontoauszug im Original, keine Onlineausdrucke)."

H. Gläubigerinformation während des Verfahrens

Aufgrund der Neufassung des § 5 Abs. 5 InsO haben Insolvenzverwalter in allen ab dem 17.7.2024 **eröffneten** Verbraucher- und Regelinsolvenzverfahren ein **elektronisches Gläubigerinformationssystem** vorzuhalten und darin jedem Insolvenzgläubiger, der eine Forderung angemeldet hat, folgende Informationen **unverzüglich** und in einem gängigen Dateiformat zum elektronischen Abruf zur Verfügung zu stellen: **106**

- alle Entscheidungen des Insolvenzgerichts,
- alle Rechtsmittelentscheidungen,
- alle an das Insolvenzgericht übersandten Berichte (welche nicht ausschließlich die Forderungen anderer Gläubiger betreffen),
- alle die eigene Forderung betreffenden Unterlagen,
- Dokumente, die dem Insolvenzgläubiger nach § 8 Abs. 3 zugestellt wurden (sie sind zudem besonders kenntlich zu machen).

55) https://amtsgericht-hannover.niedersachsen.de/startseite/service/downloads/downloads-63611.html.

107 **Hinweis:** Durch die Neuregelung ergeben sich für Insolvenzverwalter neue **Berufszugangshürden**. Ein Gläubigerinformationssystem ist durch den Insolvenzverwalter vorzuhalten. Es muss in der Lage sein, die entsprechenden Anforderungen zu erfüllen. Insolvenzverwalter, die nicht über ein entsprechendes System verfügen, können aufgrund der nunmehr geltenden gesetzlichen Regelung nach überwiegender Ansicht nicht mehr bestellt werden.

Nicht umfasst vom gesetzlichen Anforderungsprofil des Gläubigerinformationssystems ist die Anmeldemöglichkeit einer Forderung auf elektronischem Wege. Diese Funktion **kann** zur Verfügung gestellt werden.

108 Alle Gläubiger, welche eine Forderung zum Insolvenzverfahren angemeldet haben, müssen auf einer entsprechenden Internetplattform des Insolvenzverwalters durch Registrierung und mittels einer vom Verwalter vergebenen Gläubiger-PIN Einsicht in die vorgenannten Unterlagen und Informationen nehmen können.

109 Durch eine weitere Ergänzung des § 5 Abs. 5 InsO muss nunmehr auch das Insolvenzgericht **Einsicht in das Gläubigerinformationssystem** des Insolvenzverwalter erhalten und seiner Aufsichtspflicht nach § 58 InsO nachkommen zu können. Um dies zu ermöglichen, ist dem Insolvenzgericht unverzüglich nach Verfahrenseröffnung eine Mitteilung zu übersenden, unter welcher Internetadresse und mit welcher PIN ein Zugriff erfolgen kann.

Praxishinweis:

Die entsprechende Mitteilung muss in einem gesonderten Schreiben erfolgen, da die PIN im Rahmen einer Akteneinsicht nicht anderen Verfahrensbeteiligten zur Kenntnis gelangen darf und das Schreiben daher bei Gericht gesondert verwahrt werden muss.

Leitlinie AG Köln (Anhang II.3.):

Eine Zugangskennung für das GIS ist dem Gericht in einem gesonderten Schreiben mit eigener beA-Nachricht unmittelbar nach Verfahrenseröffnung mitzuteilen, damit das Gericht die Gerichtskennung von der Akteneinsicht ausnehmen kann.

110 Für die **Eigenverwaltung** gilt ebenfalls für die ab dem 17.7.2024 eröffneten Verfahren gem. § 5 Abs. 6 InsO, dass die **Verantwortlichkeit des Schuldners für ein Gläubigerinformationssystem**.

Den Schuldner trifft die Pflicht zur Verfügungstellung sämtlicher in das System einzustellender Informationen und Dokumente. Verfügt der Schuldner selbst nicht über ein geeignetes System – was wohl der Regelfall sein dürfte – so kann die Gläubigerinformation über ein vom Sachwalter geführtes System bewerkstelligt werden.

Hinweis: Die neuen Regelungen zum Gläubigerinformationssystem werden grundsätzlich begrüßt, aber auch kritisch gesehen.[56] Bei der praktischen Umsetzung gibt es viele Dinge zu bedenken, z. B. bzgl. der einzustellenden Dokumente oder bzgl. der Zugangsberechtigung[57] Daher sollten Abstimmungen mit den Insolvenzgerichten erfolgen und die aktuellen Entwicklungen und evtl. Änderungen aufmerksam verfolgt werden, um sie zeitnah berücksichtigen zu können.[58] 111

Leitlinie AG Köln (Anhang II.3.):

In dem Gläubigerinformationssystem sind jedem Insolvenzgläubiger, der eine Forderung angemeldet hat, grundsätzlich alle in § 5 Abs. 5 InsO genannten Dokumente zur Verfügung zu stellen, d. h. alle Entscheidungen des Insolvenzgerichts, alle Rechtsmittelentscheidungen, alle an das Insolvenzgericht übersandten Berichte, welche nicht ausschließlich die Forderungen anderer Gläubiger betreffen, sowie alle die eigenen Forderungen betreffenden Unterlagen.

Namentlich Berichte an das Insolvenzgericht, Beschlüsse und verfahrensleitende Verfügungen des Gerichts (z. B. Terminierungen; Fristsetzungen mit Wirkung für und gegen alle Beteiligten, vgl. § 160 Abs. 3 Nr. 6 ZPO) sind unverzüglich einzustellen. Eine Rechtskraft ist nicht abzuwarten.

Die Stellung als Gläubiger und damit auch ein Akteneinsichtsrecht nach § 4 InsO, § 299 Abs. 1 ZPO ist grundsätzlich nicht an die Forderungsfeststellung gekoppelt. Vielmehr verleiht grundsätzlich bereits die Stellung als Anmeldegläubiger die Verfahrensrechte des Gläubigers. Lediglich bei endgültig bestrittenen Forderungen kann in Anlehnung an die Rechtsprechung zum Akteneinsichtsrecht eine Ausnahme gemacht werden und der Zugang verweigert bzw. widerrufen werden. Es ist deshalb Gläubigern ein GIS-Zugang bereits bei wirksamer Forderungsanmeldung einzurichten.

Soweit Zweifel bestehen, ob ein Dokument ins GIS einzustellen oder ein GIS-Zugang zu gewähren ist, kann mit dem Gericht Rücksprache gehalten werden.

I. Berichtigungen der Insolvenztabelle

Im Verlauf des Verfahrens kann die **Berichtigung** der ab dem Prüfungstermin 112
beim Insolvenzgericht geführten **Insolvenztabelle** aus unterschiedlichen Grün-

56) Vgl. Bericht des Ausschusses „Digitalisierung des Insolvenzverfahrens“ vom 30.7.2024 Deutscher Restrukturierungs- und Insolvenzrechtstag https://insolvenzgerichtstag.de/wp-content/uploads/2024/08/DRIT-Abschlusspapier-Digitalisierung.pdf.

57) Vgl. *Frind*, Umsetzungsprobleme beim Gläubigerinformationssystem, ZInsO 2024, 1578.

58) Vgl. *Henning*, Neues zu den Verfahren der natürlichen Personen vom 22. Deutschen Insolvenzrechtstag, Workshop II „Neues Gläubigerinformationssystem und Datenschutz in Verfahren natürlicher Personen“, ZVI 2025, 61.

den notwendig werden. Mit „Berichtigung“ ist die Fortschreibung bzw. Aktualisierung der Insolvenztabelle gemeint; nicht die Korrektur von falschen Eintragungen. Die drei häufigsten Gründe für „Berichtigungen“ zur Insolvenztabelle sind nachfolgend aufgeführt:

*1. Eine bisher widersprochene **Forderung** kann **nachträglich** teilweise oder in voller Höhe **festgestellt** werden.*

Werden seitens des Gläubigers fehlende Nachweise vorgelegt, Schätzbeträge endgültig beziffert oder eine abschließende interne Prüfung des Insolvenzverwalters ergibt, dass die Forderung berechtigt ist, erfolgt eine nachträgliche Feststellung der Forderung in entsprechender Höhe.

*2. Eine zunächst für den **Ausfall** festgestellte Forderung kann abschließend beziffert und in entsprechender Höhe festgestellt werden.*

Im Falle der Verwertung des Sicherungsgegenstandes durch den Gläubiger muss eine Mitteilung des Gläubigers gem. § 190 Abs. 1 InsO erfolgen. Er muss dem Insolvenzverwalter nachweisen, für welchen Betrag er auf abgesonderte Befriedigung verzichtet hat oder bei ihr ausgefallen ist. Dann kann der dem Gläubiger verbleibende Ausfall nachträglich uneingeschränkt durch den Insolvenzverwalter festgestellt werden.

Ist nur der Verwalter zur Verwertung berechtigt, ist zur Bezifferung des Ausfalls keine Mitteilung des Gläubigers notwendig. Die Ausfallbezifferung muss durch den Verwalter nach der Verwertung des Sicherungsgegenstandes und Abrechnung des Absonderungsrechts gegenüber dem Gläubiger erfolgen, § 190 Abs. 3 InsO.

3. Die Forderung wird ganz oder teilweise seitens des Gläubigers „zurückgenommen“.

II. Rücknahme von Anmeldungen

113 **Rücknahmen von Forderungsanmeldungen** im Insolvenzverfahren erfolgen regelmäßig, wenn sich der Betrag einer geltend gemachten Forderung – aus welchen Gründen auch immer – reduziert hat. Regelungen hierzu gibt es jedoch in der Insolvenzordnung nicht.

Der BGH hat in 2019 eine Entscheidung zur Rücknahme von Forderungen in Insolvenzverfahren getroffen[59] und zu folgenden Punkten entschieden:

- Die Rücknahme einer Forderungsanmeldung ist im Insolvenzverfahren jedenfalls **bis zur Feststellung** der angemeldeten Forderung möglich.
- Sie ist nach Durchführung des Prüfungstermins **gegenüber dem Insolvenzgericht** zu erklären. Die nach Durchführung des Prüfungstermins

59) BGH, v. 11.4.2019 – IX ZR 79/18, ZVI 2019, 223.

an den Insolvenzverwalter adressierte Rücknahme der Anmeldung einer nicht zur Tabelle festgestellten Forderung **wird wirksam**, wenn die Rücknahmeerklärung **nach Weiterleitung** durch den Insolvenzverwalter beim Insolvenzgericht eingereicht wird.

> **Praxishinweis:**
>
> Geht eine Rücknahmeerklärung eines Gläubigers bezüglich einer bereits geprüften Forderung im Verwalterbüro ein, muss diese unverzüglich an das Insolvenzgericht weitergeleitet werden.

Bei Rücknahme von Forderungen sind drei unterschiedliche Fälle zu unterscheiden: **114**

- Handelt es sich um eine bisher noch **nicht geprüfte** Forderung des Insolvenzgläubigers, ist eine Rücknahme **gegenüber dem Insolvenzverwalter** noch jederzeit möglich.
- Wurde die Forderung bereits in einem Prüfungstermin **geprüft**, dieser jedoch **widersprochen**, ist eine Rücknahme durch den Gläubiger möglich. **Adressat** dieser Rücknahme ist jedoch das **Insolvenzgericht**, da die Zuständigkeit für das weitere Forderungsfeststellungsverfahren ab dem Prüfungstermin bei diesem liegt.[60] Bei Eintragungen durch den Insolvenzverwalter in seiner Software handelt es sich lediglich um Vorbereitungshandlungen für das Gericht und evtl. Ausschüttungen an die Gläubiger. Geht eine Forderungsrücknahme beim Insolvenzverwalter ein, wird diese erst nach Weiterleitung an das Insolvenzgericht **wirksam**.
- Der dritte Fall betrifft Forderungen, welche bereits geprüft sind und festgestellt wurden. Hierzu hat der BGH bisher nicht entschieden Der Gläubiger kann jedoch gegenüber dem Insolvenzverwalter auf die Teilnahme an Verteilungen verzichten.[61] Adressat der Rücknahme der Forderungsanmeldung in der Tabelle ist dagegen das Insolvenzgericht.[62] Ob und ggf. unter welchen Voraussetzungen eine solche Rücknahme in der Insolvenztabelle vermerkt wird, ist jedoch nicht geklärt. Die Gerichte handhaben dies unterschiedlich. Auch die Anforderungen an die Form einer solchen Rücknahmeerklärung sind uneinheitlich.

---

60) BGH, v. 11.4.2019 – IX ZR 79/18 Rn. 21 f., 1. Leitsatz, ZVI 2019, 223.

61) *Willmer/Berner*, Die Änderung von Insolvenztabelle und Schlussverzeichnis, NZI 2015, 877.

62) Siehe OLG Brandenburg, Urt. v. 13.3.2018 – 3 U 49/16, ZVI 2018, 366 (n. rechtskräftig), unter ausführlicher Darstellung der Auffassung in der Literatur.

Praxishinweis:

Ein eindeutiger **Verzicht eines Gläubigers** sollte daher in der EDV des Insolvenzverwalters vermerkt werden, damit dessen Forderung nicht mehr an Verteilungen teilnimmt. Gleichzeitig sollte das Gericht unter Übersendung der Erklärung des Gläubigers darüber informiert werden. Wie das Gericht die Erklärung weiter behandelt, kann und sollte dem Gericht überlassen werden.

Forderungsrücknahmen in Fällen einer Rechtsnachfolge z. B. aufgrund von Abtretung oder Befriedigung durch einen Bürgen sind besonders kritisch zu prüfen. Es ist insbesondere streitig, ob ein Gläubiger, der aufgrund einer Rechtsnachfolge nicht mehr Gläubiger der Forderung ist, noch Rücknahmeerklärungen abgeben bzw. auf die Teilnahme an einer Verteilung verzichten kann.[63] Ggf. sollte in diesen Fällen eine Rücksprache mit dem Gericht erfolgen.

III. Übermittlung von Berichtigungen an das Gericht

115 Bezüglich der **Einreichung von nachträglichen Erklärungen des Insolvenzverwalters** zur Berichtigung der Insolvenztabelle bestehen sehr unterschiedliche Anforderungen der Insolvenzgerichte.

Auch hier sind die unterschiedlichen Anforderungen in der gerichtseits vorhandenen Softwareausstattung begründet. Wird die Insolvenztabellen durch die Gerichte elektronisch geführt, wird i. d. R. ein Schreiben des Insolvenzverwalters mit entsprechender Erklärung zur Berichtigung (Änderung) der Insolvenztabelle gewünscht.

Leitlinien AG Köln (Anhang II.3.):

Tabellenberichtigungsanträge sollten so eindeutig und klar formuliert sein, dass sich die Änderungen des Prüfungsergebnisses und der nunmehr festgestellte Betrag ohne Weiteres aus dem Schreiben ergeben. Dabei ist das aktuelle Prüfungsergebnis auf einer Seite zusammengefasst vorzustellen.

116 Gerichte, die mangels entsprechender Softwarelösung nicht eigenständig geänderte Tabellenblätter erstellen können, erwarten hingegen die Übersendung von „aktualisierten“ Tabellenblättern, die neben der ursprünglichen und ggf. weiteren bereits erfassten Erklärungen den entsprechenden Berichtigungsvermerk enthalten.

117 Auch bei dem korrekten Übersendungsweg für die Berichtigungserklärungen bestehen erhebliche Unterschiede. Teils ist eine elektronische Übermittlung gem. § 130a ZPO gewünscht, teils bestehen Gerichte auf eine Einreichung aller Unterlagen in Papierform, da die Tabelle nicht elektronisch geführt wird. Unabhängig von den Anforderungen der Gerichte ist jedoch sicherzustellen, dass nachträgliche Erklärungen des Insolvenzverwalters wirksam abgegeben werden siehe → Rn. 92.

---

63) AG Köln, Beschl. v. 8.1.2016 – 71 IN 20/13, ZVI 2016, 248; mit krit. Anm. *Schmerbach*, InsbürO 2016, 164; AG Düsseldorf, Beschl. v. 18.4.2018 – 502 IN 175/09, juris, Anm. *Deppe*, InsbürO 2019, 155.

Auch eine unterschiedliche Einreichung – je nach Art der Berichtigung – wird von einigen Gerichten gewünscht. So beispielsweise das Amtsgericht Bremen: Forderungsrücknahmen der Gläubiger sind im Original auf dem Postweg einzureichen, die Rücknahmen von Widersprüchen durch den Verwalter können hingegen auch auf dem elektronischen Weg übermittelt werden.

Leitlinien AG Ludwigshafen (Anhang II.4.):

Mit den Sachstandsberichten sollen auch neue Forderungsanmeldungen und Berichtigungen mitgeteilt werden.

Vom Verwalter bzw. Treuhänder unterschriebene Tabellenberichtigungen sollen spätestens mit dem Schlussbericht eingereicht werden. Von einer (parallelen) elektronischen Einreichung soll abgesehen werden.

Berichtigungen sollen nicht gesammelt werden! Aus Gründen der Praktikabilität sollten nach Möglichkeit nicht mehr als fünf Berichtigungen zusammen eingereicht werden.

Folgender **Berichtigungstext** soll verwendet werden:

In o. g. Verfahren hat der Gläubiger gem. Schreiben vom … seine Forderung

von … €

um … €

auf … € reduziert.

Die Forderung wird in Höhe von … € festgestellt.

Der Ausfall entfällt.

Es sollen lediglich das Berichtigungsschreiben des Verwalters und des Gläubigers beigefügt werden.

IV. Zeitpunkt der Übermittlung an das Insolvenzgericht

Die GOI[64] sehen in Grundsatz 63 eine **Aktualisierung der gerichtlich geprüften Forderungen** zu jedem Zwischenbericht vor.[65] Hier sollten trotzdem die Anforderungen der Insolvenzgerichte berücksichtigt werden, die z. B. eine gesammelte Übermittlung erst zum Abschluss des Verfahrens wünschen. So legt das Amtsgericht Köln in seinen Leitlinien (Anhang II.3.) beispielsweise fest, dass Berichtigungserklärungen fortlaufend ab einer Anzahl von etwa fünf Berichtigungen, jedenfalls 1 x pro Jahr, vorgelegt werden sollen. 118

In Insolvenzverfahren natürlicher Personen besteht die Möglichkeit einer Verkürzung der Abtretungsfrist, wenn kein Gläubiger eine Insolvenzforderung zur Tabelle angemeldet hat (§ 300 Abs. 2 InsO). Der BGH hat zu § 300 InsO 119

64) GOI = Grundsätze ordnungsgemäßer Insolvenz- und Eigenverwaltung, Berufsregeln des VID – Verband der Insolvenzverwalter und Sachwalter Deutschlands e. V., Anhang I.3.

65) So auch das AG Ludwigshafen in seinen Leitlinien: „Mit den Sachstandberichten sollen auch neue Forderungsanmeldungen und Berichtigungen mitgeteilt werden."

a. F. entschieden, dass eine vorzeitige Erteilung der Restschuldbefreiung auch möglich ist, wenn keine Forderung in das Schlussverteilungsverzeichnis aufzunehmen ist.[66] Dies ist z. B. der Fall, wenn alle angemeldeten Forderungen wegen Bestreitens oder Feststellung (nur) für den Ausfall bei der Erstellung eines Verteilungsverzeichnisses nicht zu berücksichtigen sind (§§ 189, 190 InsO).

In diesen Verfahren sollten nachträgliche Erklärungen, die zu einer Berücksichtigung der Forderungen führen, ggf. unverzüglich an das Insolvenzgericht übermittelt werden, da dann die Voraussetzungen für eine Verkürzung der Abtretungsfrist nicht mehr vorliegen.

120 Berichtigungen der Insolvenztabelle erfolgen aufgrund Entscheidung des Rechtspflegers, da dieser nach Eröffnung des Insolvenzverfahrens funktionell für die Bearbeitung des Verfahrens und insbesondere die Beurkundung der Erklärungen in der Insolvenztabelle beim Insolvenzgericht zuständig ist (§ 18 RPflG). Lehnt der Rechtspfleger eine Berichtigung oder Ergänzung der Insolvenztabelle ab, so kann gegen die Entscheidung die Erinnerung nach § 11 Abs. 2 Satz 1 RPflG eingelegt werden. Hilft der Rechtspfleger der Erinnerung nicht ab, über die der Insolvenzrichter nach Vorlage durch den Rechtspfleger abschließend entscheidet. Ein weiteres Rechtsmittel ist nicht möglich.[67]

121 **Hinweis:** Rechtspfleger und Richter sind jeweils sachlich unabhängig und vertreten zu einem Sachverhalt u. U. unterschiedliche Auffassungen.

I. Korrektur unrichtiger Eintragungen

122 Unrichtige Eintragungen in die Insolvenztabelle können jederzeit sowohl **von Amts wegen** als auch **auf Antrag** in entsprechender Anwendung des § 164 ZPO (§ 4 InsO) als **Protokollberichtigung** korrigiert werden.[68]

Beispiele laut BGH:[69]

- Das Gericht hat versehentlich eine bestrittene Forderung als unbestritten eingetragen.
- Ein Widerspruch wurde nicht vermerkt.
- Bei einer im Prüfungsverfahren erörterten und unstreitig gebliebenen Forderung wurde der Feststellungsvermerk vergessen.

---

66) BGH, v. 17.3.2005 – IX ZB 214/04, ZVI 2005, 322; auch wenn der Gesetzgeber diese Entscheidung bei der Änderung durch das (weitere) Gesetz zur Verkürzung der Restschuldbefreiung nicht in die InsO aufgenommen hat, ist trotzdem nicht ersichtlich, dass dies bewusst geschehen ist bzw. er der Rechtsauffassung nicht folgen wollte. Die Entscheidung dürfte daher weiterhin anwendbar sein.

67) BGH, v. 16.7.2020 – IX ZB 14/19, ZVI 2020, 388.

68) BGH, v. 29.9.2011 – IX ZA 74/11 Rn. 7, juris; BGH, v. 16.7.2020 – IX ZB 14/19 Rn. 5, ZVI 2020, 388.

69) BGH, v. 24.11.2016 – IX ZB 4/15 Rn. 8, ZVI 2017, 104.

Praxishinweis:

Eine Korrektur auf Antrag des Insolvenzverwalters ist beispielsweise möglich, wenn versehentlich ein falscher Forderungsbetrag in die Insolvenztabelle aufgenommen wurde. Auch hier handelt es sich um eine unrichtige Eintragung, welche allerdings durch sorgfältiges Arbeiten und die hoffentlich durchgeführte Prüfung der Tabelle im Vier-Augen-Prinzip vermieden werden sollte.

Ein weiteres Beispiel für eine unrichtige Eintragung in die Insolvenztabelle zeigt 123
eine andere Entscheidung des BGH:[70] Eine Forderungsanmeldung wurde ohne die in der Anmeldung enthaltene rechtliche Qualifizierung „aus vorsätzlich begangener unerlaubter Handlung" in die Tabelle eingetragen. Dies wurde erst nach Aufhebung des Verfahrens und Ablauf der Abtretungsfrist bemerkt. Der Berichtigungsantrag wurde durch das Insolvenzgericht zurückgewiesen.

Der BGH entschied jedoch hierzu, dass die **Berichtigung auch noch nach Beendigung des Insolvenzverfahrens** zulässig ist: Nicht zuletzt im Hinblick auf die Vollstreckungswirkung des Tabelleneintrags (§ 201 Abs. 2 InsO) besteht ein ausreichendes Bedürfnis für eine Tabellenberichtigung nach Abschluss des Verfahrens.[71]

Praxishinweis:

Werden Fehler in der Tabelle bemerkt, sollten diese stets unverzüglich dem Insolvenzgericht mitgeteilt werden, das dann von Amts wegen tätig wird. Wenn eine rechtsmittelfähige Entscheidung des Rechtspflegers erfolgen soll, ist dagegen ein ausdrücklicher Antrag erforderlich.

J. Rechtsnachfolge und Gläubigerwechsel

Eine **Rechtsnachfolge** oder ein Wechsel des Gläubigers ergibt sich im Verlauf 124
des Insolvenzverfahrens häufig nach Anmeldung und Prüfung der Forderung und wird dann durch den ursprünglichen und/oder neuen Gläubiger mitgeteilt.

Die Mitteilungen erfüllen regelmäßig die Anforderungen an eine **Abtretungs-** 125
anzeige (§ 409 BGB). Zeigt der Gläubiger dem Insolvenzverwalter an, dass er die Forderung abgetreten hat, muss er die angezeigte Abtretung gegen sich gelten lassen, auch wenn sie tatsächlich nicht erfolgt oder nicht wirksam ist. Dies gilt auch, wenn der Gläubiger eine Urkunde über die Abtretung dem in der Urkunde bezeichneten neuen Gläubiger ausgestellt hat und dieser sie dem Insolvenzverwalter vorlegt. Diese Wirkungen erleichtern die Prüfung der Rechtsnachfolge, weil an den Nachweis keine besonderen Anforderungen zu stellen sind.

70) BGH, v. 29.9.2011 – IX ZA 74/11, ZInsO 2011, 2278.

71) BGH, 16.7.2020 – IX ZB 14/19 Rn. 7, ZVI 2020, 388.

126 Es stellt sich stets die Frage, ob der **Gläubigerwechsel** als solcher in der Tabelle erfasst werden kann oder ob es einer Neuanmeldung durch den Rechtsnachfolger bedarf.

Da der Wechsel des Forderungsgrundes regelmäßig einer Neuanmeldung bedarf,[72] ist auch im Falle der Rechtsnachfolge einer Neuanmeldung der Vorzug zu geben.

127 Es sind jedoch zwei Fälle zu unterscheiden:

1. Die Forderung ist noch **nicht festgestellt**, da ein Widerspruch erhoben wurde:

   Für den „neuen" Gläubiger besteht die Möglichkeit, die Forderung im eigenen Namen erneut zur Insolvenztabelle anzumelden. Die Anmeldung des ursprünglichen Gläubigers bleibt bestritten und wird bei einer Verteilung nicht berücksichtigt.

2. Die Forderung wurde bereits im Prüfungstermin **festgestellt**:

   Die Feststellung wirkt wie ein rechtskräftiges Urteil gegenüber dem Insolvenzverwalter und allen Insolvenzgläubigern (§ 178 Abs. 3 InsO). Der Gläubiger nimmt an der Verteilung teil und ist zum Empfang der Quote berechtigt. Eine Anmeldung des Rechtsnachfolgers würde zu einer Doppelanmeldung und bei Feststellung der Forderung zu einer Doppelberücksichtigung führen.

128 Nach Beendigung des Verfahrens könnte der Gläubiger u. U. die Zwangsvollstreckung aus einem vollstreckbaren Tabellenauszug gegen den Schuldner betreiben.

Bei einem Gläubigerwechsel nach Feststellung der Forderung zur Tabelle hat diese rechtliche Position des Gläubigers Konsequenzen:

Zur **Umschreibung der Insolvenztabelle** als Vollstreckungstitel ist ein formelles Verfahren gem. §§ 727, 731 ZPO auf Klauselumschreibung durchzuführen.[73]

129 Dieses formelle Verfahren ist jedoch erst **nach** Aufhebung des Verfahrens zu beachten, da ein Antrag auf Erteilung einer vollstreckbaren Ausfertigung eines Tabellenauszuges durch den Gläubiger erst nach Aufhebung des Insolvenzverfahrens gestellt werden kann (§ 201 Abs. 2 InsO).

130 Für die **Berücksichtigung** des „neuen" Gläubigers **bei einer Verteilung** genügt dagegen der Vermerk des nunmehr materiell Berechtigten als Gläubiger

72) BGH, v. 22.1.2009 – IX ZR 3/08, 2. Leitsatz, ZVI 2009, 105.

73) AG Köln, Beschl. v. 8.1.2016 – 71 IN 20/13, ZVI 2016, 248; Anm. *Schmerbach*, InsbürO 2016, 164; AG Düsseldorf, Beschl. v. 18.4.2018 – 502 IN 175/09, NRWE (Rechtsprechungsdatenbank NRW).

in der Software des Insolvenzverwalters, da es sich um einen Parteiwechsel während des Verfahrens handelt.[74)]

Praxishinweis:

Ein Gläubigerwechsel sollte dem Gericht stets spätestens mit weiteren Berichtigungen der Insolvenztabelle mitgeteilt werden. Es sollte zudem der Hinweis erfolgen, dass der Rechtsnachfolger bei Verteilungen berücksichtigt wird. Es bleibt dem Gericht überlassen, wie es bzgl. des Gläubigerwechsels in der Insolvenztabelle verfährt.

Leitlinie AG München (Anhang II.5.):

Rein informatorische Mitteilungen von Gläubigern, wie z. B. Abtretungsanzeigen, Wechsel des Verfahrensbevollmächtigten, Anschriftenänderung oder Änderung der Gläubigerbezeichnung sollen dem Gericht nur zur Kenntnis übersandt werden. Eine Berichtigung der Insolvenztabelle **ist** insoweit **nicht zu beantragen**.

Auf Abtretungen/Änderungen ist bei Vorlage der Verteilungsberichte gesondert hinzuweisen.

Beantragt der Gläubiger **gegenüber dem Insolvenzgericht** die Berichtigung bzw. Umschreibung der **Insolvenztabelle** und erfüllt die Voraussetzungen des § 727 ZPO, wird der Rechtsnachfolger spätestens nach Aufhebung des Verfahrens auch in der Insolvenztabelle erfasst und ihm kann ein vollstreckbarer Tabellenauszug erteilt werden. **131**

K. Nachträgliche Prüfungstermine

Verspätete eingehende Forderungsanmeldungen müssen spätestens zum Abschluss des Insolvenzverfahrens, in einem **besonderen Prüfungstermin** geprüft werden oder es muss die Prüfung im schriftlichen Verfahren angeordnet werden, § 177 Abs. 1 Satz 2 InsO. **132**

Praxishinweis:

„Wer zu spät kommt, den bestraft die Anmeldefrist."

Die Anmeldefrist im Insolvenzverfahren ist zwar keine Ausschlussfrist, aber Gläubiger, die nach Ablauf der Anmeldefrist anmelden, nehmen trotzdem Nachteile in Kauf. Verspätet anmeldende Gläubiger haben z. B. **keinen Anspruch auf zeitnahe Bestimmung eines nachträglichen Prüfungstermins**.[75)] Es kann hilfreich sein, diese darauf hinzuweisen, um insbesondere auch Nachfragen beim Insolvenzgericht zu verhindern.

Seitens der Insolvenzgerichte bestehen unterschiedliche Anforderungen, wann nachträgliche Anmeldungen zu prüfen sind. Teilweise wird bevorzugt, in regelmäßigen Abständen nachträgliche Prüfungstermine zu bestimmen. Andere Gerichte stellen die nachträgliche Prüfung bis zum Verfahrensabschluss zu- **133**

74) AG Düsseldorf, Beschl. v. 18.4.2018 – 502 IN 175/09, juris; Anm. *Deppe*, InsbürO 2019, 155.

75) LG Würzburg, Beschl. v. 4.3.2020 – 3 T 344/20, NZI 2020, 421.

rück. Die GOI[76] sehen in Grundsatz 63 eine **Aktualisierung der gerichtlich geprüften Forderungen zu jedem Zwischenbericht** vor.[77]

Leitlinien AG Köln (Anhang II.3.):

Nachträgliche Forderungsanmeldungen und Tabellenberichtigungen sind dem Gericht fortlaufend ab einer Anzahl von etwa fünf Berichtigungen, jedenfalls aber 1x pro Jahr, vorzulegen. […]

Die Anregung eines nachträglichen Prüfungstermins soll **nicht** zusammen mit dem Schlussbericht eingereicht werden, sondern vorab mit einem gesonderten Schreiben. In diesem Schreiben kann ggf. auf die Abschlussreife des Verfahrens hingewiesen werden, um dies ggf. bei den Terminierungen zu berücksichtigen.

134 Die Übermittlung der nachträglichen Forderungsanmeldungen zur Bestimmung eines besonderen Prüfungstermins sollte grundsätzlich auf die jeweiligen Wünsche des Gerichts Rücksicht genommen werden. Zu beachten ist jedoch, dass das Insolvenzverfahren beschleunigt durchzuführen ist. Soweit Gerichte die Auffassung vertreten, dass die Prüfung der nachträglichen Forderungsanmeldungen zusammen mit dem Schlusstermin erfolgen kann, sollte entsprechend verfahren und der Schlussbericht bereits zusammen mit den nachträglichen Forderungsanmeldungen an das Gericht übermittelt werden. Sind keine weiteren Maßnahmen mehr zu treffen, darf die Forderungsprüfung den Verfahrensabschluss nicht verzögern.[78]

135 Nach dem Schlusstermin eingegangene Forderungsanmeldungen können nach h. M. in der Literatur nicht mehr geprüft werden. Es gibt aber auch Rechtspfleger, die für die nach dem Schlusstermin eingegangene Forderungsanmeldungen noch einen Prüfungstermin bestimmen, damit die Gläubiger bei Feststellung der Forderung u. U. nach Aufhebung des Verfahrens aus der Tabelle vollstrecken können oder berechtigt sind, einen Antrag auf Versagung der Restschuldbefreiung in der Wohlverhaltensphase zu stellen.[79]

Praxishinweis:

Das Gericht entscheidet! Gehen nach dem Schlusstermin noch Forderungsanmeldungen ein sollten diese unverzüglich an das Insolvenzgericht weitergeleitet werden, damit dies entscheiden kann, ob noch eine Prüfung erfolgen soll.

136 Für die Anmeldung einer Forderung als von der Restschuldbefreiung ausgenommene Forderung hat die Rechtsprechung besondere Grundsätze entwickelt.

---

76) Grundsätze ordnungsgemäßer Insolvenz- und Eigenverwaltung, Berufsregeln des VID – Verband der Insolvenzverwalter und Sachwalter Deutschlands e. V., Anhang I.3.

77) So auch das AG Ludwigshafen in seinen Leitlinien: „Mit den Sachstandsberichten sollen auch neue Forderungsanmeldungen und Berichtigungen mitgeteilt werden."

78) LG Münster, Beschl. v. 26.1.2024 – 5 T 533/23 Rn. 18, NZI 2024, 854; siehe auch zur Kürzung der Auslagenpauschale für den Zeitraum, über den der Verwalter das Verfahren ohne sachlichen Grund verzögert hat.

79) Versagungsanträge können alle Gläubiger stellen, die Forderungen im Insolvenzverfahren angemeldet haben, auch wenn sie nicht an der Schlussverteilung teilnehmen, BGH, v. 8.10.2009 – IX ZB 257/08, ZVI 2010, 30.

Die Anmeldung der Delikteigenschaft muss bis spätestens zum Schlusstermin bzw. Schlussterminstichtag im schriftlichen Verfahren erfolgen.[80] Dauert das Insolvenzverfahren über die Laufzeit der Abtretungserklärung hinaus an – sogenannte „asymmetrische Verfahren" – ist eine Anmeldung einer Deliktforderung als von der Restschuldbefreiung ausgenommene Forderung nach Ablauf der Abtretungsfrist ausgeschlossen.[81]

> **Praxishinweis:**
>
> Auch hier entscheidet das Insolvenzgericht. Verspätete Anmeldungen sind an das Insolvenzgericht weiterzuleiten, damit dies entscheiden kann, ob noch eine Prüfung erfolgen soll oder nicht.

Welche Unterlagen bei Beantragung bzw. Anregung eines nachträglichen Prüfungstermins beim Insolvenzgericht einzureichen sind, ist ebenso von den jeweiligen gerichtlichen Anforderungen abhängig und entspricht im Wesentlichen den Anforderungen bei Niederlegung der Insolvenztabelle gem. § 175 InsO, siehe → Rn. 46 ff. 137

Seitens des Insolvenzgerichts ergeht ein Beschluss über die **Bestimmung eines nachträglichen Prüfungstermins**, der öffentlich bekannt gemacht wird. Auch der nachträgliche Prüfungstermin wird im Regelfall im schriftlichen Verfahren durchgeführt. Durch das Insolvenzgericht wird dann eine Widerspruchsfrist bzw. ein Prüfungsstichtag bestimmt (§ 177 Abs. 1 InsO). Zu dem Termin sind die Insolvenzgläubiger, **die eine Forderung angemeldet haben**, der Verwalter und der Schuldner besonders zu laden (§ 177 Abs. 3 Satz 2 InsO). 138

Die „Ladung" der Insolvenzgläubiger erfolgt durch Zustellung des Beschlusses. Auch diese Zustellung wird gem. § 8 Abs. 3 InsO von vielen Gerichten dem Insolvenzverwalter übertragen. 139

> **Praxishinweis:**
>
> Bei Übertragung der Zustellung ist stets zu prüfen, an welche Gläubiger der Beschluss zugestellt werden soll. Die Gerichte beschränken die „Ladung" überwiegend auf die Gläubiger, die eine Forderung **nachträglich** angemeldet haben und nicht an alle Insolvenzgläubiger, die eine Forderung zur Tabelle angemeldet haben.
>
> Die Übersendung des Beschlusses erfolgt regelmäßig mit einem entsprechenden Musteranschreiben. Von vielen Insolvenzgerichten wird dem Insolvenzverwalter aufgegeben, die Gläubiger auch über die fällig werdenden Gerichtskosten für die nachträgliche Prüfung zu informieren. Die Gerichtskosten betragen aktuell 24,00 €[82] und sind nach Anforderung von den nicht gebührenbefreiten Gläubigern an die jeweilige Landeskasse zu zahlen.

---

80) BGH, v. 19.12.2019 – IX ZR 53/18, ZVI 2020, 96.

81) BGH, v. 7.5.2013 – IX ZR 151/12, ZVI 2013, 364.

82) Nr. 2340 des Kostenverzeichnisses zum GKG (bis zum 31.5.2025 betrugen die Gerichtskosten 22,00 €. Eine Änderung erfolgte mit Kosten- und Betreuungsvergütungsrechtsänderungsgesetz 2025 vom 7.4.2025 zum 1.6.2025, BGBl I Nr. 109 vom 10.4.2025.

Leitlinie AG München (Anhang II.5.):

Das Insolvenzgericht München möchte dagegen keinen Hinweis auf die Gerichtskosten: „Im Falle von Zustellungen an Gläubiger aufgrund eines besonderen Prüfungstermins sind Hinweise auf Nr. 2340 KVGKG wegen drohender Doppelzahlungen sowie vom Gericht zu prüfender Kostenerlasse **nicht** beizufügen; es sei denn, es erfolgt ein ausdrücklicher Auftrag."

140 Das Gericht erhält – bei **Zustellungen durch Aufgabe zur Post** – unverzüglich einen Nachweis, wann und an welche Gläubiger der Beschluss durch Aufgabe zur Post übersandt wurde, → Rn. 15.

141 **Hinweis:** Sofern die **Zustellungen elektronisch nach Maßgabe von § 8 Abs. 3 Satz 3 InsO i. V. m. § 173 ZPO** erfolgen, hat der Insolvenzverwalter die Zustellnachweise zu den (seinen) Akten zu nehmen und einen Vermerk über die erfolgte Zustellung **mit dem Zeitpunkt der Zustellung und mit der genutzten Adresse** des Zustellungsadressaten unverzüglich zu den Gerichtsakten zu reichen, → Rn. 16.

L. Nachrangige Forderungen

142 **Forderungen nachrangiger Gläubiger (§ 39 InsO)** sind gem. § 174 Abs. 3 InsO nur dann anzumelden, soweit das Insolvenzgericht besonders zur Anmeldung dieser Forderungen auffordert.[83] Werden nachrangige Insolvenzforderungen als Forderungen im Rang des § 38 InsO angemeldet, sind diese in die Insolvenztabelle aufzunehmen und aufgrund des Nachrangs zu bestreiten.[84] Das Gericht ist hierüber nicht besonders zu informieren. Es ist insbesondere nicht Aufgabe des Gerichts über den Nachrang zu entscheiden oder die Forderungsanmeldung als unzulässig zurückzuweisen. Bei der Feststellung des Nachrangs handelt es sich um eine inhaltliche nicht formelle Prüfung der Forderungsanmeldung.[85]

143 In der Regel erfolgt eine entsprechende Aufforderung zur Anmeldung nachrangiger Forderungen erst nach Mitteilung des Insolvenzverwalters, sobald im Verfahren absehbar ist, dass die Forderungen gem. § 38 InsO in voller Höhe befriedigt werden können.[86]

83) *Häger/Strohbecke*, Die rechtliche Situation des Nachranggläubigers im Insolvenzverfahren, ZInsO 2023, 599,

84) LG Waldshut-Tiengen, v. 26.1.2005 – 1 T 172/03, ZVI 2005, 217; streitig – a. A. *Häger/Strohbecke*, Die rechtliche Situation des Nachranggläubigers im Insolvenzverfahren, ZInsO 2023, 599, unter Bezugnahme auf BeckOK InsO/*Zenker*, § 174 Rn. 32.

85) a. A. AG Münster, v. 10.8.2017 – 77 IN 24/17, ZIP 2017, 2493 = NZI 2017, 807: Prüfungskompetenz des Insolvenzgerichts; dagegen Anm. zu AG Münster, *Kortleben*, ZInsO 2017, 2726.

86) *Geißler*, Rechtsprobleme bei der sofortigen Aufforderung zur Anmeldung nachrangiger Insolvenzforderungen, InsbürO 2020, 104.

Praxishinweis:

Der Insolvenzverwalter sollte daher grundsätzlich durch gesondertes Schreiben oder im Rahmen der turnusmäßigen Berichterstattung auf das (voraussichtliche) Erreichen einer **100 %-Quote** hinweisen und den Erlass eines entsprechenden gerichtlichen Beschlusses anregen.

Es ist aber sinnvoll, zuvor eine Abschlagsverteilung (→ Rn. 146) mit einer 100 % Quote auf die Insolvenzgläubiger im Rang des § 38 InsO durchzuführen und erst dann die Gläubiger nachrangiger Forderungen, zur Anmeldung ihrer Forderungen auffordern zu lassen, insbesondere weil dann erst der Zeitpunkt des Endes der seit Eröffnung laufenden Zinsen, § 39 Abs. 1 Satz 1 Nr. 1 InsO, feststeht.

Das Insolvenzgericht fordert durch Beschluss zur Anmeldung der nachran- 144
gigen Forderungen auf, § 174 Abs. 3 InsO. Im Beschluss wird neben einer Anmeldefrist (§ 177 Abs. 2 InsO) auch ein Prüfungstermin bestimmt, welcher regelmäßig im schriftlichen Verfahren stattfindet. Aus der Anmeldefrist und Prüfungstermin ergibt sich der Zeitpunkt der Niederlegung der Insolvenztabelle bezüglich der Forderungen gem. § 39 InsO (→ Rn. 6). Entsprechende Fristen sind im Verwalterbüro zu notieren.

Praxishinweis:

Mit der Zustellung des Beschlusses an die Gläubiger wird i. d. R. der Insolvenzverwalter beauftragt. Ob an alle im Verfahren bekannt gewordenen Insolvenzgläubiger oder nur an die Gläubiger, die bereits Forderungen gem. § 38 InsO angemeldet haben, zuzustellen ist, wird von den Insolvenzgerichten unterschiedlich beurteilt. Die Insolvenzordnung sieht hierzu keine Regelungen vor. Für die Zustellungsnachweise wird auf die vorstehenden Ausführungen zu nachträglichen Forderungsanmeldungen verwiesen → Rn. 11, 15.

Die eingehenden nachrangigen Forderungsanmeldungen und die Tabelle gem. 145
§ 175 InsO sind fristgerecht beim Insolvenzgericht niederzulegen. Auf die Ausführungen im Kapitel „Niederlegung der Insolvenztabelle“ wird verwiesen, da sich insoweit keine inhaltlichen Unterschiede ergeben → Rn. 6.

M. Abschlagsverteilungen

Eine Abschlagsverteilung kann gem. § 187 Abs. 2 InsO stattfinden, sooft hin- 146
reichende Barmittel in der Insolvenzmasse vorhanden sind. Der erste Prüfungstermin muss stattgefunden haben. Die GOI sehen vor, dass über die Kann-Bestimmung des § 187 Abs. 2 Satz 1 InsO hinaus von Abschlagsverteilungen frühzeitig Gebrauch gemacht werden soll (Grundsatz 64).[87)]

In der Regel wird eine Abschlagsverteilung dann stattfinden, wenn die Verwertung bereits weitgehend abschlossen ist und eine sichere Prognose bezüg-

87) GOI = Grundsätze ordnungsgemäßer Insolvenz- und Eigenverwaltung, Berufsregeln des VID – Verband der Insolvenzverwalter und Sachwalter Deutschlands e. V., Anhang I.3.

lich noch zu erzielender Erlöse sowie noch zu erwartender Masseverbindlichkeiten möglich ist.

147 Insbesondere in Verfahren, in welchem mit einer **Quotenzahlung von 100 %** zu rechnen ist, bietet sich eine Abschlagsverteilung an die Insolvenzgläubiger an, um so die Gläubiger in die Lage zu versetzen, die nachrangigen Forderungen gem. § 39 Abs. 1 Satz 1 Nr. 1 aus Zinsen und Säumniszuschlägen korrekt und vollständig berechnen zu können.

148 Der Insolvenzverwalter muss sicherstellen, dass keine Masse verteilt wird, die noch zur Befriedigung von Masseverbindlichkeiten benötigt wird. Ansonsten läuft er Gefahr, durch Massegläubiger selbst in Haftung genommen zu werden (§ 60 InsO).

149 Eine Genehmigung der beabsichtigten Abschlagsverteilung durch das Insolvenzgericht sieht die Insolvenzordnung nicht vor. Die Höhe der Quote und der Zeitpunkt der Abschlagsverteilung werden vom Insolvenzverwalter – ggf. unter Mitwirkung des Gläubigerausschusses – festgelegt (§ 187 Abs. 3 Satz 2).

Praxishinweis:

Die Zustimmung des Gläubigerausschusses zu einer Abschlagsverteilung gem. § 187 Abs. 3 Satz 2 InsO sollte vorab eingeholt und mit der Anregung auf Bestimmung eines nachträglichen Prüfungstermins dem Gericht übermittelt werden.

150 Die Verteilung findet auf der Grundlage eines speziell für die Abschlagsverteilung angelegten **Verteilungsverzeichnisses** statt.

Das Insolvenzgericht ist – soweit nicht bereits durch die Sachstandberichte erfolgt – unter Vorlage des Verteilungsverzeichnisses über die beabsichtigte Abschlagsverteilung zu informieren.

151 Gem. § 188 InsO ist das Verteilungsverzeichnis zu Einsicht der Beteiligten auf der Geschäftsstelle des Insolvenzgerichts niederzulegen. Die beabsichtigte Verteilung ist öffentlich bekannt zu machen. Die Veröffentlichung setzt die Ausschlussfrist von zwei Wochen gem. § 189 InsO in Gang.

Praxishinweis:

Das Verteilungsverzeichnis ist aufgrund der Vielzahl von personenbezogen Daten aus Gründen des Datenschutzes **nicht** in das Gläubigerinformationssystem einzustellen.[88)]

152 **Einwendungen** von Gläubigern **gegen das Verteilungsverzeichnis** können binnen einer Frist von einer Woche nach Ablauf der Ausschlussfrist des § 189 Abs. 1 InsO gegenüber dem Insolvenzgericht erhoben werden, § 194 Abs. 1 InsO. Erst nach Mitteilung durch das Insolvenzgericht, dass keine Einwen-

88) Regierungsentwurf des Gesetzes zur weiteren Digitalisierung der Justiz, Drucks. 20/10943, S. 64.

dungen erhoben wurden bzw. die erhobenen Einwendungen rechtskräftig zurückgewiesen oder zurückgenommen wurden, darf die Abschlagsverteilung auf Grundlage des niedergelegten Verteilungsverzeichnisses durchgeführt werden. Zum Verfahren bei erfolgreichen Einwendungen siehe → Rn. 166.

Leitlinie AG München (Anhang II.5.):

Sollten Abschlagsverteilungen vorgenommen werden, wird auf die besonderen Fristen gem. §§ 189, 194 Abs. 1 InsO hingewiesen. Die Verteilung ist erst nach gerichtlicher Mitteilung über den Ablauf der Frist nach Veröffentlichung durchzuführen und anschließend zu belegen.

Die erfolgte Ausschüttung ist dem Insolvenzgericht durch Vorlage der entsprechenden Kontobelege und Reports aus der Insolvenzbuchhaltung nachzuweisen. **153**

N. Erstellung des Schluss-/Verteilungsverzeichnisses – Vornahme und Nachweis der Verteilung

Die Schlussverteilung bedarf gem. § 196 InsO der Zustimmung des Insolvenzgerichts. **154**

Die Grundlage für eine **Schlussverteilung** bildet das Schlussverzeichnis, welches zusammen mit dem Schlussbericht sowie aller weiteren relevanten Unterlagen zum Verfahrensabschluss beim Insolvenzgericht eingereicht und gem. § 188 Abs. 2 InsO niedergelegt wird. **155**

Praxishinweis:

Auch das Schlussverzeichnis ist aufgrund der Vielzahl von personenbezogen Daten aus Gründen des Datenschutzes nicht in das Gläubigerinformationssystem einzustellen.[89)]

Durch das Insolvenzgericht erfolgt die Bestimmung eines Schlusstermins bzw. einer abschließenden Gläubigerversammlung, § 197 Abs. 1 InsO. Der Schlusstermin dient der Erörterung der Schlussrechnung des Insolvenzverwalters, zur Erhebung von Einwendungen gegen das Schlussverzeichnis und zur Entscheidung der Gläubiger über ggf. nicht verwertbarer Gegenstände der Insolvenzmasse. **156**

Mit der **Zustimmung zur Schlussverteilung** bestimmt das Insolvenzgericht den Schlusstermin. **157**

Mit Zustimmung zur Schlussverteilung erfolgt durch das Insolvenzgericht auch die **Veröffentlichung gem. § 188 InsO** der Summe der Forderungen und des für die Verteilung verfügbaren Betrages im Justizportal unter www.insolvenzbekanntmachungen.de. **158**

---

89) Regierungsentwurf des Gesetzes zur weiteren Digitalisierung der Justiz, Drucks. 20/10943, S. 64.

Hinsichtlich der im Rahmen des § 188 InsO vorgesehenen Anzeige der Beträge durch den Verwalter sind wieder unterschiedliche gerichtliche Anforderungen zu berücksichtigen:

Option 1:

Das Insolvenzgericht nimmt die Veröffentlichung gem. § 188 InsO eigenständig anhand der sich aus dem Schlussbericht und dem Schlussverzeichnis ergebenden Informationen vor.

Option 2:

Zu den Anforderungen des Insolvenzgerichts gehört es, dass bereits mit Einreichung der Unterlagen zum Verfahrensabschluss ein vorgefertigter Veröffentlichungstext zu den Gerichtsakten gereicht wird.

Option 3:

Das Insolvenzgericht fordert den Insolvenzverwalter vor oder bei Bestimmung des Schlusstermins auf, die Höhe der zu berücksichtigenden Forderungen und des zur Verteilung an die Insolvenzgläubiger zur Verfügung stehenden Betrages mitzuteilen. Die Übersendung eines entsprechend vorgefertigten Veröffentlichungstextes erfolgt – je nach gerichtlicher Anforderung – per E-Mail oder durch Übersendung auf sicherem Übermittlungsweg, als Word-Datei oder PDF-Dokument.

Leitlinie Amtsgericht Köln (Anhang II.3.):

Dem Schlussbericht soll eine tabellarische Übersicht beigefügt werden, die die Verfahrensergebnisse zusammenfasst. Folgende Angaben sollten enthalten sein: Massebestand, Quote, Art der Verfahrensbeendigung, ggf. anzuordnende Nachtragsverteilung, Angaben gem. § 188 InsO.

Leitlinie AG München (Anhang II.5.):

Veröffentlichungstexte betreffend **§ 188 InsO** sind innerhalb der mitgeteilten Fristen **ausschließlich** per E-Mail zu übermitteln an: INSOLVENZ-TAB-KANZLEI@ag-m.bayern.de

In der Betreffzeile soll dabei **nur** das Gerichtsaktenzeichen angegeben werden!

159 Die Veröffentlichung setzt mit Wirksamwerden nach Ablauf von zwei weiteren Tagen (§ 9 Abs. 1 Satz 3 InsO) für die Insolvenzgläubiger und den Insolvenzverwalter wichtige Fristen in Gang. Binnen einer **Ausschlussfrist** von zwei Wochen greifen die Regelungen der **§§ 189 Abs. 1 und 190 Abs. 1 InsO**.

> **Praxishinweis:**
>
> Der zweite Tag nach der Veröffentlichung muss ein Werktag sein, sonst wird die Veröffentlichung erst mit Ablauf des nächsten Werktages wirksam gem. § 4 InsO i. V. m. § 222 Abs. 2 ZPO.[90] Auch der Ablauf der Ausschlussfrist muss ein Werktag sein, sonst verlängert sich die Frist bis zum nächsten Werktag.

Gläubiger bestrittener Forderungen können innerhalb der Ausschlussfrist dem Insolvenzverwalter nachweisen, dass **Feststellungsklage** erhoben wurde. Hierzu ist neben dem Nachweis des Eingangs der Klage beim Gericht auch der Nachweis der Zahlung des Kostenvorschusses notwendig.[91] **160**

Ob das Nachreichen von Belegen und anspruchsbegründenden Unterlagen in diesem Zeitraum noch zu einer Aufnahme der **bestrittenen Forderung** im Verteilungsverzeichnis führt, ist streitig.[92] Erkennt der Verwalter aufgrund innerhalb der Frist nachgereichter Belege die Forderung nachträglich an, muss er entscheiden, ob er die Forderung nachträglich in das Verteilungsverzeichnis aufnimmt und dem Gericht ein entsprechend korrigiertes Verzeichnis übermittelt. **161**

> **Praxishinweis:**
>
> Wir die Forderung trotz Rücknahmen des Widerspruchs des Insolvenzverwalters aufgrund der nachgereichten Belege nicht in das Verteilungsverzeichnis aufgenommen, sollte der Gläubiger darauf und auf die Möglichkeit, Einwendungen bei Gericht zu erheben, hingewiesen werden → Rn. 166.
>
> Ggf. sollte dann auch das Gericht „vorgewarnt werden" und bereits begründet werden, warum keine Änderung des Verteilungsverzeichnisses erfolgt ist, damit der Rechtspfleger dies bei seiner Entscheidung berücksichtigen kann.

Absonderungsberechtigte Gläubiger haben innerhalb der Ausschlussfrist noch die Möglichkeit, den Nachweis ihres Ausfalls zu erbringen oder auf ihr Absonderungsrecht zu verzichten. **162**

Bezüglich der **aufschiebend bedingt festgestellten Forderungen** gibt es keine gesetzlichen Regelungen. Ein Eintritt der Bedingung führt jedoch zur endgültigen Berücksichtigung der Forderung bei der Verteilung (statt die Quote zurückzubehalten, § 191 InsO). **163**

Nach Niederlegung des Verteilungsverzeichnisses und Wirksamwerden der Veröffentlichung beim Insolvenzverwalter eingehende nachträgliche Forderungsanmeldungen können zwar noch in die Insolvenztabelle aufgenommen und ggf. im Rahmen des Schlusstermins oder eines noch anzuberaumenden **164**

---

90) BGH, v. 14.11.2013 – IX ZB 101/11 Rn. 13, ZVI 2014, 78.

91) BGH, v. 13.9.2012 – IX ZB 143/11, 2. Leitsatz, ZVI 2013, 28.

92) LG Krefeld, Beschl. v. 9.2.2011 – 7 T 23/11, juris, unter Bezugnahme auf BGH, v. 22.3.2007 – IX ZB 8/05; a. A. AG Göttingen, Beschl. v. 9.9.2009 – 74 IK 34/07, ZVI 2010, 31, aus verfahrensökonomischen Gründen, siehe Anm. *Schmerbach* zu LG Krefeld, InsbürO 2011, 233.

nachträglichen Prüfungstermins geprüft werden, sie werden jedoch nicht mehr in das Verteilungsverzeichnis aufgenommen.[93)]

Richtlinien AG Hannover:[94)]

4.9.1. Wenn nach Einreichung der Schlussunterlagen weitere Forderungsanmeldungen eingehen, ist das Insolvenzgericht unverzüglich darüber zu informieren.

4.9.2. § 193 InsO [Änderungen des Verteilungsverzeichnisses] ist zwingend zu beachten.

4.9.3. Falls die Veröffentlichung gem. § 188 InsO durch das Gericht bereits erfolgt ist, erfolgt keine erneute Veröffentlichung.

Anforderungen AG Heilbronn:

Nachträgliche Forderungsanmeldungen, welche **nach Einreichung der Schlussrechnungsunterlagen** bei der Insolvenzverwaltung eingehen, sind unverzüglich an das Gericht weiterzuleiten. Die Aufnahme in das Schlussverzeichnis erfolgt nur dann, wenn die Veröffentlichung und Niederlegung des Schlussverzeichnisses noch nicht erfolgt ist, vgl. BGH, Beschl. v. 22.3.2007 – IX ZB 8/05.

165 Etwaig notwendig werdende Änderungen des Verteilungsverzeichnisses sind seitens des Insolvenzverwalters gem. § 193 InsO binnen drei Tagen nach Ablauf der in § 189 Abs. 1 InsO geregelten Frist vorzunehmen. Eine erneute Niederlegung des Verteilungsverzeichnisses innerhalb dieser Frist beim Insolvenzgericht ist gesetzlich nicht ausdrücklich geregelt, jedoch üblich und sinnvoll, damit evtl. Einwendungen im Schlusstermin bzw. bis zum Schlussterminstichtag erhoben werden können. Eine erneute Veröffentlichung erfolgt nicht.

Praxishinweis:

Der Zeitraum zwischen Veröffentlichung gem. § 188 InsO und Ablauf der Ausschlussfristen gem. §§ 189, 190 InsO ist für die Verwalterkanzleien besonders risikobehaftet. Jedes eingehende Dokument, welches ggf. zu einer Änderung des Verteilungsverzeichnisses führen kann, muss im Blick behalten werden. Ggf. werden kurzfristig Abstimmungen mit dem jeweiligen Gläubiger oder dem Insolvenzgericht – z. B. zu einem weiteren Prüfungstermin – notwendig. Die entsprechenden Fristen sollten daher notiert und überwacht werden.

166 Für die Insolvenzgläubiger besteht die Möglichkeit, **Einwendungen gegen das Verteilungsverzeichnis/Schlussverzeichnis** gem. § 197 Abs. 1 Nr. 2 InsO im Schlusstermin bzw. bis zum Stichtag im schriftlichen Verfahren zu erheben. Mögliche Gründe für Einwendungen können z. B. die Nichtaufnahme der eigenen Forderung, eine unberechtigte Aufnahme anderer Gläubiger oder eine nicht erfolgte Gleichstellung aufgrund früherer Abschlagsverteilungen sein.

---

93) BGH, v. 22.3.2007 – IX ZB 8/05, ZVI 2007, 267.

94) https://amtsgericht-hannover.niedersachsen.de/startseite/service/downloads/downloads-63611.html.

Über die Einwendungen ist seitens des Insolvenzgerichts durch Beschluss zu entscheiden, § 197 Abs. 3 InsO i. V. m. § 194 Abs. 2 und 3 InsO. Wird der Einwendung des Gläubigers stattgegeben, muss das Verteilungsverzeichnis ggf. erneut geändert werden. Die Entscheidung des Gerichts ist auf der Geschäftsstelle zur Einsicht der Beteiligten niederzulegen, § 194 Abs. 3 Satz 1 InsO. Verwalter und Insolvenzgläubiger steht gegen den Beschluss die sofortige Beschwerde zu. 167

Eine **Verteilung der Insolvenzmasse** erfolgt erst nach dem Schlusstermin und – soweit Einwendungen erhoben wurden – nach Bestätigung der Rechtskraft des Beschlusses, mit dem über die Einwendung durch das Gericht entschieden wurde. 168

Praxishinweis:

Das Protokoll bzw. die Niederschrift bezüglich des Schlusstermins sollte seitens des Verwalterbüros zwingend abgewartet werden, um sicher zu sein, dass keine Einwendungen gegen das Schlussverzeichnis erhoben wurden.

Teilweise wünschen die Gerichte Aufnahme von Vertretern als Zahlungsempfängern, um Ausschüttungen prüfen zu können. 169

Leitlinie AG München (Anhang II.5.):

Sowohl in die **Schluss-** als auch in die **Verteilungsverzeichnisse** sind diejenigen Gläubigervertreter mit aufzunehmen, die anstelle des Gläubigers **Zahlungsempfänger** sind. Andernfalls kann die korrekte Verteilung nicht bzw. nur wesentlich erschwert geprüft werden. Auf Abtretungen/Änderungen ist bei Vorlage der Verteilungsberichte gesondert hinzuweisen

Richtlinien AG Hannover:[95]

Für jede Verteilung ist dem Gericht ein Verteilungsverzeichnis einzureichen. Dieses ist Bestandteil des Berichts und nicht den Belegen beizufügen.

Im Anschluss an die Schlussverteilung ist dem Gericht zu berichten und die Nullstellung des Insolvenzsonderkontos nachzuweisen.

Leitlinie AG München (Anhang II.5.):

Dem Bericht über die Verteilung der Insolvenzmasse ist eine lückenlos fortgeführte Rechnungslegung mit Belegen für den Zeitraum ab Einreichung der Schlussunterlagen beizufügen. Es ist darauf zu achten, dass ggf. veranlasste Sammelüberweisungen bankseitig aufgeschlüsselt werden.

Leitlinie AG Köln (Anhang II.3.):

Ist ein Massebestand vorhanden, ist dem Bericht ein Nachweis des aktuellen Bestandes beizufügen. Dies kann durch einen tagesaktuellen (elektronischen) Ausdruck aus der Banksoftware/des Online-Kontos erfolgen. Dies gilt auch für den Nachweis der Nullstellung am Ende des Verfahrens.

---

95) https://amtsgericht-hannover.niedersachsen.de/startseite/service/downloads/downloads-63611.html.

Teil VI Best Practice – Eigenverwaltung

A. Einleitung

1 Das Eigenverwaltungsverfahren ist neben dem Insolvenzplanverfahren der komplexeste Bereich des Insolvenzrechts. Da häufig große Verfahren als Eigenverwaltungsverfahren geführt werden, sind diese Verfahren zumeist auch **wirtschaftlich bedeutend** und manchmal auch sehr **publicityträchtig**. Da dem Gericht ein nicht unerheblicher Gestaltungsspielraum zukommt,[1] steht es in diesem Verfahren im besonderen Maße im Fokus der Verfahrensbeteiligten.

2 Um den Anforderungen des Verfahrens gerecht zu werden, muss auch der Richter tiefgehende Kenntnisse im Bereich der Eigenverwaltung aufweisen und zu einer Kommunikation mit den Verfahrensbeteiligten bereit sein. Diese Anforderungen unterscheiden sich je nach Verfahrensstadium, so dass nachfolgend die vier wesentlichen Phasen der Eigenverwaltung dargestellt werden.

B. Vor dem Eröffnungsverfahren

3 Bei einem gut und vertrauensvoll geführten Eigenverwaltungsverfahren erfolgt der **erste Kontakt** mit dem Gericht nicht erst durch die Antragstellung, sondern bereits im Vorfeld. Der Gesetzesgeber sah sich insoweit sogar veranlasst, in § 10a InsO eine Pflicht des Gerichts zur Führung eines Vorgesprächs zu normieren.

I. Vorbereitung des Gesprächs mit dem Gericht

4 Im Rahmen der Beratung des Schuldners stellen sich für den Schuldnervertreter oder die Sanierungsberater die Fragen, wann der beste **Zeitpunkt** für die **Kontaktaufnahme** mit dem Gericht ist und welche Unterlagen zur Verfügung gestellt werden müssen.

5 Der Zeitpunkt für die erste Kontaktaufnahme sollte grundsätzlich **nicht zu früh** gewählt werden. Das Gericht hat nicht die Aufgabe, ein mögliches Sanierungsszenario mitzuentwickeln. Vielmehr soll das **Vorgespräch** dazu dienen, mögliche Weichenstellungen zu klären und auszuloten, welche rechtlichen Konstruktionen vom Gericht mitgetragen werden würden. Eine zu frühe Kontaktaufnahme führt nur zu inhaltslos Gesprächen und trübt möglicherweise die Stimmung zwischen dem Gericht und den an der Sanierung beteiligten Personen. Erforderlich ist daher zumindest, dass die **Schritte**, die im Rahmen des Eigenverwaltungsverfahrens gegangen werden wollen, bereits **im Wesentlichen skizziert** werden können. Das Gericht kann mit den Beteiligten nur fundiert diskutieren, wenn bereits das konkrete Vorgehen abgesteckt ist. Auf eine all-

1) So auch BeckOK InsO/*Madaus*, § 10a Rn. 1.

gemeine Beratung des Ablaufs des Eigenverwaltungsverfahrens besteht kein Anspruch.

6 Die Kontaktaufnahme mit dem Gericht sollte aber auch **nicht zu spät** erfolgen. Soll der Antrag bereits am nächsten Tag eingereicht werden, wird sich dem Richter nicht ohne Weiteres erschließen, warum dann überhaupt noch ein Vorgespräch erfolgen soll. Ein solches Gesprächsverlangen wird das Gericht im Zweifel verärgern. Grundsätzlich ist das Gericht zwar verpflichtet, allein objektiv nach dem Gesetz zu entscheiden. Aufgrund der zahlreichen Bewertungsspielräume, die das Insolvenzverfahren einräumt, kommt dem Gericht aber ein erheblicher Beurteilungsspielraum zu. Auch wenn sich der Richter nicht nach Befindlichkeiten richten darf, ist es nicht auszuschließen, dass die Gefühlsebene mit in die Entscheidung einfließen kann. Insoweit sollten die Schuldnervertreter bemüht sein, eine sachliche Kommunikationsebene mit dem Gericht herzustellen.

7 Das Vorgespräch muss **nicht umfangreich** mit **Unterlagen** vorbereitet werden. Da zum Zeitpunkt des Vorgesprächs nicht gewiss ist, ob es überhaupt zu einer Antragstellung kommt, wird der zuständige Richter zumeist nicht gewillt sein, sich stundenlang in die Unternehmensunterlagen einzuarbeiten.[2)] Dies wird erst nach der Antragstellung erfolgen. Es sollten daher zum Erstgespräch nur solche Unterlagen mitgebracht werden, die für ein allgemeines Verständnis des Verfahrens erforderlich sind. Dies kann z. B. bei umfangreichen Unternehmensverpflechtungen geboten sein, um dem Gericht einen Überblick über die Beteiligungen zu geben.

II. Gespräch mit dem Gericht

1. Kontaktaufnahme

8 Für die Schuldner oder deren Berater stellt sich zu Beginn meist die ganz praktische Frage, wie die Kontaktaufnahme mit dem Gericht erfolgen soll, insbesondere wenn nicht bereits durch frühere Verfahren ein Kontakt hergestellt wurde. Unabhängig von gerichtlichen Besonderheiten gilt der Grundsatz, dass es **niemals** empfehlenswert ist, **unangekündigt** im Gerichtsgebäude – möglicherweise sogar nicht mit einer größeren Delegation – zu erscheinen. Gerade in Zeiten der elektronischen Akte ist es nicht gewährleistet, dass der zuständige Richter auch tatsächlich im Gericht anwesend ist. Ein unangekündigter Besuch verursacht zumeist nur Unruhe im Gericht und endet im schlechtesten Fall damit, dass die Schuldnerdelegation wieder unverrichteter Dinge das Gericht verlassen muss.

9 Generell wichtig zu wissen ist vor einer Kontaktaufnahme, woraus sich die konkrete richterliche Zuständigkeit ergibt. Sind mehr als ein Richter im In-

---

2) Ebenso HmbKomm-InsO/*Frind*/*Morgen*, § 10a Rn. 4; a. A. K. Schmidt-*Stephan*, InsO, § 10a Rn. 5.

solvenzgericht vorhanden und bestimmt sich die Zuständigkeit nicht nach den Anfangsbuchstaben des Schuldners, so wird nach der ersten Kontaktaufnahme zunächst ein sogenanntes **AR-Verfahren** nach dem jeweiligen Turnus des Gerichts eingetragen. Der Turnus ergibt sich aus dem Geschäftsverteilungsplan des Gerichts. Die Abteilung des Richters, der für dieses AR-Verfahren zuständig ist, ist dann auch für das anschließende eigentliche IN-Verfahren zuständig (§ 10a Abs. 3 InsO).[3] Die **Bindung** tritt allerdings nur für **sechs Monate** ein. Wird ein Antrag erst später gestellt, ist turnusgemäß ein neues Verfahren einzutragen.

Aus dieser Kenntnis der Abläufe bei Gericht kann abgeleitet werden, dass es **nicht** sinnvoll ist, den Richter **persönlich** per **E-Mail** oder **Telefon** zu kontaktieren. Da beim ersten Kontaktversuch ohne Eintragung in das AR-Register noch keine Zuständigkeit feststeht, werden die meisten Richter nicht gewillt sein, eine Terminabsprache über ein vorbereitendes Gespräch zu treffen. 10

Es sollte daher über die **Geschäftsstelle** des Gerichts ein **Kontakt** hergestellt werden. Dies kann entweder telefonisch, schriftlich oder in elektronischer Form erfolgen.[4] Da die meisten Insolvenzgerichte mittlerweile mit einer elektronischen Akte ausgestattet sind, ist sichergestellt, dass Bitten um ein Vorgespräch, die über den sicheren Übermittlungsweg übermittelt werden, auch zeitnah das Gericht erreichen und bearbeitet werden. Auf Fax oder allgemeine **E-Mails** sollte eher **verzichtet** werden, da hier nicht sichergestellt ist, dass ein unmittelbarer Eingang in den Geschäftsgang erfolgt. Erfolgt der Kontakt über die allgemeine Nummer oder E-Mail-Adresse des Gerichts kann es eine Zeit dauern, bis das Dokument vom Eingang zur Geschäftsstelle des Insolvenzgerichts gelangt. 11

2. Durchführung des Gesprächs

a) Formeller Rahmen

aa) Räumlichkeiten

Das Gespräch wird in der Regel **im Gericht** stattfinden. Es ist unüblich, dass ein Gespräch in den Räumlichkeiten des Schuldners oder der Schuldnervertreter erfolgt und sich der Richter dorthin begibt. Das Gericht sollte auf solche Vorschläge nicht eingehen, da anderenfalls die **Neutralität** des Gerichts in Frage gestellt werden könnte. Es erzeugt bei den übrigen Verfahrensbeteiligten möglicherweise einen unguten Eindruck, wenn sich das Gericht auf Einladung des Schuldners zu einem Vorgespräch in seine Räumlichkeiten begibt. 12

Das Gericht sollte mit dem Schuldner oder seinem Vertreter abklären, mit wie vielen Beteiligten zu rechnen ist. Erscheint nur der Schuldner ggf. mit seinem 13

---

3) Siehe zum Begriff der Abteilung ausführlich K. Schmidt-*Stephan*, InsO, § 10a Rn. 9; zur Fristberechnung HmbKomm-InsO/*Frind*/*Morgen*, § 10a Rn. 10.

4) Ebenso Kayser/Thole-*Sternal*, InsO, § 10a Rn. 4.

Vertreter, kann das Gespräch im Dienstzimmer geführt werden. Ist hingegen geplant, dass eine ganze Delegation, etwa ein mehrköpfiges Vertretungsorgan, ein Sanierungsberater, ein potentieller neuer Geschäftsführer, erscheinen wird, sollte vorsorglich ein Besprechungsraum organisiert werden.

14 Seit der Pandemie im Jahr 2020 sind die meisten Gerichte auch technisch in der Lage, ein **Gespräch online** durchzuführen. Eine solche Kommunikationsart kann sich anbieten, wenn etwa der Sanierungsberater nicht ortsansässig ist.[5] Insoweit ist es erforderlich, dass sich die Beteiligten im Vorfeld auf eine Kommunikationsplattform einigen. Dazu bietet sich eine webbasierte Plattform an, damit auch sämtliche Beteiligte problemlos daran teilnehmen können (z. B. BDBOS, Webex, Opentalk). Da das Vorgespräch bereits Teil des gerichtlichen Verfahrens ist, sollte die Einladung dazu grundsätzlich vom Gericht erfolgen. Nur im Fall technischer Schwierigkeiten sollte die Organisation einem Beteiligten überlassen werden.

bb) Teilnehmerkreis

15 Zwingende Beteiligte des Vorgesprächs sind der Schuldner bzw. sein Vertreter und der Richter. Auf Seiten des Schuldners ist die Anzahl an potentiell Beteiligten nicht begrenzt. Neben dem Schuldner selbst können **Restrukturierungsberater** und **Rechtsanwälte** auftreten. Das Gericht kann nicht verlangen, dass eine bestimmte Anzahl von Beteiligten nicht überschritten wird.

> **Praxishinweis:**
>
> Sollen mehrere Beteiligte an der Besprechung teilnehmen, sollte der Schuldner das Gericht darüber informieren. So hat der Richter die Möglichkeit, ggf. größere Räumlichkeiten zu organisieren.

16 Auf Seiten des Gerichts wird zumeist der **Richter** alleine auftreten. In sehr großen Verfahren könnte es sich anbieten, dass der Richter beim potentiell zuständigen **Rechtspfleger** anfragt, ob auch dieser teilnehmen will.[6] Dann können in dem Vorgespräch auch Verfahrensfragen besprechen werden, die erst nach der Eröffnung relevant werden. Die Hinzuziehung einer Protokollkraft wird nicht erforderlich sein, da es nicht üblich ist, das mündliche Vorgespräch mit zu protokollieren (vgl. dazu → Rn. 19).

17 Problematisch ist die Frage, ob zu dem Termin ein potentieller **Kandidat** für die **vorläufige Sachwaltung mitgebracht** werden sollte. Dies könnte sinnvoll sein, um potentielle Abläufe im Eröffnungs- und eröffneten Verfahren zu klären. Indes wird der vorläufige Sachwalter bei dem Vorgespräch noch nicht feststehen. Damit das Gericht durch die Anwesenheit nicht zu stark unter Druck gesetzt wird, sollte der potentielle Kandidat in der Regel gebeten werden, an dem Vorgespräch nicht teilzunehmen.

---

5) A. A. *Smid*, ZInsO 2023, 2021, 2024, der darauf drängt, ein Vorortgespräch zu führen.

6) Ebenso *Smid*, ZInsO 2023, 2021, 2022.

> **Praxishinweis:**
>
> Das Insolvenzgericht sollte den potentiellen Insolvenzverwaltern im Bezirk verfahrensunabhängig mitteilen, dass eine Teilnahme von Kandidaten im Vorgespräch grundsätzlich nicht gewünscht ist.

Soweit davon ausgegangen wird, dass zu dem Gespräch auch ein **Sachverständiger** hinzugezogen werden könnte oder ggf. im Nachgang die Unterlagen prüfen sollte,[7)] kann dem nicht gefolgt werden. Das Gespräch soll nur der Vorbereitung des Antrags dienen. Ob es zu einem Verfahren kommt, kann nicht vorhergesagt werden. Dementsprechend sind auch keine Gerichtskosten zu zahlen. Sollte nunmehr ein Sachverständiger eingesetzt werden, würde sich für das Gericht die Frage stellen, wie dieser überhaupt vergütet werden soll. 18

cc) Protokollierung

Umstritten ist, ob gem. § 4 Satz 1 InsO i. V. m. § 159 ZPO ein Protokoll zu führen ist.[8)] **Gegen** eine **Pflicht** zur Protokollierung spricht, dass gerade keine bindenden Absprachen zwischen dem Gericht und den Beteiligten getroffen werden. Durch ein **offizielles Protokoll** würde dem Vorgespräch ein weitaus größeres Gewicht zukommen, als vom Gesetzgeber beabsichtigt. Insoweit sollte lediglich ein interner Vermerk über das Vorgespräch gefertigt werden, damit die Absprachen bei einem Richterwechsel innerhalb der Abteilung nicht verloren gehen.[9)] 19

b) Materieller Inhalt

Das Vorgespräch wird sich in der Regel nur darauf beziehen können, wie der Richter grundsätzlich zu bestimmten **Weichenstellungen** im Verfahren steht. Da mangels Unterlagen und der Unklarheit, ob der Antrag überhaupt eingereicht wird, eine tiefgehende Prüfung des Sachverhalts nicht möglich ist, wird sich der Richter zumeist einer abschließenden Beurteilung enthalten. 20

Besprochen werden sollte zunächst, worin das Ziel der Eigenverwaltung liegt und wie der Schuldner dies grob umrissen erreichen möchte. 21

> **Praxishinweis:**
>
> Sind die Ausführungen in dem Gespräch noch sehr allgemein gehalten, sollte darauf hingewiesen werden, dass die Erwartung besteht, dass die Eigenverwaltungsplanung deutlich detaillierter ausfällt.

Weiter sollte erläutert werden, wie das Gericht zu den Fragen der Einstellung der Zwangsvollstreckung und Verwertungssperren sowie der Begründung von 22

7) Graf-Schlicker-*Krexel*, InsO, § 10a Rn. 5.

8) Dafür BeckOK InsO/*Madaus*, § 10a Rn. 5; *Smid*, ZInsO 2023, 2021, 2024; dagegen HmbKomm-InsO/*Frind*/*Morgen*, § 10a Rn. 12; Kayser/Thole-*Sternal*, InsO, § 10a Rn. 5.

9) Ebenso HmbKomm-InsO/*Frind*/*Morgen*, § 10a Rn. 12.

Masseverbindlichkeiten steht.[10] Da in der Praxis bei den Gerichten unterschiedliche Anforderungen an den Detailgrad für etwaige Anträge dazu besteht, sollte das Gericht die Erwartungen daran konkret formulieren.

Erfahrungsgemäß wird der **Schwerpunkt** des Gesprächs bei der **Person** des potentiellen **vorläufigen Sachwalters** liegen. Für das Gericht wird es dabei wesentlich sein, eine neutrale Person einzusetzen, die ihren Aufsichtspflichten auch nachkommen kann (vgl. dazu → Rn. 145 ff.). Eine solche Unabhängigkeit könnte das Gericht als gefährdet ansehen, wenn der Kandidat zu stark im Lager des Schuldners steht. Insoweit kann es sich anbieten, dass vom Schuldner mehrere Personen vorgeschlagen werden, so dass sich das Gericht davon eine aussuchen kann.[11] Da der Kreis der potentiell geeigneten Kandidaten mit zunehmender Größe des Unternehmens schrumpft, wird bei mehreren vorgeschlagenen Personen zumeist eine dabei sein, die auch das Gericht von sich aus in Erwägung ziehen würde.

Praxishinweis:

Das Gericht sollte eine gewisse Skepsis an den Tag legen, wenn der Schuldner ohne eine tragfähige Begründung auf einen bestimmten Kandidaten besteht. Sollte dies der Fall sein, kann das Gericht darauf verweisen, dass Zweifel an der Unabhängigkeit der Person bestehen, die einer Bestellung entgegenstehen werden und dass der Schuldner insoweit nur die Chance haben wird, den eigenen vorgeschlagenen Kandidaten zu installieren, wenn entweder der Gläubigerausschuss dies beantragt oder ein Schutzschirmverfahren beantragt wird.[12]

23 Ein weiterer Punkt, der besprochen werden sollte, ist die **Besetzung des vorläufigen Gläubigerausschusses.** Insoweit kann mit dem Gericht abgesprochen werden, welcher Rahmen bei der Vergütung grundsätzlich als zulässig angesehen wird. Zudem sollte erörtert werden, wer als Arbeitnehmervertreter in den Gläubigerausschuss einziehen könnte. Soll dies kein Betriebsratsmitglied oder Gewerkschaftsfunktionär sein, sollte der Schuldner begründen, warum er davon ausgeht, dass die angedachte Person in der Lage sein wird, die Aufgabe wahrzunehmen.[13]

24 Ein relativ neues Problem stellt sich im Rahmen des **Gläubigerinformationssystems.** Gemäß § 5 Abs. 5 InsO hat ein Insolvenzverwalter ein Gläubigerinformationssystem zu führen. Darin sind die unter § 5 Abs. 5 Satz 1 InsO aufgeführten Dokumente aufzunehmen. Durch § 5 Abs. 6 InsO wird diese Pflicht auf den Schuldner übertragen. Im Vorgespräch sollte daher angesprochen werden, ob der Schuldner sich in der Lage sieht, ein solches GIS zu führen und mit welcher Softwareunterstützung er dieses vorhalten will. Sollte der Schuldner

10) Vgl. dazu ausführlich HmbKomm-InsO/*Frind/Morgen*, § 10a Rn. 18 ff.

11) Ebenso HmbKomm-InsO/*Frind/Morgen*, § 10a Rn. 27.

12) Dies gilt unabhängig davon, dass gemäß III. Nr. 22 Abs. 2 GOI VID eine Offenbarungspflicht über mögliche Interessenskollisionen besteht.

13) Vgl. dazu Prütting/Bork/Jacoby-*Blankenburg*, InsO, § 21 Rn. 80.

nicht in der Lage sein, dass GIS zu führen, muss dies vom Sachwalter übernommen werden. Insoweit muss das Gericht darauf achten, dass dieser eine entsprechende Software vorhält. Grundsätzlich sollte aber bei einem Sachwalter in einem größeren Eigenverwaltungsverfahren davon ausgegangen werden, dass er dazu in der Lage ist.

> **Praxishinweis:**
>
> Der Insolvenzrichter sollte potentielle Bewerber um das Amt des Sachwalters direkt vor der Bestellung darauf ansprechen, ob eine entsprechende Software vorhanden ist. Stellt sich erst nach der Bestellung heraus, dass dies nicht der Fall ist, gestaltet sich eine Neubesetzung als aufwendiger.

3. Weiteres Vorgehen

Das Gericht ist nicht befugt, dem potentiellen Antragsteller Vorgaben für die Einreichung eines Antrags zu machen. Insbesondere kann keine Frist gesetzt werden. Der Schuldner ist frei, wann und wie er seinen Antrag einreicht. Erst nach Antragseinreichung kann das Gericht in die Prüfung der Unterlagen einsteigen. Nichtsdestotrotz sollte mit dem Schuldnervertreter abgesprochen werden, wie ein allgemeiner Zeitplan aussieht. Zudem sollte appelliert werden, dass der Antrag **nicht** am Freitag **kurz vor Dienstschluss** der Geschäftsstellenmitarbeiter eingereicht wird. In diesem Fall stellt die zügige Bearbeitung eine erhebliche Herausforderung für das Gericht dar. 25

C. Eröffnungsverfahren

Das Eigenverwaltungsverfahren startet in der Regel mit einem Antrag des Schuldners (dazu → Rn. 29) Bis zur Eröffnung wird der Verfahrensabschnitt Eröffnungsverfahren genannt. Während dieses Verfahrensabschnitts werden vom Gericht die Antragsvoraussetzungen geprüft (→ Rn. 62). Die Prüfung wird mit der Einsetzung eines vorläufigen Sachwalters flankiert (dazu → Rn. 81 ff.). Die Gläubiger sind während dieses Verfahrensabschnitts primär über einen vorläufigen Gläubigerausschuss beteiligt (dazu → Rn. 56 ff.). Sind die Voraussetzungen für ein Insolvenzverfahren in Eigenverwaltung erfüllt, hat das Gericht das Verfahren zu eröffnen. Damit endet das Eröffnungsverfahren (dazu → Rn. 138 ff.). 26

I. Antragstellung

Hinsichtlich eines Antrags ist zwischen dem eigentlichen Insolvenzverfahren und dem Eigenverwaltungsverfahren zu unterscheiden. 27

1. Insolvenzantrag

Grundsätzlich setzt jede Eigenverwaltung **zwingend** einen **Antrag** auf **Eröffnung** des Insolvenzverfahrens voraus. Dieser Antrag kann entweder durch den 28

Schuldner selbst oder durch einen Dritten gestellt werden.[14] Für diesen Antrag müssen die Voraussetzungen des §§ 13 ff. InsO erfüllt sein.

> **Praxishinweis:**
>
> Im Vorgespräch sollte der Schuldner darauf hingewiesen werden, dass der Antrag auch weiterhin wirksam bleibt, wenn das Gericht zu dem Ergebnis kommen sollte, dass kein vorläufiger Sachwalter zu bestellen ist. Es ist nicht zulässig, den Antrag auf Eröffnung des Insolvenzverfahrens unter einer Bedingung zu stellen.[15]

2. Antrag auf Eröffnung des Eigenverwaltungsverfahrens

29 Neben dem **Antrag auf Eröffnung des Insolvenzverfahrens** ist es zwingend erforderlich, dass der Schuldner einen Antrag auf Eröffnung des Eigenverwaltungsverfahrens stellt. Es ist **nicht möglich**, dass eine Eigenverwaltung auf Antrag eines Gläubigers oder **von Amts wegen** anzuordnen.[16] Meint daher das Gericht, dass sich ein beantragtes Insolvenzverfahren für eine Eigenverwaltung anbieten würde, muss es sich mit dem Schuldner in Verbindung setzen und mit diesem erläutern, ob nicht ggf. neben dem Antrag auf Eröffnung des Insolvenzverfahrens auch ein Antrag auf Anordnung der Eigenverwaltung gestellt wird.

30 Der Antrag muss von **Schuldner selbst** oder dessen im Außerverhältnis **vertretungsberechtigten Organ** gestellt werden. Durch das Insolvenzgericht ist nicht zu prüfen, ob im Innenverhältnis eine Berechtigung besteht.[17]

31 Der Antrag kann gemeinsam mit dem Eröffnungsantrag oder erst später **bis zur Eröffnung** des Insolvenzverfahrens gestellt werden. Nach der Eröffnung kann kein Antrag mehr gestellt werden.[18]

> **Praxishinweis:**
>
> Bei der Stellung eines Antrags auf Eigenverwaltung nach Anordnung der vorläufigen Insolvenzverwaltung ist zu beachten, dass der vorläufige Insolvenzverwalter bereits mit der Bestellung seinen Vergütungsanspruch verdient hat. Wird nicht die gleiche Person als vorläufige Sachwalter bestellt, besteht eine doppelte Vergütungspflicht. Diese wäre mit in die Vergleichsrechnung der Eigenverwaltung aufzunehmen.

32 Das Gesetz sieht bis auf die **Schriftform** gem. §§ 270 Abs. 1 Satz 2, 13 Abs. 1 Satz 1 InsO keinen besonderen Inhalt für den Eröffnungsantrag vor. In § 270a InsO ist insoweit nur geregelt, welche Anlagen und Erklärungen dem Antrag beigefügt werden müssen.

---

14) Römermann-*Riggert*, InsO, § 270a Rn. 3; kritisch dazu zu Recht *Hölzle*, in: Hölzle/Bork, Kap. 15 Rn. 13.
15) So auch HmbKomm-InsO/*Fiebig*, § 270a Rn. 5.
16) Prütting/Bork/Jacoby-*Prütting*, InsO, § 270a Rn. 6.
17) Ebenso HmbKomm-InsO/*Fiebig*, § 270f Rn. 3.
18) *Hölzle*, in: Hölzle/Bork, Kap. 15 Rn. 17.

Praxishinweis:

Es gibt für die Antragstellung kein **offizielles Formular**. Es kann sich allerdings anbieten, beim Insolvenzgericht sich zu erkundigen, ob ggf. gerichtsinterne Vorlagen existieren, die dem Gericht eine schnelle Prüfung erleichtern. Es empfiehlt sich für die Gerichte, solche Vorlagen vorzuhalten, weil so sichergestellt werden kann, dass die wesentlichen Aspekte abgefragt werden und damit weniger Ressourcen für Nachfragen erforderlich sind.

Auch wenn der Schuldner an keine Formvorgaben gebunden ist, sollte der Antrag klar aus dem Schreiben hervorgehen. Er sollte möglichst herausgestellt werden, damit das Gericht diesen nicht versehentlich übersieht. 33

3. Anlagen zum Antrag

In § 270a Abs. 1 InsO ist explizit geregelt, welche Anlagen der Antrag aufweisen muss. Es handelt sich um eine **verpflichtende Aufzählung**, so dass für einen wirksamen Antrag sämtliche der Anlagen vorhanden sein müssen. Der Prüfungsumfang des Gerichts hinsichtlich der Unterlagen ergibt sich aus § 270b Abs. 1 Satz 1 Nr. 1 InsO. Eine vorläufige Eigenverwaltung ist nur anzuordnen, wenn die Unterlagen vollständig und schlüssig sind. Das Gericht hat daher zu prüfen, ob nominell sämtliche Anlagen vorhanden sind und ob sie in sich schlüssig sind. Für den Schuldner bedeutet es, dass er sorgfältig die Unterlagen erstellen muss, damit der Antrag nicht bereits an den formellen Voraussetzungen scheitert. In der Praxis zeigt sich immer wieder, dass die Unterlagen zwar formell die Voraussetzungen des § 270a Abs. 1 InsO erfüllen, inhaltlich aber im erheblichen Maße unvollständig sind. 34

a) Finanzplan

Gemäß § 270a Abs. 1 Nr. 1 InsO muss ein Finanzplan vorgelegt werden. In einem Finanzplan müssen nach den **allgemeinen betriebswirtschaftlichen Grundsätzen** auf Grundlage des Rechnungswesens des Unternehmens die wesentlichen Daten aufgeführt werden.[19] Wesentlich ist dabei, dass dieser nicht nur eine allgemeine Darstellung von Finanzen sein darf, sondern weitere qualifizierte Anforderungen bestehen muss. Der Finanzplan muss folgende **vier Kriterien** erfüllen: 35

- Es muss eine fundierte Darstellung der Finanzierungsquellen enthalten sein.
- Der Planungshorizont muss 6 Monate betragen.
- Es muss die Fortführungsfähigkeit des gewöhnlichen Geschäftsbetriebs nachgewiesen werden.
- Es muss die Sicherstellung der Kosten des Verfahrens dargelegt werden.

19) Dazu BeckOK InsO/*Kreutz/Ellers*, § 270a Rn. 12.

36 Was genau ein Finanzplan enthalten muss, ist umstritten. Allgemeine Anforderungen finden sich im **IDW-S9-Standard**. Dieser ist allerdings keine gesetzliche Vorgabe, so dass er für die Gerichte nicht bindend ist. Umstritten ist, ob eine **einfache Liquiditätsplanung** ausreicht oder ob eine **integrierte Liquiditätsplanung** erforderlich ist.[20] Eine integrierte Finanzplanung ist eine in die Zukunft gerichtete Planung der Ertrags-, Vermögens-, und Liquiditätslage.[21] Sie besteht aus der Erfolgsplanung, der Bilanzplanung und der Liquiditätsplanung.

37 Es ist dabei zu differenzieren. Bei **kleineren Unternehmen** wird es ausreichen, wenn nachvollziehbar die Einnahmen den Ausgaben in dem jeweiligen Zeitraum gegenüber gestellt werden.[22] Zu hohe Anforderungen würden eine erhebliche Hürde darstellen, die gerade in der Krisensituation mangels Liquidität für die Beauftragung von professioneller Hilfe nicht mehr übersprungen werden kann. Bei **größeren Unternehmen** ist zu erwarten, dass eine integrierte Finanzplanung vorhanden ist. Sollte es dem Unternehmen nicht gelingen, eine entsprechende Finanzplanung aufzustellen, spricht bereits dieser Umstand gegen eine erfolgreiche Eigenverwaltung.

> **Praxishinweis:**
>
> Das Insolvenzgericht hat nicht die Möglichkeiten, die Finanzplanung in Gänze zu prüfen. Dazu müsste es in die Buchhaltung einsteigen. Gerade bei kleineren Unternehmen bietet es sich aber an, in jedem Fall eine rechnerische Prüfung vorzunehmen. In der Praxis zeigt sich, dass bereits einfache Rechenoperationen nicht zutreffen durchgeführt werden.

38 Unabhängig von der Ausgestaltung müssen im Plan sämtliche **Finanzierungsquellen** aufgeführt sein. Finanzierungsquellen sind die verfügbaren und verfügbar zu machenden liquiden Mittel.[23] Dazu können auch solche Mittel aufgeführt werden, deren Bereitstellung mit überwiegender Wahrscheinlichkeit zu erwarten ist, wie z. B. Massekredite.[24]

> **Praxishinweis:**
>
> Besteht hinsichtlich geplanter Sanierungsbeiträge ein Geheimhaltungsinteresse, kann ggf. auf Anlagen verwiesen werden, die von dem Gericht in einen Sonderband zu nehmen sind.[25] Dieser ist dann von der Akteneinsicht auszunehmen.

39 Diesen Mitteln müssen die Kosten für die Fortführung des **gewöhnlichen Geschäftsbetriebs** gegenübergestellt werden.[26] Der Begriff der Kosten für den

---

20) Vgl. dazu Kayser/Thole-*Brünkmans*, InsO, § 270a Rn.40; *Steffan/Oberg/Poppe*, ZInsO 2021, 1116, 1122; *Schmitt/Hafner*, ZInsO 2024, 1686, 1688.

21) Vgl. dazu *Dellit/Titze*, in: Bork/Hölzle, Kap. 13 Rn. 236.

22) Ebenso *Schmitt/Hafner*, ZInsO 2024, 1686, 1688.

23) BT-Drucks. 19/24181, S. 204.

24) BT-Drucks. 19/24181, S. 204.

25) So *Blankenburg*, ZInsO 2021, 753, 755.

26) Dazu *Blankenburg*, ZInsO 2021, 753, 755 m. w. N.

gewöhnlichen Geschäftsbetrieb lässt einen erheblichen Wertungsspielraum offen. Zu diesen Kosten gehören jedenfalls die Posten, die für die Aufrechterhaltung des Betriebs regelmäßig erforderlich sind, wie Arbeitsentgelte, Kosten für die Materialbeschaffung, Mieten und Leasingraten. Nicht regelmäßig auftretende Belastungen, die nicht erforderlich sind, um den täglichen Betrieb des Schuldners aufrechtzuerhalten, sind nicht mit aufzunehmen.

Der Plan muss einen Zeitraum von **6 Monaten** abdecken. Es sollte sich dabei 40 um eine **Monats**-, Wochen- oder Tagesplanung handeln.[27] Eine Tagesplanung wird sich nur bei sehr großen Unternehmen anbieten. Bei kleineren Unternehmen sollte auf eine Monatsplanung zurückgegriffen werden. Sie muss dabei die nächsten 6 Monate nach dem Antragsmonat umfassen. Die Frist ist nicht zu erweitern, wenn das Verfahren mutmaßlich länger dauern wird.[28]

Aus dem Finanzplan muss sich die **Fortführungsfähigkeit** nach dem gewöhn- 41 lichen Geschäftsbetrieb ergeben. Es müssen im Planungszeitraum hinreichende liquide Mittel vorliegen, um den gewöhnlichen Geschäftsbetrieb fortzuführen.[29] Insoweit ist darzulegen, mit welchen Einnahmen und Ausgaben nach einem vernünftigen wirtschaftlichen Verhalten zu rechnen sind. Betriebswirtschaftlich sinnvoll sind Maßnahmen dann, wenn sie für sich genommen oder im Zusammenspiel mit anderen Maßnahmen der Erreichung des Sanierungsziels dienen können.[30] Auch insolvenzspezifische Sonderaktive und -passiva, wie ein potentielles Insolvenzgeld, sind zu berücksichtigen.[31]

Ein ganz wesentlicher Aspekt für das Gericht ist die **Deckung der Kosten**. 42 Nach dem Wortlaut müssen allerdings nicht sämtliche Kosten gedeckt sein, sondern nur die der nächsten 6 Monate. Diese Bestimmung ist für die Beraterkosten unproblematisch, da diese in der Regel nach Zeithonoraren abgerechnet werden. Problematisch ist der zu deckende Umfang der Gerichts- und Verfahrenskosten. Obwohl diese nicht nach Zeitabschnitten berechnet werden und zumeist erst am Ende des Verfahrens anfallen, sind sie dennoch bereits als Kosten zu berücksichtigen, die gedeckt sein müssen.[32] Es müssen demnach die Gerichtskosten, die Kosten für den vorläufigen und endgültigen Sachwalter sowie für die Mitglieder des vorläufigen und endgültigen Gläubigerausschusses gedeckt sein.

27) *Schmitt/Hafner*, ZInsO 2024, 1686, 1688.

28) Dazu ausführlich Kayser/Thole-*Brünkmans*, InsO, § 270a Rn. 29.

29) *Steffan/Oberg/Poppe*, ZInsO 2021, 1116, 1121.

30) *Steffan/Oberg/Poppe*, ZInsO 2021, 1116, 1121.

31) Dazu ausführlich *Schmitt/Hafner*, ZInsO 2024, 1686, 1689.

32) Ausführlich dazu K. Schmidt-*Undritz*, InsO, § 270a Rn. 3; *Blankenburg*, ZInsO 2021, 753, 756; a. A. *Schoene*, BB 2022, 586.

Praxishinweis:

Eine besondere Sorgfalt ist auf die Darstellung der Kosten für die Beratung innerhalb des Prognosezeitraums zu setzen. Das Gericht wird diesen Bereich besonders sorgfältig zu prüfen haben, weil sich immer wieder Fälle zeigen, bei denen die angesetzten Kosten in keiner Weise den anfallenden Kosten entsprechen. Dass dem Schuldnerunternehmen die finanziellen Reserven wegen Beratungskosten ausgehen, sollte unter keinen Umständen passieren.

b) Konzept der Eigenverwaltung

43 Gemäß § 270a Abs. 1 Nr. 2 InsO muss der Schuldner ein Konzept für die Durchführung des Insolvenzverfahrens vorlegen. Dieses Konzept ist ein **neuralgischer Punkt**, weil hier dem Insolvenzgericht ein **erheblicher Bewertungsspielraum** zusteht. Das Konzept lässt sich in drei Bereiche gliedern.[33] Im ersten Bereich sind die Art, das Ausmaß und die Ursachen der Krise darzustellen. Dabei wird darzustellen sein, ob es sich lediglich um eine finanzielle Krise oder um eine operative Krise handelt, z. B. weil Kunden weggebrochen sind. Im zweiten Teil ist das Ziel der Eigenverwaltung zu benennen. Dies kann eine eigene Sanierung, eine übertragene Sanierung oder in Ausnahmefällen auch eine Liquidation des Schuldners sein. Da für die Liquidation standardmäßig das Regelinsolvenzverfahren vorgesehen ist, bedarf es in diesen Fällen einer Darstellung, warum ausnahmsweise der Weg der Eigenverwaltung geeignet ist. Im dritten Teil des Konzepts müssen die Maßnahmen dargestellt werden, die durchgeführt werden sollen, um das Ziel zu erreichen. Dabei sind sowohl die operativen Maßnahmen als auch die geplanten Maßnahmen im Verfahren (z. B. Insolvenzplan) zu beschreiben.

44 Die Darstellung der Maßnahmen sollte sich **nicht** in allgemeinen **betriebswirtschaftlichen Plattitüden** erschöpfen. Dass es wünschenswert wäre, mit weniger Personal und weniger Kosten deutlich mehr zu produzieren, ist jedem Insolvenzgericht klar. Wenn aber mit weniger Personal der Umsatz erheblich gesteigert werden soll, muss dargelegt werden, wie es zu einer Umsatzsteigerung unter den neuen Bedingungen kommen kann.

Praxishinweis:

Das Konzept ist die **„Visitenkarten"** des Schuldners für den Ablauf der Eigenverwaltung. Es sollte daher hinreichende Sorgfalt in die Erstellung des Konzepts investiert werden. Der Schuldner kann nicht darauf vertrauen, dass das Gericht umfangreiche Nachfragen stellt und eine Nachbesserung in weiten Teilen ermöglicht. Geht das Gericht davon aus, dass die Mängel so erheblich sind, dass sie durch den Schuldner nicht mehr behoben werden können, droht die Anordnung der vorläufigen Verwaltung. Grundsätzlich ist es möglich, sich am IDW-S6 Standard zu orientieren.[34] Allein die Heranziehung des Standards reicht aber nicht, vielmehr müssen auch die Ausführungen materiell gehaltvoll sein.

33) So bereits *Blankenburg*, ZInsO 2021, 753, 756.

34) Vgl. dazu HmbKomm-InsO/*Fiebig*, § 270a Rn. 9.

c) Darstellung des Verhandlungsstands

Als weitere Anlage muss gem. § 270a Abs. 1 Nr. 3 InsO eine Darstellung des Verhandlungsstands beigefügt werden. Der **„Stand der Verhandlung"** ist ein unbestimmter Rechtsbegriff und bedarf der Auslegung.[35] Mindestvoraussetzung ist, dass angegeben wird, mit welchen Gläubigern, Anteilsinhabern und Dritten verhandelt wurde. Umstritten ist, ob der Schuldner zu Verhandlungen mit den Gläubigern verpflichtet ist[36] oder ob es schlicht ausreicht, dass er aufführt, dass er mit entscheidenden Gläubigern keine Gespräche geführt und sie bewusst aus dem Verfahren herausgehalten hat.[37] Nur so kann das Gericht gewichten, ob es ggf. von Amts wegen diese Gläubiger in das Verfahren, insbesondere den vorläufigen Gläubigerausschuss, miteinbezieht. 45

Praxishinweis:

Der Streit dürfte zumeist akademischer Natur sein. Sind keine Verhandlungen mit den wesentlichen Gläubigern geführt worden, dürfte es möglicherweise schon an einer hinreichenden Erfolgsaussicht für die in Aussicht genommene Sanierung fehlen. In dieser Situation ist im besonderen Maße die Zusammensetzung des vorläufigen Gläubigerausschusses zu prüfen. Fehlt der bedeutendste Gläubiger des Verfahrens, ist der Grund für dessen Fehlen zu eruieren. Fehlt ein nachvollziehbarer Grund, ist ggf. dieser Gläubiger als Mitglied des vorläufigen Gläubigerausschusses zu bestellen. Die Wahl anderer Mitglieder bedarf keiner Zustimmung der anderen Verfahrensbeteiligten.

Details der Verhandlung (z. B. Höhe der avisierten Sanierungsbeiträge) müssen nicht mit angegeben werden. 46

Praxishinweis:

Sollten **Geheimhaltungsinteressen** des Schuldners bestehen, sollte dieser das Gericht bitten, die Unterlagen in einen Sonderband zu nehmen und von der Akteneinsicht auszuschließen.

Das Gesetz schreibt nicht vor, dass Verhandlungen im Vorfeld geführt wurden. Sollte dies nicht der Fall sein, reicht es aus anzugeben, dass bisher keine Verhandlungen geführt wurden.[38] 47

d) Vorkehrungen des Schuldners zur Erfüllung der Insolvenzpflichten

Weiterhin muss der Schuldner gem. § 270a Abs. 1 Nr. 4 InsO eine Darstellung der Vorkehrungen einreichen, die er getroffen hat, um seine Fähigkeit sicherzustellen, insolvenzrechtliche Pflichten zu erfüllen. Zu den insolvenzrechtlichen Pflichten gehören die wesentlichen Grundlagen der Verwaltung 48

35) So die h. M.; dazu *Blankenburg*, ZInsO 2021, 753, 756.

36) So für das StaRUG *Frind*, ZInsO 2021, 1093, 1093, jedoch zurückhaltender für die Eigenverwaltung.

37) BeckOK-InsO/*Kreutz/Ellers*, § 270a Rn. 17; *Blankenburg*, ZInsO 2021, 753, 756; *Steffan/Oberg/Poppe*, ZInsO 2021, 1116, 1123.

38) *Hölzle*, in: Hölzle/Bork, Kap. 15 Rn. 32.

(z. B. Prüfung der Forderungen). Der Darstellung muss sowohl den **Ist-Zustand** als auch den **Soll-Zustand** bei vorherigen Verfehlungen beinhalten.

> **Praxishinweis:**
>
> Nicht zwingend erforderlich ist es, dass die **Geschäftsführung** des Schuldners **ausgetauscht** wird.[39] Wenn aber der bisherige Geschäftsführer des Schuldners das Geschäft weiterführen will und kein Sanierungsgeschäftsführer (CRO) eingesetzt wird, ist darzulegen, weshalb ein hinreichendes insolvenzrechtliches Know-How vorhanden ist. Nicht ausreichend dürften eigene Erfahrungen aus einem früheren Insolvenzverfahren sein.

e) Vergleichsrechnung

49 Der **kritischste Bereich** an vorzulegen Unterlagen stellt die Vergleichsrechnung gem. § 270a Abs. 1 Nr. 1 InsO dar. Diese muss eine begründete Darstellung etwaiger Mehr- oder Minderkosten sein, die im Rahmen der Eigenverwaltung im Vergleich zu einem Regelverfahren und im Verhältnis zur Insolvenzmasse voraussichtlich anfallen werden. Erfahrungsgemäß ergeben sich bei diesem Punkt die meisten Probleme bei der Antragstellung.

50 Um die **Mehr-** oder **Minderkosten** darstellen zu können, bedarf es einer Gegenüberstellung der Kosten die anfallen, wenn einerseits ein Insolvenzverfahren durchgeführt wird und andererseits die Eigenverwaltung angeordnet wird. Besondere Schwierigkeiten bereitet dabei zumeist die Fragen, ob die Kosten für den Sanierungsberater in beiden Fällen anzusetzen sind und wie hoch etwaige Kosten für die Beendigung von Arbeitsverhältnissen sein werden.

51 Hinsichtlich der **Sanierungsberatung** hat der Schuldner darzulegen, ob und in welcher Höhe Stundensätze oder ein **Pauschalhonorar** vereinbart wurden. Analog den Regelungen zum Restrukturierungsverfahren ist bei der Vereinbarung von Stundensätzen die ungefähr erwartete Anzahl an Beratungsstunden anzugeben. Werden Beratungskosten sowohl in der Eigenverwaltung als auch im Regelinsolvenzverfahren anfallen, sind sie auf beiden Seiten der Vergleichsrechnung mit aufzuführen.[40] Das Gesetz verhält sich nicht dazu, wie mit Beraterkosten umzugehen ist, die bereits im Vorfeld des Antrags angefallen sind. Dienten diese lediglich dazu, den Antrag auf Eigenverwaltung vorzubereiten, sind sie nur als Kosten auf der Eigenverwaltungsseite aufzunehmen, anderenfalls auf beiden Seiten der Vergleichsrechnung anzusetzen.

> **Praxishinweis:**
>
> Werden Zuschläge bei den potentiellen Kosten für das Insolvenzverfahren angesetzt, sind diese genau zu prüfen. Der überhöhte Ansatz von Zuschlägen kann leicht dazu führen, dass die eigentlich negative Vergleichsrechnung Richtung Eigenverwaltung kippt.

---

39) A. A. wohl *Hölzle*, in: Hölzle/Bork, Kap. 15 Rn. 33.

40) Vgl. dazu Kayser/Thole-*Brünkmans*, InsO, § 270a Rn. 62; *Blankenburg*, ZInsO 2021, 753, 757.

4. Erklärungen

Gemäß § 270 Abs. 2 InsO muss der Schuldner mehrere Erklärungen zusammen mit seinem Antrag bei Gericht einreichen. Diese Erklärungen sollen dazu dienen, dass das **Gericht Kenntnis von Umständen** erlangt, die einer Eigenverwaltung entgegenstehen. Unabhängig von der Kenntnis des Gerichts dienen die Erklärungen dazu, dass sich der Schuldner seiner Pflichten bewusst wird und sich nicht später auf eine Unkenntnis von der Wichtigkeit der Umstände berufen kann. 52

In der ersten Erklärung ist anzugeben, ob, in welchem Umfang und gegenüber welchen Gläubigern sich der Schuldner mit der Erfüllung von Verbindlichkeiten aus Arbeitsverhältnissen, Pensionszusagen oder dem Steuerschuldverhältnis, gegenüber Sozialversicherungsträgern oder Lieferanten in **Verzug**. Verzug muss i. S. v. § 286 BGB vorliegen und setzt daher eine Mahnung voraus.[41] Besonders relevant sind die Verbindlichkeiten gegenüber **Sozialversicherungsträgern**. Da deren Nichterfüllung strafbewährt ist, bedarf es einer Begründung, warum der Schuldner davon ausgeht, dass er in der Eigenverwaltung seine insolvenzrechtlichen Pflichten erfüllen können wird. 53

> **Praxishinweis:**
>
> Liegt ein Verzug vor, hat der Schuldner eine Liste mit den entsprechenden Gläubigern einzureichen. Diese Liste muss die Bezeichnung der Gläubiger, die Art der Forderung, die Höhe der Gesamtforderung und die Höhe des Verzugs beinhalten.[42]
>
> Liegt kein Verzug vor, ist eine Negativerklärung erforderlich.

In einer weiteren Erklärung muss sich der Schuldner dazu äußern, ob **Vollstreckungs- und Verwertungssperren** nach der InsO oder dem StaRUG erfolgt sind. Diese Erklärung ist für das Gericht wesentlich, weil über die eigene Software nur Verfahren gefunden werden können, die am hiesigen Gerichtsstand geführt wurden. Verfahren an auswärtigen Gerichten blieben dem Insolvenzgericht daher unbekannt. Diese Lücke soll die Erklärung des Schuldners schließen. 54

> **Praxishinweis:**
>
> In der Erklärung sollten die Verfahrensdaten vollständig angegeben werden (Gerichtsbezeichnung und Aktenzeichen). Zudem ist das Datum des Beschlusses für die Anordnung der Maßnahmen anzugeben. Im Optimalfall wird bereits der Beschluss beigefügt.
>
> Sind keine Anordnungen erfolgt, ist eine Negativerklärung erforderlich.

41) A. A. Kayser/Thole-*Brünkmans*, InsO, § 270a Rn. 68.

42) Dazu *Blankenburg*, ZInsO 2021, 753, 757.

55 Schließlich muss der Schuldner erklären, ob er für die letzten drei Geschäftsjahre seinen **handelsrechtlichen Offenlegungspflichten** nachgekommen ist. Die Erklärungen selbst müssen nicht mit vorgelegt werden.

> **Praxishinweis:**
>
> Eine genaue Auflistung, wann die Pflichten erfüllt wurden, muss nicht mit eingereicht werden. Hat der Schuldner bestimmte Pflichten nicht erfüllt, weil die Jahresabschlüsse mit den Wirtschaftsprüfern diskutiert werden, kann insoweit eine Erläuterung der Umstände mit angeführt werden.[43]

II. Prüfungsumfang des Gerichts

56 Liegt ein Antrag auf Anordnung der Eigenverwaltung vor, hat das Insolvenzgericht nach einem bestimmten Kanon die Unterlagen zu prüfen und über die Anordnung einer vorläufigen Eigenverwaltung zu entscheiden.

1. Einsetzung eines vorläufigen Gläubigerausschusses

57 Entgegen der gewöhnlichen Reihenfolge hat das Gericht zunächst nicht umfassend den Antrag zu prüfen, sondern vielmehr den Umstand, ob ein vorläufiger Gläubigerausschuss einzusetzen ist. Dies hat seinen Grund darin, dass diesem Organ in der vorläufigen Eigenverwaltung eine starke Stellung zukommt. Gemäß § 270b Abs. 3 Satz 1 InsO muss vor der Bestellung eines vorläufigen Sachwalters einem vorläufigen Gläubigerausschuss die Gelegenheit zur Äußerung gegeben werden. Zudem hat der vorläufige Gläubigerausschuss, für oder gegen eine vorläufige Eigenverwaltung zu stimmen. Erfolgt das Votum einstimmig, ist das Gericht gem. § 270b Abs. 3 Satz 3 und 4 InsO an die Entscheidung des vorläufigen Gläubigerausschusses gebunden.

> **Praxishinweis:**
>
> Daraus folgt, dass sich das Gericht mit den Voraussetzungen der § 270b Abs. 1 und Abs. 2 InsO nicht umfassend auseinandersetzen muss, wenn klar ist, dass ein vorläufiger Gläubigerausschuss für oder gegen die vorläufige Eigenverwaltung stimmt.

58 Die Normen der Eigenverwaltung sehen aber nicht per se die Bestellung eines vorläufigen Gläubigerausschusses vor. Er ist demnach **nicht obligatorisch** für diese Verfahrensart, vielmehr bestimmen sich die Einsetzungsvoraussetzungen nach den §§ 21, 22a InsO. Gemäß § 21 Abs. 2 Nr. 1a steht es im Ermessen des Gerichts, ob ein vorläufiger Gläubigerausschuss eingesetzt wird. Dieses Ermessen wandelt sich in eine gebundene Entscheidung, wenn die Voraussetzungen des § 22a Abs. 1 InsO vorliegen, d. h. mindestens zwei der drei aufgeführten Merkmale erfüllt sind. Bei einem Antrag des Schuldners soll ein vorläufiger Gläubigerausschuss eingesetzt werden.

---

43) So *Blankenburg*, ZInsO 2021, 753, 757.

Demnach hat das Gericht zunächst zu prüfen, ob die Voraussetzungen des § 22a Abs. 1 InsO erfüllt sind. Ist dies der Fall, ist ein vorläufiger Gläubigerausschuss unmittelbar einzusetzen.[44] Aus § 270a Abs. 2 InsO ergibt sich, dass der Gesetzgeber erwartet, dass innerhalb von **zwei Tagen** eine Entscheidung getroffen wird. 59

Praxishinweis:

Gerade in der Eigenverwaltung kann es sich anbieten, von etwaigen Vorschlägen des Schuldners abzuweichen. Dem Gläubigerausschuss kommt eine besondere Kontrollfunktion zu. Diese Funktion kann er nur dann ausüben, wenn eine Unabhängigkeit vom Schuldner besteht.

Liegt ein Antrag des Schuldners gem. **§ 22a Abs. 2 InsO** vor, wird bei der Eigenverwaltung in der Regel ein vorläufiger Gläubigerausschuss einzusetzen sein, weil dem Schuldner die Richtungsbestimmung für das Verfahren zugewiesen ist. Die Ausschlussvoraussetzungen des § 22a Abs. 3 InsO werden bei einer Eigenverwaltung in der Regel nicht vorliegen. 60

Wird ein vorläufiger Gläubigerausschuss eingesetzt, sollte das Gericht darauf drängen, dass umgehend eine Entscheidung über die Anordnung der vorläufigen Eigenverwaltung getroffen wird. Bei **gut vorbereiteten Eigenverwaltungsverfahren** werden die wesentlichen Umstände bereits im Vorfeld der Antragsstellung geklärt sein, so dass mit einer schnellen Entscheidung zu rechnen ist. 61

Praxishinweis:

Das Gericht kann sich mit den Mitgliedern des vorläufigen Gläubigerausschusses abstimmen, ob es sinnvoll ist, dass der Richter an der Sitzung selbst teilnimmt oder sich zumindest für Fragen und der Mitteilung des Ergebnisses online dazu schaltet.

Der vorläufige Gläubigerausschuss sollte nicht in den Räumlichkeiten des potentiellen vorläufigen Sachwalters tagen, auch wenn es praktisch sein mag, dass dieser seine Infrastruktur zur Verfügung stellt. Die Unabhängigkeit des Ausschusses gebietet es, einen gewissen Abstand zum vorläufigen Sachwalter zu wahren. Mittlerweile bieten sich Online-Termine an, um ad-hoc zusammenkommen zu können.

2. Anordnung der Eigenverwaltung gemäß § 270b Abs. 1 InsO

Erfolgt keine Einsetzung eines vorläufigen Gläubigerausschusses oder gibt dieser kein Votum ab, muss das Gericht prüfen, ob nach § 270b Abs. 1 InsO eine vorläufige Eigenverwaltung anzuordnen ist. Dazu muss es prüfen, ob die Eigenverwaltungsplanung vollständig und schlüssig ist (§ 270b Abs. 1 Nr. 1 InsO). Darüber hinaus dürften keine Umstände bekannt sein, aus denen sich ergibt, dass die Eigenverwaltung auf unzutreffenden Tatsachen beruht. 62

44) So auch Kayser/Thole-*Brünkmans*, InsO, § 270b Rn. 48.

a) Vollständige und schlüssige Eigenverwaltungsplanung

63 Die Eigenverwaltungsplanung umfasst die in § 270a Abs. 2 Nr. 1 InsO aufgeführten Anlagen. Das Gericht muss zunächst prüfen, ob formell sämtliche Anlagen vorhanden sind. Ist dies der Fall, ist das Merkmal der Vollständigkeit erfüllt. Nicht erforderlich ist, dass der Schuldner die Erklärungen gem. § 270a Abs. 2 InsO vorlegt, da diese erst für die Ausschlussgründe nach § 270b Abs. 2 InsO relevant sind.[45)]

64 Deutlich schwieriger ist die Bestimmung des Umfangs der Schlüssigkeitsprüfung. Der Gesetzgeber hat mit diesem Terminus zum Ausdruck gebracht, dass nicht sämtliche Anlagen in voller Tiefe geprüft werden müssen und insbesondere der Amtsermittlungsgrundsatz nicht dazu führt, dass das Gericht sämtliche Zahlen auf ihren Wahrheitsgehalt überprüfen muss. Andererseits bedeutet eine Schlüssigkeitsprüfung aber auch, dass das Gericht nicht nur kursorisch einmal kurz über die Unterlagen blicken darf. Analog § 51 Abs. 1 Satz 2 StaRUG ist vielmehr zu prüfen, ob sich das Sanierungsziel auf Grundlage der in Aussicht genommenen Maßnahmen nicht erreichen lassen wird.[46)] Insbesondere bei der Darstellung des Finanzplans und der Vergleichsrechnung muss das Gericht prüfen, ob die vom Schuldner zugrunde gelegten Prämissen zutreffend sind und ob wesentliche Punkte vergessen wurden.

Praxishinweis:

Die Schlüssigkeitsprüfung schränkt den Amtsermittlungsgrundsatz ein.[47)] Das Gericht ist daher nicht befugt, die Vorlage weiterer Unterlagen zu verlangen oder sogar Zeugen dazu zu vernehmen.

b) Keine Kenntnis über unwahre Tatsachen

65 Über die reine Schlüssigkeitsprüfung soll die Eingangsprüfung gem. § 270b Abs. 2 Satz 1 Nr. 2 InsO nur dann hinausgehen, wenn Umstände bekannt sind, aus denen sich ergibt, dass die Eigenverwaltungsplanung in wesentlichen Punkten auf unzutreffenden Tatsachen beruht. Durch das Abstellen auf die Kenntnis der Umstände wird für die Prüfung der Eigenverwaltungsunterlagen ein weiteres Mal der Amtsermittlungsgrundsatz außer Kraft gesetzt.[48)] Das Gericht ist daher nicht verpflichtet, sich selbst Kenntnisse zu verschaffen. Vielmehr ist es darauf angewiesen, dass ihm die Informationen durch Gläubiger oder andere Dritte zugetragen werden.

45) Vgl. dazu *Blankenburg*, ZInsO 2021, 753, 759.

46) Dazu ausführlich Kayser/Thole-*Brünkmans*, InsO, § 270b Rn. 12; *Blankenburg*, ZInsO 2021, 753, 759.

47) Siehe auch HmbKomm-InsO/*Fiebig*, § 270b Rn. 3.

48) Ebenso Kayser/Thole-*Brünkmans*, InsO, § 270b Rn. 18; *Blankenburg*, ZInsO 2021, 753, 759.

c) Entscheidung über die Anordnung

Sind die Voraussetzungen des § 270b Abs. 1 Satz 1 InsO erfüllt, muss das Gericht die vorläufige Eigenverwaltung anordnen. Es besteht kein Ermessensspielraum dahin, bei Vorliegen der Voraussetzungen auf die Eigenverwaltung zu verzichten. 66

Sind die Voraussetzungen des § 270b Abs. 1 Satz 1 Nr. 1 InsO nicht erfüllt, hat das Gericht hingegen ein Ermessen, ob dann dennoch die vorläufige Eigenverwaltung angeordnet wird. Voraussetzung dafür ist dann aber, dass die Mängel in maximal 20 Tagen behebbar sind. In diesem Fall erfolgt eine vorläufige Anordnung der Eigenverwaltung zusammen mit der Setzung einer Frist zur Nachbesserung, die maximal 20 Tage betragen darf. 67

Praxishinweis:

Da die Entscheidung über die vorläufige Eigenverwaltung eilig ist, kann das Gericht auch eine sehr kurze Frist festsetzen. Nicht unüblich ist es, eine Frist von 3 Tagen zu setzen. Da der Fokus des Schuldners auf die Durchführung des Eigenverwaltungsverfahrens liegen muss, ist es nicht unzumutbar, schnell agieren zu müssen.

Die Frist zur Nachbesserung sollte mit einer genauen Darstellung der Mängel einhergehen, so dass der Schuldner präzise weiß, welche Unterlagen wie zu korrigieren sind.

3. Anordnung der Eigenverwaltung gemäß § 270b Abs. 2 InsO

Auch nach § 270b Abs. 2 InsO wird dem Gericht ein Beurteilungsspielraum eingeräumt, ob die vorläufige Eigenverwaltung angeordnet wird. Während § 270b Abs. 1 InsO auf die formelle und materielle Vollständig- und Schlüssigkeit abstellt, betrifft Abs. 2 die Fälle, in denen die Angaben zwar inhaltlich richtig sind, jedoch Umstände aufweisen, die grundsätzlich einer Eigenverwaltung entgegenstehen. 68

a) Tatbestandsvoraussetzungen

Die **ersten beiden Alternativen** betreffen die Kosten des Verfahrens. Reichen die Erträge aus der Fortführung des Geschäftsbetriebs nicht aus, um die Kosten zu decken, die anfallen werden oder sind die Kosten der Eigenverwaltung höher als die des Regelinsolvenzverfahrens (**negative Vergleichsrechnung**), hat grundsätzlich die Anordnung der vorläufigen Eigenverwaltung zu unterbleiben. Dem Gericht wird allerdings ein Ermessen eingeräumt, dennoch in das Eigenverwaltungsverfahren zu gehen. 69

> **Praxishinweis:**
>
> Weißt der Finanzplan aus, dass die Kosten nicht gedeckt sind, muss zumindest zu erwarten sein, dass die Kosten des Verfahrens im Zeitpunkt der Eröffnung gedeckt sein werden. Sollte dies nach der Prognose nicht der Fall sein, kommt nur die Abweisung mangels Masse in Betracht. Dann ist auch denklogisch eine Eigenverwaltung ausgeschlossen.[49)]
>
> Ist die Vergleichsrechnung negativ, sollte für die Gläubiger nachvollziehbar begründet werden, warum die Anordnung der vorläufigen Eigenverwaltung dennoch erfolgt. Die hinreichende Befriedigung ist grundsätzlich das Leitmotiv des Insolvenzverfahrens. Um mit diesem Grundsatz zu brechen, müssen andere gleichwertige Ziele für die Eigenverwaltung sprechen.[50)]

70 Die **dritte Alternative** des § 270b Abs. 2 InsO betrifft die Fälle, in denen der Schuldner seinen geschäftlichen Verpflichtungen nicht nachgekommen ist. Diese Umstände entsprechen denen durch die Erklärungen gem. § 270a Abs. 2 InsO abgefragten. Erfasst sind die Nichterfüllung von Verbindlichkeiten aus Arbeitsverhältnissen oder Sozialversicherungsverpflichtungen (Nr. 1), Vollstreckungs- und Verwertungssperren (Nr. 2) oder die Verletzung von Offenlegungspflichten nach dem HGB (Nr. 3).[51)]

b) Rechtsfolgen

71 In den Fällen von § 270b Abs. 2 InsO ist die Entscheidung über die Anordnung der vorläufigen Eigenverwaltung **nicht** in das **freie Ermessen** des Gerichts gestellt. Vielmehr räumt der Gesetzgeber dem Insolvenzgericht lediglich einen **Beurteilungsspielraum** ein. Es hat zu prüfen, ob trotz dieser Umstände zu erwarten ist, dass der Schuldner bereit und in der Lage ist, seine Geschäftsführung an den Interessen der Gläubiger auszurichten.

72 Auf die ersten beiden Alternativen vermag dieser Beurteilungsspielraum **nicht richtig zu passen**. Sind die Kosten nicht gedeckt oder ist die Vergleichsrechnung negativ, kann dies nicht dadurch kompensiert werden, dass der Schuldner seine Geschäftsführung an den Interessen der Gläubiger ausrichtet.[52)] Vielmehr ist in diesen Fällen zu prüfen, ob die Interessen der Gläubiger trotz dieser Umstände bei der Durchführung der Eigenverwaltung hinreichend gewahrt werden. Das primäre Interesse der Gläubiger ist eine gute Quote. Wird mit der Eigenverwaltung aufgrund der Kostenstruktur keine annähernd ähnliche Quote erzielt, werden weitere Interessen kaum dem Gläubigerinteresse überwiegen können.[53)]

---

49) Vgl. dazu *Blankenburg*, ZInsO 2021, 753, 760.

50) Ausführlich dazu *Blankenburg*, ZInsO 2021, 753, 761.

51) Ausführlich dazu *Blankenburg*, ZInsO 2021, 753, 761 f.

52) So bereits *Blankenburg*, ZInsO 2021, 753, 760.

53) Ähnlich Kayser/Thole-*Brünkmans*, InsO, § 270b Rn. 44.

Hinsichtlich der dritten Alternative muss das Gericht prüfen, ob es trotz der Verfehlungen des Schuldners davon ausgehen kann, dass eine hinreichende neutrale Eigenverwaltung durchgeführt werden kann. Nur wenn es zu dieser Überzeugung gelangt, sollte eine vorläufige Eigenverwaltung angeordnet werden. 73

Praxishinweis:

Der Schuldner wird in der Regel trotz seiner Verfehlungen nur dann bereit und in der Lage sein, die Interessen der Gläubiger zu wahren, wenn eine neue Geschäftsführung eingesetzt wird. Ein Insolvenzverfahren lebt vom Vertrauen der Beteiligten untereinander, dass der Verwalter versuchen wird, das bestmögliche Ergebnis für alle zu erzielen. Hat der Schuldner durch die Pflichtverletzungen bereits einmal dieses Vertrauen verspielt, wird dieses Vertrauen in der Regel erst wieder mit einer neuen Geschäftsführung wachsen können.

4. Entscheidungsmöglichkeiten

Die Entscheidung des Gerichts hängt davon ab, ob es die Voraussetzungen für die Anordnung der Eigenverwaltung als gegeben ansieht oder ob Mängel bestehen. 74

a) Anordnungsvoraussetzungen sind erfüllt

Sind die Voraussetzungen des § 270b Abs. 1 Satz 1 InsO erfüllt, **hat** das Gericht die vorläufige Eigenverwaltung **anzuordnen**. In den Fällen des § 270b Abs. 2 InsO **kann** die **Anordnung** unter bestimmten Umständen erfolgen. 75

Die Anordnung der vorläufigen Eigenverwaltung erfolgt durch **Beschluss**. Es ist zu kennzeichnen, dass die vorläufige Eigenverwaltung angeordnet wird. Zudem muss ein **vorläufiger Sachwalter eingesetzt** werden. Dieser ist namentlich mit zustellungsfähiger Adresse aufzuführen. Der Beschluss muss **nicht begründet** werden.[54] 76

b) Anordnungsvoraussetzungen sind nicht erfüllt

Gelangt das Gericht zu der Erkenntnis, dass die Voraussetzungen für eine Anordnung nicht erfüllt sind, hat es **drei Möglichkeiten** zu entscheiden, wie das weitere Vorgehen ist. 77

c) Aufforderung zur Rücknahme des Antrags

Wurde der Antrag nur bei drohender Zahlungsunfähigkeit gestellt, muss das Gericht dem Schuldner die Möglichkeit zur **Rücknahme seines Antrags** geben. Der Schuldner muss explizit in seinem Antrag angegeben haben, dass nur drohende Zahlungsunfähigkeit vorlag. Das Gericht ist nicht verpflichtet, zu- 78

54) Kayser/Thole-*Brünkmans*, InsO, § 270b Rn. 58.

nächst per Sachverständigen zu ermitteln, ob nur eine Zahlungsunfähigkeit vorlag.[55]

d) Einstweilige vorläufige Eigenverwaltung

79 Ist die Eigenverwaltungsplanung nicht vollständig oder schlüssig, kann das Gericht eine **einstweilige vorläufige Eigenverwaltung** anordnen. In diesen Fällen ergeht ein gleicher Beschluss wie bei der normalen vorläufigen Eigenverwaltung, lediglich angereichert um die **Fristsetzung zur Nachbesserung**. Das Gericht ist verpflichtet, eine genaue Frist zu setzen.

> **Praxishinweis:**
>
> Kann elektronisch zugestellt werden, kann die Fristsetzung „1 Woche nach Zustellung" lauten. Muss postalisch zugestellt werden, sollte wegen der nicht zwingend kalkulierbaren Postlaufzeit eine Frist mit Datum angegeben werden.

80 Bessert der Schuldner erfolgreich nach, so muss das Gericht durch einen **gesonderten Beschluss** den einstweiligen bestellten vorläufigen Eigenverwalter zum normalen Eigenverwalter bestellen.[56] Erfolgt keine Nachbesserung, muss das Gericht die Eigenverwaltung gem. § 270e Abs. 1 Nr. 2 **aufheben**.

e) Vorläufige Insolvenzverwaltung

81 Sind die Voraussetzungen für eine vorläufige Eigenverwaltung nicht erfüllt, wird der Antrag nicht zurückgewiesen. Vielmehr erfolgt gem. § 270b Abs. 4 InsO die **Einsetzung eines vorläufigen Insolvenzverwalters** nach den allgemeinen Regeln. Innerhalb dieses Beschlusses ist dann schriftlich darzulegen, aus welchen Gründen die Anordnung unterbleiben ist (§ 270b Abs. 4 Satz. 1 InsO).

III. Ausgestaltung der vorläufigen Eigenverwaltung

82 Im Rahmen der Anordnung der vorläufigen Eigenverwaltung muss das Gericht die **wesentlichen Parameter** festsetzen. Die wichtigste Entscheidung ist die hinsichtlich der Person des vorläufigen Sachwalters. Darüber hinaus ist zu bestimmen, mit welchen Sicherungsmaßnahmen die Eigenverwaltung flankiert werden soll.

1. Bestellung eines vorläufigen Sachwalters

a) Auswahl des Verwalters

83 In den Vorschriften zur Eigenverwaltung finden sich nur Regelungen, dass ein vorläufiger Insolvenzverwalter zu bestellen ist, nicht jedoch zur Auswahl des

---

55) *Blankenburg*, ZInsO 2021, 753, 762.

56) K. Schmidt-*Undritz*, InsO, § 270b Rn. 3; Prütting/Bork/Jacoby-*Prütting*, InsO, § 270b Rn. 9.

Sachwalters selbst. Daher gelten gem. § 270 Abs. 1 Satz 2 InsO die allgemeinen Normen entsprechend. Über § 21 Abs. 2 Satz 1 Nr. 1 InsO ist § 56a InsO entsprechend anzuwenden.[57] Aus § 56a Abs. 2 InsO ergibt sich, dass der **Vorschlag des vorläufigen Gläubigerausschusses** für das Gericht grundsätzlich bindend ist, es sei denn, die vorgeschlagene Person ist ungeeignet. Ein **Vorschlagsrecht des Schuldners** ist bei der normalen Eigenverwaltung nicht normiert. Dieses besteht gem. § 270d Abs. 2 Satz 3 InsO nur in einem Schutzschirmverfahren (vgl. dazu → Rn. 136).

> **Praxishinweis:**
>
> Ist ein Gläubigerausschuss vorhanden und gem. § 270b Abs. 4 InsO zur vorläufigen Eigenverwaltung anzuhören, sollte dieser auch zugleich aufgefordert werden, zu erklären, ob ein Vorschlag abgegeben werden soll.

Hinsichtlich der **Qualifikation** gelten die gleichen Anforderungen wie bei einem Insolvenzverwalter (vgl. dazu → Teil I Rn. 38 ff.). Da der Sachverwalter das einzige Korrektiv im Rahmen der Eigenverwaltung ist und die Aufgabe hat, das Gericht mit den erforderlichen Informationen zur versorgen, sollte auf eine Neutralität des Sachverwalters besonders geachtet werden. 84

b) Aufgaben des Sachwalters

Der Sachverwalter hat im Rahmen der Eigenverwaltung grundsätzlich die Aufgabe, den Schuldner zu **überwachen** und zu **begleiten**. Das operative Geschäft soll beim Schuldner verbleiben. 85

> **Praxishinweis:**
>
> Der vorläufige Sachwalter darf nicht wie ein Insolvenzverwalter auftreten und möglichst viele Befugnisse einfordern, um den Schuldner bei seiner Verwaltung auszubremsen. Ist dies der Fall, sollte das Gericht überlegen, eine andere Person an die Stelle des Sachwalters zu setzen.

Gemäß § 270c Abs. 2 InsO können den vorläufigen Sachwalter weitere **Sachverständigenaufgaben** übertragen werden. Diese Aufzählung ist **nicht abschließend** und kann erweitert werden.[58] Diese Prüfpflichten sollen primär der Vorbereitung einer Aufhebung gem. § 270e Abs. 1 Nr. 1 InsO dienen.[59] Die Art und der Umfang der Anordnung stehen im Ermessen Gerichts. 86

---

57) Dazu BeckOK-InsO/*Ellers*, 7/2024, § 270b Rn. 49; Graf-Schlicker-*Graf-Schlicker*, InsO, § 270b Rn. 40.

58) Dazu HmbKomm-InsO/*Fiebig*, § 270c Rn. 2; *Frind*, ZIP 2021, 171, 177; a. A. BeckOK-InsO/*Ellers*, 7/2024, § 270c Rn. 10.

59) Dazu BeckOK InsO/*Ellers*, 7/2024, § 270c Rn. 7.

Praxishinweis:

Die Vollständigkeit und Schlüssigkeit der Eigenverwaltungsplanung müssen grundsätzlich schon vor der Bestellung von Amts wegen durch das Gericht geprüft werden. Die Prüfung darf nicht erst auf die Zeit nach der Bestellung verschoben werden. Allerdings hat nur eine **summarische Prüfung** zu erfolgen, die unter erheblichen Zeitdruck steht. Ist sich das Gericht unsicher, ob die Voraussetzungen wirklich gegeben sind, kann es noch eine weitere Prüfung durch den Sachwalter anordnen.[60)]

Aus Kostengründen hat das Gericht auszuwählen, über welche Umstände ein Bericht zu erstatten ist. Die Anordnung sollte nur erfolgen, wenn hinsichtlich der normierten Umstände Zweifel bestehen. Es sollte darauf verzichtet werden, sämtliche Möglichkeiten standardmäßig anzuordnen.[61)]

87 Für den vorläufigen Sachwalter gelten die §§ 274, 275 InsO entsprechend. Er hat daher insbesondere die Möglichkeit, die **Kassenführungsbefugnis** gem. §§ 270b Abs. 1 Satz 1, 275 an sich zu ziehen (vgl. zu den **Überwachungs-** und **Zustimmungsfunktionen** → Rn. 145 ff.).

2. Sicherungsmaßnahmen

88 Die vorläufige Eigenverwaltung kann auch mit Sicherungsmaßnahmen flankiert werden. Diese **Sicherungsmaßnahmen** sollen primär nicht die Gläubiger vor Handlungen des Schuldners stützen, sondern vielmehr den Abfluss aus der Masse verhindern. Daher sind sie meist nicht gegen den Schuldner, sondern zum Schutz der Eigenverwaltung an sich konzipiert.

a) Zustimmungsvorbehalt

89 Da § 270c Abs. 2 explizit keine Anordnung gem. § 21 Abs. 2 Satz. 1 Nr. 2 InsO zulässt, ist es dem Gericht in der vorläufigen Eigenverwaltung **nicht gestattet,** einen allgemeinen Zustimmungsvorbehalt oder ein Verfügungsverbots anzuordnen. Diese beiden Maßnahmen wären mit dem Charakter einer vorläufigen Eigenverwaltung auch nicht zu vereinbaren.[62)]

90 Eine **Ausnahme** sieht das Gesetz nur für die Fälle vor, bei denen eine **einstweilige Anordnung der vorläufigen Eigenverwaltung** erfolgt (§ 270c Abs. 3 Satz 2 InsO). In diesem Fall wurde dem Schuldner eine Frist zur Nachbesserung der Unterlagen gesetzt ist. Da noch nicht klar ist, ob die Eigenverwaltung relativ zeitnah aufgehoben werden muss, erscheint es mit den Zielen der Eigenverwaltung vereinbar, die Verfügungsmacht des Schuldners einzuschränken.

60) Vgl. dazu Kayser/Thole-*Brünkmans*, InsO, § 270c Rn. 3.
61) Ebenso Kayser/Thole-*Brünkmans*, InsO, § 270c Rn. 5.
62) Ebenso Kayser/Thole-*Brünkmans*, InsO, § 270c Rn. 17.

> **Praxishinweis:**
>
> Erfolgen innerhalb der gesetzten Frist die Nachbesserungen, muss der Zustimmungsvorbehalt durch Beschluss aufgehoben werden.[63] Die Eigenverwaltung gem. § 270b Abs. 2 InsO stellt keine mindere Art der Eigenverwaltung dar und bedarf nach dem Fristablauf keiner Einschränkungen.

Umstritten ist die Frage, ob das Insolvenzgericht einen **besonderen Zustimmungsvorbehalt** anordnen darf.[64] Relevant wird die Frage bei der Abführung von Sozialabgaben. Um zu verhindern, dass die Masse durch die Zahlung von Sozialabgaben geschmälert wird, wird teilweise angenommen, dass für diese Abgaben ein besonderer Zustimmungsvorbehalt angeordnet werden könne, damit der Schuldner sich bei Nichtabführung nicht strafbar mache.[65] Die h. M. sieht hingegen die Anordnung eines besonderen Zustimmungsvorbehalts als unzulässig an.[66] Der Anordnung des besonderen Zustimmungsvorbehalts wird die Prämisse zugrunde liegen, dass der Sachwalter seine Zustimmung verweigern wird, um die Masse zu erhalten. Wird aber ein Zustimmungsvorbehalt angeordnet, der niemals in einer Zustimmung münden wird, liegt ein Missbrauch dieses Instituts vor. 91

> **Praxishinweis:**
>
> Bereits im Vorgespräch sollte mit den Beteiligten darüber gesprochen werden, ob das Gericht bereit ist, einen besonderen Zustimmungsvorbehalt anzuordnen.

b) Verwertungssperre

Nach § 21 Abs. 2 Satz 1 Nr. 5 InsO i. V. m. § 270c Abs. 2 InsO kann das Gericht auch in der Eigenverwaltung anordnen, dass bestimmte Gegenstände nicht zu verwerten sind (allgemein zur Verwertungssperre siehe → Teil III 2 Rn. 41 ff.). Da dem Insolvenzgericht nicht bekannt ist, welche Gegenstände zur Führung des Unternehmens erforderlich sind, wird eine Anordnung **nur auf Anregung** erfolgen. Es sollte daher bereits möglichst in einem Vorgespräch abgeklärt werden, ob und in welchem Umfang eine Verwertungssperre für erforderlich gehalten wird. 92

Die Anregung kann und sollte bereits mit dem Antrag auf Eröffnung des Verfahrens zusammen eingereicht werden. Durch diese sollte dann **hinreichend dargelegt** werden, weshalb einzelne Gegenstände oder bestimmte Gegenstandgruppen für die Fortführung erforderlich sind.

---

63) Ebenso BeckOK-InsO/*Ellers*, 7/2024, § 270c Rn. 13.

64) Vgl. dazu HmbKomm-InsO/*Fiebig*, § 270c Rn. 7 f.

65) So LG Ludwigshafen ZIP 2023, 486 m. w. N.; K. Schmidt-*Undritz*, InsO, § 270c Rn. 8.

66) Vgl. nur AG Hannover ZIP 2015, 1893 f.; BeckOK-InsO/*Ellers*/*Kreutz*, § 270c Rn. 46; Graf-Schlicker-*Graf-Schlicker*, InsO, § 270c Rn. 17.

> **Praxishinweis:**
>
> Die Anregung sollte nicht zu kleinteilig gefasst sein und nur die wirklich für die Fortführung wesentlichen Gegenstände erfassen. Sinnlos Anregungen (z. B. in der Praxis erlebte Anregung zur Verwertungssperre für Glasvitrinen, in denen Akten untergebracht sind) sollten unterbleiben, da sie nur unnötige Nebenschauplätze in der Diskussion zwischen Schuldner und Gericht eröffnen.

c) Einstellung der Zwangsvollstreckung

93 Ferner kann das Gericht anordnen, dass die **Mobiliarzwangsvollstreckung** gem. § 21 Abs. 2 Satz 1 Nr. 3 InsO eingestellt wird. Es gelten diesbezüglich dieselben Voraussetzungen wie im vorläufigen Insolvenzverfahren.

> **Praxishinweis:**
>
> Die Anordnung der Einstellung der Zwangsvollstreckung sollte **nicht** bereits **standardmäßig** mit der Anordnung der vorläufigen Eigenverwaltung erfolgen. Erforderlich erscheint vielmehr, dass konkrete Zwangsvollstreckungsmaßnahmen drohen. Insoweit ist die Geschäftsführung angehalten, eine entsprechende Anordnung anzuregen und dies zu begründen.

94 Das Insolvenzgericht ist nicht befugt, die **Zwangsvollstreckung in Grundstücksrechte** einzustellen. Dazu bedarf es vielmehr gem. § 30d Abs. 4 Satz 2 ZVG eines Antrags des Schuldners beim Vollstreckungsgericht.

d) Postsperre

95 Rechtliche möglich ist auch die Anordnung einer **Postsperre**. Indes wird von einem **Scheitern der Eigenverwaltung** und damit von einem Aufhebungsgrund gem. § 270 Abs. 1 Nr. 3 InsO auszugehen sein, wenn die Kommunikation zwischen Schuldner, Sachwalter und Gericht derart gestört ist, dass eine Postsperre angeordnet werden muss.[67)]

e) Begründung von Masseverbindlichkeiten

96 Der **kritischste Punkt** im Rahmen der vorläufigen Eigenverwaltung ist meist die Anordnung der **Begründung von Masseverbindlichkeiten**. Grundsätzlich sind sämtliche Verbindlichkeiten, die vor der Eröffnung des Insolvenzverfahrens begründet werden, als Insolvenzforderungen gem. § 38 InsO anzumelden. Diese Gläubiger werden dann untereinander gleichrangig mit einer Quote befriedigt. Um den Geschäftsbetrieb aufrecht zu erhalten, gibt es aber noch die Möglichkeit der Begründung von Masseverbindlichkeiten. Diese werden dann vorrangig vor den Insolvenzforderungen befriedigt. Zumeist erfolgt eine vollständige Befriedigung.

---

67) Ähnlich K. Schmidt-*Undritz*, InsO, § 270c Rn. 5.

In der vorläufigen Eigenverwaltung werden grundsätzlich keine Masseverbindlichkeiten begründet. § 55 Abs. 4 InsO ist nicht entsprechend auf die vorläufige Eigenverwaltung anzuwenden.[68] Masseverbindlichkeiten können **erst nach Anordnung** des Insolvenzgerichts begründet werden.[69] 97

Die **Voraussetzungen** für die Begründung von Masseverbindlichkeiten sind in § 270c Abs. 4 InsO geregelt. Erforderlich ist stets ein Antrag des Schuldners. Es ist weder eine Anordnung von Amts wegen noch auf Antrag des Sachwalters möglich. Es ist insoweit danach zu differenzieren, ob die Verbindlichkeiten, die als Masseverbindlichkeiten gelten sollen, bereits im Finanzplan aufgenommen wurden oder nicht. 98

> **Praxishinweis:**
>
> Anders als nach früherem Recht ist die Anordnung einer **Globalermächtigung** nicht mehr möglich.

aa) Forderungen innerhalb des Finanzplans

In § 270c Abs. 4 InsO ist geregelt, dass nur für Forderungen, die nicht im Finanzplan aufgenommen wurden, besondere Voraussetzungen gelten. Demnach hat das Insolvenzgericht auf Antrag hinsichtlich Forderungen, die im Insolvenzplan aufgenommen wurden, kein Ermessen, ob es die Begründung von Masseverbindlichkeiten anordnet.[70] Einzige Voraussetzung ist, dass im Finanzplan ausgeführt wurde, dass diese Verbindlichkeiten auch **durch die Masse gedeckt** werden können. Umstritten ist die Frage, ob der Schuldner vollkommen frei ist, welche Forderungen er mit in den Insolvenzplan aufnimmt.[71] Zutreffend erscheint es, dass das Gericht bereits hinsichtlich des Finanzplans zu prüfen hat, ob gleiche Sachverhalte auch **gleichbehandelt** wurden.[72] 99

Das Gericht hat daher lediglich zu prüfen, ob die Verbindlichkeiten **nicht bereits begründet** wurden. Einfache Verbindlichkeiten dürfen nicht rückwirkend zu Masseverbindlichkeiten aufgewertet werden. Die vom Antrag betroffenen Forderungen dürfen daher noch nicht begründet und fällig sein.[73] Da die Forderungen einzeln im Finanzplan aufgeführt sein müssen, können sich **keine Gruppenermächtigungen** ergeben.[74] Eine Kategorisierung wird nur in der Form möglich sein, dass bereits im Finanzplan einzelne Forderungen zu Ka- 100

---

68) BGH, ZIP 2019, 2488 Rn. 20; BFH, ZIP 2020, 1624 Rn. 17.

69) BGH, ZIP 2019, 2488 Rn. 14.

70) Ebenso Kayser/Thole-*Brünkmans*, InsO, § 270c Rn. 22.

71) Dazu nur Kayser/Thole-*Brünkmans*, InsO, § 270c Rn. 24; bei den übrigen Kommentierungen wird die Frage nicht problematisiert.

72) So zutreffend Kayser/Thole-*Brünkmans*, InsO, § 270c Rn. 24.

73) BeckOK-InsO/*Ellers*/*Kreutz*, § 270c Rn. 26.

74) So auch BeckOK-InsO/*Ellers*/*Kreutz*, § 270c Rn. 25.1; *Blankenburg*, ZInsO 2021, 753, 764; Kayser/Thole-*Brünkmans*, InsO, § 270c Rn. 24.

tegorien zusammengefasst sind und auf diese Kategorie dann Bezug genommen wird.[75]

bb) Forderungen außerhalb des Finanzplans

101 Sollen Masseverbindlichkeiten für Forderungen, die nicht im Finanzplan aufgenommen worden, begründet werden, bedarf es einer **besonderen Begründung**, warum diese Forderungen nicht aufgenommen wurden und weshalb sie vorrangig befriedigt werden sollten.[76] Das Gericht hat dann **drei Aspekte** besonders zu berücksichtigen. Zum einen dürfen, wie bereits dargelegt, einfache Verbindlichkeiten **nicht rückwirkend** zu Masseverbindlichkeiten aufgewertet werden. Ferner müssen die Masseverbindlichkeiten im Verfahren **gedeckt** sein. Schließlich ist zu beachten, dass auch im Eröffnungsverfahren der **Grundsatz der Gläubigergleichbehandlung** gilt. Wenn Gläubiger vorrangig befriedigt werden sollen, muss dies im Antrag begründet werden. Das Gericht hat insoweit zu prüfen, ob ggf. einzelne Gruppen befriedigt werden können, die besonders relevant für den Weiterbetrieb sind.

102 Die Anordnung ergeht durch **Beschluss**. Ermächtigt wird der **Schuldner**.

cc) Rechtsfolgen

103 Der Verweis in § 270c Abs. 4 Satz 2 InsO betrifft die Rechtsfolgen der Anordnung der Begründung von Masseverbindlichkeiten. Die in der Einzelermächtigung aufgenommenen Verbindlichkeiten werden **unabhängig vom Willen des Schuldners** mit Eröffnung des Verfahrens Masseverbindlichkeiten.

> **Praxishinweis:**
>
> Der Verweis auf den Wortlaut des § 55 Abs. 2 InsO ist verwirrend, da diese Norm den starken vorläufigen Insolvenzverwalter betrifft. Im Rahmen des Verweises ist die Norm so zu verstehen, dass Verbindlichkeiten, die von einem Schuldner begründen worden, für die eine Einzelermächtigungsbefugnis erteilt wurden, nach der Eröffnung des Verfahrens als Masseverbindlichkeiten gelten. Die übrigen Verbindlichkeiten bleiben Insolvenzforderungen.

104 Soweit § 55 Abs. 3 InsO für entsprechend anwendbar gehalten wird,[77] kann dem nicht gefolgt werden. Anders als bei der vorläufigen starken Insolvenzverwaltung begründet der Schuldner für **Arbeitsnehmerverbindlichkeiten** nicht automatisch Masseverbindlichkeiten, sondern nur, wenn diese mit von der Einzelermächtigung umfasst sind. Gleiches gilt für die übrigen **Dauerschuldverhältnisse**. Der Verweis auf § 55 Abs. 2 InsO darf nicht dahingehend verstanden werden, dass der Schuldner für sämtliche Dauerschuldver-

75) *Blankenburg*, ZInsO 2021, 753, 764.

76) So auch Kayser/Thole-*Brünkmans*, InsO, § 270c Rn. 28.

77) Kayser/Thole-*Brünkmans*, InsO, § 270c Rn. 30; K. Schmidt-*Undritz*, InsO, § 270c Rn. 9.

hältnisse, deren Leistung er in Anspruch nimmt, Masseverbindlichkeiten begründet.[78)]

Ferner ist zu beachten, dass der Schuldner gem. § 55 Abs. 4 InsO unabhängig von der Anordnung der Begründung von Masseverbindlichkeit für die **Umsatzsteuern** und deren gleichgestellte Abgaben, Masseverbindlichkeiten begründet. Die Norm ist unmittelbar anwendbar, wenn ein vorläufiger Sachwalter bestellt wird. 105

f) Veröffentlichung

Die Normen der vorläufigen Insolvenzverwaltung sehen **keine öffentliche Bekanntmachung** der Bestellung des vorläufigen Sachwalters oder der Sicherungsmaßnahmen vor. Eine solche ist in das **Ermessen** des Gerichts gestellt.[79)] Dabei hat das Gericht abzuwägen, ob das Interesse der Gläubiger an einer Veröffentlichung dem Interesse des Schuldners an einer Geheimhaltung der Anordnung überwiegen. 106

Praxishinweis:

Die Frage der Veröffentlichung sollte mit dem Schuldnervertreter bereits im Rahmen des Vorgesprächs abgeklärt werden. Dabei sollte erörtert werden, welche genauen Risiken sich aus einer Veröffentlichung ergeben. Wird die potentielle Kundschaft des Schuldners sehr sensibel auf einen Hinweis auf eine Insolvenz reagieren, sollte von einer Veröffentlichung Abstand genommen werden.

IV. Durchführung der vorläufigen Sachwaltung

Ist der vorläufige Sachwalter nicht bereits über den Schuldner in das Verfahren involviert, hat dieser **unmittelbar** nach der Bestellung seine **Tätigkeit aufzunehmen**. Er muss direkt mit dem Schuldner und dem vorläufigen Gläubigerausschuss Kontakt aufnehmen. Ist dies nicht möglich, stellt dies einen Hinderungsgrund für die Bestellung als vorläufigen Sachwalter dar. 107

Gerade in Eigenverwaltungsverfahren, die kleinere Unternehmen betreffen, bei denen der vorläufige Sachwalter nicht bereits in die Vorbereitung des Verfahrens involviert war, muss dieser darauf achten, dass er seiner Rolle gerecht wird. Er soll den Schuldner begleiten und das **Bindeglied** des Gerichts in das Unternehmen sein. In der Praxis ist immer wieder zu beobachten, dass sich der vorläufige Sachwalter wie ein vorläufiger Insolvenzverwalter geriert und z. B. sämtliche Geschäftsvorgänge genehmigen will. Dies ist aber, soweit nicht entsprechend angeordnet, nicht die Aufgabe des vorläufigen Sachwalters und führt nur zu Konflikten mit dem Schuldner, die einer erfolgreichen Eigenverwaltung entgegenstehen. 108

---

78) Ebenso Kayser/Thole-*Brünkmans*, InsO, § 270c Rn. 30; wohl auch HmbKomm-InsO/*Fiebig*, § 270c Rn. 10; ausführlich dazu *Klinck*, ZIP 2021, 1189, 1190 ff.

79) So ebenfalls Kayser/Thole-*Brünkmans*, InsO, § 270b Rn. 60.

109 Nimmt der vorläufige Sachwalter bei seiner Tätigkeit wahr, dass der Schuldner vereinbarte Zusagen nicht einhält oder sich unkooperativ verhält, hat er dies gem. §§ 270b Abs. 1, 274 Abs. 3 InsO dem **Insolvenzgericht** und dem **vorläufigen Gläubigerausschuss anzuzeigen**. Das Insolvenzgericht hat dann zu entscheiden, ob dem vorläufigen Sachwalter ggf. weitere Kompetenzen eingeräumt werden können oder ob, als ultima ratio, zu einer vorläufigen Insolvenzverwaltung übergegangen werden muss.

> **Praxishinweis:**
>
> Wesentlich für den Erfolg des Verfahrens ist eine gute Kommunikation zwischen den Beteiligten. Erlangt das Gericht durch einen Schriftsatz Kenntnis von Mängeln, sollte es nicht diesen nur zu einer Stellungnahme weiterleiten und sich auf ein schriftliches Verfahren beschränken. Vielmehr sollten die Beteiligten umgehend zu einem klärenden Gespräch einbestellt werden. In der direkten Kommunikation lassen sich Probleme, die auf Missverständnissen beruhen, leicht ausräumen. Stellen sich die Probleme als grundlegender Natur dar, kann immer noch im Vorfeld einer möglichen Bestellung eines vorläufigen Insolvenzverwalters die Gelegenheit zur schriftlichen Stellungnahme gegeben werden.

110 Der Schuldner ist gem. § 270c Abs. 2 seinerseits verpflichtet, entweder dem Gericht oder dem vorläufigen Sachverwalter mitzuteilen, falls sich **wesentliche Änderungen** von **Umständen** ergeben, die relevant für die Eigenverwaltungsplanung sind. Die Verletzung der Pflicht kann zur Aufhebung der vorläufigen Eigenverwaltung gem. § 270e Abs. 1 Nr. 1 lit. b) InsO oder zur Haftung der Geschäftsführung führen.[80)]

V. Übergang von der vorläufigen Eigenverwaltung in das vorläufige Insolvenzverfahren (§ 270e InsO)

111 Die Anordnung der vorläufigen Eigenverwaltung ist **nicht irreversibel**. Vielmehr hat das Gericht die Möglichkeit, gem. § 270e InsO die vorläufige Eigenverwaltung aufzuheben und einen vorläufigen Insolvenzverwalter einzusetzen.

1. Voraussetzungen

112 Die Aufhebung ist gem. § 270e InsO möglich, wenn entweder nachträglich **enumerativ aufgezählte Ereignisse** eintreten oder Umstände bekannt werden, die die Ziele des Insolvenzverfahrens in Form einer Eigenverwaltung gefährden würden.

a) Nachträgliche Ergebnisse

113 Die vorläufige Eigenverwaltung ist aufzuheben, wenn einer der **drei Hauptakteure** (Schuldner selbst,[81)] vorläufiger Gläubigerausschuss, vorläufiger Sachwalter) dies **beantragt** (§ 270e Abs. 1 Nr. 4, 5 InsO). Der Antrag muss beim

80) Vgl. dazu HmbKomm-InsO/*Fiebig*, § 270c Rn. 4.

81) Zur Vertretungsbefugnis siehe BeckOK-InsO/*Ellers*/*Kreutz*, § 270c Rn. 15.

Insolvenzgericht mündlich oder schriftlich eingehen. Stellt der vorläufige Sachwalter den Antrag, muss der vorläufige Gläubigerausschuss dem zustimmen. Durch den Aufhebungsantrag bringen die Beteiligten zum Ausdruck, dass sie keine Erfolgsaussichten für das Verfahren erkennen. Das Gericht hat kein Ermessen, sondern muss unmittelbar zur vorläufigen Insolvenzverwaltung übergehen.

Praxishinweis:

Wird der Antrag mündlich gestellt, muss dies nicht zum Protokoll der Geschäftsstelle erfolgen, sondern kann auch direkt gegenüber dem Richter erfolgen. Dieser sollte den Antrag durch einen Vermerk in der Akte genau protokollieren, falls es später zu Umstimmigkeiten über die Rücknahme kommen sollte.

Ferner hat eine Aufhebung zu erfolgen, wenn dies durch einen **Gläubiger beantragt** wird. Dieser muss gem. § 270e Abs. 2 InsO allerdings glaubhaft machen, dass die Voraussetzungen der Eigenverwaltung nicht vorliegen und ihm durch die Eigenverwaltung erhebliche Nachteile drohen. Die Nachteile müssen ihm selbst drohen und nicht nur anderen Gläubigern.[82] 114

Praxishinweis:

Die Aufhebungsmöglichkeit auf Antrag eines Gläubigers erweist sind in der Regel als sehr stumpfes Schwert. Ein Nachteil durch die Eigenverwaltung muss sich konkret monetär niederschlagen. Nicht ausreichend sind daher eine schleppende Durchführung der Eigenverwaltung, die ggf. zu einer späteren Auszahlung der Quote führt.[83] Kann sich daher der Gläubiger nur auf Mutmaßungen stützen, sollte der Antrag unterbleiben.

Eine Aufhebung **von Amts wegen** ist möglich, wenn das Gericht davon ausgeht, dass die Erreichung des Ziels der Eigenverwaltung, insbesondere die Sanierung, sich als aussichtslos erweist (§ 270e Abs. 1 Nr. 3 InsO). Erforderlich für die Aufhebung ist es, die Ziele genau zu definieren. Nur so kann geprüft werden, ob diese Ziele nicht mehr erreicht werden könnten. 115

Ebenfalls unter die Kategorie fällt die Aufhebung bei **erfolglosen Fristablauf** gem. § 270b Abs. 1 Satz 2 InsO. Diese Frist wird gesetzt, wenn die Eigenverwaltungsplanung Mängel aufweist, die für das Gericht behebbar erscheinen. Kommt der Schuldner der Auflage des Gerichts zur Nachbesserung nicht nach, ist auch insoweit die vorläufige Insolvenzverwaltung anzuordnen. 116

b) Nachträgliche Kenntnis

§ 270e Abs. 1 Nr. 1 erfasst die Situationen, nach denen das Gericht das Vertrauen in die Eigenverwaltung verloren hat. Es muss insoweit entweder ein **schwerer Pflichtverstoß** vorliegen oder sich sonst ergeben, dass der Schuldner 117

82) BeckOK-InsO/*Ellers/Kreutz*, § 270e Rn. 21.

83) Ebenso BeckOK-InsO/*Ellers/Kreutz*, § 270e Rn. 21; Kayser/Thole-*Brünkmans*, InsO, § 270e Rn. 23.

nicht geeignet ist, die Interessen der Gläubiger zu wahren. Es handelt sich dabei um eine Generalklausel. Diese wird mit drei Beispielsfällen untermauert.

118 Das Gericht wird das Vertrauen in die Eigenverwaltung verlieren, wenn der Schuldner in **wesentlichen Punkten falsche Angaben** gemacht hat oder seine Berichtspflicht gem. § 270c Abs. 2 InsO verletzt. In diesem Fällen fehlt es an der Basis für eine vertrauensvolle Zusammenarbeit, die essentiell für eine erfolgreiche Eigenverwaltung ist.

119 Die weiteren beiden Punkte sind weniger eindeutig. Gemäß § 270e Abs. 1 Nr. 1 lit. b) InsO kann eine **unvollständige** und **mangelhafte Buchhaltung** zu einem Vertrauensverlust führen, wenn dadurch keine Beurteilung der Eigenverwaltungsplanung möglich ist. Dieser Punkt überrascht insoweit, weil dann eigentlich schon die Anordnung hätte unterbleiben müssen.[84)]

> **Praxishinweis:**
>
> Aus der Norm ergibt sich nicht, dass die Angaben vorsätzlich falsch gemacht sein müssen. Es kommt daher allein auf den objektiven Tatbestand an. Da es sich aber nur um ein Regelbeispiel für die mangelnde Eignung des Schuldners handelt, wird von einem Fehlen der Eignung nicht auszugehen sein, wenn dem Schuldner kein Verschulden zur Last zu legen ist.[85)]

2. Rechtsfolgen

120 Bei den **Aufhebungsgründen** nach § 270e Abs. 1 Nr. 2, 4 und 5 InsO hat das Gericht die vorläufige Eigenverwaltung unmittelbar nach Kenntnis des Umstandes aufzuheben. Es besteht **kein Beurteilungs- oder Ermessensspielraum**.[86)]

121 Anders sieht es bei den übrigen Tatbeständen aus. Auch hier sieht das Gesetz zwar kein Ermessen vor, jedoch hat das Gericht insoweit einen **Beurteilungsspielraum**, ob es davon ausgeht, dass die **Sanierung aussichtslos** ist oder erhebliche Nachteile drohen. Da diese Begriffe auslegungsbedürftig sind, greift kein wann-dann-Schema ein.

122 Zudem kann keine unmittelbare Aufhebung erfolgen, vielmehr müssen entweder der Schuldner oder der **vorläufige Gläubigerausschuss beteiligt** werden. Ist ein Aufhebungsgrund in Form eines Vertrauensverlustes oder einer offensichtlichen Aussichtslosigkeit gegeben, ist zunächst der vorläufige Gläubigerausschuss anzuhören (§ 270e Abs. 4 Satz 1 InsO). Auf eine solche Anhörung darf nur verzichtet werden, wenn zwei Tage abgelaufen sind oder mit einer nachteiligen Veränderung der Vermögenslage zu rechnen ist (§ 270b Abs. 3 Satz 2 InsO).

---

84) So bereits *Blankenburg*, ZInsO 2021, 753, 766.

85) So bereits *Blankenburg*, ZInsO 2021, 753, 766.

86) Ebenso BeckOK-InsO/*Ellers*/*Kreutz*, § 270e Rn. 26.

Praxishinweis:

Aufgrund moderner Kommunikationsmittel dürfte es heutzutage ohne weiteres möglich sein, dass das Gericht mit den Mitgliedern des vorläufigen Gläubigerausschusses in kürzester Zeit zusammenkommt. Über die gängigen Kommunikationsplattformen (z. B. Skype, Webex) kann ohne großen Aufwand ein Online-Meeting erfolgen.

Bei einem Gläubigerantrag ist der **Schuldner zu hören**. Aus rechtsstaatlichen 123
Erwägungen sollte auch bei den übrigen Gründen, außer dem Eigenantrag, eine Anhörung erfolgen.[87] Ihm sollte insoweit eine kurze Stellungnahmefrist gewährt werden. Je größer die drohenden Nachteile sind, umso kürzer sollte die Frist ausfallen.

Praxishinweis:

Die Mitwirkung des Schuldners ist für ein erfolgreiches Eigenverwaltungsverfahrens selbstverständlich. Gibt der Schuldner zu dem Gläubigerantrag daher keine Stellungnahme ab, indiziert dies bereits das Scheitern der Eigenverwaltung. Ggf. sollte dann unmittelbar der vorläufige Gläubigerausschuss angehört werden und die Aufhebung nach § 270e Abs. 1 Nr. 3 InsO erfolgen.

Das Gericht hat **nicht explizit** die Aufhebung der vorläufigen Eigenverwal- 124
tung zu **beschließen**, sondern vielmehr einen vorläufigen Insolvenzverwalter einzusetzen. Wird nicht der bisherige vorläufige Sachwalter zum vorläufigen Insolvenzverwalter, ist dessen Bestellung aufzuheben. Im Übrigen hat der Beschluss dann die gleiche Form wie die reguläre Bestellung eines vorläufigen Insolvenzverwalters.

Das Gericht hat abzuwägen, ob es sinnvoll ist, den bisherigen Sachwalter als 125
vorläufigen Insolvenzverwalter einzusetzen. Dies ist gem. § 270e Abs. 3 InsO explizit möglich. Dies sollte auch die Regel sein, wenn das Gericht nicht von einem **kollusiven Zusammenwirken** von Schuldner und dem vorläufigen Sachwalter ausgeht.

Praxishinweis:

Bei der Abwägung ist zu berücksichtigen, dass bei einem Austausch der Person des vorläufigen Sachwalters die Vergütung doppelt anfällt. Bei einer kontinuierlichen Fortführung kann hingegen die Arbeitsersparnis über Zu- und Abschläge vergütungsrechtlich neutralisiert werden.

VI. Schutzschirmverfahren

Neben der normalen Eigenverwaltung sieht § 270d InsO noch das Schutz- 126
schirmverfahren vor. Dieses war bis zur Reform der Normen der Eigenverwaltung ein eigenständiges Verfahren und wies erhebliche Unterschiede zur normalen Eigenverwaltung auf. Diese Unterschiede wurden weitgehend nivel-

87) So bereits *Blankenburg*, ZInsO 2021, 753, 768; zustimmend K. Schmidt-*Undritz*, InsO, § 270e Rn. 7.

liert. Das Schutzschirmverfahren bietet nur marginale rechtliche Vorteile. Daher dürften **weniger rechtliche Vorteile** den Ausschlag für die Auswahl des Schutzschirmverfahrens geben. Vielmehr handelt es sich um ein **Marketinginstrument** für Schuldner und Sanierungsberater, um den Umstand, dass sich das Unternehmen in der Insolvenz befindet, möglichst blumig zu verkaufen. Immer wieder ist in Presseerklärungen zu lesen, dass sich ein Unternehmen nicht im Insolvenzverfahren, sondern nur im Schutzschirmverfahren befinde. Den Kunden oder Geschäftspartnern soll damit suggeriert werden, dass es eigentlich gar nicht so schlimm um das Unternehmen bestellt ist. Dies kaschiert, dass es sich bei dem aktuellen Schutzschirmverfahren nur um eine Variante der normalen Eigenverwaltung handelt.

1. Voraussetzungen

127 Die Voraussetzungen für ein Schutzschirmverfahren sind in § 270d Abs. 1 InsO geregelt. Neben den normalen **Voraussetzungen** für die **Eigenverwaltung** muss zusätzlich noch eine **qualifizierte Bescheinigung** vorgelegt werden (§ 270 Abs. 1 Satz 1 InsO). Diese Bescheinigung muss zwei Anforderungen erfüllen. Zum einen muss sie von einer qualifizierten Person ausgestellt sein, zum anderen einen bestimmten insolvenzrechtlichen Zustand des Unternehmens bescheinigen.

128 Bei dem Aussteller der Bescheinigung muss es sich um einen in Insolvenzsachen erfahrenen Steuerberater, Wirtschaftsprüfer, Rechtsanwalt oder eine Person mit vergleichbarer Qualifikation handeln. Wesentlich ist dabei insbesondere das Attribut **„in Insolvenzsachen erfahren“**. Dies bedeutet, dass der Aussteller sich beruflich mit der Sanierung von Unternehmen im Rahmen der Eigenverwaltung oder des Regelverfahrens beschäftigt haben muss.[88] In der Bescheinigung muss aufgeführt sein, warum die ausstellende Person erfahren in Insolvenzsachen ist. Dies ergibt sich nicht bereits aus der Berufsqualifikation, sondern muss durch Nachweise der Tätigkeit oder Veröffentlichungen belegt werden.

> **Praxishinweis:**
>
> Wird der Aussteller regelmäßig beim örtlich zuständigen Insolvenzgericht bestellt, reicht ein Verweis auf diese Tätigkeit. Weitere Ausführungen sind nicht erforderlich.

129 Aus der Bescheinigung selbst muss sich ergeben, dass eine drohende Zahlungsunfähigkeit oder Überschuldung, aber **keine Zahlungsunfähigkeit** vorliegt und die angestrebte Sanierung nicht offensichtlich aussichtslos ist. Dabei ist zu beachten, dass die Bescheinigung gem. § 270d Abs. 1 Satz 1 InsO mit Gründen versehen sein muss. Daraus ergibt sich, dass für das Insolvenzgericht **nachvollziehbar** dargelegt werden muss, weshalb keine Zahlungsunfähigkeit

88) Vgl. Kayser/Thole-*Brünkmanns*, InsO, § 270d Rn. 18.

vorliegt und was das geplante Ziel sowie die Schritte dahin sind. Um die Zahlungsunfähigkeit ausschließen zu können, muss der Aussteller der Bescheinigung eine **Liquiditätsbilanz** erstellen, die mindestens einen Zeitraum von drei Wochen umfassen sollte. Innerhalb dieses Zeitraums darf es nicht zu einer Zahlungsunfähigkeit kommen. Es müssen also die fälligen Verbindlichkeiten den kurzfristig zu erreichenden liquiden Mitteln gegenübergestellt werden. Damit das Zahlenmaterial hinreichend aktuell ist, sollte die Bescheinigung nicht älter als 3 Wochen sein.[89]

Hinsichtlich der Erfolgsaussichten sind **inhaltsleere Satzhülsen zu vermeiden.** 130
Vielmehr müssen das Ziel der Eigenverwaltung und die dafür geplanten Schritte dargestellt werden. Eine Eigenverwaltung ist dann offensichtlich aussichtslos, wenn das Konzept bereits nicht schlüssig ist und vom Gericht nicht nachvollzogen werden kann.

> **Praxishinweis:**
>
> Es ist kritisch zu sehen, wenn lediglich ein Grobkonzept gefordert wird.[90] Soweit damit zum Ausdruck gebracht werden soll, dass nicht sämtliche Sanierungsschritte durchgeplant sein müssen, wäre dies zutreffend. Wird aber nur eine allgemeine Schilderung verlangt, wäre dies nicht ausreichend.

2. Prüfungs- und Entscheidungskompetenz des Gerichts

Das Gericht muss prüfen, ob die Bescheinigung den Anforderungen des § 270d 131
Abs. 1 Satz 1 InsO entspricht. Hinsichtlich der Person des Ausstellers muss sich schlüssig aus der Bescheinigung ergeben, dass die Person die erforderliche berufliche Qualifikation aufweist. Einer ausführlicheren Darlegung bedarf es nur, wenn die Person eine vergleichbare Qualifikation aufweisen soll.

Hinsichtlich der Erfahrung in Insolvenzverfahren und der Erfolgsaussichten 132
hat das Gericht lediglich zu prüfen, ob die Voraussetzungen **schlüssig dargelegt** sind. Da die Sanierung schlicht nicht offensichtlich aussichtslos sein darf, bedarf es nicht nur Zweifel des Gerichts an den Erfolgsaussichten. Soll entgegen dem Votum des Ausstellers eine Offensichtlichkeit angenommen werden, bedarf es dafür starker Indizien, die sich nur aus dem Insolvenzantrag ergeben können. In diesem Fall wird es dann aber kaum möglich sein, eine vorläufige Eigenverwaltung anzuordnen, so dass dann nicht mehr gesondert über das Schutzschirmverfahren entschieden werden muss.

Kommt das Gericht zu dem Ergebnis, dass die Bescheinigung nicht ausrei- 133
chend ist, sollte dies dem Schuldner **nur formlos** mitgeteilt werden. Eines Beschlusses dazu bedarf es nicht. Ausführungen des Gerichts bedarf es nur dann inzident, wenn es eine andere Person als die vom Schuldner vorgeschlagene zum

89) Ebenso Kayser/Thole-*Brünkmanns*, InsO, § 270d Rn. 16.

90) So Kayser/Thole-*Brünkmanns*, InsO, § 270d Rn. 22.

vorläufigen Sachwalter bestellen will oder nicht die Einstellung der Zwangsvollstreckung anordnen will.

134 Wird die Bescheinigung hingegen als hinreichend angesehen, hat das Gericht eine **Frist** für die Einreichung eines **Insolvenzplans** zu setzen. Diese darf gem. § 270d Abs. 1 Satz 2 InsO nicht länger als drei Monate nach Antragseingang betragen. Ist der Plan nicht bereits vorbereitet, wird sich eine kürzere Frist kaum anbieten. Es wäre auch nicht erforderlich, durch eine kürzere Frist Druck in dem Verfahren zu erzeugen.

Praxishinweis:

Die Entscheidung ergeht durch einen Beschluss. Dieser muss nicht ausführlich begründet werden, weil Rechtsmittel nicht möglich sind. Es wird nur eine Frist gesetzt. Das Gesetz sieht nicht vor, dass ein Schutzschirmverfahren „angeordnet" oder „eröffnet" wird. Auch wenn dies aus Marketinggesichtspunkten für den Schuldner wünschenswert wäre, sollte derartiges nicht angeordnet werden.

3. Rechtsfolgen

135 Die Rechtsfolgen der Einreichung einer Bescheinigung für ein Schutzschirmverfahren sind äußerst gering. **Unmittelbare Folge** ist lediglich, dass das Gericht eine Frist zur Vorlage eines Insolvenzplans anordnet. **Mittelbare Folgen** sind, dass der Schuldner bindend einen vorläufigen Sachwalter vorschlagen und den Erlass der Anordnung zur Einstellung der Zwangsvollstreckung beantragen kann.

136 Das bindende **Vorschlagsrecht des Schuldners** in § 270d Abs. 2 InsO ist dem Vorschlagsrecht des (vorläufigen) Gläubigerausschusses gem. § 56a Abs. 2 nachgebildet. Nicht geregelt ist das Konkurrenzverhältnis zwischen zwei möglichen Vorschlägen. Als das speziellere geht jedoch das des Schuldners dem Recht des vorläufigen Gläubigerausschusses vor.[91)]

137 Ferner kann der Schuldner beantragen, dass das Gericht die **Zwangsvollstreckung einstellt**. § 270d Abs. 3 gewährt dieses Antragsrecht voraussetzungslos. Dementsprechend hat das Gericht nach Eingang eines Antrags die entsprechende Anordnung zu erlassen. Die Frage der Bindung an einen solchen Antrag dürfte in der Praxis kaum Relevanz haben, weil die Insolvenzgerichte bei einer Gefahr für die Masse sowieso eine entsprechende Anordnung erlassen werden. Lediglich wenn eine solche Gefahr vereint wird, käme es auf die Bindung an.

D. Eröffnung des Verfahrens

138 Die Anordnung der Eigenverwaltung richtet sich nach § 270f InsO. Der Wortlaut der Norm ist verwirrend. Diese Norm regelt nur die Anordnung der Ei-

91) Vgl. dazu nur K. Schmidt-*Undritz*, InsO, § 270d Rn. 9 m. w. N.

genverwaltung, verhält sich jedoch nicht zur Eröffnung des Verfahrens. Es ist aber wie bei der vorläufigen Sachwaltung zu differenzieren. Grundvoraussetzung ist die Eröffnung des Verfahrens nach den allgemeinen Regeln. Es müssen die Eröffnungsvoraussetzungen vorliegen.[92] Zusätzlich dazu müssen **weitere Voraussetzungen** für die Anordnung der **Eigenverwaltung** erfüllt sein.

Die Anordnung der Eigenverwaltung kann nur auf Antrag des Schuldners erfolgen (vgl. dazu → Rn. 29). Die Anordnung hat zu erfolgen, wenn die Voraussetzungen für die Anordnung einer Eigenverwaltung und ferner **keine Aufhebungsgründe** vorliegen. Wird der Antrag erst kurz vor der Eröffnung des Verfahrens gestellt, so dass bisher noch keine Anordnung der vorläufigen Eigenverwaltung erfolgt ist, muss eine fiktive Prüfung erfolgen, ob eine vorläufige Eigenverwaltung anzuordnen gewesen wäre.[93] **139**

Praxishinweis:

Das Gericht ist nicht an die Entscheidung im Eröffnungsverfahren gebunden. Insbesondere wenn sich Umstände ändern, kann eine andere Entscheidung getroffen werden. Das Gericht sollte daher sorgfältig die Zulässigkeit des Antrags genau prüfen. Es gilt insoweit der Amtsermittlungsgrundsatz.[94]

Ebenso wie im Eröffnungsverfahren ist vor der Entscheidung der **vorläufige Gläubigerausschuss anzuhören** (§ 270f Abs. 3 i. V. m. § 270b Abs. 3 InsO). Dieser kann ein Negativ- oder Positivvotum hinsichtlich der Eigenverwaltung abgeben. Daran ist das Gericht gebunden. Fehlt ein solches Votum, kann das Gericht frei entscheiden. **140**

Die Frage nach dem Zeitpunkt der Anordnung der Eigenverwaltung deckt sich mit den allgemeinen Überlegungen zur Eröffnung des Insolvenzverfahrens. Das Gericht hat demnach zunächst festzustellen, ob eine die Kosten deckende Masse vorhanden ist und ob ein Insolvenzgrund gegeben ist. Darüber hinaus hat das Gericht abzuwägen, ob **Interesse an einer sofortigen Eröffnung** besteht. Dies ist grundsätzlich der Fall, soweit nicht die Regelungen zum **Insolvenzgeld** eingreifen. In diesem Fall ist es erforderlich, das Eröffnungsverfahren über **drei Monate** laufen zu lassen, weil insoweit die Arbeitnehmergehälter im eröffneten Verfahren durch die Bundesagentur für Arbeit übernommen werden. **141**

Praxishinweis:

Das Gericht sollte mit dem Schuldnervertreter absprechen, zu welchem Zeitpunkt eine Eröffnung erfolgen soll. Zur Vereinfachung der Buchhaltung wird zumeist die Eröffnung zum 1. des Folgemonats begehrt. Dem sollte sich das Gericht nicht verschließen.

92) Ebenso Kayser/Thole-*Brünkmans*, InsO, § 270f Rn. 1.

93) Ebenso HmbKomm-InsO/*Fiebig*, § 270f Rn. 1.

94) HmbKomm-InsO/*Fiebig*, § 270f Rn. 7.

142 Gemäß § 270f Abs. 2 InsO ist ein Sachwalter zu bestellen. Die Voraussetzungen dazu sind in § 274 Abs. 1 InsO und darüber in §§ 56, 56a InsO geregelt. Es gelten daher die allgemeinen Bestimmungen zur Verwalterauswahl entsprechend (vgl. dazu → Teil I, Rn. 38 ff.).

143 Sowohl die Anordnung der Eigenverwaltung als auch die Bestellung des Sachwalters haben in einem Beschluss zu erfolgen.[95] Es sollte daher **kein separater Beschluss** erstellt werden. Eine Pflicht zur Veröffentlichung besteht nicht, jedoch dürfte es im Ermessen des Gerichts liegen, ob eine Veröffentlichung erfolgt.[96]

E. Nach der Eröffnung

I. Rechtsstellung des Sachwalters

1. Verweis auf die allgemeinen Vorschriften

144 Die Stellung des Sachwalters im eröffneten Eigenverwaltungsverfahren richtet sich primär nach den §§ 274 ff. InsO. In § 274 Abs. 1 InsO finden sich Verweise auf die allgemeinen Normen, nämlich die Bestellung (§§ 56–57 InsO), die Aufsicht (§ 58 InsO), die Entlassung (§ 59 InsO), die Haftung (§§ 60, 62 InsO) sowie die Vergütung (§§ 63 ff. InsO).

2. Überwachungsfunktion

145 Die **wichtigste Norm** für das Selbstverständnis des Sachwalters ist § 274 Abs. 2 Satz. 1 InsO. Danach hat der Sachwalter primär die **wirtschaftliche Lage** des Schuldners zu **prüfen** sowie die **Geschäftsführung** und Ausgaben für die Lebensführung zu **überwachen**. Nach dem gesetzgeberischen Leitbild hat sich der Sachwalter auf eine **Überwachungsfunktion** zu beschränken, so dass dem Schuldner weiterhin die operative Geschäftsführung obliegt.

> **Praxishinweis:**
>
> Der Sachwalter kann Eingriffe in die Geschäftsführung durch Übernahme von Aufgaben nicht damit rechtfertigen, dass anderenfalls eine Überwachung nicht effektiv möglich wäre. Er ist vielmehr darauf angewiesen, dass der Schuldner ihm die erforderlichen Informationen liefert. Erfolgt dies nicht, muss die Eigenverwaltung ggf. aufgehoben werden.

146 Durch den Verweis in § 274 Abs. 2 Satz 3 InsO auf § 22 Abs. 3 InsO werden dem Sachwalter erhebliche **Ermittlungsinstrumente** an die Hand gegeben. Er kann den Schuldner befragen, Einsicht in die Geschäftsunterlagen nehmen und sogar die Geschäftsräume betreten und Nachforschungen anstellen. Der Einsatz solcher Mittel sollte in der Eigenverwaltung nicht nötig sein und

95) Kayser/Thole-*Brünkmans*, InsO, § 270f InsO Rn. 16.

96) Vgl. dazu BeckOK-InsO/*Ellers*, § 270d Rn. 62.1.

indiziert regelmäßig das Scheitern, sollte der Schuldner nicht doch glaubhaft sein Verhalten ändern.

Besonders ausgeprägt die ist Überwachungsfunktion bei der **Begründung von Verbindlichkeiten**. Da der Sachwalter das Recht zur Zustimmung bei nicht gewöhnlichen Verbindlichkeiten und zum Widerspruch bei gewöhnlichen Verbindlichkeiten hat (§ 275 Abs. 1 InsO), ergibt sich aus dem Umkehrschluss, dass der Schuldner den Sachwalter über die Begründung von Verbindlichkeiten informieren muss. Nur wenn der Informationsfluss erfolgt, kann der Sachwalter seinen Überwachungspflichten nachkommen (vgl. zum Zustimmungserfordernis → Rn. 148 und zur Kassenführungsbefugnis → Rn. 159 ff.). 147

3. Zustimmungserfordernisse

Auch wenn der Schuldner primär verantwortlich für die Führung des Geschäftsbetriebs ist, hat der Sachwalter durch Zustimmungsrechte erheblichen Einfluss auf diese. Solche werden dem Sachwalter an mehreren Stellen der Insolvenzordnung eingeräumt. 148

a) Verpflichtungsgeschäfte

Der Schuldner kann grundsätzlich Verbindlichkeiten ohne die Zustimmung des Sachwalters begründen. Ein **Zustimmungsvorbehalt** besteht gem. § 275 Abs. 1 Satz 1 InsO nur für solche Verbindlichkeiten, die **nicht** zum **gewöhnlichen Geschäftsbetrieb** gehören. Dies sind solche Geschäfte, die wegen ihrer Art und ihres Umfangs einen Ausnahmecharakter haben (z. B. Veräußerung von Grundstücken, Aufnahme von Darlehen).[97] Nicht erfasst sind Verbindlichkeiten der privaten Lebensführung.[98] Gleiches dürfte aus faktischen Gründen für Hand- und Bargeschäfte gelten, die sich im unmittelbaren Austausch erschöpfen.[99] Solche Geschäfte werden kaum Verbindlichkeiten sein, die nicht zum gewöhnlichen Geschäftsbetrieb gehören. 149

Praxishinweis:

Deutlich relevanter als die Zustimmung zu den Hand- und Bargeschäften ist die Unterrichtungspflicht (vgl. dazu → Rn. 163). Erlangt der Sachwalter von unwirtschaftlichen Geschäften Kenntnis, muss er seiner Unterrichtungspflicht nach § 274 Abs. 3 InsO nachkommen, die ggf. zu einer Aufhebung der Eigenverwaltung führen kann.

Liegt ein nicht gewöhnliches Geschäft vor, muss der Schuldner die Zustimmung des Sachwalters vorher einholen. Nicht ausreichend ist eine nachträgliche 150

97) Vgl. dazu BeckOK-InsO/*Ellers*/*Plaßmeier*, § 275 Rn. 7.
98) BeckOK-InsO/*Plaßmeier*/*Ellers*, § 275 Rn. 5.
99) Ebenso BeckOK-InsO/*Plaßmeier*/*Ellers*, § 275 Rn. 5.

Genehmigung. Zu beachten ist allerdings, dass die Zustimmungspflicht **nur intern** wirkt. Das **Außengeschäft** ist auch ohne die Zustimmung **wirksam,**[100] wie sich bereits aus dem Soll-Charakter der Norm ergibt.

> **Praxishinweis:**
>
> Nimmt der Schuldner ein zustimmungspflichtiges Geschäft ohne die Zustimmung des Sachwalters vor, muss dieser seiner Unterrichtungspflicht nach § 274 Abs. 3 InsO nachkommen. Das Gericht hat dann zu entscheiden, ob ggf. eine Aufhebung der Eigenverwaltung in Betracht kommt. Zudem sollte der Sachwalter dann auch die Kassenführungsbefugnis an sich ziehen, um die Erfüllung der Verbindlichkeiten zu verhindern.

b) Verfügungsgeschäfte

151 Auch Verfügungsgeschäfte kann der Schuldner grundsätzlich ohne die Zustimmung des Sachwalters abwickeln. Er ist in seiner Verfügungs- und Verwaltungsbefugnis frei. Das Gericht hat jedoch gem. § 277 InsO die Möglichkeit, für einzelne Rechtsgeschäfte einen **Zustimmungsvorbehalt** anzuordnen.

152 Die Anordnung kann nicht von Amts wegen erfolgen.[101] Vielmehr muss entweder die Gläubigerversammlung oder ein Gläubiger dies beantragen. Im Falle des Antrags der Gläubigerversammlung hat das Gericht den Zustimmungsvorbehalt anzuordnen. Die Anordnung auf Antrag eines Gläubigers kann nur zur unmittelbaren Verhinderung von Nachteilen erfolgen (§ 277 Abs. 2 InsO). Die Anordnung ergeht durch einen Beschluss.

> **Praxishinweis:**
>
> In dem Beschluss müssen die Rechtsgeschäfte genau bezeichnet sein. Es müssen aber nicht zwangsläufig nur einzelne Rechtsgeschäfte genannt werden, vielmehr können auch bestimmte Gruppen von Geschäften erfasst sein. Dann muss aber die jeweilige Gruppe so genau gekennzeichnet sein, dass eine Bestimmung, ob ein einzelnes Geschäft darunterfällt, möglich ist.[102] Unzulässig ist eine globale Anordnung.[103]

153 Rechtsfolge des Zustimmungsvorbehalts ist, dass die Verfügungsgeschäfte ohne die Zustimmung unwirksam sind. Ein **gutgläubiger Erwerb** ist nur bei Immoblilargeschäften und bestimmten Fahrzeugen möglich (§ 277 Abs. 1 Satz 2 i. V. m. § 81 Satz 2, 3 InsO).

---

100) So zutreffend OLG Karlsruhe ZIP 2016, 1649 Rn. 15.

101) Dies ist umstritten, vgl. dazu K. Schmidt-*Undritz*, InsO, § 277 Rn. 4; Graf-Schlicker-*Graf-Schlicker*, InsO, § 277 Rn. 3; a. A. HmbKomm-InsO/*Fiebig*, § 277 Rn. 2.

102) Vgl. dazu BeckOK-InsO/*Plaßmeier/Ellers*, § 277 Rn. 3.

103) So auch BeckOK-InsO/*Plaßmeier/Ellers*, § 277 Rn. 5.

c) Arbeitsrechtliche Vereinbarungen

Gemäß § 279 InsO bedarf die Ausübung bestimmter arbeitsrechtlicher Rechte (Kündigung einer Betriebsvereinbarung, Durchführung einer beabsichtigten Betriebsänderung, Einleitung eines Beschlussverfahrens zum Kündigungsschutz) der **Zustimmung** durch den Sachwalter. Die fehlende Zustimmung führt zur Unwirksamkeit der entsprechenden Vereinbarungen. 154

d) Verwertungshandlungen

Gemäß § 282 Abs. 2 InsO sollen Verwertungen nur im Einvernehmen mit dem Sachwalter vorgenommen werden. Bei diesem Vorbehalt handelt es sich um einen **rechtlichen Zustimmungsvorbehalt**. Das Einvernehmen wirkt vielmehr nur intern und lässt die Wirksamkeit im Außenverhältnis unberührt.[104] Die Verletzung diese Obliegenheit kann allerdings zu einer Aufhebung der Eigenverwaltung führen. 155

e) Verteilung

Gemäß § 283 Abs. 2 Satz 2 InsO kann der Sachwalter Einwendungen gegen das Verteilungsverzeichnis erheben. Nach nunmehr absolut h. M. kommt diesen Einwendungen aber keine Wirkung zu, vielmehr müssen diese von den Gläubigern wiederholt werden, um eine Entscheidung des Gerichts gem. § 194 InsO herbeizuführen.[105] 156

4. Handlungsbefugnisse

Im Eigenverwaltungsverfahren weist das Gesetz dem Sachwalter diverse Aufgaben zu. 157

a) Tabellenführung

Die Tabellenführungsbefugnis im Eigenverwaltungsverfahren ist nicht explizit geregelt. Allerdings bestimmt § 270f Abs. 2 Satz 2 InsO, dass die Forderungen der Insolvenzgläubiger beim **Sachwalter** anzumelden sind. Daraus folgt gem. § 175 InsO, dass damit auch die **Tabelle** zu **führen** ist.[106] Der Sachwalter übernimmt die volle Funktion des Insolvenzverwalters, so dass die Ausführungen zur Tabellenführung entsprechen gelten (vgl. dazu Teil V). Die Regelung entspricht auch den praktischen Gegebenheiten, weil in der Regel nur ein Sachwalter die erforderliche IT-Infrastruktur haben wird, um die Aufgaben im Bereich der Tabellenführung wahrzunehmen. 158

---

104) FK-InsO/*Oberle*, § 282 Rn. 4.

105) Vgl. dazu K. Schmidt-*Undritz*, InsO, § 283 Rn. 3; mittlerweile auch FK-InsO/*Oberle*, § 283 Rn. 6.

106) Vgl. dazu Kayser/Thole-*Brünkmans*, InsO, § 270f Rn. 22; BeckOK-InsO/*Ellers*/*Plaßmeier*, § 270f Rn. 22.

Praxishinweis:

Vor der Bestellung des Sachwalters ist sicherzustellen, dass dieser die erforderliche Software hat, um eine Tabelle ordnungsgemäß zu führen. Fehlt es an dieser Voraussetzung, dürfte der vorgeschlagene Sachwalter ungeeignet sein. Diese Voraussetzung erlangt insbesondere mit Einführung der elektronischen Akte an Bedeutung, weil insoweit die Anforderungen zur Tabellenverarbeitung steigen.

b) Kassenführungsbefugnis

159 Der Sachwalter hat gem. § 275 Abs. 2 InsO die Möglichkeit, vom Schuldner zu verlangen, dass alle eingehenden Gelder nur vom ihm entgegengenommen werden und Zahlungen nur noch von ihm geleistet werden dürfen. Der Sachwalter kann damit die **Kassenführungsbefugnis** an sich ziehen. Die Übernahme der Kassenführungsbefugnis stellt einen erheblichen Eingriff in die Verwaltungsbefugnis des Schuldners dar, weil ihm faktisch die Möglichkeit entzogen wird, eigenständig das Unternehmen zu führen. Er muss jegliche Erfüllung von Verbindlichkeiten mit dem Sachwalter absprechen.

160 Die Übernahme der Kassenführungsbefugnis liegt im **Ermessen des Sachwalters.**[107] Das Gericht ist nicht befugt, diese von Amts wegen anzuordnen.[108] Der Sachwalter hat daher zu prüfen, ob es für die Sicherung der Interessen der Gläubiger erforderlich ist, die Kassenführungsbefugnis an sich zu ziehen. Es müssen für die Gläubiger dadurch Nachteile drohen, dass der Schuldner Zahlungen entgegennimmt oder selbständig über die Erfüllung von Verbindlichkeiten entscheidet. Als milderes Mittel kommt eine partielle Übertragung der Kassenführungsbefugnis in Betracht.[109]

Praxishinweis:

Soll die Kassenführungsbefugnis nur partiell übertragen werden, muss der Bereich hinreichend abgrenzbar sein. Es sollte für den Schuldner und den Sachwalter hinreichend klar bestimmbar sein, welche Geschäfte weiterhin vom Schuldner vorgenommen werden können.

161 Gemäß III. Nr. 22 Abs. 5 GOI VID soll der Sachwalter die Übernahme der Kassenführungsbefugnis dem Schuldner, dem Insolvenzgericht und ggf. dem Gläubigerausschuss anzeigen und begründen.

162 Die Übertragung der Kassenführungsbefugnis wirkt **rein intern.**[110] Sie lässt die rechtliche Befugnis des Schuldners, Zahlungen als Tilgung wirksam entgegenzunehmen und Forderungen zu erfüllen, unberührt. Ein Verstoß wird in der Regel aber dazu führen, dass der Sachwalter seiner Unterrichtungs-

107) AG Hannover, ZIP 2015, 1893.

108) Zuletzt AG Ludwigshafen, ZIP 2023, 486, 487.

109) FK-InsO/*Oberle*, § 275 Rn. 10; a. A. AG Ludwigshafen, ZIP 2023, 486, 487.

110) FK-InsO/*Oberle*, § 275 Rn. 10; Kayser/Thole-*Brünkmans*, InsO, § 275 Rn. 7.

pflicht nach § 274 Abs. 3 Satz 1 InsO nachkommen muss und ggf. die Eigenverwaltung aufgehoben wird.

In der Praxis ist umstritten, ob eine partielle Übertragung in der Form erfolgen sollte, dass die Erfüllung von **Sozialverbindlichkeiten** nur noch durch den (vorläufigen) Sachwalter erfolgen können (vgl. dazu → Rn. 91). Im eröffneten Verfahren stellt sich diese Frage nicht mehr, da die Sozialversicherungsabgaben für beschäftige Mitarbeiter ab der Eröffnung als Masseverbindlichkeiten entstehen. 163

c) Unterrichtungspflicht

Eine besonders wichtige Pflicht ergibt sich aus § 274 Abs. 3 InsO. Erlangt der Sachwalter Kenntnis von Umständen, die einer Eigenverwaltung entgegenstehen könnten, hat er unverzüglich sowohl den Gläubigerausschuss als auch das Insolvenzgericht zu unterrichten. 164

> **Praxishinweis:**
>
> Je nach Schwere der Nachteile für die Gläubiger muss der Sachwalter entscheiden, wie die Kontaktaufnahme erfolgt. In der Regel wird es ausreichen, das Insolvenzgericht per elektronischen Schriftsatz zu unterrichten. Dieser sollte am nächsten Tag in der Akte sein. Zur Unterrichtung des Gläubigerausschusses wird sich eine Benachrichtigung per E-Mail anbieten. Drohen solche Nachteile, dass ein unverzügliches Handeln erforderlich ist, hat der Sachwalter ggf. auch telefonisch über die Umstände zu berichten.

Besteht kein Gläubigerausschuss, müssen die Tabellengläubiger und absonderungsberechtigten Gläubiger informiert werden. Dies kann für den Sachverwalter einen erheblichen Aufwand bedeuten, für den er ggf. einen Zuschlag zur Vergütung verlangen kann. 165

d) Haftungs- und Anfechtungsansprüche (§ 280 InsO)

Ansprüche wegen eines Gesamtschadens (§ 92 InsO) gegen den Schuldner sowie wegen der persönlichen Haftung der Gesellschafter (§ 93 InsO) können nur vom Sachwalter geltend gemacht werden. Es bestünde die Gefahr einer Interessenkollision, wenn der Schuldner diese geltend machen würde. Der Sachwalter hat insoweit eigenständig zu prüfen, ob die Ansprüche erfolgsversprechend geltend gemacht werden können. Er hat einen Beurteilungsspielraum bei der Bewertung der Ansprüche. 166

e) Bestreiten von Forderungen

167 Neben dem Schuldner ist der Sachwalter gem. § 283 Abs. 1 Satz 1 InsO zum Bestreiten von Forderungen berechtigt. Erheben sowohl der Schuldner als auch der Sachwalter Widerspruch, ist eine **Klage** gegen **beide** zu richten.[111)]

f) Mitwirkung im Insolvenzplanverfahren

168 Der vorläufige Gläubigerausschuss im Eröffnungsverfahren oder die Gläubigerversammlung im eröffneten Verfahren können gem. § 284 Abs. 1 Satz 1, 2 InsO den Sachwalter beauftragen, einen Insolvenzplan zu erstellen.

g) Anzeige der Masseunzulänglichkeit (§ 285 InsO)

169 Die Pflicht zur **Anzeige einer Masseunzulänglichkeit** gemäß § 208 Abs. 1 InsO obliegt dem Sachwalter (§ 285 InsO). Die übrigen Pflichten, die sich nach der Anzeige gem. §§ 209–211 InsO ergeben, hat hingegen der Schuldner wahrzunehmen. Damit der Sachwalter seiner Pflicht zur Anzeige nachkommen kann, hat der **Schuldner** ihn rechtzeitig über die Umstände zu **unterrichten**.

> **Praxishinweis:**
>
> Die Pflicht zur Anzeige der Massunzulänglichkeit steht in Konkurrenz zur Unterrichtungspflicht nach § 274 Abs. 3 Satz 1 InsO.[112)] Das Insolvenzgericht hat in diesem Verfahrensstand aber genau zu prüfen, ob eine Aufhebung der Sachwaltung wirklich sinnvoll ist. Da die Bestellung eines Insolvenzverwalter weitere Kosten auslöst, ist insoweit das Risiko für die Massegläubiger mit der Höhe der neu entstehenden Kosten abzuwägen.

II. Übergang in das Insolvenzverfahren

170 Ebenso wie § 270e InsO ermöglicht § 272 InsO im eröffneten Verfahren die Aufhebung der Eigenverwaltung. Die Voraussetzungen entsprechen weitgehend denen des § 270e InsO (vgl. dazu → Rn. 112).

171 Das Gericht muss vor einer Entscheidung den **Schuldner anhören**. Die Aufhebung ergeht dann durch **Beschluss**. In diesem Beschluss ist dann ein neuer Insolvenzverwalter zu bestellen. Gemäß § 272 Abs. 3 InsO kann es sich dabei auch um den bisherigen Sachwalter handeln.

> **Praxishinweis:**
>
> Da die Bestellung eines neuen Insolvenzverwalters einen neuen Vergütungsanspruch auslöst, der nicht durch Abschläge gegenüber dem bisherigen Sachwalter reduziert werden kann, sollte die Bestellung einer neuen Person nur dann erfolgen, wenn die Vertrauensbasis zum Sachwalter zerstört ist. Anderenfalls sollte an diesem festgehalten werden.

---

111) LG Düsseldorf, ZInsO 2017, 1324, 1327.

112) Vgl. dazu FK-InsO/*Oberle*, § 285 Rn. 2.

III. Beendigung der Eigenverwaltung

Erfolgt keine Aufhebung der Eigenverwaltung, endet diese mit der Aufhebung oder Einstellung des Insolvenzverfahrens. **172**

F. Kooperationsverfahren (§ 269b InsO)

Im Rahmen des Konzerninsolvenzverfahrens hat der Gesetzgeber in § 269b InsO eine Kooperationspflicht zwischen den Insolvenzgerichten normiert, bei denen ein Verfahren eines gruppenangehörigen Schuldners anhängig ist. Eine entsprechende Koordinationspflicht findet sich auf europäischer Ebene gem. Art. 57 EuInsVO. Diese Kooperationsverfahren haben in der Praxis bisher kaum Bedeutung erlangt. **173**

Teil VII Best Practice Vergütungsantrag

1 Mit dem Schlussbericht und dem Vergütungsantrag rechnet ein Insolvenzverwalter nicht nur seine Tätigkeit ab, sondern legt damit auch seine **Visitenkarte** dem Insolvenzgericht vor. Hier zeigt sich, wie erfolgreich die Tätigkeit des Insolvenzverwalters in dem konkreten Verfahren unter dessen besonderen Bedingungen war. Ein Insolvenzverwalter sollte die hierbei bestehenden Möglichkeiten für eine **Darstellung seines Erfolgs und seiner Fähigkeiten** in gleicher Weise nutzen, wie andererseits auch eine verständliche Erläuterung vorzubringen, warum in einem Verfahren gewünschte Ziele nicht erreicht werden konnten oder die bei Eröffnung eines Verfahrens geweckten Hoffnungen nicht realisiert wurden.[1] Es kann daher nur empfohlen werden, alle relevanten Punkte anzusprechen um offene Fragen und Missverständnisse zu vermeiden.[2]

2 Für die Insolvenzgerichte stellen die Schlussberichte und Vergütungsanträge ein probates Mittel dar, um die praktischen Fähigkeiten und Leistungen eines Insolvenzverwalters anhand konkreter Ergebnisse einschätzen zu können. Zwar gehört die Prüfung des Schlussberichts und die Bescheidung des Vergütungsantrages des Insolvenzverwalters grundlegend zu den Aufgaben der Rechtspfleger, doch sollten auch die Insolvenzrichter Einsicht in die Berichterstattung, zusätzlich zum Vergütungsantrag und auch die Vergütungsfestsetzung nehmen, um auf diese Weise ihre Beurteilungen der Insolvenzverwalter durch konkrete Informationen aus dem Verfahren zu unterstützen bzw. zu revidieren. Es ist schlechterdings nicht erklärlich, wie ein Insolvenzgericht ohne Betrachtung auch dieser Aspekte einen Insolvenzverwalter einschätzen und beurteilen kann.

3 **Fehler und Lücken in der Berichterstattung** sowie den Vergütungsanträgen könnten durch die Insolvenzgerichte negativ bewertet werden. Demgegenüber macht jedoch eine Berichterstattung und ein Vergütungsantrag, der Probleme und/oder Fehler eines Verfahrens selber aufgreift, erläutert und darstellt, wie das Büro des Insolvenzverwalters hiermit im Interesse der anderen Verfahrensbeteiligten umgegangen ist, zwar deutlich, dass eventuell nicht alles optimal gelaufen ist (was übrigens typisch für ein Insolvenzverfahren ist), zeigt aber insbesondere dem Insolvenzgericht auch, wie ein Insolvenzverwalter mit diesen Alltäglichkeiten umgegangen ist und dass auch das in den Insolvenzverwalter gesetzte Vertrauen als gerechtfertigt beurteilt werden kann.

4 Fehler treten in einem Insolvenzverfahren verständlicherweise regelmäßig auf. Ein **Verschweigen von Fehlern** dürfte regelmäßig schwerer wiegen, als der Fehler selbst. Demgegenüber bezeugt eine offene Fehlererkennung und Fehlerbehebung durch den Insolvenzverwalter die Professionalität des Verwalterbüros.

---

1) Zu empfehlen ist *Wipperfürth*, Typische „Fehler“ und taktisch kluger Vortrag im Vergütungsfestsetzungsverfahren, ZInsO 2022, 2111.

2) Zur grundlegenden Behandlung siehe das Lehrbuch von *Graeber*, Vergütung in Insolvenzverfahren nach der InsVV.

In der Praxis ist jedoch leider festzustellen, dass diese Möglichkeiten der Berichterstattung und des Vergütungsantrages nur unzureichend genutzt werden.

> **Praxishinweis:**
>
> Fehler in der Insolvenzverwaltung, welche bei Erstellung des Vergütungsantrages erkannt werden, sollten im Schlussbericht und ggf. im Vergütungsantrag besonders behandelt werden. Hierbei empfiehlt es sich, kurz auf die Ursache des Fehlers, die getroffenen Maßnahmen zur Beseitigung und zukünftigen Vermeidung eines solchen Fehlers einzugehen.

5 Fehler, die mit einem Schaden zulasten der Beteiligten verbunden waren, sind mit Erläuterungen zu versehen, wann und wie ein **Schadensausgleich** stattgefunden hat.

A. Vergütung im Eröffnungsverfahren

6 Die Tätigkeit vor Eröffnung eines Insolvenzverfahrens unterscheidet sich von der im eröffneten Insolvenzverfahren grundlegend. Dementsprechend sollten die Vergütungsanträge für die Tätigkeit vor Eröffnung des Verfahrens und die im eröffneten Verfahren unterschiedlich aufgebaut werden, auf die entsprechenden Unterschiede eingehen und auch gesondert gestellt werden, um einer Vermengung der unterschiedlich zu behandelnden Aspekte zu vermeiden. **Von einem einheitlichen Vergütungsantrag sowohl für die Tätigkeit im Eröffnungsverfahren als auch für die im eröffneten Verfahren ist daher abzuraten.**

7 Im Eröffnungsverfahren selbst ist im Rahmen der Vergütungsbeantragung und Vergütungsbemessung grundlegend danach zu unterscheiden, ob es sich um eine vorläufige Insolvenzverwaltung eines Regelinsolvenzverfahrens oder um die Tätigkeit als vorläufiger Sachwalter eines Eigenverwaltungsverfahrens handelt. Auch dann, wenn eventuell im Eröffnungsverfahren eine anfängliche Eigenverwaltung in ein Regelinsolvenzverfahren übergeht sind für die jeweiligen **Tätigkeitsabschnitte eigene, gesonderte Vergütungsanträge** zu stellen.[3] In diesem Zusammenhang ist darauf zu achten, dass die Begrifflichkeiten nicht verwechselt werden. So sollte ein vorläufiger Sachwalter nicht als vorläufiger Insolvenzverwalter bezeichnet werden.[4]

I. Vergütung für eine vorläufige Insolvenzverwaltung

8 Während das rechtliche Umfeld für die Tätigkeit als Insolvenzverwalter in einem eröffneten Insolvenzverfahren eindeutig definiert ist, sind die Rechte und Pflichten sowie die Aufgaben eines vorläufigen Insolvenzverwalters weni-

---

3) AG Charlottenburg, v. 25.2.2019 – 36s IN 3370/15, ZInsO 2019, 1760; AG Ludwigshafen am Rhein, v. 22.7.2015 – 3 b IN 414/14 Lu, ZInsO 2015, 1639; *Graeber/Graeber*, InsVV-Online, § 11 Rn. 275; Kübler/Prütting/Bork-*Prasser/Stoffler*, InsO, Stand 4/15, Vor § 1 InsVV Rn. 92; Leonhardt/Smid/Zeuner-*Amberger*, InsVV, § 12 Rn. 5.

4) Als Beispiel hierfür dient die insoweit fehlerhafte Entscheidung des LG Siegen, v. 19.6.2024 – 4 T 12/23, NZI 2024, 787.

ger standardisiert. Daher verbietet sich bei der Abrechnung der Tätigkeit als vorläufiger Insolvenzverwalter eine zu starke Orientierung an einem einheitlichen Schema.

1. Beachtung der gerichtlichen Anordnungen und Aufgabenumschreibungen als Basis der Vergütungsbemessung

Die Insolvenzordnung sieht in § 22 Abs. 1 und Abs. 2 InsO die Möglichkeit 9
eines sogenannten starken vorläufigen Insolvenzverwalters mit Verwaltung- und Verfügungsbefugnis über das Vermögen des Schuldners vor (§ 22 Abs. 1 InsO) als auch eines sogenannten schwachen vorläufigen Insolvenzverwalters vor, bei dem dem Schuldner kein allgemeines Verfügungsverbot auferlegt worden ist (§ 22 Abs. 2 InsO). Die Wahl des Insolvenzgerichts für eine dieser beiden Anordnungsmöglichkeiten ergibt sich aus dem Beschluss über die Beauftragung als vorläufiger Insolvenzverwalter. Die dabei dem vorläufigen Insolvenzverwalter übertragenen Aufgaben sowie die Bestimmung seiner Rechte sind für den vorläufigen Insolvenzverwalter während seiner ganzen Tätigkeit maßgeblich. Im Rahmen der Erstellung des Vergütungsantrages sollten die **gerichtlichen Anordnungen beigezogen** werden, damit der entsprechende Sachvortrag sich in gleicher Weise an diesen maßgeblichen Anordnungen orientiert wie auch die Anträge insbesondere zu möglichen Zuschlägen i. S. v. § 3 Abs. 1 InsVV.

> **Praxishinweis:**
>
> Bei Erstellung eines Vergütungsantrages als vorläufiger Insolvenzverwalter sollten die gerichtlichen Anordnungen zur Bestimmung des Aufgabenumfangs als vorläufiger Insolvenzverwalter (starker oder schwacher Verwalter?) herangezogen werden, um zu vermeiden, dass Tätigkeiten und Belastungen für Zuschlagsanträge vorgebracht werden, welche eventuell außerhalb des gerichtlich bestimmten Aufgabenbereichs liegen.
>
> Konkrete Einzelermächtigungen sollten in geeigneter Weise zitiert bzw. benannt werden, um beim Leser Zweifel an einer Berechtigung des Handelns des vorläufigen Insolvenzverwalters zu zerstreuen.

Die Inhalte der gerichtlichen Beschlüsse müssen für das Insolvenzgericht nicht 10
zwingend vollständig wiedergegeben werden. Eine **Zusammenfassung der Aufgabenumschreibung** bietet sich jedoch zur grundlegenden Information der anderen Verfahrensbeteiligten an.

2. Beantragung und Umgang mit Einzelermächtigungen gemäß § 22 Abs. 2 InsO

In vielen Fällen wird das Gericht die Auferlegung eines allgemeinen Verfü- 11
gungsverbots i. S. v. § 21 Abs. 2 Nr. 2 Alt. 1 InsO zulasten des Schuldners vermeiden, wenn dieser starke Eingriff in die Grundrechte des Schuldners nicht notwendig erscheint. Da gleichzeitig eine Anordnung eines Zustimmungsvorbehalts gem. § 21 Abs. 2 Nr. 2 Alt. 2 InsO in vielen Fällen nicht ausreichend

ist um eine nachteilige Veränderung in der Vermögenslage des Schuldners zu verhüten, wird in vielen Fällen ausgesprochen, dass dem vorläufigen Insolvenzverwalter über seine Entscheidungen im Rahmen des Zustimmungsvorbehalts hinaus weitere Pflichten obliegen und Rechte zustehen, welche vom Insolvenzgericht zu konkretisieren sind.

12 Bei diesen sogenannten **Einzelermächtigungen** verbleibt es nicht bei der Bestimmung von weiteren Pflichten, sondern insbesondere auch die entsprechenden Rechte und somit Eingriffsmöglichkeiten des vorläufigen Insolvenzverwalters in die Rechte des Schuldners sind durch das Insolvenzgericht in einem Beschluss eindeutig nachvollziehbar festzulegen. Fehlt es hieran, sollte der vorläufige Insolvenzverwalter das Insolvenzgericht um eine **Konkretisierung** bitten.

13 In der Praxis werden von den vorläufigen Insolvenzverwaltern Einzelermächtigungen i. S. v. § 55 Abs. 2 InsO zur **Begründung von Masseverbindlichkeiten** des eröffneten Insolvenzverfahrens begehrt. Der Umgang der Insolvenzgerichte mit solchen Anregungen ist unterschiedlich. Es wird jedoch empfohlen, bei der Anregung zur Erteilung solcher Einzelermächtigungen diese so konkret wie möglich zu formulieren.[5)]

14 Zur Vereinfachung und Beschleunigung der Verfahrensweise empfiehlt es sich eine entsprechende Textdatei für die Anregung dem Insolvenzgericht zuzusenden, aus welcher das Insolvenzgericht die entsprechenden Umschreibungen und Formulierungen für den eigenen Anordnungsbeschluss in einfacher Weise übernehmen kann. Eine **optimale Definition der gewünschten Einzelermächtigung** hinsichtlich des Ermächtigungsgegenstandes, der Höhe der zu verursachenden Masseverbindlichkeiten sowie des entsprechenden Geschäftspartners ist sinnvoll, um nachfolgende Nachfragen zu vermeiden und auch Missverständnisse auszuschließen, welche eventuell erst noch streitig zu entscheiden wären. Wenn dies durch den vorläufigen Insolvenzverwalter dem Insolvenzgericht in Textform angeboten wird kann das Insolvenzgericht bei einer entsprechenden positiven Entscheidung die jeweiligen Textpassage in den Anordnungsbeschluss übernehmen, was insbesondere auch die Tätigkeit des Insolvenzgerichts erleichtert und den Entscheidungsprozess beschleunigt.

15 Im Rahmen des Vergütungsantrages wird es an verschiedenen Stellen notwendig sein, auf die erteilten Einzelermächtigungen einzugehen. Diese müssen dabei nicht zwingend wiederholt oder als Anlage den Vergütungsantrag beigegeben werden. Bei der entsprechenden Textpassage empfiehlt es sich jedoch eine **Bezugnahme auf die Anordnungsentscheidung** des Insolvenzgerichts mit Datum und ggf. auch mit Gliederungspunkt, so dass ein Vergleich der vom vorläufigen Insolvenzverwalter vorgetragenen Tätigkeiten und Belastungen mit den Anordnungsbeschluss einfach möglich ist.

5) Siehe hierzu insbesondere *Frind*, InsA 2024, 189 ff. und oben → Teil III 2, Rn. 55 ff.

Eventuelle Abweichungen in der Praxis des Eröffnungsverfahrens von dem formalen Text der Einzelermächtigung sind im Vergütungsantrag in nachvollziehbarer Weise zu erläutern. Insoweit kann es sich um abweichende Bezeichnung des Geschäftspartners, abweichende Mehrbeträge oder abweichende Bezeichnungen in der Abrechnung handeln. Solche Abweichungen oder Veränderungen sind zu verdeutlichen, damit sie die weitere Bearbeitung und Verarbeitung nicht hindern. 16

Im Rahmen des Vergütungsantrages, ggf. auch nur innerhalb der Berichterstattung, sind die **verursachten Masseverbindlichkeiten** in nachvollziehbarer Weise darzustellen. Hieraus soll dem Gericht erkennbar sein, in welchem Maße durch den vorläufigen Insolvenzverwalter Masseverbindlichkeiten verursacht worden sind, aufgrund welcher Notwendigkeit dies erfolgte, wer die entsprechende Empfänger hierbei war und ob diese Masseverbindlichkeiten im Eröffnungsverfahren vollständig ausgeglichen werden konnten. Die erst im eröffneten Insolvenzverfahren zum Ausgleich kommenden Masseverbindlichkeiten sind gesondert hervorzuheben, damit diese bei der Vergütung des Insolvenzverwalters des eröffneten Verfahrens entsprechend der Rechtsprechung des Bundesgerichtshofs[6)] Berücksichtigung finden können. Daher ist auch eine Unterscheidung der Masseverbindlichkeiten aus einer Unternehmensfortführung mit anderen Masseverbindlichkeiten vorzunehmen. 17

3. Darstellung der Berechnungsgrundlage beim vorläufigen Insolvenzverwalter

Die Darstellung der Berechnungsgrundlage für die Vergütung des Insolvenzverwalters ist die Basis für weitere Vergütungsberechnung zu Zuschlägen, Abschlägen, Auslagen usw. Die darin benannten Positionen sind in vergleichbarer Weise in der Berichterstattung und im Rechnungswesen wiederzugeben. 18

Die Aufgliederung der Berechnungsgrundlage und die Bezifferung der jeweiligen Berechnungswerte hat dergestalt zu erfolgen, dass insbesondere für das Insolvenzgericht einer schnelle Entscheidung darüber möglich ist, ob alle maßgeblichen Positionen wiedergegeben wurden und ob eine sachgerechte **Zuordnung zu den verschiedenen Wertgruppen** vorgenommen worden ist. 19

Die Berechnungsgrundlage der Vergütung eines vorläufigen Insolvenzverwalters unterscheidet sich von der eines Insolvenzverwalters eines eröffneten Insolvenzverfahrens grundlegend dadurch, dass **keine Bezugnahme auf die Insolvenzmasse** vorzunehmen ist, da während des Tätigkeitszeitraums des vorläufigen Insolvenzverwalters noch keine Insolvenzmasse vorhanden ist, § 63 Abs. 3 Satz 2 InsO, § 11 Abs. 1 Satz 1 InsVV. Dementsprechend ist bereits bei der Darstellung der Berechnungsgrundlage für die Vergütung als vorläufiger Insolvenzverwalter auf diese Besonderheiten einzugehen. Der Begriff der In- 20

6) BGH, v. 2.3.2017 – IX ZB 90/15, NZI 2017, 544 = ZInsO 2017, 1051; BGH, v. 6.4.2017 – IX ZB 23/16, ZInsO 2017, 982.

solvenzmasse sollte hierbei keine Verwendung finden. Es empfiehlt sich, soweit noch von Vermögen oder von Vermögen i. S. v. § 63 Abs. 2 Satz 2 InsO zu sprechen.

a) Darstellung des unbelasteten Vermögens des Insolvenzschuldners im Sinne von Eigentum

21 Das dem Insolvenzschuldner als **Eigentümer** zustehende Vermögen, welches nicht mit Sicherungsrechten belastet ist, sollte gesondert dargestellt werden. Die einzelnen Vermögenspositionen dürften regelmäßig unproblematisch sein, so dass es sich anbietet, diese nicht mit anderen Vermögenspositionen zu vermengen.

22 Zur Vereinfachung der Übersicht sollte eine **Unterscheidung zwischen beweglichem Vermögen, unbeweglichem Vermögen, Forderungen und Rechten** vorgenommen werden, wobei insbesondere bei Forderungen einer Aufgliederung nach Forderungsgruppen sinnvoll ist.

23 So sich insbesondere im eröffneten Gutachten eine umfassende und detaillierte Auflistung dieses Vermögens befindet, sollte die entsprechende Gliederung übernommen und auf die Einzelheiten dort verwiesen werden. Insbesondere **Vermögensteile mit größeren Werten** wie beispielsweise unbelastete Immobilien sollten einzelnen dargestellt und nicht durch eine Sammelbezeichnung verschleiert werden. Gerade die werthaltigen Gegenstände sind oft von besonderem Interesse, so dass diese bei der Darstellung der Berechnungsgrundlage entsprechend hervorgehoben darzustellen sind.

24 Soweit Vermögensgegenstände des Insolvenzschuldners einzeln aufgelistet werden, ist ihnen **einzeln der jeweilige Wertbetrag** zuzuordnen. Wenn nicht aus dem Eröffnungsgutachten ersichtlich ist, worauf die Einschätzung dieses Wertbetrags beruht, ist dies kurz an dieser Stelle zu erläutern.

25 Wenn mehrere Vermögensgegenstände zusammengefasst werden, ist klarzustellen, ob der Wertansatz pro Gegenstand angegeben wurde oder ob dieser die entsprechende Gruppe insgesamt betrifft.

b) Darstellung von Vermögensgegenständen mit Absonderungsrechten

26 Soweit an Vermögensgegenständen des Insolvenzschuldners im Falle der Eröffnung eines Insolvenzverfahrens Absonderungsrechte bestehen bzw. bestehen könnten, sind die entsprechenden Gegenstände von dem unbelasteten Vermögen gesondert darzustellen. Auch hier sollten die jeweiligen Gegenstände möglichst einzelnen dargestellt werden, so nicht aufgrund ihrer Anzahl eine Zusammenfassung notwendig und sinnvoll erscheint.

27 Gemäß § 11 Abs. 1 Satz 2 InsVV können diese Gegenstände nur dann in der Berechnungsgrundlage der Vergütung des vorläufigen Insolvenzverwalters berücksichtigt werden, wenn sich der vorläufige Insolvenzverwalter mit ihnen

in **erheblichen Maße befasst** hat. Es bietet sich an, die entsprechenden Erläuterungen der diesbezüglichen Tätigkeit bzw. Befassung des vorläufigen Insolvenzverwalters bereits in diesem Gliederungspunkt des Vergütungsantrages aufzuführen, damit zugleich durch das Insolvenzgericht entschieden werden kann, ob eine erhebliche Befassung zu bejahen und dementsprechend der Wert des mit einem Absonderungsrecht belasteten Gegenstands in der Berechnungsgrundlage der Vergütung des vorläufigen Insolvenzverwalters zu berücksichtigen ist.

> **Praxishinweis:**
>
> Zur Berücksichtigung des Wertes eines belasteten Gegenstands in der Berechnungsgrundlage ist es beim vorläufigen Insolvenzverwalter notwendig, dass sich dieser in seiner Funktion als vorläufiger Insolvenzverwalter in erheblichem Maße mit dem Gegenstand befasst hat, § 11 Abs. 1 Satz 2 InsVV. Daher ist in diesem Zusammenhang darauf zu achten, dass tatsächlich die erhebliche Befassung als vorläufiger Insolvenzverwalter mit diesen Gegenständen vorgetragen wird und nicht etwa nur Tätigkeiten, die dem vorläufigen Insolvenzverwalter nebenbei aufgrund seiner Aufgabe als Sachverständiger oblagen.
>
> Es ist daher zu empfehlen, insoweit vor einer Zusammenfassung der Tätigkeit als vorläufiger Insolvenzverwalter die hierzu ergangene Rechtsprechung zur Frage, wann eine erhebliche Befassung i. S. v. § 11 Abs. 1 Satz 2 InsVV zu bejahen ist, zu prüfen, damit ein sachgerechter Tatsachenvortrag erfolgen kann.[7)]

c) Darstellung von Vermögensgegenständen, die nicht im Eigentum des Schuldners stehen und für die bei Eröffnung des Insolvenzverfahrens Aussonderungsansprüche geltend gemacht werden können

Gegenstände aus dem Vermögen des Insolvenzschuldners, bei denen nach Er- 28
öffnung des Insolvenzverfahrens **Aussonderungsansprüche** geltend gemacht werden können, sollten von den Gegenständen, die mit Absonderungsrechten belastet sind, **gesondert dargestellt** werden.

Grundsätzlich gilt für diese das Gleiche, was zuvor zu den Gegenständen mit 29
möglichen Absonderungsrechten zu beachten war. Eine entsprechende Untergliederung, individuelle Wertbezifferung und Erläuterung zu einer eventuell erheblichen Befassung i. S. v. § 11 Abs. 1 Satz 2 InsVV ist auch bei diesen Gegenständen angezeigt.

Aufgrund der Regelung in § 11 Abs. 1 Satz 3 InsVV können diese Gegenstände 30
auch im Falle einer erheblichen Befassung i. S. v. § 11 Abs. 1 Satz 2 InsVV nur dann im Rahmen der Berechnungsgrundlage der Vergütung als vorläufiger Insolvenzverwalter berücksichtigt werden, wenn die Zuordnung dieser Gegenstände zum Vermögen des Schuldners im weiteren Sinne entsprechend § 11 Abs. 1 Satz 1 InsVV nicht allein auf einen **Besitzüberlassungsvertrag** zwischen

7) Jeweils aktualisiert zu finden bei *Graeber/Graeber*, InsVV-Online, § 11 Rn. 43 ff.

dem insoweit Berechtigten Dritten und dem Insolvenzschuldner beruht.[8] Daher ist zu diesen Gegenständen, bei denen der Insolvenzschuldner sachenrechtlich kein Eigentum besitzt, im Einzelnen und nachvollziehbar vorzutragen, worauf der Besitz des Insolvenzschuldners und damit die Zuordnung zum Vermögen i. S. v. § 11 Abs. 1 Satz 1 InsVV beruht.

d) Anfechtungsansprüche des eröffneten Insolvenzverfahrens

31 Im Eröffnungsgutachten wird der vorläufige Insolvenzverwalter in seiner Funktion als Sachverständiger regelmäßig zu **möglichen Anfechtungsansprüchen des eröffneten Insolvenzverfahrens** Stellung nehmen. Die entsprechenden Positionen sind unter keinen Umständen in die Berechnungsgrundlage der Vergütung als vorläufiger Insolvenzverwalter aufzunehmen.[9]

32 Selbst dann, wenn im Einzelfall die entsprechenden Tätigkeiten des vorläufigen Insolvenzverwalters und die damit verbundenen Belastungen einen angemessenen Zuschlag i. S. v. § 3 Abs. 1 InsVV rechtfertigen könnten[10], dürfen die Werte der jeweiligen Anfechtungsansprüche nicht in der Berechnungsgrundlage des vorläufigen Insolvenzverwalters berücksichtigt werden. Es kann daher nur bei einem Zuschlag auf eine Regelvergütung auf der Basis eine **Berechnungsgrundlage ohne solche Anfechtungsansprüche** verbleiben.[11]

e) Unternehmensfortführung während der vorläufigen Insolvenzverwaltung

33 In jedem Verfahren ist deutlich zu erläutern, **ob eine Unternehmensfortführung im Eröffnungsverfahren stattgefunden hat** oder nicht. Auch dann, wenn sich dies an anderer Stelle deutlich ergibt, sollte im Rahmen des Vergütungsantrages auch dann, wenn keine Unternehmensfortführung vorlag, ein deutlicher Hinweis vorhanden sein.

---

8) Siehe hierzu *Graeber/Graeber*, InsVV-Online, § 11 Rn. 72 ff.

9) BGH, v. 20.11.2014 – IX ZR 275/13; BGH, v. 7.2.2013 – IX ZB 286/11, NZI 2013, 393 = ZInsO 2013, 515; BGH, v. 23.9.2010 – IX ZB 204/09, NZI 2011, 73 = ZInsO 2010, 2101; BGH, v. 11.3.2010 – IX ZB 122/08, ZInsO 2010, 730; BGH, v. 18.12.2008 – IX ZB 46/08, ZInsO 2009, 495; BGH, v. 14.12.2005 – IX ZB 268/04, NZI 2006, 167 = ZInsO 2006, 143; BGH, v. 29.4.2004 – IX ZB 225/03, NZI 2004, 444 = ZInsO 2004, 672; LG Kiel v. 4.5.2017 – 4 T 55/17, ZInsO 2017, 1756; LG Darmstadt, v. 6.7.2009 – 23 T 262/07, NZI 2009, 809 = ZInsO 2011, 399; *Haarmeyer/Mock*, InsVV, 6. Aufl., 2019, § 11 Rn. 84; a. A. LG Köln, v. 15.1.2009 – 1 T 91/08, NZI 2009, 251; AG Göttingen, v. 12.12.2017 – 74 IN 141/17, ZInsO 2018, 277; AG Göttingen, v. 18.12.2006 – 74 IN 223/06, NZI 2007, 18 = ZInsO 2007, 89; *Keller*, NZI 2004, 465, 468; *Haarmeyer/Mock*, InsVV, 5. Aufl., 2014, § 11 Rn. 84.

10) BGH, v. 29.4.2004 – IX ZB 225/03, NZI 2004, 444 = ZInsO 2004, 672; BGH, v. 14.12.2005 – IX ZB 268/04, NZI 2006, 167 = ZInsO 2006, 143; AG Göttingen v. 18.12.2006 – 74 IN 223/06, NZI 2007, 18 = ZInsO 2007, 89: 10 %.

11) Zu Zuschlägen für Anfechtungsansprüche beim vorläufigen Insolvenzverwalter siehe *Graeber/Graeber*, InsVV-Online, § 11 Rn. 64 ff.

In Verfahren mit einer Unternehmensfortführung ist hinsichtlich der Berechnungsgrundlage der Vergütung als vorläufiger Insolvenzverwalter die Regelung in § 1 Abs. 2 Nr. 4 Satz 2 Buchst. b) InsVV zu berücksichtigen. Die hierdurch notwendige **Einnahmen- und Ausgabenrechnung** hat sämtliche Positionen zu enthalten und zu beziffern. Der Vergütungsantrag kann an dieser Stelle auch auf eine entsprechende Darstellung und Erläuterung an anderer Stelle, beispielsweise im Gutachten bzw. im Bericht über die Tätigkeit als vorläufiger Insolvenzverwalter verweisen. 34

Bei **während der Unternehmensfortführung erfolgten Ausgaben** ist an geeigneter Stelle zu erläutern, aufgrund welcher Umstände die damit einhergehende Verminderung der Vermögenssituation des Insolvenzschuldners sowohl im Interesse der Sicherung des Vermögens des Insolvenzschuldners als auch im Interesse der Insolvenzgläubiger lag. 35

Bei den während der vorläufigen Insolvenzverwaltung begründeten Verbindlichkeiten ist zu erläutern, welche bereits während des Eröffnungsverfahrens ausgeglichen worden sind.[12)] 36

Hinsichtlich der während der Unternehmensfortführung im Eröffnungsverfahren begründeten Masseverbindlichkeiten ist zwischen den bereits ausgeglichenen Masseverbindlichkeiten und den noch offenen, erst im eröffneten Verfahren auszugleichenden Masseverbindlichkeiten zu unterscheiden. **Die für das eröffnete Insolvenzverfahren verbleibenden Masseverbindlichkeiten sind genau zu bezeichnen und zu beziffern.**[13)] 37

In die **Einnahmen- und Ausgabenrechnung der Unternehmensfortführung** während des Eröffnungsverfahrens sind sämtliche Einnahmen und Verbindlichkeiten aufzunehmen, auch wenn diese erst im eröffneten Verfahren realisiert bzw. befriedigt werden können.[14)] 38

Um die eventuellen Auswirkungen der während des Eröffnungsverfahrens nicht befriedigen Masseverbindlichkeiten aus der Unternehmensfortführung im Rahmen der Vergütung des Insolvenzverwalters des eröffneten Verfahrens richtig einschätzen zu können, sollten im Rahmen des Vergütungsantrags als vorläufiger Insolvenzverwalter deutlich dargestellt werden, ob ein Überschuss durch die Unternehmensfortführung erzielt werden konnte und welche Masseverbindlichkeiten in diesem Zusammenhang erst in eröffneten Insolvenzverfahren befriedigt werden können.[15)] Diese Darstellung hat derartig hervorgehoben zu erfolgen, dass der spätere Vergütungsantrag als Insolvenzverwalter hierauf konkret Bezug nehmen kann. 39

12) BGH, v. 2.3.2017 – IX ZB 90/15, NZI 2017, 544 = ZInsO 2017, 1051.

13) BGH, v. 27.9.2012 – IX ZB 243/11, ZInsO 2013, 840.

14) BGH, v. 27.9.2012 – IX ZB 243/11, ZInsO 2013, 840.

15) BGH, v. 2.3.2017 – IX ZB 90/15, NZI 2017, 544 = ZInsO 2017, 1051; BGH, v. 6.4.2017 – IX ZB 23/16, ZInsO 2017, 982.

f) Dokumentierung der vom Vergütungsantrag erfassten Gegenstände und deren Werte gem. § 11 Abs. 2 InsVV

40 Die Festsetzung der Vergütung des vorläufigen Insolvenzverwalters unterliegt entsprechend § 63 Abs. 3 Satz 4 InsO, § 11 Abs. 2 InsVV der Möglichkeit einer späteren Abänderung, sofern sich im eröffneten Insolvenzverfahren ergibt, dass zwischen den Werten, welche der Vergütungsfestsetzung zugrundegelegt wurden und den tatsächlichen Werten, wie sie sich im Rahmen des eröffneten Verfahrens ergeben haben eine **Wertdifferenz i. H. v. 20 %** oder mehr bezogen auf die Gesamtheit der Gegenstände vorliegt.[16)]

41 Um im Rahmen des Vergütungsantrages als Insolvenzverwalter des eröffneten Insolvenzverfahrens und der späteren Festsetzung der Vergütung als Insolvenzverwalter beurteilen zu können, ob tatsächlich eine Wertdifferenz i. S. v. § 63 Abs. 3 Satz 4 InsO, § 11 Abs. 2 InsVV vorliegt, sollten die dem Vergütungsantrag als vorläufiger Insolvenzverwalter zu Grunde liegenden Gegenstände und deren Wertansatz an einer Stelle des Vergütungsantrages derartig konkret zusammengefasst werden, dass bei der späteren Abfassung eines Vergütungsantrages als Insolvenzverwalter des eröffneten Verfahrens einfach und schnell geklärt werden kann, ob und wo genau eine Abweichung im Sinne dieser Regelungen vorliegt und ob insoweit Erklärungen gegenüber dem Insolvenzgericht abzugeben sind.

4. Ausweis des maßgeblichen Berechnungswertes, der Regelvergütung gemäß § 2 Abs. 1 InsVV und des Basisbruchteils gemäß § 63 Abs. 3 Satz 2 InsO

42 Die Darstellung zur Berechnungsgrundlage der Vergütung als vorläufiger Insolvenzverwalter sollte mit einer zusammenfassenden Auflistung aller Bestandteile der Berechnungsgrundlage und deren einzelne Werte abschließen, damit zur Vereinfachung für das Insolvenzgericht die regelmäßig umfangreichen Ausführungen zur Berechnungsgrundlage übersichtlich zusammengefasst werden.

43 Aus dem so ermittelten Berechnungswert der Vergütung des vorläufigen Insolvenzverwalters ist die Regelvergütung gem. § 2 Abs. 1 InsVV mit ihren einzelnen Stufen zu berechnen, wobei die Berechnung nicht allein als Ergebnis darzustellen wäre, sondern die **Beträge der einzelnen Stufen des § 2 Abs. 1 InsVV** wiederzugeben sind. Dies dient insbesondere dem Nachweis gegenüber dem Insolvenzgericht, dass für das jeweilige Verfahren die richtigen Regelsätze des § 2 Abs. 1 InsVV angesetzt wurden.

44 Der so ermittelten Regelvergütung eines Insolvenzverwalters ist der Regelbruchteil von 25 % gem. § 63 Abs. 3 Satz 2 InsO hinzuzustellen.

---

16) Siehe hierzu *Graeber/Graeber*, InsVV-Online, § 11 Rn. 244 ff.

5. Beantragung von Zuschlägen gemäß § 3 Abs. 1 InsVV als vorläufiger Insolvenzverwalter

Bei der Beantragung von Zuschlägen auf die Vergütung als vorläufiger Insolvenzverwalter gelten grundsätzlich die gleichen Regelungen und Hinweise wie bei der Vergütung als Insolvenzverwalter des eröffneten Verfahrens. Dementsprechend kann auf die Ausführungen unten (→ Rn. 109 ff.) bei der Vergütung des Insolvenzverwalters des eröffneten Verfahrens verwiesen werden. 45

Wie beim Insolvenzverwalter des eröffneten Verfahrens stellt sich auch bei der Vergütung als vorläufiger Insolvenzverwalter das Problem, die **angemessene Höhe eines berechtigten Zuschlags** zu bemessen und zu erläutern. Auch hier kann sich gelegentlich ein Hinweis auf andere, vergleichbare Festsetzungen anbieten.[17)] Hierbei sind jedoch nicht nur die Unterschiede zwischen dem konkreten Verfahren und dem Verfahren der Zitatstelle zu berücksichtigen, sondern insbesondere in jedem einzelnen Fall zu hinterfragen, ob tatsächlich das konkrete Eröffnungsverfahren mit einem anderen Eröffnungsverfahren verglichen wird oder ob es sich eventuell um eine Festsetzung in einem eröffneten Insolvenzverfahren handelt. 46

Aufgrund der Besonderheiten des Eröffnungsverfahrens gegenüber dem eröffneten Insolvenzverfahren können Entscheidungen aus eröffneten Insolvenzverfahren nur zum Teil auf die Situation des Eröffnungsverfahrens übertragen werden. Im Rahmen des konkreten Vergütungsantrages ist hierauf einzugehen, eventuell festzuhalten, dass ein Eröffnungsverfahren mit einem eröffneten Verfahren verglichen wird und zu erläutern, ob und welche Auswirkungen dies auf die Bemessung eines angemessenen Zuschlags hat. Das Unterlassen eines Hinweises, dass dem Antragsteller die Unterschiede zwischen dem konkreten Verfahren und dem herangezogenen Vergleichsverfahren bekannt sind, könnte einen unbeabsichtigt negativen Eindruck beim Insolvenzgericht hinterlassen, während die **aktive Behandlung der Unterschiede** nebst einer angemessenen Einordnung hilfreich sein kann, eine angemessene Entscheidung zu treffen. 47

6. Angaben zu Dienstleistern im Eröffnungsverfahren

Insbesondere dann, wenn durch den vorläufigen Insolvenzverwalter auf der Basis einer Ermächtigung durch das Insolvenzgericht Masseverbindlichkeiten begründet werden können, besteht die Möglichkeit, dass die durch den vorläufigen Insolvenzverwalter beauftragten Dritte in einem eventuell problematischen Verhältnis zum vorläufigen Insolvenzverwalter stehen. 48

Grundsätzlich ist der vorläufige Insolvenzverwalter verpflichtet, vor Beauftragung von Personen, zu denen eventuell ein eine **Befangenheit i. S. v. § 42 ZPO** 49

17) Diese können u. a. bei den entsprechenden Zuschlagstatbeständen bei *Graeber/Graeber*, InsVV-Online, gefunden werden.

begründendes Verhältnis bestehen könnte, das Insolvenzgericht ausdrücklich schriftlich und unmissverständlich zu informieren.[18] Daher sind die Dienstleister, zu denen eine Verbindung des vorläufigen Insolvenzverwalters bestehen bzw. vermutet werden könnte, besonders zu behandeln. Es empfiehlt sich, im Rahmen des Vergütungsantrages unter Bezeichnung des entsprechenden Schriftsatzes darauf hinzuweisen, dass bereits während des Verfahrens ein Hinweis auf mögliche Befangenheitsumstände erfolgt ist.[19]

7. Auslagenabrechnung als vorläufiger Insolvenzverwalter

50 Die Abrechnung der begehrten Auslagenpauschale gem. § 8 Abs. 3 InsVV ist unter einem gesonderten Gliederungspunkt zu behandeln. Zu den dabei zu berücksichtigenden besonderen Punkten der Zustellungskosten i. S. v. § 4 Abs. 2 Satz 2 InsVV bzw. besonderen Kosten für eine notwendige, zusätzliche Haftpflichtversicherung i. S. v. § 4 Abs. 3 Satz 2 InsVV ist auf die Ausführungen unten beim Insolvenzverwalter des eröffneten Insolvenzverfahrens zu verweisen (→ Rn. 143 ff.).

8. Besonderheiten bei Nichteröffnung mangels Masse, § 26 InsO

51 Ist durch den Sachverständigen eine **Abweisung des Eröffnungsantrages mangels Masse** entsprechend § 26 InsO zu empfehlen oder folgt der Tätigkeit als vorläufiger Insolvenzverwalter **keine Eröffnung**, weil der **Antrag zurückgenommen** oder für **erledigt** erklärt bzw. der Eröffnungsantrag **ab- oder zurückgewiesen** wurde, erfolgt die Vergütungsfestsetzung gem. § 26a Abs. 1 InsO auf Antrag des vorläufigen Insolvenzverwalters. Die Frage, wer innerhalb des Insolvenzgerichts[20] für die Entscheidung gem. § 26a Abs. 1 InsO zuständig ist, wird unterschiedlich beantwortet und wurde bislang nicht obergerichtlich geklärt.[21]

Im Vergütungsantrag als vorläufiger Insolvenzverwalter sollte darauf eingegangen werden, ob nach Ansicht des vorläufigen Insolvenzverwalters ein **Fall des § 26a Abs. 2 Satz 2 InsO** vorliegt, bei dem einem antragstellende Gläubiger aufgrund eines groben Verschuldens bei der Antragstellung die Kosten des Verfahrens somit auch die Vergütung als vorläufiger Insolvenzverwalter aufzuerlegen sind, damit ggf. ein zahlungskräftiger Vergütungsschuldner festgestellt wird. Auch das Insolvenzgericht wird vor einer Festsetzungsentscheidung den Vergütungsschuldner (antragstellender Gläubiger oder Insolvenzschuldner) anzuhören haben und im Beschluss diesen benennen.

---

18) BGH, v. 24.1.1991 – IX ZR 250/89, BGHZ 113, 262 = NJW 1991, 982; BGH, v. 26.4.2012 – IX ZB 31/11, ZInsO 2012, 1125.

19) Siehe zu dieser Problematik *Graeber/Graeber*, InsVV-Online, § 4 Rn. 37 ff.

20) Die Entscheidung des BGH, v. 3.12.2009 – IX ZB 280/08, NZI 2010, 98 = ZInsO 2010, 107, welche die Zuständigkeit in einem solchen Fall einem Zivilgericht zugewiesen hatte, ist seit der Normierung in § 26a InsO überholt.

21) Siehe hierzu den Meinungsstand bei *Graeber/Graeber*, InsVV-Online, § 11 Rn. 230.

Praxishinweis:

Ist durch den Sachverständigen trotz der erfolgten Anordnung einer vorläufigen Verwaltung eine Abweisung mangels Masse zu empfehlen, sollte im eigenen Interesse geprüft werden, ob im konkreten Verfahren Anhaltspunkte vorhanden sind, die für eine Auferlegung der Vergütung und Kosten des vorläufigen Insolvenzverwalters zulasten des antragstellenden Gläubiger gem. § 26a Abs. 2 Satz 2 InsO sprechen.

Der Vergütungsantrag sollte nicht nur die Höhe der Vergütung benennen, sondern auch den Vergütungsschuldner, damit der Titel auch gegen diesen vollstreckt werden kann.[22]

Bei der Beantragung einer eventuellen Mindestvergütung i. S. v. § 2 Abs. 2 InsVV ist die Rechtsprechung des Bundesgerichtshofs zur Nichtanwendbarkeit der **erhöhten Mindestvergütung** gem. § 2 Abs. 2 Satz 2 und 3 InsVV in Unternehmensinsolvenzen zu beachten.[23] 52

Grund für eine Nichteröffnung des Insolvenzverfahrens kann neben der fehlenden Kostendeckung auch die **Rücknahme des Eröffnungsantrages** bzw. eine entsprechende **Erledigungserklärung** eines Insolvenzgläubigers sein. Dies hindert einen zeitnahen weiteren Antrag grundsätzlich nicht. Es ist jedoch zu beachten, dass der **vorläufige Insolvenzverwalter des ersten Insolvenzverfahrens** nun Gläubiger des Insolvenzschuldners geworden ist. Dies würde ihn für eine Tätigkeit im einem nachfolgenden neuen Verfahren ausschließen, da ihm als Gläubiger die gem. § 56 InsO **notwendige Unabhängigkeit** fehlt. 53

In der Praxis können jedoch die gewonnenen Erkenntnisse aus der Tätigkeit als vorläufiger Insolvenzverwalter sinnvoll sein, um das neue Verfahren zügig durchführen zu können. Das Insolvenzgericht wird daher entscheiden müssen, ob die Gründe für die erneute Beauftragung des bisherigen vorläufigen Insolvenzverwalters derartig gewichtig sind, dass sie für sachgerecht erscheinen lassen, eine strenge Beachtung der Anforderungen des § 56 InsO im Einzelfall zurückstehen zu lassen. 54

In einem solchen Fall ist es für die bisherigen und neuen vorläufigen Insolvenzverwalter zwingend, das Insolvenzgericht **ausdrücklich, unmissverständlich und schriftlich darauf hinzuweisen**, dass er aufgrund seiner Gläubigerstellung **eventuell inhabil** sein könnte. Ein solcher Hinweis muss auch dann erfolgen, wenn die Vergütungsforderung als ehemaliger vorläufiger Insolvenzverwalter bereits vollständig ausgeglichen ist, da die Zahlung des Insolvenzschuldners auf die Vergütungsforderung des vorläufigen Insolvenzverwalters grundsätzlich einer Insolvenzanfechtung unterliegen kann.[24] Auch die Stellung als **möglicher** 55

22) Teilweise wird ein Vergütungsantrag gem. § 26a Abs. 1 InsO ohne formale Bezeichnung des Vergütungsgegners bzw. des Vergütungsschuldners als unzulässig angesehen.

23) BGH, v. 22.7.2021 – IX ZB 4/21, NZI 2021, 984 = ZInsO 2021, 2220.

24) BGH, v. 15.12.2011 – IX ZR 118/11, NZI 2012, 135 = ZInsO 2012, 241.

Anfechtungsgegner hindert grundsätzlich die Beauftragung als Insolvenzverwalter.

56 Um Probleme im zweiten Insolvenzverfahren zu vermeiden ist daher ein ausdrücklicher, schriftlicher Hinweis auf die vorherige Tätigkeit in einem anderen Verfahren bezüglich des identischen Schuldners auch dann vorzunehmen, wenn das Insolvenzgericht positiv Kenntnis von diesen Umständen hat. In einem solchen Fall dient dieser Hinweis nicht der Erinnerung des Insolvenzgerichts, sondern der **Dokumentation des sachgerechten und transparenten Handelns des Verwalters**, welches so auch für andere Verfahrensbeteiligte unzweideutig der Verfahrensakte entnommen werden kann. In diesem Zusammenhang kann durch den Insolvenzverwalter vorgeschlagen werden, wie dem Vorwurf der unzureichenden Unabhängigkeit durch Beauftragung eines Sonderinsolvenzverwalters, einem eventuell bedingungslosen Verzicht auf eine eigene Forderung oder in anderer Weise begegnet werden soll.

II. Besonderheiten bei der Vergütung für eine Tätigkeit als vorläufiger Sachwalter, §§ 270b Abs. 1, 274 Abs. 1 InsO, § 12a InsVV

57 Hinsichtlich der Vergütung für die Tätigkeit als vorläufiger Sachwalter sieht die Insolvenzordnung direkt keine Besonderheiten vor. Entsprechend **§ 12a InsVV** ist die Vergütung des vorläufigen Sachwalters anders zu bemessen als die eines vorläufigen Insolvenzverwalters. Nachfolgend werden nur die entsprechenden Besonderheiten behandelt.

1. Beachtung der beschränkten Aufgaben eines vorläufigen Sachwalters

58 In der Praxis zeigt sich häufig, dass die **Unterschiede** zwischen einer vorläufigen Verwaltung in einem Regelinsolvenzverfahren und dem rechtlichen Rahmen einer Tätigkeit eines vorläufigen Sachwalters im eigenverwaltenden Eröffnungsverfahren nicht beachtet werden.[25] Sowohl aus eigenem Antrieb heraus als auch aufgrund von Notwendigkeiten des konkreten Verfahrens werden gelegentlich durch einen vorläufigen Sachwalter Tätigkeiten vorgenommen, welche von den gesetzlichen Regelungen oder den gerichtlichen Anordnungen nicht abgedeckt werden. Auch wenn dies nicht mit Schäden und Haftungsansprüchen verbunden sein muss, sind **eventuelle Überschreitungen** bei der Bemessung der Vergütung zu berücksichtigen. Eine Vergütung kann für nichtberechtigte Tätigkeiten nicht verlangt werden.[26]

---

25) Zur Aufgabenumschreibung beim vorläufigen Sachwalter siehe → Teil VI Rn. 85 ff. und *Frind*, NZI 2014, 937.

26) BGH, v. 16.6.2005 – IX ZB 264/03, NZI 2005, 627 = ZInsO 2005, 804.

> **Praxishinweis:**
>
> Bei einer Tätigkeit als vorläufiger Sachwalter ist besonders darauf zu achten, dass die eigenen Tätigkeiten auch unzweifelhaft von der gesetzlichen Aufgabenumschreibung und der Anordnung des Insolvenzgericht abgedeckt sind. Notwendigenfalls sollte vor einer Tätigkeit mit dem Insolvenzgericht die Berechtigung geklärt werden.

Zur Erstellung eines Vergütungsantrages als vorläufiger Sachwalter ist daher grundlegend zu klären, welcher **Rechtsrahmen der Tätigkeit als vorläufiger Sachwalter** zugrunde zu legen war. Im Falle einer Überschreitung des Rechtsrahmens muss entschieden werden, ob entweder die entsprechende Tätigkeit nicht zur Begründung eines Zuschlags herangezogen wird oder die Besonderheiten und Notwendigkeiten des konkreten Verfahrens eventuell eine Tätigkeit auch außerhalb des Rechtsrahmens gerechtfertigt haben, wodurch eine vergütungsrelevante Belastung zu bejahen wäre. 59

Tätigkeiten, die nicht eindeutig von der Aufgabenumschreibung abgedeckt sind, sind spätestens im Vergütungsantrag zu erläutern und vorzutragen, aus welchen Erwägungen heraus diese Tätigkeit ohne vorherige Klärung mit dem Insolvenzgericht im Interesse des Verfahrens ausgeübt worden ist. 60

2. Darstellung der Berechnungsgrundlage der Vergütung des vorläufigen Sachwalters und vergütungsrechtliche Besonderheiten bezüglich des belasteten Vermögens in der Eigenverwaltung

Maßgeblicher Bezugspunkt für die Bemessung der Vergütung als vorläufiger Sachwalter ist gem. § 12a Abs. 1 Satz 2 InsVV wie bei einem vorläufigen Insolvenzverwalter das **Vermögen des Insolvenzschuldners im weiteren Sinne**, auf das sich die Tätigkeit als vorläufiger Sachwalter bezogen hat. Insoweit kann auf die Ausführungen oben beim vorläufigen Insolvenzverwalter verwiesen werden (→ Rn. 18 ff.). 61

Gemäß § 12a Abs. 1 Satz 4 InsVV sind jedoch **Vermögensgegenstände, an denen bei Verfahrenseröffnung Aus- oder Absonderungsrechte bestehen** in der Berechnungsgrundlage der Vergütung des vorläufigen Sachwalters nur dann zu berücksichtigen, sofern sich der vorläufige Sachwalter **in erheblichem Umfang mit ihnen befasst hatte**. Diese Formulierung entspricht der Formulierung für die Vergütung des vorläufigen Insolvenzverwalters in § 11 Abs. 1 Satz 2 InsVV. 62

Die Grundsätze der Praxis und Rechtsprechung hinsichtlich der Anforderungen für eine erhebliche Befassung in diesem Zusammenhang, wie sie für die Vergütung des vorläufigen Insolvenzverwalters entwickelt wurden, können nicht unverändert auf die Vergütung des vorläufigen Sachwalters übertragen werden. Hierbei wären vielmehr die **Besonderheiten des Eigenverwaltungsverfahrens** und der vorläufigen Eigenverwaltung zu berücksichtigen. In einem solchen Verfahren liegt die Verwaltungs- und Verfügungsbefugnis ausschließlich beim eigenverwaltenden Insolvenzschuldner. Der vorläufige Sachwalter wird 63 sich mit den Gegenständen aus dem Vermögen des Insolvenzschuldners regelmäßig nicht zu befassen haben, da eine entsprechende Befassung einen Eingriff in die ausschließlichen Verwaltungs- und Verfügungsrechte des Insolvenzschuldners darstellen würde.[27] Die Behandlung und Prüfung möglicher Absonderungs- bzw. Aussonderungsrechte im Rahmen der Erstellung des Gutachtens als Sachverständiger stellen keine Befassung mit diesen Gegenständen dar.

64 Um das belastete Vermögen des Insolvenzschuldners mit seinen Werten in die Berechnungsgrundlage der Vergütung als vorläufiger Sachwalter aufnehmen zu können, bedarf es daher neben dem **Vortrag für die entsprechenden Tätigkeiten und Belastungen und den Erläuterungen zum Erreichen der Erheblichkeitsgrenze** zudem noch einer umfangreichen Auseinandersetzung mit dem Streit insbesondere in der Literatur, ob eine erhebliche Befassung i. S. v. § 12a Abs. 1 Satz 4 InsVV grundsätzlich überhaupt möglich ist.[28] Es könnte insoweit sinnvoll sein, zu diesem Punkt vorab ein klärendes Rechtsgespräch mit dem Insolvenzgericht durchzuführen.

3. Erläuterungen zu Zuschlagstatbeständen und den Angaben zur Angemessenheit bei der Vergütung des vorläufigen Sachwalters

65 Im Rahmen der Beantragung von Zuschlägen auf die Regelvergütung als vorläufiger Sachwalter sind die Besonderheiten des Aufgabenbereichs im vorläufigen Eigenverwaltungsverfahren zu berücksichtigen.[29] Insbesondere bei einem Vergleich mit Zuschlagsbemessungen aus anderen Verfahren ist immer zu prüfen, ob das vorliegende Eigenverwaltungsverfahren nicht eventuell mit einem Regelinsolvenzverfahren verglichen wurde.

66 Darüber hinaus ist insbesondere zu berücksichtigen, dass eine **Unternehmensfortführung** während der vorläufigen Eigenverwaltung keine Besonderheit darstellen dürfte, da noch aktive wirtschaftliche Tätigkeit der Insolvenzschuldnerin in Eigenverwaltungsverfahren als Standardfall anzusehen wäre.[30]

4. Mindestvergütung des vorläufigen Sachwalters

67 Hinsichtlich der Vergütung des vorläufigen Sachwalters sieht weder die Insolvenzordnung noch die InsVV eine **Regelung zur Bestimmung einer Mindestvergütung** vor. Verfahren, in denen dies relevant werden könnte, sollten in der Praxis kaum einmal auftreten. Gegebenenfalls wäre an dieser Stelle zu prüfen und behandeln, ob die Regelung zum Mindestvergütung in § 2 Abs. 2 InsVV

---

27) Ausführlicher hierzu *Graeber/Graeber*, InsVV-Online, § 12a Rn. 18 ff.

28) Zum Diskussionsstand siehe *Graeber/Graeber*, InsVV-Online, § 12a Rn. 19.

29) Eine Darstellung von Zuschlägen bei der vorläufigen Insolvenzverwaltung finden Sie bei *Graeber/Graeber*, InsVV-Online, § 12a Rn. 32 ff.

30) BGH, v. 22.6.2017 – IX ZB 91/15, ZInsO 2017, 1813; BGH, v. 21.7.2016 – IX ZB 70/14, DZWIR 2016, 540 = NZI 2016, 796 = ZInsO 2016, 1637.

auch den Bruchteilsregelungen in §§ 12a Abs. 1 Satz 2, 12 Abs. 1 InsVV unterliegt.[31)]

5. Begrenzung der Auslagenpauschale des vorläufigen Sachwalters, §§ 12a Abs. 3, 12 Abs. 3 InsVV

Im Rahmen der Abrechnung der Tätigkeit als vorläufiger Sachwalter ist bezüglich der Auslagenpauschale gem. § 8 Abs. 3 InsVV zu beachten, dass gem. §§ 12a Abs. 3, 12 Abs. 3 InsVV der **monatliche Höchstbetrag** auf eine 175 € gedeckelt ist. 68

B. Vergütung des Insolvenzverwalters im eröffneten Insolvenzverfahren

Die Vergütung eines Insolvenzverwalters wird in der Insolvenzordnung über § 63 InsO inhaltlich nur insoweit geregelt, als dort die Maßgeblichkeit des **Wertes der Insolvenzmasse** vorgegeben wird. Dies wird insbesondere durch § 1 Abs. 2 InsVV relativiert. Auf die Besonderheiten insbesondere in § 1 Abs. 2 InsVV ist im Rahmen des Vergütungsantrages in nachvollziehbarer Weise einzugehen. 69

Praxishinweis:

Es empfiehlt sich, nicht mehr vergütungsrechtliche Begriffe aus der Zeit des Konkursverfahrens zu verwenden. Korrekterweise bestimmt sich die Vergütung eines Insolvenzverwalters nach dem Wert der Insolvenzmasse (§ 63 Abs. 1 Satz 2 InsO). Dies wird für die Vergütungsbemessung durch § 1 InsVV (Titel: Berechnungsgrundlage) präzisiert.

Die Vergütung bemisst sich daher korrekterweise nach dem Wert der Insolvenzmasse, der Berechnungsgrundlage. Dieser Wert in € ist der Berechnungswert, der der Errechnung der Regelvergütung nach § 2 Abs. 1 InsVV zugrundezulegen ist.

Dagegen ist eine Teilungsmasse als Begriff der Konkursordnung ein anderer Wert. Auch die Verteilungsmasse passt nicht mehr zum Insolvenzverfahren, da sich die Vergütung nicht mehr an dem Wert der für die Verteilung an die Gläubiger zur Verfügung stehenden Masse orientiert.[32)]

Ein Gegenstand der Insolvenzmasse (z. B. ein Kontoguthaben) gehört daher zur Berechnungsgrundlage der Verwaltervergütung und sein Wert wirkt sich auf den Berechnungswert der Verwaltervergütung aus. Nach dem Berechnungswert bestimmt sich die Regelvergütung.

I. Darstellung der Berechnungsgrundlage gemäß § 1 Abs. 2 InsVV

Die Darstellung der Berechnungsgrundlage (also der Insolvenzmasse unter Berücksichtigung der Regelungen des § 1 Abs. 2 InsVV) der Vergütung des Insolvenzverwalters ist die Basis für weitere Vergütungsberechnung zu Zu- 70

---

31) Siehe hierzu die Behandlung dieser Problematik nebst Zitatstellen bei *Graeber/Graeber*, InsVV-Online, § 12a Rn. 36 ff.

32) So aber der BGH, v. 20.7.2017 – IX ZB 75/16 Rn. 11, NZI 2017, 82.

schlägen, Abschlägen, Auslagen usw. Die darin benannten Positionen sind in vergleichbarer Weise in der Berichterstattung und im Rechnungswesen wiederzugeben.

71 Die Aufgliederung der Berechnungsgrundlage und die Bezifferung der jeweiligen Berechnungswerte hat dergestalt zu erfolgen, dass insbesondere für das Insolvenzgericht einer schnelle Entscheidung darüber möglich ist, ob **alle maßgeblichen Positionen** wiedergegeben wurden und ob einer sachgerechte Abgrenzung der verschiedenen Sachgruppen vorgenommen worden ist.[33] Eine Aufgliederung der Gegenständen der Berechnungsgrundlage aus dem Eröffnungsgutachten bzw. aus den Vergütungsantrag als vorläufiger Insolvenzverwalter ist mit identischen Gliederungspunkten zu übernehmen, um leichter eine Vollständigkeit kontrollieren zu können und um festzustellen, ob relevante Wertabweichungen festzustellen sind. Abweichungen, ein Wegfall von Positionen oder neues Vermögen sind zur vereinfachten Erfassung der Besonderheiten gesondert darzustellen.

72 In Verfahren, bei denen zur Auflistung der Gegenstände der Berechnungsgrundlage zu umfangreich ausfallen würde, kann im Rahmen des Vergütungsantrages auf den entsprechenden Teil des Schlussberichtes verwiesen werden. In übersichtlichen Verfahren sollte die Auflistung im Vergütungsantrag selbst erfolgen.

73 Bei einem Verweis auf die detaillierte Darstellung im Schlussbericht sind in den Vergütungsantrag jedenfalls zu der entsprechenden Teilkategorie die sich aus der detaillierten Darstellung ergebenden Berechnungswerte zu übernehmen.

1. Unterscheidung zwischen unbelasteten Vermögen und Vermögen mit Absonderungsrechten gem. § 1 Abs. 2 Nr. 1 InsVV

74 Die Darstellung bzw. Auflistung der einzelnen Bestandteile der Berechnungsgrundlage der Verwaltervergütung hat grundlegend eine **Unterscheidung** zwischen dem vollständig unbelasteten Vermögen des Schuldners und dem mit Absonderungsrechten belasteten Vermögen vorzunehmen.

75 **Aussonderungsgegenstände** sind auch dann nicht in die Berechnungsgrundlage der Vergütung eines Insolvenzverwalters aufzunehmen, wenn sich in dieser mit ihnen in erheblichem Maße befasst hat. Diese Gegenstände sind nicht Bestandteil der Insolvenzmasse und daher auch nie Bestandteil einer Berechnungsgrundlage.

76 In der Kategorie des unbelasteten Vermögens ist zwischen unbeweglichem Vermögen, beweglichem Vermögen, Forderungen und Rechten zu unterschei-

33) Eine Auflistung der möglichen Positionen bzw. Gegenstände als Bestandteil der Berechnungsgrundlage sowie Beispiele von Gegenständen, die nicht zur Berechnungsgrundlage gehören enthält *Graeber*, Vergütung in Insolvenzverfahren nach der InsVV, S. 34 f.

den. Ebenso sind **freiwillige Leistungen** des Insolvenzschuldners und **Zuschüsse zum Verfahren** gesondert auszuweisen.[34)]

Die aus der Verwertung von Gegenständen mit Absonderungsrechten erzielten **gesetzlichen oder freiwilligen Kostenbeiträge** i. S. v. §§ 170, 171 InsO nebst Umsatzsteuerbeträgen jeweils gesondert auszuweisen. Gegebenenfalls ist eine Untergliederung zwischen Feststellungsbeiträgen, Verwertungsbeiträgen und Umsatzsteuer vorzunehmen. Insbesondere beim freiwilligen Kostenbeiträgen ist wiederzugeben, aufgrund welcher Vereinbarung bzw. welcher Verrechnungsart die Zuflüsse die Insolvenzmasse berechnet wurden. 77

2. Unternehmensfortführung und Einnahmen- und Ausgabenrechnung gemäß § 1 Abs. 2 Nr. 4 Satz 2 Buchst. b) InsVV

In Insolvenzverfahren, in denen eine zeitweise Unternehmensfortführung stattgefunden hat, ist immer[35)] eine **gesonderte Aufstellung aller Einnahmen** und Ausgaben beizufügen. Ein Hinweis, es wäre kein Überschuss erzielt worden, genügt auch dann nicht, wenn sich hieraus keine positiven Folgen für die Vergütung als Insolvenzverwalter ergeben.[36)] 78

> **Praxishinweis:**
>
> Bei der Darstellung der Einnahmen während der Unternehmensfortführung ist darauf zu achten, dass die durch die Unternehmensfortführung generierten Einnahmen nicht mit den Einnahmen aus der Verwertung der Insolvenzmasse vermengt werden.

Auf eine Unternehmensfortführung, die im Insolvenzverfahren zu einem **Überschuss** geführt hat, sollte in geeigneter Weise hingewiesen werden. Die hierbei vorzunehmende Bezifferung des Überschusses ist für die spätere Bemessung des angemessenen Zuschlags für die Belastungen aus der Unternehmensfortführung notwendig. 79

Eine Unternehmensfortführung ohne Überschuss ist zwar nicht generell als Fehler des Insolvenzverwalters zu beurteilen, sollte jedoch mit einer Erläuterung versehen sein, weshalb eine Unternehmensfortführung zulasten der Quote der Insolvenzgläubiger zu erfolgen hatte. 80

3. Erstattungen an die Insolvenzmasse

Eine **Erstattung von Zahlungen aus der Insolvenzmasse auf sonstige Masseverbindlichkeiten** (z. B. Gerichtskosten, Anwaltskosten, Zwangsvollstreckungs- 81

---

34) Siehe hierzu *Graeber*, Berechnung der Vergütung des Insolvenzverwalters bei Berücksichtigung von Aus- und Absonderungsrechten, InsbürO 2005, 122.

35) BGH, v. 19.12.2019 – IX ZB 72/18, NZI 2020, 246 = ZInsO 2020, 321; BGH, v. 26.04.2007 – IX ZB 160/06, NZI 2007, 341 = ZInsO 2007, 436; *Graeber/Graeber*, InsVV-Online, § 1 Rn. 219.

36) BGH, v. 19.12.2019 – IX ZB 72/18, NZI 2020, 246 = ZInsO 2020, 321.

kosten, Vorauszahlungen auf Energie/Wasser und anderes etc.) ist nicht als Bestandteil der Insolvenzmasse in der Darstellung der Berechnungsgrundlage zu verbuchen.[37)] Aus dem Schlussbericht oder dem Vergütungsantrag haben sich jedoch solche Beträge zu erschließen. Diese sind mit einer Erläuterung zu versehen, dass es sich nicht um Massezuflüsse bzw. Bestandteil der Berechnungsgrundlage handelt.

4. Umgang mit zukünftigen, sicheren Einnahmen

82 Maßgeblich ist die gesamte **Insolvenzmasse bis zur Beendigung des Insolvenzverfahrens.**[38)] Der immer vor diesem Zeitpunkt gestellte Vergütungsantrag hat Erläuterung zu enthalten, ob aufgrund der konkreten Umstände des jeweiligen Verfahrens damit zu rechnen ist, ob nach Erstellung des Vergütungsantrages mit weiterer Insolvenzmasse zu rechnen ist.

83 Sind **keine weiteren Einnahmen** zu erwarten, ist dies zur Klarstellung im Vergütungsantrag zu erklären.

84 Im Fall der **Erwartung weiterer Zuflüsse** ist zu erläutern, aufgrund welcher Umstände welche konkreten Beträge bereits im Vergütungsantrag berücksichtigt werden.

85 Bei weiteren Einnahmen aus der **Umsatzsteuer der Verwaltervergütung** ist die Berechnung der Auswirkungen auf die Berechnungsgrundlage im Vergütungsantrag darzustellen. Zuvor ist mit dem Insolvenzgericht zu klären, ob bei dieser Berechnung nur der Massezufluss auf einer ersten Berechnungsebene entsprechend der Rechtsprechung des BGH[39)] oder eine Berechnung der vollständigen Auswirkungen vorzunehmen ist.[40)]

86 Bei **zukünftigen Einnahmen aus Rentenbezügen oder pfändbaren Einkommens** des Insolvenzschuldners sind der jeweilige monatliche Betrag sowie der Zeitraum zu benennen, der vom Insolvenzverwalter bis zur Beendigung des Verfahrens in Ansatz gebracht wird. Tatsächliche Abweichungen der Praxis von der an dieser Stelle vorgenommenen Prognosen sind vom Insolvenzverwalter immer unaufgefordert dem Insolvenzgericht mitzuteilen.

---

37) BGH, v. 19.11.2020 – IX ZB 21/20, NZI 2021, 245 = ZInsO 2021, 113; siehe a. *Graeber/Graeber*, InsVV-Online, § 1 Rn. 20 f. (zurückfließende Beträge aus Zahlungen auf Masseverbindlichkeiten).

38) BGH, v. 20.7.2017 – IX ZB 75/16, NZI 2017, 82; BGH, v. 6.4.2017 – IX ZB 3/16, NZI 2017, 507 = ZInsO 2017, 1118; BGH, v. 5.7.2007 – IX ZB 305/04, NZI 2007, 583 = ZInsO 2007, 813; BGH, v. 6.10.2011 – IX ZB 12/11, NZI 2011, 906 = ZInsO 2011, 2049; BGH, v. 19.12.2013 – IX ZB 9/12, NZI 2014, 238 = ZInsO 2014, 305.

39) BGH, v. 26.2.2015 – IX ZB 9/13, NZI 2015, 388 = ZInsO 2015, 711.

40) *Graeber/Graeber*, InsVV-Online, § 1 Rn. 41 ff.

5. Umgang mit Vorschüssen und Zahlungen i. S. v. § 1 Abs. 2 Nr. 5 InsVV

Geleistete **Vorschüsse Dritter** zum Zwecke der Eröffnung des Insolvenzverfahrens (§ 1 Abs. 2 Nr. 5 Alt. 1 InsVV) sind auch im Vergütungsantrag darzustellen und zu erläutern, inwieweit diese aus einer realisierten Insolvenzmasse zurück geleistet wurden.[41] Es ist verdeutlichend festzuhalten, dass diese Vorschüsse nicht als Insolvenzmasse und damit Bestandteil der Berechnungsgrundlage behandelt wurden. 87

Wurde durch die den Vorschuss leistenden Person ein **Verzicht auf die Rückleistung** erklärt, ist dies im Vergütungsantrag festzuhalten und der entsprechende Betrag mit seinem Wert in die Berechnungsgrundlage aufzunehmen.[42] 88

Leistungen Dritter zur Erfüllung eines Insolvenzplans oder zur Erreichung einer vorzeitigen Restschuldbefreiung (§ 1 Abs. 2 Nr. 5 Alt. 2 InsVV) sind gesondert zu behandeln, zu beziffern und mit der Erklärung zu versehen, dass diese Beträge nicht im Rahmen der Berechnungsgrundlage Berücksichtigung fanden. 89

Zahlungen des Insolvenzschuldners in die Insolvenzmasse sind in gleicher Weise gesondert zu behandeln. Hier ist zu erläutern, ob es sich tatsächlich um eine Leistung aus dem pfändungsfreien Vermögen des Insolvenzschuldners handelte und welchen Zweck der Schuldner hierbei angegeben hatte. Angelehnt an der Besprechung des Bundesgerichtshofes[43] hierzu ist festzuhalten, ob der entsprechende Wert bei der Ermittlung der Berechnungsgrundlage berücksichtigt wurde oder nicht. 90

6. Behandlung offener Masseverbindlichkeiten aus der Unternehmensfortführung des Eröffnungsverfahrens

Unter Bezugnahme auf die Berichterstattung und den Vergütungsantrag als vorläufiger Insolvenzverwalter ist entsprechend der Rechtsprechung des BGH[44] darzustellen, **welche vom vorläufigen Insolvenzverwalter begründeten Masseverbindlichkeiten erst aus der Insolvenzmasse des eröffneten Insolvenzverfahrens geleistet wurden.** Der Wert der Insolvenzmasse ist um den Betrag der aus dem Eröffnungsverfahren herrührenden fortführungsbedingten Masseverbindlichkeiten zu vermindern, soweit andernfalls der Berechnung der Ver- 91

---

41) Hierzu *Graeber*, Änderung der InsVV in § 1 II Nr. 5 InsVV entsprechend dem Entwurf eines Gesetzes zur weiteren Verkürzung des Restschuldbefreiungsverfahrens, NZI 2020, 921.

42) *Graeber/Graeber*, InsVV-Online, § 1 Rn. 239; *Haarmeyer/Mock*, InsVV, 6. Aufl., 2019, § 1 Rn. 98.

43) BGH, v. 11.11.2021 – IX ZB 38/20, NZI 2022, 92 = ZInsO 2022, 274.

44) BGH, v. 2.3.2017 – IX ZB 90/15, NZI 2017, 544 = ZInsO 2017, 1051; BGH, v. 6.4.2017 – IX ZB 23/16, ZInsO 2017, 982.

gütung des Insolvenzverwalters mehr als der im Eröffnungsverfahren erzielte Fortführungsüberschuss zugrunde gelegt würde.[45)]

7. Behandlung von Gesamtschadensansprüchen i. S. v. §§ 92, 93 InsO

92 Waren in dem Verfahren durch den Insolvenzverwalter **Gesamtschadensansprüche** i. S. v. §§ 92, 93 InsO geltend zu machen, sind diese dem Grunde und dem Wert nach im Vergütungsantrag darzustellen. Es ist klarzustellen, ob diese Beträge der Berechnungsgrundlage zugerechnet wurden oder nicht.[46)] Bei diesem Punkt ist es notwendig vorab mit dem Insolvenzgericht zu erörtern, ob und wie die Tätigkeit mit Bezug auf die Gesamtschadensansprüche Vergütung rechtlich umzusetzen ist.

8. Besonderheiten bei vorzeitiger Einstellung des Verfahrens, § 1 Abs. 1 Satz 2 InsVV

93 In **Verfahren, welche vorzeitig beendet werden**, ist bei der Darstellung der Berechnungsgrundlage zwischen der **realisierten Insolvenzmasse** und der **noch nicht realisierten Insolvenzmasse** zu unterscheiden. Bei der bereits realisierten Insolvenzmasse sind die Verwertungserlöse wie in einem normalen Insolvenzverfahren anzugeben.

94 Bezüglich der noch nicht realisierten Teile der Insolvenzmasse ist der voraussichtliche Realisierungswert in der konkreten Situation gem. § 1 Abs. 2 Satz 2 InsVV zu schätzen.

95 Auch bei einem vorzeitig beendeten Insolvenzverfahren ist der **Wert der gesamten Insolvenzmasse** maßgeblich.[47)] Bei Anfechtungsansprüchen der Insolvenzmasse ist darauf zu achten, dass **Anfechtungsansprüche** nur insoweit bestehen, als deren entsprechenden Beträge notwendig sind, um die Insolvenzgläubiger zu befriedigen.[48)] Nach BGH stellt in Verfahren mit einer vollständigen Befriedigung der Gläubiger die Gesamtsumme der Insolvenzforderungen zuzüglich der Masseverbindlichkeiten und Kosten für mögliche Anfechtungsansprüche die Obergrenze dar.[49)] Bereits realisierte Anfechtungsansprüche sind jedoch ohne diese Begrenzung mit dem vollen Betrag ihrer Realisierung

---

45) BGH, v. 2.3.2017 – IX ZB 90/15, NZI 2017, 544 = ZInsO 2017, 1051.

46) Gegen eine Behandlung als Bestandteil der Berechnungsgrundlage sprechen sich aus: LG Detmold, v. 21.4.2021 – 3 T 195/20, NZI 2021, 903 = ZInsO 2021, 1307 zu Ansprüchen gem. § 93 InsO; *Graeber/Graeber*, InsVV-Online, § 1 Rn. 54; *Graeber*, NZI 2016, 860; *Pohlmann-Weide*, NZI 2022, 597; *Haarmeyer/Mock*, InsVV, 7. Aufl., § 1 Rn. 47; LG Münster, v. 3.2.2014 – 5 T 318/13 zu Nachhaftungsansprüchen gem. §§ 160, 161, 128, 129 HGB. Ablehnend *Budnik*, NZI 2021, 903.

47) BGH, v. 20.7.2017 – IX ZB 69/16, NZI 2017, 770 = ZInsO 2017, 1858.

48) BGH, v. 14.2.2019 – IX ZB 25/17, NZI 2019, 392 = ZInsO 2019, 691; BGH, v. 9.2.2012 – IX ZB 150/11, ZInsO 2013, 309.

49) BGH, v. 13.7.2023 – IX ZB 42/22, NZI 2023, 779 = ZInsO 2023, 1852.

zu berücksichtigen.[50] Im Übrigen sind alle tatsächlichen Massezuflüsse zu berücksichtigen, auch wenn sie nicht zur Befriedigung der Gläubiger benötigt werden.[51]

Die hinsichtlich der noch nicht realisierten Massebestandteile vorzunehmende **Schätzung** hat zu versuchen, den konkreten, tatsächlich zu erwartenden Massezufluss zu bestimmen. Dementsprechend kommt eine Bezugnahme auf den entsprechenden **Forderungsbetrag** als alleinige Quelle nicht in Betracht. 96

Um in die Bemessung der Berechnungsgrundlage eines vorzeitig beendeten Insolvenzverfahrens aufgenommen zu werden, muss ein Betrag **nicht in die Insolvenzmasse geflossen sein.**[52] Ebenso wenig ist es notwendig, dass sich der Insolvenzverwalter vor der Beendigung **mit dem Anspruch befasst** hat.[53] Die Frage, ob der Anspruch später noch **realisiert** werden könnte oder ob er später **verjährt**, ist ebenfalls unerheblich.[54] 97

Aus der Aufstellung der Berechnungsgrundlage in einem vorzeitig Insolvenzverfahren hat sich nachvollziehbar zu ergeben, aus welchen Massebestandteilen der entsprechende Wert bereits realisiert werden konnte und bezüglich welcher Werte nur eine Schätzung vorgenommen worden ist. Angesichts der Rechtsprechung des Bundesgerichtshofs ist an dieser Stelle darauf einzugehen, welcher Wertbetrag zur Befriedigung aller Gläubiger – auch unter Berücksichtigung der Gläubiger i. S. v. § 39 InsO – unter Deckung der Verfahrenskosten notwendig ist. 98

9. Besonderheiten in der Eigenverwaltung, § 12 InsVV

Bei der Berechnungsgrundlage in einem Eigenverwaltungsverfahren ist darauf zu achten, dass **Massegegenstände**, die mit einem **Absonderungsrecht** belastet sind stets außer Betracht zu bleiben haben, da gem. § 282 InsO die Berechtigung zur Verwertung dieser Gegenstände ausschließlich beim Insolvenzschuldner liegt.[55] Eine Verwertung durch den Sachwalter wäre unzulässig, so dass eine Mehrvergütung i. S. v. § 1 Abs. 2 Nr. 1 InsVV in einem Eigenverwaltungsverfahren nicht gewährt werden kann. 99

---

50) BGH, v. 10.1.2019 – IX ZB 40/18, NZI 2019, 355 = ZInsO 2019, 343 sowie 2020, 33.

51) BGH, v. 14.2.2019 – IX ZB 25/17, NZI 2019, 392 = ZInsO 2019, 691; BGH, v. 10.1.2019 – IX ZB 40/18, NZI 2019, 355 = ZInsO 2019, 343 sowie 2020, 33.

52) BGH, v. 14.2.2019 – IX ZB 25/17, NZI 2019, 392 = ZInsO 2019, 691; BGH, v. 9.2.2012 – IX ZB 230/10, NZI 2012, 315 = ZInsO 2012, 603; BGH, v. 9.2.2012 – IX ZB 150/11, ZInsO 2013, 309; BGH, v. 17.3.2011 – IX ZB 145/10, NZI 2011, 445 = ZInsO 2011, 839.

53) BGH, v. 20.7.2017 – IX ZB 69/16, NZI 2017, 770 = ZInsO 2017, 1858; BGH, v. 17.3.2011 – IX ZB 145/10, NZI 2011, 445 = ZInsO 2011, 839; BGH, v. 26.4.2007 – IX ZB 160/06, NZI 2007, 341 = ZInsO 2007, 436.

54) BGH, v. 20.7.2017 – IX ZB 69/16, NZI 2017, 770 = ZInsO 2017, 1858; BGH, v. 17.3.2011 – IX ZB 145/10, NZI 2011, 445 = ZInsO 2011, 839.

55) Kübler/Prütting/Bork-*Prasser*, InsO, Stand 7/15, § 12 InsVV Rn. 4.

10. Angaben zu Vergütungen für besondere Sachkunde, § 5 InsVV

100 Gebühren und Auslagen, welche ein Insolvenzverwalter entsprechend **§ 5 InsVV** gesondert neben seiner Verwaltervergütung erhält und welche dieser unabhängig von der Festsetzung der Verwaltervergütung aus der Masse entnehmen kann, sind gem. § 1 Abs. 2 Nr. 4 Satz 2 Buchst. a) InsVV vom Wert der Insolvenzmasse abzuziehen. Im Rahmen der Auflistung der Berechnungsgrundlage sind diese Beträge konkret aufzulisten bzw. festzuhalten, dass solche Beträge in dem konkreten Verfahren nicht angefallen sind.

101 Beträge, welche nicht an den Insolvenzverwalter, aber eine ihm eventuell **nahestehende Person** zufließen, sind in diesem Rahmen nicht im Wege einer Minderung der Berechnungsgrundlage zu berücksichtigen.[56] Es ist jedoch zu beachten, dass bereits anlässlich der Beauftragung einer nahestehenden Person, insbesondere der eigenen Kanzlei bzw. von Partnern das Insolvenzgericht schriftlich, ausdrücklich und unmissverständlich über die eventuell eine Befangenheit i. S. v. § 42 ZPO begründende Verbindung zu informieren war.[57] Wurde dies im laufenden Verfahren unterlassen, ist an dieser Stelle kurz zu erläutern, aufgrund welcher Umstände bzw. rechtlichen Einschätzung der Insolvenzverwalter eine entsprechende Mitteilung unterlassen hatte.

II. Bestimmung der Regelvergütung gemäß § 2 Abs. 1 InsVV

102 Nachdem durch die Feststellung der Berechnungsgrundlage und dem Ansatz der entsprechenden Teilwerte der Berechnungswert ermittelt und deutlich hervorgehoben im Vergütungsantrag dargestellt wurde, ist entsprechend der für das Verfahren **maßgeblichen Version des § 2 Abs. 1 InsVV** die Regelvergütung zu berechnen. An dieser Stelle ist nicht allein das mit der einen Software ermittelte Ergebnis wiederzugeben, sondern die einzelnen Wertstufen des § 2 Abs. 1 InsVV darzustellen, damit das Insolvenzgericht unmittelbar feststellen kann, ob dem Vergütungsantrag die richtige Version des § 2 Abs. 1 InsVV zugrundegelegt worden ist.

III. Gesonderte Behandlung und Berechnung der (Basis-)Mehrvergütung gemäß § 1 Abs. 2 Nr. 1 InsVV

103 Gegenstände mit einem Absonderungsrecht entsprechend §§ 49–51 InsO sind Bestandteil der Insolvenzmasse, jedoch aufgrund der Sonderregelung in § 1 Abs. 2 Nr. 1 InsVV nicht automatisch mit ihrem Wert in der Berechnungsgrundlage zu berücksichtigen. Vielmehr wird die Regelvergütung gem. § 2 Abs. 1 InsVV um eine **Mehrvergütung gem. § 1 Abs. 2 Nr. 1 InsVV** erhöht, wenn der Insolvenzverwalter den mit einem Absonderungsrecht belasteten Vermögensgegenstand verwertet hat.

---

56) BGH, v. 5.7.2007 – IX ZB 305/04, NZI 2007, 583 = ZInsO 2007, 813.

57) BGH, v. 4.5.2017 – IX ZB 102/15; BGH, v. 26.4.2012 – IX ZB 31/11; BGH, v. 24.1.1991 – IX ZR 250/89.

Da insbesondere im Eröffnungsgutachten Gegenstände dargestellt worden sind, welche im eröffneten Verfahren mit einem Absonderungsrecht belastet sind, ist im Vergütungsantrag des eröffneten Verfahrens darauf einzugehen, ob diese Gegenstände durch den Insolvenzverwalter verwertet worden sind oder nicht. Insbesondere die nicht vom Insolvenzverwalter verwerteten Absonderungsgegenstände sind gesondert darzustellen und deutlich zu machen, dass deren Verwertungserlös im Rahmen der Berechnungsgrundlage nicht berücksichtigt worden ist. 104

Im Rahmen der Berechnung der Mehrvergütung gem. § 1 Abs. 2 Nr. 1 InsVV sind die **Kostenbeiträge** i. S. v. §§ 170, 171 InsO, welche in der Berechnungsgrundlage wie unbelastetes Vermögen zu behandeln sind, konkret zu beziffern. Gleiches gilt für einen entsprechenden **Umsatzsteuerbetrag**. Diese Beträge sind nicht mit einer Gesamtsumme in den Vergütungsantrag aufzunehmen, sondern aufzugliedern, damit das Insolvenzgericht in den Lage gesetzt wird, die notwendigen Prüfungen vorzunehmen. 105

Bei **freiwilligen Kostenbeteiligungen** der Absonderungsberechtigten – beispielsweise bei der Verwertung von Immobilien – ist sowohl die entsprechende Vereinbarung mit dem Absonderungsberechtigten darzustellen als auch der konkrete Betrag des Massezuflusses zu beziffern. 106

Soweit das Absonderungsrecht den Verwertungserlös des betreffenden Gegenstandes nicht umfasst, ist die entsprechende **„freie Spitze"** hervorgehoben zu beziffern und der Berechnungsgrundlage als unbelastetes Vermögen hinzuzurechnen.[58] 107

Die im Rahmen der Ermittlung der Mehrvergütung gem. § 1 Abs. 2 Nr. 1 InsVV notwendige **Vergleichsrechnung** ist mit ihren Zahlen in den Vergütungsantrag aufzunehmen. Zur Berücksichtigung der Rechtsprechung des Bundesgerichtshofs bezüglich der Möglichkeiten der Erhöhung einer Mehrvergütung gem. § 1 Abs. 2 Nr. 1 InsVV durch Zuschläge i. S. v. § 3 Abs. 1 InsVV[59] ist an dieser Stelle festzuhalten, welcher Betrag zwischen der Mehrvergütung und dem hälftigen Feststellungbeitrag für eine eventuelle Zuschlagsbemessung verbleibt.[60] 108

IV. Antrag auf Zuschläge gem. § 3 Abs. 1 InsVV

Unter einem gesonderten Gliederungspunkt sind die **Ausführungen zu den beantragten Zuschlägen** i. S. v. § 3 Abs. 1 InsVV darzustellen.[61] Bevor auf die einzelnen Umstände und die beantragten Erhöhungen eingegangen wird, sollte 109

58) BGH, v. 2.2.2006 – IX ZB 167/04, NZI 2006, 232 = ZInsO 2006, 254.

59) BGH, v. 22.7.2021 – IX ZB 85/19, NZI 2021, 1036 = ZInsO 2021, 2046.

60) Berechnungsbeispiele bei *Graeber/Graeber*, InsVV-Online, § 1 Rn. 192a ff.

61) Siehe hierzu insbesondere *Graeber/Wipperfürth*, Die Vergütung des Insolvenzverwalters – Anforderungen an die Begründung von Zuschlagsfaktoren im Zusammenhang mit einer Betriebsfortführung, ZInsO 2023, 1813.

dem Gericht in einer **Übersicht** einleitend mitgeteilt werden, welche Zuschlagstatbestände mit welchen Prozentsätzen nachfolgend erläutert werden.

110 Diese Zusammenfassung der beantragten Zuschläge vor den detaillierten Erläuterungen ermöglicht dem Insolvenzgericht eine erste Einschätzung dieses Teils des Vergütungsantrages. Eventuell hat das Insolvenzgericht bereits aufgrund der ihm präsenten Informationen eine eigene Einschätzung hinsichtlich der Höhe und Notwendigkeit angemessener Zuschläge. Insoweit diese Einschätzung des Insolvenzgerichts mit dem gestellten Antrag übereinstimmt, wird das Insolvenzgericht die weiteren Ausführungen zum Vergütungsantrag in anderer Weise prüfen, als wenn sich bereits hier eine größere Divergenz zeigt. Aber auch im letzteren Fall kann dies eine Hilfe für das Insolvenzgericht sein, sich auf die einzelnen Zuschlagstatbestände zu konzentrieren, bei denen eine solche Divergenz auftritt.

1. Unterscheidung und Auflistung der einzelnen Zuschlagstatbestände

111 In Verfahren, in denen mehrere, unterschiedliche Zuschlagstatbestände vorgebracht werden, ist hinsichtlich des Vortrags und der Antragsgliederung immer eine **Unterscheidung zwischen den jeweiligen Zuschlagstatbeständen** vorzunehmen. Je nach Zuschlagstatbestand sind andere Umstände von Belang. Dementsprechend hatten sich die Ausführungen und Erläuterungen an den jeweiligen Zuschlagstatbestand zu orientieren und müssen bei einem Wechsel des Zuschlagsarguments anders ausfallen. Daher sind alle relevanten Zuschlagstatbestände als einzelne Gliederungspunkte zu behandeln.

112 Die infrage kommenden Zuschlagstatbestände haben mit Ausnahme der in § 3 Abs. 1 InsVV benannten Umstände keinen feststehenden Namen bzw. keine feststehende Bezeichnung. Bei der jeweiligen **Gliederungsüberschrift** ist zu versuchen, bereits durch die Formulierung zu verdeutlichen, welche konkreten Umstände nachfolgend als Grundlage für einen Zuschlag auf die Regelvergütung behandelt werden.

113 Die unterschiedlichen begehrten Zuschläge sollten den weiteren Erläuterungen als Überblick mit ihrer **Kurzbezeichnung** und der **beantragten Höhe** vorangestellt werden. Hierdurch kann das Insolvenzgericht vorzeitig feststellen, ob der Antrag von etwaigen Erwartungen des Insolvenzgerichts abweicht oder nicht.

2. Erläuterungen zu Zuschlagstatbeständen und Angaben zur Angemessenheit

114 Welche Umstände für den jeweiligen Zuschlagstatbestand vorzutragen sind, hängt individuell vom Verfahren und dem jeweiligen Zuschlagstatbestand ab. Daher sind nicht etwa sämtliche relevanten Umstände eines Insolvenzverfahrens konzentriert und gesammelt vorzutragen, sondern vielmehr pro Zuschlagstatbestand dasjenige, welches für die Zuerkennung einer Angemessenheit eines

Zuschlags und seiner Höhe relevant sein könnte. Dementsprechend werden an einer Stelle Umstände zu benennen sein, welche an anderer Stelle ohne Belang wären.[62)]

Pro begehrten Zuschlagstatbestand sollte ein **gesonderter Gliederungspunkt**, gern mit einer Überschrift genutzt werden. Die weiteren Erläuterungen sind mit einer Bezifferung der begehrten Zuschlagshöhe einzuleiten. Hierdurch wird das Insolvenzgericht in die Lage versetzt, die nachfolgenden Ausführungen besser zu gewichten und ins Verhältnis zu der begehrten Zuschlagshöhe zu setzen. **115**

Die **Erläuterungen zu den tatsächlichen Voraussetzungen** für den begehrten Zuschlag haben sich an den entsprechenden Anforderungen zu orientieren. Die bei dem Zuschlag nicht relevanten Umstände sind wegzulassen, so sie nicht der Erläuterung und Unterstützung des Antrages dienen. **116**

Aus dem Vortrag hat sich zu ergeben, dass einerseits die Anforderungen eines Zuschlagstatbestands erkannt und im Antrag in geeigneter Weise umschrieben wurden und andererseits der Sachvortrag aus dem Tätigkeitsbereich des Insolvenzverwalters mit den Anforderungen des konkreten Zuschlagstatbestands korrespondiert. Es ist daher empfehlenswert, im Sachvortrag **zwischen den Anforderungen des Tatbestand und den Belastungen im Konkreten zu unterscheiden**. Nach der schriftlichen Konkretisierung der spezifischen Anforderungen des individuell zu behandelnden Zuschlagstatbestand ist es in der Regel einfacher diejenigen konkreten Umstände des Verfahrens zu benennen, welche verdeutlichen, dass in dem Verfahren die Voraussetzungen für diesen Zuschlagstatbestand tatsächlich verwirklicht worden sind. Es wird auch hilfreich sein, um im zweiten Teil zu den konkreten Umständen der Tätigkeit als Insolvenzverwalter nachvollziehbar die Tätigkeiten und Belastungen vorzutragen und zu vermeiden, dass an dieser Stelle nur erneut die rechtlichen Umstände behandelt werden. **117**

In der Praxis ist wiederholt festzustellen, dass auch die Beschreibung der Tätigkeiten und Belastungen als **Insolvenzverwalter zu wenig Raum und zu wenig Sorgfalt** verwandt wird. Dies beruht eventuell darauf, dass vieles für den Insolvenzverwalter als selbstverständlich angesehen wird, welches daraufhin nicht gesondert hervorgehoben wird. Hierbei wird jedoch vergessen, dass das Insolvenzgericht regelmäßig keinerlei Kenntnisse von der Aufgabenbewältigung durch den Insolvenzverwalter und seine Mitarbeiter besitzt. Dementsprechend besteht eine extreme Divergenz zwischen dem Wissensstand des Insolvenzgerichts und dem des Insolvenzverwalters. **118**

Alle **Lücken und Unklarheiten** im Rahmen des Sachvortrages des Insolvenzverwalters zu den Voraussetzungen eines Zuschlags gehen zulasten des Insol- **119**

62) Empfohlen wird hier insbesondere der Beitrag Anforderungen an die Begründung von Zuschlagsfaktoren im Zusammenhang mit einer Betriebsfortführung, ZInsO 2023, 1803.

venzverwalters. Daher ist eine eventuelle Wiederholung eines Sachvortrags zur Umschreibung der Tätigkeit des Insolvenzverwalters in jedem Insolvenzverfahren mit dieser Besonderheit vorzunehmen und der bloßen Vermutung vorzuziehen, das Insolvenzgericht müsste dies auch ohne weitere Erläuterungen erkennen und angemessen einordnen.

120 Nach der Beschreibung der tatsächlichen Umstände, welche für die Bejahung des Zuschlagstatbestand Voraussetzung sind, ist vor eine Bezifferung der begehrten Zuschlagshöhe auf die **Parameter für die Bemessung der Angemessenheit** der beantragten Höhe einzugehen. Insbesondere bei Zuschlagstatbeständen, welche in Zusammenhang mit einer **Massemehrung** stehen, empfiehlt es sich, an dieser Stelle die positiven Auswirkungen der Zuschlagstätigkeit des Insolvenzverwalters zu Gunsten der Insolvenzmasse und der Insolvenzgläubiger darzustellen.

121 In geeigneten Fällen dürfte es für die Erläuterung einer Angemessenheit sinnvoll sein, den **Zuschlagssatz in Euro** den **Auswirkungen** für die Insolvenzgläubiger bzw. dem **Anteil an der Insolvenzmasse** gegenüberzustellen. Dies kann auch der eigenen Überprüfung dienen, ob insoweit eine Angemessenheit tatsächlich vermittelt werden kann.

3. Beifügung notwendiger Vergleichsrechnungen bei der Zuschlagsbemessung

122 Bei Zuschlagstatbeständen, welche in Verbindung mit einer Massemehrung oder einem Massezufluss stehen, ist in jedem Fall eine **Vergleichsrechnung** vorzunehmen, mit welcher darzustellen ist, welche Erhöhung der Regelvergütung aus dieser Tätigkeit bereits bewirkt worden ist. Zuschlagsanträge bezüglich der Zuschlagstatbestände in § 3 Abs. 1 Buchst. a) und b) InsVV ohne eine explizite und nachvollziehbare Vergleichsrechnung im Vergütungsantrag können als unzulässig zurückgewiesen werden.[63] Entsprechende Vergleichsrechnungen sollten allen Zuschlagstatbeständen beigefügt werden, bei denen eine Erhöhung der Regelvergütung ähnlich dieser Regelungen feststellbar wäre.[64]

123 Insoweit ist im Vergütungsantrag zu erläutern, welche Vergütungserhöhung für die vorgetragenen Tätigkeiten und Belastungen dem Grunde nach begehrt wird, in welchem Maße in Euro beziffert die Tätigkeit bereits zu einer **Verbesserung der Regelvergütung** geführt hat und welche verbleibende Zuschlagsbemessung der Antragsteller unter Berücksichtigung dieser Punkte für angemessen hält.

---

63) BGH, v. 21.9.2017 – IX ZB 28/14, NZI 2017, 988 = ZInsO 2017, 2309; BGH, v. 24.1.2008 – IX ZB 120/07, NZI 2008, 239 = ZInsO 2008, 266.

64) Für den Fall mehrfacher Vergleichsrechnungen in einem Verfahren siehe *Graeber*, Die Vergleichsrechnung bei mehreren masseerhöhenden Zuschlagsgründen in der Insolvenzverwaltervergütung, NZI 2012, 355.

4. Behandlung von zuschlagsrelevanten Umständen und Belastungen ohne Zuschlagsantrag

Die mit dem Antrag begehrte Gesamthöhe des Zuschlages sollte sich aus der Addition der einzelnen, individuellen Zuschlagssätze entsprechende Auflistung durch den Insolvenzverwalter ergeben. Regelmäßig werden in einem Insolvenzverfahren noch **weitere Umstände und Belastungen** festzustellen sein, welche außerhalb dessen liegen, was als normale Umstände eines Verfahrens mit einer bloßen Regelvergütung anzusehen wäre. Der Insolvenzverwalter ist nicht gehalten, jeden einzelnen Zuschlagstatbestand zum Gegenstand eines Antrags auf Erhöhung seiner Regelvergütung zu machen und nicht jeder Zuschlagstatbestand rechtfertigt bereits eine Abweichung von der Regelvergütung.[65) 124

Es steht dem Verwalter frei, seinen Vortrag auf die von ihm dem Grunde und der Höhe nach relevanten und ausreichen Zuschlagstatbestände zu beschränken. Dies beinhaltet jedoch das Risiko, dass das Insolvenzgericht an verschiedenen Punkten von der Einschätzung des Insolvenzverwalters abweicht und in der Folge keine Festsetzung in der begehrten Gesamthöhe vornimmt. Daher dürfte es sinnvoll sein, auch die Tatbestände und Umstände vorzutragen, die in dem konkreten Verfahren eine Abweichung von den Umständen darstellen, welche von der Regelvergütung umfasst werden. 125

Die Darlegung des Insolvenzverwalters und die Prüfung und Wertung durch das Insolvenzgericht betreffen das Verfahren insgesamt und damit auch sämtliche konkreten Umstände des jeweiligen Verfahrens. Hierbei können auch **zuschlagsrelevante Umstände zu berücksichtigen sein, welche für sich genommen noch allein keine Abweichung von der Regelvergütung rechtfertigen**. Im Rahmen der Prüfung und Bemessung der beantragten Zuschlagstatbestände und insbesondere auch bei der jeweils vorzunehmenden **Gesamtschau**[66)] sind die auch individuell noch nicht zuschlagsrelevanten Umstände mit zu berücksichtigen. Diese können daher eine Wirkung auf das Gesamtergebnis haben. Durch das Insolvenzgericht können diese nur berücksichtigt werden, wenn sie von dem Insolvenzverwalter in seinem Vergütungsantrag in geeigneter Weise vorgetragen und erläutert werden. 126

5. Gesamtschau bei mehreren Zuschlagstatbeständen

In Insolvenzverfahren mit **mehreren zuschlagsrelevanten Umständen** kann die Gesamthöhe des zu gewährenden Zuschlags nicht durch eine bloße Addition des angemessenen einzelnen Zuschlagstatbestands bestimmt werden. Re- 127

65) Zur Erheblichkeit BGH, v. 14.7.2016 – IX ZB 31/14, NZI 2016, 824 = ZInsO 2016, 1693; BGH, v. 22.4.2010 – IX ZB 199/07; BGH, v. 10.7.2008 – IX ZB 152/07, NZI 2008, 544 = ZInsO 2008, 854; BGH, v. 11.10.2007 – IX ZB 15/07, NZI 2008, 33 = ZInsO 2007, 1269; BGH, v. 11.5.2006 – IX ZB 249/04, NZI 2006, 464 = ZInsO 2006, 642.

66) Zur Gesamtschau siehe *Graeber*, ZInsO 2020, 229.

gelmäßig ist eine Überschneidung der tatsächlichen oder rechtlichen Umstände anzunehmen und daher in jedem einzelnen Verfahren zu prüfen, welche zuschlagsrelevanten Tatbestände unabhängig voneinander nebeneinander stehen und bei welchen Umständen Überschneidungen zu berücksichtigen sind.[67)]

128 Die hierbei vorzunehmende **Gesamtschau** obliegt dem Insolvenzgericht.[68)] Dieses hat eine Gesamtschau vorzunehmen, auch wenn dies weder vom Insolvenzverwalter vorgeschlagen noch in irgendeiner Art und Weise behandelt worden ist.

129 Ein Insolvenzverwalter ist nicht verpflichtet, eine solche Gesamtschau in seinem Vergütungsantrag vorzunehmen. Ein Vergütungsantrag ohne eine eigene Gesamtschau ist nicht als unzulässig zurückzuweisen.

130 In Insolvenzverfahren mit mehreren Zuschlagstatbeständen weist ein Vergütungsantrag ohne eine eigene Gesamtschau des Insolvenzverwalters auf eine eventuelle Unangemessenheit des Gesamtergebnisses hin. Dies sollte möglichst vermieden werden. Eine **eigene Gesamtschau** durch den Insolvenzverwalter im Rahmen seines Vergütungsantrages bezeugt dagegen vielmehr, dass der Insolvenzverwalter trotz seiner eigenen wirtschaftlichen Interessen in der Lage ist, auch die Interessen der anderen Verfahrensbeteiligten in seine Erwägungen aufzunehmen. Darüber hinaus kann bei einem eigenen Vortrag zu diesem Punkt sichergestellt werden, dass dem Insolvenzgericht für dessen eigene Entscheidung alle relevanten Erwägungen und Gesichtspunkte mitgeteilt wurden. Das Insolvenzgericht muss sich insoweit dem Vergütungsantrag des Insolvenzverwalters nicht anschließen, wird jedoch vereinfacht in der Lage sein, die ihm vorgetragenen Aspekte zu gewichten und auf eine **Vollständigkeit aller relevanten Argumente** zu achten.

V. Berücksichtigung von Abschlagstatbeständen i. S. v. § 3 Abs. 2 InsVV

131 Mögliche Abschlagstatbestände sind durch den Insolvenzverwaltern nicht zwingend vorzubringen. Es kann jedoch davon ausgegangen werden, dass spätestens bei seiner Festsetzung das Insolvenzgericht auch die möglichen Abschlagstatbestände berücksichtigen wird.

132 Der Vergütungsantrag sollte daher auf mögliche Abschlagstatbestände eingehen und die Erwägungen aufzeigen, die seitens des Insolvenzverwalters dafür sprechen, dass bei einer angemessenen Betrachtung tatsächlich kein Abschlag vorzunehmen ist. Dieser Vortrag sollte einzelnen alle in Betracht kommenden Abschlagstatbestände, so sie in dem konkreten Verfahren relevant sein können, behandeln. Hierdurch kann sichergestellt werden, dass dem Insolvenzgericht die **Argumentation des Insolvenzverwalters zu möglichen Abschlagstatbeständen** bekannt wird.

---

67) BGH, v. 11.5.2006 – IX ZB 249/04, NZI 2006, 464 = ZInsO 2006, 642.

68) BGH, v. 10.6.2021 – IX ZB 51/19, NZI 2021, 838 = ZInsO 2021, 1658.

In Insolvenzverfahren, denen eine **vorläufige Verwaltung** vorausgeht, ist regelmäßig ein Abschlag gem. § 3 Abs. 2 Buchst. a) InsVV vorzunehmen.[69] Dieser Abschlag wird regelmäßig mindestens 5 % betragen.[70] Je nach den Umständen des Einzelfalls und den dem vorläufigen Insolvenzverwalter zugesprochenen Zuschläge kommt auch ein höherer Abschlag in Betracht.[71] Dies ist insbesondere dann der Fall, wenn durch den vorläufigen Insolvenzverwalter bereits Tätigkeiten erbracht wurden, welche für den Insolvenzverwalter des eröffneten Insolvenzverfahrens eine Entlastung darstellen können. 133

Nur in Ausnahmefällen wird auf einen Abschlag gem. § 3 Abs. 2 Buchst. a) InsVV zu verzichten sein. Die **Voraussetzungen für diese besondere Ausnahme** sind vom Insolvenzverwalter vorzutragen.[72] 134

So ein Verzicht auf einen Abschlag gem. § 3 Abs. 2 Buchst. a) InsVV argumentativ nicht begründet werden kann, ist seitens des Insolvenzverwalters auf die Höhe des angemessenen Abschlages einzugehen. 135

VI. Angaben zu Dienstleistern im Vergütungsantrag gemäß § 8 Abs. 2 InsVV

Gemäß § 8 Abs. 2 InsVV hat einen Insolvenzantragangaben zu den vom Insolvenzverwalter **geschlossenen Dienst- und Werkverträgen** i. S. v. § 4 Abs. 1 Satz 3 InsVV zu enthalten, damit das Insolvenzgericht in die Lage versetzt wird, zu prüfen[73], ob diese Beauftragungen zulasten der Insolvenzmasse ordnungsgemäß waren und ob hierdurch Entlastungen des Insolvenzverwalters aufgetreten sind. Hierzu sind nachvollziehbare Angaben notwendig. Eine Zusammenfassung wäre unzureichend. 136

Aus dem Vergütungsantrag oder ggf. aus der Berichterstattung hat sich zu ergeben, **welche Aufträge an welche Personen** erteilt worden, welche Kosten hierdurch zulasten der Masse entstanden und ob diese ganz oder teilweise durch andere Personen ausgeglichen worden sind. Auf den eventuellen Erfolg der Tätigkeit dieser Dienstleister, beispielsweise im Rahmen von Prozessen, ist an geeigneter Stelle einzugehen. 137

Die **Tätigkeiten und Kosten** der Dienstleister sind nicht zusammenzufassen, sondern **einzeln darzustellen**, damit dem Insolvenzgericht eine individuelle 138

---

69) BGH, v. 8.7.2010 – IX ZB 222/09, NZI 2010, 902 = ZInsO 2010, 1503; BGH, v. 18.6.2009 – IX ZB 97/08, NZI 2009, 601 = ZInsO 2009, 1367; BGH, v. 10.7.2008 – IX ZB 152/07, NZI 2008, 544 = ZInsO 2008, 854; BGH, v. 12.6.2008 – IX ZB 184/07; BGH, v. 1.2.2007 – IX ZB 279/05; BGH, v. 10.10.2013 – IX ZB 38/11, NZI 2013, 1014 = ZInsO 2013, 2285.

70) BGH, v. 10.10.2013 – IX ZB 38/11, NZI 2013, 1014 = ZInsO 2013, 2285.

71) Rechtssprechungsbeispiele zu Abschlagssätzen hierzu bei *Graeber/Graeber*, InsVV-Online, § 3 Rn. 382.

72) BGH, v. 11.5.2006 – IX ZB 249/04, NZI 2006, 464 = ZInsO 2006, 642.

73) BGH, v. 3.3.2005 – IX ZB 261/03, ZVI 2005, 143.

Prüfung und Berücksichtigung einzelner Tätigkeiten bzw. Kosten ermöglicht wird.

139 Sollte die **Verfahrensabwicklung ohne Aufträge** in diesem Sinne erfolgt sein, ist der Vergütungsantrag mit einer entsprechenden Erklärung zu versehen, damit kein Zweifel darüber entsteht, ob die Angaben gem. § 8 Abs. 2 InsVV eventuell vergessen worden sind.

140 Insoweit die Tätigkeiten der Dienstleister in Zusammenhang mit einem Zuschlagsantrag des Insolvenzverwalters stehen, ist detailliert darauf einzugehen, welche Tätigkeiten insoweit durch den Insolvenzverwalter und seine Mitarbeiter bzw. durch den Dienstleister erfolgten, damit eine Entscheidung über den Vergütungsantrag unter Berücksichtigung der Tätigkeiten und Belastungen des Insolvenzverwalters möglich.[74)] Das Insolvenzgericht kann die vom Insolvenzverwalter an von ihm beauftragte Dritte aus der Masse bezahlte Vergütung bei der Festsetzung der Vergütung des Verwalters abziehen, wenn es bei einer Überprüfung zu dem Ergebnis gelangt, dass die **Beauftragung der Dritten nicht gerechtfertigt** war.[75)]

141 Bei Dienstleistern, die eventuell in einem **engen Verhältnis zum Insolvenzverwalter** stehen, ist an dieser Stelle mitzuteilen, mit welchem Bericht die Anzeige bezüglich einer eventuellen Befangenheit[76)] erfolgt ist.

VII. Angaben zu eventuellen Wertabweichungen i. S. v. § 63 Abs. 3 Satz 4 InsO, § 11 Abs. 2 InsVV

142 Wenn dem eröffneten Insolvenzverfahren eine vorläufige Insolvenzverwaltung vorausgegangen ist, hat der Insolvenzverwalter dazu Stellung zu nehmen, ob im eröffneten Verfahren **Abweichungen von den Wertansätzen im Rahmen der Festsetzung der Vergütung des vorläufigen Insolvenzverwalters** festzustellen waren oder nicht.[77)] Bei einer Abweichung der Werte der Berechnungsgrundlage der Vergütung als vorläufiger Insolvenzverwalter von mehr als 20 % gegenüber den im eröffneten Verfahren festgestellten wahren Werten hat der Insolvenzverwalter das Insolvenzgericht unaufgefordert über die Abweichung zu informieren. So dies im Rahmen des Vergütungsantrages erfolgt, ist der entsprechende Hinweis in geeigneter Weise hervorzuheben.

---

74) Siehe hierzu *Graeber/Graeber*, Die Beauftragung von Dienstleistern und deren Auswirkungen auf die Vergütung des Insolvenzverwalters – inklusive Exkurs zur Zuschlagsbemessung nach Marktkriterien, ZInsO 2013, 1284.

75) BGH, v. 19.4.2012 – IX ZB 23/11, ZInsO 2012, 928; BGH, v. 4.12.2014 – IX ZB 60/13, NZI 2015, 141 (m. Anm. *Graeber*) = ZInsO 2015, 110; BGH, v. 14.11.2013 – IX ZB 161/11, NZI 2014, 21 = ZInsO 2013, 2511; BGH, v. 19.4.2012 – IX ZB 19/11; BGH, v. 14.11.2012 – IX ZB 95/10, ZInsO 2013, 152; BGH, v. 11.11.2004 – IX ZB 48/04, NZI 2005, 103 = ZInsO 2004, 1348; BGH, v. 21.10.2010 – IX ZB 120/09.

76) BGH, v. 26.4.2012 – IX ZB 31/11, ZInsO 2012, 1125; BGH, v. 24.1.1991 – IX ZR 250/89, BGHZ 113, 262 = NJW 1991, 982.

77) Siehe hierzu *Graeber/Graeber*, InsVV-Online, § 11 Rn. 244 ff.

VIII. Abrechnung der Auslagen des Insolvenzverwalters, § 8 InsVV

In der Praxis wird von der **Möglichkeit der Einzelabrechnung** der Auslagen des Insolvenzverwalters i. S. v. § 4 Abs. 2 und 3 InsVV entsprechend § 8 Abs. 1 Satz 1 InsVV nur äußerst selten Gebrauch gemacht. Sollte ausnahmsweise die Auslagenabrechnung in dieser Weise erfolgen, wäre dies mit einem entsprechenden Hinweis einzuleiten. **143**

1. Auslagenpauschalierung gem. § 8 Abs. 3 InsVV

Bei der Beantragung einer Auslagenpauschale gem. § 8 Abs. 3 InsVV ist zu erläutern, welcher Eurobetrag als Regelvergütung und damit Basis der Auslagenpauschale der eigenen Berechnung zugrunde gelegt und welcher **Tätigkeitszeitraum** angesetzt wird sowie ob eine **Obergrenze der Auslagenpauschale** erreicht wurde. Es dürfte sinnvoll sein, diese Obergrenzen anhand der zeitlichen Parameter sowie der Prozentsätze des § 8 Abs. 3 InsVV auch dann zu beziffern, wenn diese nicht erreicht wurden. **144**

2. Besonderer Ersatz der Zustellungskosten gem. § 4 Abs. 2 Satz 2 InsVV, § 8 Abs. 3 InsO

Bei einem Antrag auf Ersatz der Zustellungskosten gem. § 4 Abs. 2 Satz 2 InsVV neben der Auslagenpauschale gem. § 8 Abs. 3 InsVV sollte ausdrücklich erklärt werden, dass die Beträge für die übernommenen Zustellungen **zusätzlich zur Auslagenpauschale** begehrt werden.[78] **145**

Die unterschiedlichen Zustellungen sind in geeigneter Weise, beispielsweise durch Bezeichnung des zuzustellenden Schriftstücks oder Benennung eines entsprechenden Datums, getrennt voneinander aufzulisten und hierbei zu beziffern, wie viele Zustellungen insoweit erfolgten. **146**

Nach Zusammenfassung des Gesamtergebnisses der Zustellungen ist, ggf. nach Rücksprache mit dem Insolvenzgericht, darzustellen, ob ein **Ersatz auch für die ersten 10 Zustellungen** verlangt wird oder nicht.[79] **147**

In **älteren Verfahren**, bei denen der Betrag pro Zustellung nicht über § 4 Abs. 2 Satz 2 InsVV geregelt wird, sollte der übliche Pauschalbetrag des jeweiligen Insolvenzgerichts angesetzt werden.[80] **148**

---

78) Zur Problematik der Geltendmachung konkreter Auslagen zusätzlich zu einer Auslagenpauschale gem. § 8 Abs. 3 InsVV siehe *Graeber/Graeber*, InsVV-Online, § 4 Rn. 31a ff.

79) Rechtsprechung hierzu bei *Graeber/Graeber*, InsVV-Online, § 4 Rn. 31.

80) Rechtsprechung hierzu bei *Graeber/Graeber*, InsVV-Online, § 4 Rn. 26.

3. Abrechnung der Kosten einer besonderen Haftpflichtversicherung i. S. v. § 4 Abs. 3 Satz 2 InsVV

149 Im Falle der Beantragung eines Ersatzes der Kosten für eine besondere Haftpflichtversicherung i. S. v. § 4 Abs. 3 Satz 2 InsVV ist klarzustellen, ob neben der beantragten besonderen Versicherung bereits eine allgemeine Haftpflichtversicherung i. S. v. § 4 Abs. 3 Satz 1 InsVV vorhanden ist und ob in dem beantragten Betrag eventuell Prämien für diese allgemeine Versicherung enthalten sind oder nicht.

150 Soweit bereits die **Zulässigkeit der besonderen Haftpflichtversicherung** während des laufenden Verfahrens mit dem Insolvenzgericht geklärt worden war, ist auf die entsprechende Entscheidung konkret zu verweisen.

151 Die Kosten eines Insolvenzverwalters für diese besondere Haftpflichtversicherung gehören zu den dem Insolvenzverwalter zu ersetzenden besonderen Kosten. Mit dem Insolvenzgericht sollte möglichst vor Beantragung geklärt werden, ob dieses einen besonderen Kostenansatz diesbezüglich **neben einer Auslagenpauschale gem. § 8 Abs. 3 InsVV** für zulässig hält oder nicht.[81)]

IX. Vortrag zu Vorschüssen gem. § 9 InsVV im Rahmen des Vergütungsantrages

152 Insoweit während des Verfahrens mit Genehmigung des Insolvenzgerichts Vorschüsse auf Vergütung und Auslagen entsprechend § 9 InsVV entnommen worden sind, sollten die entsprechenden Beträge im Vergütungsantrag beziffert werden.[82)] Bei eventuellen Abweichungen zwischen der Zustimmung des Insolvenzgerichts i. S. v. § 9 InsVV und den konkret entnommenen Beträgen sind diese Abweichungen hervorgehoben mitzuteilen.

153 Empfohlen wird, am Ende des Vergütungsantrags nach der Bezifferung der durch das Insolvenzgericht festzusetzenden Beträge ggf. erneut darauf hinzuweisen, dass insoweit bereits ein Betrag in Höhe des konkreten Eurobetrag zu Gunsten des Insolvenzverwalters der Insolvenzmasse entnommen worden ist.[83)]

X. Mindestvergütung gem. § 2 Abs. 2 InsVV

154 In Verfahren, in den nur eine Mindestvergütung gem. § 2 Abs. 2 InsVV beantragt wird, ist dies durch einen deutlichen Eingangssatz hervorzuheben. Dies erleichtert dem Insolvenzgericht die weitere Bearbeitung und Prüfung des Vergütungsantrags.

81) Zur Problematik siehe *Graeber/Graeber*, InsVV-Online, § 4 Rn. 103 ff.

82) Allgemein zur Vorschussbeantragung siehe *Graeber*: Vorschuss auf Vergütung und Auslagen nach § 9 InsVV, InsbürO 2006, 3.

83) Zur Pflicht zur Rückzahlung und Verzinsung zuviel entnommener Verwaltervergütung, siehe *Graeber*, NZI 2014, 147.

Wird eine **erhöhte Mindestvergütung** gem. § 2 Abs. 2 Satz 2 und 3 InsVV geltend gemacht, ist zu beachten, dass eine solche erhöhte Mindestvergütung nach der Rechtsprechung des BGH in Insolvenzverfahren über das Vermögen einer juristischen Person nicht zulässig sein soll.[84] **155**

Soweit neben einer Mindestvergütung kein Zuschlag i. S. v. § 3 Abs. 1 InsVV geltend gemacht wird, bedarf es einer Darstellung der tatsächlichen Belastung des Insolvenzverwalters nicht, da dies nach dem BGH im Interesse einer praktikablen Handhabung der Vergütungsfestsetzung bei der Bemessung der Mindestvergütung nicht zu prüfen ist.[85] **156**

Die **Zahl der eine Forderung anmeldenden Gläubiger** ist bei Beantragung einer **erhöhten Mindestvergütung** nach § 2 Abs. 2 Satz 2 und 3 InsVV anzugeben. Hierbei ist darauf zu achten, dass Gläubiger, welche mehrere Forderungen anmelden, nicht mehrfach berücksichtigt werden dürfen[86]. Auch Massegläubiger sind nicht zu berücksichtigen.[87] Bei einer Anmeldung einer **Gebietskörperschaft** (z. B. ein Bundesland) ist zu beachten, dass diese auch bei mehreren Anmeldungen durch verschiedene Behörden (z. B. Finanzämter) nicht mehrfach zu zählen ist.[88] **157**

> **Praxishinweis:**
>
> Bei einer Forderungsanmeldung durch ein Finanzamt ist in der Tabelle hinsichtlich des Gläubigers nicht nur das Finanzamt zu benennen, sondern vielmehr die von ihr vertretene Körperschaft (Bundesland, Bund) um eine mehrfache Zählung der Gebietskörperschaft zu vermeiden.

Zur Klarstellung sollte ausdrücklich darauf hingewiesen werden, dass Körperschaften nicht mehrfach berücksichtigt worden sind. **158**

XI. Verminderte Mindestvergütung im Verbraucherinsolvenzverfahren gem. § 13 InsVV

Da die meisten Verbraucherinsolvenzverfahren nur durch eine Stundung der Verfahrenskosten eröffnet werden können, erfolgt die Vergütungsbemessung zumeist auf der Basis einer Mindestvergütung gem. § 2 Abs. 2 InsVV.[89] In jedem dieser Verfahren ist zu prüfen, ob die Voraussetzungen für eine **Reduzierung der Basis-Mindestvergütung** gem. § 13 InsVV konkret vorliegen oder nicht. **159**

---

84) BGH, v. 22.7.2021 – IX ZB 4/21, NZI 2021, 984 = ZInsO 2021, 2220.

85) BGH, v. 4.2.2010 – IX ZB 129/08, NZI 2010, 256 = ZInsO 2010, 493.

86) BGH, v. 16.12.2010 – IX ZB 39/10, ZInsO 2011, 200.

87) *Graeber/Graeber*, InsVV-Online, § 2 Rn. 41.

88) BGH, v. 19.5.2011 – IX ZB 27/10, NZI 2011, 542 = ZInsO 2011, 1251.

89) Zu diesem Themengebiet siehe *Graeber/Graeber*, Regelvergütung und Mindestvergütung des Insolvenzverwalters in Verbraucherinsolvenzverfahren, InsbürO 2019, 134.

160 Liegen die Voraussetzungen des § 13 InsVV nach Ansicht des Insolvenzverwalters vor, sollte der entsprechende Antrag mit Hinweis auf die Berücksichtigung von § 13 InsVV in der reduzierten Höhe gestellt werden.

161 Ob die **Voraussetzungen des § 13 InsVV** vorliegen, kann regelmäßig auch durch eine Nachfrage beim Insolvenzschuldner, besser bei der geeigneten Stelle oder Person gem. § 305 Abs. 1 Nr. 1 InsO geklärt werden. Wurden die Unterlagen gem. § 305 Abs. 1 Nr. 3 InsO nicht von einer geeigneten Person oder Stelle erstellt, sollte der Antrag auf die ungekürzte Mindestvergütung gem. § 2 Abs. 2 InsVV mit einer Abschrift der entsprechenden Erklärung der geeigneten Person oder Stelle versehen werden.

C. Vergütung für eine Nachtragsverteilung, § 6 Abs. 1 InsVV

162 In Insolvenzverfahren, in denen eine Nachtragsverteilung gem. § 203 InsO angeordnet worden war, ist seitens des Insolvenzverwalters im Rahmen des Vergütungsantrags für das normale, eröffnete Insolvenzverfahren zu klären, ob eine Bemessung der Vergütung für die Nachtragsverteilung bereits bei der Bemessung der Vergütung für das eröffnete Insolvenzverfahren erfolgen soll oder nicht.[90] Daher ist zwischen dem verschiedenen Konstellationen zu Vergütung für eine Nachtragsverteilung zu unterscheiden.

I. Vorweggenommene Vergütungsbemessung für die Nachtragsverteilung bei der Festsetzung der Vergütung des eröffneten Insolvenzverfahrens entsprechend § 6 Abs. 1 Satz 2 InsVV

163 Ist die Anordnung einer Nachtragsverteilung vor Abfassung des Vergütungsantrages für das eröffnete Verfahren absehbar, ist im Vergütungsantrag für die Tätigkeit im eröffneten Insolvenzverfahren klarzustellen, ob seitens des Insolvenzverwalters bereits zu diesem Zeitpunkt ein Vergütungsantrag für die erst noch zu erfolgende Tätigkeit im Rahmen der Nachtragsverteilung gestellt werden soll. Es empfiehlt sich, dies im Vergütungsantrag deutlich zu erklären und hervorzuheben.

164 Bei einem **vorweggenommenen Vergütungsantrag** für die erst noch vorzunehmende Nachtragsverteilung sind die entsprechenden Erläuterungen und Darstellungen von dem Vergütungsantrag für das eröffnete Verfahren gesondert anzuführen. Die noch vorzunehmende Nachtragsverteilung rechtfertigt keinen Zuschlag auf die Regelvergütung des eröffneten Insolvenzverfahrens.[91] Entsprechend der Hervorherbung in § 6 Abs. 1 InsVV als „gesonderte Ver-

90) Zur Berechnung der Vergütung des Insolvenzverwalters für die Nachtragsverteilung siehe *Graeber*, InsbürO 2005, 459.

91) *Haarmeyer/Mock*, InsVV, 7. Aufl., § 6 Rn. 17. Anders jedoch Ahrens/Gehrlein/Ringstmeier-*Lissner*, Insolvenzrecht, 4. Aufl., 2020, § 6 InsVV Rn. 4; FK-InsO/*Lorenz*, § 6 InsVV Rn. 7; Kübler/Prütting/Bork-*Prasser*, InsO, 8/2021, § 6 Rn. 6; Lorenz/Klanke-*Lorenz*, § 6 InsVV Rn. 7; A. Schmidt/Wischemeyer/Wolgast-*Wolgast*, InsVV, § 6 Rn. 10.

gütung" ist die Vergütung für eine Nachtragsverteilung immer gesondert zu berechnen und darzustellen.

Für die besondere Vergütung für die noch vorzunehmende Nachtragsverteilung ist als Basis der Vergütungsbemessung der Wert der nachträglich zu verteilenden Masse anzugeben. Es ist hierbei klarzustellen, ob dieser Wert eventuell bereits als Bestandteil der Insolvenzmasse des eröffneten Insolvenzverfahrens in der Berechnungsgrundlage der Vergütung als Insolvenzverwalter für das eröffnete Verfahren Berücksichtigung fand oder nicht. 165

Die erst noch zu erfolgende Nachtragsverteilung rechtfertigt nicht automatisch eine Regelvergütung entsprechend § 2 InsVV auf der Basis des Wertes der nachträglich verteilten Masse.[92] Die insoweit angemessene besondere Vergütung ist auch nicht generell mit einem feststehenden Bruchteil der entsprechenden Regelvergütung oder anhand einer festliegenden Berechnungsformel zu bestimmen.[93] Daher bedarf es in diesem Punkt einer besonderen Erläuterung im Vergütungsantrag zur **Darstellung der Angemessenheit des insoweit beantragten Bruchteils** der Regelvergütung gem. § 2 InsVV.[94] Es kommt auch eine von § 2 InsVV vollkommen abweichende Bemessung in Betracht, welche vom Insolvenzverwalter nachvollziehbar vorzutragen wäre. Mangels konkreter Anhaltspunkte für die Bemessung der angemessenen Vergütung kann ein Rückgriff auf den Ansatz der Literatur[95], insoweit im Regelfall einen Bruchteil von 25 % der Regelvergütung anzusetzen, hilfreich sein. 166

II. Gesonderte Vergütungsbemessung für die Nachtragsverteilung nach Abschluss der Nachtragsverteilung

Im Rahmen des gesonderten Vergütungsantrags für die Belastungen aus einer Nachtragsverteilung ist einleitend festzuhalten, ob der **Beschluss des Insolvenzgerichts über die Vergütung im eröffneten Insolvenzverfahren** bereits die angeordnete Nachtragsverteilung berücksichtigt hatte oder nicht. Insoweit kommt gedanklich eine Berücksichtigung durch Hinzurechnung des Wertes der nachträglich verteilten Insolvenzmasse in der Berechnungsgrundlage der Verwaltervergütung, eine Zuerkennung eines besonderen Zuschlages i. S. v. 167

92) BGH, v. 22.10.2009 – IX ZB 78/08, NZI 2010, 259; BGH, v. 12.10.2006 – IX ZB 294/05, NZI 2007, 43 = ZInsO 2006, 1205. Anders *Haarmeyer/Mock*, InsVV, 6. Aufl., 2019, § 6 Rn. 6.

93) BGH, v. 22.10.2009 – IX ZB 78/08, NZI 2010, 259; BGH, v. 12.10.2006 – IX ZB 294/05, NZI 2007, 43 = ZInsO 2006, 1205. Anders *Haarmeyer/Mock*, InsVV, 6. Aufl., 2019, § 6 Rn. 6.

94) BGH, v. 12.10.2006 – IX ZB 294/05, NZI 2007, 43 = ZInsO 2006, 1205.

95) LG Köln, v. 20.9.2016 • 1 T 61/16, NZI 2017, 227 = ZInsO 2017, 983; LG Baden-Baden, v. 19.3.2015 – 2 T 18/15; LG Offenburg, v. 5.1.2005 – 4 T 100/04, NZI 2005, 172 = ZInsO 2005, 481; *Graeber/Graeber*, InsVV-Online, § 6 Rn. 15: Uhlenbruck-*Mock*, InsO, 14. Aufl., § 63 Rn. 41; *Haarmeyer/Mock*, InsVV, 6. Aufl., 2019, § 6 Rn. 7.

§ 3 Abs. 1 InsVV für die Belastungen aus der Nachtragsverteilung[96] oder einer hiervon losgelöste Bemessung in Betracht.

168 In dem gesonderten Vergütungsantrag für die Nachtragsverteilung ist der Wert der nachträglich verteilten Masse nachvollziehbar darzustellen. Sollten hierbei Abweichungen zu den Erwartungen bei Anordnung der Nachtragsverteilung zu Tage treten, ist auf den Grund für die eingetretenen Abweichungen einzugehen.

169 Auch die begehrte Vergütung ist in nachvollziehbarer Weise darzustellen und zu erläutern, auf welche Weise der Insolvenzverwalter zu einer **Überzeugung über die Angemessenheit** des insoweit begehrten Betrages gelangt ist.

D. Besondere Vergütung für die Überwachung der Erfüllung eines Insolvenzplans, § 6 Abs. 2 InsVV

170 Wurde in einem Insolvenzplan gem. § 260 Abs. 1 InsO vorgesehen, dass die **Erfüllung der Planregelungen durch einen Insolvenzverwalter zu überwachen** sind, kann die dem Verwalter gem. § 6 Abs. 2 InsVV zuzubilligende besondere Vergütung bereits im Insolvenzplan vorgeschlagen werden.[97]

> **Praxishinweis:**
>
> Sieht ein vom Insolvenzverwalter ausgearbeitete Insolvenzplan eine Überwachung der Planerfüllung vor, sollte der Insolvenzplan bereits eine Regelung für die Sondervergütung gem. § 6 Abs. 2 InsVV enthalten. Diese Regelung sollte zuvor mit dem Insolvenzgericht erörtert werden, damit eventuelle Bedenken hinsichtlich einer eventuellen Unbilligkeit berücksichtigt werden können.

171 Die nach § 6 Abs. 2 InsVV nach billigen Ermessen festzusetzen Vergütung braucht sich nicht an dem Berechnungssystem der §§ 1–5 InsVV orientieren, sondern kann sich auch an anderen Maßstäben wie z. B. Stundensätze und Pauschalen orientieren. Es sollte insoweit versucht werden, einen für alle Beteiligten verständliches und einfach anzuwendendes System der Vergütungsbemessung im Insolvenzplan vorzuschlagen.[98]

E. Vergütung für die Treuhändertätigkeit, §§ 14–16 InsVV

172 Bei der Vergütung für die Treuhändertätigkeit gem. § 293 InsO ist die **Summe der beim Treuhänder eingegangenen Beträge** auszuweisen. Gegebenenfalls

---

96) Dies wird vom Unterzeichner als systemwidrig angesehen, da die Nachtragsverteilung keine Besonderheit des eröffneten Insolvenzverfahrens, sondern vielmehr eine vom eröffneten Insolvenzverfahren losgelöste und gesonderte Tätigkeit ist. Dementsprechend dürfte die Belastung aus der Nachtragsverteilung nicht als Belastung des eröffneten Insolvenzverfahrens zu werten sein.

97) Grundsätzlich gegen Vergütungsregelungen in einem Insolvenzplan BGH, v. 16.2.2017 – IX ZB 103/15, NZI 2017, 260 = ZInsO 2017, 538.

98) Eine Zusammenfassung der unterschiedlichen Vorschläge finden Sie bei *Graeber/Graeber*, InsVV-Online, § 5 Rn. 33.

ist zu erläutern, welche Beträge aufgrund der Abtretungserklärung des Schuldners beim Treuhänder eingegangen und aufgrund welcher Umstände weitere Beträge hinzuzurechnen sind.

Zahlungen des Insolvenzschuldners an den Insolvenzverwalter zur **Deckung der Verfahrenskosten** und insbesondere der späteren Treuhändervergütung sind bei der Ermittlung der Berechnungsgrundlage außer Betracht zu lassen.[99] Gleiches gilt für Zahlungseingänge aus dem eröffneten Insolvenzverfahren, welche zum Zwecke der Abdeckung der Kosten des Restschuldbefreiungsverfahrens übernommen wurden.[100] **173**

Sollten die beim Treuhänder eingegangenen Beträge die für die Befriedigung der Gläubiger benötigten Beträge übersteigen, ist hierauf gesondert hinzuweisen. **174**

F. Vergütungsrechtliche Behandlung einer vorzeitigen Restschuldbefreiung, § 300a InsO

Spätestens nach Kenntnis davon, dass durch eine vorzeitige Restschuldbefreiung bzw. eine Restschuldbefreiung vor Abschluss des eröffneten Verfahrens i. S. v. § 300a InsO möglich sein könnte, ist möglichst frühzeitig mit dem Insolvenzgericht zu klären, welcher Zeitpunkt im konkreten Verfahren gem. § 300a Abs. 1 Satz 1 InsO für die **Unterscheidung zwischen Insolvenzmasse und Neuerwerb** i. S. v. § 300a Abs. 1 InsO in Betracht kommt. Die bei Erteilung einer Restschuldbefreiung notwendige Separierung des nicht zur Insolvenzmasse gehörenden Neuerwerbs des Insolvenzschuldners ist vorzubereiten. **175**

Im Rahmen der Anhörung zum Antrag des Schuldners auf vorzeitige Restschuldbefreiung ist dem Insolvenzgericht eine Einschätzung der voraussichtlichen Vergütung mitzuteilen und klarzustellen, ob mit einer Deckung der Verfahrenskosten zu rechnen ist. **176**

Im Vergütungsantrag als Insolvenzverwalter des eröffneten Verfahrens ist die vorzeitig erteilte Restschuldbefreiung zu behandeln und insbesondere auf die Teile der Insolvenzmasse einzugehen, deren Zufluss erst nach der erteilten Restschuldbefreiung erfolgte. Hierbei ist zu erläutern, warum entsprechend § 300a Abs. 1 InsO diese späteren Massezuflüsse der Insolvenzmasse und somit der Berechnungsgrundlage der Verwaltervergütung hinzuzurechnen sind. **177**

Nach erfolgter Erteilung einer Restschuldbefreiung ist, wenn eine treuhänderische Tätigkeit zu Gunsten des Insolvenzschuldners im Sinn von § 300a Abs. 2 InsO erfolgte, dem Insolvenzgericht der besondere Vergütungsantrag nach § 300a Abs. 3 InsO zeitnah vorzulegen. In diesem Zusammenhang ist klarzu- **178**

99) Die während des eröffneten Verfahren eingehenden Beträge sind ausschließlich bei der Vergütung des Insolvenzverwalters zu berücksichtigen: BGH, v. 19.11.2020 – IX ZB 10/19, NZI 2021, 190.

100) BGH, v. 19.11.2020 – IX ZB 10/19, NZI 2021, 190.

stellen, ob dieser besondere Vergütungsanspruch bereits mit dem Insolvenzschuldner erörtert worden ist.

G. Vorschussanträge gem. § 9 InsVV

179 Anträge auf Zustimmung zur Entnahme eines Vorschusses i. S. v. § 9 InsVV sind besonders als **Vorschussanträge zu kennzeichnen**. Der Antrag sollte Angaben zu der erwarteten Gesamt-Insolvenzmasse sowie zum Umfang der bereits realisierten Insolvenzmasse enthalten und auf der Basis dieser Beträge die entsprechende Regelvergütung beziffern.

180 Der **genaue Betrag des zu entnehmenden Vorschusses** ist zu beziffern, wobei ggf. zwischen Vergütung und Auslagen zu unterscheiden ist.

181 Vorschussanträge, welche mit den zu erwartenden Zuschlägen i. S. v. § 3 Abs. 1 InsVV begründet werden, haben **Erläuterungen zur Angemessenheit** der insoweit berücksichtigten Zuschläge zu enthalten. Hierbei sollte erkennbar sein, ob der entsprechende Zuschlagstatbestand abgeschlossen ist oder Änderungen in der Zukunft erwartet werden können.

182 Bei wiederholten Vorschussanträgen sind die vorhergehenden Anträge und Zustimmung Entscheidungen des Insolvenzgerichts zu benennen und mit den entsprechenden Beträgen zu beziffern. Vorschüsse, welche trotz Zustimmung nicht entnommen worden sind, sind in geeigneter Weise hervorzuheben.

H. Einreichung und Vorbesprechung bzw. Erörterung des Vergütungsantrags

183 In Zusammenhang mit der **Einreichung eines Vergütungsantrages** sollte generell mit dem Insolvenzgericht geklärt werden, ob insoweit bei Besonderheiten, beispielsweise bei nicht unerheblichen Zuschlagsanträgen, eine **Vorbesprechung** ermöglicht bzw. erwünscht wird. Die diesbezügliche Handhabung ist bei den Gerichten bzw. den zuständigen Rechtspflegern unterschiedlich. Teilweise wird vor einer Einreichung eine mündliche Erläuterung gewünscht, was die Festsetzung im Gericht erleichtern könnte. Andererseits wird eine Ansprache des Insolvenzverwalters hinsichtlich des erst noch einzureichenden Vergütungsantrags als eine unangemessene Beeinflussung angesehen. Die entsprechende Sichtweise des zuständigen Rechtspflegers ist diesbezüglich zu ermitteln und nachfolgend in angemessener Weise zu reagieren.

184 Vergütungsanträge sollten nur dann dem Insolvenzgericht in Form eines **Entwurfes** zugeleitet werden, wenn dies zuvor mit dem Insolvenzgericht und dem entsprechenden Bearbeiter vereinbart wurde. So insoweit keine generelle Handhabung besteht, sollten Vorbesprechungen auf Vergütungsanträge beschränkt werden, bei denen nicht unerhebliche Abweichungen von der Regelvergütung beantragt werden.

Auch im Falle einer ermöglichten Vorbesprechung oder Erörterung des Vergütungsantrages ist zu beachten, dass dies nur der näheren Erläuterung des Antrages und der dabei zugrunde gelegten Umstände dient. In einem solchen Gespräch sollte dementsprechend geklärt werden, ob der vom Insolvenzverwalter gewünschte Inhalt vom Insolvenzgericht auch entsprechend verstanden wird oder ob **Missverständnisse oder Lücken** aufgetreten sind. Dementsprechend sollten diese geklärt werden, so möglich bereits mündlich die Problemlagen beseitigt werden bzw. herausgearbeitet werden, welche Punkte noch nachzutragen sind. 185

Eine solche **Vorbesprechung bzw. Erörterung des Vergütungsantrages dient nicht dazu, einzelne Punkte zu verhandeln um Kompromisse zu erreichen.** Zeigt sich beispielsweise, dass das Insolvenzgericht der Einschätzung des Insolvenzverwalters über die angemessene Höhe eines Zuschlags nicht folgen kann, verbietet sich eine Verhandlung dergestalt, dass hinsichtlich eines anderen Zuschlagstatbestands im Ausgleich ein größeres Entgegenkommen gefordert wird. Eine solche Vorgehensweise wäre vollkommen unangemessen, da sich eine **vergleichsweise Vereinbarung in einer solchen Situation ohne Beteiligung der die Vergütung wirtschaftlich tragenden Insolvenzgläubiger verbietet.** Einem Insolvenzverwalter, der versucht ein solches Vieraugengespräch zur unangemessenen Beeinflussung des Insolvenzgerichts zu nutzen, sollte berechtigterweise eine solche Vorbesprechung bzw. Erörterung außerhalb einer Gläubigerversammlung versagt werden. Dementsprechend kann einem Insolvenzverwalter nur angeraten werden, mit dem Wunsch nach einer Vorbesprechung bzw. Erörterung sowie innerhalb eines solchen Termins angemessen sorgsam und vorsichtig umzugehen. 186

I. Vorgehen bei Rechtsmitteln gegen die Vergütungsfestsetzung

So nicht das Insolvenzgericht den Antrag auf Vergütung und Auslagen vollständig abgewiesen hat, hat sich aus der Beschwerde und den einleitend zu formulierenden Sachantrag zu ergeben, gegen **welchen Teil der Festsetzung ein Rechtsmittel** eingelegt wird. 187

Bezüglich der nicht angegriffenen Entscheidungsteile empfiehlt sich eine **Klarstellung, dass eine Beibehaltung dieser Entscheidungsteile begehrt wird**, um zu vermeiden, dass beispielsweise bei einem Erfolg bezüglich eines konkreten Zuschlagstatbestands durch das Gericht eine Herabsetzung bezüglich eines anderen Zuschlagsumstandes erfolgt. 188

Die Ausführungen in der Beschwerdeschrift haben sich nach Klarstellung des Streitpunktes auf die insoweit relevanten Umstände zu konzentrieren. Daher ist es zu vermeiden, unproblematische, vom Insolvenzgericht bereits zugestandene Aspekte erneut zu behandeln, um eine Konzentration auf den maßgeblichen Streitstoff zu ermöglichen. 189

Eine bloße Wiederholung des Sachvortrags des ursprünglichen Vergütungsantrags nebst der bereits vorgebrachten Argumentation ist nicht sinnvoll. 190

Ziel sollte es möglichst sein, bereits das Insolvenzgericht von der Richtigkeit und Angemessenheit der eigenen Argumentation und Zuschlagsbemessung zu überzeugen, damit dieses zeitnah der Beschwerde abhilft und die antragsgemäße Festsetzung demnächst in Rechtskraft erwächst. Dies kann zumeist nicht dadurch erreicht werden, dass der bisherige Vortrag und die bisherige Argumentation wiederholt werden. Sinnvoll wäre es, die sofortige Beschwerde von einer anderen, kompetenten Person formulieren zu lassen, als der des Erstellers des ursprünglichen Vergütungsantrags.

191 In geeigneten, werthaltigen Fällen kann es sinnvoll sein, zur Unterstützung der eigenen Argumentation ein **Privatgutachten** eines geeigneten Experten einzuholen. Dessen Expertise und seinen Blick von außen auf diese Vergütungssituation können hilfreich sein, den Vergütungsantrag optimiert zu formulieren, die Beschwerde sachgerecht und überzeugend zu begründen oder in das Beschwerdeverfahren die externe Ansicht eines ausgewiesenen Experten zur Unterstützung der eigenen Argumentation einzuführen. Die hierbei entstehenden Kosten werden bei entsprechend hohen Vergütungsanträgen durch Vermeidung von Abschlägen bzw. erfolgreichen Zuschlägen rentabel eingesetzt werden können.

192 Bei Rechtsmitteln anderer Beteiligter gegen die erfolgte Vergütungsfestsetzung empfiehlt es sich, eigenständig zu prüfen, ob ein ausreichender Sachantrag in der Beschwerde gegen die Vergütungsfestsetzung gestellt worden ist und ob hinsichtlich des konkreten Beschwerdeführers eine wirtschaftliche Beschwer von mehr als 200 € überhaupt vorliegt. Die entsprechende Beurteilung ist nach BGH[101)] nicht mehr durch die bei einer Herabsetzung der Vergütung erfolgten Verbesserung der Befriedigungsquote durch den Insolvenzverwalter zu ermitteln. Insbesondere bei Mangelfällen empfiehlt sich gleichwohl mit Hinweis auf die frühere Rechtsprechung des BGH[102)] ein substantiierter Vortrag an das Insolvenzgericht mit rechnerischer Darstellung der wirtschaftlichen Auswirkungen auf die quotale Befriedigung des Beschwerdeführers.

193 In gleicher Weise, wie bei einem eigenen Rechtsmittel die Beiziehung eines externen Experten zur Verbesserung der Sachargumentation sinnvoll ist, empfiehlt sich die Hinzuziehung einer solchen Person auch bei Rechtsmitteln anderer Beteiligter. Im Falle eines Obsiegens gegen den Beschwerdeführer könnten die entsprechenden Kosten dem unterliegenden Beschwerdeführer auferlegt oder der Masse entnommen werden.

194 Ist erkennbar, dass es im Rechtsmittelverfahren entweder nicht zu der begehrten Festsetzung oder zu einer nicht unerheblichen Herabsetzung kommen wird, weil der bisherige Vortrag und die Argumentation des Vergütungs-

---

101) BGH, v. 10.10.2024 – IX ZB 26/22, NZI 2025, 47 = ZInsO 2024, 2409.

102) BGH, v. 24.11.2022 – IX ZB 15/22, NZI 2023, 188 = ZInsO 2023, 1549; BGH, v. 12.3.2020 – IX ZB 33/18, NZI 2020, 521 = ZInsO 2020, 1156; BGH, v. 19.4.2012 – IX ZB 162/10, NZI 2012, 619 = ZInsO 2012, 972.

antrags als nicht ausreichend angesehen wird, sollte überlegt werden, ob der **Vergütungsantrag nicht insgesamt zurückgenommen** wird, was auch noch innerhalb des Rechtsmittelverfahrens zulässig ist.[103)] Damit werden die vorherigen Vergütungsentscheidungen wirkungslos.[104)] Die Kosten des Beschwerdeverfahrens inklusive der Kosten eines eventuellen Beschwerdeführers hat der Insolvenzverwalter jedoch entsprechend § 269 ZPO zu tragen.[105)] Mangels Abschluss des Insolvenzverfahrens kann eine Verjährung des Vergütungsanspruchs hierdurch nicht eintreten.[106)] Der nachfolgend neu zu formulierende Vergütungsantrag kann die Mängel des ersten Vergütungsantrags vermeiden, auf die Diskussionspunkte des Rechtsmittelverfahrens und der Beschwerde eingehen und hierbei neueste Rechtsprechung berücksichtigen. Auch gerade in einem solchen Fall empfiehlt sich die Hinzuziehung eines externen Experten.

In der Praxis wird teilweise erörtert, welche Folgen ein Rechtsmittel eines Insolvenzverwalters gegen eine insolvenzgerichtliche Entscheidung haben könnte. **195** Hierbei ist nicht die gerichtliche Entscheidung über eine Abhilfe durch das Insolvenzgericht oder die vom Beschwerdegericht zu treffende Entscheidung gemeint. Vielmehr wird leider in der Praxis nicht nur gelegentlich geäußert, dass ein Rechtsmittel eines Insolvenzverwalters gegen eine Entscheidung des Insolvenzgerichts Folgen für zukünftige Entscheidungen des Insolvenzgerichts außerhalb des konkreten Verfahrens haben könnte.[107)] Keinesfalls offen, doch klar erkennbar wird vermittelt, dass Folge eines Rechtsmittels auch eine nachteilige Entscheidung in einem anderen Verfahren, sei es bei der Auswahl des Insolvenzverwalters, sei es bei einer Vergütungsbemessung eines anderen Verfahrens, haben könnte. Eindeutig ist in diesem Zusammenhang, dass bereits allein eine solche Überlegung durch einen Mitarbeiter des Insolvenzgerichts diesen Mitarbeiter für eine weitere Tätigkeit in diesem Bereich bzw. diesem Verfahren disqualifiziert. Ein Rechtsmittel eines Insolvenzverwalters gegen eine gerichtliche Entscheidung darf einzig und allein im Rahmen des Rechtsmittels Folgen haben. Weder die Einlegung eines Rechtsmittels gegen das In-

---

103) BGH, v. 10.10.2024 – IX ZB 26/22; Verfassungsgerichtshof des Freistaates Sachsen v. 18.1.2019 – Vf. 122-IV-18 (HS); BGH, v. 24.3.2009 – X ZB 29/08, BGHReport 2009, 854; BGH, v. 2.7.1987 – I ZB 5/86, BlPMZ 1987, 399; BGH, v. 20.5.1977 – I ZB 6/76, MDR 1977, 994; LG Berlin, v. 31.5.2022 – 84 T 263/19, NZI 2023, 190 = ZInsO 2024, 323; LG Hamburg, v. 19.10.2017 – 330 T 30/17, ZInsO 2017, 2583; AG Hamburg, v. 18.4.2017 – 67c IN 332/14, ZInsO 2017, 985; AG Fulda, v. 1.3.2023 – 91 IK 11/21, ZInsO 2023, 2008; *Graeber/Graeber*, InsVV-Online, § 8 Rn. 137; *Haarmeyer/Mock*, InsVV, 7. Aufl., § 8 Rn. 179; Kübler/Prütting/Bork-*Stoffler*, InsO, 05/2018, § 64 Rn. 43; *Keller*, Vergütung und Kosten im Insolvenzverfahren, 4. Aufl., 2016, Teil A § 14 Rn. 65.

104) BGH, v. 10.10.2024 – IX ZB 26/22.

105) BGH, v. 10.10.2024 – IX ZB 26/22.

106) BGH, v. 29.3.2007 – IX ZB 153/06, NZI 2007, 397 = ZInsO 2007, 539; BGH, v. 22.9.2010 – IX ZB 195/09, NZI 2010, 977 = ZInsO 2010, 2103; BGH, v. 13.1.2011 – IX ZB 97/09; BGH, v. 20.1.2011 – IX ZB 190/092/20, ZInsO 2021, 566.

107) Dieser Absatz wurde in diesem Text mit der Intention aufgenommen, Rechtsanwender in Insolvenzgericht vor einem unpassenden, in der Praxis leider anzutreffenden Verhalten zu warnen.

solvenzgericht bzw. die insolvenzgerichtliche Entscheidung noch ein Erfolg des Rechtsmittels darf durch das Gericht oder seine Mitarbeiter in irgendeiner Art und Weise außerhalb der konkreten Entscheidung berücksichtigt werden. Diese Selbstverständlichkeit wird jedoch bei Insolvenzgerichten teilweise missachtet. Nach Ansicht des hiesigen Autors disqualifizieren sich Mitarbeiter eines Gerichts, welche derartige Erwägungen auch nur anstellen, grundsätzlich für die Tätigkeit innerhalb der Justiz. Seitens der Insolvenzverwalter wird dies jedoch kaum einmal nachweisbar dokumentiert werden können. Auch wenn ein hartes und deutliches Vorgehen gegen solche Rechtsbeuger notwendig und wünschenswert wäre, kann von einem Insolvenzverwalter, für den die Beauftragung durch das Insolvenzgericht eine grundlegende wirtschaftliche Notwendigkeit darstellt, nicht erwartet werden, dass er sein Standing bei den Insolvenzgerichten durch ein Vorgehen gegen solche Justizmitarbeiter riskiert. Vielmehr wäre es wünschenswert, dass die Insolvenzgerichte selbst gegen solche Akteure in ihren eigenen Reihen vorgehen, welche nicht bereit sind, das zu schützende Rechtsstaatprinzip auch in der Praxis vorbehaltlos umzusetzen.

Anhang

I. Checklisten und Grundsätze zur Verfahrensabwicklung

1. BAKinso e. V. Empfehlungen zur Gutachtenerstellung Unternehmensinsolvenz

DER BUNDESARBEITSKREIS INSOLVENZGERICHTE E. V. HAT AUF SEINER HERBSTTAGUNG V. 20.11.2008–21.11.2008 FOLGENDE CHECKLISTE ALS „EMPFEHLUNG AN DIE INSOLVENZGERICHTE" FÜR EINE GUTACHTENERSTELLUNG[1] IM UNTERNEHMENSINSOLVENZVERFAHREN EMPFOHLEN

Checkliste zur Gutachtenerstellung – Unternehmensinsolvenz –

A. Einleitung

Nach allen vorliegenden Erkenntnissen werden die Weichen in die „falsche Richtung" eines Insolvenzverfahrens bereits im Eröffnungsverfahren gestellt und maßgeblich durch die Qualität der Eröffnungsgutachten sowie die Arbeitsqualität und -intensität aller Beteiligten beeinflusst. Fakt ist, dass es wesentlich mehr begründete Rechtsansprüche in eröffneten Insolvenzverfahren gibt, als daraus resultierende Forderungen konkretisiert werden (*Huber* NZI 2004, 497 und ZinsO 2008, 873 „Keine Unschuldsvermutung im Anfechtungsrecht"). Infolge dessen ist in sehr vielen Verfahren die Realisierungsquote solcher Rechtsansprüche sehr niedrig und die Gründe dafür liegen maßgeblich in der unzureichenden Prüfung der Eröffnungsgründe und der i. d. R. fehlenden Ermittlung des Eintritts der materiellen Insolvenz.

Das Eröffnungsgutachten ist das „Logbuch" des gesamten Verfahrens. Alle darin gemachten Angaben müssen das Gericht in die Lage versetzen, die ihm zugewiesene Eröffnungsentscheidung auf einer gesicherten tatsächlichen wie rechtlichen Grundlage zu treffen. Daher müssen alle Angaben nachvollziehbar und nachprüfbar sein und dem Gericht eine eigenständige Beurteilung ermöglichen. Da nach allen vorliegenden Erhebungen es als gesichert angesehen werden kann, das faktisch alle Unternehmensinsolvenzanträge lange nach dem Eintritt der materiellen Insolvenz erfolgen und mithin in jedem Unternehmens-

1) Dies bedeutet: Die nachfolgend genannten Punkte sollten vom Gutachter gedanklich und tatsächlich geprüft und, soweit im konkreten Verfahren von Bedeutung, im Gutachten abgehandelt werden.

insolvenzverfahren nur noch fraglich ist, wie hoch diese Ansprüche und in welcher Höhe (vgl. dazu *Kirstein* ZinsO 2006, 966, 969 ff. und ZinsO 2008, 830 ff.) sie beitreibbar sind, ist die Eröffnung die vom Gesetzgeber gewollte Regel und die Nichteröffnung die gesondert zu begründende Ausnahme (vgl. BGH ZinsO 2008, 559). Zu den typischen Fehlerquellen in Gutachten vgl. *Haarmeyer/Suvarcarevic* ZinsO 2006, 953, 960 sowie *Haarmeyer/Beck* ZinsO 2007, 1065, 1077 und *Pape* ZinsO 2007, 1080 ff.).

Auch wenn die Angaben des Schuldners vollständig und richtig erscheinen, Buchhaltung und Jahresabschlüsse aktuell erstellt worden sind und auch im Übrigen nach den überreichten Unterlagen alle Anhaltspunkte für eine ordnungsgemäße Buchführung gegeben sind, darf sich ein gerichtlich bestellter Sachverständiger nicht damit zufrieden geben, weil es gerade unter insolvenzrechtlichen Aspekten Ansprüche gibt, die aus einem Jahresabschluss nicht ersichtlich sind und weil die Bewertung in der Insolvenz nicht handelsrechtlichen, sondern insolvenzrechtlichen Werten zu folgen hat. Dies betrifft insbesondere den Grundsatz der Bewertungsstetigkeit nach § 252 Abs. 1 Nr. 6 HGB und den des going-concern nach § 252 Abs. 1 Nr. 2 HGB. Im Übrigen ergeben sich aus der handelsrechtlichen Buchführung weder Anfechtungsansprüche noch Ansprüche wegen Eigenkapitel ersetzender Gesellschafterdarlehen oder Bürgschaften nach §§ 31, 32 a, b GmbH Gesetz bzw. Ansprüche wegen fehlerhafter Kapitalerbringung bei einer Kapitalgesellschaft, insbesondere einer GmbH.

Will man das Verhalten antragsverpflichteter Schuldner kurz und knapp charakterisieren, so ergeben alle vorliegenden Befunde[2)] das gleiche Ergebnis: Der offene und nachhaltige Rechtsbruch ist die Regel, Ausnahmen sind allenfalls in ganz wenigen Einzelfällen feststellbar. Trotz Eintritts der materiellen Insolvenz mehr als 10 Monate vor der Einleitung eines Insolvenzverfahrens[3)] wirtschaften die Schuldner so lange weiter, bis auch die letzten finanziellen Reserven erschöpft und das Eigenkapital nahezu vollständig verbraucht sind. Gläubiger die Druck machen, werden während dieser Zeit noch erstrangig bedient, die anderen nach Möglichkeit überhaupt nicht mehr.[4)] Begründet werden nach-

2) Vgl. dazu u. a. Langzeitstudie KDLB, *Kirstein*, ZInsO 2006, 966 ff.; Studie des ZIS Mannheim und von Euler-Hermes, nachzulesen unter: http://www.eulerhermes.com/ger/ger/press/aktuelle_analysen.html; Studie Creditreform unter: http://www.creditreform.de/Deutsch/Creditreform/Aktuelles/Creditreform_Analysen/Insolvenzen_Neugruendun gen_Loeschungen/index; *Weyand/Diversy*, Insolvenzdelikte, 7. Aufl. S. 22 ff.; *Beck* in: Wabnitz/Janovsky, Wirtschafts- und Steuerstrafrecht, 2. Aufl. § 6 Rn. 53 ff.; *Meyer*, GmbHR 2002, 177 und 242 und 2004, 1417, 1420 ff.; *Richter*, GmbHR 1984, 113 ff.

3) Vgl. u. a. *Kirstein*, ZInsO 2006, 966.

4) Kein Gläubiger wird die Besicherung oder Befriedigung ablehnen, selbst wenn er die Antragspflicht des Schuldners kennt. Je länger die Insolvenzverschleppung andauert, umso höher wird die Zahl der Gläubiger, die eine Anfechtung zu fürchten haben. Sie werden in Konsequenz keinen Massekostenvorschuss leisten oder einen Antrag stellen und sich damit einem Anfechtungsrisiko aussetzen. Zu besonders bizarren Situationen kommt es immer dann, wenn ein Gläubiger dieses Risiko übersehen hat, die Verfahrenseröffnung durch Vorschuss ermöglicht hat und dann gegen ihn Anfechtungsansprüche festgestellt werden.

folgende Insolvenzanträge sodann durchweg mit Zahlungsunfähigkeit oder drohender Zahlungsunfähigkeit, obwohl bereits vor geraumer Zeit die Antragspflicht aufgrund eingetretener Überschuldung entstanden war und die reale Liquiditätssituation eine sehr vertiefte Zahlungsunfähigkeit darstellt.[5)] In der Praxis ist feststellbar, dass der Zeitpunkt der Überschuldung regelmäßig weit mehr als 1 Jahr vor der Antragstellung eingetreten ist.

Damit steht schon bei der Stellung eines Antrags auf Eröffnung des Verfahrens über das Vermögen einer antragsverpflichteten Kapitalgesellschaft fest, dass bereits zu diesen Zeitpunkt dem Grunde nach verschiedene haftungsrechtliche Ansprüche (so z. B. §§ 43 und 64 Abs. 2 GmbHG; 92 Abs. 3, 93 AktG; §§ 130–133 InsO[6)] als sog. „virtuelles Vermögen" verwirklicht sind und es nur noch um deren Höhe und Beitreibbarkeit geht. Diese Ansprüche richten sich maßgeblich gegen Kreditinstitute, begünstigte Gläubiger, Steuerberater, Rechtsanwälte und Angehörige anderer beratender Berufe sowie gegen den Fiskus bzw. die Sozialversicherungsträger, sodass aufgrund der insoweit gesicherten bzw. „versicherten" Solvenz, die immer wieder erfolgende „Begründung" für Abweisungsempfehlungen in Gutachten, dass beim Schuldner oder Geschäftsführer „nichts zu holen" sei, für die Entscheidung über die Eröffnung weitgehend irrelevant ist.

Aufgrund des vorgenannten Antragsverhaltens gibt es in der Insolvenz von Kapitalgesellschaften durchschnittlich 7,48 haftungsrechtlich relevante Ansprüche vornehmlich gegen Gesellschafter und Dritte.[7)] Dabei werden der durchschnittliche Wert der Einzelansprüche je nach Anspruchsgrundlage mit ca. 18.200,– und 384.500 Euro und die durchschnittlich und tatsächlich realisierten Ansprüche mit ca. 11.500,– bis 282.600,– Euro angegeben.[8)] Überhaupt nicht beitreibbar sind solche Ansprüche lediglich in ca. 15 % aller Fälle gewesen,[9)] in allen anderen Fällen gelang es die Ansprüche entweder vollständig durchzusetzen und in vielen Fällen zumindest auch ansehnliche Teilbeträge zu realisieren.

---

5) Die Überschuldung einer Kapitalgesellschaft ist nichts anderes als der Verbrauch des Eigenkapitals und des ersten Euros der Aktivmasse, sodass sich Aktiva und Passiva nicht mehr im Gleichgewicht gegenüberstehen. Theoretisch müssten sich bei Antragstellung Vermögenswerte gegenüberstehen, deren Buchwerte die Verbindlichkeiten nur um 1 Euro unterschreiten, sodass bei Einhaltung der gesetzlichen Regelungen zur Kapitalerhaltung und zur Antragspflicht die theoretische Quote bei Antragstellung nur geringfügig unter 100 % liegen müsste.

6) Vgl dazu die Zusammenstellung der Ansprüche bei *Pape*, ZInsO 2007, 1080 ff.

7) Lediglich in 5 % der Verfahren konnten in den vergangenen 10 Jahren keine insolvenzspezifischen Ansprüche ermittelt werden; vgl. *Kirstein*, ZInsO 2006, 966, 969.

8) *Kirstein*, ZInsO 2006, 966, 969.

9) Obwohl nach den Erkenntnissen z. B. von Creditreform sich ein als Geschäftsführer tätig gewesener Schuldner mittleren Alters i. d. R. innerhalb von 3 bis 5 Jahren wirtschaftlich erholt, wird in der Praxis der Insolvenzabwicklung weder die Möglichkeit von Schuldanerkenntnissen oder von Besserungsscheinen genutzt, obwohl beide Dinge leicht zu realisieren sind und den Gläubigern die Möglichkeit der Teilhabe an einer wirtschaftlichen Erholung des Schuldners eröffnet.

Von besonderer Bedeutung sind die am 8. August 2008 in den IDW-Fachnachrichten (www.idw.de) veröffentlichten Rechnungslegungshinweise des Institut der Wirtschaftsprüfer (IDW) für die Anforderungen an die Dokumentation und Rechnungslegung im Insolvenzverfahren:

IDW RH HFA 1.010: Bestandsaufnahme (Gutachten)

IDW RH HFA 1.011: Insolvenzspezifische interne Rechnungslegung

IDW RH HFA 1.012: Externe (handelsrechtliche) Rechnungslegung im Insolvenzverfahren

Die Beachtung der IDW Regeln ist für Wirtschaftsprüfer eine Standespflicht und gilt als ordnungsgemäße Berufsausübung. Die darin enthaltenen Grundsätze können daher auch ergänzend für Insolvenzverwalter herangezogen werden.

B. Angaben zum Insolvenzverfahren

□ Insolvenzgericht, Aktenzeichen, zuständiger Richter

□ Datum der Antragstellung

□ Ggf. Probleme zur Zuständigkeit darlegen

□ Antragsteller (Eigenantrag/Fremdantrag)

□ Datum des Sicherungsbeschlusses

□ Angeordnete Sicherungsmaßnahmen

□ Verfahrensanderkonto

C. (Gesellschafts-)Rechtliche Verhältnisse

Hinweis: Bei allen tatsächlichen Angaben muss aus dem Gutachten eindeutig erkennbar werden, aufgrund welcher Tatsachenfeststellung sie erlangt worden sind bzw. wer die entsprechenden Auskünfte erteilt hat. Dazu gehört u. a. dass ein aktueller Auszug aus dem Handelsregister ebenso vorgelegt wird wie andere öffentliche Urkunden, Grundbuchauszüge, ggf. aber auch Auskünfte von Wirtschaftsinformationsdiensten wie Creditreform etc.

I. Grundsätzliches

1. Firmenbezeichnung

□ Firma

□ Rechtsform

□ Kontaktdaten: Anschrift, Telefon, Fax, E-Mail

□ aktueller Handelsregisterauszug

2. Auskunftspersonen

a) Geschäftsführung

- □ Namen und Kontaktdaten sämtlicher Firmeninhaber/Geschäftsführer/Komplementäre/Vorstände inkl. Handy-Nummer und Privatanschrift,
- □ Prokuristen, Handlungsbevollmächtigte etc.
- □ Vertretungsmacht der Geschäftsführung nach außen. Zuständigkeitsverteilung im Innenverhältnis.
- □ Faktische Geschäftsführer.
- □ bei Einzelkaufleuten: Familienstand, Unterhaltspflichten.

b) aktuelle Gesellschafter

- □ Namen und Kontaktdaten

c) weitere Auskunftspersonen

- □ Buchhalter
- □ Steuerberater
- □ Rechtsanwalt
- □ Wirtschaftsprüfer
- □ Zuständiger Mitarbeiter der Hausbank

II. Rechtliche Verhältnisse

1. Gründungsverhältnisse

- □ Gründungsdatum des Unternehmens.
- □ Vorlage des Gesellschaftsvertrages.
- □ Eintragung ins Handelsregister (Registergericht, Registernummer, Datum).
- □ Satzungsmäßiger Gegenstand des Unternehmens.
- □ Gründungsgesellschafter, Bar-/Sachgründung, Einlageverpflichtungen.
- □ Nachweis der Einzahlung des Gründungskapitals/Nachweis bei Sachgründung (Sachgründungsbericht).
- □ Anhaltspunkte für verschleierte Sachgründung.
- □ Hinweise auf Unterbilanz bei Eintragung ins Handelsregister.
- □ Datum des Arbeitsbeginns des Unternehmens.
- □ erster Geschäftsführer.

2. Gesellschaftsrechtliche Entwicklung

- □ Gesellschafterwechsel (Meldung an die Gesellschaft, § 22 GmbHG).
- □ Geschäftsführerwechsel.
- □ Kapitalerhöhungen (Nachweise über ordnungsgemäße Einbringung der Kapitalerhöhungen. Hinweise auf Gewinnausschüttung unmittelbar vor Kapitalerhöhung.).
- □ Hinweise auf Überentnahmen von Eigenkapital.

D. Betriebliche Verhältnisse

I. Unternehmensgegenstand und -entwicklung

- □ Darstellung der aktuellen Tätigkeit.
- □ Darstellung der Unternehmenshistorie.
- □ Angebotspalette (duchschnittliches Alter/Innovationsstand, Breite und Tiefe des Angebots).
- □ Marktanteil, historische Entwicklung der Marktanteile.
- □ Entwicklung der Verkaufspreise. Preis und Mengenentwicklung der Umsätze.
- □ Entwicklung der Hauptkostenarten und Ursachen der Veränderung (Material, Personal, Investitionen, Produktion, Vertrieb, Verwaltung)
- □ Wettbewerbsvorteile/-nachteile des Unternehmens. Differenzierung zur Konkurrenz (Preis, Service, Produkt, Qualität, ...).
- □ Darstellung der Branchen- und Marktverhältnisse.
- □ Kundenstruktur (z. B.: wenige Großabnehmer, Anteil der Endverbraucher, Anteil der Stammkunden, Anteil wiederkehrender Aufträge z. B. für Wartung) Zahlungsmoral der Kunden.
- □ Lieferantenstruktur.
- □ Struktur der Wettbewerber. Rivalitäten.
- □ Kapazitätsauslastung der einzelnen Unternehmensbereiche.
- □ Ist die verwendete (Fertigungs-)Technologie auf dem neuesten Stand?
- □ Probleme der internen Organisationsstruktur
- □ Mitgliedschaften in Fachverbänden, Interessenvertretungen, Zuständige Handwerks-/Handelskammer/Innung.

II. Betriebsstätten

- □ Anschriften: Hauptsitz, Verwaltung, Zweigniederlassungen, Filialen, Warenläger, Verkaufsläger, Auslieferungsläger etc.
- □ Eigentumsverhältnisse.
- ➢ Bei Fremdeigentum:
- □ Eigentümer
- □ Art des Nutzungsrechts (Pacht, Miete, Leasing etc.)
- □ Beteiligung des Verpächters/Vermieters/Leasinggebers am Unternehmen, sonstige Einflußnahme auf unternehmerische Entscheidungen.
- □ Vorlage des Vertrages.
- □ Höhe der monatlichen Nutzungsentschädigung.
- □ Rückstände, ausgesprochene Kündigung, Kündigungsmöglichkeit.
- ➢ Bei Schuldnereigentum:
- □ Eigentümer
(bei Gesellschaftern: evtl. eigenkapitalersetzende Nutzungsüberlassung?)
- □ Versicherungsstatus.
- □ Grundpfandrechtsinhaber, Höhe der Belastung.

III. Arbeitnehmer

- □ Anzahl der Mitarbeiter, differenziert nach: Geschäftsführer (Gesellschafter-GF/Fremd-GF), erweiterte Geschäftsleitung, kaufmännische Angestellte, gewerbliche Arbeiter, Auszubildende, Aushilfen.
- □ Lohn- und Gehaltsrückstände.
Welcher Monat wurde zuletzt in voller Höhe bezahlt?
- □ Art und Weise der Lohn- und Gehaltszahlungen (Zeitpunkt, Abschlagszahlungen, Arbeitszeitkonten, zuständige Abrechnungsstelle)
- □ Rückständige Urlaubsansprüche.
- □ Monatliche Personalkosten (Brutto-Brutto).
Sonderzuwendungen (Urlaubsgeld, Weihnachtsgeld, sonstiges).
- □ Gehälter der Geschäftsleitung. Vorlage des Geschäftsführer-Anstellungsvertrages. Gehaltsrückstände.
- □ Betriebsrat, Gesamtbetriebsrat, zuständige Gewerkschaft (Ansprechpartner).
- □ Geltung von Tarifverträgen.

- ☐ Vorlage einer Arbeitnehmer-Liste auch als EXCEL-Datei mit jeweils folgenden Informationen: Name, Vorname, Funktion, Einsatzort, Privatanschrift, Bruttoverdienst, Geburtsdatum, Betriebseintritt, Kündigungsfrist, besonderer Kündigungsschutz (Schwerbehinderung, Mutterschutz, Betriebsrat etc.).
- ☐ Bereits ausgesprochene Kündigungen wegen erfolgter (Teil-)Betriebseinstellung vor Insolvenzantrag. (Kündigungsfristen. Freistellungen. Hinweise auf Unwirksamkeit der Kündigungen. Vorschriften der Massenentlassung. Interessenausgleich. Sozialplan.)
- ☐ Anhängige Kündigungsschutzprozesse.
- ☐ Entwicklung des Personalbestandes der letzten Jahre.
- ☐ betriebliche Altersversorgung (Direktversicherungen, Pensionszusagen). Beteiligung des Pensionssicherungsvereins a. G.

IV. Dauerschuldverhältnisse

- ☐ Miet-/Pacht-/Leasingverträge über Immobilien und bewegliche Sachen, wo Schuldner Mieter/Pächter/Leasingnehmer ist (Vorlage der Verträge, Rückstände, Kündigungsmöglichkeiten, Vermieterpfandrecht, Kautionen).
- ☐ Miet-/Pacht-/Leasingverträge über Immobilien und bewegliche Sachen, wo Schuldner Vermieter/Verpächter/Leasinggeber ist (Vorlage der Verträge, Rückstände, Kündigungsmöglichkeiten, Vermieterpfandrecht, Kautionen).
- ☐ Versicherungsverträge (Auflistung, Erfolgte Kündigungen, Mahnungen nach § 39 VVG, Zuständiger Versicherungsvertreter/Versicherungsmakler, Bestätigung über ausreichenden Versicherungsschutz)
- ☐ Versorgungsverträge (Strom, Gas, Wasser, Telefon, Internet etc.)

V. Rechnungswesen

- ☐ Wo werden die wesentlichen Geschäftsunterlagen aufbewahrt?
  Wer hat Zugriff?
- ☐ Buchhaltungsrückstände. Zustand der Buchhaltung (Ordungsmäßigkeit, Aufarbeitungsbedürftigkeit).
- ☐ Zuständigkeiten für Anlagen-, Finanz- und Lohnbuchhaltung (eigene Mitarbeiter im Betrieb/externes Unternehmen/Steuerberater)
- ☐ Seit wann ist ein Steuerberater oder eine beratende Anwaltskanzlei für das Unternehmen tätig (Verträge, Rechnungen)
- ☐ Buchführungssystem, verwendete Buchhaltungssoftware
- ☐ Wer hatte bislang Kontovollmacht? Wer war im Unternehmen „Kontaktperson" für die Bank?

- □ Besonderheiten des Zahlungsverkehrs (z. B. Cash-Pooling)
- □ Zuständiges Finanzamt
- □ Abführung der Umsatzsteuer nach Soll- oder Istversteuerung
- □ Vorlage der letzten drei Jahresabschlüsse.
- □ Vorlage der letzten Betriebswirtschaftlichen Auswertung (BWA) sowie Summen- und Saldenliste (SuSa)
- □ Vorlage der BWA und SuSa zum letzten 31.12., soweit nicht Jahresabschluß vorliegt.
- □ Offene Postenliste, Debitorenkontrolle

E. Wirtschaftliche Entwicklung und Verhältnisse

- □ Gegenüberstellung der wichtigsten Unternehmenskennzahlen der letzten fünf Geschäftsjahre (Umsatz, Personalkosten, Materialkosten, Jahresüberschuß/-unterdeckung, bilanzielles Eigenkapital)
- □ Interpretation der Kennzahlen. Feststellung ungewöhnlicher Abweichungen. Beeinflussung des Jahresergebnisses durch außerordentliche Vorgänge.
- □ Darstellung der wirtschaftlichen Unternehmensentwicklung durch die Geschäftsleitung.
- □ Ursachen und Hintergründe der aktuellen Finanzkrise aus Sicht der Geschäftsleitung/aus Sicht der Mitarbeiter (Buchhalter, Betriebsrat).
- □ Bereits erfolge Maßnahmen zur Krisenabwehr (Interne Restrukturierung, Beiträge der Eigentümer/Gesellschafter, Beiträge der Banken, Beiträge der Arbeitnehmer, Staatliche Hilfen, Externe Übernahmeversuche).
- □ Externe Hinweise zur „Schieflage" von Bank, Steuerberater, Unternehmensberater, Rechtsanwalt etc.

F. Eintritt der materiellen Insolvenz (Zeitpunkt/Zeitraum)

- □ Zentraler Baustein für das gesamte Verfahren, da nur dieser Zeitraum die **Bestimmung der Soll-Masse** ermöglicht und Basis für alle haftungs- und anfechtungsrechtlichen Ansprüche ist (zur Pflicht des SV auf Feststellung BGH ZInsO 2008, 859)
- □ Antragstelllung erfolgt i. d. R. ca. 10–13 Monate nach Eintritt der Zahlungsunfähigkeit; Überschuldung ist i. d. R. ca. 2 Jahre vor Antragstellung aus den Bilanzen erkennbar
- □ Für eine erste Einschätzung müssen folgende Unterlagen verwandt worden sein:

- □ Bilanzen (letzte drei Jahre), Summen- und Saldenlisten und BWA's; Unterlagen des Zahlungsverkehrs (Bankauszüge und Zahlungsbelege); Mahnschriftverkehr, Mahnbescheide, Unterlagen über Passivprozesse, Kreditunterlagen, Sicherungsunterlagen, Schriftverkehr mit Kreditgebern; gesellschaftsrechtliche Unterlagen und Unterlagen, aus denen sich nahestehende Personen und wesentliche Geschäftspartner ableiten lassen
- □ Festsstellung des Zeitraums des Eintritts der materiellen Insolvenz zumindest auf ein Quartal genau durch Auswertung der o. a. Unterlagen
- □ Feststellung des im Zeitpunkt des Eintritts der materiellen Insolvenz vorhandenen Vermögens (vgl. BGH ZInsO 2008, 859). Differenz zum Vermögen im Antragszeitraum ist die sog. **Soll-Masse**, also das Vermögen das den Gläubigern bei rechtzeitiger Antragstellung zur Verfügung gestanden hätte.
- □ Feststellung strafbarer Handlungen (Untreue, Insolvenzverschleppung etc.)
- □ Feststellungen zur möglichen Inanspruchnahme Dritter, Mittäterschaft, Beihilfe wegen Insolvenzverschleppung oder gesellschaftsrechtlicher Begleitdelikte (z. B. Steuerberater aus § 64 GmbHG, Bank, Firmenanwalt, Unternehmensberater, Gesellschafter, Kreditgeber)

G. Vermögensverhältnisse

Hinweis: Die Vermögensverhältnisse sind so darzustellen, dass für das Gericht erkennbar wird aufgrund welcher tatsächlichen Erkenntnisse die Feststellungen beruhen und wie der Verwalter/Sachverständige zur konkreten Bewertung gekommen ist. Soweit Wertberichtigungen vorgenommen werden, sind diese jeweils gesondert zu begründen und mit den dazu gehörenden Geschäftsunterlagen zu belegen. D. h. aufgrund der Angaben im Gutachten muss das Gericht in die Lage versetzt werden, sich allein aufgrund der gutachterlichen Angaben ein eigenes Bild der Vermögensverhältnisse zu machen.

I. Aktiva

1. Ausstehende Einlagen

- □ Auswertung der Informationen „Gründungsverhältnisse" (S. 4) und „Gesellschaftsrechtliche Entwicklung" (S. 4).

2. Anlagevermögen

a) Immaterielle Vermögensgegenstände

- □ In der Bilanz aktivierte Positionen.
- □ Firmenwert (Firmierung, Goodwill, Know-how)
- □ Konzessionen, gewerbliche Schutzrechte, Patente, Urheberrechte, (Veräußerbarkeit).

b) Immobilien: Grundstücke, Gebäude, Erbbaurechte

- □ Bezeichnung, Grundbuchauszüge.
- □ Belastungen (Restschuld) – Verkehrswert (stille Reserven)
- □ Behandlung der Umsatzsteuer bei Erwerb/Bebauung des Grundvermögens.
- □ Ansprüche aus Miete, Pacht, Untermiete.
  Abtretung der Ansprüche. Mietrückstände, Mietminderungen, Kündigungsmöglichkeiten.

c) bewegliche Sachanlagen

(1) Betriebs- und Geschäftsausstattung sowie technische Anlagen, Maschinen und Werkzeuge

- □ Bezeichnung, Anlagenverzeichnis, aktuelle Bewertung.
- □ Eigentumsverhältnisse: Zahlungsnachweis, Eigentumsvorbehalt.
- □ Einzel-Sicherungsübereignung, Raum-Sicherungsübereignung, Zubehörhaftung Grundstück, Vermieterpfandrecht, Pfändungen.
- □ Leasing/Miete: Zahlungsrückstände, Kündigungen.

(2) Fuhrpark

- □ Bezeichnung (Typ, Erstzulassung, Kennzeichen), Standort, Fahrer.
- □ Eigentums-/Sicherungslage.
- □ Versicherung.

d) Finanzanlagen

- □ Beteiligungen an verbundenen Unternehmen.
- □ Mitgliedschaften in Genossenschaften, Volksbanken.

3. Umlaufvermögen

a) Vorräte

- □ Roh-, Hilfs- und Betriebsstoffe. Unfertige Erzeugnisse. Fertige Erzeugnisse.
- □ Struktur der Vorräte: Umschlagsgeschwindigkeit (Ladenhüter), Verderblichkeit, Abhängigkeit von Saison- und Modeschwankungen.
- □ Datum und Wert der letzten Inventur. Aktueller Wert laut Buchführung.
- □ Eigentumsvorbehalte, Sicherungsübereignung, Vermieterpfandrecht.
- □ Lieferantenpool.

b) Forderungen aus Lieferungen und Leistungen

- □ Debitorenliste auch als EXCEL-Datei mit folgenden Informationen: Name/ Firmierung, Anschrift (nicht Postfach), Forderungshöhe, Forderungsgrund (Kundennummer, Rechnungsnummer, Rechnungsdatum, ggf. Kurzbeschreibung).
- □ Forderungen aus noch nicht abgerechneten Lieferungen und Leistungen.
- □ Bewertung der Forderungen: Durchschnittliches Alter, Mahnstufen, Mängelträchtigkeit der Lieferungen und Leistungen; konkrete Begründung bei erheblichen Abwertungen.
- □ Globalzession, Einzelabtretungen, Pfändungen.
- □ verlängerter Eigentumsvorbehalt von Lieferanten. Lieferantenpool.
- □ Anhängige Klagverfahren gegen Debitoren.

c) sonstige Forderungen und Vermögensgegenstände

- □ Forderungen gegenüber Gesellschaftern.
- □ Lebensversicherungen/Direktversicherungen.
- □ Wertpapiere, Depots, Bankschließfächer.
- □ Darlehensforderungen.

d) Flüssige Mittel

- □ Bargeld, Kassenbestände (Verantwortlichkeiten für Kassenführung, Kassenbuch).
- □ Bankguthaben, Postgirokonten, Sparbücher (AGB-Pfandrechte, Pfändungen, Abtretungen).

4. Bei Einzelunternehmern, aber auch bei Geschäftsführer wg. haftungsrechtlicher Inanspruchnahme: Privatvermögen

- □ Immobilien (wann ggf. auch Dritte übertragen).
- □ Lebensversicherungen, Versorgungsbezüge, Unterhaltsansprüche, Renten (wann ggf. Verträge geändert).
- □ Forderungen (wann entstanden und wann ggf abgetreten).
- □ Bankguthaben, Sparbücher, Wertpapiere (s. o.).
- □ KFZ, Hausrat, Schmuck, Kunstgegenstände etc. (s. o.)
- □ Sonstiges

5. Sonderaktiva (virtuelles Vermögen)

Hinweis: Zentraler Bestandteil der gesetzlichen Aufgabenverpflichtung des Insolvenzverwalters von der ***Ist-Masse*** *(da bei Inbesitznahme vorhandene Vermögen) zur* ***Soll-Masse*** *(dem Vermögen das bei gesetzesgetreuem Verhalten bzw. Antragstellung noch vorhanden gewesen wäre) zu gelangen. Dies erfolgt unter Zuhilfenahme der spezifischen insolvenzrechtlichen Instrumentarien wie Anfechtung, Haftungsdurchsetzung, Rückabwicklung etc. Zu jedem der nachfolgenden Punkte sind daher konkrete Angaben unverzichtbar und jeweils in Beziehung zu setzen zu den Feststellungen zum Eintrittszeitpunkt der materiellen Insolvenz*

- □ Gründungshaftungen, Kapitalerhöhungen.
- □ Gesellschafterdarlehen und Rückzahlungen.
- □ Haftungsansprüche gegen Gesellschafter,
- □ Verstoß gegen Regelungen der Kapitalerhaltung.
- □ Schadensersatzansprüche gegen GF nach §§ 43, 64 GmbHG
- □ Schadensersatzansprüche gegen Steuerberater/beratende Rechtsanwälte z. B. aus § 64 GmbHG analog VzgDritter
- □ Eigenkapitalersetzende Handlungen.
- □ Unterbilanz- und Verlustdeckungshaftung
- □ Stellung von Sicherheiten durch Gesellschafter.
- □ Vermietungen aus dem Kreis der Gesellschafter.
- □ Schenkungen, Veräußerungen an Gesellschafter, Geschäftsführer und nahe Angehörige.
- □ Zahlungen an Finanzamt und Sozialversicherungen vor Fälligkeit.
- □ Zahlungen an Gläubiger/Bestellung neuer Sicherheiten auf besonderen Druck dieser Gläubiger.
- □ Zahlungseingänge auf debitorischen Konten und Verrechnung durch Kreditinstitut in den letzten drei Monaten vor Insolvenzantrag (Hinweise für Kenntnis der Zahlungsunfähigkeit).
- □ Zeitpunkt der Erkennbarkeit/Erkenntnis von Überschuldung oder Zahlungsunfähigkeit durch den Geschäftsführer.

II. Passiva

1. Rückstellungen

- □ Pensionen
- □ Steuern

- sonstige Rückstellungen: laufenden Rechtsstreitigkeiten, Gewährleistungen, Avale, Schadensersatz aus vorzeitiger Vertragsbeendigung, Steuererklärungen/Jahresabschlüsse, Urlaub etc.
- Bürgschaften/Patronatserklärungen des Unternehmens.
- Entsorgung von Sondermüll/Beseitigung von Altlasten.

2. Verbindlichkeiten

a) Verbindlichkeiten gegenüber Kreditinstituten

- Bank, Forderungsgrund, Forderungshöhe.
- Zeitpunkt der Kündigung der Kredite. Fälligkeiten.
- Vorlage der Sicherheitenverträge.

b) Erhaltene Anzahlungen

- Wahrscheinlichkeit der Erfüllung der Aufträge

c) Verbindlichkeiten aus Lieferungen und Leistungen

- Gesamtverbindlichkeiten
- Struktur: Verbindlichkeiten aus Warenlieferungen (Eigentumsvorbehalte), Verbindlichkeiten aus Dienstleistungen (grundsätzlich keine Sicherheiten).
- Wechselverbindlichkeiten
- besondere Sicherheitenverträge
- Fälligkeiten.

d) Verbindlichkeiten gegenüber verbundenen Unternehmen

- Drittschuldner, Forderungsgrund, Forderungshöhe, Fälligkeiten.
- Rangrücktrittserklärungen

e) Verbindlichkeiten gegenüber Gesellschaftern

- Darlehen, Mietrückstände
- Qualifizierte Rangrücktrittserklärungen. Stundungen.

f) sonstige Verbindlichkeiten

- Steuern (Umsatzsteuer, KFZ-Steuer, Gewerbesteuer, Körperschaftssteuer, Einkommenssteuer)
- Personalbedingte Verbindlichkeiten: Lohn/Gehalt, Berufsgenossenschaften/Zusatzversorgungskasse, Krankenkassen/Sozialversicherungsbeiträge, Finanzamt (Lohnsteuer, Kirchensteuer, Solidaritätszuschlag)

- □ Privatdarlehen, rückständige Versicherungsbeiträge, Mietschulden, Leasingraten, Telefon, Strom, Gas, Wasser, Kammerbeiträge usw.

H. Maßnahmen im Insolvenzeröffnungsverfahren

I. Vermögenssicherung

- □ Übermittlung des Sicherungsbeschlusses an beteiligte Kreditinstitute per Fax.
- □ Zustellung des Sicherungsbeschlusses an sonstige Drittschuldner.
- □ Eintragung der Sicherungsanordnungen im Grundbuch.
- □ Schlüsselgewalt über Betriebstätten (einschließlich Verwaltung, Lager etc.) und Fahrzeuge. Sicherung vor Zugriffen Dritter.
- □ Inventarisierung, Bewertung und ggf. Kennzeichnung des beweglichen Sachanlagevermögens.
- □ Lieferantenbezogene Inventarisierung des Vorratsvermögens und Erstellung einer EXCEL-Datei zur weiteren Auswertung und Bearbeitung von Absonderungsrechten. Bewertung zu Einkaufspreisen unter Berücksichtigung von Abschlägen für Ladenhüter.
- □ Aufnahme der Kassenbestände.

II. Sicherung der Betriebsfortführung

- □ Einrichtung einer Insolvenzgeldvorfinanzierung (Erhaltungsprognose für wesentlichen Teil der Arbeitsplätze). Verbleibender maximaler Zeitraum der Insolvenzgeldvorfinanzierung.
- □ Mitarbeiterversammlung. Schriftliche Mitarbeiterinformation.
- □ Projektplanung (Bewertung vorhandener Aufträge, Möglichkeiten der Akquisition trotz Insolvenz), Liquiditätsplanung.
- □ Anlauffinanzierung der Betriebsfortführung aus: vorhandener Liquidität, ersten Inkassoerfolgen, Verkauf von Vorräten/Anlagegütern, Massekredit.
- □ Betriebliche Urlaubsplanung der nächsten drei Monate.
- □ Information von Lieferanten.
- □ Information von Kunden.
- □ Einverständnis zur Verwendung der Vorräte von Sicherungsinhabern.
- □ Einigung mit Globalzessionar über Bereitstellung der Neuforderungen.
- □ Zahlungszusagen für wichtigste Versorgungsverträge (Strom, Telefon etc.)
- □ Einrichtung des geänderten Zahlungsverkehrs über Verfahrensanderkonto (Belegwesen).

- □ Einrichtung eines kurzfristigen Berichtswesens/Controllings.

III. Prüfung und Vorbereitung von Fortführungslösungen für den Betrieb

- □ gegebenenfalls bereits vorliegendes Sanierungskonzept der Geschäftsleitung.
- □ Erforderliche Maßnahmen zur finanzwirtschaftlichen Sanierung (Liquidität, Überschuldung) und der leistungswirtschaftlichen Sanierung (Strategische Ausrichtung). Bewertung der Maßnahmen.
- □ Bereits bestehendes Übernahmeinteresse von Wettbewerbern/Management/ Gesellschaftern.
- □ Ermittlung weiterer potentieller Interessenten.
- □ Ausarbeitung einer Unternehmenspräsentation.

IV. Prüfung der schnellen Abwicklung durch Nutzung eines Insolvenzplans

- □ Da sich inzwischen herausgestellt hat, dass es für Planverfahren keine objektiven Grenzen gibt, sondern das Instrument für alle Unternehmensinsolvenzen und insbesondere die Insolvenz von Selbstständigen und Freiberuflern geeignet ist, muss diese Frage in jedem Verfahren sehr frühzeitig geprüft werden. Verwalter ohne Planerfahrung halten den Gläubigern eine wichtige Handlungsalternative vor (z. B. 15–20 % Quote in einem Jahr; vgl. dazu RiAG *Gerster* ZInsO 2008, 437)
- □ Angesichts von Befriedigungsraten von durchschnittlich 15–20 % für ungesicherte Gläubiger innerhalb eines Jahres und einer Sanierungsquote von 60 % sollte auch im Interesse einer effektiven Nutzung gerichtlicher Ressourcen hiervon verstärkt Gebrauch gemacht werden (vgl. dazu RiAG *Gerster*, ZInsO 2008, 437, der die Eignung nicht planerfahrener Verwalter grundsätzlich infrage stellt).

I. Prüfung der Verfahrenskostendeckung

- □ Mit der Neuordnung der InsO ist klargestellt, das die insoweit berücksichtigungsfähigen Kosten nur die in § 54 aufgeführten Kosten sind, also die Gerichtskosten, die Vergütung des vorläufigen Insolvenzverwalters, des Insolvenzverwalters und der Mitglieder des Gläubigerausschusses. Dies entspricht auch der ganz herrschenden Meinung in Rechtsprechung[10)] und Literatur[11)].

---

10) BGH ZInsO 2003, 706; LG Berlin ZInsO 2000, 224; AG Hamburg NZI 2000, 124; AG Neu-Ulm NZI 2000, 386.

11) *Breutigam/Blersch/Goetsch* § 26 RdNr. 28; HK-InsO; *Kirchhof* § 26 RdNr. 14 f.; *Jaeger/Gerhardt* InsO, § 26 RdNr. 19 ff.; *Hess* InsO, § 26 RdNr. 16; *Kübler/Prütting/Pape* InsO, § 26 RdNr. 6, 9a ff., 14, 16a; *Uhlenbruck* InsO, § 26 RdNr. 5; *Pannen* NZI 2000, 575, 576; *Kirchhof* ZInsO 2001, 1, 5; *Haarmeyer* ZInsO 2001, 103, 104.

- □ Wie bei allen in die Zukunft gerichteten Entscheidungen handelt es sich auch bei der Frage der Massekostendeckung um eine Prognoseentscheidung, sodass nicht festgestellt werden kann, ob die Kosten gedeckt sind, sondern ob die Ermittlungen Anlass für die Schlussfolgerung sein können, dass die Kosten des Verfahrens aus den zu erwartenden Mitteln voraussichtlich gedeckt werden können. Die voraussichtliche Verfahrenskostendeckung ist immer dann zu bejahen, wenn sie überwiegend wahrscheinlich ist.[12)] Entgegen dem üblichen Sprachgebrauch erfordert mithin die Feststellung der zu deckenden Kosten nicht eine exakte rechnerische Ermittlung, sondern dies kann, schon im Hinblick auf den relativ frühen Zeitpunkt der stattfindenden Beurteilung, nur im Wege einer Schätzung erfolgen. Abzustellen ist dabei auf den voraussichtlichen Wert der Insolvenzmasse bei Beendigung des Verfahrens.[13)] Auf Grund der Reduzierung der maßgeblichen Kosten ist jedoch die Prognose der zu erwartenden Kostenentwicklung wesentlich einfacher möglich, als dies nach dem Recht der KO oder GesO gewesen ist.

- □ Neben den Ansprüchen gegen z. B. den GF selbst sind hier insbesondere Ansprüche gegen Dritte darzustellen, deren Beitreibung im Laufe der Verfahrens mit einer gewissen Wahrscheinlichkeit erfolgen kann. Soll bei einer Kapitalgesellschaft trotz des Vorliegens massiver gesellschafts- und haftungsrechtlicher Verstöße die Abweisung mangels Masse empfohlen werden, so bedarf dies einer gesonderten Begründung (vgl. BGH ZInsO 2008, 559; AG Hamburg ZInsO 2006, 51; LG Berlin ZInsO 2000, 224)

- □ Die Verfahrenskostendeckung gemäß § 54 ergibt sich unter Zugrundelegung der oben ermittelten voraussichtlichen freien, erzielbaren (nicht der bereits vorhandenen!!) Masse und den zu deckenden Kosten, die nach folgender Darstellung zu ermitteln sind.

I. Gerichtskosten gem. §§ 3 Abs. 2, 34, 58 GKG i. V. m.

➢ KV-Nr. 2310 (0,5 Gebühren à .... €)	.... €
➢ KV-Nr. 2320 (2,5 Gebühren à .... €)	.... €
➢ KV-Nr. 9004 Veröffentlichungskosten (neben Internetveröffentlichung, geschätzt)	.... €
Zwischensumme Gerichtskosten	.... €

12) OLG Karlsruhe ZInsO 2002, 247; AG Göttingen ZInsO 2003, 1156; HK-*Kirchhof* § 26 RdNr 4; *Jaeger/Schilken* § 26 RdNr 27.

13) BGH ZInsO 2003, 706, 707.

II. Vergütung und Auslagen des Sachverständigen (ohne USt.) gem. JVEG

- Leistungen des Sachverständigen
  (§§ 8 Abs. 1 Nr. 1 i. V. m. § 9 Abs. 2 JVEG)
  ... Stunden à 65,00 € *(vgl. § 22 Rn. 70)* .... €

- Aufwendungen für Hilfskräfte
  (§§ 8 Abs. 1 Nr. 4 i. V. m. § 12 Abs. 1 Nr. 1 JVEG)
  ... Stunden à .... € .... €

- Fahrtkostenersatz Kfz
  (§ 8 Abs. 1 Nr. 2 i. V. m. § 5 Abs. 2 JVEG)
  ... km à 0,30 € .... €

- Anfertigung von Ablichtungen
  (§ 8 Abs. 1 Nr. 4 i. V. m. § 7 Abs. 2 JVEG)
  (für die ersten 50 Seiten 0,50 €/Stck., danach 0,15 €/Stck.) .... €

- Schreibaufwendungen
  (§ 8 Abs. 1 Nr. 4 i. V. m. § 12 Abs. 1 Nr. 3 JVEG)
  0,75 € je angefangene 1.000 Anschläge (hier: ....) .... €

Zwischensumme Sachverständigenkosten .... €

III. Vergütung und Auslagen des vorläufigen Insolvenzverwalters
(ohne USt.) gem. §§ 10, 11 Abs. 1 InsVV

- Berechnungsgrundlage: .... €

- 25 % der entspr. Verwaltervergütung gem. §§ 11 Abs. 1, 2 Abs. 1 InsVV .... €

- Auslagen (pauschaliert gem. §§ 10, 8 Abs. 3 InsVV)
  (im 1. Jahr 15 %, danach jährlich 10 % der anteiligen Regelvergütung max. 250,– € je angefangenen Tätigkeitsmonat) .... €

Zwischensumme vorl. Insolvenzverwaltung .... €

IV. Vergütung und Auslagen des Insolvenzverwalters gem. InsVV
(ohne USt.) gem. §§ 2 ff. InsVV

- Berechnungsgrundlage: .... €

- Regelvergütung gem. § 2 Abs. 1 InsVV .... €

- Auslagen (pauschaliert gem. § 8 Abs. 3 InsVV)
  (im 1. Jahr 15 %, danach jährlich 10 % der Regelvergütung max. 250,– € je angefangenen Tätigkeitsmonat) .... €

V. Vergütung und Auslagen der Mitglieder des Gläubigerausschusses (ohne USt.)

gem. §§ 17, 18 InsVV (regelmäßig 35,00 bis 95,00 € pro Stunde) ca.	.... €
ggf. zzgl. Vermögensschadenhaftpflichtversicherung und	.... €
sonstiger Auslagen	.... €
Zwischensumme Insolvenzverwaltung	.... €
Summe der voraussichtlichen Verfahrenskosten (ohne USt.)	.... €

J. Empfehlungen des Sachverständigen

- □ Empfehlung der Abweisung mangels Masse erfordert bei einer Kapitalgesellschaft aus den eingangs genannten Gründen in jedem Fall eine gesonderte Begründung (vgl. BGH ZInsO 2008, 859; AG Hamburg ZInsO 2006, 51).
- □ Behauptet der SV die Nichtbeitreibbarkeit von Ansprüchen, Forderungen etc. gleich welcher Art, ist im Einzelnen darzulegen, worauf diese Behauptungen beruhen und welche Prüfungen der SV zu Vermögensverschiebungen des Anspruchschuldners in den letzten Jahren vorgenommen hat. Dazu gehören insbesondere auch dann Angaben, wenn Ansprüche gegen Berufsträger wie z. B. Steuerberater oder Rechtsanwälte möglich erscheinen.
- □ Wird die Vermögenslosigkeit eines Anspruchgegners behauptet, sind die Maßnahmen zur Prüfung dieser Behauptung darzulegen sowie die Abgabe einer entsprechenden eidesstattlichen Versicherung. Ggf. ist auch die Möglichkeit eines Schuldanerkenntnisses und/oder eines Besserungsscheins in Anspruch zu nehmen, wenn mittelfristig eine wirtschaftliche Erholung nicht völlig ausgeschlossen erscheint.

2. Grundsätze ordnungsgemäßer Insolvenz- und Sachwaltung des VID e. V.

Grundsätze ordnungsgemäßer Insolvenz- und Eigenverwaltung (GOI)

(Beschlussfassung 2.11.2022)

Präambel

Das ab 1.1.1999 geltende Insolvenzrecht und die weiteren insolvenzrechtlichen Vorschriften in anderen Gesetzen sind die gesetzliche Grundlage für die Abwicklung von Insolvenzverfahren. Die im VID – Verband der Insolvenzverwalter und Sachwalter Deutschlands e. V. – zusammengeschlossenen Insolvenzverwalter haben am 4.11.2006 für ihre Mitglieder verbindlich Berufsgrundsätze beschlossen, die die Berufspflichten des Insolvenzverwalters normieren. Mit den

Grundsätzen ordnungsgemäßer Insolvenz- und Eigenverwaltung (GOI)

schaffen die im VID – Verband der Insolvenzverwalter und Sachwalter Deutschlands e. V. – zusammengeschlossenen Insolvenzverwalter, aufbauend auf den gesetzlichen Vorschriften und den Berufsgrundsätzen, nunmehr Qualitätsstandards der Berufsausübung.

I. Allgemeine Bestimmungen

Diese Grundsätze gelten für Sachverständige, (vorläufige) Insolvenzverwalter, Sonderinsolvenzverwalter, (vorläufige) Sachwalter und Treuhänder, Verfahrenskoordinatoren gem. § 269e InsO und den eigenverwaltenden Schuldner, bzw. insbesondere dessen (organschaftliche) Vertreter und Bevollmächtigte, alle nachfolgend nur als „Verwalter" bezeichnet.

1. Verantwortung, Führung, Organisation, Überwachung

Der Verwalter gibt diese Grundsätze seiner Organisation bekannt.

Zur Organisation, derer sich der Verwalter zur Abwicklung von Insolvenzverfahren bedient, gehören seine Mitarbeiter und Dienstleister (s. nachfolgend II. 3.).

Er stellt die Anwendung dieser Grundsätze durch seine Organisation in geeigneter Weise (Dokumentation wesentlicher Verfahrensabläufe, Arbeitsanweisungen) sicher und stattet seine Organisation mit den zur Anwendung dieser Grundsätze erforderlichen personellen und materiellen Ressourcen aus.

Der Verwalter überwacht die Anwendung dieser Grundsätze durch seine Organisation und evaluiert deren Einhaltung durch laufende interne Audits und die nach der PrüfungsO vorgesehenen Zertifizierungen.

2. Risikomanagement, Qualitätssicherung

Erkennen der Verwalter oder seine Organisation Risiken, die die Einhaltung dieser Grundsätze gefährden, sind die Dokumentation der Verfahrensabläufe oder Arbeitsanweisungen anzupassen mit dem Ziel, das Risiko der Gefährdung der Einhaltung dieser Grundsätze bestmöglich auszuschließen.

Dasselbe gilt, wenn der Verwalter oder seine Organisation Qualitätsmängel feststellt, die die Einhaltung dieser Grundsätze gefährden.

Aufgrund des Risikomanagements oder der Qualitätssicherung erfolgte Änderungen der Dokumentation wesentlicher Verfahrensabläufe oder der Arbeitsanweisungen sind der Organisation des Verwalters umgehend bekannt zu machen.

3. Finanzplanung

Der Verwalter unterhält eine seiner Organisation entsprechende Finanzplanung.

II. Allgemeine Anforderungen an den Verwalter und seine Organisation

1. Verfahrensziel und allgemeine Anforderungen

Der Verwalter orientiert sein Verhalten ausschließlich an den gesetzlichen Zielen des Insolvenzverfahrens (§ 1 InsO) und richtet sein Handeln an den zulässigen Anforderungen der Gerichte aus.

2. Höchstpersönlichkeit

Das Amt des Verwalters ist höchstpersönlicher Natur. Das Kriterium persönlicher Aufgabenwahrnehmung wird nicht erfüllt, wenn der Verwalter sich nur formal zum Verwalter bestellen lässt, die Abwicklung aber umfassend anderen Personen überlässt. Gleichzeitig ist der Einsatz von Mitarbeitern für eine effiziente Verfahrensabwicklung unverzichtbar. Höchstpersönlich sollen regelmäßig folgende Tätigkeiten ausgeführt werden:

a) grundlegende, verfahrensleitende Entscheidungen *(Grundsatz 1)**;

b) Terminwahrnehmung beim Insolvenzgericht *(Grundsatz 2)**;

c) Teilnahme an Gläubigerausschusssitzungen *(Grundsatz 3)**;

d) Informationserteilung zumindest in der ersten Betriebsversammlung *(Grundsatz 4)**;

e) grundlegende Verhandlungen mit Übernahmeinteressenten *(Grundsatz 5)**;

f) interne und externe Verfahrensleitung *(Grundsatz 6)**.

* red. Anm: Der Klammerzusatz bezieht sich auf die Prüfungsordnung und stellt klar, auf welchen der dort genannten Grundsätze Bezug genommen wird.

3. Dienstleister

a) Bereiche, in denen sich der Verwalter Dienstleister auf Kosten der Masse bedienen kann *(Grundsatz 7)**, sind insbesondere:

- die Inventarisierung sowie die Be- und Verwertung von Wirtschaftsgütern;
- die Unterstützung bei der Suche nach Investoren zur Vorbereitung der übertragenden Sanierung eines insolventen Unternehmens durch M&A-Berater;
- Erstellung der Buchführung sowie von Jahresabschlüssen und Steuererklärungen;
- Rechtsberatung und Steuerberatung, soweit es sich um „besondere Aufgaben“ im Sinne der InsVV handelt;
- Be- und Verwertung von Immobilien;
- die Einschaltung von branchen- und insolvenzerfahrenen Zeitmanagern, sofern das vorhandene Management entweder nicht vertrauenswürdig genug oder nicht qualifiziert genug erscheint oder wenn es aus anderen Gründen nicht zur Verfügung steht;
- bei Bauinsolvenzen die Beauftragung von Fachingenieuren, die zur Sicherung der Bautenstände und zur Sicherung der entsprechenden Werklohnansprüche erforderlich sind.

b) Die Beauftragung von Dienstleistern ist dem Insolvenzgericht in geeigneter Weise anzuzeigen *(Grundsatz 8)**.

c) Der Verwalter bewertet zumindest einmal jährlich die von ihm beauftragten Dienstleister und zieht daraus die erforderlichen Konsequenzen *(Grundsatz 9)**.

4. Vertretungsregelung (Urlaub, Krankheit)

Der Verwalter stellt sicher, dass im Fall seiner Verhinderung ein geeigneter Vertreter (Inhaber eines Abschlusses einer rechts- oder wirtschaftswissenschaftlichen oder anderen Hochschulausbildung mit wirtschaftlicher Ausrichtung) seine Aufgaben übernimmt. Dieser Vorgabe wird der Verwalter (regelmäßig) durch die Festlegung einer verfahrensbezogenen Vertretungsregelung nachkommen *(Grundsatz 10)**.

5. Personelle und sachliche Ausstattung der Organisation

a) Der Verwalter setzt qualifiziertes Personal für alle relevanten Bereiche der Insolvenzverwaltung ein, namentlich für die Personalsachbearbeitung, die Lohn- und Finanzbuchhaltung, das Vertragswesen und die Verwaltung der Dauerschuldverhältnisse, die Behandlung der Aus- und Absonderungsansprüche, die Tabellenführung, das Forderungsmanagement, die Qualitätssicherung sowie für die Fristenkontrolle und Terminverwaltung *(Grundsatz 11)**.

b) Zur effizienten Abwicklung von Insolvenzverfahren verwendet der Verwalter eine leistungsfähige und gerichtskompatible elektronische Datenverarbeitung. Alle relevanten Vorgänge im Insolvenzverfahren werden in einem integrierten Insolvenzbearbeitungsprogramm abgebildet *(Grundsatz 12)**.

c) Sämtliche Mitarbeiter des Verwalters, die in der Insolvenzsachbearbeitung tätig sind, haben über einen eigenen PC-Arbeitsplatz Zugriff auf das integrierte Insolvenzbearbeitungsprogramm *(Grundsatz 13)**.

d) Die im Verfahren gesammelten Daten werden täglich gesichert *(Grundsatz 14)**.

e) Zugangskontrollen zum Datenbestand müssen den Anforderungen des Datenschutzes genügen. Dies gilt insbesondere für Daten im Gläubigerinformationssystem des Verwalters. Durch besondere Zugangskontrolle ist sicherzustellen, dass unbefugte Dritte keinen Zugang zu Daten zur Gläubigerinformation erhalten *(Grundsatz 15)**.

6. Haftpflichtversicherung

a) Der Verwalter unterhält eine seinem Risiko angemessene, auf das spezielle Risiko des Verwalters zugeschnittene Berufshaftpflichtversicherung; unabhängig hiervon wird der stets vorzuhaltende Mindestversicherungsschutz auf 2 Mio. € pro Versicherungsfall und 4 Mio. € Jahreshöchstleistung (zweifache der Versicherungssumme für alle Versicherungsfälle eines Versicherungsjahres) festgeschrieben *(Grundsatz 16)**.

b) Der Verwalter ist gehalten, den Versicherungsschutz ständig zu überprüfen und bei besonderen Haftungsrisiken unverzüglich eine angemessene zusätzliche Versicherung für das einzelne Verfahren abzuschließen *(Grundsatz 17)**.

7. Fortbildung

Der Verwalter ist verpflichtet, sich regelmäßig fortzubilden. Der Fortbildungsumfang darf 30 Stunden im Jahr nicht unterschreiten. Autoren- oder Vortragstätigkeit ist auf die Fortbildungsverpflichtung anrechenbar *(Grundsatz 18)**.

8. Sachbearbeiterfortbildung

Der Verwalter sorgt dafür, dass die von ihm eingesetzten Sachbearbeiter regelmäßig aus- und fortgebildet werden. Er garantiert, dass mindestens ein „Mann-Tag“ pro Sachbearbeiter und pro Jahr für Aus- und Fortbildungskurse aufgewandt wird. Die Aus- und Fortbildung kann durch zu dokumentierende interne oder externe Schulung erfolgen. Zudem gewährleistet der Verwalter, dass die von ihm eingesetzten Sachbearbeiter über die aktuelle Rechtsprechung und Entwicklungen des Insolvenzrechts laufend informiert werden *(Grundsatz 19)**.

9. Compliance

Der Verwalter stellt durch schriftliche Arbeitsanweisungen oder entsprechende arbeitsvertragliche Vereinbarungen sicher, dass auch seine Mitarbeiter die Kontrahierungs-, Erwerbs- und Nutzungsverbote des § 8 der Berufsgrundsätze des VID beachten *(Grundsatz 20)**.

10. Qualitätspolitik, Erfolgskontrolle

Der Verwalter legt neben der Insolvenzquote weitere Qualitätsziele fest, wie z. B.:

- Eröffnungsquote;
- durchschnittliche Verfahrensdauer;
- Massemehrung durch insolvenzspezifische Ansprüche (Anfechtung, Gesellschafterhaftung, Geschäftsführerhaftung etc.);
- Beitreibungsquote von Forderungen;
- Sanierungsquote im Hinblick auf den Anteil der erhaltenen Arbeitsplätze;
- Verwaltungskosten (Verfahrenskosten, Dienstleister, Steuerberatung, etc.) im Verhältnis zur Teilungsmasse;

Er gibt sie seiner Organisation bekannt und überprüft jährlich deren Erreichung *(Grundsatz 21)**.

III. Regeln zum Verfahrensablauf

1. Annahme des Amtes/Erklärung gegenüber dem Gericht

a) Der Verwalter erklärt nach Erhalt des gerichtlichen Auftrages unverzüglich, ob er das ihm übertragene Amt annimmt *(Grundsatz 22)**.

b) Der Verwalter darf das Amt nur annehmen, wenn er nach seiner aktuellen Belastung, der Leistungsfähigkeit seiner Mitarbeiter und der vorhandenen Infrastruktur in der Lage ist, den Anforderungen des konkreten Verfahrens zu genügen *(Grundsatz 23)**.

c) Der Verwalter hat sofort mögliche Interessenkollisionen – auch ungefragt – umfassend zu offenbaren. Das betrifft auch alle Umstände, die nur den Anschein begründen könnten, der Verwalter sei nicht unparteiisch oder im Sinne des Gesetzes nicht unabhängig *(Grundsatz 24)**.

2. Kontaktaufnahme

Unverzüglich nach Auftragserteilung ist Kontakt mit dem Schuldner aufzunehmen, bei laufendem Geschäftsbetrieb spätestens am folgenden Werktag vor Ort *(Grundsatz 25)**.

3. Sicherungsmaßnahmen

a) Nach der Bestellung ist unverzüglich zu prüfen *(Grundsatz 26)** und dem Insolvenzgericht zu berichten *(Grundsatz 27)**, ob und welche Sicherungsmaßnahmen erforderlich sind.

b) Angeordnete Sicherungsmaßnahmen sind unverzüglich durch geeignete Maßnahmen umzusetzen wie u. a.:

(1) Eintragung von Sicherungsvermerken in die entsprechenden Register *(Grundsatz 28)**;

(2) Unterrichtung der beteiligten Banken zwecks Sperrung der Konten für Verfügungen jeder Art *(Grundsatz 29)**;

(3) Inbesitznahme des beweglichen Anlage- und Umlaufvermögens *(Grundsatz 30)**;

(4) Inventur des beweglichen Anlage- und Vorratsvermögens (lieferantenbezogen) an allen relevanten Standorten durch hierfür qualifiziertes Personal oder Sachverständige *(Grundsatz 31)**;

(5) bei Bauinsolvenzen: Sicherung der Baustelle und Erfassung der Bautenstände *(Grundsatz 32)**;

(6) Sicherstellung der Bauvertragsunterlagen einschließlich Korrespondenz sowie der Avalunterlagen (insbesondere Subunternehmer-Avale) *(Grundsatz 32)**;

(7) Maßnahmen gegen Vollstreckungen Dritter und Abwehr neuer Speditionspfandrechte, Aufrechnungen und Zurückbehaltungsrechte *(Grundsatz 33)**;

(8) Sicherstellung, dass Geldeingänge auf Konten erfolgen, über die der vorläufige Verwalter mindestens mit verfügen muss. *(Grundsatz 34)**.

4. Arbeitnehmerfragen

a) Die Mitarbeiter sind in der Regel unmittelbar nach Insolvenzantragsstellung auf einer Belegschaftsversammlung durch den vorläufigen Verwalter über den generellen Verfahrensablauf (Eröffnungsverfahren, eröffnetes Verfahren), die Situation des Unternehmens und die geplanten Maßnahmen, über ihre Rechte (Insolvenzgeldansprüche/den Insolvenzgeldzeitraum, die Systematik der Insolvenzgeldvorfinanzierung, die rechtliche Qualität der Arbeitnehmeransprüche für den Zeitraum vor und nach Insolvenzeröffnung, betriebliche Altersversorgung/Altersteilzeit) zu informieren. Regelmäßig ist dies innerhalb von 3 Tagen nach Anordnung der vorläufigen Insolvenzverwaltung notwendig *(Grundsatz 35)**.

b) Bei Vorliegen der rechtlichen Voraussetzungen ist auf eine unverzügliche Einholung der Zustimmung hinzuwirken und die Insolvenzgeldvorfinanzierung durchzuführen *(Grundsatz 36)**.

c) Die Funktionsfähigkeit der Personalabteilung, insbesondere der Lohn- und Gehaltsbuchhaltung, ist (gegebenenfalls auch durch Dienstleister) sicherzustellen *(Grundsatz 37)**.

d) Die Urlaubs- und Überstundenansprüche der Arbeitnehmer sind zeitnah zu ermitteln und den Arbeitnehmern bekanntzugeben *(Grundsatz 38)**.

e) Arbeitnehmer und Betriebsrat sind während des Verfahrensablaufs über den Sachstand, geplante Maßnahmen und die Verfahrensoptionen zu informieren *(Grundsatz 39)**.

5. Gläubigerausschuss

Sind Entscheidungen von besonderer Bedeutung zu treffen, regt der (vorläufige) Verwalter, soweit dies für den Einzelfall zweckmäßig und angemessen erscheint, die Einsetzung eines (vorläufigen) Gläubigerausschusses an *(Grundsatz 40)**.

6. Gutachten

a) Das Insolvenzgutachten des Sachverständigen ist eine wesentliche Erkenntnisquelle des Insolvenzgerichts im Rahmen der Amtsermittlung zur Vorbereitung des Beschlusses über den Insolvenzantrag. Gleichzeitig dient es der Rechenschaftslegung des (vorläufigen) Verwalters *(Grundsatz 41)**.

b) Das Gutachten ist binnen der gesetzten Frist bei dem Insolvenzgericht einzureichen und hat folgende Gliederungspunkte im Sinne eines Mindeststandards zu beinhalten:

- Rechtliche Verhältnisse, bei natürlichen Personen auch persönliche Verhältnisse
- Wesentliche Vertragsverhältnisse, insbesondere Personal
- wirtschaftliche Verhältnisse/Ursachen der Insolvenz/Sanierungsfähigkeit
- bisherige Maßnahmen/Verlauf des Insolvenzverfahrens
- Darstellung des Aktivvermögens in der Gliederung gem. § 266 Abs. 2 HGB nebst den jeweils an den Vermögensgegenständen bestehenden Fremdrechten, einschließlich insolvenzspezifischer Ansprüche (z. B. Anfechtung, Haftungsansprüche gegen Organe und Gesellschafter)

- Darstellung der Passiva mit gesicherten/ungesicherten sowie nicht nachrangige/nachrangigen Gläubigern nebst den für diese ggf. bestehenden Sicherheiten
- Vorliegen der Eröffnungsgründe §§ 17, 18, 19 InsO
- Berechnung der Rückstellungen bzw. Verfahrenskosten nach § 54 InsO i. V. m. GKG, InsVV, JVEG
- konkrete Vorschläge zu besonderen Tagesordnungspunkten *(Grundsatz 42)**.

c) Bei dieser Darstellung sind die Grundsätze:

- der Wesentlichkeit
- der Entscheidungsrelevanz
- der Wahrheit und Klarheit
- der Rechtzeitigkeit
- der Verlässlichkeit
- der Wirtschaftlichkeit
- der Verständlichkeit

zu berücksichtigen.

d) Art, Umfang und Darstellung müssen sich dem zu beurteilenden Sachverhalt im Einzelfall und besonders gelagerten Anforderungen des betroffenen Insolvenzgerichts anpassen.

7. Einrichtung von Konten

a) Sobald der Verwalter Geld vereinnahmt, hat er es auf besonderen Konten sicher und mit nachweisbarer Zuordnung zu dem/den Berechtigten anzulegen. Sammelkonten sind unzulässig *(Grundsatz 43)**.

b) Sofern er – ggf. auch im vorläufigen Insolvenzverfahren – gesonderte Konten nutzt (z. B. Projekt-, Sonderkonten), hat er diese Konten unabhängig von der rechtlichen bzw. wirtschaftlichen Zuordnung vollständig, umfassend und transparent gegenüber dem Insolvenzgericht abzurechnen. Gleiches gilt auch, soweit der Verwalter Dritte als Treuhänder beauftragt. Die rechtliche Gestaltung ist zu dokumentieren *(Grundsatz 44)**.

8. Informationen gegenüber Gericht und Verfahrensorganen

Der Verwalter informiert das Insolvenzgericht und die weiteren Verfahrensorgane rechtzeitig, ausführlich und transparent, so dass sie jederzeit die ihnen gesetzlich zugewiesenen Entscheidungen treffen können. Zu dieser Information gehört eine vollständige und zuverlässige Erstellung der gesetzlichen Verzeichnisse nach §§ 151–153 InsO.

Der Bericht zur ersten Gläubigerversammlung ist unter Beachtung der Grundsätze für das Sachverständigengutachten aufzustellen und hat den Anforderungen des § 156 InsO zu genügen.

Die folgenden Zwischenberichte schließen an den ersten Bericht an und enthalten eine fortlaufende Rechnungslegung *(Grundsatz 45)**.

9. Gläubigerinformation

Der Verwalter stellt den am Insolvenzverfahren beteiligten Gläubigern online Informationen zur Erreichbarkeit zur Verfügung. Er gewährleistet ferner die Bereitstellung aktueller Informationen zu den Ergebnissen der Forderungsprüfung, zur voraussichtlichen Verfahrensdauer und Quote *(Grundsatz 46)**.

10. Regeln für Buchhaltung, zeitnahes Buchen

Die insolvenzrechtliche Rechnungslegung (Einnahme-Ausgaben-Rechnung) erfolgt unter Beachtung der Grundsätze ordnungsmäßiger Buchführung (GoB) mittels eines Systems, dass Radierbuchungen gemäß III. Buchung (Tz. 3 der GoBs) ausschließt.

In ab dem 1.1.2013 eröffneten Verfahren verwendet der Verwalter die Standardkontenrahmen in der Fassung, die zum Zeitpunkt der Einleitung des jeweiligen Insolvenz-(eröffnungs-)Verfahrens von dem Fachausschuss SKR-InsO in Kraft gesetzt ist.

Zahlungswirksame Geschäftsvorfälle auf den Konten sind regelmäßig innerhalb von 10 Arbeitstagen buchhalterisch zu verarbeiten *(Grundsatz 47)**.

11. Erstellung von Jahresabschlüssen und Steuererklärungen

Jahresabschlüsse sind gemäß §§ 242 ff. HGB und die Steuererklärungen unter Beachtung der handels- und steuerrechtlichen Pflichten nach §§ 155 Abs. 1 InsO, 238 ff. HGB zu erstellen. Vorausgesetzt die Kosten der Abschlusserstellung sind gedeckt oder eine Verständigung mit der Finanzverwaltung nicht möglich ist *(Grundsatz 48)**.

12. Behandlung von Aus- und Absonderungsrechten

a) Der Verwalter hat die Interessen der Aus- und Absonderungsberechtigten zu wahren *(Grundsatz 49)**.

b) Er wird bei Bedarf im Eröffnungsverfahren eine gerichtliche Ermächtigung zur Nutzung des Sicherungsguts erwirken (§ 21 Abs. 2 Nr. 5 InsO). Bei einer Verwertung des Sicherungsguts wird der Verwalter Sorge dafür tragen, dass die Rechte der Sicherungsgläubiger gewahrt werden *(Grundsatz 50)**.

c) Den erzielten Verwertungserlös rechnet der Verwalter gegenüber den Sicherungsgläubigern ab und kehrt ihn unverzüglich aus *(Grundsatz 51)**.

13. Behandlung der Masseverbindlichkeiten

a) Der Verwalter darf Masseverbindlichkeiten nur begründen, wenn er im Zeitpunkt des Entstehens dieser Verbindlichkeiten nach sorgfältiger Prüfung davon ausgehen kann, diese bei Fälligkeit bedienen zu können *(Grundsatz 52)**.

b) Soweit erforderlich, beantragt der vorläufige Verwalter eine gerichtliche Einzelermächtigung, um einzugehende Verbindlichkeiten nach Eröffnung des Insolvenzverfahrens als Masseverbindlichkeiten bezahlen zu dürfen *(Grundsatz 53)**.

c) Der Verwalter bemüht sich um eine adäquate Absicherung der Zahlungszusagen *(Grundsatz 54)**. Bei Masseunzulänglichkeit (z. B. aufgrund oktroyierter Verbindlichkeiten, denen keine adäquaten Einnahmen gegenüber stehen), hält sich der Verwalter an die Verteilungsreihenfolge des § 209 InsO und trennt nach Alt- und Neumassegläubigern *(Grundsatz 55)**.

14. Betriebsfortführung

a) In jedem Verfahren sind alle Möglichkeiten der Betriebsfortführung zwecks Erhalt des Unternehmens und der Arbeitsplätze auszuschöpfen *(Grundsatz 56)**.

b) Die Betriebsfortführung erfordert eine zeitnahe Liquiditätsplanung in Anlehnung an den IDWStandard. Die Einhaltung der Planung wird in regelmäßigen Abständen durch einen Soll-/Ist-Vergleich überprüft *(Grundsatz 57)**.

15. Auslaufproduktion

Der Verwalter erstellt in Fällen, in denen ein dauerhafter Erhalt des Unternehmens nicht möglich ist, für den Auslaufzeitraum ausreichende Planungen in den Bereichen Personal, Liquidität und Produktion in Abhängigkeit realistischer Auftragsvolumina. Der Verwalter sorgt für die notwendige Kommunikation – insbesondere mit den beschäftigten Arbeitnehmern – über die Besonderheiten, den Ablauf und die Folgen einer Auslaufproduktion. Während der auslaufenden Beschäftigungsverhältnisse macht der Verwalter den Arbeitnehmern in geeigneten Fällen die jeweiligen Förderungs- und Qualifizierungsmöglichkeiten zugänglich *(Grundsatz 58)**.

16. Vermögensverwertung

a) Das Anlage- und Umlaufvermögen muss sofort nach der Beauftragung/Verfahrenseröffnung durch Inventur erfasst und gegebenenfalls unter Hinzuziehung eines externen Sachverständigen bewertet werden *(Grundsatz 59)**.

Die Verwertung des Vermögens erfolgt unverzüglich und bestmöglich unter Wahrung von Fortführungsmöglichkeiten.

b) Beauftragt der Verwalter für die Be- und/oder Verwertung des Anlage- und Umlaufvermögens einen Dritten, so hat dieser folgende Kriterien zu erfüllen:

- Nachweis einer ausreichenden Haftpflichtversicherung *(Grundsatz 60)**;
- Erfahrung mit dem zu verwertenden Gut *(Grundsatz 60)**;
- transparente Veräußerung an vom Verwerter unbeteiligte Dritte (§ 138 InsO) durch Vorlage von Kauf- und Rechnungsunterlagen *(Grundsatz 60)**;
- Vereinnahmung der Verwertungserlöse auf gesondertem Konto für jedes Verfahren *(Grundsatz 60)**;
- Zeitnahe Abrechnung und Auskehr der Verwertungserlöse *(Grundsatz 60)**.

17. Unternehmensveräußerung

a) Der Verwalter sucht aktiv nach Kaufinteressenten. Vorhandene Interessenten kontaktiert er kurzfristig. Er schafft selbst oder über einen geeigneten Dienstleister die jeweiligen Voraussetzungen für einen strukturierten M&A-Prozess, in dem die im Einzelfall erforderliche Sachkunde und insbesondere erforderliche Fremdsprachenkenntnisse zur Verfügung stehen. Zur optimalen Gestaltung des Veräußerungsprozesses nutzt der Verwalter die Möglichkeiten der digitalen Informationstechnologie; z. B. Einrichtung eines virtuellen Datenraums. *(Grundsatz 61)**

b) Er ergreift aktiv notwendige Restrukturierungsmaßnahmen als Voraussetzung einer optimalen Veräußerung und nutzt dabei die besonderen insolvenz-, arbeits- und sozialrechtlichen Möglichkeiten *(Grundsatz 62)**.

18. Forderungsprüfung und Tabellenführung

Die Insolvenztabelle ist aktuell zu führen. Zum Prüfungstermin müssen die Forderungen regelmäßig materiell geprüft sein. Vorläufiges Bestreiten ist zu vermeiden. Zu jedem Zwischenbericht ist eine Aktualisierung der bereits gerichtlich geprüften Forderungen erforderlich *(Grundsatz 63)**.

19. Verteilung

Über die Kann-Bestimmung des § 187 Abs. 2 Satz 1 InsO hinaus soll von Abschlagsverteilungen frühzeitig Gebrauch gemacht werden *(Grundsatz 64)**.

20. Verfahrensabschluss

Der Verwalter strebt in Ansehung der Art, des Umfangs und des Anspruchs des jeweiligen Insolvenzverfahrens einen frühestmöglichen Verfahrensabschluss ggf. unter Vorbehalt der Nachtragsverteilung an *(Grundsatz 65)**.

21. Schlussrechnungslegung

Bei der Schlussrechnungslegung knüpft der Verwalter an die Vermögensübersicht (§ 153 InsO) an und stellt die anschließende Vermögensentwicklung unter Bezugnahme auf die Zwischenberichte umfassend und detailliert dar. Er stellt dem Insolvenzgericht das mit den Konten nachvollziehbar verbundene Belegwesen zur Verfügung *(Grundsatz 66)**.

IV. Besondere Regeln zur Eigenverwaltung

1. Allgemeine Regelung

Die Abschnitte I. bis III. gelten bei Eigenverwaltung entsprechend.

2. Eigenverwaltender Schuldner

Der eigenverwaltende Schuldner stellt die Einhaltung der für ihn geltenden Regelungen nach den Abschnitten I. bis III. selbst oder durch Beauftragung einer geeigneten Person sicher.

3. Sachwalter

a) Der Verwalter begleitet beantragte Eigenverwaltungen, die den gesetzlichen Voraussetzungen entsprechen, konstruktiv. Er steht für das Amt des (vorläufigen) Sachwalters als objektiver und unabhängiger Vertreter der Gläubigerinteressen zur Verfügung.

b) Kontakte des (vorläufigen) Sachwalters mit Beteiligten vor Beauftragung lösen stets eine Offenbarungspflicht nach III. 1. 3. Absatz aus.

c) Der (vorläufige) Sachwalter geht vor Beauftragung keine Verpflichtungen und Zusagen im Hinblick auf die spätere Amtsausübung ein.

d) Er nimmt bei Ausübung dieses Amtes angemessen auf die Interessen des Schuldners Rücksicht. In den Fällen der §§ 274 Abs. 3, 285 InsO gibt er dem Schuldner Gelegenheit zur Stellungnahme und Abhilfe, soweit dies ohne Beeinträchtigung der Interessen der Gläubiger möglich ist.

4. Kommunikation, Zugang zu Unterlagen und Daten

Mit seiner Bestellung stimmt der (vorläufige) Sachwalter mit dem Schuldner die Kommunikation und Einzelheiten der Überwachung ab.

Der (vorläufige) Sachwalter hat dafür zu sorgen, dass er ungehinderten Zugang zu sämtlichen Geschäftsunterlagen und -daten des Schuldners erhält, und über die eingegangenen Verbindlichkeiten (III. 13), die Betriebsfortführung (III. 14), die aktuellen Ergebnisrechnungen und Planrechnungen, die Auftragslage, die Ausübung der Wahlrechte nach §§ 103 ff. InsO, die Personalentwicklung sowie Kosteneinsparungen und die Vermögensverwertung (III. 16, 17) regelmäßig informiert wird ***(Grundsatz 67)****.

Das Ergebnis der Abstimmung über die Kommunikation, den Zugang zu Geschäftsunterlagen und -daten und der Informationserteilung ist zu dokumentieren und muss den (vorläufigen) Sachwalter in die Lage versetzen, seiner Berichtspflicht nach § 274 Abs. 3 InsO zu entsprechen.

5. Berichtspflicht nach § 274 Abs. 3 InsO

Soweit Nachteile für die Gläubiger zu erwarten sind, berichtet der (vorläufige) Sachwalter insbesondere über:

- die Eignung der Verfahrensart und ihre Auswirkung auf die angestrebte Sanierung,
- die erwartete Verfahrensdauer,
- die Kosten des Verfahrens in der jeweiligen Verfahrensart,
- die Vorbereitung eines Insolvenzplans,
- die Durchführung eines M&A-Prozesses, ggf. im Dual Track,
- die Einschaltung externer Berater,
- die Finanzplanung,
- die Aufnahme von (auch unechten) Massekrediten,
- den Abschluss von Vermögensschadenshaftpflichtversicherungen,
- die Prüfung des Geldverkehrs,
- sonstige Faktoren, die gegen die Fortsetzung der Eigenverwaltung sprechen, wie z. B. Kommunikation, Kundenbindung, Entstehung und Ausübung von Kündigungsrechten wesentlicher Stakeholder.

6. (vorläufiger) Sachwalter und Gläubigerausschuss

Der (vorläufige) Sachwalter nimmt auf Einladung an Gläubigerausschusssitzungen teil.

7. Kassenführung

Der (vorläufige) Sachwalter prüft, ob die Übernahme der Kassenführung geboten ist. Die Übernahme ist dem Schuldner, dem Insolvenzgericht und ggfs. dem Gläubigerausschuss anzuzeigen und zu begründen.

V. Insolvenzplan

Der Verwalter prüft in jedem Verfahren, ob sich durch einen Insolvenzplan die Verfahrensergebnisse gegenüber einer Regelabwicklung verbessern lassen. Er äußert sich hierzu im Bericht zur Gläubigerversammlung *(Grundsatz 68)**.

VI. Besonderheiten bei Auslandsberührungen/Internationales Insolvenzrecht

Der Verwalter nimmt ein Insolvenzverfahren mit wesentlichem internationalen Bezug nur an, wenn gewährleistet ist, dass er oder die von ihm in den jeweiligen Verfahren eingesetzten Sachbearbeiter über ausreichende Kenntnisse des internationalen Insolvenzrechts und über entsprechende Sprachkenntnisse, zumindest aber verhandlungssicheres Business-English verfügen. Bei grenzüberschreitenden Insolvenzverfahren ist sicherzustellen, dass der Verwalter ggf. durch ein entsprechendes Netzwerk rechtliche Problemstellungen in fremden Jurisdiktionen prüfen und Lösungen erarbeiten kann *(Grundsatz 69)**.

VII. Öffentlichkeitsarbeit

Der Verwalter betreibt eine dem Verfahren angemessene aktive, professionelle Öffentlichkeitsarbeit, um die Verfahrensziele zu fördern *(Grundsatz 70)**.

3. Berufsgrundsätze des VID e. V.

Berufsgrundsätze der Insolvenzverwalter

Präambel

Im VID – Verband Insolvenzverwalter Deutschlands e. V. haben sich Insolvenzverwalter zur Förderung und Weiterentwicklung des Insolvenzrechts sowie zur Schaffung und Förderung von Rahmenbedingungen zusammengeschlossen, innerhalb derer eine sinnvolle und praktikable Abwicklung von Insolvenzverfahren erfolgen soll. Der VID befürwortet eine für alle Insolvenzverwalter verbindliche Regelung der Berufsausübung. Zur Wahrung und Förderung eines hohen Qualitätsstandards der Insolvenzverwaltung verpflichten sich die Mitglieder des VID bereits jetzt zur Berufsausübung gemäß nachfolgenden Grundsätzen:

Erster Teil: Allgemeine Bestimmungen

§ 1 Amt des Insolvenzverwalters

(1) Der gerichtlich bestellte Insolvenzverwalter ist – in jeder Funktion im Rahmen des Insolvenzverfahrens – der unabhängige, objektive, zur Sachlichkeit verpflichtete, geschäftskundige und leistungsbereite Wahrer der Interessen aller am Insolvenzverfahren Beteiligten.

(2) Der Insolvenzverwalter übt einen verfassungsrechtlich geschützten eigenständigen Beruf aus. Er ist in seiner Berufsausübung frei, soweit diese mit Gesetz und Recht im Einklang steht.

§ 2 Aufgaben des Insolvenzverwalters

Der Insolvenzverwalter hat die Ziele des Insolvenzverfahrens bestmöglich zu verwirklichen. An diesen Zielen hat der Insolvenzverwalter sein gesamtes Verhalten im Rahmen der Verfahrensabwicklung auszurichten. Hierbei soll er auch auf die Sanierung von Unternehmen und den Erhalt von Arbeitsplätzen hinwirken sowie die Möglichkeit von Insolvenzplänen in geeigneten Fällen nutzen.

Zweiter Teil: Allgemeine Berufspflichten (Persönliche und organisatorische Voraussetzungen der Berufsausübung)

§ 3 Eignung

(1) Voraussetzungen für die Insolvenzverwaltertätigkeit sind:

a) Abschluss eines rechtswissenschaftlichen, wirtschaftswissenschaftlichen oder anderen Universitätsstudiums mit wirtschaftswissenschaftlicher Ausrichtung,

b) Nachweis besonderer insolvenzrechtlicher und betriebswirtschaftlicher Kenntnisse, zumindest in den in § 14 FAO genannten Bereichen,

c) Nachweis einer mindestens dreijährigen praktischen umfassenden insolvenzspezifischen Tätigkeit in einem Insolvenzverwalterbüro,

d) Zuverlässigkeit und geordnete wirtschaftliche Verhältnisse,

e) persönliche Erreichbarkeit,

f) Vorhaltung eines angemessenen Stabes von qualifizierten Mitarbeitern,

g) eine dem Stand der Technik entsprechende und zur Duchführung von Insolvenzverfahren geeignete Büroausstattung,

h) Bestehen einer angemessenen Vermögensschadenhaftpflichtversicherung.

(2) In besonders gelagerten Fällen können Zusatzqualifikationen erforderlich sein, insbesondere Erfahrung mit Betriebsfortführungen, vertiefte Kenntnisse und praktische Erfahrung in einzelnen Branchen oder Rechtsgebieten sowie im Zusammenhang mit grenzüberschreitenden Insolvenzverfahren.

(3) Die Kriterien gemäß Abs. (1) a) bis c) finden auf Personen, die bereits seit fünf Jahren als Insolvenzverwalter bestellt worden sind, keine Anwendung.

§ 4 Unabhängigkeit

(1) Der Insolvenzverwalter ist eine von den Gläubigern und dem Schuldner unabhängige Person. Er hat daher alles zu vermeiden, was berechtigte Zweifel an seiner Unabhängigkeit hervorrufen könnte.

(2) Die erforderliche Unabhängigkeit ist nicht gegeben, wenn

a) es sich bei dem Insolvenzverwalter um eine dem Schuldner nahestehende Person im Sinne von § 138 InsO handelt;

b) der Insolvenzverwalter, eine ihm nahestehende Person im Sinne von § 138 InsO oder eine mit ihm zur gemeinsamen Berufsausübung verbundene Person persönlich Gläubiger oder Drittschuldner des Schuldners ist;

c) der Insolvenzverwalter oder eine mit ihm zur gemeinsamen Berufsausübung verbundene Person innerhalb von vier Jahren vor dem Antrag auf Eröffnung des Insolvenzverfahrens den Schuldner oder eine diesem nahestehende Person (§ 138 InsO) mittelbar oder unmittelbar vertreten oder beraten hat. Eine Beratung in den Grenzen des § 56 Abs. 1 Satz 3 Nr. 2 InsO schließt die erforderliche Unabhängigkeit nicht aus soweit nicht weitere Umstände hinzutreten;

d) ein verfahrensbeteiligter Großgläubiger, Kreditversicherer oder anderer institutioneller Gläubiger von dem Insolvenzverwalter oder einer mit ihm zur gemeinsamen Berufsausübung verbundenen Person ständig in Insolvenzrechtsangelegenheiten, z. B. auch durch die Übernahme von Poolverwaltungen, betreut wird.

Der Insolvenzverwalter ist verpflichtet, seine Büroorganisation so einzurichten, dass Kollisionsfälle in vorgenanntem Sinne umgehend erkannt werden.

(3) Die folgenden Umstände begründen für sich allein noch keine Zweifel an der Unabhängigkeit des Insolvenzverwalters, sind dem Insolvenzgericht aber außer im Fall des lit. a) nach Maßgabe des § 7 schriftlich anzuzeigen:

a) Der Insolvenzverwalter wurde vom Schuldner oder einem Gläubiger vorgeschlagen.

b) Der Insolvenzverwalter, eine ihm nahestehende Person im Sinne von § 138 InsO oder eine mit ihm zur gemeinsamen Berufsausübung verbundene Person war oder ist, soweit nicht ein Fall von § 4 (2) d) vorliegt, für Gläubiger des Schuldners oder andere Verfahrensbeteiligte als Rechtsanwalt, Steuerberater, Wirtschaftsprüfer oder Poolverwalter in anderen Angelegenheiten tätig.

c) Der Insolvenzverwalter, eine ihm nahestehende Person im Sinne von § 138 InsO oder eine mit ihm zur gemeinsamen Berufsausübung verbundene Person ist bereits Insolvenzverwalter bzw. Gutachter oder vorläufiger Insolvenzverwalter in einem Insolvenz(eröffnungs)verfahren über das Vermögen einer mit der Insolvenzschuldnerin verbundenen Gesellschaft („Konzerninsolvenz").

§ 5 Leistungsfähigkeit und -bereitschaft

(1) Alle maßgeblichen Verfahrensentscheidungen trifft der Insolvenzverwalter grundsätzlich persönlich. Über andere Maßnahmen hat er sich laufend zu unterrichten. Er überwacht und koordiniert die von ihm eingesetzten Mitarbeiter. Er gewährleistet insbesondere, dass er in allen wichtigen Angelegenheiten dem Insolvenzgericht und den gesetzlichen Gläubigergremien persönlich für Auskünfte und Besprechungen zur Verfügung steht. Er stellt sicher, dass im Fall seiner Verhinderung ein geeigneter Berufsträger die Vertretung übernimmt.

(2) Die effiziente Abwicklung von Insolvenzverfahren erfordert eine leistungsfähige Organisation. Der Insolvenzverwalter wird daher eine leistungsfähige und gerichtskompatible elektronische Datenverarbeitung unterhalten. Die Büroorganisation wird an den Erfordernissen eines modernen Qualitätsmanagements ausgerichtet.

(3) Die Abwicklung von Insolvenzverfahren erfordert – insbesondere in der Anlaufphase – einen hohen persönlichen Zeiteinsatz. Der Insolvenzverwalter lehnt deshalb die Übernahme neuer Verfahren ab, wenn er selbst oder seine Büroorganisation durch laufende Verfahren oder in anderer Weise so stark be-

lastet sind, dass die ordnungsgemäße Abwicklung neuer Verfahren nicht mehr in dem erforderlichen Umfang gesichert ist.

§ 6 Geschäftskunde, Verpflichtung zur Fortbildung

(1) Die Übernahme von Insolvenzverfahren setzt fundierte juristische und wirtschaftliche Kenntnisse voraus, die dem neuesten Stand auf diesen Gebieten entsprechen. Der Insolvenzverwalter ist daher verpflichtet, aktuelle Entwicklungen zu verfolgen und sich regelmäßig – über § 15 FAO hinaus – fortzubilden.

(2) Der Insolvenzverwalter gewährleistet, dass seine mit der Verfahrensabwicklung befassten Mitarbeiter entsprechend qualifiziert sind und ihre für die jeweilige Sachbearbeitung erforderlichen Kenntnisse durch die Teilnahme an regelmäßigen Fortbildungsmaßnahmen erweitern.

Dritter Teil: Besondere Berufspflichten

§ 7 Anzeigepflichten

Der Insolvenzverwalter ist verpflichtet, Umstände, die Zweifel an seiner Eignung (§ 3), seiner Unabhängigkeit (§ 4) oder seiner Leistungsfähigkeit (§ 5) begründen, dem Insolvenzgericht unter Berücksichtigung berufsrechtlicher Schweigepflichten unverzüglich schriftlich anzuzeigen. Dies gilt auch für solche Umstände, von denen der Insolvenzverwalter erst nach Annahme des Verwalteramtes Kenntnis erlangt.

§ 8 Kontrahierungs-, Erwerbs- und Nutzungsverbote

Der Insolvenzverwalter, ihm nahe stehende Personen im Sinne von § 138 InsO oder mit ihm zur gemeinsamen Berufsausübung verbundene Personen dürfen

1. während der Dauer des Insolvenzverfahrens für den Schuldner oder eine diesem nahestehende Person im Sinne von § 138 InsO keine Beratung oder Vertretung übernehmen. Das Gleiche gilt für die Beratung von verfahrensbeteiligten Gläubigern im Rahmen des Insolvenzverfahrens.

2. mit Unternehmen, an denen sie persönlich unmittelbar oder mittelbar – etwa über Familienangehörige oder andere Gesellschaften – beteiligt sind, nur kontrahieren, wenn diese Beteiligung dem Insolvenzgericht angezeigt wird und das Vertragsverhältnis einem Drittvergleich standhält.

3. für Leistungen, die im Rahmen des Insolvenzverfahrens erbracht werden, keine Vergütung annehmen, die ihnen, nicht aber der Insolvenzmasse zu Gute kommt. Hierzu zählen insbesondere von dritter Seite angebotene Provisionen für die Vermittlung von Grundstücken, Gewerbebetrieben, gewerblichen Schutzrechten u. ä.

4. keine zur Insolvenzmasse gehörenden Vermögensgegenstände oder Rechte selbst oder durch Dritte erwerben. Dies gilt auch für den Fall einer öffentlichen Versteigerung.

5. in Verfahren, in denen einer von ihnen als Insolvenzverwalter tätig ist, keine Funktion im Rahmen einer Poolverwaltung übernehmen.

§ 9 Vermögensbetreuungspflicht

(1) Der Insolvenzverwalter hat privates Vermögen von fremdem Vermögen getrennt zu halten.

(2) Der Insolvenzverwalter ist verpflichtet, die Insolvenzmasse eines Insolvenzverfahrens von den Insolvenzmassen anderer Verfahren getrennt zu verwahren. Er ist insbesondere verpflichtet, für jedes Insolvenzverfahren ein gesondertes Konto einzurichten.

§ 10 Versicherungspflicht

Der Insolvenzverwalter ist gehalten, für den Fall besonderer Haftungsrisiken eine über § 3 (1) h) hinausgehende angemessene zusätzliche Versicherung zu Lasten der Masse abzuschließen.

Vierter Teil: Ahndung von Pflichtverletzungen

§ 11 Warnung, Verweis, Ausschluss

Ein Verstoß gegen die vorgenannten Pflichten kann gemäß § 7 der Satzung des VID durch

a) Warnung,

b) Verweis oder

c) Ausschluss aus dem VID geahndet werden.

Beschlossen in der Mitgliederversammlung des VID e. V. am 3.5.2013

II. Gerichtliche Leitlinien

1. Hamburg

Hamburger Leitlinien zum Insolvenzeröffnungsverfahren (s. a. ZInsO 2004, 470)

ZInsO 2004, 24–25

von Richter Frank Frind, Richter Sönke Rüther,
Richter Dr. Andreas Schmidt, Richter Cornelius Wendler

Präambel: Aufgrund anhaltender Unsicherheit über das „richtige" Vorgehen von vorläufigen Insolvenzverwaltern in Ansehung der BGH-Entscheidung v. 18.7.2002 und der jüngsten Diskussion über die Zulässigkeit von Treuhandkonten-Modellen[1] *versuchen die beteiligten Richter und Insolvenzverwalter*[2] *für den Bereich des AG Hamburg einen gemeinsamen modus operandi zu finden, der Reibungsverluste im laufenden Verfahren vermeidet. Die Beteiligten sind sich bewusst, dass sie aufgrund der Vielgestaltigkeit von Einzelfallgestaltungen nur grundsätzliche Leitlinien entwerfen können. Der Einzelfall kann gebieten, davon abzuweichen. Dies sollte dann aber unter Wahrung größtmöglicher Transparenz für alle Beteiligten geschehen.*

I. Unmittelbar nach Erteilung des Gutachtenauftrages ist vom Gutachter zu prüfen, ob eine vorläufige Insolvenzverwaltung anzuregen ist. Der Anregung ist ggf. ein Zwischenbericht zu den bisherigen Ermittlungsergebnissen beizufügen. Dies wird namentlich bei Gläubigeranträgen in Betracht kommen; bei Eigenanträgen mit laufendem Geschäftsbetrieb entspricht es der vorherrschenden Praxis, bereits bei der Vergabe des Auftrages die vorläufige Insolvenzverwaltung anzuordnen.

Das Gericht bestellt i. d. R. zunächst einen schwachen vorläufigen Insolvenzverwalter.

II. Sofern es möglich erscheint, den Betrieb fortzuführen, ist zeitnah nach Erteilung des Auftrages die für die Erstellung einer Liquiditätsvorschau voraussichtlich erforderliche Zeit anzugeben. Die Dauer für die Erstellung der Liquiditätsvorschau soll vier Wochen nicht überschreiten und kann, je nach Größe des Geschäftsbetriebes, auch kürzer angemessen sein. Die Liquiditätsvorschau soll den Zeitraum bis zur voraussichtlichen Eröffnung abdecken.

---

1) BGH, ZInsO 2002, 819; AG Hamburg, ZIP 2003, 43 („UfA"); AG Hamburg, ZInsO 2003, 816 [AG Hamburg 15.7.2003 – 67g IN 205/03] („Tabakwaren eG"); *Frind*, ZInsO 2003, 778; *Undritz*, NZI 2003, 136; *Bork*, ZIP 2003, 1421.

2) Die Hamburger Leitlinien wurden gemeinsam von vier Hamburger Insolvenzrichtern nach Diskussion mit zwölf Hamburger Verwaltern am 18.12.2003 erarbeitet.

Innerhalb des Zeitraumes für die Erstellung einer Entscheidungsgrundlage über die Betriebsfortführung, ggf. deren Art und Weise, besteht eine „Schwebephase“. Innerhalb dieser Schwebephase ist der Geschäftsbetrieb zunächst aufrechtzuerhalten. Sofern der Betrieb eingestellt werden soll, ist dies dem Gericht begründet mitzuteilen, ggf. zwecks Genehmigung.

III. Der vorläufige Insolvenzverwalter kann die Forderungen der für die Betriebsfortführung notwendigen Dienstleister, Lieferanten etc. („Weiterlieferer“) wenn möglich im Wege des *Bargeschäfts* (§ 142 InsO) abwickeln. Kann der vorläufige Verwalter diesen Weg beschreiten, so hat er dies dem Gericht spätestens in seinem Gutachten spezifiziert darzulegen.

Daneben kommt zur Absicherung die Beantragung von *Einzelermächtigungen* zur Begründung von Masseverbindlichkeiten in Betracht. Bei Einzelermächtigungsanträgen sind die Namen der Lieferanten (Liste), deren Zweck und die Finanzierbarkeit der zu begründenden Masseverbindlichkeiten darzulegen.

Einzelermächtigungen sind ggf. auch in Form von *Gruppenermächtigungen* möglich. Dabei hat der vorläufige Verwalter dem Gericht die Gruppen so bestimmt wie möglich zu benennen. Maßgebend ist hierbei, dass nach einem verobjektivierten Empfängerhorizont ein beteiligter Gläubiger seine Begünstigung erkennen können muss. Der vorläufige Verwalter hat des Weiteren mitzuteilen, aus welchem Grund eine Auflistung der einzelnen Gläubiger untunlich bzw. unpraktikabel erscheint. Bei der Gruppenermächtigung kann ausnahmsweise auch von einem zu erstellenden Projekt ausgegangen werden (sog. *Projektermächtigung*, z. B. alle Zulieferer für den Bau des Schiffes „xy“).

Die Ermächtigung ist nicht in der Weise zu verstehen, dass es dem vorläufigen Insolvenzverwalter überlassen bliebe, von dieser Gebrauch zu machen oder nicht. Vielmehr entstehen die betroffenen Forderungen der benannten Gläubiger ohne weitere Erklärung des vorläufigen Insolvenzverwalters als Masseverbindlichkeiten.

IV. Der vorläufige Verwalter kann ebenso begründet anregen, dass das Gericht ihn zum sog. *starken vorläufigen Verwalter* bestellen möge. Hierbei ist zu berücksichtigen, dass die starke vorläufige Verwaltung der im Gesetz vorgesehene Fall zur Begründung von Masseverbindlichkeiten ist. Bei der Einzelermächtigung handelt es sich demgegenüber um ein Institut, das erst durch richterliche Rechtsfortbildung entstanden ist.[3)]

3) Richter *Dr. Schmidt* merkt dazu an: Gründe der *Verhältnismäßigkeit* dürften dabei der Anordnung der starken vorläufigen Verwaltung – entgegen der Auffassung des BGH – namentlich bei Eigenanträgen nicht entgegenstehen: Wenn der Schuldner selbst die Eröffnung des Insolvenzverfahrens beantragt, kann eine Maßnahme, die hinter diesem Antrag zurückbleibt, nicht unverhältnismäßig sein. Angesichts der in diesen Leitlinien möglich werdenden Vereinheitlichung der Rechtsprechung am AG Hamburg hält der Anmerkende an dem Postulat aus der Entscheidung Tabakwaren eG in dieser Grundsätzlichkeit nicht mehr fest. Es bleibt aber dabei, dass eine marktkonforme Abwicklung des Insolvenzverfahrens rechtspolitisch bedenkenswert ist.

V. In besonderen Fallgestaltungen, bei denen die Liquiditätsvorschau eine drohende Masseunzulänglichkeit wahrscheinlich erscheinen lässt, aber aufgrund der Besonderheiten des Einzelfalles eine Fortführung des Betriebes sinnvoll erscheint, besteht ein Bedürfnis, die „Weiterlieferer" auch vor den Folgen der Anzeige der Masseunzulänglichkeit abzusichern (§ 209 InsO). Sofern dieses Bedürfnis hinreichend dargelegt werden kann, kommt als *Ausnahmefall* die Errichtung eines *Treuhandkontos* durch die Schuldnerin mit Zustimmung des vorläufigen Insolvenzverwalters in Betracht. Hierdurch werden die Rechtsfolgen des § 209 InsO ausgeschaltet, da insoweit Aussonderungsrechte (§ 47 InsO) zugunsten der „Weiterlieferer" entstehen. Bereits dieser Umstand lässt erkennen, dass diese Vorgehensweise Ausnahmecharakter haben muss.[4)]

Die Errichtung eines Treuhandkontos wird etwa in Fällen übertragender Sanierungen von Betriebsteilen in Betracht kommen. In derartigen Fällen besteht auch dann, wenn aufgrund des Fortbestehens von Dauerschuldverhältnissen Masseunzulänglichkeit droht, ein Bedürfnis, die „Weiterlieferer", ohne deren Leistungen eine übertragende Sanierung letztlich nicht möglich gewesen wäre, hinreichend abzusichern. Die Herausbildung weiterer Anwendungsfälle erscheint denkbar.

Die Anlegung des Treuhandkontos erfolgt auf den Namen des vorläufigen Verwalters als Treuhänder zugunsten einzeln aufzuführender, eventuell sukzessiv zu ergänzender „Weiterlieferer". Die Anlegung des Treuhandkontos bedarf wegen § 181 BGB der Einwilligung des Gerichts gem. § 181 BGB. Ebenso sind der Grund und die Notwendigkeit ihrer Absicherung (Warum muss ein Treuhandkonto gebildet werden? Wozu werden die Treunehmer benötigt?) sowie die Herkunft der Mittel zur Speisung des Treuhandkontos mitzuteilen. Über das Treuhandkonto ist im eröffneten Verfahren transparent abzurechnen.

Forderungen der Schuldnerin, die aus den Lieferungen der durch das Treuhandkonto abgesicherten „Weiterlieferer" generiert worden sind, dürfen, sofern sie vor Verfahrenseröffnung von den Drittschuldnern nicht bezahlt worden sind, im eröffneten Verfahren auf das Treuhandkonto fließen.

Die Bildung eines Treuhandkontos ohne gerichtliche Genehmigung oder zugunsten einer dritten Person als Treuhänder ist nicht erwünscht und kann zu gerichtlichen Aufsichtsmaßnahmen führen.[5)] Im Bereich der Hamburger Verwalterschaft werden diese Erscheinungsformen des Treuhandkontos nicht (mehr) praktiziert.

VI. Sofern es dem vorläufigen Verwalter möglich ist, das Vorliegen der Eröffnungsvoraussetzungen bereits vor Ablauf des *dreimonatigen Insolvenzgeldzeit-*

---

4) Dieses Ergebnis ließe sich auch damit erzielen, dass Einzelermächtigungen zur Begründung von Neumasseverbindlichkeiten i. S. d. § 209 InsO beantragt und erteilt werden. Ob eine derart weitreichende richterliche Rechtsfortbildung in konsequenter Weiterentwicklung der Rechtsprechung des BGH in Betracht kommt, ist gegenwärtig noch offen.

5) Vgl. hierzu *Pape*, ZInsO 2003, 1061.

raumes zu beantworten, ist das Gutachten zeitnah einzureichen. Ggf. ist begründet anzuregen, das Verfahren erst nach Ausschöpfung des Insolvenzgeldzeitraumes zu eröffnen. Namentlich wird dies in Betracht kommen, wenn sich durch die Ausschöpfung die Sanierungschancen (Arbeitsplatzerhalt) begründet erhöhen. Die Ausschöpfung des Insolvenzgeldes hat in jedem Fall zur Voraussetzung, dass die für die Betriebsfortführung sprechenden Gründe detailliert dargestellt werden.

Hamburger Leitlinien zu Reichweite und Durchführung des „conflict check"

1. Anzeigeumstände

Dem Insolvenzgericht anzeigepflichtig ist ein Umstand bzw. eine Mehrheit von Umständen, der bzw. die „bei unvoreingenommener, lebensnaher Betrachtung die ernstliche Besorgnis rechtfertigen kann bzw. können, dass der Anzeigepflichtige als befangen an seiner Amtsführung verhindert ist"[6)].

Anzeigepflichtig im Einzelfall sind Insolvenzsachverständige, (vorl.) Insolvenzverwalter, Treuhänder und Sachwalter, bzgl. genereller Umstände alle bei einem Insolvenzrichter am Insolvenzgericht Hamburg gelisteten Personen (in diesen Leitlinien kurz „Anzeigepflichtige" bzw. „Anzeigepflichtiger" genannt).

Anzeigepflichtig sind sowohl Umstände, die sich aus einer konkreten Beauftragung durch das Insolvenzgericht („im Einzelfall"; dazu unter 1.2) ergeben, als auch unter bestimmten Voraussetzungen Umstände unabhängig von einer konkreten Beauftragung („generelle Umstände"; dazu unter 1.1).

Die Anzeige hat das Ziel, dem Insolvenzgericht eine rechtzeitige Abwägung zu ermöglichen, ob die anzeigende Person unabhängig i. S. v. § 56 Abs. 1 S. 1 InsO ist, und eine Entlassung im laufenden Verfahren möglichst zu verhindern. Eine Anzeige hat keine „automatische" Nichtbestellung oder Entlassung zur Folge.

1.1 Generelle Umstände

Generelle Umstände sind: Mandatsbeziehungen des Anzeigepflichtigen (zur Reichweite unter 4.) mit einem durchgehenden Vertragszeitraum von mehr als zwei Monaten zu folgenden institutionellen Gläubigern: Versicherungen[7)], Kre-

6) BGHZ 113, 262; BGH v. 19.1.2012, ZInsO 2012, 269; BGH v. 19.4.2012 ZInsO 2012, 928; BGH v. 26.4.2012, ZInsO 2012, 1125; BGH v. 22.4.2004, ZIP 2004, 1113: zur Anzeigepflicht *möglicher* Interessenkollisionen.

7) Der Meldeumfang wird auf die 10 größten Versicherungsgesellschaften beschränkt: Allianz SE und Allianz Deutschland AG und Allianz Lebensversicherungs-AG; Talanx AG; Generali Deutschland AG; ERGO Versicherungsgruppe AG; R&V Versicherung; AXA Konzern AG; Debeka Versicherungen; HUK-Coburg AG; Zurich Group AG.

ditversicherungen[8)], Sozialversicherungsträgern, Hamburger Behörden, dem PSV sowie Banken und Sparkassen mit Niederlassungen in Hamburg.

Falls erforderlich[9)] wird gebeten, eine Einwilligung des Mandanten in die Anzeige an das Insolvenzgericht einzuholen[10)].

Anzuzeigen sind generelle Umstände, die ab dem 1.1.2015 eingetreten sind oder bereits zu diesem Zeitpunkt bestanden.

Die Anzeige genereller Umstände suspendiert die Anzeigepflicht im Einzelfall nicht.

1.2 Umstände im Einzelfall

Umstände im Einzelfall sind auch anzuzeigen, wenn sie erst im laufenden Verfahren bekannt werden. Zu den Anzeigeumstände gem. Ziffer 1. dieser Leitlinien gehören u. a. auch eine i. S. v. § 56 Abs. 1 S. 3 Nr. 2 InsO zulässige Vorberatung sowie Kontakte zur Vorbereitung von Bestellungsvorschlägen durch Gläubiger und/oder Schuldner.

2. Anzeigefristen

Die **Anzeige im Einzelfall** (1. und 1.2) hat **unverzüglich** zu erfolgen, nachdem dem Anzeigepflichtigen der Umstand bekannt geworden ist („aktive Auskunftspflicht“[11)]. Das Insolvenzgericht wendet auf alle Anzeigepflichtigen § 7 der Berufsgrundsätze des VID e. V. und Regelung III. 1. Abs. 3 der GOI des VID e. V.[12)] an.

Die **Anzeige von generellen Umständen** (1.1) hat zusammengefasst jeweils zum 1.3. und zum 1.9. eines jeden Jahres zu erfolgen.

---

8) Der Meldeumfang wird auf folgende Kreditversicherer beschränkt: Atradius; Coface Deutschland; Euler Hermes; Axa; Delcredere NV; QBE; TCRe; VHV Versicherung; Zurich Gruppe Deutschland.

9) Bei veröffentlichten Mandatsbeziehungen ergibt sich kein Verstoß gegen die anwaltliche Pflicht zur Verschwiegenheit, da das Insolvenzgericht davon ausgeht, dass die Einwilligung der betroffenen Mandanten eingeholt worden ist.

10) Ansonsten hält das Insolvenzgericht § 2 Abs. 2 BORA und § 2 Abs. 5 i. V. m. Abs. 4 BORA (analog) mit Blick auf § 58 Abs. 1 InsO und die unter Pkt. 1. zitierte Rechtsprechung für einschlägig.

11) BGH v. 8.3.2012, ZInsO 2012, 751.

12) **§ 7 Berufsgrundsätze des VID e. V.:** Der Insolvenzverwalter ist verpflichtet, Umstände, die Zweifel an (…) seiner Unabhängigkeit (§ 4) (…) begründen, dem Insolvenzgericht unter Berücksichtigung berufsrechtlicher Schweigepflichten **unverzüglich** schriftlich anzuzeigen.

III.1. Abs. 3 GOI: Der Insolvenzverwalter hat **sofort** mögliche Interessenkollisionen – auch ungefragt – umfassend zu offenbaren. Das betrifft auch alle Umstände, die nur den Anschein begründen könnten, der Insolvenzverwalter sei nicht unparteiisch oder im Sinne des Gesetzes nicht unabhängig.

3. Art und Weise der Anzeige

Die Anzeige im Einzelfall (1. und 1.2) hat schriftlich zur Verfahrensakte zu erfolgen. Mündliche (telefonische) Vorabanzeigen sind zur Beschleunigung erwünscht, genügen aber zur aktenmäßigen Erfassung nicht.

Die Anzeige genereller Umstände (1.1) hat zur Verwalterverwaltungsakte, z. Hd. des Segmentsgeschäftsleiters über dessen Geschäftsstelle, zu erfolgen.

Alle Anzeigen unterliegen der innergerichtlichen Verschwiegenheitspflicht. Die Anzeigen zu den Verwalterverwaltungsakten werden Dritten nicht zugänglich gemacht.

Die Anzeige muss nicht die Person des mandatsausübenden Rechtsanwaltes und den Auftragsgegenstand – und bei Einzelfallanzeigen nicht den Namen des Mandanten – nennen. Wird dadurch dem Gericht eine Abwägungsentscheidung unmöglich gemacht, wird im Regelfall die Nichtbestellung oder die Entlassung die Folge sein.

4. Reichweite

Anzuzeigen sind auch Umstände, die Personen betreffen, die mit dem Anzeigepflichtigen zur gemeinsamen Berufsausübung verbunden sind. § 45 Abs. 3 BRAO wird vom Insolvenzgericht insofern analog und auch auf Anzeigepflichtige angewendet, die nicht Rechtsanwalt sind.

5. Umsetzung

Zur Erfüllung der Pflichten aus diesen Leitlinien haben die Anzeigepflichtigen in ihren Kanzleien und den i. S. v. Ziffer 4. verbundenen Bereichen ein System zur Feststellung der anzeigepflichtigen Umstände zu unterhalten.

In diesem System sind bei Beauftragung durch das Insolvenzgericht die Namen der Insolvenzschuldner und der mit diesen verbundenen Unternehmen[13)], Organpersonen und Hauptgesellschafter (= Beteiligung über 25 %[14)] sowie Hauptgläubiger i. S. v. § 13 Abs. 1 Nr. 1 und Nr. 2 InsO zu registrieren und den Personen, die mit dem Anzeigepflichtigen zur gemeinsamen Berufsausübung verbunden sind (Ziffer 4), zwecks Rückmeldung verfügbar zu machen.

Umgekehrt ist sicherzustellen, dass die Personen, die mit dem Anzeigepflichtigen zur gemeinsamen Berufsausübung verbunden sind (Ziffer 4), die im vorhergehenden Unterabsatz genannten Informationen (soweit in deren Tätigkeitsbereich erhebbar) ebenfalls dem Anzeigepflichtigen verfügbar machen.

5.1 Es ist sicherzustellen, dass die jeweiligen Meldungen die Berufsträger erreichen, von diesen zur Kenntnis genommen werden und ein Beantwortungs-

---

13) Künftig § 3e gem. RegE-InsO Konzerninsolvenz.

14) Rechtsgedanke des § 53 Abs. 2 GmbHG.

system installiert ist, wobei es zulässig ist, ein fristgebundenes Schweigen als Negativmeldung zu vereinbaren. Weiterhin ist sicherzustellen, dass bei späterer Erweiterung der Kenntnisse des Anzeigepflichtigen über die in Ziffer 5 Unterabsatz 2 genannten Tatsachen eine ergänzende Meldung an die Personen erfolgt, die mit dem Anzeigepflichtigen zur gemeinsamen Berufsausübung verbunden sind (Ziffer 4).

5.2 Die Installation des vorgenannten Systems ist dem Insolvenzgericht binnen vier Wochen ab Mitteilung dieser Leitlinie zur Verwalterverwaltungsakten zu versichern. Bei neugelisteten Personen ist die Versicherung unverzüglich nach Aufnahme in die jeweilige Vorauswahl-Liste abzugeben.

2. Heidelberg

Heidelberger Leitlinien (ZInsO 2009, 1848)

Es haben sich Richter der acht großen baden-württembergischen Insolvenzgerichte zusammengefunden und für ihre eigene Arbeit die folgenden Leitlinien entwickelt. Diese Leitlinien sind der Versuch Insolvenzrichterinnen und -richtern der genannten baden-württembergischen Gerichte, die Zusammenarbeit zwischen Insolvenzgericht und Insolvenzverwalter auf eine gemeinsame Arbeitsgrundlage zu stellen. Sie sollen die Reibungslosigkeit des Verfahrens sicherstellen, zugleich deutlich machen, was die Gerichte von den Insolvenzverwaltern erwarten und umgekehrt, was die Gerichte in der Verfahrensbegleitung zu leisten beabsichtigen. Die Vielgestaltigkeit des Insolvenzalltags lässt nur die Formulierung grundsätzlicher Leitlinien zu. Der Einzelfall kann gebieten, von ihnen abzuweichen. Das sollte unter Wahrung größtmöglicher Transparenz für alle Beteiligten geschehen.

1. Bei Eigenanträgen mit laufendem Geschäftsbetrieb ist i. d. R. eine vorläufige (schwache) Insolvenzverwaltung anzuordnen. Der eingesetzte vorläufige Insolvenzverwalter berichtet zeitnah über die ergriffenen Maßnahmen. Bei Fremdanträgen ist nach der Anhörung im Einzelfall zu entscheiden, ob zunächst ein Gutachtensauftrag ausreicht oder ob sogleich eine vorläufige Insolvenzverwaltung anzuordnen ist.

2. Der bestellte Sachverständige prüft zeitnah zur Erteilung des Gutachtensauftrags die Notwendigkeit und Art der anzuordnenden Sicherungsmaßnahmen. Anregungen gegenüber dem Gericht sind schriftlich zu begründen; je gravierender die anzuregenden Sicherungsmaßnahmen sind, desto höher ist der Begründungsaufwand.

3. Bei Eigenanträgen mit ersichtlich behebbaren Begründungsmängeln kann die Erhebung eines Gutachtens erwogen werden. Der Gutachter hat vordringlich die Zulässigkeit des Eigenantrags zu prüfen und bei Zweifeln daran (auch zur Verfahrensart) unverzüglich hierüber einen Zwischenbericht zu erstellen. Auch wenn die örtliche Zuständigkeit noch nicht geklärt ist, sind die in der Sache gebotenen Sicherungsmaßnahmen zu ergreifen. Das für zuständig erachtete Insolvenzgericht ist unverzüglich zu informieren.

4. Ist die internationale Zuständigkeit der deutschen Insolvenzgerichtsbarkeit zweifelhaft und kommt dem Schuldner am Markt erhebliche wirtschaftliche Bedeutung zu, berichtet der beauftragte Gutachter täglich (spätestens jeden zweiten Tag) über den Stand seiner Ermittlungen. Erfolgen diese Berichte in mündlicher Form, fertigt die zuständige Insolvenzrichterin oder der Insolvenzrichter hierüber einen ausführlichen Aktenvermerk. Bei komplexen Firmenstrukturen ist beim Gutachter ausschließlich auf schriftliche Berichte hinzuwirken. Verdichten sich die Hinweise auf die internationale Zuständigkeit der deutschen Insolvenzgerichte, soll regelmäßig nach Ziff. 1 verfahren werden.

5. Der vorläufige Insolvenzverwalter kann die zur Betriebsfortführung notwendigen Umsatzgeschäfte mit Lieferanten, Dienstleistern im Wege des Bargeschäfts (§ 142 InsO) abwickeln. Nimmt er diese Möglichkeit wahr, sind diese Vorgänge spätestens im Eröffnungsgutachten darzulegen. Daneben kommen zur Absicherung der zu begründenden Forderungen auch Einzelermächtigungen zur Begründung von Masseverbindlichkeiten in Betracht. Diese sind in der Anregung des vorläufigen Insolvenzverwalters an das Gericht nach den Geschäftsgegnern (ggf. Liste) und nach ihrer Finanzierbarkeit konkret zu bezeichnen, ebenso der Zweck der zu begründenden Masseverbindlichkeiten. Bei Anregungen eines textmäßig umfangreichen Ermächtigungsbeschlusses reicht der vorläufige Insolvenzverwalter parallel dazu per E-Mail eine Textdatei ein, die durch das Gericht weiter verarbeitet werden kann. Die Einzelermächtigungen können auch als sog. Gruppenermächtigungen beantragt werden. Die Gruppe ist dann so bestimmt zu bezeichnen, dass ein außen stehender Dritte den Umfang seiner Begünstigung erkennen kann. Der vorläufige Verwalter hat darzulegen und zu begründen (Geschäftsgeheimnis), weshalb im Einzelfall die notwendige Konkretisierung unterbleibt. Die Gruppenermächtigung kann auch projektbezogen beantragt werden (z. B. Aufnahme eines Massekredits, Fertigstellung eines Bauprojekts). Die Einzelermächtigung kommt auch bei der Vorbereitung einer übertragenden Sanierung in Betracht, etwa die gesellschaftliche Umstrukturierung des Schuldners, Veränderungen im Personalbestand. Dabei ist die Wertung des § 162 InsO zu beachten, der eine Betriebsveräußerung erst im eröffneten Verfahren zulässt, weshalb im Zweifelsfall spätestens mit der Absicht, unumkehrbare Fakten zu schaffen, das Verfahren zu eröffnen ist. Der vorläufige Insolvenzverwalter darf nur ermächtigungskonform von dem Beschluss des Insolvenzgerichts Gebrauch machen.

6. Kann die Betriebsfortführung selbst im Wege von Gruppen- oder Projektermächtigungen nicht in einer rechtsklaren Weise gestaltet werden, soll der vorläufige Insolvenzverwalter eine vorläufige „starke" Insolvenzverwaltung anregen. Die „starke" Insolvenzverwaltung ist die im Gesetz vorgesehene regelmäßige Gestaltungsform zur Begründung von Masseverbindlichkeiten, während die Einzelermächtigung lediglich im Wege der richterlichen Rechtsfortbildung entstanden ist.

7. Sobald der vorläufige Insolvenzverwalter in der Lage ist, sein Eröffnungsgutachten vorzulegen, reicht er dieses bei Gericht ein. Im Einzelfall ist begründet darzulegen, wenn das Verfahren erst nach Ausschöpfung des Insolvenzgeldzeitraums zu eröffnen ist. Eröffnungsgutachten sind spätestens 3 Tage vor dem avisierten Eröffnungszeitpunkt beim Insolvenzgericht einzureichen; kann dieser Termin nicht eingehalten werden, ist der Bericht vorab notfalls in fragmentarischer Form an das Insolvenzgericht zu übermitteln (per Telefax oder E-Mail).

8. In dem Eröffnungsgutachten ist stets auf mögliche Anfechtungsansprüche einzugehen, einschließlich der Darlegung, welche Maßnahmen der Gutachter im Einzelnen ergriffen hat, um diese aufzudecken. Bei juristischen Personen

als Schuldnern ist in dem Eröffnungsgutachten stets auch auf alle gesellschaftsrechtlich möglichen Ansprüche (Kapitalaufbringung, Kapitalerhaltung, kapitalersetzende Darlehen, anfechtbare Rückzahlungen auf Gesellschafterdarlehen), sowie die Verfolgung von Gesamtschäden (vgl. §§ 92, 93 InsO) einzugehen, notfalls kursorisch, falls das Verfahren auch ohne diese Ansprüche eröffnungsfähig ist. Mögliche Ansprüche gegen Geschäftsführer bzw. Vorstand wegen verspäteter Insolvenzantragstellung sind jedenfalls dann zu erwähnen, wenn die Masse durch sie angereichert werden muss, um eine Abweisung mangels Masse zu vermeiden. Auch hier ist ggf. darzustellen, welche Maßnahmen der Gutachter im Einzelnen ergriffen hat, um die Ansprüche aufzudecken. Wenn nach Einschätzung des Gutachters evident ist, dass solche Ansprüche gegen Gesellschafter, Geschäftsführer oder Vorstand (bzw. bei Anfechtungen gegen Drittschuldner) wirtschaftlich wertlos sind, ist es ausreichend, die Ansprüche selbst knapper darzustellen und notfalls sogar ganz offen zu lassen. Dann sind aber die Vermögensverhältnisse der möglichen Anspruchsgegner näher darzulegen, einschließlich der Mitteilung der Maßnahmen, welche der Gutachter im Einzelnen ergriffen hat, um diese zu überprüfen. Sofern solche Ansprüche im eröffneten Verfahren nur unter Gewährung von Prozesskostenhilfe durchgesetzt werden können, ist im Eröffnungsgutachten darauf hinzuweisen, ob zu erwarten steht, dass diese ausnahmsweise nicht gewährt werden wird.

9. Enthalten Berichte oder Gutachten der vorläufigen Insolvenzverwalter oder der Sachverständigen nicht zu offenbarende Informationen (Geschäftsgeheimnisse, Patente), sind diese gesondert in einer zur Anlegung eines Sonderbands geeigneten Form einzureichen; dort ist die Notwendigkeit zu begründen, oder eine andere Vorgehensweise vorzuschlagen.

10. Wir verstehen die vorläufige Insolvenzverwaltung und die Beauftragung als Sachverständiger als höchstpersönlichen Bestellungsakt und erwarten die Vornahme der maßgeblichen Tätigkeiten durch den Bestellten.

3. Köln

Kölner Leitlinien zur Zusammenarbeit mit dem Insolvenzgericht

Stand: 20.1.2025

A. Eröffnungsverfahren

I. Allgemeines

Qualitätsstandards

1. Die Orientierung an Qualitätsstandards der Berufsausübung wie den Grundsätzen ordnungsgemäßer Insolvenzverwaltung (GOI) sowie eine Zertifizierung etwa nach „DIN EN ISO 9001", VID CERT oder InsO Excellence können ein Kriterium für die Bestellung in größeren Verfahren mit laufendem Geschäftsbetrieb, Arbeitnehmern und/oder höherer Masse sein.

Kollisionsprüfung/Anzeige von Inhabilitäten/Unabhängigkeit

2. Nach Erhalt eines Gutachtenauftrags sind dem Gericht ggf. auftretende Kollisionen unverzüglich anzuzeigen.

3. In Verfahren mit laufendem Betrieb und vorhandenen Arbeitnehmern ist nicht nur auf Anfrage des Gerichts zusätzlich der Fragebogen zur Unabhängigkeit des BAK InsO (gleichlautend des VID; veröffentlicht z. B. in ZInsO 2012, 2240 ff.; http://www.vid.de/wp-content/uploads/2016/09/fragebogen-zur-unabhaengigkeit-des-verwalters.pdf) auszufüllen und dem Gericht unverzüglich zu übersenden. Eine inhaltlich gleichlautende Erklärung ist zulässig.

Belehrung des Schuldners

4. Es wird erwartet, dass der Schuldner im Erstgespräch mündlich in verständlicher Form über seine Rechte und Pflichten im Insolvenzverfahren belehrt wird. Die Belehrung über die Auskunfts- und Mitwirkungspflichten gemäß §§ 20, 97 InsO muss auch den Hinweis auf die ohne Zustimmung des Schuldners fehlende Verwertbarkeit seiner Auskünfte in einem Straf- oder Ordnungswidrigkeitenverfahren umfassen, § 97 Abs. Abs. 1 Satz 2, 3 InsO.

Berichte und Anregungen im Eröffnungsverfahren

5. Die Berichtsfrist im Eröffnungsverfahren beträgt regelmäßig vier Wochen. Berichte in kürzerem Abstand sind bei konkretem Anlass (z. B. Anregung von Sicherungsmaßnahmen, vorläufige Eigenverwaltung) jederzeit möglich. Eine Verlängerung der Berichtsfrist ist nicht erwünscht. Jeder Bericht setzt eine neue vierwöchige Frist in Gang.

In größeren Verfahren (laufender Geschäftsbetrieb; Anordnung vorläufige Insolvenzverwaltung) ist ein Einleitungsbericht zeitnah nach der Bestellung, idealerweise spätestens nach 1 Woche, gewünscht.

6. Berichte sind grundsätzlich per beA/EGVP einzureichen. Die Übersendung per Fax oder per E-Mail ist nicht erwünscht. In Eilfällen können – nach vorheriger (telefonischer) Absprache – mit dem Gericht ERV-Eingänge per E-Mail (ohne Fallbezug) angekündigt werden (Empfangsdatum und -zeit – „Eingang auf dem Server" sind mitzuteilen oder das Sendeprotokoll zu übersenden).

   Das kann zur Gewährleistung einer schnelleren Bearbeitung im Einzelfall sinnvoll sein mit Blick auf Anregungen auf Erteilung von Einzelermächtigungen, Postsperre, Vorführung oder Erlass eines Haftbefehls.

   Eilige Sachen (im ERV, bspw. per beA/EGVP) sollten stets im Schriftsatz (PDF) unmissverständlich als eilig gekennzeichnet werden, nicht aber durch zusätzliche Eintragungen im Feld Betreff oder gar im Feld „Aktenzeichen".

7. Bei **mehreren laufenden Anträgen** über das Vermögens **eines Schuldners** hat sich durch die Einführung der elektronischen Akte die Aktenführung bei Gericht geändert. Die Akten werden im Eröffnungsverfahren nun getrennt geführt. Erst im Falle der Eröffnung wird der Eigenantrag bzw. das älteste noch laufende Verfahren führend.

   Es ist deshalb **jeweils zur ältesten noch laufenden Beauftragung zu berichten**. Die anderen Aktenzeichen sind allerdings im Betreff des Berichts bzw. Gutachtens zu vermerken. Die Einreichung eines Berichts zu mehreren Aktenzeichen ist nicht erforderlich und nicht gewünscht.

8. Anregungen im Eröffnungsverfahren (z. B. Sicherungsmaßnahmen, Einzelermächtigungen, Vorführungen, Haftbefehle) sind als elektronisches Dokument – und je nach Intensität des anzuordnenden Eingriffs ausführlich – zu begründen und deutlich hervorgehoben am Beginn des Schriftsatzes zu platzieren.

   Kommt der Schuldner seinen Auskunfts- und Mitwirkungspflichten nicht nach, ist dies dem Gericht unverzüglich in einem Zwischenbericht mitzuteilen. Diesem ist eine Aufstellung der noch fehlenden Informationen und Unterlagen beizufügen, die das Gericht einem Vorführbefehl und/oder Haftbefehl als Anlage beifügen kann. In dem Zwischenbericht ist in Vorbereitung möglicher Post- und E-Mailsperren auf die bekannten E-Mailadressen des Schuldners/organschaftlichen Vertreters hinzuweisen.

9. Nach Erlass von Vorführbefehlen oder Haftbefehlen ist Kontakt mit dem zuständigen Gerichtswachtmeister oder Gerichtsvollzieher zu suchen und das weitere Vorgehen zu koordinieren. Dies gilt insbesondere auch nach Erlass eines Haftbefehls. Es ist sicherzustellen, dass ein kurzfristiger Besuch des Sachverständigen oder eines Mitarbeiters in der JVA erfolgen

kann. Aus organisatorischen Gründen bei der JVA ist im Einvernehmen mit dem Gerichtsvollzieher grundsätzlich zu versuchen, die Verhaftung zu Wochenbeginn durchzuführen. Sollte dies nicht möglich sein, ist selbstverständlich auch eine Inhaftierung an anderen Tagen möglich. Ggf. kann beim Gericht die Genehmigung der Vollstreckung zur Unzeit angeregt werden.

Probleme bei der Vollstreckung von Vorführ- und Haftbefehl entbinden nicht von der regelmäßigen Berichtsfrist.

Vorläufige Insolvenzverwaltung

10. Ist Immobiliarvermögen vorhanden, soll der Grundbuchvermerk bei Anordnung der vorläufigen Verwaltung vom vorläufigen Verwalter beantragt und eine entsprechende Benachrichtigung zur Akte gereicht werden. Hinderungsgründe sind dem Gericht unverzüglich mitzuteilen.

11. Nach Anordnung einer vorläufigen Verwaltung ist bei laufendem Geschäftsbetrieb ein erster Einleitungsbericht über die ersten ergriffenen Maßnahmen kurz nach Tätigwerden des vorläufigen Verwalters ohne Abwarten der üblichen Berichtsfrist wünschenswert.

II. Gutachten

Heranziehung Dritter

1. Das Gutachten ist stets von dem gerichtlich bestellten Sachverständigen **persönlich** zu erstatten. Soweit sich der Gutachter der Mitarbeit einer anderen Person bedient, ist diese namhaft zu machen und der Umfang ihrer Tätigkeit im Gutachten anzugeben, soweit es sich nicht um Hilfsdienste von untergeordneter Bedeutung handelt, §§ 4 InsO, 407a Abs. 3 ZPO.

2. Sofern der Gutachter Dritte bei der Erstattung des Gutachtens hinzuziehen möchte (bspw. Sachverständige zur Bewertung von Anlagevermögen), ist dies unverzüglich – etwa im Einleitungsbericht oder ersten Zwischenbericht, nicht jedoch erst im Gutachten – dem Gericht anzuzeigen, §§ 4 InsO, 407a Abs. 1 Satz 2 ZPO. Dies gilt insbesondere dann, wenn für den Dritten im Rahmen des JVEG Kosten geltend gemacht werden. Sofern solche Drittkosten entstehen, ist dies mit dem Gericht vorab zu klären; dies gilt umso mehr, wenn Kosten entstehen, die den üblichen Rahmen übersteigen, vgl. §§ 4 InsO, 407a Abs. 3 Satz 2 ZPO.

3. Sonstige Auslagen (z. B. für die Reproduktion von Kontoauszügen durch Banken und Sparkassen; Einholung von Auskünften bei Auskunfteien, z. B. Creditreform, Schufa) können nach Maßgabe des JVEG, insb. § 7 JVEG, geltend gemacht werden. Im Zweifelsfall ist eine vorherige Rücksprache mit dem Gericht sinnvoll.

Inhaltliche Vorgaben

4. Im Rahmen der Begutachtung ist Fragen zur Zulässigkeit des Insolvenzantrages und örtlichen Zuständigkeit des angerufenen Insolvenzgerichts nachzugehen und dieses bei Zweifeln unverzüglich zu informieren. Sofern dem Schuldner erhebliche wirtschaftliche Bedeutung zukommt, ist bei Zweifeln an der internationalen Zuständigkeit des Gerichts täglich über den Stand der Ermittlungen zu berichten.

5. Dem Gutachten ist eine tabellarische Übersicht mit einer Zusammenfassung der wesentlichen Verfahrensdaten voranzustellen, wie Name des Schuldners, Personenstand, Firma und HRA/B-Nummer, organschaftliche Vertreter, aktuelle und ehemalige Anschriften, Telefon- und Faxnummern, E-Mail-Adressen, Zahl der Arbeitnehmer, beteiligte Krankenkassen, vorhandener Grundbesitz mit grundbuchmäßig korrekter Bezeichnung etc. Mitzuteilen ist auch, falls Handelsregistereintragung, Grundbesitz oder Arbeitnehmer *nicht* vorhanden sind.

6. Im Gutachten ist darzulegen, welche Anstrengungen zur Ermittlung von Anfechtungsansprüchen vorgenommen wurden. Insbesondere bei der Anregung einer Abweisung mangels Masse genügt die bloße Feststellung, es seien keine Anfechtungsansprüche ersichtlich, nicht.

7. Bei juristischen Personen ist im Gutachten auf gesellschaftsrechtliche Ansprüche, insbesondere Ansprüche gegen den Geschäftsführer/Vorstand und Gesellschafter, sowie Gesamtschadensansprüche und deren Werthaltigkeit einzugehen.

8. Ausführungen zu einer Nicht-/Gewährung von Prozesskostenhilfe werden erwartet, wenn Ansprüche im eröffneten Verfahren nur mit Hilfe von PKH durchgesetzt werden können.

9. Das Gutachten soll eine Zusammenfassung der Antworten zu dem Gutachtenauftrag enthalten, wie z. B. Vorliegen eines Insolvenzgrundes, vorhandene Masse, Verfahrenskostendeckung unter nachvollziehbarer Berechnung der Verfahrenskosten, Verfahrensart, Eignung für schriftliches Verfahren, Versagungsgründe.

   Auch zu einem etwaigen Auslandsbezug (der bereits vorliegt, wenn ein Gläubiger seinen Sitz im Ausland hat) ist kurz Stellung zu nehmen.

   Bei beantragter **Eigenverwaltung** ist auch zu den Voraussetzungen der Eigenverwaltung, insb. zur Eigenverwaltungsplanung und zum Kostenvergleich Stellung zu nehmen.

   Da im eröffneten Verfahren grundsätzlich nach **ForStaB** (Fortschreibendes standardisiertes Berichtswesen – Aachener Modell) zu berichten ist, soll sich das Gutachten bereits an diesen Vorgaben orientieren und insbesondere eine Tabelle über die bislang ermittelten Vermögenswerte enthalten.

Im Einzelfall kann – etwa bei unverhältnismäßigem Aufwand oder kurzfristiger Eröffnung – nach Rücksprache mit dem Gericht davon abgewichen werden.

10. Erhebliche Punkte für Beschlussfassungen in der Gläubigerversammlung sind in das Gutachten aufzunehmen. Die Anregungen müssen tagesordnungsfähig sein, d. h. knapp und präzise gehalten, ggf. unter Verwendung der Formulierungen des § 160 InsO.

11. Bei einer natürlichen Person, die einen Stundungsantrag gestellt hat, sollte mit Hinweis auf die Stundung die Eröffnung angeregt werden, sofern die Voraussetzungen vorliegen. Dabei ist auch zu den Voraussetzungen der Stundung Stellung zu nehmen. Hier soll mit Blick auf den gegen den Ehepartner bestehenden Anspruch auf Kostenvorschuss gemäß § 1360a Abs. 4 BGB auch auf ein vorhandenes Einkommen des Ehegatten und dessen Höhe eingegangen werden. Eine Abweisung mangels Masse sollte nur angeregt werden, wenn die Bewilligung von Stundung nicht in Betracht kommt.

12. Erwünscht ist zusätzlich die Mitteilung, ob mit dem Schuldner das Ergebnis des Gutachtens besprochen wurde. Bei natürlichen Personen wird erwartet, dass der Sachverständige/vorläufige Verwalter den Schuldner auf die Möglichkeit der Eigenantragstellung und Beantragung von Restschuldbefreiung sowie ggf. Verfahrenskostenstundung hinweist.

13. Dem Gutachten ist der ausgefüllte Statistikbogen als gesondertes Dokument voranzustellen (nicht hinter das Gutachten oder zwischen Gutachten und Durchschriften einsortieren). Idealerweise soll der „Statistikbogen" abweichend von der Namenskonvention als solcher bezeichnet werden.

14. Die Gutachterliquidation ist zusammen mit dem Gutachten einzureichen.

15. Gutachten sollten aus Gründen des Datenschutzes und der IT-Sicherheit grundsätzlich nicht vorab per Email versandt werden. Bei Einreichung per beA und richtiger Adressierung zum Aktenzeichen ist ein kurzfristiger Eingang des Schriftsatzes zur Gerichtsakte gewährleistet.

16. Eilige Eröffnungen (insbes. Stichtagseröffnungen) sollten im Begleitschreiben deutlich sichtbar als eilig gekennzeichnet werden (vgl. oben A. I. Ziff. 6.) und spätestens eine Woche vor dem Eröffnungsdatum bei Gericht eingehen. Wird die Eröffnung zu einem bestimmten Datum angeregt, so soll dies außerdem bereits vor Einreichung des Gutachtens – z. B. in einem Zwischenbericht – angekündigt werden. Eine rechtzeitige Kontaktaufnahme mit dem Gericht (ideal telefonisch oder per E-Mail) zur Ankündigung des Gutachtens und zur Abstimmung ist sinnvoll.

B. Eröffnetes Verfahren

I. Allgemeines

1. Es wird erwartet, dass der Insolvenzverwalter das Erstgespräch mit dem Schuldner – auch in Verbraucherinsolvenzverfahren – persönlich führt, idealerweise vor Ort. Findet das Erstgespräch nicht vor Ort statt, ist ein Ortsbesuch nachzuholen, der, insbesondere in Verbraucherinsolvenzverfahren, durch einen Mitarbeiter erfolgen kann. Dies ist dem Gericht in dem nachfolgenden Bericht anzuzeigen. Entsprechendes gilt, wenn ausnahmsweise das Erstgespräch nicht durch den Insolvenzverwalter persönlich erfolgt. Es ist dann in jedem Falle ein persönliches Gespräch des Insolvenzverwalters mit dem Schuldner nachzuholen. Dies ist dem Gericht anzuzeigen. Sofern eine Belehrung des Schuldners über seine Auskunfts- und Mitwirkungspflichten noch nicht im Eröffnungsverfahren erfolgt ist, ist diese nunmehr zu erteilen.

2. Die Zustellungsnachweise nach § 8 InsO sollen eine **Auflistung der zugestellten Schriftsätze** enthalten; Kopien der zugestellten Schriftsätze sind dagegen nicht zusätzlich einzureichen. Bei Terminladungen ist darüber hinaus auch anzugeben, auf welchen Termin sich die Zustellung bezieht.

3. Der Verwalter hat Termine stets **persönlich** wahrzunehmen. Bei Verhinderung des Verwalters wird eine Vertretung durch einen mit der Sache vertrauten Bevollmächtigten akzeptiert, wobei spätestens im Termin eine schriftliche Vollmacht vorliegen muss. Von dieser Möglichkeit sollte zurückhaltend und insbesondere dann nicht Gebrauch gemacht werden, wenn dies zu Problemen in der Gläubigerversammlung führen könnte.

4. Ein Sonderkonto ist in jedem Verfahren, in dem mit Geldeingängen zu rechnen ist, anzulegen. Dies gilt auch, wenn nur Kleinstbeträge zu erwarten sind. Nach Möglichkeit soll ein Sonderkonto angelegt werden, für das keine Kontoführungsgebühren anfallen. Wenn diese kostensparende Möglichkeit nicht besteht und die zu erwartenden Einnahmen zu den voraussichtlich anfallenden Kontoführungsgebühren außer Verhältnis stehen, ist Rücksprache mit dem Insolvenzgericht zu halten.

   Die in der Vergangenheit von einigen Verwaltern geübte Praxis, auch im eröffneten Verfahren Gelder auf einem allgemeinen Treuhandkonto zu verwahren oder das sofortige Einzahlen auf die Gerichtskosten führt zu erheblichen Problemen bei Abrechnung und Überwachung und ist deshalb unzulässig.

5. Bei dem Amtsgericht Köln wurde zum 1.1.2022 die elektronische Akte für Verbraucherinsolvenzverfahren und zum 1.6.2023 für Regelinsolvenzverfahren eingeführt. Mit Blick hierauf sollte der einheitliche Kontenrahmen SKR-InsO verwendet werden. Weitere Informationen können abgerufen werden unter: http://www.vid.de/der-verband/qualitaetsstandards/skr-inso/.

6. Sofern der Schuldner einen Adresswechsel nicht angezeigt hat, ist zwecks Schonung der Masse seitens des Verwalters nicht zwingend eine EMA einzuholen. Möglich ist auch eine entsprechende Mitteilung an das Gericht mit der Bitte, von dort eine EMA-Anfrage durchzuführen.

7. Anders als im vorläufigen Verfahren, in dem die Information u. U. sehr kurzfristig benötigt wird und der vorläufige Verwalter das Prozedere über eine eigene Anfrage beschleunigen kann, sollten Grundbuchanfragen im eröffneten Verfahren aus Kostengründen grds. über das Gericht erfolgen.

8. Übermitteln Gläubiger in Vorbereitung des Verfahrensabschlusses auf Aufforderung des Verwalters weder Adressaktualisierungen noch Kontodaten, ist – nach erfolgter EMA – die Hinterlegung durchzuführen. Die Auslagen für die seitens der Hinterlegungsstellen geforderte EMA sind im Wege der Aufrechnung bei den jeweiligen Gläubigern von dem auszuschüttenden Betrag abzuziehen. Dies gilt allerdings nicht für besondere Auslagen wegen erhöhter Recherchetätigkeit des Verwalterbüros.

9. Ist die Einreichung eines Insolvenzplans beabsichtigt, empfiehlt sich in größeren Verfahren eine Vorabstimmung mit dem Gericht (Richterzuständigkeit!) hinsichtlich des Zeitplans und ob zunächst informell ein unverbindlicher Entwurf eingereicht werden soll. Dies kann die spätere Bearbeitungszeit deutlich verkürzen.

10. Zur Kommunikation mit dem Gericht gilt A. I. Ziff. 6., entsprechend.

II. Insolvenztabelle

1. Die Tabellendaten sind gemeinsam mit den Forderungsanmeldungen elektronisch (im Wege des ERV und nicht per E-Mail als strukturierter maschinenlesbarer Datensatz, vgl. dazu unten D.) mit dem Ergebnis zum Prüfungsstichtag einzureichen.

   Diese Mitteilung hat aufgrund getrennter Aktenführung **in einem separaten Schreiben** zu erfolgen und nicht in einem Zwischenbericht. In den elektronischen Daten müssen von der Restschuldbefreiung ausgenommene Forderungen entsprechend als solche gekennzeichnet und *frühzeitig* angezeigt werden. Sofern keine nach § 302 InsO ausgenommenen Forderungen angemeldet wurden, wird gebeten, auch dies als Negativmeldung mitzuteilen.

   Es bestehen vonseiten des Gerichts keine Bedenken, dass elektronische Daten zur Insolvenztabelle aus dem beA-Postfach eines Tabellenmitarbeiters versandt werden. Es ist wird jedoch darauf hingewiesen, dass es – je nach Inhalt des Versands – ggf. einer qualifizierten elektronischen Signatur des Insolvenzverwalters bedarf (§ 130a Abs. 1, Abs. 3 ZPO).

2. Bei gemäß § 302 InsO ausgenommenen Forderungen hat der Verwalter den Sachvortrag hinsichtlich der Glaubhaftmachung des Vorliegens einer sol-

chen Forderung vorab zu prüfen. Das Gericht ist über die Anmeldung einer solchen Forderung auch dann zu unterrichten, wenn der zugrundeliegende Sachvortrag aus Sicht des Verwalters nicht ausreichend ist. Zugleich ist dem anmeldenden Gläubiger mitzuteilen, aus welchen Gründen die Forderung nicht als ausgenommene Forderung in die Tabelle aufgenommen werden soll.

3. Finanzamtsforderungen sollen in einzelne Steuerarten aufgeteilt und einzeln erfasst werden. Dies gilt nicht, wenn bei Aufnahme der Forderung schon klar ist, dass die Forderungen alle festgestellt werden können (dies gilt auch dann, wenn nur die hälftigen Säumniszuschläge bestritten werden). Das Gericht benötigt in diesem Fall nicht für jede einzelne Forderung ein gesondertes Tabellenblatt.

4. Die Forderungsanmeldungen sind auf den eingereichten Anmeldeunterlagen entsprechend der laufenden Nummer der Tabelle zu nummerieren (handschriftlich oder computergeneriert auf dem pdf); Es ist darauf zu achten, dass die Nummerierung auf der Anmeldung mit der Nummerierung in der elektronischen Tabelle übereinstimmt. Originaltitel sind grundsätzlich nicht einzureichen. Die Forderungsanmeldungen sind über die Schnittstelle X-Justiz der Insolvenztabelle zuzuordnen.

5. Die Auslagefristen sind zu beachten; **die Tabelle mit den Prüfungsergebnissen ist dem Gericht eine Woche vor dem Termin zuzuleiten.**

III. Tabellenberichtigungen und nachträgliche Forderungsanmeldungen

1. Nachträgliche Forderungsanmeldungen und Tabellenberichtigungen sind dem Gericht fortlaufend ab einer Anzahl von *etwa* fünf Berichtigungen, jedenfalls aber 1x pro Jahr, vorzulegen. Bei einer Erweiterung einer Forderungsanmeldung durch einen Gläubiger vor dem Prüfungstermin ist eine neue lfd. Nummer für die Erweiterung zu vergeben (anstelle einer Änderung der ersten Anmeldung). Nachmeldungen oder Änderungen sollten allerdings auch nicht längerfristig zurückgehalten werden. Sofern keine nach § 302 InsO ausgenommenen Forderungen nachgemeldet wurden, wird gebeten, auch dies als Negativmeldung mitzuteilen.

2. Die Anregung eines nachträglichen Prüfungstermins soll nicht zusammen mit dem Schlussbericht eingereicht werden, sondern vorab mit einem **gesonderten** Schreiben. In diesem Schreiben kann auf die Abschlussreife des Verfahrens hingewiesen werden, um dies ggf. bei den Terminierungen zu berücksichtigen.

3. Tabellenberichtigungsanträge sollten so eindeutig und klar formuliert sein, dass sich die Änderung des Prüfungsergebnisses und der nunmehr festgestellte Betrag ohne Weiteres aus dem Schreiben ergeben. Dabei ist das aktuelle Prüfungsergebnis auf einer Seite zusammengefasst voranzustellen.

4. „Vorläufiges" Bestreiten ist keine zulässige Erklärung bzgl. einer Tabellenforderung. In die Insolvenztabelle eingetragen werden kann immer nur das Bestreiten der Forderung.

5. Daher sollte keine Mitteilung erfolgen, wenn die Forderung „endgültig" bestritten wird.

IV. Rechnungslegung

1. Die Belege (Rechnungsbelege – ohne elektronisch einzureichende Schlussbelege, Summen- und Saldenlisten), die nicht zur Akte genommen werden sollen, können weiterhin in Papierform eingereicht werden, sofern sie in Papierform vorliegen. Hierbei wird gebeten, im zugehörigen elektronisch übersandten Dokument (z. B. dem Schlussbericht) auf die nachfolgende postalische Übersendung der Rechnungsbelege hinzuweisen. Schriftstücke, die in die Gerichtsakte gehören (Verteilungsverzeichnis, Schlussbericht und Vergütungsantrag, Summen- und Saldenliste, Kassenbuch oder Journal, Ausschüttungsnachweise), sind im Wege des ERV einzureichen.

   Es gilt folgende Faustformel: **„Was bei der Gerichtsakte verbleibt, ist stets elektronisch einzureichen, was in das Verwalterbüro zurückgeht, kann weiterhin in Papier eingereicht werden"**.

   Soweit Belege elektronisch vorliegen, können diese natürlich auch elektronisch eingereicht werden und müssen nicht ausgedruckt werden.

   Die Belege sind mit der Bezeichnung **„Belege"** zu versehen und in einer gesonderten **beA-Nachricht** einzureichen. Die Dateien sind sinnvoll zu strukturieren, ein PDF sollte nicht mehr als 100 Seiten betragen.

2. Bei der Rechnungslegung sollen die Bestände der Berichte aneinander anknüpfen, d. h. Endbestand letzter Bericht = Anfangsbestand Folgebericht. Dies gilt auch bei Wechsel vom eröffneten Verfahren in die RSB-Phase.

3. Der Einsatz externer Dienstleister ist unter Angabe der Dienstleister und der entstandenen Kosten im Schlussbericht in einem gesonderten Punkt zu kennzeichnen.

4. Im Schlussbericht sollte erläutert werden, warum bei der Verwertung einzelner Vermögenswerte deutlich weniger erzielt wurde, als ursprünglich prognostiziert wurde.

5. Dem Schlussbericht soll eine tabellarische Übersicht beigefügt werden, die die Verfahrensergebnisse zusammenfasst. Folgende Angaben sollten enthalten sein: Massebestand, Quote, Art der Verfahrensbeendigung, ggf. anzuordnende Nachtragsverteilung, Angaben gemäß § 188 InsO.

6. Sofern im Verfahren ein Gläubigerausschuss eingesetzt ist und dieser einen externen Prüfer hinzuziehen möchte, ist eine Absprache mit dem Gericht

hinsichtlich der Auswahl erwünscht, um den Prüfer ggf. auch die Schlussrechnung prüfen zu lassen.

7. Bei großen Verfahren mit umfangreichen Belegen bzw. mehreren Ordnern (in der Regel mehr als zwei Ordner) ist davon auszugehen, dass die Prüfung extern vergeben wird. Die Belege sollten dann nicht an das Gericht, sondern direkt dem Prüfer übergeben werden. Wünschenswert ist auch hier eine vorherige Absprache mit dem Gericht.

8. Sofern das Verfahren mit Ausnahme einer Erstattung der Einkommensteuer des Schuldners (für die ggf. erst noch eine Steuererklärung abzugeben ist) aufhebungsreif ist, spricht nichts gegen eine Aufhebung des Verfahrens mit dem Vorbehalt einer Nachtragsverteilung, zumal die Verschiebung der Ausschüttung bis zur erfolgten Erstattung z. B. über einen Jahreswechsel hinaus zu einem erneuten Problem der gleichen Art führen würde.

9. Es kann eine Frist zur Ausschüttung von 3 Monaten nach dem Schlusstermin notiert werden. Soweit der Verwalter (in IN-Verfahren) durch Abgabe einer Steuererklärung die Vorsteuer aus der Vergütung zurückerstattet bekommt, sollte die Ausschüttung erst nach erfolgter Erstattung der Vorsteuer (aus der Vorschussrechnung „Vorschuss in Höhe der vollen Vergütung“) erfolgen, um hier unnötige Nachtragsverteilungen zu verhindern. In diesen Fällen macht es Sinn, die 3-Monatsfrist entsprechend zu verlängern.

V. Berichte und Schreiben

1. Es ist grundsätzlich nach den Vorgaben des ForStaB (Fortschreibendes standardisiertes Berichtswesen – Aachener Modell) zu berichten.

2. Bei Schreiben an das Insolvenzgericht ist unbedingt auf das richtige Aktenzeichen zu achten.

3. Nicht selten gelangen Schreiben des Verwalters, die an Grundbuchämter oder Hinterlegungsstellen gerichtet sind, versehentlich zur Insolvenzakte. Es ist daher darauf zu achten, dass neben dem Insolvenzaktenzeichen für die allgemeine Postverteilerstelle deutlich erkennbar ist, dass die Post nicht an das Insolvenzgericht gerichtet ist.

4. Die Hinterlegungsstelle ist – in einem **gesonderten** Schriftsatz – mit genauer Bezeichnung inklusive der **korrekten Anschrift** unter Beifügung einer Bestätigung der kontoführenden Bank über die Einrichtung des Sonderkontos mitzuteilen.

5. Ist ein Massebestand vorhanden, ist dem Bericht ein Nachweis des aktuellen Bestandes beizufügen. Dies kann durch einen tagesaktuellen (elektronischen) Ausdruck aus der Banksoftware/des Online-Kontos erfolgen. Dies gilt auch für den Nachweis der Nullstellung am Ende des Verfahrens.

6. Der Bericht zum ersten Termin sollte dem Gericht zwei Wochen, spätestens jedoch eine Woche vor dem Berichtstermin schriftlich vorliegen, ihm soll eine tabellarische Übersicht der wichtigsten Verfahrensdaten vorangestellt werden, die u. a. folgende Angaben enthält: Drittschuldner mit zustellfähiger Anschrift, pfändbares Einkommen des Schuldners, Sonderkonto, ggf. die Mitteilung darüber, ob der Geschäftsbetrieb freigegeben wurde, ggf. Beschlussvorlagen gemäß § 160 InsO (bzw. § 313 Abs. 2 InsO a. F.), Quotenerwartung, gem. § 302 InsO von der Restschuldbefreiung ausgenommene/titulierte Forderungen. Die zu fassenden Beschlüsse sollten – entsprechend dem Aufbau des üblichen Sitzungsprotokolls – vorformuliert werden. Die zum Gutachten gemachten Ausführungen gelten ergänzend entsprechend.

7. In allen Verfahren gelten Berichtsfristen von 6 Monaten, beginnend ab dem Berichtstermin. Die Frist wird jeweils um sechs Monate weiter notiert, wenn ein Zwischenbericht oder ein weiteres Schreiben eingeht. **Die Gerichtsfristen sind zur Wahrung eines reibungslosen Geschäftsablaufs unbedingt einzuhalten.** Berichte in kürzeren Abständen sind nur bei konkretem Anlass erwünscht.

8. Schlussberichte können und sollten auch vor Ablauf der Frist eingereicht werden, wenn das Verfahren abschlussreif ist und kein Grund besteht, die Frist bis zum Ende auszunutzen. In jedem Fall ist der Schlussbericht erst nach Durchführung eines u. U. noch angesetzten nachträglichen Prüfungstermins einzureichen. Verfahren sind grundsätzlich zeitnah abzuschließen.

   Vergütungsanträge, Vorschussrechnungen, etc. sind stets als eigenes Dokument einzureichen, idealerweise unter genauer Bezeichnung „Vergütung" (in Ergänzung zur Namenskonvention). Ein gesonderter beA-Versand ist hingegen nicht erforderlich. Bitte geben Sie stets die Bankverbindung mit an, auf die die Überweisung erfolgen soll.

9. Der Beschluss über die Anberaumung des Schlusstermins ist **nur** an die Anmeldegläubiger zuzustellen.

10. Die Bestallungsurkunde ist mit Aufhebung des Verfahrens zurückzugeben.

11. Anfragen von Gläubigern an das Insolvenzgericht wegen Zuleitung des Insolvenzgutachtens oder von Berichten sollen an den Verwalter weitergeleitet werden. Dieser ist bemüht, die Unterlagen den Gläubigern elektronisch zukommen zu lassen. Da die Dokumente meist als PDF-Datei vorhanden sind, ist der Aufwand überschaubar. Bestehen Bedenken an einer Übersendung, kann mit dem Gericht Rücksprache gehalten werden. Nach interner Aufgabenverteilung des Amtsgerichts Köln sind die Insolvenzrichter für die Bewilligung von Akteneinsicht Dritter zuständig. Durch die verpflichtende Einführung des **Gläubigerinformationssystems** (GIS) in § 5 Abs. 5 InsO dürften sich Einzelanfragen künftig weiter reduzieren.

12. In dem **Gläubigerinformationssystem** sind jedem Insolvenzgläubiger, der eine Forderung angemeldet hat, grundsätzlich alle in § 5 Abs. 5 InsO genannten Dokumente zur Verfügung zu stellen, d. h. alle Entscheidungen des Insolvenzgerichts, alle Rechtsmittelentscheidungen, alle an das Insolvenzgericht übersandten Berichte, welche nicht ausschließlich die Forderungen anderer Gläubiger betreffen, sowie alle die eigenen Forderungen betreffenden Unterlagen.

    Namentlich Berichte an das Insolvenzgericht, Beschlüsse und verfahrensleitende Verfügungen des Gerichts (z. B. Terminierungen; Fristsetzungen mit Wirkung für und gegen alle Beteiligten, vgl. § 160 Abs. 3 Nr. 6 ZPO) sind unverzüglich einzustellen. Eine Rechtskraft ist nicht abzuwarten.

    Die Stellung als Gläubiger und damit auch ein Akteneinsichtsrecht nach § 4 InsO, § 299 Abs. 1 ZPO ist grundsätzlich nicht an die Forderungsfeststellung gekoppelt. Vielmehr verleiht grundsätzlich bereits die Stellung als Anmeldegläubiger die Verfahrensrechte des Gläubigers. Lediglich bei endgültig bestrittenen Forderungen kann in Anlehnung an die Rechtsprechung zum Akteneinsichtsrecht eine Ausnahme gemacht werden und der Zugang verweigert bzw. widerrufen werden. Es ist deshalb Gläubigern ein GIS-Zugang bereits bei wirksamer Forderungsanmeldung einzurichten.

    Soweit Zweifel bestehen, ob ein Dokument ins GIS einzustellen oder ein GIS-Zugang zu gewähren ist, kann mit dem Gericht Rücksprache gehalten werden.

    Eine **Zugangskennung** für das GIS ist dem Gericht **in einem gesonderten Schreiben** mit eigener beA-Nachricht unmittelbar nach Verfahrenseröffnung mitzuteilen, damit das Gericht die Gerichtskennung von der Akteneinsicht ausnehmen kann.

VI. Vergütung

1. Bei Abfassung der Vergütungsanträge ist auf eine nachvollziehbare Darstellung der <u>Berechnungsgrundlage</u> zu achten, unter Auflistung und Summierung der Zahlen, die die Berechnungsgrundlage ergeben. Die Darstellung hat sich an das Gutachten anzulehnen und regelmäßig dessen Nummerierung zu übernehmen. Bei einer <u>Betriebsfortführung</u> ist zusätzlich eine gesonderte Aufstellung aller Einnahmen und Ausgaben erforderlich. Wurden einzelne <u>Aufgaben an Dritte delegiert</u>, ist dies kenntlich zu machen; die hierfür entstandenen Kosten sind separat aufzuführen.

    Sofern es nach Anordnung der vorläufigen Insolvenzverwaltung nicht zu einer Eröffnung des Verfahrens kommt, wird der Schuldner zu dem Vergütungsantrag gehört.

2. Die einzelnen Erhöhungstatbestände sind unter Bezifferung der Zuschläge zu erläutern. Ein Zuschlag für eine lange Verfahrensdauer wird nicht gewährt.

3. Hinsichtlich der Mindestvergütung in IK-Verfahren geht das Gericht grundsätzlich davon aus, dass die Schuldnerberatungsstelle die Verzeichnisse erstellt hat, wenn in der Anlage 2 zum Schuldenbereinigungsplan das Feld „mit meiner/unserer Unterstützung“ angekreuzt ist.

4. Auslagen nach Erstattung des Schlussberichtes bis zum Termin können in kleineren Verfahren durch den Verwalter offengelassen oder prognostiziert werden.

5. Für übertragene Zustellungen können Kosten nach Maßgabe des § 4 Abs. 2 S. 2 InsVV iVm 9002 KV GKG (derzeit 3,50 EUR je Zustellung) geltend gemacht werden. In Altverfahren hält das Gericht derzeit 4,00 € für die absolute Obergrenze.

C. RSB-Verfahren

I. Der Jahresbericht (entsprechend § 292 Abs. 1 InsO) im RSB-Verfahren ist einen Monat nach Ablauf des Berichtsjahres, welches mit Aufhebung des Verfahrens beginnt, fällig, jedoch nur, soweit Einnahmen zu verzeichnen sind. Der zwischen der Schlussrechnung und der Beendigung des Insolvenzverfahrens liegende Zeitraum ist gesondert mit dem ersten Jahresbericht abzurechnen. In den folgenden Jahresberichten soll Rechnung nur über das jeweils abgelaufene Jahr gelegt werden (d. h. keine fortschreibende „Schlussrechnung“ des gesamten bislang abgelaufenen RSB-Verfahrens). Erst zum Abschluss des RSB-Verfahrens ist über das gesamte RSB-Verfahren Gesamtrechnung zu legen.

II. Vor einer Ausschüttung sind aus der Masse noch offene Gerichtskosten zu begleichen. Die jährlichen Ausschüttungen können nach Maßgabe des § 292 Abs. 1 S. 4 InsO unterbleiben. Es ist ein genaues Ausschüttungsverzeichnis zu erstellen, aus dem sich ergibt, welcher Betrag an welchen Gläubiger ausgezahlt wurde. Die Ausschüttungsnachweise umfassen einen entsprechenden Ausdruck aus dem System sowie die Kontoauszüge, aus denen die Abgänge ersichtlich sind. Ist auf dem Sonderkonto kein Bestand vorhanden, bedarf es keiner Vorlage von Belegen. Das Ausschüttungsverzeichnis und die Nachweise können mit dem Bericht des Folgejahres eingereicht werden; in diesem ist zudem mitzuteilen, wann die Ausschüttung erfolgte. Die Unterlagen sollen elektronisch eingereicht werden.

III. Versagungsanträge nach § 298 InsO sollen in der Anlage die Zahlungsaufforderung enthalten. Es ist darauf zu achten, dass die Zahlungsaufforderung erst *nach Ablauf des Tätigkeitsjahres* unter Einhaltung der vorgeschriebenen Fristen ergangen sein darf. Bei zwischenzeitlich erfolgten Zahlungen ist eine erneute Zahlungsaufforderung zu erstellen, die die Zahlungen enthält.

D. Nutzung des ERV/beA/Elektronischer Dokumentenversand

Es wird gebeten, sämtliche Schriftsätze per beA einzureichen. Dabei beachten Sie bitte folgende Hinweise:

I. Allgemeine Hinweise

1. Seit dem 1.1.2018 besteht die Möglichkeit, Anträge, Schriftsätze, und sonstige Dokumente in elektronischer Form bei Gericht einzureichen. Hiervon bittet das Amtsgericht – so wie es weitgehend bereits gängige Praxis ist – weiterhin **grundsätzlich** und **in allen Verfahren** Gebrauch zu machen.

   Im Folgenden wird näher ausgeführt und erläutert, wie Sie mit dem Gericht elektronisch kommunizieren können und was dabei zu beachten ist. Rechtsgrundlagen der elektronischen Kommunikation mit dem Gericht in Insolvenzsachen sind die §§ 4 InsO, 130a ZPO in Verbindung mit der Elektronischer-Rechtsverkehr-Verordnung (ERV) sowie die Verordnung über die elektronische Führung und Einreichung der Tabellen und Verzeichnisse sowie der dazugehörigen Dokumente in Insolvenzsachen im Land Nordrhein-Westfalen (eTabelle Insolvenzordnung – eTab InsO). Ergänzende technische Informationen und Vorgaben finden Sie unter dem Internetlink https://www.justiz.nrw.de/Gerichte_Behoerden/anschriften/elektronischer_rechtsverkehr/insolvenzgerichte/index.php.

2. Es wird gebeten, **sämtlichen** Schriftverkehr **ausschließlich über den elektronischen Rechtsverkehr** an das Gericht zu übersenden. Eine zusätzliche postalische Übersendung oder die Übermittlung per Fax ist <u>nicht</u> gewünscht. In „Papierakten" werden eingehende Nachrichten ausgedruckt. Dies verursacht erheblich weniger Aufwand als das Scannen.

3. Zur Übermittlung sind ausschließlich die in § 130a Abs. 2–4 ZPO, § 4 ERV zugelassenen Übermittlungswege zu benutzen. Sofern möglich, sollte das besondere elektronische Anwaltspostfach **(beA)** genutzt werden. Es handelt sich um einen sicheren Übermittlungsweg im Sinne des § 130a Abs. 4 ZPO.

   Zulässig alternative Versandarten, wie EGVP ssollten möglichst vermieden werden, auch wenn sie zulässig sind. Unter https://egvp.justiz.de/Drittprodukte/index.php finden Sie eine Liste registrierter Drittprodukte. Es ist dann die Anbringung einer qualifizierten elektronischen Signatur erforderlich (§ 130a Abs. 3 ZPO).

   Sofern Sie keinen Zugriff auf das beA oder das EGVP haben, kann auf den Versand über das **De-Mail System** zurückgegriffen werden, wobei nur die „absenderbestätigte Nachricht" einen gesetzlich definierten sicheren Übermittlungsweg darstellt, bei dem keine qualifizierte elektronische Signatur erforderlich ist.

4. Bitte machen Sie folgende Eintragungen:

   Empfänger: Amtsgericht Köln
   Nachrichtentyp: Allgemeine Nachricht
   Betreff: InsO <Name des Schuldners>
   Aktenzeichen des Empfängers: <gerichtliches Aktenzeichen> z. B. *70a IK 573/21*
   Aktenzeichen des Versenders: <Ihr Aktenzeichen>
   Nachrichtentext[15]: **Das Feld ist frei zu lassen. Inhalte schreiben Sie ausschließlich in die Schriftsätze.**

5. Bitte verzichten Sie möglichst darauf, mehrere Schriftstücke in ein Dokument zusammenzufassen, da dies bei der Weiterverarbeitung mit der elektronischen Akte zu Problemen führt.

6. Die eigentlichen Schriftsätze, Berichte, Eingaben etc. sind an diese Nachricht im Format PDF/A anzuhängen. Einer eingescannten Unterschrift bedarf es nicht. Eine qualifizierte elektronische Signatur ist bei Nutzung des beA nur erforderlich, wenn der Versand nicht durch den Unterzeichner selbst erfolgt (also z. B. durch Mitarbeiter etc.)[16]. Im „De-Mail System" sollte die absenderbestätigte Nachricht gewählt werden.

7. Bitte achten Sie auch in der Eingabemaske auf die richtigen Aktenzeichen und Betreffs.

   Bitte achten Sie darauf, dass im Feld Aktenzeichen keinerlei weitere Zeichen eingetragen werden. Das Aktenzeichen ist nach folgendem Schema einzutragen: 70a IN 1/24 (70a[Leerzeichen]IN[Leerzeichen]1/24)

   Verzichten Sie insbesondere auf den Betreff „Forstab". Denn in diesem Falle greift eine Weiterleitungsregelung, die derzeit nur für das Amtsgericht Aachen von Relevanz ist.

   Beachten Sie auch, dass im **Betreff** das Aktenzeichen nicht stehen darf, da es sonst zu Zuordnungsproblemen kommt. Es soll im Betreff vielmehr heißen: Betreff: InsO <Name des Schuldners>.

   Die Justiz NRW hat für die Bezeichnung der Schriftstücke eine Namenskonvention (vgl. auch die Anlage zu diesen Leitlinien) erarbeitet, die Sie bitte beachten wollen. Näheres finden Sie auch in den online verfügbaren Hinweisen der Justiz NRW, auf die verwiesen wird:

   https://www.justiz.nrw.de/Gerichte_Behoerden/anschriften/elektronischer_rechtsverkehr/ERV_Hinweise/index.php

15) Nach den derzeit vorliegenden Informationen soll dieses Feld zukünftig nicht mehr vorhanden sein, sodass keine Nachrichtentexte mehr möglich sein werden.

16) Vgl. dazu bspw. *BAG*, Beschl. v. 5.6.2020 – 10 AZN 53/20, NJW 2020, 2351.

8. Das Gericht bittet darum, die angehängten Dateien entsprechend der Namenskonvention (für Papieraktenverfahren siehe näher D. II. und eAkten-Verfahren siehe näher D. III.) zu benennen. Hierbei sollte der Dateiname **exakt** der Vorgabe entsprechen. Zudem wird gebeten, für jedes Dokument gemäß der Anlage ein eigenes PDF mit einem eigenen Dateinamen (wie vorgegeben) zu benutzen, also keine Dokumente in einer „Gesamt-Datei" zu übermitteln, für die in der Namenskonvention eigene Dateinamen vorgesehen sind.
9. Zudem ist folgendes zu beachten: Damit das Gericht in Zukunft an Sie elektronisch versenden kann, ist der Name des zuständigen Bearbeiters einzutragen (personalisiertes beA-Postfach). Es wird deshalb darum gebeten, diesen auf dem Briefkopf jeweils eindeutig kenntlich zu machen.
10. Es wird darum gebeten, beA-Schreiben grundsätzlich nur einmal abzuschicken. Sollte einmal fraglich sein, ob der Versand erfolgreich war, wird um eine telefonische Nachfrage bei der Geschäftsstelle gebeten.

II. Bezeichnung und Sortierung der Schriftstücke – Papieraktenverfahren (IK und IN)

Damit der Eingang der Schriftstücke in die Gerichtsakte reibungslos erfolgen kann, ist auf eine Bezeichnung der Schriftstücke entsprechend der anliegenden Namenskonvention zu achten. Sollen mehrere laut Namenskonvention gleich zu bezeichnende Dokumente mit einem Versandauftrag übersandt werden, können diese am Ende mit „_01"/„_02" usw. nummeriert werden.

Damit mehrere in einem beA-Versandauftrag zusammengefasste PDF-Dokumente bei Gericht in der von dem Absender vorgesehenen Reihenfolge ausgedruckt werden können bzw. zur elektronischen Akte gelangen, ist über den jeweiligen beA-Zugang der BRAK oder die jeweils genutzte Kanzlei-Software sicherzustellen, dass die Dokumente korrekt sortiert abgeschickt werden. Hier ist es in der Vergangenheit softwarebedingt zu Fehlern gekommen. So wurden bspw. korrekt erstellte beA-Versandaufträge im Ergebnis alphanummerisch übermittelt, da die Reihenfolgedefinierung der Schnittstelle softwareseitig nicht angesteuert wurde. Jedenfalls von der BRAK und einzelnen Softwareanbietern werden bzw. wurden die Programme bereits angepasst. Eine laufende Nummerierung der einzelnen PDF-Dokumente ist damit nicht mehr erforderlich, sofern Sie bereits über eine entsprechende Programmanpassung verfügen.

Beispiel:

70a[Leerzeichen]IK[Leerzeichen]500/21 = 70a IK 500/21

III. Bezeichnung und Sortierung der Schriftstücke in e-Aktenverfahren (IK: Antragseingang ab 1.1.2022; IN: Antragseingang ab 1.6.2023)

1. Eilige Sachen sollten im Schriftsatz (PDF) (vgl. oben) unmissverständlich als eilig gekennzeichnet werden, **nicht aber durch zusätzliche Eintragun-**

gen im Feld Betreff oder gar im Feld „Aktenzeichen". Sonst ist eine zeitnahe Bearbeitung unter Umständen gefährdet, weil das Dokument nicht automatisch zugeordnet werden und eine längere „Postlaufzeit" entstehen kann.

2. **Bitte halten Sie sich hier strikt an die Namenskonvention und nehmen Sie nicht die laufende Nummer sowie das Versendedatum in den Dateinamen auf. In der eAkten-Rahmenanwendung müssten sonst alle Dateien wiederum umbenannt werden.**

IV. Übermittlung von Tabellendaten/Insolvenztabellen und Forderungs-Anmeldeunterlagen

Die Insolvenztabellen sind als strukturierter maschinenlesbarer Datensatz in dem Dateiformat „ITR" zu übermitteln.

Die Anmeldeunterlagen sind mit bestimmten Begleitinformationen als Datei zu übersenden, damit das hiesige System der elektronischen Akte erkennen kann, zu welcher Forderung die Unterlagen „gehören". Nähere Informationen und die technischen Details hat das Ministerium der Justiz NRW unter dem Link **https://www.justiz.nrw.de/Gerichte_Behoerden/anschriften/elektronischer_rechtsverkehr/insolvenzgerichte/index.php** veröffentlicht. Bitte beachten Sie die dort gemachten Vorgaben.

Die EGVP Adresse des Amtsgerichts Köln lautet:
govello-1153215440353-000001237

Der X-Justiz Gerichtsschlüssel des Amtsgerichts Köln lautet:
R3306

Die Insolvenztabellen **werden gleichzeitig mit** den Anmeldeunterlagen übersandt.

Zur Übermittlung sind ausschließlich die in § 130a Abs. 2–4 ZPO, § 4 ERV zugelassenen Übermittlungswege zu benutzen. Bevorzugt sollte vom besonderen elektronischen Anwaltspostfach (**beA**) Gebrauch gemacht werden.

Bei der Versendung einer beA/EGVP-Nachricht mit Tabellendaten gehen Sie bitte wie folgt vor:

Empfänger: Amtsgericht Köln
Nachrichtentyp: Allgemeine Nachricht
Betreff: InsO <Name des Schuldners>
Aktenzeichen des Empfängers: <gerichtliches Aktenzeichen> z. B. *70a IK 573/21*
Aktenzeichen des Versenders: <Ihr Aktenzeichen>
Nachrichtentext[17]: Kein Text

17) Nach den derzeit vorliegenden Informationen soll dieses Feld zukünftig nicht mehr vorhanden sein, sodass keine Nachrichtentexte mehr möglich sein werden.

Die „.itr."-Datei können Sie über die Funktion des beA/EGVP anhängen. Sie sollte wie folgt benannt sein: <Aktenzeichen ohne Querstrich mit Unterstrich statt Leerzeichen> also z. B. *70a_IK_573:21.ITR*

Achten Sie bitte darauf **im Feld „Aktenzeichen des Empfängers" keine zusätzlichen Zeichen** (z. B. weitere Leerzeichen, Anführungszeichen etc.) einzusetzen. Jedes zusätzliche Zeichen führt dazu, dass das Aktenzeichen nicht korrekt automatisiert erkannt wird. Hierdurch können erhebliche Verzögerungen im Geschäftsablauf entstehen. Auch der Dateiname sollte nicht zusätzlich erweitert werden.

Im Feld Betreff sollten ebenfalls keine weiteren Eintragungen (also bitte ausschließlich: InsO <Name des Schuldners>) vorgenommen werden, da diese nicht beabsichtigte Zustellregelungen auslösen können.

4. Ludwigshafen/Rhein

Leitlinien zur Bearbeitung von Insolvenzverfahren am Amtsgericht Ludwigshafen am Rhein

Stand: 01/2022

Im Insolvenzverfahren sind reibungslose Verfahrensabläufe von besonderer Bedeutung, da es nicht selten um Eilentscheidungen und regelmäßig um Sachverhalte geht, die für die Betroffenen von einer besonderen Bedeutung sind. Die konkreten Anforderungen an die Tätigkeit von Sachverständigen und (vorläufigen) Insolvenzverwaltern unterscheiden sich dabei von Gericht zu Gericht. Die in der Insolvenzabteilung des Amtsgerichts Ludwigshafen am Rhein tätigen Mitarbeiterinnen und Mitarbeiter haben mit den hier vorliegenden Leitlinien die Anforderungen der hiesigen Insolvenzabteilung formuliert. Das Ziel dieser Leitlinien ist es, in den Zeiten knapper Ressourcen, die Zusammenarbeit mit langjährig sowie erst kurzfristig für das Amtsgericht tätigen Sachverständigen und Verwaltern durch einheitliche Vorgaben zu vereinfachen.

Die Mitarbeiterinnen und Mitarbeiter der Insolvenzabteilung sind sich dabei bewusst, dass allgemeine Leitlinien niemals geeignet sind, die Vielgestaltigkeit der Sachverhalte in der täglichen Arbeit vollständig zu erfassen. Wir sind daher weiterhin jederzeit ansprechbar, um im Einzelfall einen optimalen Verfahrensablauf zu gewährleisten.

I. Leitlinien für den elektronischen Rechtsverkehr mit dem Insolvenzgericht

1. Nutzungspflicht

Mit in Kraft treten des § 130d ZPO zum 1. Januar 2022 müssen professionelle Verfahrensbeteiligte vorbereitende Schriftsätze und deren Anlagen sowie schriftlich einzureichende Anträge und Erklärungen als elektronisches Dokument übermitteln. Die Vorschrift ist über § 4 InsO grundsätzlich auch im Insolvenzverfahren anwendbar. Die Nutzungspflicht gilt für **Rechtsanwälte, Behörden und juristische Personen des öffentlichen Rechts**, nicht aber bspw. für Steuerberater, Wirtschaftsprüfer, Dipl.-Rechtspfleger.

Erfasst sind **praktisch alle schriftlich einzureichenden Dokumente** (bspw. Anregungen zu Sicherungsmaßnahmen, Sachstandsberichte, Gutachten, Berichte, Vergütungsanträge, Verzeichnisse).

Weiterhin **in Papierform** sollen eingereicht werden:

- die niederzulegende Tabelle mit den Anmeldungen sowie den beigefügten Urkunden und alle sonstigen zugehörigen Dokumente;
- nachträgliche Anmeldungen;

- Tabellenberichtigungen;
- die Anlagen zur Schlussrechnung im Rahmen der Schlussrechnungsprüfung.

2. Praktische Handhabung

Die Dokumente sollen in einer logischen Reihenfolge (durch vorangestellte Nummerierung „01-Schriftsatz“) und mit aussagekräftigen **Dateinamen** versehen werden.

Das Insolvenzgericht führt noch auf unabsehbare Zeit die Akten in Papierform. Alle elektronischen Dokumente müssen daher ausgedruckt werden. Daher ist darauf zu achten, dass **keine Doppel** eingereicht werden (§ 133 Abs. 1 S. 2 ZPO).

Das Insolvenzgericht kann keine **Ausfertigungen** als elektronisches Dokument versenden. Sieht das Gesetz die Übersendung von Ausfertigungen vor oder benötigen Sie zu bestimmten Zwecken eine Ausfertigung, wird diese auf Antrag in Papierform erteilt.

Die Niederlegung der Tabelle erfolgt weiterhin wie bisher. Die Tabellendaten sollen zur Arbeitserleichterung auch elektronisch eingereicht werden. Daneben muss die Tabelle mitsamt ihren Anlagen nach § 175 Abs. 1 S. 2 InsO weiterhin in Papierform eingereicht werden (s. o.). Insoweit gilt die Nutzungspflicht für den elektronischen Rechtsverkehr nicht.

Eine Einreichung in Papierform ist auch erforderlich, wenn die Forderungsanmeldung durch Übermittlung eines elektronischen Dokuments erfolgt ist (§ 174 Abs. 4 InsO). Elektronisch eingereichte Urkunden, aus denen sich die Forderung ergibt, können in diesem Fall als einfacher Ausdruck vorgelegt werden. Im Einzelfall wird das Gericht Originale von Urkunden nachfordern.

3. Eilsachen

Eilige Sachen sind im Betreff entsprechend zu kennzeichnen (bspw. „EILT <Schuldnername>“). In zeitkritischen Fällen soll die Übersendung zuvor telefonisch oder per Fax angekündigt werden, da elektronische Dokumente teilweise nur mit Zeitverzug beim Insolvenzgericht eingehen

4. Technisches

Die einzureichenden Dokumente sollen im **PDF-Format** übermittelt werden. Wenn bildliche Darstellungen nicht verlustfrei wiedergegeben werden können, darf zusätzlich das Dateiformat TIFF verwendet werden.

Einzelne Dokumente (Schriftsatz, Anlagen, etc.) sollen als **getrennte Dateien** und nicht als Gesamt-PDF eingereicht werden.

Soweit eingereichte Dokumente einer **Signatur** bedürfen, soll der betreffende Schriftsatz und nicht die gesamte beA-Nachricht signiert werden, da Container-Signaturen unzulässig sind.

II. Leitlinien für das Eröffnungsverfahren

1. Anzeige von Umständen, die der Bestellung entgegenstehen

Bei einfach gelagerten Verfahren wird das Insolvenzgericht vor der Bestellung keinen Kontakt mit dem zu bestellenden Sachverständigen, Insolvenzverwalter oder Treuhänder aufnehmen. Der Bestellte ist gleichwohl verpflichtet, von sich aus dem Insolvenzgericht einen Sachverhalt anzuzeigen, der bei unvoreingenommener, lebensnaher Betrachtungsweise die ernstliche Besorgnis rechtfertigen kann, dass der Verwalter als befangen an seiner Amtsführung verhindert ist (vgl. BGH, NZI 2012, 247). Darüber hinaus sollen auch etwaige Vorbefassungen dem Gericht unverzüglich mitgeteilt werden, um dem Gericht die Entscheidung über einen Wechsel ohne Zeitverlust zu ermöglichen.

2. Berichte des Sachverständigen/Sicherungsmaßnahmen

Setzt das Insolvenzgericht bei eingehenden Fremdanträgen nach der Anhörung des Antragsgegners einen Sachverständigen ein, so soll dieser spätestens nach Ablauf einer Woche berichten, wenn eine Kontaktaufnahme nicht möglich war, der Gutachtensauftrag nicht ausreicht oder Anhaltspunkte für die Notwendigkeit sprechen, weitere **Sicherungsmaßnahmen** anzuordnen. Anregungen gegenüber dem Gericht sind schriftlich zu begründen; dabei ist der Schwere der Sicherungsmaßnahme im Rahmen der Ausführlichkeit der Begründung Rechnung zu tragen. Um spätere Berichtigungen zu vermeiden, soll der Schuldner sich gegenüber dem Sachverständigen **mit einem amtlichen Ausweis ausweisen**, die genaue Schreibweise des dort wiedergegebenen Schuldnernamens (einschließlich aller Vornamen) sowie das Geburtsdatum sind mitzuteilen.

Die **Siegelung** der künftigen Insolvenzmasse gehört zu den originären Rechten und Pflichten des vorläufigen Insolvenzverwalters. Dies gilt auch für den schwachen vorläufigen Insolvenzverwalter, wenn ihm die Überwachung des Schuldners zur Sicherung und zum Erhalt des Schuldnervermögens übertragen ist. Einer Ermächtigung durch das Gericht bedarf es hierfür nicht.

Der Sachverständige soll schnellstmöglich mitteilen, wenn sich aufgrund seiner Ermittlungen Zweifel an der **Zulässigkeit** der gewählten Verfahrensart ergeben.

Regelmäßige, **nicht anlassbezogene Sachstandsberichte** sollen alle vier Wochen bei Gericht unter Angabe

- der Gründe, die dem Abschluss des Verfahrens entgegenstehen und
- des voraussichtlichen Zeitpunkts der Fertigstellung des Gutachtens eingereicht werden.

Ist die **internationale Zuständigkeit** der deutschen Insolvenzgerichtsbarkeit zweifelhaft und kommt dem Schuldner am Markt erhebliche wirtschaftliche Bedeutung zu, berichtet der beauftragte Gutachter spätestens jeden zweiten Tag über den Stand seiner Ermittlungen.

Die Berichte sollen in schriftlicher **Form** eingereicht werden. Eine etwaige Nutzungspflicht für den elektronischen Rechtsverkehr ist zu beachten (s. o. I.).

3. Örtliche Zuständigkeit

Entstehen im Laufe der Sachverständigentätigkeit im Hinblick auf die örtliche Zuständigkeit des Insolvenzgerichts Zweifel, soll das Gericht unverzüglich schriftlich informiert werden. In der Sache gebotene Sicherungsmaßnahmen können unabhängig von einer noch ungeklärten Zuständigkeit ergriffen werden.

4. Zahlungsankündigungen und Zahlung bei Fremdanträgen

Sinn und Zweck der Anhörung des Antragsgegners sowie der sachverständigen Begutachtung ist es nicht, dem Antragsgegner Gelegenheit zur Begleichung der Außenstände zu geben. Zwar ist es nicht zu beanstanden, wenn es dem Antragsgegner im laufenden Eröffnungsverfahren gelingt, seine Verbindlichkeiten zurückzuführen, doch ist dies nicht dessen Ziel. Der Fortgang des Insolvenzverfahrens und eine beschlossene Begutachtung können zu diesem Zweck nicht zurückgestellt werden. Ein „Ruhen" des Verfahrens, das von den Parteien immer wieder angeregt wird, kommt dementsprechend nicht in Betracht.

Erlangt der **vorläufige Insolvenzverwalter** Kenntnis von Zahlungen, die dem Antragsgegner zuzurechnen sind, soll mitgeteilt werden, ob diese Zahlung genehmigt wird, und ob aufgrund seiner bisherigen Ermittlungen das Vorliegen eines Eröffnungsgrunds wahrscheinlich ist.

5. Einzelermächtigungen

Zur Absicherung von zu begründenden Forderungen kann der (schwache) vorläufige Insolvenzverwalter die Erteilung einer Einzelermächtigung zur Begründung von Masseverbindlichkeiten oder eine Bestellung als (starker) vorläufiger Insolvenzverwalter bei Gericht anregen.

Im Falle der Anregung einer Einzelermächtigung sollen die beabsichtigten Maßnahmen nach den Geschäftsgegnern (ggfls. Liste) und nach ihrer Finanzierbarkeit konkret und nicht lediglich pauschal bezeichnet werden, ebenso ist zum Zweck der zu begründenden Masseverbindlichkeiten Stellung zu nehmen. Dazu wird in der Regel der jeweilige Rechtsgrund eindeutig zu bezeichnen sein („Leasingvertrag vom ..."). Bei Anregungen eines Ermächtigungsbeschlusses soll der vorläufige Insolvenzverwalter in zeitkritischen Fällen die Übersendung zuvor telefonisch oder per Fax ankündigen, da elektronische Schriftsätze teilweise nur mit Zeitverzug beim Insolvenzgericht eingehen.

Zur **Darlegung der Finanzierbarkeit** bedarf es regelmäßig der Beifügung einer überschlägigen Liquiditätsplanung, aus der sich ergibt, dass die zu begründenden Masseverbindlichkeiten auch bedient werden können. Es muss aber immer dargestellt werden, bis zu welchem Zeitpunkt Forderungen fällig werden und dass hinreichende Mittel zur Deckung dieser Forderungen zur Verfügung stehen.

Die Einzelermächtigungen können in Ausnahmefällen auch als sog. **Gruppenermächtigungen** erteilt werden. Die Gruppe ist im Anregungsschreiben so bestimmt zu bezeichnen, dass ein Außenstehender den Umfang seiner Begünstigung erkennen kann. Der vorläufige Verwalter muss insoweit darlegen und begründen, weshalb im Einzelfall die notwendige Konkretisierung unterbleibt (bspw. Geschäftsgeheimnis) und warum die Anordnung einer „starken" Verwaltung aus seiner Sicht nicht opportun ist. Die Gruppenermächtigung kann auch projektbezogen beantragt werden (z. B. Aufnahme eines Massekredits, Fertigstellung eines Bauprojekts).

Entsprechendes gilt für Anträge nach § 21 Abs. 2 Nr. 5 InsO: Die zur Fortführung benötigten Gegenstände sind so konkret wie möglich zu bezeichnen. Die erhebliche Bedeutung der Gegenstände zur Betriebsfortführung bedarf einer konkreten Darlegung.

Eine Einzelermächtigung kommt auch bei der **Vorbereitung einer übertragenden Sanierung** in Betracht, etwa bei einer gesellschaftlichen Umstrukturierung des Schuldners, Veränderungen im Personalbestand, etc. Dabei ist die Wertung des § 162 InsO zu beachten, der eine Betriebsveräußerung erst im eröffneten Verfahren zulässt, weshalb grundsätzlich das Verfahren eröffnet werden soll, *bevor* unumkehrbare Fakten geschaffen worden sind.

6. Betriebsfortführung

Im Falle einer Betriebsfortführung kommen Einzelermächtigungen insbesondere in der Form vom Gruppen- oder Projektermächtigungen nur in Ausnahmefällen in Betracht. Eine Anregung soll entsprechend ausführlich begründet werden.

7. Betriebsstilllegung

Es gelten die Regeln wie für sonstige Einzelermächtigungen. Das Erfordernis der Stilllegung ist darzulegen – wozu auch gehört, dass und warum eine Sanierung nicht in Frage kommt –, ebenso ist die Einreichung einer Liquiditätsplanung erforderlich, aus der sich ergibt, dass die Fortführung nicht kostendeckend weiter betrieben werden kann.

8. Anhörungstermin durch das Gericht

Wird ein Anhörungstermin erforderlich, soll dem Gericht mit der Anregung das Aufforderungsschreiben an den Schuldner nebst dem Fragenkatalog des Sachverständigen in Kopie überlassen werden. Ein umfangreicher **Fragenkatalog** soll im elektronischen Rechtsverkehr als PDF mit kopierbarem Text übermittelt werden, um eine zügige Bearbeitung zu ermöglichen. Weiterhin soll der Sachverständige darlegen, welche **Anstrengungen** er unternommen hat, **den Schuldner zu erreichen**. Dabei soll insbesondere mitgeteilt werden, ob Sendungen an den Schuldner als nicht zustellbar in Rücklauf gekommen sind, ob der Geschäfts- bzw. Wohnsitz des Schuldners noch genutzt wird (Sind Klingel oder Briefkasten beschriftet? Befinden sich noch Firmenschilder am Anwesen? etc.). Die bloße Mitteilung, eine Postsendung sei nicht in Rücklauf gekommen, wird in der Regel nicht ausreichend sein, um eine fehlende Mitwirkung des Schuldners zu begründen.

9. Ermittlungsmaßnahmen

Nach dem Grundsatz der Verhältnismäßigkeit kommt eine Verhaftung in aller Regel erst nach Erschöpfung aller milderen Ermittlungsmaßnahmen in Betracht. Begehrt der vorläufige Insolvenzverwalter den Erlass eines **Haftbefehls**, soll insbesondere dargelegt werden, ob eine Durchsuchung der Geschäftsräume (und ggf. Wohnräume) des Schuldners erfolgversprechend erscheint. Weiter hat der vorläufige Insolvenzverwalter im Hinblick auf das Bestimmtheitsgebot (vgl. BGH, Beschluss vom 17.2.2005, Az. IX ZB 62/04) an den Schuldner zu richtende Fragen so konkret zu formulieren bzw. vorzulegende Unterlagen so konkret zu bezeichnen, dass ein Gerichtsvollzieher überprüfen kann, ob die Fragen vollständig beantwortet bzw. Unterlagen vollständig vorgelegt wurden.

10. Immobilarvermögen

Sollte Immobiliarvermögen festgestellt werden, soll der Grundbuchvermerk bei Anordnung der vorläufigen Verwaltung vom vorläufigen Verwalter beantragt und ein Nachweis zur Akte gereicht werden, §§ 23 Abs. 3, 32 Abs. 2 S. 2 InsO. Hinderungsgründe sind unverzüglich mitzuteilen.

11. Gutachten

Im Gutachten ist unter deutlicher Hervorhebung begründet darzulegen, wenn das Verfahren erst zu einem **bestimmten Termin** eröffnet werden soll. Eröffnungsgutachten sollen in solchen Fällen spätestens drei Tage vor dem gewünschten Eröffnungszeitpunkt beim Insolvenzgericht vorliegen; kann dieser Termin nicht eingehalten werden, ist das Gutachten vorab – notfalls in Entwurfsfassung – an das Insolvenzgericht zu übermitteln.

In dem **Eröffnungsgutachten**, insbesondere wenn der Sachverständige die Abweisung eines Antrages mangels Masse empfehlen möchte, ist stets auf mögliche Anfechtungsansprüche einzugehen, einschließlich der Darlegung, welche Maßnahmen der Gutachter im Einzelnen ergriffen hat, um diese aufzudecken.

Bei juristischen Personen als Schuldner ist in dem Eröffnungsgutachten stets auch auf alle gesellschaftsrechtlich möglichen Ansprüche (Kapitalaufbringung, Kapitalerhaltung, kapitalersetzende Darlehen, anfechtbare Rückzahlungen auf Gesellschafterdarlehen), sowie die Verfolgung von Gesamtschäden (vgl. §§ 92, 93 InsO) einzugehen, notfalls kursorisch, falls das Verfahren auch ohne diese

Ansprüche eröffnungsfähig ist. Mögliche Ansprüche gegen Geschäftsführer bzw. Vorstand wegen verspäteter Insolvenzantragstellung sind jedenfalls dann zu erwähnen, wenn die Masse durch sie angereichert werden muss, um eine Abweisung mangels Masse zu vermeiden. Auch hier ist ggf. darzustellen, welche Maßnahmen der Gutachter im Einzelnen ergriffen hat, um die Ansprüche aufzudecken.

Wenn nach Einschätzung des Gutachters evident ist, dass solche Ansprüche gegen Gesellschafter, Geschäftsführer oder Vorstand (bzw. bei Anfechtungen gegen Drittschuldner) wirtschaftlich **wertlos** sind, ist es ausreichend, die Ansprüche selbst knapper darzustellen und notfalls sogar ganz offen zu lassen. Dann sind aber die Vermögensverhältnisse der möglichen Anspruchsgegner näher darzulegen, einschließlich der Mitteilung der Maßnahmen, welche der Gutachter im Einzelnen ergriffen hat, um diese zu überprüfen. Entsprechendes gilt für die Prüfung des § 26 Abs. 4 InsO.

Sofern solche Ansprüche im eröffneten Verfahren nur unter Gewährung von **Prozesskostenhilfe** durchgesetzt werden können, ist im Eröffnungsgutachten auszuführen, warum zu erwarten ist, dass diese gewährt werden wird.

Bei juristischen Personen ist auch anzugeben, bei welcher **Berufsgenossenschaft** die Schuldnerin Mitglied ist.

12. Vorläufigen Insolvenzverwaltung und (vorzeitige) Beendung des Verfahrens

Endet das Eröffnungsverfahren durch Abweisung mangels Masse oder Erledigungserklärung bei angeordneter vorläufiger Insolvenzverwaltung sind entsprechend § 25 Abs. 2 InsO vor der Aufhebung der Bestellung aus dem verwalteten Vermögen die entstandenen Kosten zu berichtigen und die begründeten Verbindlichkeiten zu erfüllen. Wegen der Gerichtskosten wird eine zumindest vorläufige Gerichtskostenrechnung versendet, die als Grundlage für die Abführung der Gerichtskosten dient. Diese Kosten sind binnen kurzer Frist zu begleichen und die Erfüllung hierher nachzuweisen.

Reicht das vorläufig verwaltete Vermögen zur Begleichung der zu berichtigenden Forderungen nicht aus, sind diese im Sinne des § 209 Abs. 1 InsO zu bedienen.

13. Rechtliches Gehör des Schuldners

Der Sachverständige soll den Inhalt seines Gutachtens mit dem Schuldner (bzw. dessen Vertreter) besprechen und auf ein **Einverständnis des Schuldners** mit seinen Feststellungen hinwirken. Liegt eine Einverständniserklärung des Schuldners vor, soll diese dem Gutachten beigefügt werden, ansonsten soll im Gutachten konkret dargelegt werden, welche Einwendungen der Schuldner erhebt.

In geeigneten Fällen soll der Sachverständige den Schuldner auf die Bedeutung einer **eigenen Antragstellung** hinweisen und ihm darlegen, ob insoweit eine teilweise Bezugnahme auf das Gutachten möglich ist. Weiterhin soll er den Schuldner auf die Verfügbarkeit von Formularvordrucken für Anträge (Kostenstundung, etc.) auf der Internetseite des Insolvenzgerichts (www.aglu.justiz.rlp.de → Organisation → Insolvenzgericht) und bei der Infothek des Amtsgerichts aufmerksam machen.

14. Geheimhaltung

Enthalten Berichte oder Gutachten des vorläufigen Insolvenzverwalters oder des Sachverständigen nicht zu offenbarende Informationen (Geschäftsgeheimnisse, Patente, o. ä.), sollen diese gesondert in einer zur Anlegung eines Sonderbandes geeigneten Form eingereicht werden. Die Notwendigkeit zur Geheimhaltung muss begründet werden.

15. Sachverständigenvergütung

Die Höhe der Vergütung eines Insolvenzsachverständigen beträgt grundsätzlich 120 € pro Stunde; ist dieser gleichzeitig vorläufiger Insolvenzverwalter reduziert sich der Stundensatz auf 95 € (§ 9 Abs. 4 JVEG).

Das Gericht geht grundsätzlich davon aus, dass die Sachverständigen eine zügige Abrechnung im Verwaltungsverfahren durch den Anweisungsbeamten vorgenommen haben möchten. Sollte im Einzelfall eine **gerichtliche Festsetzung** durch den Richter begehrt werden, ist im Abrechnungsschriftsatz entsprechend hervorgehoben ein ausdrücklicher „Antrag auf gerichtliche Festsetzung" zu stellen.

Geltend gemachte **Arbeitsstunden** sind in einer Anlage zur Abrechnung unter Angabe der ausgeübten Tätigkeit aufzuschlüsseln. Die geltend gemachten **Anschläge** sind durch Abdruck eines entsprechenden Nachweises ebenfalls der Abrechnung beizufügen. Im Übrigen wird auf die Dreimonatsfrist (Ausschlussfrist) des § 2 Abs. 1 S. 1 JVEG hingewiesen.

Die Kosten für den Abruf der im elektronischen **Handelsregister hinterlegten Dokumente** sind nicht ersatzfähig, da diese Dokumente kostenfrei über die Geschäftsstelle des Insolvenzgerichts bezogen werden können.

16. Höchstpersönlicher Charakter der Bestellung

Die Bestellung als vorläufiger Insolvenzverwalter, Treuhänder und/oder als Sachverständiger ist **höchstpersönlich**. Die Vornahme der maßgeblichen Tätigkeiten muss daher durch den Bestellten selbst erfolgen. Ist dies dem Bestellten auf Grund einer Tätigkeit an verschiedenen, geographisch weiter entfernten Niederlassungen nicht möglich, so ist dies umgehend dem Gericht mitzuteilen. Werden Hilfspersonen für wesentliche Tätigkeiten eingesetzt, sind diese namhaft zu machen; lediglich Hilfspersonen, die für untergeordnete Tätigkeiten eingesetzt werden, müssen nicht benannt werden. Stellt sich im Laufe der Tätigkeit heraus, dass sich die Begutachtung auf Spezialmaterien (z. B. die **Bewertung von Anlagevermögen**, Antiquitäten, Schutzrechten usw.) erstreckt, für die die eigene Sachkunde des bestellten Sachverständigen nicht ausreicht, ist dies dem Gericht unverzüglich mitzuteilen; dabei soll ein für die Begutachtung geeigneter weiterer Sachverständiger vorgeschlagen werden. Das Gericht wird dann die weitere Bestellung vornehmen. Der weitere Sachverständige rechnet dann unmittelbar gegenüber dem Gericht über seine Tätigkeit ab.

Längerfristige Abwesenheiten bzw. **Verhinderungen** von mehr als zwei Wochen sind dem Gericht mitzuteilen, ggf. unter Angabe der Vertretungsregelung. Es sind organisatorische Vorkehrungen zu treffen, wonach das Gericht über Verhinderungen auch bei Abwesenheit des Sachverständigen unverzüglich informiert wird.

Umstände, die der Übernahme eines Auftrages entgegenstehen oder entgegenstehen können, sind unverzüglich dem Gericht anzuzeigen.

17. Versicherungsverträge zu Gunsten von Justizangehörigen

Von der Versicherungswirtschaft werden Haftpflichtversicherungsverträge für Verwalter angeboten, die auch Risiken von Justizangehörigen absichern. Wir stehen den damit verbundenen „Vorteilen“ für Beschäftigte des öffentlichen Dienstes kritisch gegenüber und möchten zunächst klarstellen, dass das Vorliegen einer solchen Versicherung **nicht** zu einer **bevorzugten Bestellung** des betreffenden Verwalters führen kann. Wir erklären daher, dass ein solcher Versicherungsschutz von uns nicht gewünscht und auch nicht in Anspruch genommen wird.

18. Postsperre

Sofern im Eröffnungsverfahren eine Postsperre angeordnet wurde, ist bereits im Gutachten ausdrücklich mitzuteilen, ob die Postsperre im eröffneten Verfahren aufrechterhalten werden soll oder mit der Eröffnung aufgehoben werden kann. Sofern die Postsperre aufrechterhalten werden soll, ist dies ausdrücklich zu begründen.

19. Insolvenzsonderkonten

Auf Grund der Rechtsprechung des Bundesgerichtshofes (Urteile vom 7.2.2019, Az. IX ZR 47/18 und vom 24.1.2019, Az. IX ZR 110/17) zu den sog. Insolvenzsonderkonten ermächtigen wir regelmäßig den vorläufigen Insolvenzverwalter auf den Namen des Schuldners oder auf seinen Namen in der Funktion als vorläufiger Insolvenzverwalter Sonderkonten zu eröffnen und über diese zu verfügen. Damit ist keine Ermächtigung zur Begründung von Masseverbindlichkeiten verbunden.

III. Leitlinien für das eröffnete Verfahren

1. Allgemeines

Eine **Sachstandsmitteilung** soll, sofern nicht anders verfügt, anlassunabhängig alle sechs Monate erfolgen. Hiervon ausgenommen sind Verfahren, bei denen Masseunzulänglichkeit droht oder eintritt; hier ist nach Vorgabe des Gerichts zu berichten.

Die **Angaben** der jeweiligen Gläubiger sollen vollständig und korrekt erfasst werden (Aktenzeichen, Versicherungsnummern, Vertragsnummer, Aktenzeichen o. ä.).

Die **Gläubigerdaten** sind über das elektronische Postfach (beA) zu übermitteln.

2. Forderungsanmeldungen

Mit den Sachstandsberichten sollen auch neue Forderungsanmeldungen und Berichtigungen mitgeteilt werden. Die Originale der Tabellenanmeldungen sowie die Gläubigerdatei (.itr) sind zum jeweiligen Termin gem. Eröffnungsbeschluss rechtzeitig, dh. mindestens eine Woche vorher, einzureichen.

Die Anmeldungen sollen nummeriert werden oder durch nummerierte Einlegeblätter getrennt werden. Die Einlegeblätter müssen nicht mit einer Gläubigerbezeichnung versehen und alphabetisch abgeheftet werden, da bei Eingang der nachträglichen Forderungsanmeldungen diese Reihenfolge nicht fortgesetzt werden kann.

Im Anschreiben soll – am besten drucktechnisch hervorgehoben – explizit auf eine vorhandene **Anmeldung aus vorsätzlich begangener unerlaubter Handlung**, vorsätzlich pflichtwidriger Verletzung einer gesetzlichen Unterhaltspflicht oder Steuerstraftat nach §§ 370, 373, 374 AO hingewiesen werden. Bei der schriftlichen Anzeige einer Anmeldung aus vorsätzlich begangener unerlaubter Handlung sollen eine Kopie des Tabellenblattes (unbedingt mit Prüfvermerk) und ein Überstück der Anmeldung für den Schuldner zur direkten Übersendung beigefügt werden. Dies gilt auch bei einer nachträglichen Anmeldung.

Die Tabelle gem. § 175 InsO soll immer beigefügt werden. Die Nutzungspflicht für den elektronischen Rechtsverkehr gilt insoweit nicht. Die Einreichung der Tabelle und aller zugehörigen Dokumente soll daher in Papierform erfolgen, lediglich die Gläubigerdaten (.itr-Datei) sind parallel elektronisch einzureichen.

Wird eine **Forderung** vor dem Prüfungstermin **reduziert oder berichtigt**, dann soll diese Änderung in das Tabellenblatt eingearbeitet werden. Die Reduzierung soll nicht in das Feld „Ergebnis der Prüfungsverhandlungen“ eingetragen werden.

Nachträgliche Anmeldungen sollen gesammelt und nicht einzeln eingereicht werden. Die nachträglichen Gläubiger mit Beantragung des nachträglichen Termins sind anzugeben, die Gläubigerdaten (.itr-Datei) sind parallel elektronisch einzureichen. Weiter soll eine Übersicht der nachträglichen Anmeldungen dem Antrag beiliegen.

Ein „vorläufiges“ Bestreiten ist nicht erforderlich und soll daher nicht erfolgen.

3. Tabellenberichtigungen

Vom Verwalter bzw. Treuhänder unterschriebene Tabellenberichtigungen sollen spätestens mit dem Schlussbericht eingereicht werden. Von einer (parallelen) elektronischen Einreichung soll abgesehen werden.

Berichtigungen sollen nicht gesammelt werden! Aus Gründen der Praktikabilität sollten nach Möglichkeit nicht mehr als fünf Berichtigungen zusammen eingereicht werden.

Folgender **Berichtigungstext** soll verwendet werden:

> In o. g. Verfahren hat der Gläubiger gem. Schreiben vom … seine Forderung
>
> von … €
>
> um … €
>
> auf … € reduziert.
>
> Die Forderung wird in Höhe von … € festgestellt.
>
> Der Ausfall entfällt.

Es sollen lediglich das Berichtigungsschreiben des Verwalters und des Gläubigers beigefügt werden. Eine Abschrift des Berichtigungsschreibens, ein Tabellenblatt oder eine aktualisierte Gläubigerdatei (.itr) werden nicht benötigt.

Für evtl. Rückfragen sollen auf den Schreiben des Verwalters an das Gericht möglichst direkte **Ansprechpartner** mit Telefonnummer und E-Mail-Adresse angegeben werden.

4. Schlussrechnung

In die Schlussrechnung sollen nach der vorherigen Einholung einer Gerichtskostenrechnung **konkrete Gerichtskosten** eingestellt werden. Von der vorherigen Einholung kann abgesehen werden, soweit eine Verteilung nicht in Betracht kommt.

Das **Verteilungsverzeichnis** soll die Angabe einer Quote enthalten.

Mit der Schlussrechnung sollen **chronologische Kontenaufstellungen** (sog. E/A Kontenaufstellungen) getrennt für das vorläufige und das laufende Verfahren eingereicht werden. Bei Betriebsfortführung ist daneben gesondert zu listen, welche Einnahmen und Ausgaben genau erzielt wurden und welcher Überschuss sich ergeben hat. Auch soll für die Regelverfahren eine **Verwertungsübersicht** eingereicht werden.

Die nach dem 1.1.2012 eröffneten Verfahren über das Vermögen von juristischen Personen sollen auf dem vom Gericht bereits ausgegebenen **SKR04-Kontenrahmen** gebucht werden. Das Kontierungshandbuch kann als PDF-Datei zur Verfügung gestellt werden.

Aktiva und Passiva sind ausdrücklich im ersten Bericht anzugeben (§ 151 InsO). Bei **Absonderungsrechten** ist eine ordnungsgemäße Vergleichsberechnung vorzulegen.

5. Anzeige der Masseunzulänglichkeit

Die Übermittlung der Gläubigerdatei (.itr) soll parallel zu der Anzeige der Masseunzulänglichkeit erfolgen. Der Anzeige ist eine Liste der Massegläubiger beizufügen.

6. Verwaltervergütung

Nach der Regelung des § 3 Abs. 2 Buchst. e) InsVV ist ein Abschlag auf die Regelvergütung dann geboten, wenn die Vermögensverhältnisse überschaubar waren **und** die Zahl der Gläubiger **oder** die Höhe der Verbindlichkeiten gering ist.

Nach der Rechtsprechung des Landgerichts Frankenthal ist hinsichtlich der Frage, wann die Anzahl der Gläubiger als gering anzusehen ist, an die Regelung des § 304 Abs. 2 InsO anzuknüpfen, wonach 20 Gläubiger keine geringe Anzahl mehr bedeuten. Verbindlichkeiten ab etwa 25.000 € sind ebenfalls nicht mehr als gering zu erachten (vgl. LG Frankenthal, Beschluss vom 26. August 2015, Az. 1 T 215/15 und 1 T 333/16).

Als überschaubar sind die Vermögensverhältnisse grundsätzlich dann anzusehen, wenn sich bereits aus den bisherigen Ermittlungen ein zuverlässiger Überblick über das Vermögen, das Einkommen und die Verbindlichkeiten des Schuldners gewinnen lässt.

Sofern der Tatbestand des § 3 Abs. 2 Buchst. e) InsVV nach diesen Kriterien als verwirklicht anzusehen ist, ist ein angemessener Abschlag auf die Vergütung vorzunehmen.

Bei der Mindestvergütung wird ein Abzug von 20 % per gesetzlicher Regelung für geboten erachtet (vgl. § 13 InsVV). Die genannten Entscheidungen des LG Frankenthal gehen von noch höheren Abschlagsmöglichkeiten aus, der BGH bestätigt mit Beschluss vom 6.4.2017 (BGH, Beschluss vom 6. April 2017, Az. IX ZB 48/16, juris), dass für Abschläge nicht § 13 InsVV analog herangezogen werden muss, weshalb – je nach Gestaltung des Einzelfalls – geringere, aber auch weit höhere Abschläge in Betracht kämen.

Wenn trotz Vorliegens der Tatbestände des § 3 Ziffer 2 Buchst. e) InsVV bei Antragstellung kein Abschlag an der Vergütung vorgenommen wird, ist dies entsprechend zu begründen (Besonderheiten des Einzelfalls, mögliche Erhöhungstatbestände, Erschwernisse tatsächlicher und/oder rechtlicher Art).

IV. Leitlinien für die Wohlverhaltensperiode

Grundsätzlich soll der Treuhänder jährlich

- berichten, verteilen und die Verteilung nachweisen.
- den Schuldner auffordern, die persönlichen und wirtschaftlichen Verhältnisse nachzuweisen.

Kann der Schuldner krankheitsbedingt seiner **Erwerbsobliegenheit** dauerhaft nicht nachkommen, sollte das dem Gericht unverzüglich mitgeteilt werden, da sich dann ein Hinweis auf die Erfüllung seiner Erwerbsobliegenheit erübrigt. **Verstöße gegen Auskunfts- und Mitwirkungspflichten** sollen dem Gericht bei Bekanntwerden unverzüglich mitgeteilt werden. Eine dem Schuldner bei Aufhebung bewilligte Stundung entbindet den Treuhänder nicht davon, den Schuldner jährlich zur Erteilung von Auskünften zu seinen persönlichen und wirtschaftlichen Verhältnissen anzuhalten.

Bei **Schlussrechnungslegung**en nach Beendung der Laufzeit der Abtretungserklärung kann eine Verteilung erst nach Genehmigung des Gerichts erfolgen.

5. München

Leitlinien und Qualitätsstandards zur Zusammenarbeit mit dem Insolvenz- und Restrukturierungsgericht München

Datum: 1.10.2023

Um sich der verbreiteten Praxis anzuschließen und gleichzeitig die Zusammenarbeit strukturierter und für alle Beteiligten möglichst kontinuierlich und transparent zu gestalten, haben sich die Rechtspflegerinnen und Rechtspfleger sowie die Tabellenkanzlei auf gemeinsame Qualitätsstandards bzw. Leitlinien zur Zusammenarbeit und Kommunikation mit dem Gericht geeinigt. Diese fassen nicht nur die bisher einzeln ausgegebenen Hinweise der Tabellenkanzlei und die Informationen bzgl. der Veröffentlichung der Verteilungstexte § 188 InsO zusammen, sondern geben auch in der Regel verbindliche Standards zur Fallbearbeitung vor. Bei Fragen und individuell notwendigen Abweichungen verbleibt die Entscheidung über einzelne Punkte selbstverständlich weiterhin bei dem jeweiligen Sachbearbeiter bzw. der jeweiligen Sachbearbeiterin. Bzgl. Angelegenheiten der Tabellenführung gilt gleiches für die Mitarbeiterinnen der Tabellenkanzlei.

I. Tabellenführung

Das Amtsgericht München verfügt über eine gesonderte Tabellenkanzlei. Es wird daher gebeten, Tabellenunterlagen ***stets getrennt*** *von anderen Unterlagen einzureichen und mit dem Hinweis* ***„Tabellenkanzlei“*** *zu versehen.*

1. Tabellenblätter werden ohne Farbdruck im Hochformat erstellt und nur einfach eingereicht. Die Tabellenblätter und Forderungsanmeldungen sind – **jeweils getrennt voneinander** – nummerisch zu ordnen. Die erste Seite der entsprechenden Forderungsanmeldung sollte jeweils in der oberen rechten Ecke mit der entsprechenden Tabellenblattnummer versehen werden. Es wird gebeten, die einzelnen Forderungsanmeldungen geheftet und nicht lediglich mit Büroklammern verbunden einzureichen. Bei Tabellenblättern ist hingegen generell auf eine Heftung zu verzichten.

2. Bei der Angabe des Gläubigers ist auf die **korrekte, titelfähige Bezeichnung** und ggf. Vertretungsbezeichnung zu achten. Die namentliche Nennung eines gesetzlichen Vertreters ist nicht erforderlich. Der Schuldner ist mit Anschrift und Geburtsdatum im Tabellenblatt anzugeben. Bei juristischen Personen sind das Registergericht und die Registernummer anzugeben.

3. Die Forderungsbezeichnungen sollte gewissen **Bestimmtheitsgrundsätzen** genügen. Bspw. sind Steuerarten und Fälligkeitszeiträume anzugeben, ebenso die Zeiträume von Sozialabgaben. Aufgrund datenschutzrechtlicher As-

pekte sollten jedoch Arbeitnehmer nur in der Anmeldung und nicht auf dem Tabellenblatt namentlich bezeichnet werden.

4. Beim Vordruck der Prüfungsvermerke für den schriftlichen Prüfungstermin bedarf es nur des Passus „im schriftlichen Verfahren geprüft am" (**ohne** Vordruck eines Datums und ohne Rechtspflegernamen). Findet die Forderungsprüfung im mündlichen Verfahren statt, kann Abweichendes mit dem Gericht vereinbart werden.

5. Anmeldeunterlagen sind aus Platzgründen grundsätzlich nicht in vollständigem Umfang, sondern nur unter Beifügung des Anmeldeformulars und ggf. der konkret anspruchsbegründenden Nachweise niederzulegen. **Originaltitel** sind **nicht** einzureichen.

6. Für **jede** Tabelleneinreichung (auch bei Nachmeldern) wird um ein **gesondertes Anschreiben** gebeten, welches im Falle einer natürlichen Person wie folgt aussehen könnte:

   „Im vorgenannten Insolvenzverfahren übergebe ich anliegend

   - die Insolvenztabelle
   - die Tabellenblätter nebst Prüfungsvermerk (lfd. Nr. 1 – ...) sowie
   - die entsprechenden Forderungsanmeldungen.

   a) Forderungsanmeldungen aus vorsätzlich begangener unerlaubter Handlung, vorsätzlich pflichtwidriger Unterhaltspflichtverletzung oder Steuerstraftat nach nach §§ 370, 373 oder 374 AO liegen <u>nicht</u> vor.

   <u>Alternativ:</u>

   b) Forderungsanmeldungen aus vorsätzlich begangener unerlaubter Handlung/vorsätzlich pflichtwidriger Unterhaltspflichtverletzung/Steuerstraftat nach §§ 370, 373 oder 374 AO wurden von folgenden Gläubigern beansprucht:

   [Auflistung der jeweiligen Gläubiger unter Angabe der Tabellennummer]"

7. <u>Zu Forderungen mit **Deliktsattributen** (§§ 174 Abs. 2, 302 Nr. 1 InsO):</u>

   a) Im Anschreiben zur Tabelleneinreichung sind **grundsätzlich** sämtliche Forderungen einzeln aufzuführen, bei denen ein Gläubiger bei der Anmeldung angegeben hat, dass es sich um eine von der Restschuldbefreiung ausgenommene Forderung handelt. Fehlanzeige ist ebenso erforderlich. Nur so kann eine rechtzeitige Belehrung des Schuldners durch das Gericht sichergestellt werden (vgl. hierzu Muster unter 6.).

   b) Die Anmeldungen inkl. Tatsachenvortrag und Ergänzungen hierzu sind **dreifach** (1x für die Insolvenzakte, 2x zur Belehrung des Schuldners/Schuldnervertreters) einzureichen.

c) Im Tabellenblatt ist ein Vermerk zur Prüfung der qualifizierten Anmeldung unter Angabe des jeweiligen konkreten Attributes vorzufertigen.

d) Das Attribut sollte nach Anmeldung auch dann in das Tabellenblatt aufgenommen werden, wenn der erforderliche Tatsachenvortrag offensichtlich unzureichend ist bzw. der Titel noch fehlt. In diesen Fällen sollte allerdings der Gläubiger im Rahmen der Vorprüfung auf den Mangel **hingewiesen** werden.

e) In Verfahren, in denen die Restschuldbefreiung nicht angekündigt wurde (z. B. juristische Personen, ausschließlich Fremdantrag), wird gebeten das Attribut grundsätzlich **nicht** in das Tabellenblatt aufzunehmen und der Forderungsanmeldung das Zurückweisungsschreiben an den Gläubiger beizufügen. Ein entsprechender Hinweis (z. B. das Attribut der unerlaubten Handlung wurde mangels Ankündigung der Restschuldbefreiung nicht in die Tabelle aufgenommen) ist sowohl im Tabellenblatt unter Bemerkungen als auch im Anschreiben an das Gericht aufzunehmen.

f) Nachträglich angemeldete Attributsforderungen sollten bitte **unmittelbar nach Erhalt** zur Bestimmung eines besonderen Prüfungstermins an das Gericht weitergeleitet werden.

8. Der Vordruck des Bestreitens einer Anmeldung im Tabellenblatt stellt für sich genommen keine zulässige Prozesshandlung dar. Zusätzlich notwendig bei der Prüfung im schriftlichen Verfahren ist eine **gesonderte** (nicht lediglich im Anschreiben zur Tabellenniederlegung enthaltene) **Widerspruchserklärung** zur Akte. Auf die Nutzungspflicht des elektronischen Rechtsverkehrs für rechtsanwaltliche Verwalter/-innen (§ 130d ZPO) bei Prozesshandlungen wird vorsorglich hingewiesen, vgl. auch BGH v. 24.11.2022, IX ZB 11/22.

Beispielsformulierung:

„Für den Fall bereits erfolgter oder künftiger Anordnung des schriftlichen Verfahrens gilt Folgendes: Die in den in diesem Verfahren übermittelten Tabellenauszügen enthaltenen Prüfungsvermerke sollen im schriftlichen Verfahren die ansonsten in Prüfungsterminen abzugebenden Erklärungen (z. B. Widersprüche) des Unterzeichners zur Begründetheit der jeweils angemeldeten Forderung darstellen, es sei denn, es geht bis zum maßgeblichen Prüfungszeitpunkt eine anders lautende Mitteilung des Unterzeichners/der Unterzeichnerin beim Insolvenzgericht ein.“

Eine zusätzliche Einreichung der jeweils bestrittenen Tabellenblätter zur A-Akte per beA ist bitte zu **unterlassen**.

9. In die Insolvenztabelle eingetragen werden kann immer nur das Bestreiten der Forderung. Ein „vorläufiges“ Bestreiten ist rechtlich gesehen nicht von einem regulären Widerspruch zu unterscheiden. Etwaige Hinweise an die Gläubiger sind daher in der Bemerkungszeile des Tabellenblatts einzutragen.

10. Tabellenberichtigungen:

   a) Tabellenberichtigungen sind aufgrund unterschiedlicher Bearbeitungswege ebenfalls **postalisch** und mit dem Vermerk **„Tabellenkanzlei“** einzureichen, vgl. obiger Hinweis.

   b) Für jede Tabellenberichtigung nach dem Prüfungstermin sollte jeweils ein **gesondertes Anschreiben** vorgelegt werden (keine Zusammenfassung mehrerer Tabellenberichtigungen zu unterschiedlichen Tabellennummern).

   c) Bei nachträglichen Korrekturmeldungen bzgl. bereits geprüfter Forderungen ist grundsätzlich zu Kontrollzwecken die nunmehr anerkannte bzw. geminderte **Gesamtsumme** anzugeben; ein weiteres Tabellenblatt ist nicht erforderlich. Es wird gebeten, **immer** die Minderungsschreiben der Gläubiger zum jeweiligen Tabellenblatt einzureichen.

   d) Bei nicht geprüften Tabellenblättern, bei denen sich bis zum mündlichen oder schriftlichen Prüfungstermin eine Änderung des Prüfungsergebnisses ergeben sollte, ist das bei Gericht vorliegende Tabellenblatt (unter Änderung der Eintragungen) ggf. auszutauschen. Der Grund des Austausches ist im Anschreiben darzulegen.

   e) Bei Tabellenberichtigungen werden die betroffenen Gläubiger **durch die Insolvenzverwaltung** vom berichtigten Prüfungsergebnis benachrichtigt und dies dem Gericht im Anschreiben mitgeteilt. Insoweit wird die Aufgabe nach § 88 Abs. 2 Satz 2 GAbRZwIns übertragen.

11. Nachträgliche Forderungsanmeldungen:

   a) Werden Forderungsanmeldungen erst nach dem vorgegebenen Niederlegungszeitpunkt angemeldet und zur Tabelle nachgereicht, erfolgt eine Prüfung im schriftlichen Verfahren in einem besonderen Prüfungstermin.

   b) Hinsichtlich Deliktsforderungen wird auf Punkt I.7 verwiesen.

   c) Bei sog. **„asymmetrischen Verfahren“**, in denen über die Restschuldbefreiung zwingend nach Ablauf der Abtretungsfrist entschieden werden muss, sind etwaig vorhandene Nachmelder ca. drei Monate vor Ablauf der jeweiligen Abtretungsfrist einzureichen bzw. eine Fehlanzeige hierüber zu erstatten.

d) Nachträgliche Forderungsanmeldungen, welche **nach Einreichung der Schlussunterlagen** bei der Insolvenzverwaltung eingehen, sind unverzüglich an das Gericht weiterzuleiten. Die Aufnahme in das Schlussverzeichnis erfolgt grds. **nur dann**, wenn noch eine rechtzeitige Prüfung in einem besonderen Prüfungstermin vor der Veröffentlichung nach § 188 InsO möglich ist.

II. Abläufe im laufenden Verfahren

1. Es wird erwartet, dass der Schuldner im Erstgespräch mündlich in verständlicher Form über seine Rechte und Pflichten im Insolvenzverfahren belehrt und ein Ortsbesuch vorgenommen wird.

2. Sofern Schreiben an andere Justizbehörden und Abteilungen wie z. B. Hinterlegungsstellen oder Grundbuchämter gerichtet werden, ist darauf zu achten, dass neben dem Insolvenzaktenzeichen für die allgemeine Postverteilerstelle deutlich erkennbar ist, dass die Post nicht an das Insolvenzgericht gerichtet ist, um Irrläufer zu vermeiden.

3. Bei elektronischem Versandt ist darauf zu achten, im Betreff ausschließlich das Aktenzeichen des Verfahrens anzugeben, da sonst die Dokumente nicht im jeweiligen Postkorb der elektronischen Akte übernommen werden können ohne händische Änderung.

4. Ein **Sonderkonto** ist grundsätzlich in allen Verfahren, in welchen mit Geldeingängen zu rechnen ist, anzulegen. Dabei soll auf eine zeitnahe, sichere und zinsbringende/gebührenfreie oder gebührensparende Anlage vereinnahmter Gelder geachtet werden.

5. Sollten Abschlagsverteilungen vorgenommen werden, wird auf die besonderen Fristen gem. §§ 189, 194 Abs. 1 InsO hingewiesen. Die Verteilung ist erst **nach** gerichtlicher Mitteilung über den Ablauf der Frist nach Veröffentlichung durchzuführen und anschließend zu belegen.

6. Die Abtretung nach § 287 Abs. 2 InsO ist dem Drittschuldner anzuzeigen (§ 292 Abs. 1 Satz 1 InsO). Im Verfahrensverlauf ist zu überprüfen, ob die eingehenden pfändbaren Gehaltsanteile entsprechend der Nettoberechnungsmethode (BAG v. 17.4.2013, 10 AZR 59/12; siehe Ins-BürO 2013, S. 297) richtig errechnet wurden.

7. Fällt **Grundbesitz** in die Insolvenzmasse, so wird gebeten, diesen **umgehend** unter Angabe grundbuchrechtlicher Bezeichnungen gegenüber dem Insolvenzgericht anzuzeigen. Befindet sich der Grundbesitz im EU-Ausland, hat die Insolvenzverwaltung die Eintragungen analog § 32 InsO zu veranlassen (Art. 14 EUInsVO). Auch um eine Fehlanzeige wird gebeten.

8. Sofern der Schuldner vor Eröffnung des Insolvenzverfahrens Miet- oder Pachtverhältnisse über unbewegliche Gegenstände und Räume begründet hat, ist im Bericht nach § 156 InsO anzugeben, ob eine Erklärung nach § 109 InsO abgegeben wurde und wann diese zugestellt/wirksam wurde.

9. Im Falle der Freigabe einer selbständigen Tätigkeit gem. § 35 Abs. 2 InsO ist dem Insolvenzgericht die förmliche Freigabeerklärung gegenüber dem Schuldner **nebst Zustellnachweis** vorzulegen. In der Freigabeerklärung ist die konkrete Art der selbständigen Tätigkeit zumindest schlagwortartig zu bezeichnen.

10. Werden Anträge etwa nach §§ 850e Nr. 2a, 850c Abs. 6 ZPO gestellt, wird gebeten, auf die Bezeichnung des bzw. der betroffenen Drittschuldner unter Angabe zustellfähiger Anschriften zu achten.

    Sollte der Schuldner einen Antrag auf Freigabe stellen (z. B. aufgrund einer möglichen Doppelpfändung), wird in der Stellungnahme um Mitteilung gebeten, seit wann bereits pfändbare Beträge eingezogen werden.

11. Sollte gem. § 5 Abs. 5 InsO die Vorhaltung eines Gläubigerinformationssystems in bestimmten Fällen vorgeschrieben sein wird darum gebeten, spätestens mit dem Bericht gem. § 156 InsO einen entsprechenden gerichtlichen Zugang zur Verfügung zu stellen.

12. Der Bericht zum ersten Termin sollte dem Gericht ca. eine Woche vor dem Berichtstermin schriftlich vorliegen. Im Zusammenhang mit den Niederlegungsfristen (§§ 154, 175 InsO) ist darauf zu achten, dass die Unterlagen dem Gericht so zugehen müssen, dass dort die Niederlegung auch noch rechtzeitig erfolgen kann. Im mündlichen Termin zu fassende Beschlüsse sollten im Bericht vorformuliert werden und wenigstens einem Mindestmaß an **Bestimmtheit** genügen. Von Anträgen auf „Pauschalermächtigungen" ist daher abzusehen.

13. Termine im mündlichen Verfahren sind stets **persönlich** wahrzunehmen und müssen im Falle der Verhinderung notfalls verlegt bzw. vertagt werden. Eine Vertretung durch einen Bevollmächtigten wird grundsätzlich nicht akzeptiert.

14. Vor mündlichen Terminen wird um kurze Mitteilung (telefonisch oder per E-Mail) gebeten, sofern bereits mit der Teilnahme konkreter Beteiligter gerechnet werden kann.

15. In allen Verfahren gelten Berichtsfristen von **sechs Monaten**, sofern nicht anders vereinbart. Den Sachstandsberichten ist ein aktueller Kontoauszug in Kopie sowie ggf. eine aktuelle Summen- und Saldenliste beizufügen.

16. Ist ein (vorläufiger) Gläubigerausschuss bestellt, wird gebeten diesen darauf hinzuweisen, dass zum Zwecke der Masseschonung die Bestellung des Sachverständigen zur Kassenprüfung nach § 69 InsO deckungsgleich zur späteren Bestellung des Sachverständigen zur Schlussrechnungsprüfung nach § 66 InsO sein sollte. Um sicherzustellen, dass der Sachverständige für beide Zwecke geeignet ist, ist eine rechtzeitige Rücksprache mit dem Gericht sinnvoll.

17. Zustellungen im Sinne des § 8 Abs. 3 InsO sind im Verfahrensverlauf nur auf ausdrückliche Aufforderung durch das Gericht hin an die Beteiligten vorzunehmen. Im Falle von Zustellungen an Gläubiger aufgrund eines besonderen Prüfungstermins sind Hinweise auf Nr. 2340 KVGKG wegen drohender Doppelzahlungen sowie vom Gericht zu prüfender Kostenerlasse **nicht** beizufügen; es sei denn, es erfolgt ein ausdrücklicher Auftrag.

III. Schlussunterlagen und Verfahrensabschluss

1. Verpflichtend auf elektronischem Wege einzureichen ist für rechtsanwaltliche Insolvenzverwalter/-innen der **Vergütungsantrag**. Die Einreichung sämtlicher Schlussunterlagen per beA ist möglich; bei umfangreicherer Belegführung sollte hiervon jedoch noch abgesehen werden. Wird ein Teil der Unterlagen elektronisch, ein anderer postalisch eingereicht, ist dies entsprechend auf den jeweiligen Anschreiben zu kennzeichnen. Von doppelten Einreichungen (postalisch und elektronisch) ist abzusehen.

2. Tabellenunterlagen sind in jedem Fall **separat** vorzulegen.

3. Der Schlussbericht soll unter Bezugnahme auf das Vermögensverzeichnis des Schuldners sämtliche Schritte der Vermögensverwertung in Übereinstimmung mit der bisherigen Berichterstattung abbilden und auch erläutern, warum bei der Verwertung einzelner Vermögenswerte ggf. deutlich weniger Masse generiert wurde, als ursprünglich prognostiziert.

4. Der Einsatz sämtlicher **externer Dienstleister** ist unter Angabe der einzelnen Dienstleister und der entstandenen Kosten jeweils unter Aufschlüsselung der Tätigkeiten nach Regel- und Sonderaufgaben (mit Begründung) im Schlussbericht in einem gesonderten Punkt zu kennzeichnen.

5. Sofern die Aufrechterhaltung eines Beschlags bzw. die Anordnung der **Nachtragsverteilung** notwendig ist, wird um deutliche Kenntlichmachung bereits im Schlussbericht gebeten. Eine Fehlanzeige diesbzgl. und über nicht verwertete Gegenstände ist ebenfalls anzugeben. Bei Einreichung des Verteilungsberichts wird erneut um Mitteilung gebeten, ob und für welche konkreten Einzelansprüche der Insolvenzbeschlag aufrechterhalten werden sollte und bis wann insoweit mit einer vss. Erledigung zu rechnen ist.

6. Wenn nach dem Schlusstermin keine pfändbaren Anteile mehr zu erwarten sind, können in Verfahren über die Vermögen natürlicher Personen Rückstellungen für die Vergütung in der Wohlverhaltensphase gebildet werden (BGH v. 20.11.2014, IX ZB 16/14). Die Treuhändervergütung ist jedoch vorrangig beim Schuldner anzufordern, bevor Rückgriff auf die Rückstellung genommen wird. Vgl. Punkt V.4.

7. Veröffentlichungstexte betreffend **§ 188 InsO** sind innerhalb der mitgeteilten Fristen **ausschließlich** per E-Mail zu übermitteln an: **INSOLVENZ-TABKANZLEI@ag-m.bayern.de**

   In der Betreffzeile soll dabei **nur** das Gerichtsaktenzeichen angegeben werden!

8. Sowohl in die **Schluss-** als auch in die **Verteilungsverzeichnisse** sind diejenigen Gläubigervertreter mit aufzunehmen, die anstelle des Gläubigers Zahlungsempfänger sind. Andernfalls kann die korrekte Verteilung nicht bzw. nur wesentlich erschwert geprüft werden. Auf Abtretungen/Änderungen ist bei Vorlage der Verteilungsberichte gesondert hinzuweisen.

9. Sofern die Schlussverteilung nicht innerhalb von drei Monaten nach Durchführung des Schlusstermins abgeschlossen werden kann, sollte eine entsprechende Sachstandsmitteilung ergehen. Soweit eine Vorsteuerrückerstattung aus der Verwaltervergütung zu erwarten ist, sollte die Ausschüttung bis zum Eingang der Erstattung zurückgestellt werden, um hier unnötige Nachtragsverteilungen zu vermeiden.

10. Dem Bericht über die Verteilung der Insolvenzmasse ist eine lückenlos **fortgeführte Rechnungslegung** mit Belegen für den Zeitraum ab Einreichung der Schlussunterlagen beizufügen. Es ist darauf zu achten, dass ggf. veranlasste Sammelüberweisungen bankseitig aufgeschlüsselt werden.

11. Eine fortgesetzte Schlussrechnung mit Belegen ist auch dann vorzulegen, wenn eine Verteilung an die Insolvenzgläubiger nach dem Schlusstermin nicht möglich ist, sich aber dennoch **Bestandsänderungen** seit Einreichung der Schlussunterlagen ergeben haben (z. B. durch Entnahme des vorhandenen Guthabens auf die Vergütung). Die Vorlage erfolgt dann zum Schlusstermin.

12. Die Bestellungsurkunde ist spätestens mit Aufhebung des Verfahrens zurückzugeben. Eine neue Bestellungsurkunde für das Treuhänderamt wird nur auf ausdrückliche Aufforderung hin erstellt.

IV. Vergütung

Die Vergütung ist nach höchstrichterlicher Rechtsprechung ***erfolgsunabhängig*** *und* ***tätigkeitsbezogen*** *zu bemessen. Die evtl. damit zusammenhängenden Belastungen können über einen angemessenen Zuschlag gem. § 3 Abs. 1 InsVV berücksichtigt werden. Auch die Dauer eines Insolvenzverfahrens ist isoliert gesehen kein eigener Zuschlagsgrund.*

1. Bei Abfassung der Vergütungsanträge ist auf eine **nachvollziehbare Darstellung** der Berechnungsgrundlage zu achten. Bei einer Betriebsfortführung ist zusätzlich eine gesonderte Aufstellung aller Einnahmen und Ausgaben beizufügen. Erstattungen auf zuvor aus der Masse bezahlte Gelder (z. B. nicht verbrauchte Gerichtskosten, vom Gegner erstattete Prozesskosten, erstattete Kosten der Zwangsvollstreckung, Erstattungen von Vorauszahlungen auf Stromlieferung, Wasserversorgung etc.) erhöhen die Berechnungsgrundlage **nicht** und sind als negative Ausgaben gegenzubuchen.

2. Ist mit weiteren Einnahmen bis zum Schlusstermin sicher zu rechnen, z. B. Vorsteuererstattungen auf die Insolvenzverwaltervergütung oder bei laufenden Rentenbezügen/sicherem pfändbarem Einkommen natürlicher Personen, darf die zum Verfahrensende prognostizierte Insolvenzmasse **zur Vermeidung von Nachfestsetzungen** angesetzt werden.

3. Erhöhungstatbestände sind einzeln unter Bezifferung der angedachten Zuschläge in Prozentsätzen zu erläutern.

4. Wurden einzelne Aufgaben an Dritte **delegiert**, ist dies kenntlich zu machen; die hierfür entstandenen Kosten sind separat aufzuführen gem. § 4 Abs. 1 Satz 3, § 8 Abs. 2 InsVV. Bei der Delegation an Dienstleister sind Zuschläge für den entsprechenden Tätigkeitskomplex grds. nur noch sehr eingeschränkt möglich, BGH v. 12.9.2019, IX ZB 1/17. Ist eine Delegation an Dritte erfolgt und werden daneben Zuschläge geltend gemacht, ist detailliert darzulegen, welche konkreten Aufgaben durch den Dienstleister und welche durch den Insolvenzverwalter übernommen wurden.

5. Im Vergütungsantrag sind auch die voraussichtlich bis zum Abschluss des Verfahrens noch anfallenden Kosten für Delegationen/Dienstleister anzugeben.

6. Werden Zuschläge geltend gemacht, bei denen sich die Frage einer mittelbaren Vergütungserhöhung aufgrund von Massezuflüssen stellt, so ist zwingend eine **Vergleichsrechnung** als Bestandteil des Festsetzungsantrags vorzulegen und darzulegen, weshalb der Mehraufwand nicht bereits durch die Vergütungserhöhung aufgrund des Massezuflusses gedeckt ist (ist durch die entsprechende Erhöhung der Berechnungsgrundlage die Tätigkeit des Verwalters angemessen entgolten, bedarf es keines Zuschlags mehr, vgl. BGH v. 8.3.2012, IX ZB 162/11; BGH v. 19.12.2019, IX ZB 72/18 =

ZInsO 2020, 321; vgl. auch BGH v. 12.5.2011, IX ZB 143/08, ZInsO 2011, 1730).

7. Für übertragene Zustellungen können in „Neuverfahren" Kosten nach Maßgabe des § 4 Abs. 2 Satz 2 InsVV i. V. m. 9002 KV GKG in Höhe von derzeit 3,50 EUR **ab der 11. Zustellung** geltend gemacht werden. In Verfahren, welche vor dem 1.1.2021 anhängig geworden sind, können maximal 2,80 EUR pro Zustellung berechnet werden.

V. Wohlverhaltensphase

1. Sofern ein Vermögenszuwachs des Schuldners während der Wohlverhaltensperiode nicht unwahrscheinlich erscheint, erachtet das Gericht eine jährliche Abfrage der persönlichen und wirtschaftlichen Verhältnisse des Schuldners zumindest als sinnvoll.

2. Soweit sich Einnahmen ergaben bzw. eine jährliche Berichterstattung angeordnet worden ist, ist der erste Jahresbericht (entsprechend § 292 Abs. 1 InsO) einen Monat nach Ablauf des Berichtsjahres, welches mit Aufhebung des Verfahrens beginnt, zu erstatten.

3. Sofern Masse vorhanden und eine entsprechende Anordnung erfolgt ist, ist diese – nach Berichtigung der Gerichtskosten – grundsätzlich einmal jährlich an die Gläubiger auszuschütten. Das verwendete Verteilungsverzeichnis ist der Rechnungslegung beizufügen. Die Verteilung **soll i. S. § 292 Abs. 1 Satz 4 InsO** bis Ende der Laufzeit **zurückgestellt** werden, wenn damit zusätzliche Kosten vermieden werden können (z. B. unverhältnismäßig niedrige Quote aufgrund hoher Mindestvergütung bei höherer Gläubigeranzahl).

4. Da in der Wohlverhaltensphase nur auf expliziten Antrag hin Stundung gewährt wird, ist der Vorschuss für die Treuhändervergütung jährlich vom Schuldner abzuverlangen. Zahlungen und Entnahmen der Vorschüsse sind im Rahmen der Berichterstattung anzuzeigen. Auf Rückstellungen für die zu erwartende Treuhändervergütung ist selbst zu achten; vgl. Punkt III.6.

5. Beantragt der Schuldner die vorzeitige Erteilung der Restschuldbefreiung, sollte im Rahmen der Anhörung stets mitgeteilt werden, ob offene Vergütungsansprüche bestehen.

6. Der Abschlussbericht samt Schlussrechnung sollte **spätestens** zum Ende der vom Gericht bestimmten Anhörungsfrist zur Erteilung der Restschuldbefreiung vorliegen.

7. Die Vergütungsberechnung ist nachvollziehbar darzulegen. Auf ein förmliches Festsetzungsverfahren kann jedoch – insbesondere in Fällen, in denen lediglich die Mindestvergütung angesetzt wurde und/oder die Vergütung bereits vollständig beglichen wurde – grundsätzlich verzichtet und lediglich um Zustimmung des Gerichts gebeten werden.

8. Im Abschlussbericht zur Wohlverhaltensphase ist auf die persönlichen und wirtschaftlichen Verhältnisse des Schuldners und deren Veränderungen seit Aufhebung des Insolvenzverfahrens einzugehen. In einem Berichtsabschnitt sollte auf alle ggf. **offensichtlich** bekanntgewordenen Obliegenheitsverstöße eingegangen werden, auch wenn die Überwachung der Obliegenheiten konkret nicht übertragen wurde.

9. Wurde die Nachtragsverteilung angeordnet, ist spätestens im Abschlussbericht **klarzustellen**, ob noch Beträge zur Masse geflossen sind bzw. warum (noch) nicht. Ggf. wird auch um Angabe gebeten, ob und weshalb im Einzelfall der Beschlag weiterhin aufrechterhalten bleiben soll und wann voraussichtlich mit einer Erledigung zu rechnen ist.

10. Versagungsanträge nach **§ 298 InsO** sollen in der Anlage die Zahlungsaufforderung enthalten. Es ist darauf zu achten, dass die Zahlungsaufforderung erst nach Ablauf des Tätigkeitsjahres unter Einhaltung der vorgeschriebenen Fristen ergangen sein darf (zwei Wochen Zahlungsfrist **ab Zugang** des Schreibens an den Schuldner!). Bei zwischenzeitlich erfolgten Zahlungen ist eine erneute Zahlungsaufforderung zu erstellen, die die Zahlungen enthält. Sollte der Schuldner in diesem Abschnitt noch von einem Verfahrensbevollmächtigten vertreten sein, ist die Aufforderung samt Versagungshinweisen an diesen zu senden.

6. Fragen zur Unabhängigkeit (BAKinso e. V. und VID e. V.)

Insolvenzverfahren: ______________________

Amtsgericht: ______________________

Aktenzeichen: ______________________

FRAGEBOGEN ZUR UNABHÄNGIGKEIT DES VERWALTERS

Der Gesetzgeber hat in § 56 Abs. 1 InsO geregelt, dass als Insolvenzverwalter nur von den Gläubigern und dem Schuldner unabhängige Personen bestellt werden können. Auf diesem Grundprinzip fußt auch die Bestellung des vorläufigen Insolvenzverwalters nach § 21 Abs. 2 Nr. 1 InsO, des Sachwalters nach § 274 bzw. des vorläufigen Sachwalters nach § 270a Abs. 1 Nr. 2 und § 270b Abs. 2 InsO.

Nach der Rechtsprechung des Bundesgerichtshofs, Beschluss vom 26.4.2012, Geschäfts-Nr. IX ZB 31/11; Urteil vom 24.1.1991, Geschäfts-Nr. IX ZR 250/89, hat der Insolvenzverwalter von sich aus dem Gericht rechtzeitig einen Sachverhalt unmissverständlich anzuzeigen, der die Besorgnis ernsthaft rechtfertigt, dass er als befangen an der Amtsführung verhindert ist. Auch nach den Grundsätzen der ordnungsgemäßen Insolvenzverwaltung (GOI) des Verbandes der Insolvenzverwalter Deutschlands (VID) hat der Insolvenzverwalter „sofort mögliche Interessenskollisionen – auch ungefragt – umfassend zu offenbaren. Das betrifft auch alle Umstände, die nur den Anschein begründen könnten, der Insolvenzverwalter sei nicht unparteiisch oder im Sinne des Gesetzes nicht unabhängig."

Daher bitten wir Sie, die nachfolgend gestellten Fragen in Bezug auf Ihr Verhältnis zum Vorschlagenden, zum Antragssteller, zu den Gläubigern, zum Schuldner und zu etwaigen die vorgenannten Personen beratenden oder für diese Dienstleistung erbringenden Unternehmen zu beantworten. Bitte beachten Sie, dass bei den nachfolgenden Fragen unter dem Begriff „Schuldner und Gläubiger" auch deren jeweilige Organe, Gesellschafter und Berater zu verstehen sind. Sofern nach Ihrer Beteiligung, Befassung, Beziehung etc. gefragt wird, erstreckt sich die Fragestellung auch auf Ihre Kanzlei und die dort tätigen Berufsträger, sowie die Ihnen nachstehenden Personen im Sinne von § 138 InsO. Der Begriff „Kanzlei" betrifft alle in § 45 Abs. 3 BRAO angesprochenen Personen. Sofern Sie Wirtschaftsprüfer, Steuerberater oder Diplom-Wirtschaftsjurist sind, ist diese Vorschrift entsprechend anzuwenden.

Im Bezug auf Ihre eigene Tätigkeit, die Tätigkeit Ihrer Kanzlei sowie der in § 45 Abs. 3 BRAO bezeichneten Personen sowie im Bezug auf Ihren Ehepartner, ist durch Sie aktiv die in Frage stehende Verbindung in Form einer Kollisionsprüfung zu hinterfragen. Im Bezug auf die Beziehungen der sonstigen nahestehenden Angehörigen nach § 138 InsO besteht keine entsprechende Nachforschungspflicht. Eine Angabe ist nur im Fall der positiven Kenntnis Ihrerseits erforderlich.

1. Handelt es sich bei dem Schuldner einem Gläubiger in diesem Verfahren oder einem in diesem Verfahren tätigen Dienstleistungsunternehmen (z. B. Rechtsanwälte, Steuerberater, Unternehmensberater, etc.) um eine Ihnen nahestehende Person im Sinne des § 138 InsO?

Ja	**Nein**
☐	☐

2. Haben Sie den Schuldner oder eine der unter Punkt 1. genannten Personen in der Vergangenheit, insbesondere im Vorfeld des Insolvenzantrages oder im Zusammenhang mit der Stellung des Insolvenzantrages beraten oder vertreten? Falls Sie diese Frage mit ja beantworten, sind der Umfang der Beratung, insbesondere sämtliche angesprochenen Rechtsfragen und die behandelten Rechtsgebiete anzugeben.

Ja	**Nein**
☐	☐

3. Bestehen oder bestanden zwischen Ihnen und einer der unter Punkt 1. genannten Personen oder diesen nahestehenden Personen im Sinne des § 138 InsO Vergütungsvereinbarungen unmittelbarer oder mittelbarer Art oder andere geschäftliche Beziehungen?

Ja	**Nein**
☐	☐

4. Bestehen oder bestanden zwischen Ihnen und einer der unter Punkt 1. genannten Personen oder diesen nahestehenden Personen unmittelbare oder mittelbare Abreden nicht vermögensrechtlicher Art oder andere geschäftliche Beziehungen? Falls Sie diese Frage mit ja beantworten, ist der Gegenstand der Vereinbarung anzugeben.

Ja	**Nein**
☐	☐

5. Bestehen oder bestanden zwischen Ihnen oder Ihnen nahestehenden Personen im Sinne des § 138 InsO und einer der unter Punkt 1. genannten Personen oder diesen nahestehenden Personen Vereinbarungen oder sonstige, auch mündliche Abreden über das Aufnehmen oder die Fortsetzung einer Tätigkeit für den Zeitraum während der vorläufigen Insolvenzverwaltung oder nach Insolvenzeröffnung? Dies können auch Abreden in Bezug auf andere Insolvenzverfahren sein, die Vorschläge zur Einsetzung als Insolvenzverwalter/Sachwalter oder Vorschläge zur Mandatierung als Sanierungsberater zum Gegenstand haben.

Ja	**Nein**
☐	☐

6. Bestehen oder bestanden zwischen Ihnen und einer der unter Punkt 1. genannten Personen oder diesen nahestehenden Personen Vereinbarungen oder sonstige, auch mündliche Abreden, die gegenseitige Vorschläge zur Einsetzung als Verwalter oder Berater zur Vorbereitung von Insolvenzverfahren oder sonstige gegenseitige Beauftragungen zum Gegenstand haben?

Ja	**Nein**
☐	☐

7. Sind Sie von einer der unter Punkt 1. genannten Personen in der Vergangenheit als Sanierungsgutachter, Sanierungsberater, Sachwalter oder Insolvenzverwalter vorgeschlagen worden? Falls Sie diese Frage mit ja beantworten, schildern Sie bitte die Hintergründe.

Ja	**Nein**
☐	☐

8. Sind Sie mit/bei der zur Zahlungsunfähigkeit führenden Kreditkündigung eines Kreditinstitutes in irgendeiner Form befasst gewesen?

Ja	**Nein**
☐	☐

9. Sind Sie unmittelbar oder mittelbar an Gesellschaften oder Organisationen beteiligt, die Dienstleistungen jeglicher Art bei der Vorbereitung und Abwicklung von Insolvenzverfahren anbieten? Falls Sie diese Frage mit ja beantworten, ist zu der Beteiligung im Einzelnen auszuführen.

Ja	**Nein**
☐	☐

10. Bestehen über die vorstehenden Sachverhalte bzw. Fragestellungen hinaus Anhaltspunkte, welche die Besorgnis begründen könnten, dass ihre Unabhängigkeit zu den in Punkt 1 genannten Personen in Frage steht?

Ja	Nein
☐	☐

11. Wird Ihre Arbeitsweise und vor allem die erweiterte Kollisionsprüfung regelmäßig durch externe Dritte überprüft? Wenn ja, durch wen erfolgte die Prüfung und wann wurden Sie letztmalig geprüft?

Ja	Nein
☐	☐

______________________________ ____________________

Name der Zertifizierungsgesellschaft — Datum des Zertifikats

Erläuterungen

Sollten Sie eine der oben angeführten Fragen mit „Ja“ beantworten, sind weitere ergänzende Angaben zu dem jeweiligen Sachverhalt schriftlich und in nachvollziehbarer Form zur Gerichtsakte zu erteilen. Die Erläuterungen sind nach bestem Wissen und Gewissen so abzufassen, dass dem Insolvenzrichter und/oder den Gläubigern die abschließende Prüfung der Unabhängigkeit möglich ist.

Abschließende Erklärung

Mit Ihrer Unterschrift versichern Sie die Richtigkeit und Vollständigkeit Ihrer Angaben. Sie werden hiermit ausdrücklich darauf hingewiesen, dass falsche Angaben sowie die Nichtoffenlegung möglicher Interessenskonflikte als ein Erschleichen der Bestellung angesehen werden kann (BGH, Beschluss vom 6.5.2004, Geschäfts-Nr. IX ZB 349/02) und zur sofortigen Entlassung im vorliegenden Insolvenzverfahren und auch zur zukünftigen Nichtberücksichtigung bei der Bestellung in weiteren Insolvenzverfahren führen kann. Ein Verstoß kann auch zu einem Verlust des Vergütungsanspruchs führen (BGH, Urteil vom 21.10.2010, Geschäfts-Nr. IX ZR 48/10; BGH, Beschluss vom 9.6.2011, Geschäfts-Nr. IX ZB 248/09).

Insolvenzverwalter	Ort, Datum	Unterschrift

III. Der Standardkostenrahmen (SKR)

1. Alle Konten

SKR04-InsO	SKR03-InsO	5. + 6. Stelle	Bezeichnung	Konten-art	Haupt-ebene
3821	**1545**	**XX**	**Vorsteuererstattungen**	**Einnahme**	x
3821	1545	01	Vorsteuererstattungen (vor A. vorl. V)	Einnahme	
3821	1545	10	Vorsteuererstattungen vorl. V (Abwicklung)	Einnahme	
3821	1545	20	Vorsteuererstattungen vorl. V (Betriebs-fortführung)	Einnahme	
3821	1545	30	Vorsteuererstattungen nach IE (Abwicklung)	Einnahme	
3821	1545	40	Vorsteuererstattungen nach IE (Abwicklung § 209 Abs. 1 Nr. 2 InsO)	Einnahme	
3821	1545	50	Vorsteuererstattungen nach IE (Betriebs-fortführung)	Einnahme	
3821	1545	60	Vorsteuererstattungen nach IE (Betriebs-fortführung § 209 Abs. 1 Nr. 2 InsO)	Einnahme	
3822	**1780**	**XX**	**Umsatzsteuerzahlungen**	**Ausgabe**	x
3822	1780	10	Umsatzsteuerzahlungen vorl. V (Abwicklung)	Ausgabe	
3822	1780	20	Umsatzsteuerzahlungen vorl. V (Betriebs-fortführung)	Ausgabe	
3822	1780	30	Umsatzsteuerzahlungen nach IE (Abwick-lung)	Ausgabe	
3822	1780	40	Umsatzsteuerzahlungen nach IE (Abwick-lung § 209 Abs. 1 Nr. 2 InsO)	Ausgabe	
3822	1780	50	Umsatzsteuerzahlungen nach IE (Betriebs-fortführung)	Ausgabe	
3822	1780	60	Umsatzsteuerzahlungen nach IE (Betriebs-fortführung § 209 Abs. 1 Nr. 2 InsO)	Ausgabe	
4000	**8000**	**XX**	**Ungeklärte Einnahmen**	**Einnahme**	x
4000	8000	10	Ungeklärte Einnahmen vorl. V (Abwicklung)	Einnahme	
4000	8000	20	Ungeklärte Einnahmen vorl. V (Betriebs-fortführung)	Einnahme	
4000	8000	30	Ungeklärte Einnahmen nach IE (Abwicklung)	Einnahme	
4000	8000	40	Ungeklärte Einnahmen nach IE (Abwicklung § 209 Abs. 1 Nr. 2 InsO)	Einnahme	
4000	8000	50	Ungeklärte Einnahmen nach IE (Betriebs-fortführung)	Einnahme	
4000	8000	60	Ungeklärte Einnahmen nach IE (Betriebs-fortführung § 209 Abs. 1 Nr. 2 InsO)	Einnahme	
4005	**8005**	**XX**	**Kassenbestands- und Guthabenübernahme**	**Einnahme**	x
4005	8005	01	Kassenbestands- und Guthabenübernahme (vor A. vorl. V)	Einnahme	
4005	8005	10	Kassenbestands- und Guthabenübernahme vorl. V (Abwicklung)	Einnahme	

SKR04-InsO	SKR03-InsO	5. + 6. Stelle	Bezeichnung	Konten-art	Haupt-ebene
4005	8005	20	Kassenbestands- und Guthabenübernahme vorl. V (Betriebsfortführung)	Einnahme	
4005	8005	30	Kassenbestands- und Guthabenübernahme nach IE (Abwicklung)	Einnahme	
4005	8005	40	Kassenbestands- und Guthabenübernahme nach IE (Abwicklung § 209 Abs. 1 Nr. 2 InsO)	Einnahme	
4005	8005	50	Kassenbestands- und Guthabenübernahme nach IE (Betriebsfortführung)	Einnahme	
4005	8005	60	Kassenbestands- und Guthabenübernahme nach IE (Betriebsfortführung § 209 Abs. 1 Nr. 2 InsO)	Einnahme	
4006	**8006**	**XX**	**Kassenbestands- und Guthabenübernahme besichert**	**Einnahme**	**x**
4006	8006	01	Kassenbestands- und Guthabenübernahme besichert (vor A. vorl. V)	Einnahme	
4006	8006	10	Kassenbestands- und Guthabenübernahme besichert vorl. V (Abwicklung)	Einnahme	
4006	8006	20	Kassenbestands- und Guthabenübernahme besichert vorl. V (Betriebsfortführung)	Einnahme	
4006	8006	30	Kassenbestands- und Guthabenübernahme besichert nach IE (Abwicklung)	Einnahme	
4006	8006	40	Kassenbestands- und Guthabenübernahme besichert nach IE (Abwicklung § 209 Abs. 1 Nr. 2 InsO)	Einnahme	
4006	8006	50	Kassenbestands- und Guthabenübernahme besichert nach IE (Betriebsfortführung)	Einnahme	
4006	8006	60	Kassenbestands- und Guthabenübernahme besichert nach IE (Betriebsfortführung § 209 Abs. 1 Nr. 2 InsO)	Einnahme	
4010	**8010**	**XX**	**Schuldnereinkommen**	**Einnahme**	**x**
4010	8010	01	Schuldnereinkommen (vor A. vorl. V)	Einnahme	
4010	8010	10	Schuldnereinkommen vorl. V (Abwicklung)	Einnahme	
4010	8010	20	Schuldnereinkommen vorl. V (Betriebsfortführung)	Einnahme	
4010	8010	30	Schuldnereinkommen nach IE (Abwicklung)	Einnahme	
4010	8010	40	Schuldnereinkommen nach IE (Abwicklung § 209 Abs. 1 Nr. 2 InsO)	Einnahme	
4010	8010	50	Schuldnereinkommen nach IE (Betriebsfortführung)	Einnahme	
4010	8010	60	Schuldnereinkommen nach IE (Betriebsfortführung § 209 Abs. 1 Nr. 2 InsO)	Einnahme	
4011	**8011**	**XX**	**Schuldnereinkommen besichert**	**Einnahme**	**x**
4011	8011	01	Schuldnereinkommen besichert (vor A. vorl. V)	Einnahme	

SKR04-InsO	SKR03-InsO	5. + 6. Stelle	Bezeichnung	Konten-art	Haupt-ebene
4011	8011	10	Schuldnereinkommen besichert vorl. V (Abwicklung)	Einnahme	
4011	8011	20	Schuldnereinkommen besichert vorl. V (Betriebsfortführung)	Einnahme	
4011	8011	30	Schuldnereinkommen besichert nach IE (Abwicklung)	Einnahme	
4011	8011	40	Schuldnereinkommen besichert nach IE (Abwicklung § 209 Abs. 1 Nr. 2 InsO)	Einnahme	
4011	8011	50	Schuldnereinkommen besichert nach IE (Betriebsfortführung)	Einnahme	
4011	8011	60	Schuldnereinkommen besichert nach IE (Betriebsfortführung § 209 Abs. 1 Nr. 2 InsO)	Einnahme	
4012	**8012**	**00**	**Schuldnereinkommen § 295 Abs. 2 InsO analog nach Freigabe Geschäftsbetrieb bis WVP**	**Einnahme**	x
4020	**8020**	**00**	**Einnahmen aus Lebens- und Direktversicherung**	**Einnahme**	x
4021	**8021**	**00**	**Einnahmen aus Lebens- und Direktversicherung besichert**	**Einnahme**	x
4030	**8030**	**XX**	**Sonstige Einnahmen**	**Einnahme**	x
4030	8030	01	Sonstige Einnahmen (vor A. vorl. V)	Einnahme	
4030	8030	10	Sonstige Einnahmen vorl. V (Abwicklung)	Einnahme	
4030	8030	20	Sonstige Einnahmen vorl. V (Betriebsfortführung)	Einnahme	
4030	8030	30	Sonstige Einnahmen nach IE (Abwicklung)	Einnahme	
4030	8030	40	Sonstige Einnahmen nach IE (Abwicklung § 209 Abs. 1 Nr. 2 InsO)	Einnahme	
4030	8030	50	Sonstige Einnahmen nach IE (Betriebsfortführung)	Einnahme	
4030	8030	60	Sonstige Einnahmen nach IE (Betriebsfortführung § 209 Abs. 1 Nr. 2 InsO)	Einnahme	
4031	**8031**	**XX**	**Sonstige Einnahmen besichert**	**Einnahme**	x
4031	8031	01	Sonstige Einnahmen besichert (vor A. vorl. V)	Einnahme	
4031	8031	10	Sonstige Einnahmen besichert vorl. V (Abwicklung)	Einnahme	
4031	8031	20	Sonstige Einnahmen besichert vorl. V (Betriebsfortführung)	Einnahme	
4031	8031	30	Sonstige Einnahmen besichert nach IE (Abwicklung)	Einnahme	
4031	8031	40	Sonstige Einnahmen besichert nach IE (Abwicklung § 209 Abs. 1 Nr. 2 InsO)	Einnahme	
4031	8031	50	Sonstige Einnahmen besichert nach IE (Betriebsfortführung)	Einnahme	

SKR04-InsO	SKR03-InsO	5. + 6. Stelle	Bezeichnung	Konten-art	Haupt-ebene
4031	8031	60	Sonstige Einnahmen besichert nach IE (Betriebsfortführung § 209 Abs. 1 Nr. 2 InsO)	Einnahme	
4032	**8032**	**XX**	**Einnahmen verauslagte Kosten Nachfolgefirma**	**Einnahme**	**x**
4032	8032	01	Einnahmen verauslagte Kosten Nachfolgefirma (vor A. vorl. V)	Einnahme	
4032	8032	10	Einnahmen verauslagte Kosten Nachfolgefirma vorl. V (Abwicklung)	Einnahme	
4032	8032	20	Einnahmen verauslagte Kosten Nachfolgefirma vorl. V (Betriebsfortführung)	Einnahme	
4032	8032	30	Einnahmen verauslagte Kosten Nachfolgefirma nach IE (Abwicklung)	Einnahme	
4032	8032	40	Einnahmen verauslagte Kosten Nachfolgefirma nach IE (Abwicklung § 209 Abs. 1 Nr. 2 InsO)	Einnahme	
4032	8032	50	Einnahmen verauslagte Kosten Nachfolgefirma nach IE (Betriebsfortführung)	Einnahme	
4032	8032	60	Einnahmen verauslagte Kosten Nachfolgefirma nach IE (Betriebsfortführung § 209 Abs. 1 Nr. 2 InsO)	Einnahme	
4033	**8033**	**XX**	**Einnahmen Nachfolgefirma**	**Einnahme**	**x**
4033	8033	01	Einnahmen Nachfolgefirma (vor A. vorl. V)	Einnahme	
4033	8033	10	Einnahmen Nachfolgefirma vorl. V (Abwicklung)	Einnahme	
4033	8033	20	Einnahmen Nachfolgefirma vorl. V (Betriebsfortführung)	Einnahme	
4033	8033	30	Einnahmen Nachfolgefirma nach IE (Abwicklung)	Einnahme	
4033	8033	40	Einnahmen Nachfolgefirma nach IE (Abwicklung § 209 Abs. 1 Nr. 2 InsO)	Einnahme	
4033	8033	50	Einnahmen Nachfolgefirma nach IE (Betriebsfortführung)	Einnahme	
4033	8033	60	Einnahmen verauslagte Kosten Nachfolgefirma nach IE (Betriebsfortführung § 209 Abs. 1 Nr. 2 InsO)	Einnahme	
4034	**8034**	**00**	**Schuldnereinkommen § 295 Abs. 2 InsO Wohlverhaltensphase (WVP)**	**Einnahme**	**x**
4035	**8035**	**00**	**Sonstige Einnahmen (RSB)**	**Einnahme**	**x**
4036	**8036**	**00**	**Schuldnereinkommen pfändbar**	**Einnahme**	**x**
4037	**8037**	**00**	**Einnahmen aus ungerechtfertigter Bereicherung**	**Einnahme**	**x**
4040	**8040**	**XX**	**Kostenerstattung Rechtsverfolgung**	**Einnahme**	**x**
4040	8040	10	Kostenerstattung Rechtsverfolgung vorl. V (Abwicklung)	Einnahme	

SKR04-InsO	SKR03-InsO	5. + 6. Stelle	Bezeichnung	Konten-art	Haupt-ebene
4040	8040	20	Kostenerstattung Rechtsverfolgung vorl. V (Betriebsfortführung)	Einnahme	
4040	8040	30	Kostenerstattung Rechtsverfolgung nach IE (Abwicklung)	Einnahme	
4040	8040	40	Kostenerstattung Rechtsverfolgung nach IE (Abwicklung § 209 Abs. 1 Nr. 2 InsO)	Einnahme	
4040	8040	50	Kostenerstattung Rechtsverfolgung nach IE (Betriebsfortführung)	Einnahme	
4040	8040	60	Kostenerstattung Rechtsverfolgung nach IE (Betriebsfortführung § 209 Abs. 1 Nr. 2 InsO)	Einnahme	
4050	**8049**	**00**	**Einnahmen aus Anfechtung**	**Einnahme**	**x**
4051	**8051**	**00**	**Einnahmen aus Darlehensrückzahlungsansprüche Gesellschafter**	**Einnahme**	**x**
4052	**8052**	**00**	**Einnahmen aus Darlehensrückzahlungsansprüche sonstige**	**Einnahme**	**x**
4053	**8053**	**00**	**Einnahmen aus Gesellschaftskapital und Kapitalerhaltung**	**Einnahme**	**x**
4054	**8054**	**00**	**Einnahmen aus Haftungsansprüchen Gesellschafter**	**Einnahme**	**x**
4055	**8055**	**00**	**Einnahmen aus Haftungsansprüchen Geschäftsführer**	**Einnahme**	**x**
4056	**8056**	**00**	**Einnahmen aus sonstigen gesellschaftsrechtlichen Ansprüchen**	**Einnahme**	**x**
4057	**8057**	**00**	**Einnahmen aus sonstigen insolvenzspezifischen Ansprüchen**	**Einnahme**	**x**
4058	**8058**	**00**	**Einnahmen aus deliktischen Ansprüchen**	**Einnahme**	**x**
4060	**8060**	**XX**	**Feststellungskostenbeiträge/Verwertungskostenbeiträge – § 171 InsO**	**Einnahme**	**x**
4060	8060	30	Feststellungskostenbeiträge – § 171 I InsO Technische Anlagen und Maschinen nach IE (Abwicklung)	Einnahme	
4060	8060	31	Verwertungskostenbeiträge – § 171 II InsO Technische Anlagen und Maschinen nach IE (Abwicklung)	Einnahme	
4060	8060	34	Feststellungskostenbeiträge – § 171 I InsO Technische Anlagen und Maschinen nach IE (Abwicklung) – Verwertung d. Gläubiger	Einnahme	
4060	8060	40	Feststellungskostenbeiträge – § 171 I InsO Technische Anlagen und Maschinen nach IE (Abwicklung § 209 Abs. 1 Nr. 2 InsO)	Einnahme	
4060	8060	41	Verwertungskostenbeiträge – § 171 II InsO Technische Anlagen und Maschinen nach IE (Abwicklung § 209 Abs. 1 Nr. 2 InsO)	Einnahme	

SKR04-InsO	SKR03-InsO	5. + 6. Stelle	Bezeichnung	Konten-art	Haupt-ebene
4060	8060	44	Feststellungskostenbeiträge – § 171 I InsO Technische Anlagen und Maschinen nach IE (Abwicklung § 209 Abs. 1 Nr. 2 InsO) – Verwertung d. Gläubiger	Einnahme	
4060	8060	50	Feststellungskostenbeiträge – § 171 I InsO Technische Anlagen und Maschinen nach IE (Betriebsfortführung)	Einnahme	
4060	8060	51	Verwertungskostenbeiträge – § 171 II InsO Technische Anlagen und Maschinen nach IE (Betriebsfortführung)	Einnahme	
4060	8060	54	Feststellungskostenbeiträge – § 171 I InsO Technische Anlagen und Maschinen nach IE (Betriebsfortführung) – Verwertung d. Gläubiger	Einnahme	
4060	8060	60	Feststellungskostenbeiträge – § 171 I InsO Technische Anlagen und Maschinen nach IE (Betriebsfortführung § 209 Abs. 1 Nr. 2 InsO)	Einnahme	
4060	8060	61	Verwertungskostenbeiträge – § 171 II InsO Technische Anlagen und Maschinen nach IE (Betriebsfortführung § 209 Abs. 1 Nr. 2 InsO)	Einnahme	
4060	8060	64	Feststellungskostenbeiträge – § 171 I InsO Technische Anlagen und Maschinen nach IE (Betriebsfortführung § 209 Abs. 1 Nr. 2 InsO) – Verwertung d. Gläubiger	Einnahme	
4061	8061	30	Feststellungskostenbeiträge – § 171 I InsO Betriebs- und Geschäftsausstattung nach IE (Abwicklung)	Einnahme	
4061	8061	31	Verwertungskostenbeiträge – § 171 II InsO Betriebs- und Geschäftsausstattung nach IE (Abwicklung)	Einnahme	
4061	8061	34	Feststellungskostenbeiträge – § 171 I InsO Betriebs- und Geschäftsausstattung nach IE (Abwicklung) – Verwertung d. Gläubiger	Einnahme	
4061	8061	40	Feststellungskostenbeiträge – § 171 I InsO Betriebs- und Geschäftsausstattung nach IE (Abwicklung § 209 Abs. 1 Nr. 2 InsO)	Einnahme	
4061	8061	41	Verwertungskostenbeiträge – § 171 II InsO Betriebs- und Geschäftsausstattung nach IE (Abwicklung § 209 Abs. 1 Nr. 2 InsO)	Einnahme	
4061	8061	44	Feststellungskostenbeiträge – § 171 I InsO Betriebs- und Geschäftsausstattung nach IE (Abwicklung § 209 Abs. 1 Nr. 2 InsO) – Verwertung d. Gläubiger	Einnahme	
4061	8061	50	Feststellungskostenbeiträge – § 171 I InsO Betriebs- und Geschäftsausstattung nach IE (Betriebsfortführung)	Einnahme	

SKR04-InsO	SKR03-InsO	5. + 6. Stelle	Bezeichnung	Konten-art	Haupt-ebene
4061	8061	51	Verwertungskostenbeiträge – § 171 II InsO Betriebs- und Geschäftsausstattung nach IE (Betriebsfortführung)	Einnahme	
4061	8061	54	Feststellungskostenbeiträge – § 171 I InsO Betriebs- und Geschäftsausstattung nach IE (Betriebsfortführung) – Verwertung d. Gläubiger	Einnahme	
4061	8061	60	Feststellungskostenbeiträge – § 171 I InsO Betriebs- und Geschäftsausstattung nach IE (Betriebsfortführung § 209 Abs. 1 Nr. 2 InsO)	Einnahme	
4061	8061	61	Verwertungskostenbeiträge – § 171 II InsO Betriebs- und Geschäftsausstattung nach IE (Betriebsfortführung § 209 Abs. 1 Nr. 2 InsO)	Einnahme	
4061	8061	64	Feststellungskostenbeiträge – § 171 I InsO Betriebs- und Geschäftsausstattung nach IE (Betriebsfortführung § 209 Abs. 1 Nr. 2 InsO) – Verwertung d. Gläubiger	Einnahme	
4062	8062	01	Feststellungskostenbeiträge – § 171 I InsO Forderungen vor A. vorl. V	Einnahme	
4062	8062	02	Verwertungskostenbeiträge – § 171 II InsO Forderungen vor A. vorl. V	Einnahme	
4062	8062	04	Feststellungskostenbeiträge – § 171 I InsO Forderungen vor A. vorl. V – Verwertung d. Gläubiger	Einnahme	
4062	8062	30	Feststellungskostenbeiträge – § 171 I InsO Forderungen nach IE (Abwicklung)	Einnahme	
4062	8062	31	Verwertungskostenbeiträge – § 171 II InsO Forderungen nach IE (Abwicklung)	Einnahme	
4062	8062	34	Feststellungskostenbeiträge – § 171 I InsO Forderungen nach IE (Abwicklung) – Verwertung d. Gläubiger	Einnahme	
4063	8063	30	Feststellungskostenbeiträge – § 171 I InsO Vorräte nach IE (Abwicklung)	Einnahme	
4063	8063	31	Verwertungskostenbeiträge – § 171 II InsO Vorräte nach IE (Abwicklung)	Einnahme	
4063	8063	34	Feststellungskostenbeiträge – § 171 I InsO Vorräte nach IE (Abwicklung) – Verwertung d. Gläubiger	Einnahme	
4063	8063	40	Feststellungskostenbeiträge – § 171 I InsO Vorräte nach IE (Abwicklung § 209 Abs. 1 Nr. 2 InsO)	Einnahme	
4063	8063	41	Verwertungskostenbeiträge – § 171 II InsO Vorräte nach IE (Abwicklung § 209 Abs. 1 Nr. 2 InsO)	Einnahme	

SKR04-InsO	SKR03-InsO	5. + 6. Stelle	Bezeichnung	Konten-art	Haupt-ebene
4063	8063	44	Feststellungskostenbeiträge – § 171 I InsO Vorräte nach IE (Abwicklung § 209 Abs. 1 Nr. 2 InsO) – Verwertung d. Gläubiger	Einnahme	
4063	8063	50	Feststellungskostenbeiträge – § 171 I InsO Vorräten nach IE (Betriebsfortführung)	Einnahme	
4063	8063	51	Verwertungskostenbeiträge – § 171 II InsO Vorräte nach IE (Betriebsfortführung)	Einnahme	
4063	8063	54	Feststellungskostenbeiträge – § 171 I InsO Vorräte nach IE (Betriebsfortführung) – Verwertung d. Gläubiger	Einnahme	
4063	8063	60	Feststellungskostenbeiträge – § 171 I InsO Vorräte nach IE (Betriebsfortführung § 209 Abs. 1 Nr. 2 InsO)	Einnahme	
4063	8063	61	Verwertungskostenbeiträge – § 171 II InsO Vorräte nach IE (Betriebsfortführung § 209 Abs. 1 Nr. 2 InsO)	Einnahme	
4063	8063	64	Feststellungskostenbeiträge – § 171 I InsO Vorräte nach IE (Betriebsfortführung § 209 Abs. 1 Nr. 2 InsO) – Verwertung d. Gläubiger	Einnahme	
4064	8064	30	Feststellungskostenbeiträge – § 171 I InsO sonstiges Vermögen nach IE (Abwicklung)	Einnahme	
4064	8064	31	Verwertungskostenbeiträge – § 171 II InsO sonstiges Vermögen nach IE (Abwicklung)	Einnahme	
4064	8064	34	Feststellungskostenbeiträge – § 171 I InsO sonstiges Vermögen nach IE (Abwicklung) – Verwertung d. Gläubiger	Einnahme	
4064	8064	40	Feststellungskostenbeiträge – § 171 I InsO sonstiges Vermögen nach IE (Abwicklung § 209 Abs. 1 Nr. 2 InsO)	Einnahme	
4064	8064	41	Verwertungskostenbeiträge – § 171 II InsO sonstiges Vermögen nach IE (Abwicklung § 209 Abs. 1 Nr. 2 InsO)	Einnahme	
4064	8064	44	Feststellungskostenbeiträge – § 171 I InsO sonstiges Vermögen nach IE (Abwicklung § 209 Abs. 1 Nr. 2 InsO) – Verwertung d. Gläubiger	Einnahme	
4064	8064	50	Feststellungskostenbeiträge – § 171 I InsO sonstiges Vermögen nach IE (Betriebsfortführung)	Einnahme	
4064	8064	51	Verwertungskostenbeiträge – § 171 II InsO sonstiges Vermögen nach IE (Betriebsfortführung)	Einnahme	
4064	8064	54	Feststellungskostenbeiträge – § 171 I InsO sonstiges Vermögen nach IE (Betriebsfortführung) – Verwertung d. Gläubiger	Einnahme	
4064	8064	60	Feststellungskostenbeiträge – § 171 I InsO sonstiges Vermögen nach IE (Betriebsfortführung § 209 Abs. 1 Nr. 2 InsO)	Einnahme	

SKR04-InsO	SKR03-InsO	5. + 6. Stelle	Bezeichnung	Konten-art	Haupt-ebene
4064	8064	61	Verwertungskostenbeiträge – § 171 II InsO sonstiges Vermögen nach IE (Betriebsfortführung § 209 Abs. 1 Nr. 2 InsO)	Einnahme	
4064	8064	64	Feststellungskostenbeiträge – § 171 I InsO sonstiges Vermögen nach IE (Betriebsfortführung § 209 Abs. 1 Nr. 2 InsO) – Verwertung d. Gläubiger	Einnahme	
4065	8065	30	Feststellungskostenbeiträge – § 171 I InsO Kraftfahrzeuge/Fuhrpark nach IE (Abwicklung)	Einnahme	
4065	8065	31	Verwertungskostenbeiträge – § 171 II InsO Kraftfahrzeuge/Fuhrpark nach IE (Abwicklung)	Einnahme	
4065	8065	34	Feststellungskostenbeiträge – § 171 I InsO Kraftfahrzeuge/Fuhrpark nach IE (Abwicklung) – Verwertung d. Gläubiger	Einnahme	
4065	8065	40	Feststellungskostenbeiträge – § 171 I InsO Kraftfahrzeuge/Fuhrpark nach IE (Abwicklung § 209 Abs. 1 Nr. 2 InsO)	Einnahme	
4065	8065	41	Verwertungskostenbeiträge – § 171 II InsO Kraftfahrzeuge/Fuhrpark nach IE (Abwicklung § 209 Abs. 1 Nr. 2 InsO)	Einnahme	
4065	8065	44	Feststellungskostenbeiträge – § 171 I InsO Kraftfahrzeuge/Fuhrpark nach IE (Abwicklung § 209 Abs. 1 Nr. 2 InsO) – Verwertung d. Gläubiger	Einnahme	
4065	8065	50	Feststellungskostenbeiträge – § 171 I InsO Kraftfahrzeuge/Fuhrpark nach IE (Betriebsfortführung)	Einnahme	
4065	8065	51	Verwertungskostenbeiträge – § 171 II InsO Kraftfahrzeuge/Fuhrpark nach IE (Betriebsfortführung)	Einnahme	
4065	8065	54	Feststellungskostenbeiträge – § 171 I InsO Kraftfahrzeuge/Fuhrpark nach IE (Betriebsfortführung) – Verwertung d. Gläubiger	Einnahme	
4065	8065	60	Feststellungskostenbeiträge – § 171 I InsO Kraftfahrzeuge/Fuhrpark nach IE (Betriebsfortführung § 209 Abs. 1 Nr. 2 InsO)	Einnahme	
4065	8065	61	Verwertungskostenbeiträge – § 171 II InsO Kraftfahrzeuge/Fuhrpark nach IE (Betriebsfortführung § 209 Abs. 1 Nr. 2 InsO)	Einnahme	
4065	8065	64	Feststellungskostenbeiträge – § 171 I InsO Kraftfahrzeuge/Fuhrpark nach IE (Betriebsfortführung § 209 Abs. 1 Nr. 2 InsO) – Verwertung d. Gläubiger	Einnahme	
4066	8066	30	Feststellungskostenbeiträge – § 171 I InsO Kraftfahrzeuge/Fuhrpark (Privatvermögen) nach IE (Abwicklung)	Einnahme	

SKR04-InsO	SKR03-InsO	5. + 6. Stelle	Bezeichnung	Konten-art	Haupt-ebene
4066	8066	31	Verwertungskostenbeiträge – § 171 II InsO Kraftfahrzeuge/Fuhrpark (Privatvermögen) nach IE (Abwicklung)	Einnahme	
4066	8066	34	Feststellungskostenbeiträge – § 171 I InsO Kraftfahrzeuge/Fuhrpark (Privatvermögen) nach IE (Abwicklung) – Verwertung d. Gläubiger	Einnahme	
4066	8066	40	Feststellungskostenbeiträge – § 171 I InsO Kraftfahrzeuge/Fuhrpark (Privatvermögen) nach IE (Abwicklung § 209 Abs. 1 Nr. 2 InsO)	Einnahme	
4066	8066	41	Verwertungskostenbeiträge – § 171 II InsO Kraftfahrzeuge/Fuhrpark (Privatvermögen) nach IE (Abwicklung § 209 Abs. 1 Nr. 2 InsO)	Einnahme	
4066	8066	44	Feststellungskostenbeiträge – § 171 I InsO Kraftfahrzeuge/Fuhrpark (Privatvermögen) nach IE (Abwicklung § 209 Abs. 1 Nr. 2 InsO) – Verwertung d. Gläubiger	Einnahme	
4066	8066	50	Feststellungskostenbeiträge – § 171 I InsO Kraftfahrzeuge/Fuhrpark (Privatvermögen) nach IE (Betriebsfortführung)	Einnahme	
4066	8066	51	Verwertungskostenbeiträge – § 171 II InsO Kraftfahrzeuge/Fuhrpark (Privatvermögen) nach IE (Betriebsfortführung)	Einnahme	
4066	8066	54	Feststellungskostenbeiträge – § 171 I InsO Kraftfahrzeuge/Fuhrpark (Privatvermögen) nach IE (Betriebsfortführung) – Verwertung d. Gläubiger	Einnahme	
4066	8066	60	Feststellungskostenbeiträge – § 171 I InsO Kraftfahrzeuge/Fuhrpark (Privatvermögen) nach IE (Betriebsfortführung § 209 Abs. 1 Nr. 2 InsO)	Einnahme	
4066	8066	61	Verwertungskostenbeiträge – § 171 II InsO Kraftfahrzeuge/Fuhrpark (Privatvermögen) nach IE (Betriebsfortführung § 209 Abs. 1 Nr. 2 InsO)	Einnahme	
4066	8066	64	Feststellungskostenbeiträge – § 171 I InsO Kraftfahrzeuge/Fuhrpark (Privatvermögen) nach IE (Betriebsfortführung § 209 Abs. 1 Nr. 2 InsO) – Verwertung d. Gläubiger	Einnahme	
4070	**8070**	**XX**	**Kostenbeiträge – individuelle Vereinbarung**	**Einnahme**	**x**
4070	8070	30	Feststellungskostenbeiträge – individuelle Vereinbarung sonstige immaterielle Vermögenswerte nach IE (Abwicklung)	Einnahme	
4070	8070	31	Verwertungskostenbeiträge – individuelle Vereinbarung sonstige immaterielle Vermögenswerte nach IE (Abwicklung)	Einnahme	

SKR04-InsO	SKR03-InsO	5. + 6. Stelle	Bezeichnung	Kontenart	Hauptebene
4070	8070	40	Feststellungskostenbeiträge – individuelle Vereinbarung sonstige immaterielle Vermögenswerte nach IE (Abwicklung § 209 Abs. 1 Nr. 2 InsO)	Einnahme	
4070	8070	41	Verwertungskostenbeiträge – individuelle Vereinbarung sonstige immaterielle Vermögenswerte nach IE (Abwicklung § 209 Abs. 1 Nr. 2 InsO)	Einnahme	
4071	8071	30	Feststellungskostenbeiträge – individuelle Vereinbarung Grundvermögen nach IE (Abwicklung)	Einnahme	
4071	8071	31	Verwertungskostenbeiträge – individuelle Vereinbarung Grundvermögen nach IE (Abwicklung)	Einnahme	
4071	8071	40	Feststellungskostenbeiträge – individuelle Vereinbarung Grundvermögen nach IE (Abwicklung § 209 Abs. 1 Nr. 2 InsO)	Einnahme	
4071	8071	41	Verwertungskostenbeiträge – individuelle Vereinbarung Grundvermögen nach IE (Abwicklung § 209 Abs. 1 Nr. 2 InsO)	Einnahme	
4072	8072	30	Feststellungskostenbeiträge – individuelle Vereinbarung Technische Anlagen und Maschinen nach IE (Abwicklung)	Einnahme	
4072	8072	31	Verwertungskostenbeiträge – individuelle Vereinbarung Technische Anlagen und Maschinen nach IE (Abwicklung)	Einnahme	
4072	8072	40	Feststellungskostenbeiträge – individuelle Vereinbarung Technische Anlagen und Maschinen nach IE (Abwicklung § 209 Abs. 1 Nr. 2 InsO)	Einnahme	
4072	8072	41	Verwertungskostenbeiträge – individuelle Vereinbarung Technische Anlagen und Maschinen nach IE (Abwicklung § 209 Abs. 1 Nr. 2 InsO)	Einnahme	
4073	8073	30	Feststellungskostenbeiträge – individuelle Vereinbarung Betriebs- und Geschäftsausstattung nach IE (Abwicklung)	Einnahme	
4073	8073	31	Verwertungskostenbeiträge – individuelle Vereinbarung Betriebs- und Geschäftsausstattung nach IE (Abwicklung)	Einnahme	
4073	8073	40	Feststellungskostenbeiträge – individuelle Vereinbarung Betriebs- und Geschäftsausstattung nach IE (Abwicklung § 209 Abs. 1 Nr. 2 InsO)	Einnahme	
4073	8073	41	Verwertungskostenbeiträge – individuelle Vereinbarung Betriebs- und Geschäftsausstattung nach IE (Abwicklung § 209 Abs. 1 Nr. 2 InsO)	Einnahme	

SKR04-InsO	SKR03-InsO	5. + 6. Stelle	Bezeichnung	Konten-art	Haupt-ebene
4074	8074	30	Feststellungskostenbeiträge – individuelle Vereinbarung Forderungen nach IE (Abwicklung)	Einnahme	
4074	8074	31	Verwertungskostenbeiträge – individuelle Vereinbarung Forderungen nach IE (Abwicklung)	Einnahme	
4074	8074	40	Feststellungskostenbeiträge – individuelle Vereinbarung Forderungen nach IE (Abwicklung § 209 Abs. 1 Nr. 2 InsO)	Einnahme	
4074	8074	41	Verwertungskostenbeiträge – individuelle Vereinbarung Forderungen nach IE (Abwicklung § 209 Abs. 1 Nr. 2 InsO)	Einnahme	
4075	8075	30	Feststellungskostenbeiträge – individuelle Vereinbarung Vorräte nach IE (Abwicklung)	Einnahme	
4075	8075	31	Verwertungskostenbeiträge – individuelle Vereinbarung Vorräte nach IE (Abwicklung)	Einnahme	
4075	8075	40	Feststellungskostenbeiträge – individuelle Vereinbarung Vorräte nach IE (Abwicklung § 209 Abs. 1 Nr. 2 InsO)	Einnahme	
4075	8075	41	Verwertungskostenbeiträge – individuelle Vereinbarung Vorräte nach IE (Abwicklung § 209 Abs. 1 Nr. 2 InsO)	Einnahme	
4076	8076	30	Feststellungskostenbeiträge- individuelle Vereinbarung Wertpapiere nach IE (Abwicklung)	Einnahme	
4076	8076	31	Verwertungskostenbeiträge- individuelle Vereinbarung Wertpapiere nach IE (Abwicklung)	Einnahme	
4076	8076	40	Feststellungskostenbeiträge – individuelle Vereinbarung Wertpapiere nach IE (Abwicklung § 209 Abs. 1 Nr. 2 InsO)	Einnahme	
4076	8076	41	Verwertungskostenbeiträge – individuelle Vereinbarung Wertpapiere nach IE (Abwicklung § 209 Abs. 1 Nr. 2 InsO)	Einnahme	
4077	8077	30	Feststellungskostenbeiträge – individuelle Vereinbarung sonstiges Vermögen nach IE (Abwicklung)	Einnahme	
4077	8077	31	Verwertungskostenbeiträge – individuelle Vereinbarung sonstiges Vermögen nach IE (Abwicklung)	Einnahme	
4077	8077	40	Feststellungskostenbeiträge – individuelle Vereinbarung sonstiges Vermögen nach IE (Abwicklung § 209 Abs. 1 Nr. 2 InsO)	Einnahme	
4077	8077	41	Verwertungskostenbeiträge – individuelle Vereinbarung sonstiges Vermögen nach IE (Abwicklung § 209 Abs. 1 Nr. 2 InsO)	Einnahme	

SKR04-InsO	SKR03-InsO	5. + 6. Stelle	Bezeichnung	Konten-art	Haupt-ebene
4080	**8080**	**XX**	**Umsatzsteuerbeträge – § 171 InsO**	**Einnahme**	x
4080	8080	30	Umsatzsteuerbeträge – § 171 InsO Technische Anlagen und Maschinen nach IE (Abwicklung)	Einnahme	
4080	8080	40	Umsatzsteuerbeträge – § 171 InsO Technische Anlagen und Maschinen nach IE (Abwicklung § 209 Abs. 1 Nr. 2 InsO)	Einnahme	
4081	8081	30	Umsatzsteuerbeträge – § 171 InsO Betriebs- und Geschäftsausstattung nach IE (Abwicklung)	Einnahme	
4081	8081	40	Umsatzsteuerbeträge – § 171 InsO Betriebs- und Geschäftsausstattung nach IE (Abwicklung § 209 Abs. 1 Nr. 2 InsO)	Einnahme	
4082	8082	30	Umsatzsteuerbeträge – § 171 InsO Forderungen nach IE (Abwicklung)	Einnahme	
4082	8082	40	Umsatzsteuerbeträge – § 171 InsO Forderungen nach IE (Abwicklung § 209 Abs. 1 Nr. 2 InsO)	Einnahme	
4083	8083	30	Umsatzsteuerbeträge – § 171 InsO Vorräte nach IE (Abwicklung)	Einnahme	
4083	8083	40	Umsatzsteuerbeträge – § 171 InsO Vorräte nach IE (Abwicklung § 209 Abs. 1 Nr. 2 InsO)	Einnahme	
4084	8084	30	Umsatzsteuerbeiträge – § 171 InsO sonstiges Vermögen nach IE (Abwicklung)	Einnahme	
4084	8084	40	Umsatzsteuerbeiträge – § 171 InsO sonstiges Vermögen nach IE (Abwicklung § 209 Abs. 1 Nr. 2 InsO)	Einnahme	
4085	8085	30	Umsatzsteuerbeiträge – § 171 InsO Kraftfahrzeuge/Fuhrpark nach IE (Abwicklung)	Einnahme	
4085	8085	40	Umsatzsteuerbeiträge – § 171 InsO Kraftfahrzeuge/Fuhrpark nach IE (Abwicklung § 209 Abs. 1 Nr. 2 InsO)	Einnahme	
4086	8086	30	Umsatzsteuerbeiträge – § 171 InsO Grundvermögen nach IE (Abwicklung)	Einnahme	
4086	8086	40	Umsatzsteuerbeiträge – § 171 InsO Grundvermögen nach IE (Abwicklung § 209 Abs. 1 Nr. 2 InsO)	Einnahme	
4090	**8090**	**00**	**Massekostenvorschuss Dritter**	**Einnahme**	x
4091	**8091**	**00**	**Vorschüsse Dritter InsO-Plan**	**Einnahme**	x
4200	**8200**	**XX**	**Forderungseinzug aus L. u. L. – 19 % Ust**	**Einnahme**	x
4200	8200	01	Forderungseinzug aus L. u. L. – 19 % Ust (vor A. vorl. V)	Einnahme	
4200	8200	10	Forderungseinzug aus L. u. L. – 19 % Ust vorl. V (Abwicklung)	Einnahme	

SKR04-InsO	SKR03-InsO	5. + 6. Stelle	Bezeichnung	Konten-art	Haupt-ebene
4200	8200	20	Forderungseinzug aus L. u. L. – 19 % Ust vorl. V (Betriebsfortführung)	Einnahme	
4200	8200	30	Forderungseinzug aus L. u. L. – 19 % Ust nach IE (Abwicklung)	Einnahme	
4200	8200	40	Forderungseinzug aus L. u. L. – 19 % Ust nach IE (Abwicklung § 209 Abs. 1 Nr. 2 InsO)	Einnahme	
4200	8200	50	Forderungseinzug aus L. u. L. – 19 % Ust nach IE (Betriebsfortführung)	Einnahme	
4200	8200	60	Forderungseinzug aus L. u. L. – 19 % Ust nach IE (Betriebsfortführung § 209 Abs. 1 Nr. 2 InsO)	Einnahme	
4201	**8201**	**XX**	**Forderungseinzug aus L. u. L. – 19 % USt besichert**	**Einnahme**	x
4201	8201	01	Forderungseinzug aus L. u. L. – 19 % USt besichert (vor A. vorl. V)	Einnahme	
4201	8201	10	Forderungseinzug aus L. u. L. – 19 % USt besichert vorl. V (Abwicklung)	Einnahme	
4201	8201	20	Forderungseinzug aus L. u. L. – 19 % USt besichert vorl. V (Betriebsfortführung)	Einnahme	
4201	8201	30	Forderungseinzug aus L. u. L. – 19 % Ust besichert nach IE (Abwicklung)	Einnahme	
4201	8201	40	Forderungseinzug aus L. u. L. – 19 % Ust besichert nach IE (Abwicklung § 209 Abs. 1 Nr. 2 InsO)	Einnahme	
4201	8201	50	Forderungseinzug aus L. u. L. – 19 % Ust besichert nach IE/Betriebsfortführung)	Einnahme	
4201	8201	60	Forderungseinzug aus L. u. L. – 19 % Ust besichert nach IE (Betriebsfortführung § 209 Abs. 1 Nr. 2 InsO)	Einnahme	
4210	**8210**	**XX**	**Forderungseinzug aus L. u. L. – 7 % Ust**	**Einnahme**	x
4210	8210	01	Forderungseinzug aus L. u. L. – 7 % Ust (vor A. vorl. V)	Einnahme	
4210	8210	10	Forderungseinzug aus L. u. L. – 7 % Ust vorl. V (Abwicklung)	Einnahme	
4210	8210	20	Forderungseinzug aus L. u. L. – 7 % Ust vorl. V (Betriebsfortführung)	Einnahme	
4210	8210	30	Forderungseinzug aus L. u. L. – 7 % Ust nach IE (Abwicklung)	Einnahme	
4210	8210	40	Forderungseinzug aus L. u. L. – 7 % Ust nach IE (Abwicklung § 209 Abs. 1 Nr. 2 InsO)	Einnahme	
4210	8210	50	Forderungseinzug aus L. u. L. – 7 % Ust nach IE (Betriebsfortführung)	Einnahme	

SKR04-InsO	SKR03-InsO	5. + 6. Stelle	Bezeichnung	Konten-art	Haupt-ebene
4210	8210	60	Forderungseinzug aus L. u. L. – 7 % Ust nach IE (Betriebsfortführung § 209 Abs. 1 Nr. 2 InsO)	Einnahme	
4211	**8211**	**XX**	**Forderungseinzug aus L. u. L. – 7 % USt besichert**	**Einnahme**	x
4211	8211	01	Forderungseinzug aus L. u. L. – 7 % USt besichert (vor A. vorl. V)	Einnahme	
4211	8211	10	Forderungseinzug aus L. u. L. – 7 % USt besichert vorl. V (Abwicklung)	Einnahme	
4211	8211	20	Forderungseinzug aus L. u. L. – 7 % USt besichert vorl. V (Betriebsfortführung)	Einnahme	
4211	8211	30	Forderungseinzug aus L. u. L. – 7 % Ust besichert nach IE (Abwicklung)	Einnahme	
4211	8211	40	Forderungseinzug aus L. u. L. – 7 % Ust besichert nach IE (Abwicklung § 209 Abs. 1 Nr. 2 InsO)	Einnahme	
4211	8211	50	Forderungseinzug aus L. u. L. – 7 % Ust besichert nach IE/Betriebsfortführung)	Einnahme	
4211	8211	60	Forderungseinzug aus L. u. L. – 7 % Ust besichert nach IE (Betriebsfortführung § 209 Abs. 1 Nr. 2 InsO)	Einnahme	
4220	**8220**	**XX**	**Forderungseinzug aus L. u. L. – EU**	**Einnahme**	x
4220	8220	01	Forderungseinzug aus L. u. L. – EU (vor A. vorl. V)	Einnahme	
4220	8220	10	Forderungseinzug aus L. u. L. – EU vorl. V (Abwicklung)	Einnahme	
4220	8220	20	Forderungseinzug aus L. u. L. – EU vorl. V (Betriebsfortführung)	Einnahme	
4220	8220	30	Forderungseinzug aus L. u. L. – EU nach IE (Abwicklung)	Einnahme	
4220	8220	40	Forderungseinzug aus L. u. L. – EU nach IE (Abwicklung § 209 Abs. 1 Nr. 2 InsO)	Einnahme	
4220	8220	50	Forderungseinzug aus L. u. L. – EU nach IE (Betriebsfortführung)	Einnahme	
4220	8220	60	Forderungseinzug aus L. u. L. – EU nach IE (Betriebsfortführung § 209 Abs. 1 Nr. 2 InsO)	Einnahme	
4221	**8221**	**XX**	**Forderungseinzug aus L. u. L. – EU besichert**	**Einnahme**	x
4221	8221	01	Forderungseinzug aus L. u. L. – EU besichert (vor A. vorl. V)	Einnahme	
4221	8221	10	Forderungseinzug aus L. u. L. – EU besichert vorl. V (Abwicklung)	Einnahme	
4221	8221	20	Forderungseinzug aus L. u. L. – EU besichert vorl. V (Betriebsfortführung)	Einnahme	

SKR04-InsO	SKR03-InsO	5. + 6. Stelle	Bezeichnung	Konten-art	Haupt-ebene
4221	8221	30	Forderungseinzug aus L. u. L. – EU besichert nach IE (Abwicklung)	Einnahme	
4221	8221	40	Forderungseinzug aus L. u. L. – EU besichert nach IE (Abwicklung § 209 Abs. 1 Nr. 2 InsO)	Einnahme	
4221	8221	50	Forderungseinzug aus L. u. L. – EU besichert nach IE/Betriebsfortführung)	Einnahme	
4221	8221	60	Forderungseinzug aus L. u. L. – EU besichert nach IE (Betriebsfortführung § 209 Abs. 1 Nr. 2 InsO)	Einnahme	
4230	**8230**	**XX**	**Forderungseinzug aus L. u. L. – Drittland**	**Einnahme**	**x**
4230	8230	01	Forderungseinzug aus L. u. L. – Drittland (vor A. vorl. V)	Einnahme	
4230	8230	10	Forderungseinzug aus L. u. L. – Drittland vorl. V (Abwicklung)	Einnahme	
4230	8230	20	Forderungseinzug aus L. u. L. – Drittland vorl. V (Betriebsfortführung)	Einnahme	
4230	8230	30	Forderungseinzug aus L. u. L. – Drittland nach IE (Abwicklung)	Einnahme	
4230	8230	40	Forderungseinzug aus L. u. L. – Drittland nach IE (Abwicklung § 209 Abs. 1 Nr. 2 InsO)	Einnahme	
4230	8230	50	Forderungseinzug aus L. u. L. – Drittland nach IE (Betriebsfortführung)	Einnahme	
4230	8230	60	Forderungseinzug aus L. u. L. – Drittland nach IE (Betriebsfortführung § 209 Abs. 1 Nr. 2 InsO)	Einnahme	
4231	**8231**	**XX**	**Forderungseinzug aus L. u. L. – Drittland besichert**	**Einnahme**	**x**
4231	8231	01	Forderungseinzug aus L. u. L. – Drittland besichert (vor A. vorl. V)	Einnahme	
4231	8231	10	Forderungseinzug aus L. u. L. – Drittland besichert vorl. V (Abwicklung)	Einnahme	
4231	8231	20	Forderungseinzug aus L. u. L. – Drittland besichert vorl. V (Betriebsfortführung)	Einnahme	
4231	8231	30	Forderungseinzug aus L. u. L. – Drittland besichert nach IE (Abwicklung)	Einnahme	
4231	8231	40	Forderungseinzug aus L. u. L. – Drittland besichert nach IE (Abwicklung § 209 Abs. 1 Nr. 2 InsO)	Einnahme	
4231	8231	50	Forderungseinzug aus L. u. L. – Drittland besichert nach IE (Betriebsfortführung)	Einnahme	
4231	8231	60	Forderungseinzug aus L. u. L. – Drittland besichert nach IE (Betriebsfortführung § 209 Abs. 1 Nr. 2 InsO)	Einnahme	
4240	**8240**	**XX**	**Forderungseinzug aus L. u. L. – § 13b UStG**	**Einnahme**	**x**

SKR04-InsO	SKR03-InsO	5. + 6. Stelle	Bezeichnung	Kontenart	Hauptebene
4240	8240	01	Forderungseinzug aus L. u. L. – § 13b UStG (vor A. vorl. V)	Einnahme	
4240	8240	10	Forderungseinzug aus L. u. L. – § 13b UStG vorl. V (Abwicklung)	Einnahme	
4240	8240	20	Forderungseinzug aus L. u. L. – § 13b UStG vorl. V (Betriebsfortführung)	Einnahme	
4240	8240	30	Forderungseinzug aus L. u. L. – § 13b UStG nach IE (Abwicklung)	Einnahme	
4240	8240	40	Forderungseinzug aus L. u. L. – § 13b UStG nach IE (Abwicklung § 209 Abs. 1 Nr. 2 InsO)	Einnahme	
4240	8240	50	Forderungseinzug aus L. u. L. – § 13b UStG nach IE (Betriebsfortführung)	Einnahme	
4240	8240	60	Forderungseinzug aus L. u. L. – § 13b UStG nach IE (Betriebsfortführung § 209 Abs. 1 Nr. 2 InsO)	Einnahme	
4241	**8241**	**XX**	**Forderungseinzug aus L. u. L. – § 13b UStG besichert**	**Einnahme**	x
4241	8241	01	Forderungseinzug aus L. u. L. – § 13b UStG besichert (vor A. vorl. V)	Einnahme	
4241	8241	10	Forderungseinzug aus L. u. L. – § 13b UStG besichert vorl. V (Abwicklung)	Einnahme	
4241	8241	20	Forderungseinzug aus L. u. L. – § 13b UStG besichert vorl. V (Betriebsfortführung)	Einnahme	
4241	8241	30	Forderungseinzug aus L. u. L. – § 13b UStG besichert nach IE (Abwicklung)	Einnahme	
4241	8241	40	Forderungseinzug aus L. u. L. – § 13b UStG besichert nach IE (Abwicklung § 209 Abs. 1 Nr. 2 InsO)	Einnahme	
4241	8241	50	Forderungseinzug aus L. u. L. – § 13b UStG besichert nach IE (Betriebsfortführung)	Einnahme	
4241	8241	60	Forderungseinzug aus L. u. L. – § 13b UStG besichert nach IE (Betriebsfortführung § 209 Abs. 1 Nr. 2 InsO)	Einnahme	
4250	**8250**	**XX**	**Forderungseinzug aus L. u. L. – andere Steuersätze**	**Einnahme**	x
4250	8250	01	Forderungseinzug aus L. u. L. – andere Steuersätze (vor A. vorl. V)	Einnahme	
4250	8250	10	Forderungseinzug aus L. u. L. – andere Steuersätze vorl. V (Abwicklung)	Einnahme	
4250	8250	20	Forderungseinzug aus L. u. L. – andere Steuersätze vorl. V (Betriebsfortführung)	Einnahme	
4250	8250	30	Forderungseinzug aus L. u. L. – andere Steuersätze nach IE (Abwicklung)	Einnahme	

SKR04-InsO	SKR03-InsO	5. + 6. Stelle	Bezeichnung	Konten-art	Haupt-ebene
4250	8250	40	Forderungseinzug aus L. u. L. – andere Steuersätze nach IE (Abwicklung § 209 Abs. 1 Nr. 2 InsO)	Einnahme	
4250	8250	50	Forderungseinzug aus L. u. L. – andere Steuersätze nach IE (Betriebsfortführung)	Einnahme	
4250	8250	60	Forderungseinzug aus L. u. L. – andere Steuersätze nach IE (Betriebsfortführung § 209 Abs. 1 Nr. 2 InsO)	Einnahme	
4251	**8251**	**XX**	**Forderungseinzug aus L. u. L. – andere Steuersätze besichert**	**Einnahme**	**x**
4251	8251	01	Forderungseinzug aus L. u. L. – andere Steuersätze besichert (vor A. vorl. V)	Einnahme	
4251	8251	10	Forderungseinzug aus L. u. L. – andere Steuersätze besichert vorl. V (Abwicklung)	Einnahme	
4251	8251	20	Forderungseinzug aus L. u. L. – andere Steuersätze besichert vorl. V (Betriebsfortführung)	Einnahme	
4251	8251	30	Forderungseinzug aus L. u. L. – andere Steuersätze besichert nach IE (Abwicklung)	Einnahme	
4251	8251	40	Forderungseinzug aus L. u. L. – andere Steuersätze besichert nach IE (Abwicklung § 209 Abs. 1 Nr. 2 InsO)	Einnahme	
4251	8251	50	Forderungseinzug aus L. u. L. – andere Steuersätze besichert nach IE (Betriebsfortführung)	Einnahme	
4251	8251	60	Forderungseinzug aus L. u. L. – andere Steuersätze besichert nach IE (Betriebsfortführung § 209 Abs. 1 Nr. 2 InsO)	Einnahme	
4260	**8260**	**XX**	**Forderungseinzug aus L. u. L. – steuerfrei**	**Einnahme**	**x**
4260	8260	01	Forderungseinzug aus L. u. L. – steuerfrei (vor A. vorl. V)	Einnahme	
4260	8260	10	Forderungseinzug aus L. u. L. – steuerfrei vorl. V (Abwicklung)	Einnahme	
4260	8260	20	Forderungseinzug aus L. u. L. – steuerfrei vorl. V (Betriebsfortführung)	Einnahme	
4260	8260	30	Forderungseinzug aus L. u. L. – steuerfrei nach IE (Abwicklung)	Einnahme	
4260	8260	40	Forderungseinzug aus L. u. L. – steuerfrei nach IE (Abwicklung § 209 Abs. 1 Nr. 2 InsO)	Einnahme	
4260	8260	50	Forderungseinzug aus L. u. L. – steuerfrei nach IE (Betriebsfortführung)	Einnahme	
4260	8260	60	Forderungseinzug aus L. u. L. – steuerfrei nach IE (Betriebsfortführung § 209 Abs. 1 Nr. 2 InsO)	Einnahme	
4261	**8261**	**XX**	**Forderungseinzug aus L. u. L. – steuerfrei besichert**	**Einnahme**	**x**

SKR04-InsO	SKR03-InsO	5. + 6. Stelle	Bezeichnung	Konten-art	Haupt-ebene
4261	8261	01	Forderungseinzug aus L. u. L. – steuerfrei besichert (vor A. vorl. V)	Einnahme	
4261	8261	10	Forderungseinzug aus L. u. L. – steuerfrei besichert vorl. V (Abwicklung)	Einnahme	
4261	8261	20	Forderungseinzug aus L. u. L. – steuerfrei besichert vorl. V (Betriebsfortführung)	Einnahme	
4261	8261	30	Forderungseinzug aus L. u. L. – steuerfrei besichert nach IE (Abwicklung)	Einnahme	
4261	8261	40	Forderungseinzug aus L. u. L. – steuerfrei besichert nach IE (Abwicklung § 209 Abs. 1 Nr. 2 InsO)	Einnahme	
4261	8261	50	Forderungseinzug aus L. u. L. – steuerfrei besichert nach IE (Betriebsfortführung)	Einnahme	
4261	8261	60	Forderungseinzug aus L. u. L. – steuerfrei besichert nach IE (Betriebsfortführung § 209 Abs. 1 Nr. 2 InsO)	Einnahme	
4281	**8281**	**XX**	**Mieteinnahmen – steuerfrei**	**Einnahme**	x
4281	8281	01	Mieteinnahmen – steuerfrei (vor A. vorl. V)	Einnahme	
4281	8281	10	Mieteinnahmen – steuerfrei vorl. V (Abwicklung)	Einnahme	
4281	8281	20	Mieteinnahmen – steuerfrei vorl. V (Betriebsfortführung)	Einnahme	
4281	8281	30	Mieteinnahmen – steuerfrei nach IE (Abwicklung)	Einnahme	
4281	8281	40	Mieteinnahmen – steuerfrei nach IE (Abwicklung § 209 Abs. 1 Nr. 2 InsO)	Einnahme	
4281	8281	50	Mieteinnahmen – steuerfrei nach IE (Betriebsfortführung)	Einnahme	
4281	8281	60	Mieteinnahmen – steuerfrei nach IE (Betriebsfortführung § 209 Abs. 1 Nr. 2 InsO)	Einnahme	
4282	**8282**	**XX**	**Mieteinnahmen – steuerfrei besichert**	**Einnahme**	x
4282	8282	01	Mieteinnahmen – steuerfrei besichert (vor A. vorl. V)	Einnahme	
4282	8282	10	Mieteinnahmen – steuerfrei besichert vorl. V (Abwicklung)	Einnahme	
4282	8282	20	Mieteinnahmen – steuerfrei besichert vorl. V (Betriebsfortführung)	Einnahme	
4282	8282	30	Mieteinnahmen – steuerfrei besichert nach IE (Abwicklung)	Einnahme	
4282	8282	40	Mieteinnahmen – steuerfrei besichert nach IE (Abwicklung § 209 Abs. 1 Nr. 2 InsO)	Einnahme	
4282	8282	50	Mieteinnahmen – steuerfrei besichert nach IE (Betriebsfortführung)	Einnahme	
4282	8282	60	Mieteinnahmen – steuerfrei besichert nach IE (Betriebsfortführung § 209 Abs. 1 Nr. 2 InsO)	Einnahme	

SKR04-InsO	SKR03-InsO	5. + 6. Stelle	Bezeichnung	Konten-art	Haupt-ebene
4283	**8283**	**XX**	**Mieteinnahmen – steuerpflichtig**	**Einnahme**	x
4283	8283	01	Mieteinnahmen – steuerpflichtig (vor A. vorl. V)	Einnahme	
4283	8283	10	Mieteinnahmen – steuerpflichtig vorl. V (Abwicklung)	Einnahme	
4283	8283	20	Mieteinnahmen – steuerpflichtig vorl. V (Betriebsfortführung)	Einnahme	
4283	8283	30	Mieteinnahmen – steuerpflichtig nach IE (Abwicklung)	Einnahme	
4283	8283	40	Mieteinnahmen – steuerpflichtig nach IE (Abwicklung § 209 Abs. 1 Nr. 2 InsO)	Einnahme	
4283	8283	50	Mieteinnahmen – steuerpflichtig nach IE (Betriebsfortführung)	Einnahme	
4283	8283	60	Mieteinnahmen – steuerpflichtig nach IE (Betriebsfortführung § 209 Abs. 1 Nr. 2 InsO)	Einnahme	
4284	**8284**	**XX**	**Mieteinnahmen – steuerpflichtig besichert**	**Einnahme**	x
4284	8284	01	Mieteinnahmen – steuerpflichtig besichert (vor A. vorl. V)	Einnahme	
4284	8284	10	Mieteinnahmen – steuerpflichtig besichert vorl. V (Abwicklung)	Einnahme	
4284	8284	20	Mieteinnahmen – steuerpflichtig besichert vorl. V (Betriebsfortführung)	Einnahme	
4284	8284	30	Mieteinnahmen – steuerpflichtig besichert nach IE (Abwicklung)	Einnahme	
4284	8284	40	Mieteinnahmen – steuerpflichtig besichert nach IE (Abwicklung § 209 Abs. 1 Nr. 2 InsO)	Einnahme	
4284	8284	50	Mieteinnahmen – steuerpflichtig besichert nach IE (Betriebsfortführung)	Einnahme	
4284	8284	60	Mieteinnahmen – steuerpflichtig besichert nach IE (Betriebsfortführung § 209 Abs. 1 Nr. 2 InsO)	Einnahme	
4285	**8285**	**XX**	**Einnahmen Kalte Zwangsverwaltung steuerfrei**	**Einnahme**	x
4285	8285	01	Einnahmen Kalte Zwangsverwaltung steuerfrei (vor A. vorl. V)	**Einnahme**	
4285	8285	10	Einnahmen Kalte Zwangsverwaltung steuerfrei vorl. V (Abwicklung)	Einnahme	
4285	8285	20	Einnahmen Kalte Zwangsverwaltung steuerfrei vorl. V (Betriebsfortführung)	Einnahme	
4285	8285	30	Einnahmen Kalte Zwangsverwaltung steuerfrei nach IE (Abwicklung)	Einnahme	
4285	8285	40	Einnahmen Kalte Zwangsverwaltung steuerfrei nach IE (Abwicklung § 209 Abs. 1 Nr. 2 InsO)	Einnahme	

SKR04-InsO	SKR03-InsO	5. + 6. Stelle	Bezeichnung	Konten-art	Haupt-ebene
4285	8285	50	Einnahmen Kalte Zwangsverwaltung steuerfrei nach IE (Betriebsfortführung)	Einnahme	
4285	8285	60	Einnahmen Kalte Zwangsverwaltung steuerfrei nach IE (Betriebsfortführung § 209 Abs. 1 Nr. 2 InsO)	Einnahme	
4286	**8286**	**XX**	**Einnahmen Kalte Zwangsverwaltung steuerpflichtig**	**Einnahme**	x
4286	8286	01	Einnahmen Kalte Zwangsverwaltung steuerpflichtig (vor A. vorl. V)	Einnahme	
4286	8286	10	Einnahmen Kalte Zwangsverwaltung steuerpflichtig vorl. V (Abwicklung)	Einnahme	
4286	8286	20	Einnahmen Kalte Zwangsverwaltung steuerpflichtig vorl. V (Betriebsfortführung)	Einnahme	
4286	8286	30	Einnahmen Kalte Zwangsverwaltung steuerpflichtig nach IE (Abwicklung)	Einnahme	
4286	8286	40	Einnahmen Kalte Zwangsverwaltung steuerpflichtig nach IE (Abwicklung § 209 Abs. 1 Nr. 2 InsO)	Einnahme	
4286	8286	50	Einnahmen Kalte Zwangsverwaltung steuerpflichtig nach IE (Betriebsfortführung)	Einnahme	
4286	8286	60	Einnahmen Kalte Zwangsverwaltung steuerpflichtignach IE (Betriebsfortführung § 209 Abs. 1 Nr. 2 InsO)	Einnahme	
4287	**8287**	**XX**	**Einnahmen Kalte Zwangsverwaltung Massebeteiligung**	**Einnahme**	x
4287	8287	01	Einnahmen Kalte Zwangsverwaltung Massebeteiligung (vor A. vorl. V)	Einnahme	
4287	8287	10	Einnahmen Kalte Zwangsverwaltung Massebeteiligung vorl. V (Abwicklung)	Einnahme	
4287	8287	20	Einnahmen Kalte Zwangsverwaltung Massebeteiligung vorl. V (Betriebsfortführung)	Einnahme	
4287	8287	30	Einnahmen Kalte Zwangsverwaltung Massebeteiligung nach IE (Abwicklung)	Einnahme	
4287	8287	40	Einnahmen Kalte Zwangsverwaltung Massebeteiligung nach IE (Abwicklung § 209 Abs. 1 Nr. 2 InsO)	Einnahme	
4287	8287	50	Einnahmen Kalte Zwangsverwaltung Massebeteiligung nach IE (Betriebsfortführung)	Einnahme	
4287	8287	60	Einnahmen Kalte Zwangsverwaltung Massebeteiligung nach IE (Betriebsfortführung § 209 Abs. 1 Nr. 2 InsO)	Einnahme	
4290	8290	01	Forderungen aus L. u. L. – 19 % Ust diverse Abzüge lt. Konditionsvereinbarungen (vor A. vorl. V)	Einnahme	
4290	8290	10	Forderungen aus L. u. L. – 19 % Ust diverse Abzüge lt. Konditionsvereinbarungen; vorl. V (Abwicklung)	Einnahme	

SKR04-InsO	SKR03-InsO	5. + 6. Stelle	Bezeichnung	Konten-art	Haupt-ebene
4290	8290	20	Forderungen aus L. u. L. – 19 % Ust diverse Abzüge lt. Konditionsvereinbarungen vorl. V (Betriebsfortführung)	Einnahme	
4290	8290	30	Forderungen aus L. u. L. – 19 % Ust diverse Abzüge lt. Konditionsvereinbarungen nach IE (Abwicklung)	Einnahme	
4290	8290	40	Forderungen aus L. u. L. – 19 % Ust diverse Abzüge lt. Konditionsvereinbarungen; nach IE (Abwicklung § 209 Abs. 1 Nr. 2 InsO)	Einnahme	
4290	8290	50	Forderungen aus L. u. L. – 19 % Ust diverse Abzüge lt. Konditionsvereinbarungen; nach IE (Betriebsfortführung)	Einnahme	
4290	8290	60	Forderungen aus L. u. L. – 19 % Ust diverse Abzüge lt. Konditionsvereinbarungen; nach IE (Betriebsfortführung § 209 Abs. 1 Nr. 2 InsO)	Einnahme	
4291	8291	01	Forderungen aus L. u. L. – 7 % Ust diverse Abzüge lt. Konditionsvereinbarungen (vor A. vorl. V)	Einnahme	
4291	8291	10	Forderungen aus L. u. L. – 7 % Ust diverse Abzüge lt. Konditionsvereinbarungen; vorl. V (Abwicklung)	Einnahme	
4291	8291	20	Forderungen aus L. u. L. – 7 % Ust diverse Abzüge lt. Konditionsvereinbarungen vorl. V (Betriebsfortführung)	Einnahme	
4291	8291	30	Forderungen aus L. u. L. – 7 % Ust diverse Abzüge lt. Konditionsvereinbarungen nach IE (Abwicklung)	Einnahme	
4291	8291	40	Forderungen aus L. u. L. – 7 % Ust diverse Abzüge lt. Konditionsvereinbarungen; nach IE (Abwicklung § 209 Abs. 1 Nr. 2 InsO)	Einnahme	
4291	8291	50	Forderungen aus L. u. L. – 7 % Ust diverse Abzüge lt. Konditionsvereinbarungen; nach IE (Betriebsfortführung)	Einnahme	
4291	8291	60	Forderungen aus L. u. L. – 7 % Ust diverse Abzüge lt. Konditionsvereinbarungen; nach IE (Betriebsfortführung § 209 Abs. 1 Nr. 2 InsO)	Einnahme	
4292	8292	01	Forderungen aus L. u. L. – EU diverse Abzüge lt. Konditionsvereinbarungen (vor A. vorl. V)	Einnahme	
4292	8292	10	Forderungen aus L. u. L. – EU diverse Abzüge lt. Konditionsvereinbarungen; vorl. V (Abwicklung)	Einnahme	
4292	8292	20	Forderungen aus L. u. L. – EU diverse Abzüge lt. Konditionsvereinbarungen vorl. V (Betriebsfortführung)	Einnahme	

SKR04-InsO	SKR03-InsO	5. + 6. Stelle	Bezeichnung	Konten-art	Haupt-ebene
4292	8292	30	Forderungen aus L. u. L. – EU diverse Abzüge lt. Konditionsvereinbarungen; nach IE (Abwicklung)	Einnahme	
4292	8292	40	Forderungen aus L. u. L. – EU diverse Abzüge lt. Konditionsvereinbarungen; nach IE (Abwicklung § 209 Abs. 1 Nr. 2 InsO)	Einnahme	
4292	8292	50	Forderungen aus L. u. L. – EU diverse Abzüge lt. Konditionsvereinbarungen; nach IE (Betriebsfortführung)	Einnahme	
4292	8292	60	Forderungen aus L. u. L. – EU diverse Abzüge lt. Konditionsvereinbarungen; nach IE (Betriebsfortführung § 209 Abs. 1 Nr. 2 InsO)	Einnahme	
4293	8293	01	Forderungen aus L. u. L. – Drittland diverse Abzüge lt. Konditionsvereinbarungen (vor A. vorl. V)	Einnahme	
4293	8293	10	Forderungen aus L. u. L. – Drittland diverse Abzüge lt. Konditionsvereinbarungen; vorl. V (Abwicklung)	Einnahme	
4293	8293	20	Forderungen aus L. u. L. – Drittland diverse Abzüge lt. Konditionsvereinbarungen vorl. V (Betriebsfortführung)	Einnahme	
4293	8293	30	Forderungen aus L. u. L. – Drittland diverse Abzüge lt. Konditionsvereinbarungen; nach IE (Abwicklung)	Einnahme	
4293	8293	40	Forderungen aus L. u. L. – Drittland diverse Abzüge lt. Konditionsvereinbarungen; nach IE (Abwicklung § 209 Abs. 1 Nr. 2 InsO)	Einnahme	
4293	8293	50	Forderungen aus L. u. L. – Drittland diverse Abzüge lt. Konditionsvereinbarungen; nach IE (Betriebsfortführung)	Einnahme	
4293	8293	60	Forderungen aus L. u. L. – Drittland diverse Abzüge lt. Konditionsvereinbarungen; nach IE (Betriebsfortführung § 209 Abs. 1 Nr. 2 InsO)	Einnahme	
4294	8294	01	Forderungen aus L. u. L. – § 13b UStG diverse Abzüge lt. Konditionsvereinbarungen (vor A. vorl. V)	Einnahme	
4294	8294	10	Forderungen aus L. u. L. – § 13b UStG diverse Abzüge lt. Konditionsvereinbarungen; vorl. V (Abwicklung)	Einnahme	
4294	8294	20	Forderungen aus L. u. L. – § 13b UStG diverse Abzüge lt. Konditionsvereinbarungen vorl. V (Betriebsfortführung)	Einnahme	
4294	8294	30	Forderungen aus L. u. L. – § 13b UStG diverse Abzüge lt. Konditionsvereinbarungen; nach IE (Abwicklung)	Einnahme	

SKR04-InsO	SKR03-InsO	5. + 6. Stelle	Bezeichnung	Konten-art	Haupt-ebene
4294	8294	40	Forderungen aus L. u. L. – § 13b UStG diverse Abzüge lt. Konditionsvereinbarungen; nach IE (Abwicklung § 209 Abs. 1 Nr. 2 InsO)	Einnahme	
4294	8294	50	Forderungen aus L. u. L. – § 13b UStG diverse Abzüge lt. Konditionsvereinbarungen; nach IE (Betriebsfortführung)	Einnahme	
4294	8294	60	Forderungen aus L. u. L. – § 13b UStG diverse Abzüge lt. Konditionsvereinbarungen; nach IE (Betriebsfortführung § 209 Abs. 1 Nr. 2 InsO)	Einnahme	
4295	8295	01	Forderungen aus L. u. L. – andere Steuersätze diverse Abzüge lt. Konditionsvereinbarungen (vor A. vorl. V)	Einnahme	
4295	8295	10	Forderungen aus L. u. L. – andere Steuersätze diverse Abzüge lt. Konditionsvereinbarungen; vorl. V (Abwicklung)	Einnahme	
4295	8295	20	Forderungen aus L. u. L. – andere Steuersätze diverse Abzüge lt. Konditionsvereinbarungen vorl. V (Betriebsfortführung)	Einnahme	
4295	8295	30	Forderungen aus L. u. L. – andere Steuersätze diverse Abzüge lt. Konditionsvereinbarungen; nach IE (Abwicklung)	Einnahme	
4295	8295	40	Forderungen aus L. u. L. – andere Steuersätze diverse Abzüge lt. Konditionsvereinbarungen; nach IE (Abwicklung § 209 Abs. 1 Nr. 2 InsO)	Einnahme	
4295	8295	50	Forderungen aus L. u. L. – andere Steuersätze diverse Abzüge lt. Konditionsvereinbarungen; nach IE (Betriebsfortführung)	Einnahme	
4295	8295	60	Forderungen aus L. u. L. – andere Steuersätze diverse Abzüge lt. Konditionsvereinbarungen; nach IE (Betriebsfortführung § 209 Abs. 1 Nr. 2 InsO)	Einnahme	
4296	8296	01	Forderungen aus L. u. L. – steuerfrei diverse Abzüge lt. Konditionsvereinbarungen (vor A. vorl. V)	Einnahme	
4296	8296	10	Forderungen aus L. u. L. – steuerfrei diverse Abzüge lt. Konditionsvereinbarungen; vorl. V (Abwicklung)	Einnahme	
4296	8296	20	Forderungen aus L. u. L. – steuerfrei diverse Abzüge lt. Konditionsvereinbarungen vorl. V (Betriebsfortführung)	Einnahme	
4296	8296	30	Forderungen aus L. u. L. – steuerfrei diverse Abzüge lt. Konditionsvereinbarungen; nach IE (Abwicklung)	Einnahme	

SKR04-InsO	**SKR03-InsO**	**5. + 6. Stelle**	**Bezeichnung**	**Konten-art**	**Haupt-ebene**
4296	8296	40	Forderungen aus L. u. L. – steuerfrei diverse Abzüge lt. Konditionsvereinbarungen; nach IE (Abwicklung § 209 Abs. 1 Nr. 2 InsO)	Einnahme	
4296	8296	50	Forderungen aus L. u. L. – steuerfrei diverse Abzüge lt. Konditionsvereinbarungen; nach IE (Betriebsfortführung)	Einnahme	
4296	8296	60	Forderungen aus L. u. L. – steuerfrei diverse Abzüge lt. Konditionsvereinbarungen; nach IE (Betriebsfortführung § 209 Abs. 1 Nr. 2 InsO)	Einnahme	
4831	**2521**	**XX**	**Erstattung Versicherungsprämien**	**Einnahme**	x
4831	2521	01	Erstattung Versicherungsprämien (vor A. vorl. V)	**Einnahme**	
4831	2521	10	Erstattung Versicherungsprämien vorl. V (Abwicklung)	**Einnahme**	
4831	2521	20	Erstattung Versicherungsprämien vorl. V (Betriebsfortführung)	**Einnahme**	
4831	2521	30	Erstattung Versicherungsprämien nach IE (Abwicklung)	**Einnahme**	
4831	2521	40	Erstattung Versicherungsprämien nach IE (Abwicklung § 209 Abs. 1 Nr. 2 InsO)	Einnahme	
4831	2521	50	Erstattung Versicherungsprämien nach IE (Betriebsfortführung)	**Einnahme**	
4831	2521	60	Erstattung Versicherungsprämien nach IE (Betriebsfortführung § 209 Abs. 1 Nr. 2 InsO)	Einnahme	
4871	**8871**	**XX**	**Verwertung Geschäfts- und Firmenwert**	**Einnahme**	x
4871	8871	10	Verwertung Geschäfts- und Firmenwert vorl. V (Abwicklung)	Einnahme	
4871	8871	20	Verwertung Geschäfts- und Firmenwert vorl. V (Betriebsfortführung)	Einnahme	
4871	8871	30	Verwertung Geschäfts- und Firmenwert nach IE (Abwicklung)	Einnahme	
4871	8871	40	Verwertung Geschäfts- und Firmenwert nach IE (Abwicklung § 209 Abs. 1 Nr. 2 InsO)	Einnahme	
4871	8871	50	Verwertung Geschäfts- und Firmenwert nach IE (Betriebsfortführung)	Einnahme	
4871	8871	60	Verwertung Geschäfts- und Firmenwert nach IE (Betriebsfortführung § 209 Abs. 1 Nr. 2 InsO)	Einnahme	
4872	**8872**	**XX**	**Verwertung sonstige immaterielle Vermögenswerte**	**Einnahme**	x
4872	8872	10	Verwertung sonstige immaterielle Vermögenswerte vorl. V (Abwicklung)	Einnahme	

SKR04-InsO	SKR03-InsO	5. + 6. Stelle	Bezeichnung	Konten-art	Haupt-ebene
4872	8872	20	Verwertung sonstige immaterielle Vermögenswerte vorl. V (Betriebsfortführung)	Einnahme	
4872	8872	30	Verwertung sonstige immaterielle Vermögenswerte nach IE (Abwicklung)	Einnahme	
4872	8872	40	Verwertung sonstige immaterielle Vermögenswerte nach IE (Abwicklung § 209 Abs. 1 Nr. 2 InsO)	Einnahme	
4872	8872	50	Verwertung sonstige immaterielle Vermögenswerte nach IE (Betriebsfortführung)	Einnahme	
4872	8872	60	Verwertung sonstige immaterielle Vermögenswerte nach IE (Betriebsfortführung § 209 Abs. 1 Nr. 2 InsO)	Einnahme	
4873	**8873**	**XX**	**Verwertung Grundvermögen**	**Einnahme**	x
4873	8873	10	Verwertung Grundvermögen vorl. V (Abwicklung)	Einnahme	
4873	8873	20	Verwertung Grundvermögen vorl. V (Betriebsfortführung)	Einnahme	
4873	8873	30	Verwertung Grundvermögen nach IE (Abwicklung)	Einnahme	
4873	8873	40	Verwertung Grundvermögen nach IE (Abwicklung § 209 Abs. 1 Nr. 2 InsO)	Einnahme	
4873	8873	50	Verwertung Grundvermögen nach IE (Betriebsfortführung)	Einnahme	
4873	8873	60	Verwertung Grundvermögen nach IE (Betriebsfortführung § 209 Abs. 1 Nr. 2 InsO)	Einnahme	
4874	**8874**	**XX**	**Verwertung Technische Anlagen und Maschinen**	**Einnahme**	x
4874	8874	10	Verwertung Technische Anlagen und Maschinen vorl. V (Abwicklung)	Einnahme	
4874	8874	20	Verwertung Technische Anlagen und Maschinen vorl. V (Betriebsfortführung)	Einnahme	
4874	8874	30	Verwertung Technische Anlagen und Maschinen nach IE (Abwicklung)	Einnahme	
4874	8874	40	Verwertung Technische Anlagen und Maschinen nach IE (Abwicklung § 209 Abs. 1 Nr. 2 InsO)	Einnahme	
4874	8874	50	Verwertung Technische Anlagen und Maschinen nach IE (Betriebsfortführung)	Einnahme	
4874	8874	60	Verwertung Technische Anlagen und Maschinen nach IE (Betriebsfortführung § 209 Abs. 1 Nr. 2 InsO)	Einnahme	
4875	**8875**	**XX**	**Verwertung Betriebs- und Geschäftsausstattung**	**Einnahme**	x
4875	8875	10	Verwertung Betriebs- und Geschäftsausstattung vorl. V (Abwicklung)	Einnahme	

SKR04-InsO	SKR03-InsO	5. + 6. Stelle	Bezeichnung	Konten-art	Haupt-ebene
4875	8875	20	Verwertung Betriebs- und Geschäftsausstattung vorl. V (Betriebsfortführung)	Einnahme	
4875	8875	30	Verwertung Betriebs- und Geschäftsausstattung nach IE (Abwicklung)	Einnahme	
4875	8875	40	Verwertung Betriebs- und Geschäftsausstattung nach IE (Abwicklung § 209 Abs. 1 Nr. 2 InsO)	Einnahme	
4875	8875	50	Verwertung Betriebs- und Geschäftsausstattung nach IE (Betriebsfortführung)	Einnahme	
4875	8875	60	Verwertung Betriebs- und Geschäftsausstattung nach IE (Betriebsfortführung § 209 Abs. 1 Nr. 2 InsO)	Einnahme	
4876	**8876**	**XX**	**Verwertung Finanzanlagen**	**Einnahme**	x
4876	8876	10	Verwertung Finanzanlagen vorl. V (Abwicklung)	Einnahme	
4876	8876	20	Verwertung Finanzanlagen vorl. V (Betriebsfortführung)	Einnahme	
4876	8876	30	Verwertung Finanzanlagen nach IE (Abwicklung)	Einnahme	
4876	8876	40	Verwertung Finanzanlagen nach IE (Abwicklung § 209 Abs. 1 Nr. 2 InsO)	Einnahme	
4876	8876	50	Verwertung Finanzanlagen nach IE (Betriebsfortführung)	Einnahme	
4876	8876	60	Verwertung Finanzanlagen nach IE (Betriebsfortführung § 209 Abs. 1 Nr. 2 InsO)	Einnahme	
4877	**8877**	**XX**	**Verwertung Vorräte**	**Einnahme**	x
4877	8877	10	Verwertung Vorräte vorl. V (Abwicklung)	Einnahme	
4877	8877	20	Verwertung Vorräte vorl. V (Betriebsfortführung)	Einnahme	
4877	8877	30	Verwertung Vorräte nach IE (Abwicklung)	Einnahme	
4877	8877	40	Verwertung Vorräte nach IE (Abwicklung § 209 Abs. 1 Nr. 2 InsO)	Einnahme	
4877	8877	50	Verwertung Vorräte nach IE (Betriebsfortführung)	Einnahme	
4877	8877	60	Verwertung Vorräte nach IE (Betriebsfortführung § 209 Abs. 1 Nr. 2 InsO)	Einnahme	
4878	**8878**	**XX**	**Verwertung Wertpapiere**	**Einnahme**	x
4878	8878	10	Verwertung Wertpapiere vorl. V (Abwicklung)	Einnahme	
4878	8878	20	Verwertung Wertpapiere vorl. V (Betriebsfortführung)	Einnahme	
4878	8878	30	Verwertung Wertpapiere nach IE (Abwicklung)	Einnahme	
4878	8878	40	Verwertung Wertpapiere nach IE (Abwicklung § 209 Abs. 1 Nr. 2 InsO)	Einnahme	

SKR04-InsO	SKR03-InsO	5. + 6. Stelle	Bezeichnung	Konten-art	Haupt-ebene
4878	8878	50	Verwertung Wertpapiere nach IE (Betriebsfortführung)	Einnahme	
4878	8878	60	Verwertung Wertpapiere nach IE (Betriebsfortführung § 209 Abs. 1 Nr. 2 InsO)	Einnahme	
4879	**8879**	**XX**	**Verwertung sonstiges Umlaufvermögen**	**Einnahme**	x
4879	8879	10	Verwertung sonstiges Umlaufvermögen vorl. V (Abwicklung)	Einnahme	
4879	8879	20	Verwertung sonstiges Umlaufvermögen vorl. V (Betriebsfortführung)	Einnahme	
4879	8879	30	Verwertung sonstiges Umlaufvermögen nach IE (Abwicklung)	Einnahme	
4879	8879	40	Verwertung sonstiges Umlaufvermögen nach IE (Abwicklung § 209 Abs. 1 Nr. 2 InsO)	Einnahme	
4879	8879	50	Verwertung sonstiges Umlaufvermögen nach IE (Betriebsfortführung)	Einnahme	
4879	8879	60	Verwertung sonstiges Umlaufvermögen nach IE (Betriebsfortführung § 209 Abs. 1 Nr. 2 InsO)	Einnahme	
4880	**8880**	**XX**	**Verwertung Kraftfahrzeuge/Fuhrpark**	**Einnahme**	x
4880	8880	10	Verwertung Kraftfahrzeuge/Fuhrpark vorl. V (Abwicklung)	Einnahme	
4880	8880	20	Verwertung Kraftfahrzeuge/Fuhrpark vorl. V (Betriebsfortführung)	Einnahme	
4880	8880	30	Verwertung Kraftfahrzeuge/Fuhrpark nach IE (Abwicklung)	Einnahme	
4880	8880	40	Verwertung Kraftfahrzeuge/Fuhrpark nach IE (Abwicklung § 209 Abs. 1 Nr. 2 InsO)	Einnahme	
4880	8880	50	Verwertung Kraftfahrzeuge/Fuhrpark nach IE (Betriebsfortführung)	Einnahme	
4880	8880	60	Verwertung Kraftfahrzeuge/Fuhrpark nach IE (Betriebsfortführung § 209 Abs. 1 Nr. 2 InsO)	Einnahme	
4881	**8881**	**XX**	**Verwertung Geschäfts- und Firmenwert besichert**	**Einnahme**	x
4881	8881	10	Verwertung Geschäfts- und Firmenwert besichert vorl. V (Abwicklung)	Einnahme	
4881	8881	20	Verwertung Geschäfts- und Firmenwert besichert vorl. V (Betriebsfortführung)	Einnahme	
4881	8881	30	Verwertung Geschäfts- und Firmenwert besichert nach IE (Abwicklung)	Einnahme	
4881	8881	40	Verwertung Geschäfts- und Firmenwert besichert nach IE (Abwicklung § 209 Abs. 1 Nr. 2 InsO)	Einnahme	
4881	8881	50	Verwertung Geschäfts- und Firmenwert besichert nach IE (Betriebsfortführung)	Einnahme	

SKR04-InsO	SKR03-InsO	5. + 6. Stelle	Bezeichnung	Konten-art	Haupt-ebene
4881	8881	60	Verwertung Geschäfts- und Firmenwert besichert nach IE (Betriebsfortführung § 209 Abs. 1 Nr. 2 InsO)	Einnahme	
4882	**8882**	**XX**	**Verwertung sonstige immaterielle Vermögenswerte besichert**	**Einnahme**	x
4882	8882	10	Verwertung sonstige immaterielle Vermögenswerte besichert vorl. V (Abwicklung)	Einnahme	
4882	8882	20	Verwertung sonstige immaterielle Vermögenswerte besichert vorl. V (Betriebsfortführung)	Einnahme	
4882	8882	30	Verwertung sonstige immaterielle Vermögenswerte besichert nach IE (Abwicklung)	Einnahme	
4882	8882	40	Verwertung sonstige immaterielle Vermögenswerte besichert nach IE (Abwicklung § 209 Abs. 1 Nr. 2 InsO)	Einnahme	
4882	8882	50	Verwertung sonstige immaterielle Vermögenswerte besichert nach IE (Betriebsfortführung)	Einnahme	
4882	8882	60	Verwertung sonstige immaterielle Vermögenswerte besichert nach IE (Betriebsfortführung § 209 Abs. 1 Nr. 2 InsO)	Einnahme	
4883	**8883**	**XX**	**Verwertung Grundvermögen besichert**	**Einnahme**	x
4883	8883	10	Verwertung Grundvermögen besichert vorl. V (Abwicklung)	Einnahme	
4883	8883	20	Verwertung Grundvermögen besichert vorl. V (Betriebsfortführung)	Einnahme	
4883	8883	30	Verwertung Grundvermögen besichert nach IE (Abwicklung)	Einnahme	
4883	8883	40	Verwertung Grundvermögen besichert nach IE (Abwicklung § 209 Abs. 1 Nr. 2 InsO)	Einnahme	
4883	8883	50	Verwertung Grundvermögen besichert nach IE (Betriebsfortführung)	Einnahme	
4883	8883	60	Verwertung Grundvermögen besichert nach IE (Betriebsfortführung § 209 Abs. 1 Nr. 2 InsO)	Einnahme	
4884	**8884**	**XX**	**Verwertung Technische Anlagen und Maschinen besichert**	**Einnahme**	x
4884	8884	10	Verwertung Technische Anlagen und Maschinen besichert vorl. V (Abwicklung)	Einnahme	
4884	8884	20	Verwertung Technische Anlagen und Maschinen besichert vorl. V (Betriebsfortführung)	Einnahme	
4884	8884	30	Verwertung Technische Anlagen und Maschinen besichert nach IE (Abwicklung)	Einnahme	
4884	8884	40	Verwertung Technische Anlagen und Maschinen besichert nach IE (Abwicklung § 209 Abs. 1 Nr. 2 InsO)	Einnahme	

SKR04-InsO	SKR03-InsO	5. + 6. Stelle	Bezeichnung	Konten-art	Haupt-ebene
4884	8884	50	Verwertung Technische Anlagen und Maschinen besichert nach IE (Betriebsfortführung)	Einnahme	
4884	8884	60	Verwertung Technische Anlagen und Maschinen besichert nach IE (Betriebsfortführung § 209 Abs. 1 Nr. 2 InsO)	Einnahme	
4885	**8885**	**XX**	**Verwertung Betriebs- und Geschäftsausstattung besichert**	**Einnahme**	x
4885	8885	10	Verwertung Betriebs- und Geschäftsausstattung besichert vorl. V (Abwicklung)	Einnahme	
4885	8885	20	Verwertung Betriebs- und Geschäftsausstattung besichert vorl. V (Betriebsfortführung)	Einnahme	
4885	8885	30	Verwertung Betriebs- und Geschäftsausstattung besichert nach IE (Abwicklung)	Einnahme	
4885	8885	40	Verwertung Betriebs- und Geschäftsausstattung besichert nach IE (Abwicklung § 209 Abs. 1 Nr. 2 InsO)	Einnahme	
4885	8885	50	Verwertung Betriebs- und Geschäftsausstattung besichert nach IE (Betriebsfortführung)	Einnahme	
4885	8885	60	Verwertung Betriebs- und Geschäftsausstattung besichert nach IE (Betriebsfortführung § 209 Abs. 1 Nr. 2 InsO)	Einnahme	
4886	**8886**	**XX**	**Verwertung Finanzanlagen besichert**	**Einnahme**	x
4886	8886	10	Verwertung Finanzanlagen besichert vorl. V (Abwicklung)	Einnahme	
4886	8886	20	Verwertung Finanzanlagen besichert vorl. V (Betriebsfortführung)	Einnahme	
4886	8886	30	Verwertung Finanzanlagen besichert nach IE (Abwicklung)	Einnahme	
4886	8886	40	Verwertung Finanzanlagen besichert nach IE (Abwicklung § 209 Abs. 1 Nr. 2 InsO)	Einnahme	
4886	8886	50	Verwertung Finanzanlagen besichert nach IE (Betriebsfortführung)	Einnahme	
4886	8886	60	Verwertung Finanzanlagen besichert nach IE (Betriebsfortführung § 209 Abs. 1 Nr. 2 InsO)	Einnahme	
4887	**8887**	**XX**	**Verwertung Vorräte besichert**	**Einnahme**	x
4887	8887	10	Verwertung Vorräte besichert vorl. V (Abwicklung)	Einnahme	
4887	8887	20	Verwertung Vorräte besichert vorl. V (Betriebsfortführung)	Einnahme	
4887	8887	30	Verwertung Vorräte besichert nach IE (Abwicklung)	Einnahme	

SKR04-InsO	SKR03-InsO	5. + 6. Stelle	Bezeichnung	Konten-art	Haupt-ebene
4887	8887	40	Verwertung Vorräte besichert nach IE (Abwicklung § 209 Abs. 1 Nr. 2 InsO)	Einnahme	
4887	8887	50	Verwertung Vorräte besichert nach IE (Betriebsfortführung)	Einnahme	
4887	8887	60	Verwertung Vorräte besichert nach IE (Betriebsfortführung § 209 Abs. 1 Nr. 2 InsO)	Einnahme	
4888	**8888**	**XX**	**Verwertung Wertpapiere besichert**	**Einnahme**	x
4888	8888	10	Verwertung Wertpapiere besichert vorl. V (Abwicklung)	Einnahme	
4888	8888	20	Verwertung Wertpapiere besichert vorl. V (Betriebsfortführung)	Einnahme	
4888	8888	30	Verwertung Wertpapiere besichert nach IE (Abwicklung)	Einnahme	
4888	8888	40	Verwertung Wertpapiere besichert nach IE (Abwicklung § 209 Abs. 1 Nr. 2 InsO)	Einnahme	
4888	8888	50	Verwertung Wertpapiere besichert nach IE (Betriebsfortführung)	Einnahme	
4888	8888	60	Verwertung Wertpapiere besichert nach IE (Betriebsfortführung § 209 Abs. 1 Nr. 2 InsO)	Einnahme	
4889	**8889**	**XX**	**Verwertung sonstiges Umlaufvermögen besichert**	**Einnahme**	x
4889	8889	10	Verwertung sonstiges Umlaufvermögen besichert vorl. V (Abwicklung)	Einnahme	
4889	8889	20	Verwertung sonstiges Umlaufvermögen besichert vorl. V (Betriebsfortführung)	Einnahme	
4889	8889	30	Verwertung sonstiges Umlaufvermögen nach IE besichert (Abwicklung)	Einnahme	
4889	8889	40	Verwertung sonstiges Umlaufvermögen besichert nach IE (Abwicklung § 209 Abs. 1 Nr. 2 InsO)	Einnahme	
4889	8889	50	Verwertung sonstiges Umlaufvermögen besichert nach IE (Betriebsfortführung)	Einnahme	
4889	8889	60	Verwertung sonstiges Umlaufvermögen besichert nach IE (Betriebsfortführung § 209 Abs. 1 Nr. 2 InsO)	Einnahme	
4890	**8890**	**XX**	**Verwertung Kraftfahrzeuge/Fuhrpark, besichert**	**Einnahme**	x
4890	8890	10	Verwertung Kraftfahrzeuge/Fuhrpark besichert vorl. V (Abwicklung)	Einnahme	
4890	8890	20	Verwertung Kraftfahrzeuge/Fuhrpark besichert vorl. V (Betriebsfortführung)	Einnahme	
4890	8890	30	Verwertung Kraftfahrzeuge/Fuhrpark nach IE besichert (Abwicklung)	Einnahme	

SKR04-InsO	SKR03-InsO	5. + 6. Stelle	Bezeichnung	Konten-art	Haupt-ebene
4890	8890	40	Verwertung Kraftfahrzeuge/Fuhrpark besichert nach IE (Abwicklung § 209 Abs. 1 Nr. 2 InsO)	Einnahme	
4890	8890	50	Verwertung Kraftfahrzeuge/Fuhrpark besichert nach IE (Betriebsfortführung)	Einnahme	
4890	8890	60	Verwertung Kraftfahrzeuge/Fuhrpark besichert nach IE (Betriebsfortführung § 209 Abs. 1 Nr. 2 InsO)	Einnahme	
4891	**8891**	**XX**	**Verwertung Grundvermögen (Privatvermögen)**	**Einnahme**	x
4891	8891	10	Verwertung Grundvermögen vorl. V, (Privatvermögen) (Abwicklung)	Einnahme	
4891	8891	20	Verwertung Grundvermögen, (Privatvermögen) vorl. V (Betriebsfortführung)	Einnahme	
4891	8891	30	Verwertung Grundvermögen, (Privatvermögen) nach IE (Abwicklung)	Einnahme	
4891	8891	40	Verwertung Grundvermögen, (Privatvermögen) nach IE (Abwicklung § 209 Abs. 1 Nr. 2 InsO)	Einnahme	
4891	8891	50	Verwertung Grundvermögen, (Privatvermögen) nach IE (Betriebsfortführung)	Einnahme	
4891	8891	60	Verwertung Grundvermögen, (Privatvermögen) nach IE (Betriebsfortführung § 209 Abs. 1 Nr. 2 InsO)	Einnahme	
4892	**8892**	**XX**	**Verwertung bewegliches Vermögen (Privatvermögen)**	**Einnahme**	x
4892	8892	10	Verwertung bewegliches Vermögen vorl. V, (Privatvermögen) (Abwicklung)	Einnahme	
4892	8892	20	Verwertung bewegliches Vermögen, (Privatvermögen) vorl. V (Betriebsfortführung)	Einnahme	
4892	8892	30	Verwertung bewegliches Vermögen, (Privatvermögen) nach IE (Abwicklung)	Einnahme	
4892	8892	40	Verwertung bewegliches Vermögen, (Privatvermögen) nach IE (Abwicklung § 209 Abs. 1 Nr. 2 InsO)	Einnahme	
4892	8892	50	Verwertung bewegliches Vermögen, (Privatvermögen) nach IE (Betriebsfortführung)	Einnahme	
4892	8892	60	Verwertung bewegliches Vermögen, (Privatvermögen) nach IE (Betriebsfortführung § 209 Abs. 1 Nr. 2 InsO)	Einnahme	
4893	**8893**	**XX**	**Verwertung sonstiges Vermögen (Privatvermögen)**	**Einnahme**	x
4893	8893	10	Verwertung sonstiges Vermögen vorl. V (Privatvermögen) (Abwicklung)	Einnahme	
4893	8893	20	Verwertung sonstiges Vermögen (Privatvermögen) vorl. V (Betriebsfortführung)	Einnahme	

SKR04-InsO	SKR03-InsO	5. + 6. Stelle	Bezeichnung	Konten-art	Haupt-ebene
4893	8893	30	Verwertung sonstiges Vermögen (Privatvermögen) nach IE (Abwicklung)	Einnahme	
4893	8893	40	Verwertung sonstiges Vermögen (Privatvermögen) nach IE (Abwicklung § 209 Abs. 1 Nr. 2 InsO)	Einnahme	
4893	8893	50	Verwertung sonstiges Vermögen (Privatvermögen) nach IE (Betriebsfortführung)	Einnahme	
4893	8893	60	Verwertung sonstiges Vermögen (Privatvermögen) nach IE (Betriebsfortführung § 209 Abs. 1 Nr. 2 InsO)	Einnahme	
4894	**8894**	**XX**	**Verwertung Kraftfahrzeuge/Fuhrpark (Privatvermögen)**	**Einnahme**	x
4894	8894	10	Verwertung Kraftfahrzeuge/Fuhrpark vorl. V (Privatvermögen) (Abwicklung)	Einnahme	
4894	8894	20	Verwertung Kraftfahrzeuge/Fuhrpark (Privatvermögen) vorl. V (Betriebsfortführung)	Einnahme	
4894	8894	30	Verwertung Kraftfahrzeuge/Fuhrpark (Privatvermögen) nach IE (Abwicklung)	Einnahme	
4894	8894	40	Verwertung Kraftfahrzeuge/Fuhrpark (Privatvermögen) nach IE (Abwicklung § 209 Abs. 1 Nr. 2 InsO)	Einnahme	
4894	8894	50	Verwertung Kraftfahrzeuge/Fuhrpark (Privatvermögen) nach IE (Betriebsfortführung)	Einnahme	
4894	8894	60	Verwertung Kraftfahrzeuge/Fuhrpark (Privatvermögen) nach IE (Betriebsfortführung § 209 Abs. 1 Nr. 2 InsO)	Einnahme	
4895	**8895**	**XX**	**Verwertung Grundvermögen besichert (Privatvermögen)**	**Einnahme**	x
4895	8895	10	Verwertung Grundvermögen besichert (Privatvermögen) vorl. V (Abwicklung)	Einnahme	
4895	8895	20	Verwertung Grundvermögen besichert (Privatvermögen) vorl. V (Betriebsfortführung)	Einnahme	
4895	8895	30	Verwertung Grundvermögen besichert (Privatvermögen) nach IE (Abwicklung)	Einnahme	
4895	8895	40	Verwertung Grundvermögen besichert (Privatvermögen) nach IE (Abwicklung § 209 Abs. 1 Nr. 2 InsO)	Einnahme	
4895	8895	50	Verwertung Grundvermögen besichert (Privatvermögen) nach IE (Betriebsfortführung)	Einnahme	
4895	8895	60	Verwertung Grundvermögen besichert (Privatvermögen) nach IE (Betriebsfortführung § 209 Abs. 1 Nr. 2 InsO)	Einnahme	
4896	**8896**	**XX**	**Verwertung bewegliches Vermögen besichert (Privatvermögen)**	**Einnahme**	x

SKR04-InsO	SKR03-InsO	5. + 6. Stelle	Bezeichnung	Konten-art	Haupt-ebene
4896	8896	10	Verwertung bewegliches Vermögen besichert (Privatvermögen) vorl. V (Abwicklung)	Einnahme	
4896	8896	20	Verwertung bewegliches Vermögen besichert (Privatvermögen) vorl. V (Betriebsfortführung)	Einnahme	
4896	8896	30	Verwertung bewegliches Vermögen besichert (Privatvermögen) nach IE (Abwicklung)	Einnahme	
4896	8896	40	Verwertung bewegliches Vermögen besichert (Privatvermögen) nach IE (Abwicklung § 209 Abs. 1 Nr. 2 InsO)	Einnahme	
4896	8896	50	Verwertung bewegliches Vermögen besichert (Privatvermögen) nach IE (Betriebsfortführung)	Einnahme	
4896	8896	60	Verwertung bewegliches Vermögen besichert (Privatvermögen) nach IE (Betriebsfortführung § 209 Abs. 1 Nr. 2 InsO)	Einnahme	
4897	**8897**	**XX**	**Verwertung sonstiges Vermögen besichert (Privatvermögen)**	**Einnahme**	x
4897	8897	10	Verwertung sonstiges Vermögen besichert (Privatvermögen) vorl. V (Abwicklung)	Einnahme	
4897	8897	20	Verwertung sonstiges Vermögen besichert (Privatvermögen) vorl. V (Betriebsfortführung)	Einnahme	
4897	8897	30	Verwertung sonstiges Vermögen besichert (Privatvermögen) nach IE (Abwicklung)	Einnahme	
4897	8897	40	Verwertung sonstiges Vermögen besichert (Privatvermögen) nach IE (Abwicklung § 209 Abs. 1 Nr. 2 InsO)	Einnahme	
4897	8897	50	Verwertung sonstiges Vermögen besichert (Privatvermögen) nach IE (Betriebsfortführung)	Einnahme	
4897	8897	60	Verwertung sonstiges Vermögen besichert (Privatvermögen) nach IE (Betriebsfortführung § 209 Abs. 1 Nr. 2 InsO)	Einnahme	
4898	**8898**	**XX**	**Verwertung Kraftfahrzeuge/Fuhrpark besichert (Privatvermögen)**	**Einnahme**	x
4898	8898	10	Verwertung Kraftfahrzeuge/Fuhrpark besichert (Privatvermögen) vorl. V (Abwicklung)	Einnahme	
4898	8898	20	Verwertung Kraftfahrzeuge/Fuhrpark besichert (Privatvermögen) vorl. V (Betriebsfortführung)	Einnahme	
4898	8898	30	Verwertung Kraftfahrzeuge/Fuhrpark besichert (Privatvermögen) nach IE (Abwicklung)	Einnahme	

SKR04-InsO	SKR03-InsO	5. + 6. Stelle	Bezeichnung	Konten-art	Haupt-ebene
4898	8898	40	Verwertung Kraftfahrzeuge/Fuhrpark besichert (Privatvermögen) nach IE (Abwicklung § 209 Abs. 1 Nr. 2 InsO)	Einnahme	
4898	8898	50	Verwertung Kraftfahrzeuge/Fuhrpark besichert (Privatvermögen) nach IE (Betriebsfortführung)	Einnahme	
4898	8898	60	Verwertung Kraftfahrzeuge/Fuhrpark besichert (Privatvermögen) nach IE (Betriebsfortführung § 209 Abs. 1 Nr. 2 InsO)	Einnahme	
4980	**2744**	**XX**	**Einnahmen aus Investitionszulage**	**Einnahme**	x
4980	2744	01	Einnahmen aus Investitionszulage (vor A. vorl. V)	Einnahme	
4980	2744	10	Einnahmen aus Investitionszulage vorl. V (Abwicklung)	Einnahme	
4980	2744	20	Einnahmen aus Investitionszulage vorl. V (Betriebsfortführung)	Einnahme	
4980	2744	30	Einnahmen aus Investitionszulage nach IE (Abwicklung)	Einnahme	
4980	2744	40	Einnahmen aus Investitionszulage nach IE (Abwicklung § 209 Abs. 1 Nr. 2 InsO)	Einnahme	
4980	2744	50	Einnahmen aus Investitionszulage nach IE (Betriebsfortführung)	Einnahme	
4980	2744	60	Einnahmen aus Investitionszulage nach IE (Betriebsfortführung § 209 Abs. 1 Nr. 2 InsO)	Einnahme	
5200	**3200**	**XX**	**Wareneingang – 19 % Ust**	**Ausgabe**	x
5200	3200	10	Wareneingang – 19 % Ust vorl. V (Abwicklung)	Ausgabe	
5200	3200	20	Wareneingang – 19 % Ust vorl. V (Betriebsfortführung)	Ausgabe	
5200	3200	30	Wareneingang – 19 % Ust nach IE (Abwicklung)	Ausgabe	
5200	3200	40	Wareneingang – 19 % Ust nach IE (Abwicklung § 209 Abs. 1 Nr. 2 InsO)	Ausgabe	
5200	3200	50	Wareneingang – 19 % Ust nach IE (Betriebsfortführung)	Ausgabe	
5200	3200	60	Wareneingang – 19 % Ust nach IE (Betriebsfortführung § 209 Abs. 1 Nr. 2 InsO)	Ausgabe	
5220	**3220**	**XX**	**Wareneingang – 7 % Ust**	**Ausgabe**	x
5220	3220	10	Wareneingang – 7 % Ust vorl. V (Abwicklung)	Ausgabe	
5220	3220	20	Wareneingang – 7 % Ust vorl. V (Betriebsfortführung)	Ausgabe	
5220	3220	30	Wareneingang – 7 % Ust nach IE (Abwicklung)	Ausgabe	

SKR04-InsO	SKR03-InsO	5. + 6. Stelle	Bezeichnung	Konten-art	Haupt-ebene
5220	3220	40	Wareneingang – 7 % Ust nach IE (Abwicklung § 209 Abs. 1 Nr. 2 InsO)	Ausgabe	
5220	3220	50	Wareneingang – 7 % UstG nach IE (Betriebsfortführung)	Ausgabe	
5220	3220	60	Wareneingang – 7 % UstG nach IE (Betriebsfortführung § 209 Abs. 1 Nr. 2 InsO)	Ausgabe	
5240	**3240**	**XX**	**Wareneingang – EU (7 % VorSt/7 % USt)**	**Ausgabe**	x
5240	3240	10	Wareneingang – EU (7 % VorSt/7 % USt) vorl. V (Abwicklung)	Ausgabe	
5240	3240	20	Wareneingang – EU (7 % VorSt/7 % USt) vorl. V (Betriebsfortführung)	Ausgabe	
5240	3240	30	Wareneingang – EU (7 % VorSt/7 % USt) nach IE (Abwicklung)	Ausgabe	
5240	3240	40	Wareneingang – EU (7 % VorSt/7 % USt) nach IE (Abwicklung § 209 Abs. 1 Nr. 2 InsO)	Ausgabe	
5240	3240	50	Wareneingang – EU (7 % VorSt/7 % USt) nach IE (Betriebsfortführung)	Ausgabe	
5240	3240	60	Wareneingang – EU (7 % VorSt/7 % USt) nach IE (Betriebsfortführung § 209 Abs. 1 Nr. 2 InsO)	Ausgabe	
5241	**3241**	**XX**	**Wareneingang – EU (19 % VorSt/ 19 % USt)**	**Ausgabe**	x
5241	3241	10	Wareneingang – EU (19 % VorSt/19 % USt) vorl. V (Abwicklung)	Ausgabe	
5241	3241	20	Wareneingang – EU (19 % VorSt/19 % USt) vorl. V (Betriebsfortführung)	Ausgabe	
5241	3241	30	Wareneingang – EU (19 % VorSt/19 % USt) nach IE (Abwicklung)	Ausgabe	
5241	3241	40	Wareneingang – EU (19 % VorSt/19 % USt) nach IE (Abwicklung § 209 Abs. 1 Nr. 2 InsO)	Ausgabe	
5241	3241	50	Wareneingang – EU (19 % VorSt/19 % USt) nach IE (Betriebsfortführung)	Ausgabe	
5241	3241	60	Wareneingang – EU (19 % VorSt/19 % USt) nach IE (Betriebsfortführung § 209 Abs. 1 Nr. 2 InsO)	Ausgabe	
5242	**3242**	**XX**	**Wareneingang – EU (ohne VorSt/7 % USt)**	**Ausgabe**	x
5242	3242	10	Wareneingang – EU (ohne VorSt/7 % USt) vorl. V (Abwicklung)	Ausgabe	
5242	3242	20	Wareneingang – EU (ohne VorSt/7 % USt) vorl. V (Betriebsfortführung)	Ausgabe	
5242	3242	30	Wareneingang – EU (ohne VorSt/7 % USt) nach IE (Abwicklung)	Ausgabe	

SKR04-InsO	SKR03-InsO	5. + 6. Stelle	Bezeichnung	Konten-art	Haupt-ebene
5242	3242	40	Wareneingang – EU (ohne VorSt/7 % USt) nach IE (Abwicklung § 209 Abs. 1 Nr. 2 InsO)	Ausgabe	
5242	3242	50	Wareneingang – EU (ohne VorSt/7 % USt) nach IE (Betriebsfortführung)	Ausgabe	
5242	3242	60	Wareneingang – EU (ohne VorSt/7 % USt) nach IE (Betriebsfortführung § 209 Abs. 1 Nr. 2 InsO)	Ausgabe	
5243	**3243**	**XX**	**Wareneingang – EU (ohne VorSt/ 19 % USt)**	**Ausgabe**	x
5243	3243	10	Wareneingang – EU (ohne VorSt/19 % USt) vorl. V (Abwicklung)	Ausgabe	
5243	3243	20	Wareneingang – EU (ohne VorSt/19 % USt) vorl. V (Betriebsfortführung)	Ausgabe	
5243	3243	30	Wareneingang – EU (ohne VorSt/19 % USt) nach IE (Abwicklung)	Ausgabe	
5243	3243	40	Wareneingang – EU (ohne VorSt/19 % USt) nach IE (Abwicklung § 209 Abs. 1 Nr. 2 InsO)	Ausgabe	
5243	3243	50	Wareneingang – EU (ohne VorSt/19 % USt) nach IE (Betriebsfortführung)	Ausgabe	
5243	3243	60	Wareneingang – EU (ohne VorSt/19 % USt) nach IE (Betriebsfortführung § 209 Abs. 1 Nr. 2 InsO)	Ausgabe	
5244	**3244**	**XX**	**Wareneingang – EU (sonstige VorSt/ sonstige USt)**	**Ausgabe**	x
5244	3244	10	Wareneingang – EU (sonstige VorSt/ sonstige USt) vorl. V (Abwicklung)	Ausgabe	
5244	3244	20	Wareneingang – EU (sonstige VorSt/ sonstige USt) vorl. V (Betriebsfortführung)	Ausgabe	
5244	3244	30	Wareneingang – EU (sonstige VorSt/ sonstige USt) nach IE (Abwicklung)	Ausgabe	
5244	3244	40	Wareneingang – EU (sonstige VorSt/ sonstige USt) nach IE (Abwicklung § 209 Abs. 1 Nr. 2 InsO)	Ausgabe	
5244	3244	50	Wareneingang – EU (sonstige VorSt/ sonstige USt) nach IE (Betriebsfortführung)	Ausgabe	
5244	3244	60	Wareneingang – EU (sonstige VorSt/ sonstige USt) nach IE (Betriebsfortführung § 209 Abs. 1 Nr. 2 InsO)	Ausgabe	
5245	**3245**	**XX**	**Wareneingang – EU (ohne VorSt/ sonstige USt)**	**Ausgabe**	x
5245	3245	10	Wareneingang – EU (ohne VorSt/ sonstige USt) vorl. V (Abwicklung)	Ausgabe	
5245	3245	20	Wareneingang – EU (ohne VorSt/ sonstige USt) vorl. V (Betriebsfortführung)	Ausgabe	

SKR04-InsO	SKR03-InsO	5. + 6. Stelle	Bezeichnung	Konten-art	Haupt-ebene
5245	3245	30	Wareneingang – EU (ohne VorSt/ sonstige USt) nach IE (Abwicklung)	Ausgabe	
5245	3245	40	Wareneingang – EU (ohne VorSt/sonstige USt) nach IE (Abwicklung § 209 Abs. 1 Nr. 2 InsO)	Ausgabe	
5245	3245	50	Wareneingang – EU (ohne VorSt/ sonstige USt) nach IE (Betriebsfortführung)	Ausgabe	
5245	3245	60	Wareneingang – EU (ohne VorSt/sonstige USt) nach IE (Betriebsfortführung § 209 Abs. 1 Nr. 2 InsO)	Ausgabe	
5260	**3260**	**XX**	**Wareneingang – Drittland**	**Ausgabe**	x
5260	3260	10	Wareneingang – Drittland vorl. V (Abwicklung)	Ausgabe	
5260	3260	20	Wareneingang – Drittland vorl. V (Betriebsfortführung)	Ausgabe	
5260	3260	30	Wareneingang – Drittland nach IE (Abwicklung)	Ausgabe	
5260	3260	40	Wareneingang – Drittland nach IE (Abwicklung § 209 Abs. 1 Nr. 2 InsO)	Ausgabe	
5260	3260	50	Wareneingang – Drittland nach IE (Betriebsfortführung)	Ausgabe	
5260	3260	60	Wareneingang – Drittland nach IE (Betriebsfortführung § 209 Abs. 1 Nr. 2 InsO)	Ausgabe	
5280	**3280**	**XX**	**Wareneingang – sonstige Steuern**	**Ausgabe**	x
5280	3280	10	Wareneingang – sonstige Steuern vorl. V (Abwicklung)	Ausgabe	
5280	3280	20	Wareneingang – sonstige Steuern vorl. V (Betriebsfortführung)	Ausgabe	
5280	3280	30	Wareneingang – sonstige Steuern nach IE (Abwicklung)	Ausgabe	
5280	3280	40	Wareneingang – sonstige Steuern nach IE (Abwicklung § 209 Abs. 1 Nr. 2 InsO)	Ausgabe	
5280	3280	50	Wareneingang – sonstige Steuern nach IE (Betriebsfortführung)	Ausgabe	
5280	3280	60	Wareneingang – sonstige Steuern nach IE (Betriebsfortführung § 209 Abs. 1 Nr. 2 InsO)	Ausgabe	
5800	**3800**	**XX**	**Eingangsfrachten**	**Ausgabe**	x
5800	3800	10	Eingangsfrachten vorl. V (Abwicklung)	Ausgabe	
5800	3800	20	Eingangsfrachten vorl. V (Betriebsfortführung)	Ausgabe	
5800	3800	30	Eingangsfrachten nach IE (Abwicklung)	Ausgabe	
5800	3800	40	Eingangsfrachten nach IE (Abwicklung § 209 Abs. 1 Nr. 2 InsO)	Ausgabe	

SKR04-InsO	SKR03-InsO	5. + 6. Stelle	Bezeichnung	Konten-art	Haupt-ebene
5800	3800	50	Eingangsfrachten nach IE (Betriebsfortführung)	Ausgabe	
5800	3800	60	Eingangsfrachten nach IE (Betriebsfortführung § 209 Abs. 1 Nr. 2 InsO)	Ausgabe	
5840	**3850**	**XX**	**Zölle und Einfuhrabgaben**	**Ausgabe**	x
5840	3850	10	Zölle und Einfuhrabgaben vorl. V (Abwicklung)	Ausgabe	
5840	3850	20	Zölle und Einfuhrabgaben vorl. V (Betriebsfortführung)	Ausgabe	
5840	3850	30	Zölle und Einfuhrabgaben nach IE (Abwicklung)	Ausgabe	
5840	3850	40	Zölle und Einfuhrabgaben nach IE (Abwicklung § 209 Abs. 1 Nr. 2 InsO)	Ausgabe	
5840	3850	50	Zölle und Einfuhrabgaben nach IE (Betriebsfortführung)	Ausgabe	
5840	3850	60	Zölle und Einfuhrabgaben nach IE (Betriebsfortführung § 209 Abs. 1 Nr. 2 InsO)	Ausgabe	
6000	**4100**	**XX**	**Löhne und Gehälter**	**Ausgabe**	x
6000	4100	01	Löhne und Gehälter vor A. vorl. V (revolvierende Zahlung)	Ausgabe	
6000	4100	10	Löhne und Gehälter vorl. V (Abwicklung)	Ausgabe	
6000	4100	20	Löhne und Gehälter vorl. V (Betriebsfortführung)	Ausgabe	
6000	4100	30	Löhne und Gehälter nach IE (Abwicklung)	Ausgabe	
6000	4100	40	Löhne und Gehälter nach IE (Abwicklung § 209 Abs. 1 Nr. 2 InsO)	Ausgabe	
6000	4100	50	Löhne und Gehälter nach IE (Betriebsfortführung)	Ausgabe	
6000	4100	60	Löhne und Gehälter nach IE (Betriebsfortführung § 209 Abs. 1 Nr. 2 InsO)	Ausgabe	
6001	**4101**	**XX**	**Löhne und Gehälter – angestellte Zeitmanager**	**Ausgabe**	x
6001	4101	10	Löhne und Gehälter – angestellte Zeitmanager vorl. V (Abwicklung)	Ausgabe	
6001	4101	20	Löhne und Gehälter – angestellte Zeitmanager vorl. V (Betriebsfortführung)	Ausgabe	
6001	4101	30	Löhne und Gehälter – angestellte Zeitmanager nach IE (Abwicklung)	Ausgabe	
6001	4101	40	Löhne und Gehälter – angestellte Zeitmanager nach IE (Abwicklung § 209 Abs. 1 Nr. 2 InsO)	Ausgabe	
6001	4101	50	Löhne und Gehälter – angestellte Zeitmanager nach IE (Betriebsfortführung)	Ausgabe	

SKR04-InsO	SKR03-InsO	5. + 6. Stelle	Bezeichnung	Konten-art	Haupt-ebene
6001	4101	60	Löhne und Gehälter – angestellte Zeitmanager nach IE (Betriebsfortführung § 209 Abs. 1 Nr. 2 InsO)	Ausgabe	
6002	**4102**	**XX**	**Lohn-/Kirchensteuer**	**Ausgabe**	x
6002	4102	01	Lohn-/Kirchensteuer vor A. vorl. V (revolvierende Zahlung)	Ausgabe	
6002	4102	10	Lohn-/Kirchensteuer vorl. V (Abwicklung)	Ausgabe	
6002	4102	20	Lohn-/Kirchensteuer vorl. V (Betriebsfortführung)	Ausgabe	
6002	4102	30	Lohn-/Kirchensteuer nach IE (Abwicklung)	Ausgabe	
6002	4102	40	Lohn-/Kirchensteuer nach IE (Abwicklung § 209 Abs. 1 Nr. 2 InsO)	Ausgabe	
6002	4102	50	Lohn-/Kirchensteuer nach IE (Betriebsfortführung)	Ausgabe	
6002	4102	60	Lohn-/Kirchensteuer nach IE (Betriebsfortführung § 209 Abs. 1 Nr. 2 InsO)	Ausgabe	
6005	**4105**	**XX**	**Kosten der Insolvenzgeldvorfinanzierung**	**Ausgabe**	x
6005	4105	10	Kosten der Insolvenzgeldvorfinanzierung vorl. V (Abwicklung)	Ausgabe	
6005	4105	20	Kosten der Insolvenzgeldvorfinanzierung vorl. V (Betriebsfortführung)	Ausgabe	
6006	**4106**	**XX**	**Differenzlöhne und Gehälter**	**Ausgabe**	x
6006	4106	01	Differenzlöhne und Gehälter vor A. vorl. V (revolvierende Zahlung)	Ausgabe	
6006	4106	10	Differenzlöhne und Gehälter vorl. V (Abwicklung)	Ausgabe	
6006	4106	20	Differenzlöhne und Gehälter vorl. V (Betriebsfortführung)	Ausgabe	
6006	4106	30	Differenzlöhne und Gehälter nach IE (Abwicklung)	Ausgabe	
6006	4106	40	Differenzlöhne und Gehälter nach IE (Abwicklung § 209 Abs. 1 Nr. 2 InsO)	Ausgabe	
6006	4106	50	Differenzlöhne und Gehälter nach IE (Betriebsfortführung)	Ausgabe	
6006	4106	60	Differenzlöhne und Gehälter nach IE (Betriebsfortführung § 209 Abs. 1 Nr. 2 InsO)	Ausgabe	
6007	**4107**	**XX**	**Differenzlöhne Bundesanstalt für Arbeit**	**Ausgabe**	x
6007	4107	01	Differenzlöhne Bundesanstalt für Arbeit vor A. vorl. V (revolvierende Zahlung)	Ausgabe	
6007	4107	10	Differenzlöhne Bundesanstalt für Arbeit vorl. V (Abwicklung)	Ausgabe	
6007	4107	20	Differenzlöhne Bundesanstalt für Arbeit vorl. V (Betriebsfortführung)	Ausgabe	
6007	4107	30	Differenzlöhne Bundesanstalt für Arbeit nach IE (Abwicklung)	Ausgabe	

SKR04-InsO	SKR03-InsO	5. + 6. Stelle	Bezeichnung	Konten-art	Haupt-ebene
6007	4107	40	Differenzlöhne Bundesanstalt für Arbeit nach IE (Abwicklung § 209 Abs. 1 Nr. 2 InsO)	Ausgabe	
6007	4107	50	Differenzlöhne Bundesanstalt für Arbeit nach IE (Betriebsfortführung)	Ausgabe	
6007	4107	60	Differenzlöhne Bundesanstalt für Arbeit nach IE (Betriebsfortführung § 209 Abs. 1 Nr. 2 InsO)	Ausgabe	
6008	**4108**	**XX**	**Differenzlöhne Lohnsteuer**	**Ausgabe**	x
6008	4108	01	Differenzlöhne Lohnsteuer vor A. vorl. V (revolvierende Zahlung)	Ausgabe	
6008	4108	10	Differenzlöhne Lohnsteuer vorl. V (Abwicklung)	Ausgabe	
6008	4108	20	Differenzlöhne Lohnsteuer vorl. V (Betriebsfortführung)	Ausgabe	
6008	4108	30	Differenzlöhne Lohnsteuer nach IE (Abwicklung)	Ausgabe	
6008	4108	40	Differenzlöhne Lohnsteuer nach IE (Abwicklung § 209 Abs. 1 Nr. 2 InsO)	Ausgabe	
6008	4108	50	Differenzlöhne Lohnsteuer nach IE (Betriebsfortführung)	Ausgabe	
6008	4108	60	Differenzlöhne Lohnsteuer nach IE (Betriebsfortführung § 209 Abs. 1 Nr. 2 InsO)	Ausgabe	
6009	**4109**	**XX**	**Differenzlöhne gesetzliche Sozialaufwendungen**	**Ausgabe**	x
6009	4109	01	Differenzlöhne gesetzliche Sozialaufwendungen vor A. vorl. V (revolvierende Zahlung)	Ausgabe	
6009	4109	10	Differenzlöhne gesetzliche Sozialaufwendungen vorl. V (Abwicklung)	Ausgabe	
6009	4109	20	Differenzlöhne gesetzliche Sozialaufwendungen vorl. V (Betriebsfortführung)	Ausgabe	
6009	4109	30	Differenzlöhne gesetzliche Sozialaufwendungen nach IE (Abwicklung)	Ausgabe	
6009	4109	40	Differenzlöhne gesetzliche Sozialaufwendungen nach IE (Abwicklung § 209 Abs. 1 Nr. 2 InsO)	Ausgabe	
6009	4109	50	Differenzlöhne gesetzliche Sozialaufwendungen nach IE (Betriebsfortführung)	Ausgabe	
6009	4109	60	Differenzlöhne gesetzliche Sozialaufwendungen nach IE (Betriebsfortführung § 209 Abs. 1 Nr. 2 InsO)	Ausgabe	
6110	**4130**	**XX**	**Gesetzliche Sozialaufwendungen**	**Ausgabe**	x
6110	4130	01	Gesetzliche Sozialaufwendungen vor A. vorl. V (revolvierende Zahlung)	Ausgabe	

SKR04-InsO	SKR03-InsO	5. + 6. Stelle	Bezeichnung	Konten-art	Haupt-ebene
6110	4130	10	Gesetzliche Sozialaufwendungen vorl. V (Abwicklung)	Ausgabe	
6110	4130	20	Gesetzliche Sozialaufwendungen vorl. V (Betriebsfortführung)	Ausgabe	
6110	4130	30	Gesetzliche Sozialaufwendungen nach IE (Abwicklung)	Ausgabe	
6110	4130	40	Gesetzliche Sozialaufwendungen nach IE (Abwicklung § 209 Abs. 1 Nr. 2 InsO)	Ausgabe	
6110	4130	50	Gesetzliche Sozialaufwendungen nach IE Betriebsfortführung	Ausgabe	
6110	4130	60	Gesetzliche Sozialaufwendungen nach IE (Betriebsfortführung § 209 Abs. 1 Nr. 2 InsO)	Ausgabe	
6120	**4138**	**XX**	**Beiträge zur Berufsgenossenschaft**	**Ausgabe**	**x**
6120	4138	10	Beiträge zur Berufsgenossenschaft vorl. V (Abwicklung)	Ausgabe	
6120	4138	20	Beiträge zur Berufsgenossenschaft vorl. V (Betriebsfortführung)	Ausgabe	
6120	4138	30	Beiträge zur Berufsgenossenschaft nach IE (Abwicklung)	Ausgabe	
6120	4138	40	Beiträge zur Berufsgenossenschaft nach IE (Abwicklung § 209 Abs. 1 Nr. 2 InsO)	Ausgabe	
6120	4138	50	Beiträge zur Berufsgenossenschaft nach IE Betriebsfortführung	Ausgabe	
6120	4138	60	Beiträge zur Berufsgenossenschaft nach IE (Betriebsfortführung § 209 Abs. 1 Nr. 2 InsO)	Ausgabe	
6300	**4900**	**XX**	**Sonstige betriebliche Aufwendungen**	**Ausgabe**	**x**
6300	4900	10	Sonstige betriebliche Aufwendungen vorl. V (Abwicklung)	Ausgabe	
6300	4900	20	Sonstige betriebliche Aufwendungen vorl. V (Betriebsfortführung)	Ausgabe	
6300	4900	30	Sonstige betriebliche Aufwendungen nach IE (Abwicklung)	Ausgabe	
6300	4900	40	Sonstige betriebliche Aufwendungen nach IE Abwicklung § 209 Abs. 1 Nr. 2 InsO)	Ausgabe	
6300	4900	50	Sonstige betriebliche Aufwendungen nach IE (Betriebsfortführung)	Ausgabe	
6300	4900	60	Sonstige betriebliche Aufwendungen nach IE (Betriebsfortführung § 209 Abs. 1 Nr. 2 InsO)	Ausgabe	
6301	**4901**	**XX**	**Sonstige Gebühren**	**Ausgabe**	**x**
6301	4901	10	Sonstige Gebühren vorl. V (Abwicklung)	Ausgabe	
6301	4901	20	Sonstige Gebühren vorl. V (Betriebsfortführung)	Ausgabe	

SKR04-InsO	SKR03-InsO	5. + 6. Stelle	Bezeichnung	Konten-art	Haupt-ebene
6301	4901	30	Sonstige Gebühren nach IE (Abwicklung)	Ausgabe	
6301	4901	40	Sonstige Gebühren nach IE (Abwicklung § 209 Abs. 1 Nr. 2 InsO)	Ausgabe	
6301	4901	50	Sonstige Gebühren nach IE (Betriebsfortführung)	Ausgabe	
6301	4901	60	Sonstige Gebühren nach IE (Betriebsfortführung § 209 Abs. 1 Nr. 2 InsO)	Ausgabe	
6303	**4903**	**XX**	**Fremdleistungen und Fremdarbeiten**	**Ausgabe**	x
6303	4903	10	Fremdleistungen und Fremdarbeiten vorl. V (Abwicklung)	Ausgabe	
6303	4903	20	Fremdleistungen und Fremdarbeiten vorl. V (Betriebsfortführung)	Ausgabe	
6303	4903	30	Fremdleistungen und Fremdarbeiten nach IE (Abwicklung)	Ausgabe	
6303	4903	40	Fremdleistungen und Fremdarbeiten nach IE (Abwicklung § 209 Abs. 1 Nr. 2 InsO)	Ausgabe	
6303	4903	50	Fremdleistungen und Fremdarbeiten nach IE (Betriebsfortführung)	Ausgabe	
6303	4903	60	Fremdleistungen und Fremdarbeiten nach IE (Betriebsfortführung § 209 Abs. 1 Nr. 2 InsO)	Ausgabe	
6305	**4200**	**XX**	**Raumkosten**	**Ausgabe**	x
6305	4200	10	Raumkosten vorl. V (Abwicklung)	Ausgabe	
6305	4200	20	Raumkosten vorl. V (Betriebsfortführung)	Ausgabe	
6305	4200	30	Raumkosten nach IE (Abwicklung)	Ausgabe	
6305	4200	40	Raumkosten nach IE (Abwicklung § 209 Abs. 1 Nr. 2 InsO)	Ausgabe	
6305	4200	50	Raumkosten nach IE (Betriebsfortführung)	Ausgabe	
6305	4200	60	Raumkosten nach IE (Betriebsfortführung § 209 Abs. 1 Nr. 2 InsO)	Ausgabe	
6306	**4781**	**XX**	**Insolvenzspezifische Fremdleistungen und Fremdarbeiten**	**Ausgabe**	x
6306	4781	10	Insolvenzspezifische Fremdleistungen und Fremdarbeiten vorl. V (Abwicklung) – sonstige	Ausgabe	
6306	4781	11	Insolvenzspezifische Fremdleistungen und Fremdarbeiten vorl. V (Abwicklung) – Inventarisierung	Ausgabe	
6306	4781	12	Insolvenzspezifische Fremdleistungen und Fremdarbeiten vorl. V (Abwicklung) – Verwertung	Ausgabe	
6306	4781	13	Insolvenzspezifische Fremdleistungen und Fremdarbeiten vorl. V (Abwicklung) – Zeitmanagement	Ausgabe	

SKR04-InsO	SKR03-InsO	5. + 6. Stelle	Bezeichnung	Konten-art	Haupt-ebene
6306	4781	14	Insolvenzspezifische Fremdleistungen und Fremdarbeiten vorl. V (Abwicklung) – M&A und sonstige Unternehmensberatung	Ausgabe	
6306	4781	15	Insolvenzspezifische Fremdleistungen und Fremdarbeiten vorl. V (Abwicklung) – Akteneinlagerung	Ausgabe	
6306	4781	20	Insolvenzspezifische Fremdleistungen und Fremdarbeiten vorl. V (Betriebsfortführung) – sonstige	Ausgabe	
6306	4781	21	Insolvenzspezifische Fremdleistungen und Fremdarbeiten vorl. V (Betriebsfortführung) – Inventarisierung	Ausgabe	
6306	4781	22	Insolvenzspezifische Fremdleistungen und Fremdarbeiten vorl. V (Betriebsfortführung) – Verwertung	Ausgabe	
6306	4781	23	Insolvenzspezifische Fremdleistungen und Fremdarbeiten vorl. V (Betriebsfortführung) – Zeitmanagement	Ausgabe	
6306	4781	24	Insolvenzspezifische Fremdleistungen und Fremdarbeiten vorl. V (Betriebsfortführung) – M&A und sonstige Unternehmensberatung	Ausgabe	
6306	4781	25	Insolvenzspezifische Fremdleistungen und Fremdarbeiten vorl. V (Betriebsfortführung) – Akteneinlagerung	Ausgabe	
6306	4781	30	Insolvenzspezifische Fremdleistungen und Fremdarbeiten nach IE (Abwicklung) – sonstige	Ausgabe	
6306	4781	31	Insolvenzspezifische Fremdleistungen und Fremdarbeiten nach IE (Abwicklung) – Inventarisierung	Ausgabe	
6306	4781	32	Insolvenzspezifische Fremdleistungen und Fremdarbeiten nach IE (Abwicklung) – Verwertung	Ausgabe	
6306	4781	33	Insolvenzspezifische Fremdleistungen und Fremdarbeiten nach IE (Abwicklung) – Zeitmanagement	Ausgabe	
6306	4781	34	Insolvenzspezifische Fremdleistungen und Fremdarbeiten nach IE (Abwicklung) – M&A und sonstige Unternehmensberatung	Ausgabe	
6306	4781	35	Insolvenzspezifische Fremdleistungen und Fremdarbeiten nach IE (Abwicklung) – Akteneinlagerung	Ausgabe	
6306	4781	40	Insolvenzspezifische Fremdleistungen und Fremdarbeiten nach IE (Abwicklung § 209 Abs. 1 Nr. 2 InsO) – sonstige	Ausgabe	

SKR04-InsO	SKR03-InsO	5. + 6. Stelle	Bezeichnung	Konten-art	Haupt-ebene
6306	4781	41	Insolvenzspezifische Fremdleistungen und Fremdarbeiten nach IE (Abwicklung § 209 Abs. 1 Nr. 2 InsO) – Inventarisierung	Ausgabe	
6306	4781	42	Insolvenzspezifische Fremdleistungen und Fremdarbeiten nach IE (Abwicklung § 209 Abs. 1 Nr. 2 InsO) – Verwertung	Ausgabe	
6306	4781	43	Insolvenzspezifische Fremdleistungen und Fremdarbeiten nach IE (Abwicklung § 209 Abs. 1 Nr. 2 InsO) – Zeitmanagement	Ausgabe	
6306	4781	44	Insolvenzspezifische Fremdleistungen und Fremdarbeiten nach IE (Abwicklung § 209 Abs. 1 Nr. 2 InsO) – M&A und sonstige Unternehmensberatung	Ausgabe	
6306	4781	45	Insolvenzspezifische Fremdleistungen und Fremdarbeiten nach IE (Abwicklung § 209 Abs. 1 Nr. 2 InsO) – Akteneinlagerung	Ausgabe	
6306	4781	50	Insolvenzspezifische Fremdleistungen und Fremdarbeiten nach IE (Betriebsfortführung) – sonstige	Ausgabe	
6306	4781	51	Insolvenzspezifische Fremdleistungen und Fremdarbeiten nach IE (Betriebsfortführung) – Inventarisierung	Ausgabe	
6306	4781	52	Insolvenzspezifische Fremdleistungen und Fremdarbeiten nach IE (Betriebsfortführung) – Verwertung	Ausgabe	
6306	4781	53	Insolvenzspezifische Fremdleistungen und Fremdarbeiten nach IE (Betriebsfortführung) – Zeitmanagement	Ausgabe	
6306	4781	54	Insolvenzspezifische Fremdleistungen und Fremdarbeiten nach IE (Betriebsfortführung) – M&A und sonstige Unternehmensberatung	Ausgabe	
6306	4781	55	Insolvenzspezifische Fremdleistungen und Fremdarbeiten nach IE (Betriebsfortführung) – Akteneinlagerung	Ausgabe	
6306	4781	60	Insolvenzspezifische Fremdleistungen und Fremdarbeiten nach IE (Betriebsfortführung § 209 Abs. 1 Nr. 2 InsO) – sonstige	Ausgabe	
6306	4781	61	Insolvenzspezifische Fremdleistungen und Fremdarbeiten nach IE (Betriebsfortführung § 209 Abs. 1 Nr. 2 InsO) – Inventarisierung	Ausgabe	
6306	4781	62	Insolvenzspezifische Fremdleistungen und Fremdarbeiten nach IE (Betriebsfortführung § 209 Abs. 1 Nr. 2 InsO) – Verwertung	Ausgabe	
6306	4781	63	Insolvenzspezifische Fremdleistungen und Fremdarbeiten nach IE (Betriebsfortführung § 209 Abs. 1 Nr. 2 InsO) – Zeitmanagement	Ausgabe	

SKR04-InsO	SKR03-InsO	5. + 6. Stelle	Bezeichnung	Konten-art	Haupt-ebene
6306	4781	64	Insolvenzspezifische Fremdleistungen und Fremdarbeiten nach IE (Betriebsfortführung § 209 Abs. 1 Nr. 2 InsO) – M&A und sonstige Unternehmensberatung	Ausgabe	
6306	4781	65	Insolvenzspezifische Fremdleistungen und Fremdarbeiten nach IE (Betriebsfortführung § 209 Abs. 1 Nr. 2 InsO) – Akteneinlagerung	Ausgabe	
6307	4782	**XX**	**Kosten Transfergesellschaften**	**Ausgabe**	x
6307	4782	10	Kosten Transfergesellschaften vorl. V (Abwicklung)	Ausgabe	
6307	4782	20	Kosten Transfergesellschaften vorl. V (Betriebsfortführung)	Ausgabe	
6307	4782	30	Kosten Transfergesellschaften nach IE (Abwicklung)	Ausgabe	
6307	4782	40	Kosten Transfergesellschaften nach IE (Abwicklung § 209 Abs. 1 Nr. 2 InsO)	Ausgabe	
6307	4782	50	Kosten Transfergesellschaften nach IE Betriebsfortführung	Ausgabe	
6307	4782	60	Kosten Transfergesellschaften nach IE (Betriebsfortführung § 209 Abs. 1 Nr. 2 InsO)	Ausgabe	
6310	**4210**	**XX**	**Miete und Pacht.**	**Ausgabe**	x
6310	4210	10	Miete und Pacht vorl. V (Abwicklung)	Ausgabe	
6310	4210	20	Miete und Pacht vorl. V (Betriebsfortführung)	Ausgabe	
6310	4210	30	Miete und Pacht nach IE (Abwicklung)	Ausgabe	
6310	4210	40	Miete und Pacht nach IE (Abwicklung § 209 Abs. 1 Nr. 2 InsO)	Ausgabe	
6310	4210	50	Miete und Pacht nach IE Betriebsfortführung	Ausgabe	
6310	4210	60	Miete und Pacht nach IE (Betriebsfortführung § 209 Abs. 1 Nr. 2 InsO)	Ausgabe	
6325	**4240**	**XX**	**Gas Strom Wasser**	**Ausgabe**	x
6325	4240	10	Gas Strom Wasser vorl. V (Abwicklung)	Ausgabe	
6325	4240	20	Gas Strom Wasser vorl. V (Betriebsfortführung)	Ausgabe	
6325	4240	30	Gas Strom Wasser nach IE (Abwicklung)	Ausgabe	
6325	4240	40	Gas Strom Wasser nach IE (Abwicklung § 209 Abs. 1 Nr. 2 InsO)	Ausgabe	
6325	4240	50	Gas Strom Wasser nach IE (Betriebsfortführung)	Ausgabe	
6325	4240	60	Gas Strom Wasser nach IE (Betriebsfortführung § 209 Abs. 1 Nr. 2 InsO)	Ausgabe	
6330	**4250**	**XX**	**Reinigung**	**Ausgabe**	x
6330	4250	10	Reinigung vorl. V (Abwicklung)	Ausgabe	

SKR04-InsO	SKR03-InsO	5. + 6. Stelle	Bezeichnung	Konten-art	Haupt-ebene
6330	4250	20	Reinigung vorl. V (Betriebsfortführung)	Ausgabe	
6330	4250	30	Reinigung nach IE (Abwicklung)	Ausgabe	
6330	4250	40	Reinigung nach IE (Abwicklung § 209 Abs. 1 Nr. 2 InsO)	Ausgabe	
6330	4250	50	Reinigung nach IE (Betriebsfortführung)	Ausgabe	
6330	4250	60	Reinigung nach IE (Betriebsfortführung § 209 Abs. 1 Nr. 2 InsO)	Ausgabe	
6346	**4281**	**XX**	**Ausgaben Kalte Zwangsverwaltung ohne Vorsteuerabzug**	**Ausgabe**	x
6346	4281	10	Ausgaben Kalte Zwangsverwaltung ohne Vorsteuerabzug vorl. V (Abwicklung)	Ausgabe	
6346	4281	20	Ausgaben Kalte Zwangsverwaltung ohne Vorsteuerabzug vorl. V (Betriebsfortführung)	Ausgabe	
6346	4281	30	Ausgaben Kalte Zwangsverwaltung ohne Vorsteuerabzug nach IE (Abwicklung)	Ausgabe	
6346	4281	40	Ausgaben Kalte Zwangsverwaltung ohne Vorsteuerabzug nach IE (Abwicklung § 209 Abs. 1 Nr. 2 InsO)	Ausgabe	
6346	4281	50	Ausgaben Kalte Zwangsverwaltung ohne Vorsteuerabzug nach IE (Betriebsfortführung)	Ausgabe	
6346	4281	60	Ausgaben Kalte Zwangsverwaltung ohne Vorsteuerabzug nach IE (Betriebsfortführung § 209 Abs. 1 Nr. 2 InsO)	Ausgabe	
6347	**4282**	**XX**	**Ausgaben Kalte Zwangsverwaltung mit Vorsteuerabzug**	**Ausgabe**	x
6347	4282	10	Ausgaben Kalte Zwangsverwaltung mit Vorsteuerabzug vorl. V (Abwicklung)	Ausgabe	
6347	4282	20	Ausgaben Kalte Zwangsverwaltung mit Vorsteuerabzug vorl. V (Betriebsfortführung)	Ausgabe	
6347	4282	30	Ausgaben Kalte Zwangsverwaltung mit Vorsteuerabzug nach IE (Abwicklung)	Ausgabe	
6347	4282	40	Ausgaben Kalte Zwangsverwaltung mit Vorsteuerabzug nach IE (Abwicklung § 209 Abs. 1 Nr. 2 InsO)	Ausgabe	
6347	4282	50	Ausgaben Kalte Zwangsverwaltung mit Vorsteuerabzug nach IE (Betriebsfortführung)	Ausgabe	
6347	4282	60	Ausgaben Kalte Zwangsverwaltung mit Vorsteuerabzug nach IE (Betriebsfortführung § 209 Abs. 1 Nr. 2 InsO)	Ausgabe	
6350	**4290**	**XX**	**Grundstücksaufwendungen**	**Ausgabe**	x
6350	4290	10	Grundstücksaufwendungen vorl. V (Abwicklung)	Ausgabe	
6350	4290	20	Grundstücksaufwendungen vorl. V (Betriebsfortführung)	Ausgabe	

SKR04-InsO	SKR03-InsO	5. + 6. Stelle	Bezeichnung	Konten-art	Haupt-ebene
6350	4290	30	Grundstücksaufwendungen nach IE (Abwicklung)	Ausgabe	
6350	4290	40	Grundstücksaufwendungen nach IE (Abwicklung § 209 Abs. 1 Nr. 2 InsO)	Ausgabe	
6350	4290	50	Grundstücksaufwendungen nach IE (Betriebsfortführung)	Ausgabe	
6350	4290	60	Grundstücksaufwendungen nach IE (Betriebsfortführung § 209 Abs. 1 Nr. 2 InsO)	Ausgabe	
6360	**4291**	**XX**	**Weiterleitung an Nachfolgefirma**	**Ausgabe**	**x**
6360	4291	10	Weiterleitung an Nachfolgefirma vorl. V (Abwicklung)	Ausgabe	
6360	4291	20	Weiterleitung an Nachfolgefirma vorl. V (Betriebsfortführung)	Ausgabe	
6360	4291	30	Weiterleitung an Nachfolgefirma nach IE (Abwicklung)	Ausgabe	
6360	4291	40	Weiterleitung an Nachfolgefirma nach IE (Abwicklung § 209 Abs. 1 Nr. 2 InsO)	Ausgabe	
6360	4291	50	Weiterleitung an Nachfolgefirma nach IE (Betriebsfortführung)	Ausgabe	
6360	4291	60	Weiterleitung an Nachfolgefirma nach IE (Betriebsfortführung § 209 Abs. 1 Nr. 2 InsO)	Ausgabe	
6361	**4292**	**XX**	**Verauslagte Kosten für die Nachfolgefirma**	**Ausgabe**	**x**
6361	4292	10	Verauslagte Kosten für die Nachfolgefirma vorl. V (Abwicklung)	Ausgabe	
6361	4292	20	Verauslagte Kosten für die Nachfolgefirma vorl. V (Betriebsfortführung)	Ausgabe	
6361	4292	30	Verauslagte Kosten für die Nachfolgefirma nach IE (Abwicklung)	Ausgabe	
6361	4292	40	Verauslagte Kosten für die Nachfolgefirma nach IE (Abwicklung § 209 Abs. 1 Nr. 2 InsO)	Ausgabe	
6361	4292	50	Verauslagte Kosten für die Nachfolgefirma nach IE (Betriebsfortführung)	Ausgabe	
6361	4292	60	Verauslagte Kosten für die Nachfolgefirma nach IE (Betriebsfortführung § 209 Abs. 1 Nr. 2 InsO)	Ausgabe	
6400	**4360**	**XX**	**Versicherungen – allgemein**	**Ausgabe**	**x**
6400	4360	10	Versicherungen – allgemein vorl. V (Abwicklung)	Ausgabe	
6400	4360	20	Versicherungen – allgemein vorl. V (Betriebsfortführung)	Ausgabe	
6400	4360	30	Versicherungen – allgemein nach IE (Abwicklung)	Ausgabe	
6400	4360	40	Versicherungen – allgemein nach IE (Abwicklung § 209 Abs. 1 Nr. 2 InsO)	Ausgabe	

SKR04-InsO	SKR03-InsO	5. + 6. Stelle	Bezeichnung	Kontenart	Hauptebene
6400	4360	50	Versicherungen – allgemein nach IE (Betriebsfortführung)	Ausgabe	
6400	4360	60	Versicherungen – allgemein nach IE (Betriebsfortführung § 209 Abs. 1 Nr. 2 InsO)	Ausgabe	
6401	**4361**	**XX**	**Haftpflichtversicherung Gläubigerausschuss (§ 54 Nr. 2 InsO, § 18 Abs. 1 InsVV)**	**Ausgabe**	x
6401	4361	10	Haftpflichtversicherung Gläubigerausschuss (§ 54 Nr. 2 InsO, § 18 Abs. 1 InsVV vorl. V (Abwicklung)	Ausgabe	
6401	4361	20	Haftpflichtversicherung Gläubigerausschuss (§ 54 Nr. 2 InsO, § 18 Abs. 1 InsVV vorl. V (Betriebsfortführung)	Ausgabe	
6401	4361	30	Haftpflichtversicherung Gläubigerausschuss (§ 54 Nr. 2 InsO, § 18 Abs. 1 InsVV nach IE (Abwicklung)	Ausgabe	
6401	4361	40	Haftpflichtversicherung Gläubigerausschuss (§ 54 Nr. 2 InsO, § 18 Abs. 1 InsVV nach IE (Abwicklung § 209 Abs. 1 Nr. 2 InsO)	Ausgabe	
6401	4361	50	Haftpflichtversicherung Gläubigerausschuss (§ 54 Nr. 2 InsO, § 18 Abs. 1 InsVV nach IE (Betriebsfortführung)	Ausgabe	
6401	4361	60	Haftpflichtversicherung Gläubigerausschuss (§ 54 Nr. 2 InsO, § 18 Abs. 1 InsVV nach IE (Betriebsfortführung § 209 Abs. 1 Nr. 2 InsO)	Ausgabe	
6402	**4362**	**XX**	**Haftpflichtversicherung Insolvenzverwalter/Sachwalter § 54 Nr. 2 InsO, § 4 Abs. 3 InsVV**	**Ausgabe**	x
6402	4362	10	Haftpflichtversicherung Insolvenzverwalter/Sachwalter § 54 Nr. 2 InsO, § 4 Abs. 3 InsVV vorl. V (Abwicklung)	Ausgabe	
6402	4362	20	Haftpflichtversicherung Insolvenzverwalter/Sachwalter § 54 Nr. 2 InsO, § 4 Abs. 3 InsVV vorl. V (Betriebsfortführung)	Ausgabe	
6402	4362	30	Haftpflichtversicherung Insolvenzverwalter/Sachwalter § 54 Nr. 2 InsO, § 4 Abs. 3 InsVV nach IE (Abwicklung)	Ausgabe	
6402	4362	40	Haftpflichtversicherung Insolvenzverwalter/Sachwalter § 54 Nr. 2 InsO, § 4 Abs. 3 InsVV nach IE (Abwicklung § 209 Abs. 1 Nr. 2 InsO)	Ausgabe	
6402	4362	50	Haftpflichtversicherung Insolvenzverwalter/Sachwalter § 54 Nr. 2 InsO, § 4 Abs. 3 InsVV nach IE (Betriebsfortführung)	Ausgabe	
6402	4362	60	Haftpflichtversicherung Insolvenzverwalter/Sachwalter § 54 Nr. 2 InsO, § 4 Abs. 3 InsVV nach IE (Betriebsfortführung § 209 Abs. 1 Nr. 2 InsO)	Ausgabe	

SKR04-InsO	SKR03-InsO	5. + 6. Stelle	Bezeichnung	Konten-art	Haupt-ebene
6420	**4380**	**XX**	**Beiträge**	**Ausgabe**	x
6420	4380	10	Beiträge vorl. V (Abwicklung)	Ausgabe	
6420	4380	20	Beiträge vorl. V (Betriebsfortführung)	Ausgabe	
6420	4380	30	Beiträge nach IE (Abwicklung)	Ausgabe	
6420	4380	40	Beiträge nach IE (Abwicklung § 209 Abs. 1 Nr. 2 InsO)	Ausgabe	
6420	4380	50	Beiträge nach IE (Betriebsfortführung)	Ausgabe	
6420	4380	60	Beiträge nach IE (Betriebsfortführung § 209 Abs. 1 Nr. 2 InsO)	Ausgabe	
6430	**4390**	**XX**	**Sonstige Abgaben**	**Ausgabe**	x
6430	4390	10	Sonstige Abgaben vorl. V (Abwicklung)	Ausgabe	
6430	4390	20	Sonstige Abgaben vorl. V (Betriebsfortführung)	Ausgabe	
6430	4390	30	Sonstige Abgaben nach IE (Abwicklung)	Ausgabe	
6430	4390	40	Sonstige Abgaben nach IE (Abwicklung § 209 Abs. 1 Nr. 2 InsO)	Ausgabe	
6430	4390	50	Sonstige Abgaben nach IE (Betriebsfortführung)	Ausgabe	
6430	4390	60	Sonstige Abgaben nach IE (Betriebsfortführung § 209 Abs. 1 Nr. 2 InsO)	Ausgabe	
6450	**4801**	**XX**	**Reparatur u. Instandhaltung von Bauten**	**Ausgabe**	x
6450	4801	10	Reparatur u. Instandhaltung von Bauten vorl. V (Abwicklung)	Ausgabe	
6450	4801	20	Reparatur u. Instandhaltung von Bauten vorl. V (Betriebsfortführung)	Ausgabe	
6450	4801	30	Reparatur u. Instandhaltung von Bauten nach IE (Abwicklung)	Ausgabe	
6450	4801	40	Reparatur u. Instandhaltung von Bauten nach IE (Abwicklung § 209 Abs. 1 Nr. 2 InsO)	Ausgabe	
6450	4801	50	Reparatur u. Instandhaltung von Bauten nach IE (Betriebsfortführung)	Ausgabe	
6450	4801	60	Reparatur u. Instandhaltung von Bauten nach IE (Betriebsfortführung § 209 Abs. 1 Nr. 2 InsO)	Ausgabe	
6460	**4800**	**XX**	**Reparatur/Instandh. Anlagen u. Maschinen**	**Ausgabe**	x
6460	4800	10	Reparatur/Instandh. Anlagen u. Maschinen vorl. V (Abwicklung)	Ausgabe	
6460	4800	20	Reparatur/Instandh. Anlagen u. Maschinen vorl. V (Betriebsfortführung)	Ausgabe	
6460	4800	30	Reparatur/Instandh. Anlagen u. Maschinen nach IE (Abwicklung)	Ausgabe	
6460	4800	40	Reparatur/Instandh. Anlagen u. Maschinen nach IE (Abwicklung § 209 Abs. 1 Nr. 2 InsO)	Ausgabe	

SKR04-InsO	SKR03-InsO	5. + 6. Stelle	Bezeichnung	Konten-art	Haupt-ebene
6460	4800	50	Reparatur/Instandh. Anlagen u. Maschinen nach IE (Betriebsfortführung)	Ausgabe	
6460	4800	60	Reparatur/Instandh. Anlagen u. Maschinen nach IE (Betriebsfortführung § 209 Abs. 1 Nr. 2 InsO)	Ausgabe	
6470	**4805**	**XX**	**Reparatur/Instandh. von anderen Anlagen und BGA**	**Ausgabe**	x
6470	4805	10	Reparatur/Instandh. andere Anlagen und BGA vorl. V (Abwicklung)	Ausgabe	
6470	4805	20	Reparatur/Instandh. andere Anlagen und BGA vorl. V (Betriebsfortführung)	Ausgabe	
6470	4805	30	Reparatur/Instandh. andere Anlagen und BGA nach IE (Abwicklung)	Ausgabe	
6470	4805	40	Reparatur/Instandh. andere Anlagen und BGA nach IE (Abwicklung § 209 Abs. 1 Nr. 2 InsO)	Ausgabe	
6470	4805	50	Reparatur/Instandh. andere Anlagen und BGA nach IE (Betriebsfortführung)	Ausgabe	
6470	4805	60	Reparatur/Instandh. andere Anlagen und BGA nach IE (Betriebsfortführung § 209 Abs. 1 Nr. 2 InsO)	Ausgabe	
6490	**4809**	**XX**	**Reparatur/Instandh. Sonstige**	**Ausgabe**	x
6490	4809	10	Reparatur/Instandh. Sonstige vorl. V (Abwicklung)	Ausgabe	
6490	4809	20	Reparatur/Instandh. Sonstige vorl. V (Betriebsfortführung)	Ausgabe	
6490	4809	30	Reparatur/Instandh. Sonstige nach IE (Abwicklung)	Ausgabe	
6490	4809	40	Reparatur/Instandh. Sonstige nach IE (Abwicklung § 209 Abs. 1 Nr. 2 InsO)	Ausgabe	
6490	4809	50	Reparatur/Instandh. Sonstige nach IE (Betriebsfortführung)	Ausgabe	
6490	4809	60	Reparatur/Instandh. Sonstige nach IE (Betriebsfortführung § 209 Abs. 1 Nr. 2 InsO)	Ausgabe	
6495	**4806**	**XX**	**Wartungskosten für Hard- und Software**	**Ausgabe**	x
6495	4806	10	Wartungskosten für Hard- und Software vorl. V (Abwicklung)	Ausgabe	
6495	4806	20	Wartungskosten für Hard- und Software vorl. V (Betriebsfortführung)	Ausgabe	
6495	4806	30	Wartungskosten für Hard- und Software nach IE (Abwicklung)	Ausgabe	
6495	4806	40	Wartungskosten für Hard- und Software nach IE (Abwicklung § 209 Abs. 1 Nr. 2 InsO)	Ausgabe	
6495	4806	50	Wartungskosten für Hard- und Software nach IE (Betriebsfortführung)	Ausgabe	

SKR04-InsO	SKR03-InsO	5. + 6. Stelle	Bezeichnung	Konten-art	Haupt-ebene
6495	4806	60	Wartungskosten für Hard- und Software nach IE (Betriebsfortführung § 209 Abs. 1 Nr. 2 InsO)	Ausgabe	
6497	**4812**	**XX**	**Anschaffung Anlagevermögen**	**Ausgabe**	x
6497	4812	10	Anschaffung Anlagevermögen vorl. V (Abwicklung)	Ausgabe	
6497	4812	20	Anschaffung Anlagevermögen vorl. V (Betriebsfortführung)	Ausgabe	
6497	4812	30	Anschaffung Anlagevermögen nach IE (Abwicklung)	Ausgabe	
6497	4812	40	Anschaffung Anlagevermögen nach IE (Abwicklung § 209 Abs. 1 Nr. 2 InsO)	Ausgabe	
6497	4812	50	Anschaffung Anlagevermögen nach IE (Betriebsfortführung)	Ausgabe	
6497	4812	60	Anschaffung Anlagevermögen nach IE (Betriebsfortführung § 209 Abs. 1 Nr. 2 InsO)	Ausgabe	
6498	**4810**	**XX**	**Mietleasing**	**Ausgabe**	x
6498	4810	10	Mietleasing vorl. V (Abwicklung)	Ausgabe	
6498	4810	20	Mietleasing vorl. V (Betriebsfortführung)	Ausgabe	
6498	4810	30	Mietleasing nach IE (Abwicklung)	Ausgabe	
6498	4810	40	Mietleasing nach IE (Abwicklung § 209 Abs. 1 Nr. 2 InsO)	Ausgabe	
6498	4810	50	Mietleasing nach IE (Betriebsfortführung)	Ausgabe	
6498	4810	60	Mietleasing nach IE (Betriebsfortführung § 209 Abs. 1 Nr. 2 InsO)	Ausgabe	
6499	**4811**	**XX**	**Mietkauf**	**Ausgabe**	x
6499	4811	10	Mietkauf vorl. V (Abwicklung)	Ausgabe	
6499	4811	20	Mietkauf vorl. V (Betriebsfortführung)	Ausgabe	
6499	4811	30	Mietkauf nach IE (Abwicklung)	Ausgabe	
6499	4811	40	Mietkauf nach IE (Abwicklung § 209 Abs. 1 Nr. 2 InsO)	Ausgabe	
6499	4811	50	Mietkauf nach IE (Betriebsfortführung)	Ausgabe	
6499	4811	60	Mietkauf nach IE (Betriebsfortführung § 209 Abs. 1 Nr. 2 InsO)	Ausgabe	
6500	**4500**	**XX**	**Fahrzeugkosten**	**Ausgabe**	x
6500	4500	10	Fahrzeugkosten vorl. V (Abwicklung)	Ausgabe	
6500	4500	20	Fahrzeugkosten vorl. V (Betriebsfortführung)	Ausgabe	
6500	4500	30	Fahrzeugkosten nach IE (Abwicklung)	Ausgabe	
6500	4500	40	Fahrzeugkosten nach IE (Abwicklung § 209 Abs. 1 Nr. 2 InsO)	Ausgabe	
6500	4500	50	Fahrzeugkosten nach IE (Betriebsfortführung)	Ausgabe	

SKR04-InsO	SKR03-InsO	5. + 6. Stelle	Bezeichnung	Konten-art	Haupt-ebene
6500	4500	60	Fahrzeugkosten nach IE (Betriebsfortführung § 209 Abs. 1 Nr. 2 InsO)	Ausgabe	
6600	**4600**	**XX**	**Werbekosten**	**Ausgabe**	x
6600	4600	10	Werbekosten vorl. V (Abwicklung)	Ausgabe	
6600	4600	20	Werbekosten vorl. V (Betriebsfortführung)	Ausgabe	
6600	4600	30	Werbekosten nach IE (Abwicklung)	Ausgabe	
6600	4600	40	Werbekosten nach IE (Abwicklung § 209 Abs. 1 Nr. 2 InsO)	Ausgabe	
6600	4600	50	Werbekosten nach IE (Betriebsfortführung)	Ausgabe	
6600	4600	60	Werbekosten nach IE (Betriebsfortführung § 209 Abs. 1 Nr. 2 InsO)	Ausgabe	
6650	**4660**	**XX**	**Reisekosten**	**Ausgabe**	x
6650	4660	10	Reisekosten vorl. V (Abwicklung)	Ausgabe	
6650	4660	20	Reisekosten vorl. V (Betriebsfortführung)	Ausgabe	
6650	4660	30	Reisekosten nach IE (Abwicklung)	Ausgabe	
6650	4660	40	Reisekosten nach IE (Abwicklung § 209 Abs. 1 Nr. 2 InsO)	Ausgabe	
6650	4660	50	Reisekosten nach IE (Betriebsfortführung)	Ausgabe	
6650	4660	60	Reisekosten nach IE (Betriebsfortführung § 209 Abs. 1 Nr. 2 InsO)	Ausgabe	
6700	**4700**	**XX**	**Kosten Warenabgabe**	**Ausgabe**	x
6700	4700	10	Kosten Warenabgabe vorl. V (Abwicklung)	Ausgabe	
6700	4700	20	Kosten Warenabgabe vorl. V (Betriebsfortführung)	Ausgabe	
6700	4700	30	Kosten Warenabgabe nach IE (Abwicklung)	Ausgabe	
6700	4700	40	Kosten Warenabgabe nach IE (Abwicklung § 209 Abs. 1 Nr. 2 InsO)	Ausgabe	
6700	4700	50	Kosten Warenabgabe nach IE (Betriebsfortführung)	Ausgabe	
6700	4700	60	Kosten Warenabgabe nach IE (Betriebsfortführung § 209 Abs. 1 Nr. 2 InsO)	Ausgabe	
6740	**4730**	**XX**	**Ausgangsfrachten**	**Ausgabe**	x
6740	4730	10	Ausgangsfrachten vorl. V (Abwicklung)	Ausgabe	
6740	4730	20	Ausgangsfrachten vorl. V (Betriebsfortführung)	Ausgabe	
6740	4730	30	Ausgangsfrachten nach IE (Abwicklung)	Ausgabe	
6740	4730	40	Ausgangsfrachten nach IE (Abwicklung § 209 Abs. 1 Nr. 2 InsO)	Ausgabe	
6740	4730	50	Ausgangsfrachten nach IE (Betriebsfortführung)	Ausgabe	
6740	4730	60	Ausgangsfrachten nach IE (Betriebsfortführung § 209 Abs. 1 Nr. 2 InsO)	Ausgabe	
6800	**4910**	**XX**	**Porto**	**Ausgabe**	x

SKR04-InsO	SKR03-InsO	5. + 6. Stelle	Bezeichnung	Konten-art	Haupt-ebene
6800	4910	10	Porto vorl. V (Abwicklung)	Ausgabe	
6800	4910	20	Porto vorl. V (Betriebsfortführung)	Ausgabe	
6800	4910	30	Porto nach IE (Abwicklung)	Ausgabe	
6800	4910	40	Porto nach IE (Abwicklung § 209 Abs. 1 Nr. 2 InsO)	Ausgabe	
6800	4910	50	Porto nach IE (Betriebsfortführung)	Ausgabe	
6800	4910	60	Porto nach IE (Betriebsfortführung § 209 Abs. 1 Nr. 2 InsO)	Ausgabe	
6805	**4920**	**XX**	**Telekommunikationskosten**	**Ausgabe**	x
6805	4920	10	Telekommunikationskosten vorl. V (Abwicklung)	Ausgabe	
6805	4920	20	Telekommunikationskosten vorl. V (Betriebsfortführung)	Ausgabe	
6805	4920	30	Telekommunikationskosten nach IE (Abwicklung)	Ausgabe	
6805	4920	40	Telekommunikationskosten nach IE (Abwicklung § 209 Abs. 1 Nr. 2 InsO)	Ausgabe	
6805	4920	50	Telekommunikationskosten nach IE (Betriebsfortführung)	Ausgabe	
6805	4920	60	Telekommunikationskosten nach IE (Betriebsfortführung § 209 Abs. 1 Nr. 2 InsO)	Ausgabe	
6815	**4930**	**XX**	**Bürobedarf**	**Ausgabe**	x
6815	4930	10	Bürobedarf vorl. V (Abwicklung)	Ausgabe	
6815	4930	20	Bürobedarf vorl. V (Betriebsfortführung)	Ausgabe	
6815	4930	30	Bürobedarf nach IE (Abwicklung)	Ausgabe	
6815	4930	40	Bürobedarf nach IE (Abwicklung § 209 Abs. 1 Nr. 2 InsO)	Ausgabe	
6815	4930	50	Bürobedarf nach IE (Betriebsfortführung)	Ausgabe	
6815	4930	60	Bürobedarf nach IE (Betriebsfortführung § 209 Abs. 1 Nr. 2 InsO)	Ausgabe	
6825	**4950**	**XX**	**Rechts- und Beratungskosten**	**Ausgabe**	x
6825	4950	10	Rechts- und Beratungskosten (Sonderaufgaben) vorl. V (Abwicklung)	Ausgabe	
6825	4950	11	Eigene Rechts- und Beratungskosten (Sonderaufgaben) vorl. V (Abwicklung)	Ausgabe	
6825	4950	12	Rechts- und Beratungskosten (Sonderaufgaben) (Gesellschaft mit Verwalterbeteiligung) vorl. V (Abwicklung)	Ausgabe	
6825	4950	13	Rechts- und Beratungskosten aus Prozessführung vorl. V (Abwicklung)	Ausgabe	
6825	4950	14	Rechts- und Beratungskosten (Regelaufgaben) vorl. V (Abwicklung)	Ausgabe	
6825	4950	15	Eigene Rechts- und Beratungskosten (Regelaufgaben) vorl. V (Abwicklung)	Ausgabe	

SKR04-InsO	SKR03-InsO	5. + 6. Stelle	Bezeichnung	Konten-art	Haupt-ebene
6825	4950	16	Rechts- und Beratungskosten (Regelaufgaben) (Gesellschaft mit Verwalterbeteiligung) vorl. V (Abwicklung)	Ausgabe	
6825	4950	20	Rechts- und Beratungskosten (Sonderaufgaben) vorl. V (Betriebsfortführung)	Ausgabe	
6825	4950	21	Eigene Rechts- und Beratungskosten (Sonderaufgaben) vorl. V (Betriebsfortführung)	Ausgabe	
6825	4950	22	Rechts- und Beratungskosten (Sonderaufgaben) (Gesellschaft mit Verwalterbeteiligung) vorl. V (Betriebsfortführung)	Ausgabe	
6825	4950	23	Rechts- und Beratungskosten aus Prozessführung vorl. V (Betriebsfortführung)	Ausgabe	
6825	4950	24	Rechts- und Beratungskosten (Regelaufgaben) vorl. V (Betriebsfortführung)	Ausgabe	
6825	4950	25	Eigene Rechts- und Beratungskosten (Regelaufgaben) vorl. V (Betriebsfortführung)	Ausgabe	
6825	4950	26	Rechts- und Beratungskosten (Regelaufgaben) (Gesellschaft mit Verwalterbeteiligung) vorl. V (Betriebsfortführung)	Ausgabe	
6825	4950	30	Rechts- und Beratungskosten (Sonderaufgaben) nach IE (Abwicklung)	Ausgabe	
6825	4950	31	Eigene Rechts- und Beratungskosten (Sonderaufgaben) (§ 5 InsVV) nach IE (Abwicklung)	Ausgabe	
6825	4950	32	Rechts- und Beratungskosten (Sonderaufgaben) (Gesellschaft mit Verwalterbeteiligung) nach IE (Abwicklung)	Ausgabe	
6825	4950	33	Rechts- und Beratungskosten aus Prozessführung nach IE (Abwicklung)	Ausgabe	
6825	4950	34	Rechts- und Beratungskosten (Regelaufgaben) nach IE (Abwicklung)	Ausgabe	
6825	4950	35	Eigene Rechts- und Beratungskosten (Regelaufgaben) (§ 5 InsVV) nach IE (Abwicklung)	Ausgabe	
6825	4950	36	Rechts- und Beratungskosten (Regelaufgaben) (Gesellschaft mit Verwalterbeteiligung) nach IE (Abwicklung)	Ausgabe	
6825	4950	40	Rechts- und Beratungskosten (Sonderaufgaben) nach IE (Abwicklung § 209 Abs. 1 Nr. 2 InsO)	Ausgabe	
6825	4950	41	Eigene Rechts- und Beratungskosten (Sonderaufgaben) (§ 5 InsVV) nach IE (Abwicklung § 209 Abs. 1 Nr. 2 InsO)	Ausgabe	
6825	4950	42	Rechts- und Beratungskosten (Sonderaufgaben) (Gesellschaft mit Verwalterbeteiligung) nach IE (Abwicklung § 209 Abs. 1 Nr. 2 InsO)	Ausgabe	

SKR04-InsO	SKR03-InsO	5. + 6. Stelle	Bezeichnung	Kontenart	Hauptebene
6825	4950	43	Rechts- und Beratungskosten aus Prozessführung nach IE (Abwicklung § 209 Abs. 1 Nr. 2 InsO)	Ausgabe	
6825	4950	44	Rechts- und Beratungskosten (Regelaufgaben) nach IE (Abwicklung § 209 Abs. 1 Nr. 2 InsO)	Ausgabe	
6825	4950	45	Eigene Rechts- und Beratungskosten (Regelaufgaben) (§ 5 InsVV) nach IE (Abwicklung § 209 Abs. 1 Nr. 2 InsO)	Ausgabe	
6825	4950	46	Rechts- und Beratungskosten (Regelaufgaben) (Gesellschaft mit Verwalterbeteiligung) nach IE (Abwicklung § 209 Abs. 1 Nr. 2 InsO)	Ausgabe	
6825	4950	50	Rechts- und Beratungskosten (Sonderaufgaben) nach IE (Betriebsfortführung)	Ausgabe	
6825	4950	51	Eigene Rechts- und Beratungskosten (Sonderaufgaben) (§ 5 InsVV) nach IE (Betriebsfortführung)	Ausgabe	
6825	4950	52	Rechts- und Beratungskosten (Sonderaufgaben) (Gesellschaft mit Verwalterbeteiligung) nach IE (Betriebsfortführung)	Ausgabe	
6825	4950	53	Rechts- und Beratungskosten aus Prozessführung nach IE (Betriebsfortführung)	Ausgabe	
6825	4950	54	Rechts- und Beratungskosten (Regelaufgaben) nach IE (Betriebsfortführung)	Ausgabe	
6825	4950	55	Eigene Rechts- und Beratungskosten (Regelaufgaben) (§ 5 InsVV) nach IE (Betriebsfortführung)	Ausgabe	
6825	4950	56	Rechts- und Beratungskosten (Regelaufgaben) (Gesellschaft mit Verwalterbeteiligung) nach IE (Betriebsfortführung)	Ausgabe	
6825	4950	60	Rechts- und Beratungskosten (Sonderaufgaben) nach IE (Betriebsfortführung § 209 Abs. 1 Nr. 2 InsO)	Ausgabe	
6825	4950	61	Eigene Rechts- und Beratungskosten (Sonderaufgaben) (§ 5 InsVV) nach IE (Betriebsfortführung § 209 Abs. 1 Nr. 2 InsO)	Ausgabe	
6825	4950	62	Rechts- und Beratungskosten (Sonderaufgaben) (Gesellschaft mit Verwalterbeteiligung) nach IE (Betriebsfortführung § 209 Abs. 1 Nr. 2 InsO)	Ausgabe	
6825	4950	63	Rechts- und Beratungskosten aus Prozessführung nach IE (Betriebsfortführung § 209 Abs. 1 Nr. 2 InsO)	Ausgabe	
6825	4950	64	Rechts- und Beratungskosten (Regelaufgaben) nach IE (Betriebsfortführung § 209 Abs. 1 Nr. 2 InsO)	Ausgabe	

SKR04-InsO	SKR03-InsO	5. + 6. Stelle	Bezeichnung	Konten-art	Haupt-ebene
6825	4950	65	Eigene Rechts- und Beratungskosten (Regelaufgaben) (§ 5 InsVV) nach IE (Betriebsfortführung § 209 Abs. 1 Nr. 2 InsO)	Ausgabe	
6825	4950	66	Rechts- und Beratungskosten (Regelaufgaben) (Gesellschaft mit Verwalterbeteiligung) nach IE (Betriebsfortführung § 209 Abs. 1 Nr. 2 InsO)	Ausgabe	
6826	**4951**	**XX**	**Nebenkosten der Rechtsverfolgung**	**Ausgabe**	x
6826	4951	10	Nebenkosten der Rechtsverfolgung vorl. V (Abwicklung)	Ausgabe	
6826	4951	20	Nebenkosten der Rechtsverfolgung vorl. V (Betriebsfortführung)	Ausgabe	
6826	4951	30	Nebenkosten der Rechtsverfolgung nach IE (Abwicklung)	Ausgabe	
6826	4951	40	Nebenkosten der Rechtsverfolgung nach IE (Abwicklung § 209 Abs. 1 Nr. 2 InsO)	Ausgabe	
6826	4951	50	Nebenkosten der Rechtsverfolgung nach IE (Betriebsfortführung)	Ausgabe	
6826	4951	60	Nebenkosten der Rechtsverfolgung nach IE (Betriebsfortführung § 209 Abs. 1 Nr. 2 InsO)	Ausgabe	
6827	**4957**	**XX**	**Abschluss- und Prüfungskosten**	**Ausgabe**	x
6827	4957	10	Abschluss- und Prüfungskosten vorl. V (Abwicklung)	Ausgabe	
6827	4957	11	Eigene Abschluss- und Prüfungskosten vorl. V (Abwicklung)	Ausgabe	
6827	4957	12	Abschluss- und Prüfungskosten (Gesellschaft mit Verwalterbeteiligung) vorl. V (Abwicklung)	Ausgabe	
6827	4957	20	Abschluss- und Prüfungskosten vorl. V (Betriebsfortführung)	Ausgabe	
6827	4957	21	Eigene Abschluss- und Prüfungskosten vorl. V (Betriebsfortführung)	Ausgabe	
6827	4957	22	Abschluss- und Prüfungskosten (Gesellschaft mit Verwalterbeteiligung) vorl. V (Betriebsfortführung)	Ausgabe	
6827	4957	30	Abschluss- und Prüfungskosten nach IE (Abwicklung)	Ausgabe	
6827	4957	31	Eigene Abschluss- und Prüfungskosten (§ 5 InsVV) nach IE (Abwicklung)	Ausgabe	
6827	4957	32	Abschluss- und Prüfungskosten (Gesellschaft mit Verwalterbeteiligung) nach IE (Abwicklung)	Ausgabe	
6827	4957	40	Abschluss- und Prüfungskosten nach IE (Abwicklung § 209 Abs. 1 Nr. 2 InsO)	Ausgabe	

SKR04-InsO	SKR03-InsO	5. + 6. Stelle	Bezeichnung	Konten-art	Haupt-ebene
6827	4957	41	Eigene Abschluss- und Prüfungskosten (§ 5 InsVV) nach IE (Abwicklung § 209 Abs. 1 Nr. 2 InsO)	Ausgabe	
6827	4957	42	Abschluss- und Prüfungskosten (Gesellschaft mit Verwalterbeteiligung) nach IE (Abwicklung § 209 Abs. 1 Nr. 2 InsO)	Ausgabe	
6827	4957	50	Abschluss- und Prüfungskosten nach IE (Betriebsfortführung)	Ausgabe	
6827	4957	51	Eigene Abschluss- und Prüfungskosten (§ 5 InsVV) nach IE (Betriebsfortführung)	Ausgabe	
6827	4957	52	Abschluss- und Prüfungskosten (Gesellschaft mit Verwalterbeteiligung) nach IE (Betriebsfortführung)	Ausgabe	
6827	4957	60	Abschluss- und Prüfungskosten nach IE (Betriebsfortführung § 209 Abs. 1 Nr. 2 InsO)	Ausgabe	
6827	4957	61	Eigene Abschluss- und Prüfungskosten (§ 5 InsVV) nach IE (Betriebsfortführung § 209 Abs. 1 Nr. 2 InsO)	Ausgabe	
6827	4957	62	Abschluss- und Prüfungskosten (Gesellschaft mit Verwalterbeteiligung) nach IE (Betriebsfortführung § 209 Abs. 1 Nr. 2 InsO)	Ausgabe	
6828	**4958**	**XX**	**Sonstige Aufwendungen i. Z. m. Prozessführung – Gegenseite**	**Ausgabe**	x
6828	4958	10	Sonstige Aufwendungen i. Z. m. Prozessführung – Gegenseite vorl. V (Abwicklung)	Ausgabe	
6828	4958	20	Sonstige Aufwendungen i. Z. m. Prozessführung – Gegenseite vorl. V (Betriebsfortführung)	Ausgabe	
6828	4958	30	Sonstige Aufwendungen i. Z. m. Prozessführung – Gegenseite nach IE (Abwicklung)	Ausgabe	
6828	4958	40	Sonstige Aufwendungen i. Z. m. Prozessführung – Gegenseite nach IE (Abwicklung § 209 Abs. 1 Nr. 2 InsO)	Ausgabe	
6828	4958	50	Sonstige Aufwendungen i. Z. m. Prozessführung – Gegenseite nach IE (Betriebsfortführung)	Ausgabe	
6828	4958	60	Sonstige Aufwendungen i. Z. m. Prozessführung – Gegenseite nach IE (Betriebsfortführung § 209 Abs. 1 Nr. 2 InsO)	Ausgabe	
6830	**4955**	**XX**	**Buchführungskosten**	**Ausgabe**	x
6830	4955	10	Buchführungskosten vorl. V (Abwicklung)	Ausgabe	
6830	4955	11	Eigene Buchführungskosten vorl. V (Abwicklung)	Ausgabe	
6830	4955	12	Buchführungskosten (Gesellschaft mit Verwalterbeteiligung) vorl. V (Abwicklung)	Ausgabe	

SKR04-InsO	SKR03-InsO	5. + 6. Stelle	Bezeichnung	Konten-art	Haupt-ebene
6830	4955	20	Buchführungskosten vorl. V (Betriebsfortführung)	Ausgabe	
6830	4955	21	Eigene Buchführungskosten vorl. V (Betriebsfortführung)	Ausgabe	
6830	4955	22	Buchführungskosten (Gesellschaft mit Verwalterbeteiligung) vorl. V (Betriebsfortführung)	Ausgabe	
6830	4955	30	Buchführungskosten nach IE (Abwicklung)	Ausgabe	
6830	4955	31	Eigene Buchführungskosten (§ 5 InsVV) nach IE (Abwicklung)	Ausgabe	
6830	4955	32	Buchführungskosten (Gesellschaft mit Verwalterbeteiligung) nach IE (Abwicklung)	Ausgabe	
6830	4955	40	Buchführungskosten nach IE (Abwicklung § 209 Abs. 1 Nr. 2 InsO)	Ausgabe	
6830	4955	41	Eigene Buchführungskosten (§ 5 InsVV) nach IE (Abwicklung § 209 Abs. 1 Nr. 2 InsO)	Ausgabe	
6830	4955	42	Buchführungskosten (Gesellschaft mit Verwalterbeteiligung) nach IE (Abwicklung § 209 Abs. 1 Nr. 2 InsO)	Ausgabe	
6830	4955	50	Buchführungskosten nach IE (Betriebsfortführung)	Ausgabe	
6830	4955	51	Eigene Buchführungskosten (§ 5 InsVV) nach IE (Betriebsfortführung)	Ausgabe	
6830	4955	52	Buchführungskosten (Gesellschaft mit Verwalterbeteiligung) nach IE (Betriebsfortführung)	Ausgabe	
6830	4955	60	Buchführungskosten nach IE (Betriebsfortführung § 209 Abs. 1 Nr. 2 InsO)	Ausgabe	
6830	4955	61	Eigene Buchführungskosten (§ 5 InsVV) nach IE (Betriebsfortführung § 209 Abs. 1 Nr. 2 InsO)	Ausgabe	
6830	4955	62	Buchführungskosten (Gesellschaft mit Verwalterbeteiligung) nach IE (Betriebsfortführung § 209 Abs. 1 Nr. 2 InsO)	Ausgabe	
6832	**4956**	**XX**	**Lohnbuchführungskosten**	**Ausgabe**	x
6832	4956	10	Lohnbuchführungskosten vorl. V (Abwicklung)	Ausgabe	
6832	4956	11	Eigene Lohnbuchführungskosten vorl. V (Abwicklung)	Ausgabe	
6832	4956	12	Lohnbuchführungskosten (Gesellschaft mit Verwalterbeteiligung) vorl. V (Abwicklung)	Ausgabe	
6832	4956	20	Lohnbuchführungskosten vorl. V (Betriebsfortführung)	Ausgabe	
6832	4956	21	Eigene Lohnbuchführungskosten vorl. V (Betriebsfortführung)	Ausgabe	

SKR04-InsO	SKR03-InsO	5. + 6. Stelle	Bezeichnung	Konten-art	Haupt-ebene
6832	4956	22	Lohnbuchführungskosten (Gesellschaft mit Verwalterbeteiligung) vorl. V (Betriebsfortführung)	Ausgabe	
6832	4956	30	Lohnbuchführungskosten nach IE (Abwicklung)	Ausgabe	
6832	4956	31	Eigene Lohnbuchführungskosten (§ 5 InsVV) nach IE (Abwicklung)	Ausgabe	
6832	4956	32	Lohnbuchführungskosten (Gesellschaft mit Verwalterbeteiligung) nach IE (Abwicklung)	Ausgabe	
6832	4956	40	Lohnbuchführungskosten nach IE (Abwicklung § 209 Abs. 1 Nr. 2 InsO)	Ausgabe	
6832	4956	41	Eigene Lohnbuchführungskosten (§ 5 InsVV) nach IE (Abwicklung § 209 Abs. 1 Nr. 2 InsO)	Ausgabe	
6832	4956	42	Lohnbuchführungskosten (Gesellschaft mit Verwalterbeteiligung) nach IE (Abwicklung § 209 Abs. 1 Nr. 2 InsO)	Ausgabe	
6832	4956	50	Lohnbuchführungskosten nach IE (Betriebsfortführung)	Ausgabe	
6832	4956	51	Eigene Lohnbuchführungskosten (§ 5 InsVV) nach IE (Betriebsfortführung)	Ausgabe	
6832	4956	52	Lohnbuchführungskosten (Gesellschaft mit Verwalterbeteiligung) nach IE (Betriebsfortführung)	Ausgabe	
6832	4956	60	Lohnbuchführungskosten nach IE (Betriebsfortführung § 209 Abs. 1 Nr. 2 InsO)	Ausgabe	
6832	4956	61	Eigene Lohnbuchführungskosten (§ 5 InsVV) nach IE (Betriebsfortführung § 209 Abs. 1 Nr. 2 InsO)	Ausgabe	
6832	4956	62	Lohnbuchführungskosten (Gesellschaft mit Verwalterbeteiligung) nach IE (Betriebsfortführung § 209 Abs. 1 Nr. 2 InsO)	Ausgabe	
6840	**4966**	**XX**	**Gerichtskosten der Masse**	**Ausgabe**	x
6840	4966	10	Gerichtskosten der Masse vorl. V (Abwicklung)	Ausgabe	
6840	4966	20	Gerichtskosten der Massevorl. V (Betriebsfortführung)	Ausgabe	
6840	4966	30	Gerichtskosten der Masse nach IE (Abwicklung)	Ausgabe	
6840	4966	40	Gerichtskosten der Masse nach IE (Abwicklung § 209 Abs. 1 Nr. 2 InsO)	Ausgabe	
6840	4966	50	Gerichtskosten der Masse nach IE (Betriebsfortführung)	Ausgabe	
6840	4966	60	Gerichtskosten der Masse nach IE (Betriebsfortführung § 209 Abs. 1 Nr. 2 InsO)	Ausgabe	

SKR04-InsO	SKR03-InsO	5. + 6. Stelle	Bezeichnung	Konten-art	Haupt-ebene
6850	**4980**	**XX**	**Sonstiger Betriebsbedarf**	**Ausgabe**	x
6850	4980	10	Sonstiger Betriebsbedarf vorl. V (Abwicklung)	Ausgabe	
6850	4980	20	Sonstiger Betriebsbedarf vorl. V (Betriebsfortführung)	Ausgabe	
6850	4980	30	Sonstiger Betriebsbedarf nach IE (Abwicklung)	Ausgabe	
6850	4980	40	Sonstiger Betriebsbedarf nach IE (Abwicklung § 209 Abs. 1 Nr. 2 InsO)	Ausgabe	
6850	4980	50	Sonstiger Betriebsbedarf nach IE (Betriebsfortführung)	Ausgabe	
6850	4980	60	Sonstiger Betriebsbedarf nach IE (Betriebsfortführung § 209 Abs. 1 Nr. 2 InsO)	Ausgabe	
6851	**4981**	**00**	**Ausgaben für Nachlassverbindlichkeiten gem. § 324 InsO**	**Ausgabe**	x
6855	**4970**	**XX**	**Nebenkosten des Geldverkehr**	**Ausgabe**	x
6855	4970	10	Nebenkosten des Geldverkehr vorl. V (Abwicklung)	Ausgabe	
6855	4970	20	Nebenkosten des Geldverkehr vorl. V (Betriebsfortführung)	Ausgabe	
6855	4970	30	Nebenkosten des Geldverkehrs nach IE (Abwicklung)	Ausgabe	
6855	4970	40	Nebenkosten des Geldverkehrs nach IE (Abwicklung § 209 Abs. 1 Nr. 2 InsO)	Ausgabe	
6855	4970	50	Nebenkosten des Geldverkehrs nach IE (Betriebsfortführung)	Ausgabe	
6855	4970	60	Nebenkosten des Geldverkehrs nach IE (Betriebsfortführung § 209 Abs. 1 Nr. 2 InsO)	Ausgabe	
6859	**4969**	**XX**	**Aufwand Abraum-/Abfallbeseitigung**	**Ausgabe**	x
6859	4969	10	Aufwand Abraum-/Abfallbeseitigung vorl. V (Abwicklung)	Ausgabe	
6859	4969	20	Aufwand Abraum-/Abfallbeseitigung vorl. V (Betriebsfortführung)	Ausgabe	
6859	4969	30	Aufwand Abraum-/Abfallbeseitigung nach IE (Abwicklung)	Ausgabe	
6859	4969	40	Aufwand Abraum-/Abfallbeseitigung nach IE (Abwicklung § 209 Abs. 1 Nr. 2 InsO)	Ausgabe	
6859	4969	50	Aufwand Abraum-/Abfallbeseitigung nach IE (Betriebsfortführung)	Ausgabe	
6859	4969	60	Aufwand Abraum-/Abfallbeseitigung nach IE (Betriebsfortführung § 209 Abs. 1 Nr. 2 InsO)	Ausgabe	
6880	**2150**	**XX**	**Aufwendungen aus Kursdifferenzen**	**Ausgabe**	x

SKR04-InsO	SKR03-InsO	5. + 6. Stelle	Bezeichnung	Konten-art	Haupt-ebene
6880	2150	10	Aufwendungen aus Kursdifferenzen vorl. V (Abwicklung)	Ausgabe	
6880	2150	20	Aufwendungen aus Kursdifferenzen vorl. V (Betriebsfortführung)	Ausgabe	
6880	2150	30	Aufwendungen aus Kursdifferenzen nach IE (Abwicklung)	Ausgabe	
6880	2150	40	Aufwendungen aus Kursdifferenzen nach IE (Abwicklung § 209 Abs. 1 Nr. 2 InsO)	Ausgabe	
6880	2150	50	Aufwendungen aus Kursdifferenzen nach IE (Betriebsfortführung)	Ausgabe	
6880	2150	60	Aufwendungen aus Kursdifferenzen nach IE (Betriebsfortführung § 209 Abs. 1 Nr. 2 InsO)	Ausgabe	
6901	**2321**	**XX**	**Ausgaben ungerechtfertigte Bereicherung**	**Ausgabe**	x
6901	2321	10	Ausgaben ungerechtfertigte Bereicherung vorl. V (Abwicklung)	Ausgabe	
6901	2321	20	Ausgaben ungerechtfertigte Bereicherung vorl. V (Betriebsfortführung)	Ausgabe	
6901	2321	30	Ausgaben ungerechtfertigte Bereicherung nach IE (Abwicklung)	Ausgabe	
6901	2321	40	Ausgaben ungerechtfertigte Bereicherung nach IE (Abwicklung § 209 Abs. 1 Nr. 2 InsO)	Ausgabe	
7100	**2650**	**XX**	**Sonstige Zinsen und ähnliche Erträge**	**Einnahme**	x
7100	2650	10	Sonstige Zinsen und ähnliche Erträge vorl. V (Abwicklung)	Einnahme	
7100	2650	20	Sonstige Zinsen und ähnliche Erträge vorl. V (Betriebsfortführung)	Einnahme	
7100	2650	30	Sonstige Zinsen und ähnliche Erträge nach IE (Abwicklung)	Einnahme	
7100	2650	31	Sonstige Verzugszinsen – Anfechtung nach IE (Abwicklung)	Einnahme	
7100	2650	40	Sonstige Zinsen und ähnliche Erträge nach IE (Abwicklung § 209 Abs. 1 Nr. 2 InsO)	Einnahme	
7100	2650	50	Sonstige Zinsen und ähnliche Erträge nach IE (Betriebsfortführung)	Einnahme	
7100	2650	60	Sonstige Zinsen und ähnliche Erträge nach IE (Betriebsfortführung § 209 Abs. 1 Nr. 2 InsO)	Einnahme	
7300	**2100**	**XX**	**Zinsen und ähnliche Aufwendungen**	**Ausgabe**	x
7300	2100	10	Zinsen und ähnliche Aufwendungen vorl. V (Abwicklung)	Ausgabe	
7300	2100	20	Zinsen und ähnliche Aufwendungen vorl. V (Betriebsfortführung)	Ausgabe	
7300	2100	30	Zinsen und ähnliche Aufwendungen nach IE (Abwicklung)	Ausgabe	

SKR04-InsO	SKR03-InsO	5. + 6. Stelle	Bezeichnung	Konten-art	Haupt-ebene
7300	2100	40	Zinsen und ähnliche Aufwendungen nach IE (Abwicklung § 209 Abs. 1 Nr. 2 InsO)	Ausgabe	
7300	2100	50	Zinsen und ähnliche Aufwendungen nach IE (Betriebsfortführung)	Ausgabe	
7300	2100	60	Zinsen und ähnliche Aufwendungen nach IE (Betriebsfortführung § 209 Abs. 1 Nr. 2 InsO)	Ausgabe	
7501	**2001**	**00**	**Gerichtskosten § 54 InsO Nr. 1 InsO**	**Ausgabe**	x
7502	**2002**	**00**	**Auslagen beauftragter Zustellung**	**Ausgabe**	x
7503	**2003**	**00**	**Vergütung Sachverständiger (im vorl. V nach JVEG)**	**Ausgabe**	x
7504	**2004**	**00**	**Vergütung vorl. Insolvenzverwalter**	**Ausgabe**	x
7505	**2005**	**00**	**Vergütung Insolvenzverwalter**	**Ausgabe**	x
7506	**2012**	**00**	**Treuhändervergütung § 293 InsO**	**Ausgabe**	x
7508	**2013**	**00**	**Vergütung Sachwalter**	**Ausgabe**	x
7509	**2009**	**00**	**Vergütung Gläubigerausschuss**	**Ausgabe**	x
7510	**2010**	**00**	**Vergütung Kassen- und Schlussrechnungsprüfer**	**Ausgabe**	x
7511	**2011**	**00**	**Vergütung vorl. Sachwalter**	**Ausgabe**	x
7515	**2015**	**00**	**Ausgaben Insolvenzverbindlichkeiten**	**Ausgabe**	x
7520	**2020**	**00**	**Auskehrungen für Drittrechte i. Z. m. immateriellen Vermögenswerten**	**Ausgabe**	x
7521	**2021**	**00**	**Auskehrungen für Drittrechte i. Z. m. Grundvermögen**	**Ausgabe**	x
7522	**2022**	**00**	**Auskehrungen für Drittrechte i. Z. m. technische Anlagen und Maschinen**	**Ausgabe**	x
7523	**2023**	**00**	**Auskehrungen für Drittrechte i. Z. m. Betriebs- und Geschäftsausstattung**	**Ausgabe**	x
7524	**2024**	**00**	**Auskehrungen für Drittrechte i. Z. m. Vorräte**	**Ausgabe**	x
7525	**2025**	**01**	**Auskehrungen für Drittrechte i. Z. m. Altforderungen**	**Ausgabe**	
7525	**2025**	**10**	**Auskehrungen für Drittrechte i. Z. m. Forderungen L+L (vorl. V)**	**Ausgabe**	
7525	**2025**	**30**	**Auskehrungen für Drittrechte i. Z. m. Forderungen L+L nach IE**	**Ausgabe**	
7526	**2026**	**00**	**Auskehrungen für Drittrechte i. Z. m. sonstigen Vermögensgegenständen**	**Ausgabe**	x
7527	**2027**	**00**	**Auskehrungen für Drittrechte i. Z. m. Kraftfahrzeuge/Fuhrpark**	**Ausgabe**	x
7530	**2030**	**00**	**Abfindungen für Drittrechte i. Z. m. immateriellen Vermögenswerten**	**Ausgabe**	x
7531	**2031**	**00**	**Abfindungen für Drittrechte i. Z. m. Grundvermögen**	**Ausgabe**	x

SKR04-InsO	SKR03-InsO	5. + 6. Stelle	Bezeichnung	Konten-art	Haupt-ebene
7532	**2032**	**00**	**Abfindungen für Drittrechte i. Z. m. technische Anlagen und Maschinen**	**Ausgabe**	**x**
7533	**2033**	**00**	**Abfindungen für Drittrechte i. Z. m. Betriebs- und Geschäftsausstattung**	**Ausgabe**	**x**
7534	**2034**	**00**	**Abfindungen für Drittrechte i. Z. m. Vorräte**	**Ausgabe**	**x**
7535	**2035**	**01**	**Abfindungen für Drittrechte i. Z. m. Altforderungen**	**Ausgabe**	
7535	**2035**	**10**	**Abfindungen für Drittrechte i. Z. m. Forderungen L+L (vorl. V)**	**Ausgabe**	
7535	**2035**	**30**	**Abfindungen für Drittrechte i. Z. m. Forderungen L+L nach IE**	**Ausgabe**	
7536	**2036**	**00**	**Abfindungen für Drittrechte i. Z. m. sonstigen Vermögensgegenständen**	**Ausgabe**	**x**
7537	**2037**	**00**	**Abfindungen für Drittrechte i. Z. m. Kraftfahrzeuge/Fuhrpark**	**Ausgabe**	**x**
7540	**2040**	**XX**	**Unterhalt**	**Ausgabe**	**x**
7540	2040	10	Unterhalt vorl. V (Abwicklung)	Ausgabe	
7540	2040	20	Unterhalt vorl. V (Betriebsfortführung)	Ausgabe	
7540	2040	30	Unterhalt nach IE (Abwicklung)	Ausgabe	
7540	2040	40	Unterhalt nach IE (Abwicklung § 209 Abs. 1 Nr. 2 InsO)	Ausgabe	
7540	2040	50	Unterhalt nach IE (Betriebsfortführung)	Ausgabe	
7540	2040	60	Unterhalt nach IE (Betriebsfortführung § 209 Abs. 1 Nr. 2 InsO)	Ausgabe	
7560	**2060**	**00**	**Ausschüttung Insolvenzforderungen § 38 InsO – allgemein**	**Ausgabe**	**x**
7560	2060	01	Ausschüttung Insolvenzforderungen § 38 InsO – Bundesagentur für Arbeit (InsStatG)	Ausgabe	
7560	2060	02	Ausschüttung Insolvenzforderungen § 38 InsO – Finanzämter (InsStatG)	Ausgabe	
7560	2060	03	Ausschüttung Insolvenzforderungen § 38 InsO – Sozialversicherungsträger (InsStatG)	Ausgabe	
7561	**2061**	**00**	**Ausschüttung § 39 Abs. 1 Nr. 1 InsO – Zinsen nach I. E. – allgemein**	**Ausgabe**	**x**
7561	2061	01	Ausschüttung § 39 Abs. 1 Nr. 1 InsO – Zinsen nach I. E. – Bundesagentur für Arbeit (InsStatG)	Ausgabe	
7561	2061	02	Ausschüttung § 39 Abs. 1 Nr. 1 InsO – Zinsen nach I. E. – Finanzämter (InsStatG)	Ausgabe	
7561	2061	03	Ausschüttung § 39 Abs. 1 Nr. 1 InsO – Zinsen nach I. E. – Sozialversicherungsträger (InsStatG)	Ausgabe	
7562	**2062**	**00**	**Ausschüttung § 39 Abs. 1 Nr. 2 InsO – Kosten nach I. E. – allgemein**	**Ausgabe**	**x**

SKR04-InsO	SKR03-InsO	5. + 6. Stelle	Bezeichnung	Konten-art	Haupt-ebene
7562	2062	01	Ausschüttung § 39 Abs. 1 Nr. 2 InsO – Kosten nach I. E. – Bundesagentur für Arbeit (InsStatG)	Ausgabe	
7562	2062	02	Ausschüttung § 39 Abs. 1 Nr. 2 InsO – Kosten nach I. E. – Finanzämter (InsStatG)	Ausgabe	
7562	2062	03	Ausschüttung § 39 Abs. 1 Nr. 2 InsO – Kosten nach I. E. – Sozialversicherungsträger (InsStatG)	Ausgabe	
7563	**2063**	00	**Ausschüttung § 39 Abs. 1 Nr. 3 InsO – Geldstrafen Geldbußen usw.**	**Ausgabe**	x
7564	**2064**	00	**Ausschüttung § 39 Abs. 1 Nr. 4 InsO – Unentgeltliche Leistungen**	**Ausgabe**	x
7565	**2065**	00	**Ausschüttung § 39 Abs. 1 Nr. 5 InsO – Kapitalersetzende Darlehen**	**Ausgabe**	x
7566	**2066**	00	**Ausschüttung § 39 Abs. 2 InsO – Vereinbarter Nachrang**	**Ausgabe**	x
7570	**2070**	00	**Vorrang § 264 InsO**	**Ausgabe**	x
7575	**2075**	00	**Sozialplanansprüche § 123 InsO**	**Ausgabe**	x
7580	**2080**	00	**Überschussherausgabe gem. § 199 InsO**	**Ausgabe**	x
7600	**2200**	**XX**	**Einnahmen aus Körperschaftsteuererstattung**	**Einnahme**	x
7600	2200	01	Einnahmen aus Körperschaftsteuererstattung (vor A. vorl. V)	Einnahme	
7600	2200	10	Einnahmen aus Körperschaftsteuererstattung vorl. V (Abwicklung)	Einnahme	
7600	2200	20	Einnahmen aus Körperschaftsteuererstattung vorl. V (Betriebsfortführung)	Einnahme	
7600	2200	30	Einnahmen aus Körperschaftsteuererstattung nach IE (Abwicklung)	Einnahme	
7600	2200	40	Einnahmen aus Körperschaftsteuer nach IE (Abwicklung § 209 Abs. 1 Nr. 2 InsO)	Einnahme	
7600	2200	50	Einnahmen aus Körperschaftsteuererstattung nach IE (Betriebsfortführung)	Einnahme	
7600	2200	60	Einnahmen aus Körperschaftsteuer nach IE (Betriebsfortführung § 209 Abs. 1 Nr. 2 InsO)	Einnahme	
7601	**2201**	**XX**	**Ausgaben Körperschaftsteuer**	**Ausgabe**	x
7601	2201	10	Ausgaben Körperschaftsteuer vorl. V (Abwicklung)	Ausgabe	
7601	2201	20	Ausgaben Körperschaftsteuer vorl. V (Betriebsfortführung)	Ausgabe	
7601	2201	30	Ausgaben Körperschaftsteuer nach IE (Abwicklung)	Ausgabe	
7601	2201	40	Ausgaben Körperschaftsteuer nach IE (Abwicklung § 209 Abs. 1 Nr. 2 InsO)	Ausgabe	

SKR04-InsO	SKR03-InsO	5. + 6. Stelle	Bezeichnung	Konten-art	Haupt-ebene
7601	2201	50	Ausgaben Körperschaftsteuer nach IE (Betriebsfortführung)	Ausgabe	
7601	2201	60	Ausgaben Körperschaftsteuer nach IE (Betriebsfortführung § 209 Abs. 1 Nr. 2 InsO)	Ausgabe	
7608	**2208**	**XX**	**Einnahmen aus Solidaritätszuschlagerstattung**	**Einnahme**	x
7608	2208	01	Einnahmen aus Solidaritätszuschlagerstattung (vor A. vorl. V)	Einnahme	
7608	2208	10	Einnahmen aus Solidaritätszuschlagerstattung vorl. V (Abwicklung)	Einnahme	
7608	2208	20	Einnahmen aus Solidaritätszuschlagerstattung vorl. V (Betriebsfortführung)	Einnahme	
7608	2208	30	Einnahmen aus Solidaritätszuschlagerstattung nach IE (Abwicklung)	Einnahme	
7608	2208	40	Einnahmen aus Solidaritätszuschlagerstattung nach IE (Abwicklung § 209 Abs. 1 Nr. 2 InsO)	Einnahme	
7608	2208	50	Einnahmen aus Solidaritätszuschlagerstattung nach IE (Betriebsfortführung)	Einnahme	
7608	2208	60	Einnahmen aus Solidaritätszuschlagerstattung nach IE (Betriebsfortführung § 209 Abs. 1 Nr. 2 InsO)	Einnahme	
7609	**2209**	**XX**	**Ausgaben Solidaritätszuschlag**	**Ausgabe**	x
7609	2209	10	Ausgaben Solidaritätszuschlag vorl. V (Abwicklung)	Ausgabe	
7609	2209	20	Ausgaben Solidaritätszuschlag vorl. V (Betriebsfortführung)	Ausgabe	
7609	2209	30	Ausgaben Solidaritätszuschlag nach IE (Abwicklung)	Ausgabe	
7609	2209	40	Ausgaben Solidaritätszuschlag nach IE (Abwicklung § 209 Abs. 1 Nr. 2 InsO)	Ausgabe	
7609	2209	50	Ausgaben Solidaritätszuschlag nach IE (Betriebsfortführung)	Ausgabe	
7609	2209	60	Ausgaben Solidaritätszuschlag nach IE (Betriebsfortführung § 209 Abs. 1 Nr. 2 InsO)	Ausgabe	
7610	**4320**	**XX**	**Einnahmen aus Gewerbesteuererstattung**	**Einnahme**	x
7610	4320	01	Einnahmen aus Gewerbesteuererstattung (vor A. vorl. V)	Einnahme	
7610	4320	10	Einnahmen aus Gewerbesteuererstattung vorl. V (Abwicklung)	Einnahme	
7610	4320	20	Einnahmen aus Gewerbesteuererstattung vorl. V (Betriebsfortführung)	Einnahme	
7610	4320	30	Einnahmen aus Gewerbesteuererstattung nach IE (Abwicklung)	Einnahme	

SKR04-InsO	SKR03-InsO	5. + 6. Stelle	Bezeichnung	Konten-art	Haupt-ebene
7610	4320	40	Einnahmen aus Gewerbesteuererstattung nach IE (Abwicklung § 209 Abs. 1 Nr. 2 InsO)	Einnahme	
7610	4320	50	Einnahmen aus Gewerbesteuererstattung nach IE (Betriebsfortführung)	Einnahme	
7610	4320	60	Einnahmen aus Gewerbesteuererstattung nach IE (Betriebsfortführung § 209 Abs. 1 Nr. 2 InsO)	Einnahme	
7611	**4321**	**XX**	**Ausgaben Gewerbesteuer**	**Ausgabe**	x
7611	4321	10	Ausgaben Gewerbesteuer vorl. V (Abwicklung)	Ausgabe	
7611	4321	20	Ausgaben Gewerbesteuer vorl. V (Betriebsfortführung)	Ausgabe	
7611	4321	30	Ausgaben Gewerbesteuer nach IE (Abwicklung)	Ausgabe	
7611	4321	40	Ausgaben Gewerbesteuer nach IE (Abwicklung § 209 Abs. 1 Nr. 2 InsO)	Ausgabe	
7611	4321	50	Ausgaben Gewerbesteuer nach IE (Betriebsfortführung)	Ausgabe	
7611	4321	60	Ausgaben Gewerbesteuer nach IE (Betriebsfortführung § 209 Abs. 1 Nr. 2 InsO)	Ausgabe	
7631	**2215**	**XX**	**Einnahmen aus Kapitalertragsteuererstattung**	**Einnahme**	x
7631	2215	01	Einnahmen aus Kapitalertragsteuererstattung (vor A. vorl. V)	Einnahme	
7631	2215	10	Einnahmen aus Kapitalertragsteuererstattung vorl. V (Abwicklung)	Einnahme	
7631	2215	20	Einnahmen aus Kapitalertragsteuererstattung vorl. V (Betriebsfortführung)	Einnahme	
7631	2215	30	Einnahmen aus Kapitalertragsteuererstattung nach IE (Abwicklung)	Einnahme	
7631	2215	40	Einnahmen aus Kapitalertragsteuererstattung nach IE (Abwicklung § 209 Abs. 1 Nr. 2 InsO)	Einnahme	
7631	2215	50	Einnahmen aus Kapitalertragsteuererstattung nach IE (Betriebsfortführung)	Einnahme	
7631	2215	60	Einnahmen aus Kapitalertragsteuererstattung nach IE (Betriebsfortführung § 209 Abs. 1 Nr. 2 InsO)	Einnahme	
7630	**2213**	**XX**	**Ausgaben Kapitalertragssteuer**	**Ausgabe**	x
7630	2213	10	Ausgaben Kapitalertragssteuer vorl. V (Abwicklung)	Ausgabe	
7630	2213	20	Ausgaben Kapitalertragssteuer vorl. V (Betriebsfortführung)	Ausgabe	
7630	2213	30	Ausgaben Kapitalertragssteuer nach IE (Abwicklung)	Ausgabe	

SKR04-InsO	SKR03-InsO	5. + 6. Stelle	Bezeichnung	Konten-art	Haupt-ebene
7630	2213	40	Ausgaben Kapitalertragssteuer nach IE (Abwicklung § 209 Abs. 1 Nr. 2 InsO)	Ausgabe	
7630	2213	50	Ausgaben Kapitalertragssteuer nach IE (Betriebsfortführung)	Ausgabe	
7630	2213	60	Ausgaben Kapitalertragssteuer nach IE (Betriebsfortführung § 209 Abs. 1 Nr. 2 InsO)	Ausgabe	
7633	**2216**	**XX**	**Ausgaben Solidaritätszuschl. auf Kapitalertragssteuer**	**Ausgabe**	**x**
7633	2216	10	Ausgaben Solidaritätszuschl. auf Kapitalertragssteuer vorl. V (Abwicklung)	Ausgabe	
7633	2216	20	Ausgaben Solidaritätszuschl. auf Kapitalertragssteuer vorl. V (Betriebsfortführung)	Ausgabe	
7633	2216	30	Ausgaben Solidaritätszuschl. auf Kapitalertragssteuer nach IE (Abwicklung)	Ausgabe	
7633	2216	40	Ausgaben Solidaritätszuschl. auf Kapitalertragssteuer nach IE (Abwicklung § 209 Abs. 1 Nr. 2 InsO)	Ausgabe	
7633	2216	50	Ausgaben Solidaritätszuschl. auf Kapitalertragssteuer nach IE (Betriebsfortführung)	Ausgabe	
7633	2216	60	Ausgaben Solidaritätszuschl. auf Kapitalertragssteuer nach IE (Betriebsfortführung § 209 Abs. 1 Nr. 2 InsO)	Ausgabe	
7650	**4340**	**XX**	**Einnahmen aus Sonstige Steuererstattung**	**Einnahme**	**x**
7650	4340	01	Einnahmen aus Sonstige Steuererstattung (vor A. vorl. V)	Einnahme	
7650	4340	10	Einnahmen aus Sonstige Steuererstattung vorl. V (Abwicklung)	Einnahme	
7650	4340	20	Einnahmen aus Sonstige Steuererstattung vorl. V (Betriebsfortführung)	Einnahme	
7650	4340	30	Einnahmen aus Sonstige Steuererstattung nach IE (Abwicklung)	Einnahme	
7650	4340	40	Einnahmen aus Sonstige Steuererstattung nach IE (Abwicklung § 209 Abs. 1 Nr. 2 InsO)	Einnahme	
7650	4340	50	Einnahmen aus Sonstige Steuererstattung nach IE (Betriebsfortführung)	Einnahme	
7650	4340	60	Einnahmen aus Sonstige Steuererstattung nach IE (Betriebsfortführung § 209 Abs. 1 Nr. 2 InsO)	Einnahme	
7651	**4341**	**XX**	**Ausgaben Sonstige Steuern**	**Ausgabe**	**x**
7651	4341	10	Ausgaben Sonstige Steuern vorl. V (Abwicklung)	Ausgabe	
7651	4341	20	Ausgaben Sonstige Steuern vorl. V (Betriebsfortführung)	Ausgabe	
7651	4341	30	Ausgaben Sonstige Steuern nach IE (Abwicklung)	Ausgabe	

SKR04-InsO	SKR03-InsO	5. + 6. Stelle	Bezeichnung	Konten-art	Haupt-ebene
7651	4341	40	Ausgaben Sonstige Steuern nach IE (Abwicklung § 209 Abs. 1 Nr. 2 InsO)	Ausgabe	
7651	4341	50	Ausgaben Sonstige Steuern nach IE (Betriebsfortführung)	Ausgabe	
7651	4341	60	Ausgaben Sonstige Steuern nach IE (Betriebsfortführung § 209 Abs. 1 Nr. 2 InsO)	Ausgabe	
7660	**2202**	**XX**	**Einnahmen aus Einkommensteuererstattungen**	**Einnahme**	x
7660	2202	01	Einnahmen aus Einkommensteuererstattungen (vor A. vorl. V)	Einnahme	
7660	2202	10	Einnahmen aus Einkommensteuererstattungen vorl. V (Abwicklung)	Einnahme	
7660	2202	20	Einnahmen aus Einkommensteuererstattungen vorl. V (Betriebsfortführung)	Einnahme	
7660	2202	30	Einnahmen aus Einkommensteuererstattungen nach IE (Abwicklung)	Einnahme	
7660	2202	40	Einnahmen aus Einkommensteuererstattungen nach IE (Abwicklung § 209 Abs. 1 Nr. 2 InsO)	Einnahme	
7660	2202	50	Einnahmen aus Einkommensteuererstattungen nach IE (Betriebsfortführung)	Einnahme	
7660	2202	60	Einnahmen aus Einkommensteuererstattungen nach IE (Betriebsfortführung § 209 Abs. 1 Nr. 2 InsO)	Einnahme	
7661	**2205**	**XX**	**Ausgaben Einkommensteuer**	**Ausgabe**	x
7661	2205	10	Ausgaben Einkommensteuer vorl. V (Abwicklung)	Ausgabe	
7661	2205	20	Ausgaben Einkommensteuer vorl. V (Betriebsfortführung)	Ausgabe	
7661	2205	30	Ausgaben Einkommensteuer nach IE (Abwicklung)	Ausgabe	
7661	2205	40	Ausgaben Einkommensteuer nach IE (Abwicklung § 209 Abs. 1 Nr. 2 InsO)	Ausgabe	
7661	2205	50	Ausgaben Einkommensteuer nach IE (Betriebsfortführung)	Ausgabe	
7661	2205	60	Ausgaben Einkommensteuer nach IE (Betriebsfortführung § 209 Abs. 1 Nr. 2 InsO)	Ausgabe	
7680	**2375**	**XX**	**Ausgaben Grundsteuer**	**Ausgabe**	x
7680	2375	10	Ausgaben Grundsteuer vorl. V (Abwicklung)	Ausgabe	
7680	2375	20	Ausgaben Grundsteuer vorl. V (Betriebsfortführung)	Ausgabe	
7680	2375	30	Ausgaben Grundsteuer nach IE (Abwicklung)	Ausgabe	
7680	2375	40	Ausgaben Grundsteuer nach IE (Abwicklung § 209 Abs. 1 Nr. 2 InsO)	Ausgabe	

SKR04-InsO	SKR03-InsO	5. + 6. Stelle	Bezeichnung	Konten-art	Haupt-ebene
7680	2375	50	Ausgaben Grundsteuer nach IE (Betriebs-fortführung)	Ausgabe	
7680	2375	60	Ausgaben Grundsteuer nach IE (Betriebs-fortführung § 209 Abs. 1 Nr. 2 InsO)	Ausgabe	
7685	**4510**	**XX**	**Einnahmen aus Kfz-Steuererstattung**	**Einnahme**	x
7685	4510	01	Einnahmen aus Kfz-Steuererstattung (vor A. vorl. V)	Einnahme	
7685	4510	10	Einnahmen aus Kfz-Steuererstattung vorl. V (Abwicklung)	Einnahme	
7685	4510	20	Einnahmen aus Kfz-Steuererstattung vorl. V (Betriebsfortführung)	Einnahme	
7685	4510	30	Einnahmen aus Kfz-Steuererstattung nach IE (Abwicklung)	Einnahme	
7685	4510	40	Einnahmen aus Kfz-Steuererstattung nach IE (Abwicklung § 209 Abs. 1 Nr. 2 InsO)	Einnahme	
7685	4510	50	Einnahmen aus Kfz-Steuererstattung nach IE (Betriebsfortführung)	Einnahme	
7685	4510	60	Einnahmen aus Kfz-Steuererstattung nach IE (Betriebsfortführung § 209 Abs. 1 Nr. 2 InsO)	Einnahme	
7686	**4511**	**XX**	**Ausgaben Kfz-Steuern**	**Ausgabe**	x
7686	4511	10	Ausgaben Kfz-Steuern vorl. V (Abwicklung)	Ausgabe	
7686	4511	20	Ausgaben Kfz-Steuern vorl. V (Betriebsfort-führung)	Ausgabe	
7686	4511	30	Ausgaben Kfz-Steuern nach IE (Abwicklung)	Ausgabe	
7686	4511	40	Ausgaben Kfz-Steuern nach IE (Abwicklung § 209 Abs. 1 Nr. 2 InsO)	Ausgabe	
7686	4511	50	Ausgaben Kfz-Steuern nach IE (Betriebsfort-führung)	Ausgabe	
7686	4511	60	Ausgaben Kfz-Steuern nach IE (Betriebsfort-führung § 209 Abs. 1 Nr. 2 InsO)	Ausgabe	

2. Arbeitshilfen zu SKR 03

Arbeitshilfe zum Standardkontenrahmen SKR03-InsO (Stand 2024-01)

Einnahmekonten	EA-Konto	IDB-Konto (betriebl.)	IDB-Konto (privat)
ungeklärte Einnahmen			
Ungeklärte Einnahmen	8000 XX	8000 00	
Guthabenbestände			
Kassenbestands- und Guthabenübernahme	8005 XX	1500 00	
Kassenbestands- und Guthabenübernahme, besichert	8006 XX	1500 00	
Forderungseinzug			
unbesichert			
Forderungseinzug aus L. u. L. – 19 % Ust	8200 XX	8400 00	
Forderungseinzug aus L. u. L. – 7 % Ust	8210 XX	8300 00	
Forderungseinzug aus L. u. L. – EU	8220 XX	8125 00	
Forderungseinzug aus L. u. L. – Drittland	8230 XX	8120 00	
Forderungseinzug aus L. u. L. – § 13b UStG	8240 XX	8337 00	
Forderungseinzug aus L. u. L. – andere Steuersätze	8250 XX	8250 00	
Forderungseinzug aus L. u. L. – steuerfrei	8260 XX		
besichert			
Forderungseinzug aus L. u. L. – 19 % USt, besichert	8201 XX	8400 00	
Forderungseinzug aus L. u. L. – 7 % USt, besichert	8211 XX	8300 00	
Forderungseinzug aus L. u. L. – EU, besichert	8221 XX	8125 00	
Forderungseinzug aus L. u. L. – Drittland, besichert	8231 XX	8120 00	
Forderungseinzug aus L. u. L. – § 13b UStG, besichert	8241 XX	8337 00	
Forderungseinzug aus L. u. L. – andere Steuersätze, besichert	8251 XX	8250 00	
Forderungseinzug aus L. u. L. – steuerfrei, besichert	8260 XX		
Abzüge i. Z. m. Forderungen			
Forderungen aus L. u. L. – 19 % Ust, diverse Abzüge lt. Konditionsvereinbarungen (vor IA)	8290 01	8400 00	
Forderungen aus L. u. L. – 7 % Ust, diverse Abzüge lt. Konditionsvereinbarungen (vor IA)	8291 01	8300 00	
Forderungen aus L. u. L. – EU, diverse Abzüge lt. Konditionsvereinbarungen (vor IA)	8292 01	8125 00	
Forderungen aus L. u. L. – Drittland, diverse Abzüge lt. Konditionsvereinbarungen (vor IA)	8293 01	8120 00	
Forderungen aus L. u. L. – § 13b UStG, diverse Abzüge lt. Konditionsvereinbarungen (vor IA)	8294 01	8337 00	
Forderungen aus L. u. L. – andere Steuersätze, diverse Abzüge lt. Konditionsvereinbarungen (vor IA)	8295 01	8250 00	
Forderungen aus L. u. L. – steuerfrei, diverse Abzüge lt. Konditionsvereinbarungen (vor IA)	8296 01		

Einnahmekonten	EA-Konto	IDB-Konto (betriebl.)	IDB-Konto (privat)
Mieteinnahmen			
unbesichert			
Mieteinnahmen – steuerfrei	8281 XX	8105 00	1970 00
Mieteinnahmen – steuerpflichtig	8283 XX	8283 00	1879 00
besichert			
Mieteinnahmen – steuerfrei, besichert	8282 XX	8105 00	1970 00
Mieteinnahmen – steuerpflichtig, besichert	8284 XX	8284 00	1879 00
Mieteinnahmen (Fremdverwaltung)	8285 XX	8285 00	1890 00
Verwertungen			
Unbesichert			
Verwertung Geschäfts- und Firmenwert	8871 XX	8871 00	
Verwertung sonstige immaterielle Vermögenswerte	8872 XX	8872 00	
Verwertung Grundvermögen	8873 XX	8873 00	
Verwertung Technische Anlagen und Maschinen	8874 XX	8874 00	
Verwertung Betriebs- und Geschäftsausstattung	8875 XX	8875 00	
Verwertung Finanzanlagen	8876 XX	8876 00	
Verwertung Vorräte	8877 XX	8877 00	
Verwertung Wertpapiere	8878 XX	8878 00	
Verwertung sonstiges Umlaufvermögen	8879 XX	8879 00	
Verwertung Kraftfahrzeuge/Fuhrpark	8880 XX	8880 00	
besichert			
Verwertung Geschäfts- und Firmenwert, besichert	8881 XX	8881 00	
Verwertung sonstige immaterielle Vermögenswerte, besichert	8882 XX	8882 00	
Verwertung Grundvermögen, besichert	8883 XX	8883 00	
Verwertung Technische Anlagen und Maschinen, besichert	8884 XX	8884 00	
Verwertung Betriebs- und Geschäftsausstattung, besichert	8885 XX	8885 00	
Verwertung Finanzanlagen, besichert	8886 XX	8890 XX	
Verwertung Vorräte, besichert	8887 XX	8887 00	
Verwertung Wertpapiere, besichert	8888 XX	8888 00	
Verwertung sonstiges Umlaufvermögen, besichert	8889 XX	8889 00	
Verwertung Kraftfahrzeuge/Fuhrpark, besichert	8890 XX	8890 00	
Privatvermögen			
Verwertung Grundvermögen, (Privatvermögen)	8891 XX	8891 00	1890 00
Verwertung bewegliches Vermögen, (Privatvermögen)	8892 XX	8892 00	1890 00
Verwertung sonstiges Vermögen, besichert (Privatvermögen)	8893 XX	8893 00	1890 00
Verwertung Kraftfahrzeuge/Fuhrpark (Privatvermögen)	8894 XX	8894 00	1890 00
Privatvermögen (besichert)			
Verwertung Grundvermögen, besichert (Privatvermögen)	8895 XX	8895 00	1890 00
Verwertung bewegliches Vermögen, besichert (Privatvermögen)	8896 XX	8896 00	1890 00

Einnahmekonten	EA-Konto	IDB-Konto (betriebl.)	IDB-Konto (privat)
Verwertung sonstiges Vermögen, besichert (Privatvermögen)	8897 XX	8897 00	1890 00
Verwertung Kraftfahrzeuge/Fuhrpark, besichert (Privatvermögen)	8898 XX	8898 00	1890 00
Kostenbeiträge			
Feststellungsbeiträge/Verwertungsbeiträge – § 171 InsO	806X XX	806X 00	
Kostenbeiträge – individuelle Vereinbarung	807X XX	807X 00	
Umsatzsteuerbeträge – § 171 InsO	808X XX	808X 00	
Einnahmen aus Haftungen, etc.			
Einnahmen aus Anfechtung	8050 00	8050 00	
Einnahmen aus Darlehensrückzahlungsansprüche Gesellschafter	8051 00	8051 00	
Einnahmen aus Darlehensrückzahlungsansprüche sonstige	8052 00	8052 00	
Einnahmen aus Gesellschaftskapital und Kapitalerhaltung	8053 00	8053 00	
Einnahmen aus Haftungsansprüchen Gesellschafter	8054 00	8054 00	
Einnahmen aus Haftungsansprüchen Geschäftsführer	8055 00	8055 00	
Einnahmen aus sonstigen gesellschaftsrechtlichen Ansprüchen	8056 00	8056 00	
Einnahmen aus sonstigen insolvenzspezifischen Ansprüchen	8057 00	8057 00	
Einnahmen aus deliktischen Ansprüchen	8058 00	8058 00	
Steuereinnahmen			
Vorsteuererstattungen	1545 XX	1545 00	
Einnahmen aus Körperschaftsteuererstattung	2200 XX	2200 00	
Einnahmen aus Solidaritätszuschlagerstattung	2208 XX	2208 00	
Einnahmen aus Gewerbesteuererstattung	4320 XX	4320 00	
Einnahmen aus Kapitalertragsteuererstattung	2215 XX	2215 00	
Einnahmen aus Sonstige Steuererstattung	4340 XX	4340 00	
Einnahmen aus Einkommensteuererstattungen	2202 XX	2202 00	
Einnahmen aus Kfz-Steuererstattung	4510 XX	4510 00	
sonstige Einnahmen			
Schuldnereinkommen	8010 XX	8010 00	1990 00
Schuldnereinkommen, besichert	8011 XX	8011 00	1990 00
Schuldnereinkommen § 295 Abs. 2 InsO	8012 XX	8012 00	
Schuldnereinkommen § 295 Abs. 2 InsO Wohlverhaltensphase	8034 XX	8034 00	
Einnahmen aus Lebens- und Direktversicherung	8020 00	8020 00	
Einnahmen aus Lebens- und Direktversicherung, besichert	8021 00	8021 00	
Sonstige Einnahmen	8030 XX	8030 00	
Sonstige Einnahmen, besichert	8031 XX	8031 00	
Sonstige Einnahmen (RSB)	8035 00	8035 00	
Schuldnereinkommen pfändbar	8036 00	8036 00	
Einnahmen aus ungerechtfertigter Bereicherung	8037 00	8037 00	
Kostenerstattung Rechtsverfolgung	8040 XX	8040 00	

Einnahmekonten	EA-Konto	IDB-Konto (betriebl.)	IDB-Konto (privat)
Einnahmen aus Investionszulage	2744 XX	2744 00	
Sonstige Zinsen und ähnliche Erträge	2650 XX	2650 00	
Vorschüsse			
Massekostenvorschuss Dritter	8090 00	8090 00	
Vorschüsse Dritter InsO-Plan	8091 00	8091 00	
Nachfolgefirma			
Einnahmen verauslagte Kosten Nachfolgefirma	8032 XX	8032 00	
Einnahmen Nachfolgefirma	8033 XX	8033 00	
Kalte Zwangsverwaltung			
Einnahmen kalte Zwangsverwaltung steuerfrei	8285 XX	8285 00	
Einnahmen kalte Zwangsverwaltung steuerpflichtig	8286 XX	8286 00	
Einnahmen kalte Zwangsverwaltung Massebeteiligung	8287 XX	8287 00	

Ausgabekonten	EA-Konto	IDB-Konto (betriebl.)	IDB-Konto (privat)
Massekosten (§ 54 InsO)			
Gerichtskosten § 54 InsO Nr. 1 InsO	2001 00	2001 00	
Auslagen beauftragter Zustellung	2002 00	2002 00	
Vergütung Sachverständiger (im Antragsverfahren nach JVEG)	2003 00	2003 00	
Vergütung vorl. Insolvenzverwalter	2004 00	2004 00	
Vergütung Insolvenzverwalter	2005 00	2005 00	
Treuhändervergütung § 293 InsO	2012 00	2012 00	
Vergütung Sachwalter	2013 00	2013 00	
Vergütung Gläubigerausschuss	2009 00	2009 00	
Vergütung vorl. Sachwalter	2011 00	2011 00	
Auskehrungen/Abfindungen für Drittrechte			
Auskehrungen für Drittrechte i. Z. m. immateriellen Vermögenswerten	2020 00	2020 00	
Auskehrungen für Drittrechte i. Z. m. Grundvermögen	2021 00	2021 00	
Auskehrungen für Drittrechte i. Z. m. technische Anlagen und Maschinen	2022 00	2022 00	
Auskehrungen für Drittrechte i. Z. m. Betriebs- und Geschäftsausstattung	2023 00	2023 00	
Auskehrungen für Drittrechte i. Z. m. Vorräte	2024 00	2024 00	
Auskehrungen für Drittrechte i. Z. m. Forderungen	2025 XX	2025 XX	
Auskehrungen für Drittrechte i. Z. m. sonstigen Vermögensgegenständen	2026 00	2026 00	
Auskehrungen für Drittrechte i. Z. m. Kraftfahrzeuge/Fuhrpark	2027 00	2027 00	
Abfindungen für Drittrechte i. Z. m. immateriellen Vermögenswerten	2030 00	2030 00	

Ausgabekonten	EA-Konto	IDB-Konto (betriebl.)	IDB-Konto (privat)
Abfindungen für Drittrechte i. Z. m. Grundvermögen	2031 00	2031 00	
Abfindungen für Drittrechte i. Z. m. technische Anlagen und Maschinen	2032 00	2032 00	
Abfindungen für Drittrechte i. Z. m. Betriebs- und Geschäftsausstattung	2033 00	2033 00	
Abfindungen für Drittrechte i. Z. m. Vorräte	2034 00	2034 00	
Abfindungen für Drittrechte i. Z. m. Forderungen	2035 XX	2035 XX	
Abfindungen für Drittrechte i. Z. m. sonstigen Vermögensgegenständen	2036 00	2036 00	
Abfindungen für Drittrecht i. Z. m. Kraftfahrzeuge/Fuhrpark	2037 00	2037 00	
Anschaffung Anlagevermögen			
Anschaffung Anlagevermögen	4812 XX	4812 00	
Wareneingang			
Wareneingang – 19 % Ust	3200 XX	3400 00	
Wareneingang – 7 % Ust	3220 XX	3300 00	
Wareneingang – EU (7 % VorSt/7 % USt)	3240 XX	3420 00	
Wareneingang – EU (19 % VorSt/19 % USt)	3241 XX	3425 00	
Wareneingang – EU (ohne VorSt/7 % USt)	3242 XX	3430 00	
Wareneingang – EU (ohne VorSt/19 % USt)	3443 XX	3243 00	
Wareneingang – EU (sonstige VorSt/sonstige USt)	3244 XX	3244 00	
Wareneingang – EU (ohne VorSt/sonstige USt)	3245 XX	3245 00	
Wareneingang – Drittland	3260 XX	3260 00	
Wareneingang – sonstige Steuern	3280 XX	3280 00	
Eingangsfrachten	3800 XX	3800 00	
Zölle und Einfuhrabgaben	3850 XX	3850 00	
Dienstleistungen (allgemeine)			
Fremdleistungen und Fremdarbeiten	4903 XX	4903 00	
Rechts- und Beratungskosten (Sonderaufgaben)	4950 X0	4950 00	
Eigene Rechts- und Beratungskosten (Sonderaufgaben)	4950 X1	4950 00	
Rechts- und Beratungskosten aus Prozessführung	4950 X3	4950 00	
Abschluss- und Prüfungskosten	4957 X0	4957 00	
Eigene Abschluss- und Prüfungskosten	4957 X1	4957 00	
Buchführungskosten	4955 X0	4955 00	
Eigene Buchführungskosten	4955 X1	4955 00	
Lohnbuchführungskosten	4956 X0	4956 00	
Eigene Lohnbuchführungskosten	4956 X1	4956 00	
Dienstleistungen (Insolvenzspezifisch)			
Insolvenzspezifische Fremdleistungen und Fremdarbeiten – sonstige	4781 X0	4781 00	
Insolvenzspezifische Fremdleistungen und Fremdarbeiten – Inventarisierung	4781 X1	4781 00	

Ausgabekonten	EA-Konto	IDB-Konto (betriebl.)	IDB-Konto (privat)
Insolvenzspezifische Fremdleistungen und Fremdarbeiten – Verwertung	4781 X2	4781 00	
Insolvenzspezifische Fremdleistungen und Fremdarbeiten – Zeitmanagement	4781 X3	4781 00	
Insolvenzspezifische Fremdleistungen und Fremdarbeiten – M&A und sonstige Unternehmensberatung	4781 X4	4781 00	
Insolvenzspezifische Fremdleistungen und Fremdarbeiten – Akteneinlagerung	4781 X5	4781 00	
Dienstleistungen (Gesellschaft mit Verwalterbeteiligung)			
Rechts- und Beratungskosten (Sonderaufgaben) (Gesellschaft mit Verwalterbeteiligung)	4950 X2	4950 X2	
Abschluss- und Prüfungskosten (Gesellschaft mit Verwalterbeteiligung)	4957 X2	4957 00	
Buchführungskosten (Gesellschaft mit Verwalterbeteiligung)	4955 X2	4955 00	
Lohnbuchführungskosten (Gesellschaft mit Verwalterbeteiligung)	4956 X2	4956 00	
Dienstleistungen (Regelaufgaben)			
Fallen ausdrücklich NICHT an			
Löhne/Gehälter			
Löhne und Gehälter	4100 XX	4100 00	
Löhne und Gehälter – angestellte Zeitmanager	4101 XX	4101 00	
Lohn-/Kirchensteuer	4102 XX	4102 00	
Kosten der Insolvenzgeldvorfinanzierung	4105 XX	4105 00	
Differenzlöhne und Gehälter	4106 XX	4106 00	
Differenzlöhne Bundesanstalt für Arbeit	4107 XX	4107 00	
Differenzlöhne Lohnsteuer	4108 XX	4108 00	
Differenzlöhne gesetzliche Sozialaufwendungen	4109 XX	4109 00	
Gesetzliche Sozialaufwendungen	4130 XX	4130 00	
Beiträge zur Berufsgenossenschaft	4138 XX	4138 00	
Kosten Tranfergesellschaften	4782 XX	4782 00	
Raumkosten			
Raumkosten	4200 XX	4200 00	
Miete und Pacht	4210 XX	4210 00	
Gas, Strom, Wasser	4240 XX	4240 00	
Steuerausgaben			
Umsatzsteuerzahlungen	1780 XX	1780 00	
Ausgaben Körperschaftsteuer	2201 XX	2201 00	
Ausgaben Solidaritätszuschlag	2209 XX	2209 00	
Ausgaben Gewerbesteuer	4321 XX	4321 00	
Ausgaben Kapitalertragssteuer	2213 XX	2213 00	
Ausgaben Solidaritätszuschl. auf Kapitalertragssteuer	2216 XX	2216 00	
Ausgaben Sonstige Steuern	4341 XX	4341 00	

Ausgabekonten	EA-Konto	IDB-Konto (betriebl.)	IDB-Konto (privat)
Ausgaben Einkommensteuer	2205 XX	2205 00	
Ausgaben Grundsteuer	2375 XX	2375 00	
Ausgaben Kfz-Steuern	4511 XX	4511 00	
Rechtsverfolgung/Prozesskosten			
Nebenkosten der Rechtsverfolgung	6826 XX	6826 00	
Sonstige Aufwendungen i. Z. m. Prozessführung – Gegenseite	6828 XX	4951 XX	
Gerichtskosten der Masse	6840 XX	6840 XX	
Sonstige Ausgaben			
Sonstige betriebliche Aufwendungen	4900 XX	4900 00	
Sonstige Gebühren	4901 XX	4901 00	
Reinigung	4250 XX	4250 00	
Grundstücksaufwendungen	4290 XX	4290 00	1869 00
Versicherungen – allgemein	4360 XX	4360 00	
Versicherungen – Gläubigerausschuss	4361 XX	4361 00	
Versicherungen – Verwalter	4362 XX	4362 00	
Beiträge	4380 XX	4380 00	
Sonstige Abgaben	4390 XX	4390 00	
Reparatur/Instandhaltung von Bauten	4801 XX	4801 00	1869 00
Reparatur/Instandh. Anlagen u. Maschinen	4800 XX	4800 00	
Reparatur/Instandh. von anderen Anlagen und BGA	4805 XX	4805 00	
Reparatur/Instandh. Sonstige	4809 XX	4809 00	
Wartungskosten für Hard- und Software	4806 XX	4806 00	
Mietleasing	4810 XX	4810 00	
Mietkauf	4811 XX	4811 00	
Fahrzeugkosten	4500 XX	4500 00	
Werbekosten	4600 XX	4600 00	
Reisekosten	4660 XX	4660 00	
Kosten Warenabgabe	4700 XX	4700 00	
Ausgangsfrachten	4730 XX	4730 00	
Porto	4910 XX	4910 00	
Telekommunikationskosten	4920 XX	4920 00	
Bürobedarf	4930 XX	4930 00	
Sonstiger Betriebsbedarf	4980 XX	4980 00	
Ausgaben für Nachlassverbindlichkeiten gem. § 324 InsO	4981 00	4981 00	
Nebenkosten des Geldverkehr	4970 XX	4970 00	
Aufwand Abraum-/Abfallbeseitigung	4969 XX	4969 00	
Aufwendungen aus Kursdifferenzen	2150 XX	2150 00	
Zinsen und ähnliche Aufwendungen	2100 XX	2100 00	
Vergütung Kassen- und Schlussrechnungsprüfer	2010 00	2010 00	
Unterhalt	2040 XX	2040 00	

Ausgabekonten	EA-Konto	IDB-Konto (betriebl.)	IDB-Konto (privat)
Ausgaben für Masseverbindlichkeiten nach § 324 InsO			
Ausgaben für Nachlassverbindlichkeiten gem. § 324 InsO	4981 00	4981 00	
Sozialplanansprüche § 123 InsO			
Sozialplanansprüche § 123 InsO	2075 00	2075 00	
Auszahlungen Tabelle			
Vorrang § 264 InsO	2070 00	2070 00	
Ausschüttung Insolvenzforderungen § 38 InsO	2060 XX	2060 00	
Ausschüttung § 39 Abs. 1 Nr. 1 InsO. – Zinsen nach I. E.	2061 XX	2061 00	
Ausschüttung § 39 Abs. 1 Nr. 2 InsO. – Kosten nach I. E.	2062 XX	2062 00	
Ausschüttung § 39 Abs. 1 Nr. 3 InsO. – Geldstrafen, Geldbußen usw.	2063 00	2063 00	
Ausschüttung § 39 Abs. 1 Nr. 4 InsO. – Unentgeltliche Leistungen	2064 00	2064 00	
Ausschüttung § 39 Abs. 1 Nr. 5 InsO. – Kapitalersetzende Darlehen	2065 00	2065 00	
Ausschüttung § 39 Abs. 2 InsO. – Vereinbarter Nachrang	2066 00	2066 00	
Überschussherausgabe gem. § 199 InsO			
Überschussherausgabe gem. § 199 InsO	2080 00	2080 00	
Motivationsrabatt gem. § 292 I Satz 4 InsO			
Motivationsrabatt gem. § 292 I Satz 4 InsO	2085 00	2085 00	
Sonstige Konten			
Ausgaben Insolvenzverbindlichkeiten	2015 00	2015 00	
Kosten Nachfolgefirma			
Weiterleitung an Nachfolgefirma	4291 XX	4291 00	
Verauslagte Kosten für Nachfolgefirma	4292 XX	4292 00	
Kalte Zwangsverwaltung			
Ausgaben kalte Zwangsverwaltung ohne Vorsteuerabzug	4281 XX	4281 00	
Ausgaben kalte Zwangsverwaltung mit Vorsteuerabzug	4282 XX	4282 00	

Strukturübersicht Unterkonten (Stelle 5+6)

Grundstruktur	
Einzelhauptkonto	00
vor IA	01
Antragsverfahren (Abwicklung)	10
Antragsverfahren (Betriebsfortführung)	20
nach IE (Abwicklung)	30
nach IE (Abwicklung § 209)	40
nach IE (Betriebsfortführung)	50
nach IE (Betriebsfortführung § 209)	60

Einnahmen	
Einzelhauptkonto	00
vor IA	01
Antragsverfahren (Abwicklung)	10
Antragsverfahren (Betriebsfortführung)	20
nach IE (Abwicklung)	30
nach IE (Betriebsfortführung)	50
Ausgaben	
Einzelhauptkonto	00
Antragsverfahren (Abwicklung)	10
Antragsverfahren (Betriebsfortführung)	20
nach IE (Abwicklung)	30
nach IE (Abwicklung § 209)	40
nach IE (Betriebsfortführung)	50
nach IE (Betriebsfortführung § 209)	60

*) Anzuwenden laut Fachausschuss SKR-InsO für Verfahren ab 1.2.2024. Der Fachausschuss SKR-InsO konstituiert sich aus Vertreterinnen und Vertretern der Verbände Gravenbrucher Kreis e. V., Rheinland-Pfälzisches Zentrum für Insolvenzrecht und Sanierungspraxis (ZEFIS), Verband der Insolvenzverwalter Deutschlands e. V. (VID), Bundesarbeitskreis der Insolvenzgerichte e. V. (BAKinso) sowie Neue Insolvenzverwaltervereinigung Deutschlands e. V. (NIVD).

Hilfestellung rund um den SKR-InsO finden Sie hier: www.skrinso.de

3. Arbeitshilfen zu SKR 04

Arbeitshilfe zum Standardkontenrahmen SKR04-InsO (Stand 2024-01)

Einnahmekonten	EA-Konto	IDB-Konto (betriebl.)	IDB-Konto (privat)
ungeklärte Einnahmen			
Ungeklärte Einnahmen	4000 XX	4000 00	
Guthabenbestände			
Kassenbestands- und Guthabenübernahme	4005 XX	1300 00	
Kassenbestands- und Guthabenübernahme, besichert	4006 XX	1300 00	
Forderungseinzug			
unbesichert			
Forderungseinzug aus L. u. L. – 19 % Ust	4200 XX	4400 00	
Forderungseinzug aus L. u. L. – 7 % Ust	4210 XX	4300 00	
Forderungseinzug aus L. u. L. – EU	4220 XX	4125 00	
Forderungseinzug aus L. u. L. – Drittland	4230 XX	4120 00	
Forderungseinzug aus L. u. L. – § 13b UStG	4240 XX	4337 00	
Forderungseinzug aus L. u. L. – andere Steuersätze	4250 XX	4250 00	
Forderungseinzug aus L. u. L. – steuerfrei	4260 XX		
besichert			
Forderungseinzug aus L. u. L. – 19 % USt, besichert	4201 XX	4400 00	
Forderungseinzug aus L. u. L. – 7 % USt, besichert	4211 XX	4300 00	
Forderungseinzug aus L. u. L. – EU, besichert	4221 XX	4125 00	
Forderungseinzug aus L. u. L. – Drittland, besichert	4231 XX	4120 00	
Forderungseinzug aus L. u. L. – § 13b UStG, besichert	4241 XX	4337 00	
Forderungseinzug aus L. u. L. – andere Steuersätze, besichert	4251 XX	4250 00	
Forderungseinzug aus L. u. L. – steuerfrei, besichert	4260 XX		
Abzüge i. Z. m. Forderungen			
Forderungen aus L. u. L. – 19 % Ust, diverse Abzüge lt. Konditionsvereinbarungen (vor IA)	4290 01	4400 00	
Forderungen aus L. u. L. – 7 % Ust, diverse Abzüge lt. Konditionsvereinbarungen (vor IA)	4291 01	4300 00	
Forderungen aus L. u. L. – EU, diverse Abzüge lt. Konditionsvereinbarungen (vor IA)	4292 01	4125 00	
Forderungen aus L. u. L. – Drittland, diverse Abzüge lt. Konditionsvereinbarungen (vor IA)	4293 01	4120 00	
Forderungen aus L. u. L. – § 13b UStG, diverse Abzüge lt. Konditionsvereinbarungen (vor IA)	4294 01	4337 00	
Forderungen aus L. u. L. – andere Steuersätze, diverse Abzüge lt. Konditionsvereinbarungen (vor IA)	4295 01	4250 00	
Forderungen aus L. u. L. – steuerfrei, diverse Abzüge lt. Konditionsvereinbarungen (vor IA)	4296 01		

Einnahmekonten	EA-Konto	IDB-Konto (betriebl.)	IDB-Konto (privat)
Mieteinnahmen			
unbesichert			
Mieteinnahmen – steuerfrei	4281 XX	4105 00	2350 00
Mieteinnahmen – steuerpflichtig	4283 XX	4283 00	2399 00
besichert			
Mieteinnahmen – steuerfrei, besichert	4282 XX	4105 00	2350 00
Mieteinnahmen – steuerpflichtig, besichert	4284 XX	4284 00	2399 00
Mieteinnahmen (Fremdverwaltung)	4285 XX	4285 00	2180 00
Verwertungen			
Unbesichert			
Verwertung Geschäfts- und Firmenwert	4871 XX	4871 00	
Verwertung sonstige immaterielle Vermögenswerte	4872 XX	4872 00	
Verwertung Grundvermögen	4873 XX	4873 00	
Verwertung Technische Anlagen und Maschinen	4874 XX	4874 00	
Verwertung Betriebs- und Geschäftsausstattung	4875 XX	4875 00	
Verwertung Finanzanlagen	4876 XX	4876 00	
Verwertung Vorräte	4877 XX	4877 00	
Verwertung Wertpapiere	4878 XX	4878 00	
Verwertung sonstiges Umlaufvermögen	4879 XX	4879 00	
Verwertung Kraftfahrzeuge/Fuhrpark	4880 XX	4880 00	
besichert			
Verwertung Geschäfts- und Firmenwert, besichert	4881 XX	4881 00	
Verwertung sonstige immaterielle Vermögenswerte, besichert	4882 XX	4882 00	
Verwertung Grundvermögen, besichert	4883 XX	4883 00	
Verwertung Technische Anlagen und Maschinen, besichert	4884 XX	4884 00	
Verwertung Betriebs- und Geschäftsausstattung, besichert	4885 XX	4885 00	
Verwertung Finanzanlagen, besichert	4886 XX	4890 XX	
Verwertung Vorräte, besichert	4887 XX	4887 00	
Verwertung Wertpapiere, besichert	4888 XX	4888 00	
Verwertung sonstiges Umlaufvermögen, besichert	4889 XX	4889 00	
Verwertung Kraftfahrzeuge/Fuhrpark, besichert	4890 XX	4890 00	
Privatvermögen			
Verwertung Grundvermögen, (Privatvermögen)	4891 XX	4891 00	2180 00
Verwertung bewegliches Vermögen, (Privatvermögen)	4892 XX	4892 00	2180 00
Verwertung sonstiges Vermögen, besichert (Privatvermögen)	4893 XX	4893 00	2180 00
Verwertung Kraftfahrzeuge/Fuhrpark (Privatvermögen)	4894 XX	4894 00	2180 00
Privatvermögen (besichert)			
Verwertung Grundvermögen, besichert (Privatvermögen)	4895 XX	4895 00	2180 00
Verwertung bewegliches Vermögen, besichert (Privatvermögen)	4896 XX	4896 00	2180 00

Einnahmekonten	EA-Konto	IDB-Konto (betriebl.)	IDB-Konto (privat)
Verwertung sonstiges Vermögen, besichert (Privatvermögen)	4897 XX	4897 00	2180 00
Verwertung Kraftfahrzeuge/Fuhrpark, besichert (Privatvermögen)	4898 XX	4898 00	2180 00
Kostenbeiträge			
Feststellungsbeiträge/Verwertungsbeiträge – § 171 InsO	406X XX	406X 00	
Kostenbeiträge – individuelle Vereinbarung	407X XX	407X 00	
Umsatzsteuerbeträge – § 171 InsO	408X XX	408X 00	
Einnahmen aus Haftungen, etc.			
Einnahmen aus Anfechtung	4050 00	4050 00	
Einnahmen aus Darlehensrückzahlungsansprüche Gesellschafter	4051 00	4051 00	
Einnahmen aus Darlehensrückzahlungsansprüche sonstige	4052 00	4052 00	
Einnahmen aus Gesellschaftskapital und Kapitalerhaltung	4053 00	4053 00	
Einnahmen aus Haftungsansprüchen Gesellschafter	4054 00	4054 00	
Einnahmen aus Haftungsansprüchen Geschäftsführer	4055 00	4055 00	
Einnahmen aus sonstigen gesellschaftsrechtlichen Ansprüchen	4056 00	4056 00	
Einnahmen aus sonstigen insolvenzspezifischen Ansprüchen	4057 00	4057 00	
Einnahmen aus deliktischen Ansprüchen	4058 00	4058 00	
Steuereinnahmen			
Vorsteuererstattungen	3821 XX	3820 00	
Einnahmen aus Körperschaftsteuererstattung	7600 XX	7600 00	
Einnahmen aus Solidaritätszuschlagerstattung	7608 XX	7608 00	
Einnahmen aus Gewerbesteuererstattung	7610 XX	7610 00	
Einnahmen aus Kapitalertragsteuererstattung	7631 XX	7631 00	
Einnahmen aus Sonstige Steuererstattung	7650 XX	7650 00	
Einnahmen aus Einkommensteuererstattungen	7660 XX	7660 00	
Einnahmen aus Kfz-Steuererstattung	7685 XX	7685 00	
sonstige Einnahmen			
Schuldnereinkommen	4010 XX	4010 00	2180 00
Schuldnereinkommen, besichert	4011 XX	4011 00	2180 00
Schuldnereinkommen § 295 Abs. 2 InsO	4012 XX	4012 00	
Schuldnereinkommen § 295 Abs. 2 InsO Wohlverhaltensphase	4034 XX	4034 00	
Einnahmen aus Lebens- und Direktversicherung	4020 00	4830 00	
Einnahmen aus Lebens- und Direktversicherung, besichert	4021 00	4830 00	
Sonstige Einnahmen	4030 XX	4830 00	
Sonstige Einnahmen, besichert	4031 XX	4830 00	
Sonstige Einnahmen (RSB)	4035 00	4830 00	
Schuldnereinkommen pfändbar	4036 00	2180 00	
Einnahmen aus ungerechtfertigter Bereicherung	4037 00	4830 00	
Kostenerstattung Rechtsverfolgung	4040 XX	4830 00	

Einnahmekonten	EA-Konto	IDB-Konto (betriebl.)	IDB-Konto (privat)
Einnahmen aus Investionszulage	4980 XX	4980 00	
Sonstige Zinsen und ähnliche Erträge	7100 XX	7100 00	
Vorschüsse			
Massekostenvorschuss Dritter	4090 00	4830 00	
Vorschüsse Dritter InsO-Plan	4091 00	4830 00	
Nachfolgefirma			
Einnahmen verauslagte Kosten Nachfolgefirma	4032 XX	4032 00	
Einnahmen Nachfolgefirma	4033 XX	4033 00	
Kalte Zwangsverwaltung			
Einnahmen kalte Zwangsverwaltung steuerfrei	4285 XX	4285 00	
Einnahmen kalte Zwangsverwaltung steuerpflichtig	4286 XX	4286 00	
Einnahmen kalte Zwangsverwaltung Massebeteiligung	4287 XX	4287 00	

Ausgabekonten	EA-Konto	IDB-Konto (betriebl.)	IDB-Konto (privat)
Massekosten (§ 54 InsO)			
Gerichtskosten § 54 InsO Nr. 1 InsO	7501 00	7501 00	
Auslagen beauftragter Zustellung	7502 00	7502 00	
Vergütung Sachverständiger (im Antragsverfahren nach JVEG)	7503 00	7503 00	
Vergütung vorl. Insolvenzverwalter	7504 00	7504 00	
Vergütung Insolvenzverwalter	7505 00	7505 00	
Treuhändervergütung § 293 InsO	7506 00	7506 00	
Vergütung Sachwalter	7508 00	7508 00	
Vergütung Gläubigerausschuss	7509 00	7509 00	
Vergütung vorl. Sachwalter	7511 00	7511 00	
Auskehrungen/Abfindungen für Drittrechte			
Auskehrungen für Drittrechte i. Z. m. immateriellen Vermögenswerten	7520 00	7520 00	
Auskehrungen für Drittrechte i. Z. m. Grundvermögen	7521 00	7521 00	
Auskehrungen für Drittrechte i. Z. m. technische Anlagen und Maschinen	7522 00	7522 00	
Auskehrungen für Drittrechte i. Z. m. Betriebs- und Geschäftsausstattung	7523 00	7523 00	
Auskehrungen für Drittrechte i. Z. m. Vorräte	7524 00	7524 00	
Auskehrungen für Drittrechte i. Z. m. Forderungen	7525 XX	7525 XX	
Auskehrungen für Drittrechte i. Z. m. sonstigen Vermögensgegenständen	7526 00	7526 00	
Auskehrungen für Drittrechte i. Z. m. Kraftfahrzeuge/Fuhrpark	7527 00	7527 00	
Abfindungen für Drittrechte i. Z. m. immateriellen Vermögenswerten	7530 00	7530 00	

Ausgabekonten	EA-Konto	IDB-Konto (betriebl.)	IDB-Konto (privat)
Abfindungen für Drittrechte i. Z. m. Grundvermögen	7531 00	7531 00	
Abfindungen für Drittrechte i. Z. m. technische Anlagen und Maschinen	7532 00	7532 00	
Abfindungen für Drittrechte i. Z. m. Betriebs- und Geschäftsausstattung	7533 00	7533 00	
Abfindungen für Drittrechte i. Z. m. Vorräte	7534 00	7534 00	
Abfindungen für Drittrechte i. Z. m. Forderungen	7535 XX	7535 XX	
Abfindungen für Drittrechte i. Z. m. sonstigen Vermögensgegenständen	7536 00	7536 00	
Abfindungen für Drittrecht i. Z. m. Kraftfahrzeuge/Fuhrpark	7537 00	7537 00	
Anschaffung Anlagevermögen			
Anschaffung Anlagevermögen	6497 XX	6497 00	
Wareneingang			
Wareneingang – 19 % Ust	5200 XX	5400 00	
Wareneingang – 7 % Ust	5220 XX	5300 00	
Wareneingang – EU (7 % VorSt/7 % USt)	5240 XX	5420 00	
Wareneingang – EU (19 % VorSt/19 % USt)	5241 XX	5425 00	
Wareneingang – EU (ohne VorSt/7 % USt)	5242 XX	5430 00	
Wareneingang – EU (ohne VorSt/19 % USt)	5243 XX	5435 00	
Wareneingang – EU (sonstige VorSt/sonstige USt)	5244 XX	5244 00	
Wareneingang – EU (ohne VorSt/sonstige USt)	5245 XX	5245 00	
Wareneingang – Drittland	5260 XX	5260 00	
Wareneingang – sonstige Steuern	5280 XX	5280 00	
Eingangsfrachten	5800 XX	5800 00	
Zölle und Einfuhrabgaben	5840 XX	5840 00	
Dienstleistungen (allgemeine)			
Fremdleistungen und Fremdarbeiten	6303 XX	6303 00	
Rechts- und Beratungskosten (Sonderaufgaben)	6825 X0	6825 00	
Eigene Rechts- und Beratungskosten (Sonderaufgaben)	6825 X1	6825 00	
Rechts- und Beratungskosten aus Prozessführung	6825 X3	6825 00	
Abschluss- und Prüfungskosten	6827 X0	6827 00	
Eigene Abschluss- und Prüfungskosten	6827 X1	6827 00	
Buchführungskosten	6830 X0	6830 00	
Eigene Buchführungskosten	6830 X1	6830 00	
Lohnbuchführungskosten	6832 X0	6832 00	
Eigene Lohnbuchführungskosten	6832 X1	6832 00	
Dienstleistungen (Insolvenzspezifisch)			
Insolvenzspezifische Fremdleistungen und Fremdarbeiten – sonstige	6306 X0	6306 00	
Insolvenzspezifische Fremdleistungen und Fremdarbeiten – Inventarisierung	6306 X1	6306 00	

Ausgabekonten	EA-Konto	IDB-Konto (betriebl.)	IDB-Konto (privat)
Insolvenzspezifische Fremdleistungen und Fremdarbeiten – Verwertung	6306 X2	6306 00	
Insolvenzspezifische Fremdleistungen und Fremdarbeiten – Zeitmanagement	6306 X3	6306 00	
Insolvenzspezifische Fremdleistungen und Fremdarbeiten – M&A und sonstige Unternehmensberatung	6306 X4	6306 00	
Insolvenzspezifische Fremdleistungen und Fremdarbeiten – Akteneinlagerung	6306 X5	6306 00	
Dienstleistungen (Gesellschaft mit Verwalterbeteiligung)			
Rechts- und Beratungskosten (Sonderaufgaben) (Gesellschaft mit Verwalterbeteiligung)	6825 X2	6825 X2	
Abschluss- und Prüfungskosten (Gesellschaft mit Verwalterbeteiligung)	6827 X2	6827 00	
Buchführungskosten (Gesellschaft mit Verwalterbeteiligung)	6830 X2	6830 00	
Lohnbuchführungskosten (Gesellschaft mit Verwalterbeteiligung)	6832 X2	6832 00	
Dienstleistungen (Regelaufgaben)			
Fallen ausdrücklich NICHT an			
Löhne/Gehälter			
Löhne und Gehälter	6000 XX	6000 00	
Löhne und Gehälter – angestellte Zeitmanager	6001 XX	6001 00	
Lohn-/Kirchensteuer	6002 XX	6002 00	
Kosten der Insolvenzgeldvorfinanzierung	6005 XX	6005 00	
Differenzlöhne und Gehälter	6006 XX	6006 00	
Differenzlöhne Bundesanstalt für Arbeit	6007 XX	6007 00	
Differenzlöhne Lohnsteuer	6008 XX	6008 00	
Differenzlöhne gesetzliche Sozialaufwendungen	6009 XX	6009 00	
Gesetzliche Sozialaufwendungen	6110 XX	6110 00	
Beiträge zur Berufsgenossenschaft	6120 XX	6120 00	
Kosten Tranfergesellschaften	6307 XX	6307 00	
Raumkosten			
Raumkosten	6305 XX	6305 00	
Miete und Pacht	6310 XX	6310 00	
Gas, Strom, Wasser	6325 XX	6325 00	
Steuerausgaben			
Umsatzsteuerzahlungen	3822 XX	3820 00	
Ausgaben Körperschaftsteuer	7601 XX	7601 00	
Ausgaben Solidaritätszuschlag	7609 XX	7609 00	
Ausgaben Gewerbesteuer	7611 XX	7611 00	
Ausgaben Kapitalertragssteuer	7630 XX	7630 00	
Ausgaben Solidaritätszuschl. auf Kapitalertragssteuer	7633 XX	7633 00	
Ausgaben Sonstige Steuern	7651 XX	7651 00	

Ausgabekonten	EA-Konto	IDB-Konto (betriebl.)	IDB-Konto (privat)
Ausgaben Einkommensteuer	7661 XX	7661 00	
Ausgaben Grundsteuer	7680 XX	7680 00	
Ausgaben Kfz-Steuern	7686 XX	7686 00	
Rechtsverfolgung/Prozesskosten			
Nebenkosten der Rechtsverfolgung	6826 XX	6826 00	
Sonstige Aufwendungen i. Z. m. Prozessführung – Gegenseite	6828 XX	4951 XX	
Gerichtskosten der Masse	6840 XX	6840 XX	
Sonstige Ausgaben			
Sonstige betriebliche Aufwendungen	6300 XX	6300 00	
Sonstige Gebühren	6301 XX	6301 00	
Reinigung	6330 XX	6330 00	
Grundstücksaufwendungen	6350 XX	6350 00	2349 00
Versicherungen – allgemein	6400 XX	6400 00	
Versicherungen – Gläubigerausschuss	6401 XX	6401 00	
Versicherungen – Verwalter	6402 XX	6402 00	
Beiträge	6420 XX	6420 00	
Sonstige Abgaben	6430 XX	6430 00	
Reparatur/Instandhaltung von Bauten	6450 XX	6450 00	2349 00
Reparatur/Instandh. Anlagen u. Maschinen	6460 XX	6460 00	
Reparatur/Instandh. von anderen Anlagen und BGA	6470 XX	6470 00	
Reparatur/Instandh. Sonstige	6490 XX	6490 00	
Wartungskosten für Hard- und Software	6495 XX	6495 00	
Mietleasing	6498 XX	6498 00	
Mietkauf	6499 XX	6499 00	
Fahrzeugkosten	6500 XX	6500 00	
Werbekosten	6600 XX	6600 00	
Reisekosten	6650 XX	6650 00	
Kosten Warenabgabe	6700 XX	6700 00	
Ausgangsfrachten	6740 XX	6740 00	
Porto	6800 XX	6800 00	
Telekommunikationskosten	6805 XX	6805 00	
Bürobedarf	6815 XX	6815 00	
Sonstiger Betriebsbedarf	6850 XX	6850 00	
Ausgaben für Nachlassverbindlichkeiten gem. § 324 InsO	6851 00	6851 00	
Nebenkosten des Geldverkehr	6855 XX	6855 00	
Aufwand Abraum-/Abfallbeseitigung	6859 XX	6859 00	
Aufwendungen aus Kursdifferenzen	6880 XX	6880 00	
Zinsen und ähnliche Aufwendungen	7300 XX	7300 00	
Vergütung Kassen- und Schlussrechnungsprüfer	7510 00	7510 00	
Unterhalt	7540 XX	7540 00	

Ausgabekonten	EA-Konto	IDB-Konto (betriebl.)	IDB-Konto (privat)
Ausgaben für Masseverbindlichkeiten nach § 324 InsO			
Ausgaben für Nachlassverbindlichkeiten gem. § 324 InsO	6851 00	6851 00	
Sozialplanansprüche § 123 InsO			
Sozialplanansprüche § 123 InsO	7575 00	7575 00	
Auszahlungen Tabelle			
Vorrang § 264 InsO	7570 00	7570 00	
Ausschüttung Insolvenzforderungen § 38 InsO	7560 XX	7560 00	
Ausschüttung § 39 Abs. 1 Nr. 1 InsO. – Zinsen nach I. E.	7561 XX	7561 00	
Ausschüttung § 39 Abs. 1 Nr. 2 InsO. – Kosten nach I. E.	7562 XX	7562 00	
Ausschüttung § 39 Abs. 1 Nr. 3 InsO. – Geldstrafen, Geldbußen usw.	7563 00	7563 00	
Ausschüttung § 39 Abs. 1 Nr. 4 InsO. – Unentgeltliche Leistungen	7564 00	7564 00	
Ausschüttung § 39 Abs. 1 Nr. 5 InsO. – Kapitalersetzende Darlehen	7565 00	7565 00	
Ausschüttung § 39 Abs. 2 InsO. – Vereinbarter Nachrang	7566 00	7566 00	
Überschussherausgabe gem. § 199 InsO			
Überschussherausgabe gem. § 199 InsO	7580 00	7580 00	
Motivationsrabatt gem. § 292 I Satz 4 InsO			
Motivationsrabatt gem. § 292 I Satz 4 InsO	7585 00	7585 00	
Sonstige Konten			
Ausgaben Insolvenzverbindlichkeiten	7515 00	7515 00	
Kosten Nachfolgefirma			
Weiterleitung an Nachfolgefirma	6360 XX	6360 00	
Verauslagete Kosten für Nachfolgefirma	6361 XX	6361 00	
Kalte Zwangsverwaltung			
Ausgaben kalte Zwangsverwaltung ohne Vorsteuerabzug	6346 XX	6346 00	
Ausgaben kalte Zwangsverwaltung mit Vorsteuerabzug	6347 XX	6347 00	

Strukturübersicht Unterkonten (Stelle 5+6)

Grundstruktur	
Einzelhauptkonto	00
vor IA	01
Antragsverfahren (Abwicklung)	10
Antragsverfahren (Betriebsfortführung)	20
nach IE (Abwicklung)	30
nach IE (Abwicklung § 209)	40
nach IE (Betriebsfortführung)	50
nach IE (Betriebsfortführung § 209)	60

Einnahmen	
Einzelhauptkonto	00
vor IA	01
Antragsverfahren (Abwicklung)	10
Antragsverfahren (Betriebsfortführung)	20
nach IE (Abwicklung)	30
nach IE (Betriebsfortführung)	50
Ausgaben	
Einzelhauptkonto	00
Antragsverfahren (Abwicklung)	10
Antragsverfahren (Betriebsfortführung)	20
nach IE (Abwicklung)	30
nach IE (Abwicklung § 209)	40
nach IE (Betriebsfortführung)	50
nach IE (Betriebsfortführung § 209)	60

*) Anzuwenden laut Fachausschuss SKR-InsO für Verfahren ab 1.2.2024. Der Fachausschuss SKR-InsO konstituiert sich aus Vertreterinnen und Vertretern der Verbände Gravenbrucher Kreis e. V., Rheinland-Pfälzisches Zentrum für Insolvenzrecht und Sanierungspraxis (ZEFIS), Verband der Insolvenzverwalter Deutschlands e. V. (VID), Bundesarbeitskreis der Insolvenzgerichte e. V. (BAKinso) sowie Neue Insolvenzverwaltervereinigung Deutschlands e. V. (NIVD).

Hilfestellung rund um den SKR-InsO finden Sie hier: www.skrinso.de

Stichwortverzeichnis

Ablaufrichtlinie **II** 11
Abschlagsverteilung **V** 146
– Quotenzahlung von 100 % **V** 147
– Verteilungsverzeichnis **V** 150
Akteneinsichtsrecht **IV** 9
– berechtigtes Geheimhaltungsinteresse **IV** 18
– Eröffnungsverfahren **IV** 10
– insolvenzrechtliche Spezialvorschriften **IV** 9
– Insolvenzverwalterakten **IV** 20
– missbräuchliche **IV** 19
– Umfang **IV** 15
– Verfahrensbeteiligte **IV** 10
– Zustimmung Schuldner **IV** 12
Anfechtungsansprüche **II** 31, **VII** 31 ff.
– Nicht-Geltendmachung **II** 31
AR-Verfahren **VI** 9
Aufsicht, gerichtliche **II** 1 ff., **II** 25 ff.
– Dauer **II** 1
– Erfüllung der insolvenzspezifischen Pflichten **II** 3
– Kollisionen **II** 20
– Neutralitätspflicht **II** 36 ff.
– niederschwellige **II** 21
– Rechtmäßigkeitskontrolle **II** 7
– Schadenersatzbezug **II** 25
– Schlussrechnungskontrolle **II** 7
– Zweckmäßigkeitskontrolle **II** 7, **II** 10
Aufsichtsintensität **I** 4
Aufsichtskonflikte
– Beilegung **II** 41 ff.
– formalistisches Modell **II** 42
– kommunikatives Modell **II** 43
– Zwangsgeld **II** 41, **II** 45
Aufsichtsnotwendigkeit **I** 4
Ausproduktion **III/2** 88
Ausschlussfrist **V** 159
– absonderungsberechtigte Gläubiger **V** 162
– Feststellungsklage **V** 160
Außengeschäft **VI** 150
Auswahlentscheidung **I** 28

Belehrung Schuldner **V** 29
Bericht
– Aufbau **V** 75
– Form **V** 75
– Frist **V** 97
– Gläubigerversammlung **V** 76
– Gläubigerverzeichnis **V** 71
– Inhalt **V** 73 f., **V** 98 ff.
– Masseunzulänglichkeit **V** 103
– nach § 156 InsO **V** 71
– Standardtext **V** 101
– Übermittlung **V** 73
– Vermögensübersicht **V** 78
– Verzeichnis Massegegenstände **V** 71
Berichterstattung **II** 21, **VII** 3
Berichtsabstand **II** 18, **II** 27
Berichtsfrist **V** 97
Berichtstermin **V** 70
Berufsordnung **I** 22
Betriebsfortführungsverfahren **II** 26 ff.
– Auskunftsrechte **III/2** 11 ff.
– Gutachten **III/2** 1 ff.
– E-Mail-Sperre **III/2** 18
– Führungslosigkeit **III/2** 28
– Insolvenzgeldvorfinanzierung
– Masseschonung **III/2** 40
Masseverbindlichkeit **III/2** 55
– Mitarbeiter **III/2** 44
– Organvertreter **III/2** 15
– Postsperre **III/2** 16
– Sachverständiger **III/2** 5 ff.
– Sicherungsmaßnahmen **III/2** 37
– Untersachverständiger **III/2** 8 ff.

– vorherige Anhörungspflicht III/2 13
Bewerbung I 1 ff.
– Aufnahmekriterien I 12
s. a. Interessenbekundung
Bundesverzeichnis I 14 ff.
– Einzelbestellung I 24 ff.
– Insolvenzkundigkeit I 38 ff.
– Interessenbekundung I 27 ff.
– transparenter Wettbewerb I 40

Conflict check I 58 ff., I 74

Delegationen II 15 f.

Eigentum VII 21
Eigenverwaltungsverfahren I 8, II 6, II 49, III/2 90 ff., V 110, VI 1 ff., VII 63
– Anordnung VI 62 ff, VI 68 ff.
– Aufhebung VI 170 ff.
– Beendigung VI 172
– einstweiliges vorläufiges VI 79
– Eröffnungsantrag VI 28 ff.
– Fortführungsfähigkeit VI 41
– Gespräch Gericht VI 8, VI 12 ff.
– gut vorbereitetes VI 61
– Kontakt Gericht VI 3 ff.
– Konzept VI 43 f.
– Kostenvergleich Regel-/Eigenverwaltung III/2 90, VI 69
– Planung III/2 90
– Sachwalter VI 144 ff.
– Scheitern VI 95
– Schuldner VI 29 ff.
– Vorgespräch VI 5, VI 15 ff.
Eigenverwaltungsverfahren, vorläufiges VI 79, VI 81 ff.
– Aufhebung VI 120
– Begründung Masseverbindlichkeiten VI 96
– einstweilige Anordnung VI 90
– Finanzplan VI 99 ff.
– Gläubigergleichbehandlung VI 101
– Globalermächtigung VI 98
– Kassenführung VI 87
– Sachverständigenaufgaben VI 86
– Sachwalter VI 85 ff.
– Sicherungsmaßnahmen VI 88
– Verwertungssperre VI 92
– Vorschlagsrecht VI 83
– Zustimmungsvorbehalt VI 89, VI 91
Einzelbestellung I 24 ff.
Einzelermächtigung II 27, III/2 58, III/2 64, VII 11 ff.
E-Mail-Sperre III/2 18, VI 95
Entlassung Verwalter II 79 ff.
– Antragsfrist II 84
– Ausplündern der Masse II 106
– Begehung von Straftaten II 106
– Betriebsfortführung ohne Befriedigung der Neumasseverbindlichkeiten II 104
– ehrenrührige Tatsachenbehauptungen II 111
– falsche Beauftragung Drittunternehmen II 103
– gehäufte Schadensersatzansprüche II 109
– Glaubhaftmachung II 83
– Gläubigerbevorzugung II 105
– Gläubigertäuschung II 110
– Interessenkollision II 85
– keine aufschiebende Wirkung II 119
– Liegenlassen von Ansprüchen II 107
– mangelhafte Massegenerierung/-sicherung II 104
– mangelnde Erreichbarkeit II 99
– mangelnde Qualifikation II 104
– Nichtbetreiben des Verfahrens II 99

– Nichtvorlage Insolvenzplan II 99
– schuldhafte Verzögerung Verwertung II 104
– Sonderantragsrecht II 82 ff.
– Verletzung Dokumentationspflichten II 100
– versäumte Einholung Zustimmung II 108
– vorsätzlicher Abrechnungsfehler II 102
– wichtiger Grund II 92 ff.
– Wirksamkeit II 118
– Zerrüttung Vertrauen II 102
Entlassungsverfahren II 112 ff.
– gerichtsinterne Besprechung II 112
– Neubestellung Verwalter II 116
– Schlussrechnung II 120
– Vergütung II 121
– Veröffentlichung der Verwalter-Neubestellung II 116
Erledigungserklärung VII 53
Eröffnungsantrag VI 27 ff.
– Abweisung VII 51 ff.
– Finanzplan VI 35 ff.
– Geheimhaltungsinteresse VI 46
– Ist-Zustand VI 48
– Nachbesserungsfrist VI 79
– offizielles Formular VI 32
– Rücknahme VI 78, VII 53
– Sanierungsberatung VI 51
– Schriftform VI 32
– Schuldner VI 30
– Soll-Zustand VI 48
– Vergütung VII 6 ff.
– Verhandlungsstand VI 45
Eröffnungsbeschluss V 2
– Anmeldfrist V 3
– Ausschlussfrist V 3
– EU-Auslandsgläubiger V 4
– Gläubigerinformation V 8
– Nachweis Zustellung V 15
– öffentliche Bekanntmachung V 9
– Prüfungsstichtag V 5
– Prüfungssystem V 5
– Zustellung V 10, V 15
Eröffnungsverfahren III/2 47 ff., III/2 81 f., VI 26 ff., VI 138 ff.
– Akteneinsicht IV 10
– Bargeschäft III/2 50
– begründete Forderungen III/2 48
– Forderungseinzug III/2 49
– ForStaB – Aachener Modell III/2 85, III/2 100 ff.
– Sonderkonto III/2 54
– Treuhandkonto III/2 49 ff.
– Verfahrenskostendeckung III/2 92 ff.
– Vermögenspostionen III/2 102

Falschbefriedigung II 32
Finanzplan VI 35 ff.
– Deckung der Kosten VI 42
– einfache Liquiditätsplanung VI 36
– Fortführungsfähigkeit VI 41
– IDW-S9 Standard VI 36
– integrierte Liquiditätsplanung VI 36
Folgeinsolvenzen II 58
Forderung
– aufschiebend bedingte V 163
– ausgenommene V 23, V 28 f.
– bestrittene V 161
– nachrangige V 142 ff.
Forderungsanmeldung V 11 ff.
– Aufforderung V 11
– ausgenommene Forderung V 23
– im Original V 59
– Inkassounternehmen V 26
– Insolvenzverwalter V 20
– elektronische V 61
– elektronische Zustellung V 14
– europäisches Ausland V 17
– Forderungsbetrag V 22
– Forderungsgrund V 22
– formelle Prüfung V 21

– Gericht V 20
– Mindestanforderung V 22
– nachträgliche V 112
– Prüfungstermin V 84 ff.
– Rang V 84
– Rücknahme V 113
– Sammelanmeldung V 27
– Tabellenblätter V 55
– vorläufiger Insolvenzverwalter V 20
– vollstreckbarer Tabellenauszug V 30
– Wiedereinsetzung V 92
– Widerspruch V 85
– Wirksamkeit V 92
– Zurückweisung V 38
Forderungsprüfung V 91
– schriftliches Verfahren V 91
Fortschreibendes standardisiertes Berichtswesen (ForStaB – Aachener Modell III/2 85, III/2 100 ff., V 78, V 99

Gerichtsakte IV 6
Gerichtliche Leitlinien I 21, I 56, I 75, III/2 25, III/2 106, IV 6, IV 18, V 48, V 73, V 97, V 115 ff., V 133
Geschäftsstellenberichte I 49
Geschenkgutscheine III/2 64
Gläubiger II 64, IV 10, IV 50
– Abtretungsanzeige V 125
– absonderungsberechtigte V 162
– Akteneinsicht IV 4 ff.
– ausgenommene Forderungen V 23
– Erfassung Forderungen V 24, V 27
– gesetzlicher Vertreter V 24
– Individualrecht IV 2 ff.
– Kleingläubiger IV 51
– institutionelle IV 14, IV 53
– namentliche Aufführung V 24
– Prüfungstermin V 140
– Rechtsnachfolge V 124
– Stellung IV 1
– Täuschung II 100
– Verzicht V 114
– Verteilungsverzeichnis V 150 ff.
– Wechsel V 126
Gläubigerausschuss IV 17, IV 23 ff.
– Amtsannahme IV 37
– Anhörungsrechte IV 59
– Arbeitnehmervertreter IV 52
– Arten IV 26 ff.
– Banken IV 46, IV 49
– Einsetzung IV 27, IV 34, IV 36
– endgültiger IV 27, IV 35, IV 40
– Ersatzmitglieder IV 47
– Funktion IV 25
– Gericht IV 61
– Gesamtvertretung IV 45
– Geschäftsordnung IV 39
– Gewerkschaftsmitglied IV 44, IV 52
– Gruppen- IV 64
– Interimausschuss IV 35
– juristische Person IV 45
– Kann-Ausschuss IV 28
– Kontrollorgan IV 23
– Kreditversicherer IV 49
– Mitglieder IV 35, IV 39
– Mitgliederzahl IV 43, IV 65
– Mitwirkungsobliegenheiten IV 58
– Organisation IV 39
– Pflichtausschuss IV 28
– potentielle Gläubiger IV 44
– Pension-Sicherungs-Verein IV 54
– Präsenzkontinuität IV 45
– präsumtiver IV 27
– Rechtsfähigkeit IV 46
– Schwellenwerte IV 29
– Sitzungen IV 63
– Soll-Ausschuss IV 28
– Stellung IV 24
– übliche Höchstgrenze IV 43
– Vergütung IV 66
– Vertreter mach SchVG IV 55

– vorläufiger **I** 25, **III/2** 96, **III/2** 114, **IV** 27, **IV** 35
– Warenlieferant **IV** 49
– Zusammenstellung **IV** 41, **IV** 48
– Zustimmungserfordernis **IV** 57
Gläubigerausschuss, vorläufiger **I** 25, **III/2** 96, **III/2** 114, **IV** 27, **IV** 35
– Besetzung **VI** 23
– Einsetzung **VI** 57 ff.
Gläubigerbeirat **IV** 65
Gläubigergleichbehandlung **VI** 101
Gläubigerinformation **II** 23, **IV** 2, **V** 8, **V** 106 ff.
Gläubigerinformationssystem **IV** 5, **V** 3, **V** 106, **VI** 24
– Datenschutz **IV** 5
– Einsicht **V** 109
– Spannungsfeld **IV** 6
– Verantwortlichkeit Schuldner **V** 110
– Zugang **IV** 5, **IV** 16, **V** 107
Gläubigerpublizität **IV** 2
Gläubigerversammlung **II** 68, **III/2** 98 f., **IV** 22 f.
– Antrag **II** 80
– Berichte **V** 76
– Protokoll **II** 80
– Sonderinsolvenzverwalter **II** 68 ff.
– Tagesordnung **II** 68, **III/2** 95
– Weisungsbefugnis **IV** 24
Gläubigerverzeichnis **V** 71
Globalermächtigung **VI** 98
Gruppen- oder Simultaninsolvenz **II** 59
Gutachten **II** 31, **III/1** 1 ff., **III/2** 1 ff.
– Adressat **III/2** 73
– Aktiva/Passiva **III/2** 74, **III/2** 79
– Aufbau **III/1** 6, **III/2** 72
– Auftrag **III/1** 1 ff.
– Ausproduktion III/88
– Betriebsfortführung **III/2** 72 ff.
– Eigenverwaltung **III/2** 90
– Ermittlungsquellen **III/2** 7
– Fortschreibendes standardisiertes Berichtswesen (ForStaB – Aachener Modell **III/2** 85, **III/2** 100 ff.
– Fortführungsmöglichkeiten **III/2** 72, **III/2** 87
– Frist **III/1** 5
– Gliederung **III/2** 75
– Inhalt **III/1** 1
– Insolvenzgrund **III/2** 72, **III/2** 86
– Kosten **III/2** 92 ff.
– Regelinsolvenz **III/1** 23 ff.
– Verbraucherinsolvenz **III/1** 8 ff.
– Verfahrensdaten **III/2** 77
– Vermögenspositionen **III/2** 102
– Zulässigkeit Antrag **III/2** 26, **III/2** 72
Gutachtenerstattung III/106
– gerichtliche Leitlinien **III/2** 107

Haftpflichtversicherung **I** 39
Honorarabführungsvertrag **I** 65

Informationsaustausch **II** 9
Inhabilität **I** 61 ff.
Inhabilitäts-Sonderinsolvenzverwaltung **II** 54 ff.
– Bestellung verschiedener Insolvenzverwalter **II** 57
Insolvenzgeldvorfinanzierung **III/2** 44, **III/2** 65 ff.
– Dreimonatszeitraum **III/2** 67
– rollierende **III/2** 67 ff.
Insolvenzgericht
– Aufsicht s. Aufsicht, gerichtliche
– Bewerbung **I** 1 ff., **I** 10
– Durchsicht Insolvenzgutachten **II** 31
– Forderungsanmeldung **V** 20
– Gespräch **VI** 8 ff., **VI** 12
– Kontakt **I** 1 ff., **III/2** 36, **VI** 8 ff.; **VI** 43 f.

- Neutralität VI 12
- Verwertungssperre VI 92
- Vorgespräch VI 5, VI 15
- Zulässigkeit Antrag III/2 26
- Zustimmungsvorbehalt VI 89 ff.

Insolvenzmasse V 168, VII 93 ff.
Insolvenzplan III/2 89, VI 134
Insolvenztabelle V 1 ff., V 53 ff.
- Anforderungen Gericht V 1
- ausgenommener Anspruch Restschuldbefreiung V48
- Berichtigung V 112, V 123
- elektronische Akte V 45 f., V 68
- Eröffnungsbeschluss V 2
- Frist V 7
- gängige Übermittlungswege V 63
- Index V 54
- Niederlegung V 6, V 40 ff., V 95
- Protokollberichtigung V 122
- Tabellenblätter V 55
- Übermittlung in elektronischer Form V 44
- Umschreibung V 128

Insolvenzverwalterkammer I 17 ff.
Interessenkollisionen II 16
Interessenbekundung I 27, I 32
- Organigramm Kanzlei I 33, I 39

Internationale Zuständigkeit III/2 30 ff.
- Gruppen-Gerichtsstand III/2 31 ff.
- Wahlgerichtsstand III/2 32

Kanzlei
- Ausstattungsrahmen I 46
- fachliche Kompetenz I 43 ff.
- ortsnahes Büro I 53 f.

Kassenprüfung II 5
Kooperationsverfahren VI 173
Konkurrentenklage I 8
Kontaktaufnahme I 30 ff., VI 8
- AR-Verfahren VI 9
- E-Mail VI 11
- Geschäftsstelle VI 11

Leitlinien I 56, I 75, II 11, II 47
Liquiditätsmanagement III/2 47 ff.
Listung I 3
Listenzugang I 3
- Kriterien I 3

Massebestand V 104 f.
- Zwischenrechnungslegung V 104

Massegegenstände V 71
Massegläubiger II 64
Massekredit III/2 59
- unechter III/2 59, III/2 71

Masseverbindlichkeiten VI 96 ff., VII 37, VII 91
- Begründung VII 13
- verursachte VII 17

Mehrvergütung VII 103 ff.
Mindestvergütung VII 154 ff.
- Basis- VII 159
- verminderte VII 159

Nebentätigkeit III/1 11, IV 46
Neutralitätspflicht II 36 ff.

Öffentlichkeitsarbeit II 11

Postsperre III/1 42, III/2 16, VI 95
Privatinsolvenzverfahren III/1 1 ff.
Prüfungsstichtag V 91
Prüfungstermin V 84
- besonderer V 130
- nachträglicher V 130 ff., V 138

Rechtmäßigkeitskontrolle II 7
Rechtsmittel II 115
Rechtspfleger I 30
- Informationsaustausch II 9

Regelinsolvenzverfahren III/1 23 ff.
- Betriebs- und Geschäftsausstattung III/1 28

- eidesstattliche Versicherung III/1 38
- Eigenantrag III/1 24 ff.
- Fremdantrag III/1 32 ff.
- Gutachten III/1 23 ff.
- Haftbefehl III/1 40
- Kostenbeiträge III/1 29
- Postsperre III/1 42
- Sicherungsmaßnahmen III/1 25, III/1 36
- Vermögensstatus III/1 27
- Zwangsmittel III/1 37 ff.
- zwangsweise Vorführung III/1 39

Regelvergütung VII 102

Restrukturierungsgericht I 1 ff.
- Bewerbung I 1 ff.

Restschuldbefreiung V 28 ff., V 48
- fehlender Tatsachenvortrag V 51
- nachträgliche Prüfung V 37
- Verfahren ohne Antrag V 33
- Widersprüche Schuldner V 93

Sachstandsbericht V 96 ff.

Sachverständiger III/2 5 f.
- Beauftragung Untersachverständigen III/2 8 ff.
- Berichtsfristen III/2 25
- Fähigkeiten III/2 6
- knappe Masse III/2 10
- Kontakt Gericht III/2 36
- örtliche/internationale Zuständigkeit III/2 29
- Prüfung ordnungsgemäßer Antragstellung III/2 27
- Schweigepflicht III/2 19
- Sicherungsmaßnahmen III/2 36 ff.
- Vergütung III/2 22

Sachverständigenvergütung, Reduzierung III/2 22

Sachwalter VI 85 ff., VI 107 ff.
- Anzeige Masseunzulänglichkeit VI 169
- arbeitsrechtliche Vereinbarungen VI 154
- Ermittlungsinstrumente VI 146
- Insolvenzplan VI 168
- Kassenprüfung VI 159 ff.
- öffentliche Bekanntmachung VI 106
- Tabellenführung VI 158
- Überwachungsfunktion VI 145
- Zustimmungsvorbehalt VI 149 ff.

Sachwalter, vorläufiger VI 17, VI 22, VII 57 ff.
- Auslagenpauschale VII 68
- beschränkte Aufgaben VII 58
- Mindestvergütung VII 67
- Vergütung VII 57, VII 61, VII 64

Schadensausgleich VII 5

Schadenersatzbezug II 25

Schlussrechnungskontrolle II 7

Schlussverteilung V 79, V 154 ff.
- Veröffentlichung V 158
- Zustimmung V 157

Schutzschirmverfahren I 70, VI 126 ff.
- qualifizierte Bescheinigung VI 127
- Vorschlagsrecht Schuldner VI 136

Schwellenwertverfahren III/2 108

Sicherheitentausch III/2 60

Sicherungsmaßnahmen III/2 37 ff.
- Androhung III/2 42
- Anhörung III/2 42
- Antragsforderung III/2 39, III/2 41
- Verfügungsbeschränkung III/2 40, III/2 42
- Verfahrenseröffnung III/2 40, III/2 43
- Verfügungsbeschränkung III/2 42
- Verhältnismäßigkeit III/2 37
- Zurückhaltung III/2 42

SKR-InsO II 34
Sonderkonto II 33, III/2 57
Sondersachwalter II 49
Sonderinsolvenzverwalter II 46 ff.
- Ablehnung II 75
- Anforderungen II 59
- Gläubigerversammlung II 67 ff.
- Gruppen- oder Simultaninsolvenz II 59
- Vergütung II 76
Sonderinsolvenzverwaltung
- Eigenverwaltung II 64
- Eröffnung mit anderem Verwalter II 63
- Gesamtschadensanspruch II 62
- Gläubigerversammlung II 67 f.
- Inhabilitäts- II 54 ff.
- Verhinderungs- II 51 ff.
Sonderinsolvenzverwaltungseinsetzungsbeschluss II 53
Sozialversicherungsträger VI 53
Stichtagseröffnung III/2 24

Tabellenführung II 22, VI 158
Treuhandkonto II 34,
- genehmigungspflichtiges II 35
- Eröffnungsverfahren III/2 49, III/2 52 ff.
- Offenlegung III/2 57
Treuhändervergütung VII 172

Unternehmensfortführung VII 33
- Einnahmen- und Ausgabenrechnung VII 34 f., VII 38, VII 78
- Eröffnungsverfahren VII 33
Untersachverständiger III/2 8 ff.

Verbraucherinsolvenzverfahren III/1 8 ff.
- Anfechtungsrechte III/1 17
- Eigenantrag III/1 8
- Forderungen aus Arbeitsverhältnissen III/1 12
- Geschäftsführer III/1 10
- Grundvermögen III/1 14
- Gutachten III/1 8 ff.
- Kostendeckung III/1 18 ff.
- Kraftfahrzeug III/1 16
- Nebentätigkeit III/1 11
- Unfallversicherung III/1 12
- Verfahrenskosten III/1 19
- Versagungsgründe III/1 21
- Versicherungsvertrag III/1 15
- Vorschussanspruch III/1 20
Verfahrensbevollmächtigter V 25
Verfahrenskosten III/2 92 ff.
- familienrechtlicher Anspruch III/2 94
Vergütungsantrag VII 1 ff.
- Abschlagstatbestand VII 131
- Befangenheit VII 49
- Berechnungsgrundlage VII 18 ff., VII 33, VII 70 ff.
- Dienstleister VII 136 ff.
- einheitlicher VII 6
- Einnahmen VII 82 ff.
- Einreichung VII 183
- Gesamtschadenansprüche VII 92
- gesonderter VII 7
- gerichtliche Anordnung VII 9
- Nachtragsverteilung VII 162
- offene Masseverbindlichkeiten VII 91
- Überschuss VII 79
- ursprünglicher VII 190
- Vergleichsrechnung VII 108, VII 122
- Vorbesprechung VII 186
- Vorschüsse VII 87, VII 152, VII 179
- vorweggenommener VII 164
- Wertdifferenz VII 40
- Zusammenfassung Aufgaben VII 10
- Zuschläge VII 109 ff.
Vergütungsbemessung VII 9, VII 45
- gesonderte VII 167 ff.
- vorweggenommene VII 163

Vergütungsfestsetzung **II** 7, **VII** 187 ff.
Verhinderungs-Sonderinsolvenzverwaltung **II** 51 ff.
- Abwesenheitsphase **II** 52
Vermögen **VII** 61
- Besitzüberlassung **VII** 30
- bewegliches **VII** 22
- Eigentum **VII** 21
- unbelastetes **VII** 21 ff., **VII** 74
- unbewegliches **VII** 22
- Wertbetrag **VII** 24
Vermögensgegenstände **VII** 26
- Absonderungsrechte **VII** 26, **VII** 62, **VII** 74, **VII** 99
- Aussonderungsrechte **VII** 28, **VII** 62, **VII** 75
Versicherungen **I** 20, **I** 39
Vertrauen, gerichtliches **I** 26
Verteilungsverzeichnis **V** 150 ff.
- Schlussverteilung **V** 155 ff.
Verwalter
- Bericht nach § 156 InsO **V** 71
- Berichtstermin **V** 70
- Berufsbild **I** 66 ff.
- Berufsordnung **I** 42
- Bewerbung Gericht **I** 1 ff., **I** 10
- Compliance-Regeln **I** 58
- Entlassung **II** 79 ff.
- Erfassung der Gläubiger **V** 24
- Forderungsanmeldung **V** 20 ff.
- Gläubigerverzeichnis **V** 71
- Kammerlösung **I** 3
- sachgerechtes Handeln **VII** 56
- Schlussbericht **VII** 1 ff.
- Schweigepflichtentbindung **III/2** 19 ff.
- Sonderkonto **II** 33
- transparentes Handeln **VII** 56
- Treuhandkontenmodell **II** 34
- Vermögensübersicht **V** 71
- Verzeichnis Massegegenstände **V** 71
- vorläufiger **VI** 81, **VII** 8, **VII** 53
- Vorprüfungspflicht **V** 32
- Zertifizierungsregeln **II** 14
Verwalterbestellung **I** 4 ff., **I** 30
- Anspruch auf **I** 8
- automatisierte **I** 3
- Bestellungsakte **I** 2
- Bestellungsvorschlag **I** 3, **I** 40
- generelle Eignung **I** 5 ff., **I** 43 ff.
- Insolvenzverwalter-Kammerlösung **I** 3
- Neutralität Verwalter **I** 57, **I** 61
- richterliche Unabhängigkeit **I** 8, **I** 11
- Verhalten **II** 95
- Verletzung der Neutralitätspflicht **II** 36
- Vertrauen **I** 30, **II** 37 ff.
Verwaltervergütung **VII** 69 ff.
- Auslagenpauschalierungen **VII** 144
- Berechnungsgrundlage **VII** 70 ff.
- besondere Haftpflichtversicherung **VII** 149
- besondere Sachkunde **VII** 100
- Mindestvergütung **VII** 154 ff.
- Restschuldbefreiung **VII** 175
- Überwachung Insolvenzplan **VII** 170
- Wert der Insolvenzmasse **VII** 69, **VII** 82, **VII** 93
- Wertabweichungen **VII** 142
- Zustellungskosten **VII** 145
Verwertung Insolvenzmasse **V** 79
Vorauslistenführung **I** 6
Vorauswahlliste **I** 7 ff.
- Anspruch auf Bestellung **I** 8
- Beurteilungsspielraum **I** 8
- Bindung **I** 8
- Bundesverzeichnis **I** 14 ff.
- Ermessensspielraum **I** 8
- De-Listing **I** 8 ff.
- gerichtliche Praxis **I** 10 ff.
- getrennte **I** 8
- Nichtbestellung **I** 9
- Probephase **I** 29

– Veröffentlichung **I** 13
Vorgespräch **III/2** 108 ff.
– Antragseinreichung **III/2** 110
– Checkliste **III/2** 115
– Eigenverwaltung **VI** 5 ff.
– Form **III/2** 113
– Nicht-Schwellenwertverfahren **III/2** 117 f.
– online **VI** 14
– Protokoll **VI** 19
– „Ross und Reiter“ **III/2** 112
– Sachverständiger **VI** 18
– Schwellenwertverfahren **III/2** 108
– StaRUG-Verfahren **III/2** 119
– Teilnehmerkreis **VI** 15 ff.
– vorläufiger Sachwalter **VI** 17, **VI** 22
– Zuständigkeitsverteilung **III/2** 111

Wettbewerb, transparenter **I** 40
Widerspruch angemeldeter Forderung **V** 85

Zuschlagsbestände **VII** 111 ff.
– Auflistung **VII** 111
– beantragte Höhe **VII** 113
– Erläuterung **VII** 111 ff.
Zustimmungsvorhalt **VI** 89 ff., **VII** 11
– besonderer **VI** 91
Zwangsgeld **II** 41, **II** 45
Zwangsvollstreckung
– Einstellung **VI** 93
– Grundstück **VI** 94
– Mobiliar **VI** 93
Zweckmäßigkeitskontrolle **II** 7
– Öffentlichkeitsarbeit **II** 10
– Vergütungsfestsetzung **II** 7
Zwischenbericht **III/1** 5, **III/2** 23 ff.
– Berichtsfristen **III/2** 25
– gerichtlich geprüfte Forderungen **V** 133
– Gruppen-Gerichtsstand **III/2** 30
– Insolvenzgrund **III/2** 24
– Sicherungsmaßnahmen **III/2** 36
– Zulässigkeit Antrag **III/2** 26

Zusätzlicher Service im Internet

Checklisten und Grundsätze zur Verfahrensabwicklung, Gerichtliche Leitlinien und Standardkostenrahmen sind unter der Internetadresse http://www.rws-verlag.de/bestpractice.htm für Sie abrufbar.